中国哲学社会科学学科年鉴
CHINESE ACADEMIC ALMANAC

CHINESE HUMAN
RESOURCES MANAGEMENT
ALMANAC

《中国人力资源管理年鉴》编辑委员会 编

中国人力资源管理年鉴 2023

中国社会科学出版社

图书在版编目（CIP）数据

中国人力资源管理年鉴.2023 /《中国人力资源管理年鉴》编辑委员会编.—北京：中国社会科学出版社，2023.9
ISBN 978-7-5227-2750-9

Ⅰ.①中⋯ Ⅱ.①中⋯ Ⅲ.①人力资源管理—中国—2023—年鉴 Ⅳ.①F249.21-54

中国国家版本馆 CIP 数据核字（2023）第 209292 号

出 版 人	赵剑英
责任编辑	姜阿平
责任校对	李　惠
责任印制	张雪娇

出　　版	中国社会科学出版社
社　　址	北京鼓楼西大街甲 158 号
邮　　编	100720
网　　址	http：//www.csspw.cn
发 行 部	010-84083685
门 市 部	010-84029450
经　　销	新华书店及其他书店

印刷装订	北京君升印刷有限公司
版　　次	2023 年 9 月第 1 版
印　　次	2023 年 9 月第 1 次印刷

开　　本	787×1092　1/16
印　　张	42.5
插　　页	2
字　　数	906 千字
定　　价	358.00 元

凡购买中国社会科学出版社图书，如有质量问题请与本社营销中心联系调换
电话：010-84083683
版权所有　侵权必究

《中国人力资源管理年鉴》编委会

主　　编　何德旭
执行主编　徐　明
副 主 编　任朝旺　王建民
委　　员　（三十人，按姓氏拼音升序排列）
　　　　　冯喜良　高文书　高中华　葛新权　何德旭
　　　　　赖德胜　刘湘丽　刘　昕　李长安　李朝晖
　　　　　苗月霞　曲永义　任朝旺　汤超颖　童玉芬
　　　　　王建民　王通讯　吴清军　吴文武　萧鸣政
　　　　　徐　芳　徐　明　徐世勇　杨河清　杨伟国
　　　　　于海波　余兴安　曾湘泉　赵　忠　赵天晓

《中国人力资源管理年鉴》编辑部

主　任：徐　明
编　辑：陈斯洁　聂云蕊　金士杰
地　址：北京市房山区长于大街11号中国社会科学院大学
邮　编：chrmalmanac@ cass. org. cn

编辑说明

编纂《中国人力资源管理年鉴》的主旨：展示中国人力资源管理学科的研究成果，增进该学科内外的交融，促进学科机构与学人的发展，满足人力资源管理学科相关学者和政府决策部门等主流读者的需求，发挥为党和国家决策服务的思想库作用。

编纂《中国人力资源管理年鉴》的指导思想：坚持马克思主义的指导地位，体现时代性、系统性、专业性、学术性和原创性，努力提高学科体系、学术体系、话语体系建设水平和学术评价体系的科学性和规律性。

《中国人力资源管理年鉴》（2023 卷）为创刊卷。由于有限的能力、时间以及人力等，本卷年鉴的结构、内容、版式、文风等方面可能存在不足之处，敬请读者批评指正。

Editor's Note

The main purpose of compiling the *Chinese human resources management almanac* is to comprehensively show the research achievements of China's human resource management discipline, enhance the integration of the discipline inside and outside, promote the development of disciplinary institutions and scholars, fully meet the needs of relevant scholars in the field of human resource management, frontline scholars in the discipline, and mainstream readers in government decision-making departments, and play the role of a think tank serving the Party and state decision-making.

The guiding ideology of compiling the *Chinese human resources management almanac* is to adhere to the guiding position of Marxism, reflect the characteristics of the times, systematicness, professionalism, academia, and originality, and strive to improve the level of discipline, academic system, discourse system construction, and the scientificity and regularity of academic evaluation system.

The *Chinese human resources management almanac* (Volume 2023) is the inaugural volume and a compilation format for the discipline. Due to limited abilities, time, and manpower, there may be shortcomings in the structure, content, format, and style of this yearbook. Readers are kindly requested to criticize and correct them.

目　　录

序言　为中国特色哲学社会科学事业立传 …………………………… 高培勇（1）

人力资源管理

学科综述 ………………………………………………………………………（3）
　2022年人力资源管理学科回顾与展望 ………………………… 王建民（3）

最佳论文 ………………………………………………………………………（35）
　一　2022年人力资源管理最佳中文论文 …………………………………（36）
　二　2022年人力资源管理最佳英文论文 …………………………………（124）

主要图书 ………………………………………………………………………（151）
　一　2022年人力资源管理主要中文图书 …………………………………（151）
　二　2022年人力资源管理主要英文图书 …………………………………（152）

主要课题 ………………………………………………………………………（154）
　2022年人力资源管理国家社会科学基金重大项目立项名单 ……………（154）
　2022年人力资源管理国家社会科学基金年度项目立项名单 ……………（154）
　2022年人力资源管理国家社会科学基金青年项目立项名单 ……………（154）

主要学人 ………………………………………………………………………（155）
　赵履宽与人力资源管理学科发展 ………………………………… 刘　昕（155）
　陈立生平 ……………………………………………………… 于海波　宋尚昊（167）

人才学

学科综述 ·· (179)
  2022 年人才学学科回顾与展望 ······································· 余兴安　范青青　孙　锐 (179)

最佳论文 ·· (209)
  一　2022 年人才学最佳中文论文 ·· (209)
  二　2022 年人才学最佳英文论文 ·· (301)

主要图书 ·· (328)
  一　2022 年人才学主要中文图书 ·· (328)
  二　2022 年人才学主要英文图书 ·· (329)

主要课题 ·· (330)
  2022 年人才学国家社会科学基金重大项目立项名单 ·· (330)
  2022 年人才学国家社会科学基金年度项目立项名单 ·· (330)
  2022 年人才学国家社会科学基金青年项目立项名单 ·· (330)

主要学人 ·· (331)
  我与人才学学科发展 ·· 王通讯 (331)

劳动关系

学科综述 ·· (341)
  2022 年劳动关系学科回顾与展望 ······································· 冯喜良　苏建宁　邱　玥 (341)

最佳论文 ·· (380)
  一　2022 年劳动关系最佳中文论文 ·· (380)
  二　2022 年劳动关系最佳英文论文 ·· (460)

主要图书 ……(485)
- 一 2022年劳动关系主要中文图书 ……(485)
- 二 2022年劳动关系主要英文图书 ……(485)

主要课题 ……(487)
2022年劳动关系国家社会科学基金年度项目立项名单 ……(487)

主要学人 ……(488)
任扶善与劳动关系学科发展 ………… 冯喜良 范 围(488)

劳动与社会保障

学科综述 ……(495)
2022年劳动与社会保障学科回顾与展望 ………… 郭 磊 胡雨薇(495)

最佳论文 ……(537)
- 一 2022年劳动与社会保障最佳中文论文 ……(537)
- 二 2022年劳动与社会保障最佳英文论文 ……(628)

主要图书 ……(652)
- 一 2022年劳动与社会保障主要中文图书 ……(652)
- 二 2022年劳动与社会保障主要英文图书 ……(652)

主要课题 ……(654)
2022年劳动与社会保障国家社会科学基金重大项目立项名单 ……(654)
2022年劳动与社会保障国家社会科学基金年度项目立项名单 ……(654)
2022年劳动与社会保障国家社会科学基金青年项目立项名单 ……(655)

Contents

Preface: Establishing a Biography for the Undertaking of Philosophy and Social Sciences with Chinese Characteristics ··· Gao Peiyong (1)

Human Resource Management

Overview of the Subject ·· (3)

Review and Prospect of Human Resource Management Subject in 2022
·· Wang Jianmin (3)

Best Papers ··· (35)

The Best Chinese Papers on Human Resource Management in 2022 ················ (36)
The Best English Papers on Human Resource Management in 2022 ··············· (124)

Main Books ·· (151)

Main Chinese Books on Human Resource Management in 2022 ·················· (151)
Main English Books on Human Resource Management in 2022 ··················· (152)

Main Projects ·· (154)

List of Major Projects Approved by the National Social Science Fund for Human Resource Management in 2022 ··· (154)
List of Annual Projects Approved by the National Social Science Fund for Human Resource Management in 2022 ··· (154)
List of Youth Projects Approved by the National Social Science Fund for Human Resource Management in 2022 ··· (154)

Main Scholars ·· (155)
    Zhao Lvkuan and the Development of Human Resource Management Subject ··· Liu Xin (155)
    The Life of Chen Li ·· Yu Haibo Song Shanghao (167)

Talent Science

Overview of the Subject ··· (179)
    Review and Prospect of Talent Science in 2022 ··· Yu Xingan Fan Qingqing Sun Rui (179)

Best Papers ·· (209)
    The Best Chinese Papers on Talent Science in 2022 ··· (209)
    The Best English Papers on Talent Science in 2022 ··· (301)

Main Books ·· (328)
    Main Chinese Books on Talent Science in 2022 ··· (328)
    Main English Books on Talent Science in 2022 ··· (329)

Main Projects ··· (330)
    List of Major Projects Approved by the National Social Science Fund for Talent
        Science in 2022 ·· (330)
    List of Annual Projects Approved by the National Social Science Fund for Talent
        Science in 2022 ·· (330)
    List of Youth Projects Approved by the National Social Science Fund for Talent
        Science in 2022 ·· (330)

Main Scholars ··· (331)
    I and the Development of Talent Science ·· Wang Tongxun (331)

Contents

Labor Relation

Overview of the Subject (341)
　Review and Prospect of Labor Relation Subject in 2022
　　　　　　　　　　　　　　　　　　　　Feng Xiliang　Su Jianning　Qiu Yue (341)

Best Papers (380)
　The Best Chinese Papers on Labor Relation in 2022 (380)
　The Best English Papers on Labor Relation in 2022 (460)

Main Books (485)
　Main Chinese Books on Labor Relationt in 2022 (485)
　Main English Books on Labor Relation in 2022 (485)

Main Projects (487)
　List of Annual Projects Approved by the National Social Science Fund for Labor
　　Relation in 2022 (487)

Main Scholars (488)
　Ren Fushan and the Development of Labor Relation Subject　…　Feng Xiliang　Fan Wei (488)

Labor and Social Security

Overview of the Subject (495)
　Review and Prospect of Labor and Social Security Subject in 2022
　　　　　　　　　　　　　　　　　　　　　　　　　　Guo Lei　Hu Yuwei (495)

Best Papers (537)
　The Best Chinese Papers on Labor and Social Security in 2022 (537)

The Best English Papers on Labor and Social Security in 2022 ……………… (628)

Main Books ……………………………………………………………………… (652)
Main Chinese Books on Labor and Social Security in 2022 ………………………… (652)
Main English Books on Labor and Social Security in 2022 ………………………… (652)

Main Projects …………………………………………………………………… (654)
List of Major Projects Approved by the National Social Science Fund for Labor and Social Security in 2022 …………………………………………………………… (654)
List of Annual Projects Approved by the National Social Science Fund for Labor and Social Security in 2022 …………………………………………………………… (654)
List of Youth Projects Approved by the National Social Science Fund for Labor and Social Security in 2022 …………………………………………………………… (655)

序 言

为中国特色哲学社会科学事业立传

——写在《中国哲学社会科学学科年鉴》系列出版之际

（一）

2016年5月17日，习近平总书记《在哲学社会科学工作座谈会上的讲话》中正式作出了加快构建中国特色哲学社会科学的重大战略部署。自此，中国特色哲学社会科学学科体系、学术体系、话语体系的构建进入攻坚期。

2022年4月25日，习近平总书记在中国人民大学考察时强调指出，"加快构建中国特色哲学社会科学，归根结底是建构中国自主的知识体系"。这为我们加快构建中国特色哲学社会科学进一步指明了方向。

2022年4月，中共中央办公厅正式印发《国家哲学社会科学"十四五"规划》。作为第一部国家层面的哲学社会科学发展规划，其中的一项重要内容，就是以加快中国特色哲学社会科学为主题，将"中国哲学社会科学学科年鉴编纂"定位为"哲学社会科学学科基础建设"，从而赋予了哲学社会科学学科年鉴编纂工作新的内涵、新的要求。

从加快构建中国特色哲学社会科学到归根结底是建构中国自主的知识体系，再到制定第一部国家层面的哲学社会科学发展规划，至少向我们清晰揭示了这样一个基本事实：中国特色社会主义事业离不开中国特色哲学社会科学的支撑，必须加快构建中国特色哲学社会科学、建构中国自主的知识体系。加快构建中国特色哲学社会科学、建构中国自主的知识体系是一个长期的历史任务，必须持之以恒，实打实地把一件件事情办好。

作为其间的一项十分重要且异常关键的基础建设，就是编纂好哲学社会科学学科年鉴，将中国特色哲学社会科学事业的发展动态、变化历程记录下来，呈现出来。以接续奋斗的精神，年复一年，一茬接着一茬干，一棒接着一棒跑。就此而论，编纂哲学社会科学学科年鉴，其最基本、最核心、最重要的意义，就在于为中国特色哲学社会科学事业立传。

呈现在读者面前的这一《中国哲学社会科学学科年鉴》系列，就是在这样的背景之下，由中国社会科学院集全院之力、组织精锐力量编纂而成的。

（二）

　　作为年鉴的一个重要类型，学科年鉴是以全面、系统、准确地记述上一年度特定学科或学科分支发展变化为主要内容的资料性工具书。编纂学科年鉴，是哲学社会科学发展到一定阶段的产物。

　　追溯起来，我国最早的哲学社会科学年鉴——《中国文艺年鉴》，诞生于上个世纪30年代。党的十一届三中全会之后，伴随着改革开放的进程，我国哲学社会科学年鉴不断发展壮大。40多年来，哲学社会科学年鉴在展示研究成果、积累学术资料、加强学科建设、开展学术评价、凝聚学术共同体等方面，发挥着不可替代的作用，为繁荣发展中国特色哲学社会科学作出了重要贡献。

　　1. 为学科和学者立传的重要载体

　　学科年鉴汇集某一学科领域的专业学科信息，是服务于学术研究的资料性工具书。不论是学科建设、学术研究，还是学术评价、对外交流等，都离不开学科知识的积累、学术方向的辨析、学术共同体的凝聚。

　　要回答学术往何处去的问题，首先要了解学术从哪里来，以及学科领域的现状，这就离不开学科年鉴提供的信息。学科年鉴记录与反映年度内哲学社会科学某个学科领域的研究进展、学术成果、重大事件等，既为学科和学者立传，也为学术共同体的研究提供知识基础和方向指引，为学术创新、学派形成、学科巩固创造条件、奠定基础。学科年鉴编纂的历史越悠久，学术积淀就越厚重，其学术价值就越突出。

　　通过编纂学科年鉴，将中国哲学社会科学界推进学科体系、学术体系、话语体系建设以及建构中国自主知识体系的历史进程准确、生动地记录下来，并且，立此存照，是一件非常有意义的事情。可以说，学科年鉴如同学术研究的白皮书，承载着记录、反映学术研究进程的历史任务。

　　2. 掌握学术评价权的有力抓手

　　为学界提供一个学科领域的专业信息、权威信息，这是学科年鉴的基本功能。一个学科领域年度的信息十分庞杂，浩如烟海，不可能全部收入学科年鉴。学科年鉴所收录的，只能是重要的、有价值的学术信息。这就要经历一个提炼和总结的过程。学科年鉴的栏目，如重要文献（特载）、学科述评、学术成果、学术动态、统计资料与数据、人物、大事记等，所收录的信息和资料都是进行筛选和加工的基础上形成的。

　　进一步说，什么样的学术信息是重要的、有价值的，是由学科年鉴的编纂机构来决定。这就赋予了学科年鉴学术评价的功能，所谓"入鉴即评价"，指的就是这个逻辑。特别是学科综述，要对年度研究进展、重要成果、学术观点等作出评析，是学科年鉴学术评价功能的集中体现。

学科年鉴蕴含的学术评价权,既是一种权力,更是一种责任。只有将学科、学术的评价权用好,把有代表性的优秀成果和学术观点评选出来,分析各学科发展面临的形势和任务、成绩和短板、重点和难点,才能更好引导中国特色哲学社会科学的健康发展。

3. 提升学术影响力的交流平台

学科年鉴按照学科领域编纂,既是该领域所有学者共同的精神家园,也是该学科领域最权威的交流平台。目前公认的世界上首部学术年鉴,是由吕西安·费弗尔和马克·布洛赫在1929年初创办的《经济社会史年鉴》。由一群有着共同学术信仰和学术观点的历史学家主持编纂的这部年鉴,把年鉴作为宣传新理念和新方法的学术阵地,在年鉴中刊发多篇重要的理论成果,催发了史学研究范式的演化,形成了法国"年鉴学派",对整个西方现代史学的创新发展产生了深远影响。

随着学科年鉴的发展和演化,其功能也在不断深化。除了记载学术共同体的研究进展,还提供了学术研究的基本参考、学术成果发表的重要渠道,充当了链接学术网络的重要载体。特别是学科年鉴刊载的综述性、评论性和展望性的文章,除了为同一范式下的学者提供知识积累或索引外,还能够对学科发展趋势动向作出总结,乃至为学科未来发展指明方向。

4. 中国学术走向世界的重要舞台

在世界范围内,学科年鉴都是作为权威学术出版物而被广泛接受的。高质量的学科年鉴,不仅能够成为国内学界重要的学术资源、引领学术方向的标识,而且也会产生十分显著的国际影响。

中国每年产出的哲学社会科学研究成果数量极其庞大,如何向国际学术界系统介绍中国哲学社会科学研究成果,做到既全面准确,又重点突出?这几乎是不可能完成的任务。学科年鉴的出现,则使不可能变成了可能。高质量的学科年鉴,汇总一个学科全年最重要、最有代表性的研究成果、资料和信息,既是展示中国哲学社会科学研究成果与现状的最佳舞台,也为中外学术交流搭建了最好平台。

事实上,国内编纂的学科年鉴一直受到国外学术机构的重视,也是各类学术图书馆收藏的重点。如果能够站在通观学术界全貌之高度,编纂好哲学社会科学各学科年鉴,以学科年鉴为载体向世界讲好中国学术故事,当然有助于让世界知道"学术中的中国"、"理论中的中国"、"哲学社会科学中的中国",也就能够相应提升中国哲学社会科学的国际影响力和话语权。

(三)

作为中国哲学社会科学研究的"国家队",早在上世纪70年代末,中国社会科学院就启动了学科年鉴编纂工作。诸如《世界经济年鉴》《中国历史学年鉴》《中国哲学年鉴》《中国文学年鉴》等读者广为传阅的学科年鉴，迄今已有40多年的历史。

2013年，以国家哲学社会科学创新工程为依托，中国社会科学院实施了"中国社会科学年鉴工程"，学科年鉴编纂工作由此驶入快车道。至2021下半年，全院组织编纂的学科年鉴达到26部。

进入2022年以来，在加快构建中国特色哲学社会科学、贯彻落实《国家哲学社会科学"十四五"规划》的背景下，立足于更高站位、更广视野、更大格局，中国社会科学院进一步加大了学科年鉴编纂的工作力度，学科年鉴编纂工作迈上了一个大台阶，呈现出一幅全新的学科年鉴事业发展格局。

1. 哲学社会科学学科年鉴群

截至2023年5月，中国社会科学院组织编纂的哲学社会科学学科年鉴系列已有36部之多，覆盖了15个一级学科、13个二三级学科以及4个有重要影响力的学术领域，形成了国内规模最大、覆盖学科最多、也是唯一成体系的哲学社会科学学科年鉴群。

其中，《中国语言学年鉴》《中国金融学年鉴》《当代中国史研究年鉴》等10部，系2022年新启动编纂。目前还有将近10部学科年鉴在编纂或酝酿之中。到"十四五"末期，中国社会科学院组织编纂的学科年鉴总规模，有望超越50部。

2. 学科年鉴的高质量编纂

从总体上看，在坚持正确的政治方向、学术导向和价值取向方面，各部学科年鉴都有明显提高，体现了立场坚定、内容客观、思想厚重的导向作用。围绕学科建设、话语权建设等设置栏目，各部学科年鉴都较好地反映了本学科领域的发展建设情况，发挥了学术存史、服务科研的独特作用。文字质量较好，文风端正，装帧精美，体现了学科年鉴的严肃性和权威性。

与此同时，为提高年鉴编纂质量，围绕学科年鉴编纂的规范性，印发了《中国哲学社会科学学科年鉴编纂出版规定》，专门举办了年鉴编纂人员培训班。

3. 学科年鉴品牌

经过多年努力，无论在学术界还是年鉴出版界，中国社会科学院组织编纂的哲学社会科学学科年鉴系列得到了广泛认可，学术年鉴品牌已经形成。不仅成功主办了学术年鉴主编论坛和多场年鉴出版发布会，许多年鉴也在各类评奖中获得重要奖项。在数字化方面，学科年鉴数据库已经建成并投入使用，目前试用单位二百多家，学科年鉴编纂平台在继续推进中。

4. 学科年鉴工作机制

中国社会科学院科研局负责学科年鉴管理，制定发展规划，提供经费资助；院属研究单位负责年鉴编纂；中国社会科学出版社负责出版。通过调整创新工程科研评价考核指标体系，赋予年鉴编纂及优秀学科综述相应的分值，调动院属单位参与年鉴编纂的积极性。

学科年鉴是哲学社会科学界的学术公共产品。作为哲学社会科学研究的"国家队"，编纂、提供学科年鉴这一学术公共产品，无疑是中国社会科学院的职责所在、使命所系。中国社会科学院具备编纂好学科年鉴的有利条件：一是学科较为齐全；二是研究力量较为雄厚；三是具有"国家队"的权威性；四是与学界联系广泛，主管120家全国学会，便于组织全国学界力量共同参与年鉴编纂。

（四）

当然，在肯定成绩的同时，还要看到，当前哲学社会科学学科年鉴编纂工作仍有较大的提升空间，我们还有很长的路要走。

1. 逐步扩大学科年鉴编纂规模

经过40多年的发展，特别是"中国社会科学年鉴工程"实施10年来的努力，哲学社会科学系列学科年鉴已经形成了一定的规模，覆盖了90%的一级学科和部分重点的二三级学科。但是，也不容忽视，目前还存在一些学科年鉴空白之地。如法学、政治学、国际政治、区域国别研究等重要的一级学科，目前还没有学科年鉴。

中国自主知识体系的基础是学科体系，完整的学科年鉴体系有助于完善的学科体系和知识体系的形成。尽快启动相关领域的学科年鉴编纂，抓紧填补相关领域的学科年鉴空白，使哲学社会科学年鉴覆盖所有一级学科以及重要的二三级学科，显然是当下哲学社会科学界应当着力推进的一项重要工作。

2. 持续提高学科年鉴编纂质量

在扩张规模、填补空白的同时，还应当以加快构建中国特色哲学社会科学、建构中国自主的知识体系为目标，下大力气提高学科年鉴编纂质量，实现高质量发展。

一是统一学科年鉴的体例规范。学科年鉴必须是成体系的，而不是凌乱的；是规范的，而不是随意的。大型丛书的编纂靠的是组织严密，条例清楚，文字谨严。学科年鉴的体例要更加侧重于存史内容的发掘，对关乎学术成果、学术人物、重要数据、学术机构评价的内容，要通过体例加以强调和规范。哲学社会科学所有学科年鉴，应当做到"四个基本统一"：名称基本统一，体例基本统一，篇幅基本统一，出版时间、发布时间基本统一。

二是增强学科年鉴的权威性。年鉴的权威性，说到底取决于内容的权威性。学科年鉴是在对大量原始信息、文献进行筛选、整理、分析、加工的基础上，以高密度的方式将各类学术信息、情报传递给读者的权威工具书。权威的内容需要权威的机构来编纂，来撰写，来审定。学科综述是学科年鉴的灵魂，也是年鉴学术评价功能的集中体现，必须由权威学者来撰写学科综述。

三是要提高学科年鉴的时效性。学科年鉴虽然有存史功能，但更多学者希望将其作为学术工具书，从中获取对当下研究有价值的资料。这就需要增强年鉴的时效性，前一年的年鉴内容，第二年上半年要完成编纂，下半年完成出版。除了加快编纂和出版进度，年鉴的时效性还体现在编写的频度上。一级学科的年鉴，原则上都应当一年一鉴。

3. 不断扩大学科年鉴影响力

学科年鉴的价值在于应用，应用的前提是具有影响力。要通过各种途径，让学界了解学科年鉴，接受学科年鉴，使用学科年鉴，使学科年鉴真正成为学术研究的好帮手。

一是加强对学科年鉴的宣传。"酒香也怕巷子深"。每部学科年鉴出版之后，要及时举行发布会，正式向学界介绍和推出，提高学科年鉴的知名度。编纂单位也要加大对学科年鉴的宣传，结合学会年会、学术会议、年度优秀成果评选等活动，既加强对学科年鉴的宣传，又发挥学科年鉴的学术评价作用。

二要在使用中提高学科年鉴的影响力。要让学界使用学科年鉴，必须让学科年鉴贴近学界的需求，真正做到有用、能用、管用。因此，不能关起门来编学科年鉴，而是要根据学界的需求来编纂，为他们了解学术动态、掌握学科前沿、开展学术研究提供便利。要确保学科年鉴内容的原创性、独特性，提供其他渠道提供不了的学术信息。实现这个目标，就需要在学科年鉴内容创新上下功夫，不仅是筛选和转载，更多的内容需要用心策划、加工和提炼。实际上，编纂学科年鉴不仅是整理、汇编资料，更是一项学术研究工作。

三是提高学科年鉴使用的便捷性。当今网络时代，要让学科年鉴走进千万学者中间，必须重视学科年鉴的网络传播，提高学科年鉴阅读与获取的便捷性。出版社要重视学科年鉴数据库产品的开发。同时，要注重同知识资源平台的合作，利用一切途径扩大学科年鉴的传播力、影响力。在做好国内出版的同时，还要做好学科年鉴的海外发行，向国际学术界推广我国的学科年鉴。

4. 注重完善学科年鉴编纂工作机制

实现学科年鉴的高质量发展，是一项系统工程，需要哲学社会科学界的集思广益，共同努力，形成推动学科年鉴工作高质量发展的工作机制。哲学社会科学学科年鉴编纂，中国社会科学院当然要当主力军，但并不能包打天下，应当充分调动哲学社会科学界的力量，开展协调创新，与广大同仁一道，共同编纂好学科年鉴。

学科年鉴管理部门和编纂单位不仅要逐渐加大对学科年鉴的经费投入，而且要创新学科年鉴出版形式，探索纸本与网络相结合的新型出版模式，适当压缩纸本内容，增加网络传播内容。这样做，一方面可提高经费使用效益，另一方面，也有利于提升学科年鉴的传播力，进一步调动相关单位、科研人员参与学科年鉴编纂的积极性。

随着学科年鉴规模的扩大和质量的提升，可适时启动优秀学科年鉴的评奖活动，加强对优秀年鉴和优秀年鉴编辑人员的激励，形成学科年鉴工作良性发展的机制。要加强年鉴工作机制和编辑队伍建设，有条件的要成立专门的学科年鉴编辑部，或者由相对固定人员负责学科年鉴编纂，确保学科年鉴工作的连续性和编纂质量。

出版社要做好学科年鉴出版的服务工作，协调好学科年鉴编纂中的技术问题，提高学科年鉴质量和工作效率。除此之外，还要下大力气做好学科年鉴的市场推广和数字产品发行。

说到这里，可将本文的结论做如下归结：学科年鉴在加快构建中国特色哲学社会科学、建构中国自主知识体系中的地位和作用既十分重要，又异常关键，我们必须高度重视学科年鉴的编纂出版工作，奋力谱写哲学社会科学学科年鉴编纂工作新篇章。

人力资源管理

学科综述

2022年人力资源管理学科回顾与展望[*]

王建民[**]

【内容摘要】 对人力资源管理学科2022年度收获成果的回顾与2023年度发展趋势的展望，有必要体现大局观、客观性和准确性。大局观意味着"鸟瞰"全貌，山川河流，应有尽有；客观性意味着保持主观价值中立，真实地反映学科系统中涌现出的代表性成果及其价值；准确性意味着研究主体的主观性选择和评价基于事实根据和理性逻辑。

为了实现既定目标，笔者采取了中青年学者半结构化书面和语音访谈、关键词检索、权威性代表性作者年度发表检索，以及对代表性期刊进行 CiteSpace（可视化文献分析软件）分析，比较充分地收集、整理和分析了研究样本——学术期刊论文。在此基础上，评述了2022年发表成果的主要特点、研究者讨论的关键问题和代表性作品，最后展望了2023年度的发展趋势。

【关键词】 人力资源管理；学科回顾；展望

一 引言：理性思考与样本选择

（一）研究的理性基础

关于人力资源管理学科体系，在国家学科分类与代码标准、国家基金申报数据代码，以及本科和研究生教育学科专业目录中有不同的界定和体现。

在《中华人民共和国国家标准·学科分类与代码》（GB/T 13745-2009）（2012年3月

---

[*] 本文由王建民教授研究、撰写。北京师范大学硕士研究生周璇，在问卷发送、文献检索和可视化分析方面作出贡献。北京师范大学政府管理学院博士生导师于海波教授、柯江林副教授，国务院发展研究中心公共管理与人力资源研究所副研究员钱诚博士，首都经济贸易大学劳动经济学院副教授陈书洁博士，科学技术部科技人才交流开发服务中心副研究员程龙博士，在本文研究撰写中参与讨论并提出意见和建议。

[**] 王建民：现任广东财经大学特聘教授，中国社会科学院大学国家治理现代化与社会组织研究中心特约研究员，北京师范大学战略人才研究中心创始主任、政府管理学院组织与人力资源管理系首任系主任，中国人才研究会学术委员会委员、常务理事，中国人力资源开发研究会常务理事，中国劳动学会常务理事，经济学博士，教授、博士生导师。

1 日实施第 1 号修改单，2016 年 7 月 30 日实施第 2 号修改单）中，在"630 管理学"一级学科，下设二级学科"630.40 企业管理"，下设三级学科"630.4030 劳动人事管理"；在"630.55 人力资源开发与管理"二级学科，下设三级学科"630.5510 人力资源开发战略"、"630.5521 人才开发与管理"和"630.5599 人力资源开发与管理其他学科"。另外，在"840 社会学"一级学科下，增设二级学科"840.72 人才学"，并设立"840.7210 人才学理论""840.7225 人才经济学""840.7250 人才管理学""840.7255 人才战略学"等 10 个三级学科。①

在《国家自然科学基金申请代码》"G 管理科学部"中的"G02 工商管理"，下设"G0204 人力资源管理"。② 在《国家社科基金项目申报数据代码表》"管理学"学科分类中，设有"GLD 组织行为管理"和"GLG 人力资源管理"。在国务院学位委员会、教育部关于印发的《研究生教育学科专业目录（2022 年）》（学位〔2022〕15 号）中，"12 管理学"学科门类，下设"1202 工商管理学"和"1204 公共管理学"一级学科，以及"1251 工商管理"和"1252 公共管理"专业学位类别，③ 研究生培养单位可以在"工商管理（学）"或"公共管理（学）"一级学科下，自主设置"人力资源管理"或"公共部门人力资源管理"二级学科专业或方向。在教育部公布的《普通高等学校本科专业目录（2020 年版）》中，"管理学"门类学科下"工商管理"专业类设有"120206 人力资源管理"专业及"120211T 劳动关系"专业。④

结合长期的观察、调研与思考，我们认为在国家标准、国家基金申报代码以及人才培养目录中具体类别化的"劳动人事管理"、"人力资源开发与管理"（人力资源开发战略、人才开发与管理）、"人才学"（人才管理学）、"组织行为管理"，以及"人力资源管理"和"劳动关系"等学科和专业，都可以被纳入"人力资源管理学科"学术研究领域。

一般认为"学科"是一个相对独立的知识体系，体系中有大多数成员认同的核心概念、理性逻辑和研究方法，围绕着相对集中的领域开展科学研究活动。经济社会主体的活动产生

---

① 国家标准化管理委员会（http：//www.sac.gov.cn/）国家标准全文公开系统（https：//openstd.samr.gov.cn/bzgk/gb/）《中华人民共和国国家标准学科分类与代码》（GB/T 13745 – 2009）（第 1 号修改单；第 2 号修改单）（另外参考《中华人民共和国国家标准学科分类与代码》词条，2022 – 11 – 25，百度百科：https：//baike.so.com/doc/30055616 – 31670012.html）。

② 《国家自然科学基金申请代码》（2022 – 11 – 25，国家自然科学基金委员会——管理科学部：https：//www.nsfc.gov.cn/publish/portalo/xmzn/2020/16/info77126.htm）。

③ 国务院学位委员会、教育部关于印发《研究生教育学科专业目录（2022 年）》《研究生教育学科专业目录管理办法》的通知（学位〔2022〕15 号）（2022 – 11 – 25，教育部网站：http：//www.moe.gov.cn/srcsite/A22/moe_833/202209/t20220914_660828.html）。

④ 2020 年 3 月 3 日教育部公布《普通高等学校本科专业目录（2020 年版）》（2022 – 11 – 24，教育部网站：http：//www.moe.gov.cn/srcsite/A08/moe_1034/s4930/202003/W020200303365403079451.pdf）。

经验，经验在积累和消化中形成认识，认识在实践的运用中得到证实并逐步理性化、系统化形成知识体系。"专业"寓于"学科"，"学科"通过"专业"实现"人才培养"社会职能。"专业"培养专门人才，满足经济社会需求；"学科"构建的知识体系是"专业"实践活动的基础；"专业"主体的实践活动检验和优化"学科"主体的认识，促进"学科"体系的发展。学科和专业的逻辑关系，如图1所示。①

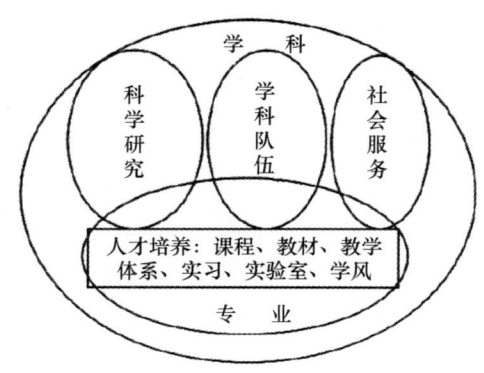

图1　学科和专业的逻辑关系

资料来源：杨河清《何谓学科？何谓专业？》。

基于以上认识，我们对本文所审视和研究的客体——人力资源管理学科体系达成了基本共识，即运用源于经济学、管理学、人才学、组织行为学和社会学等知识领域的理论模型或分析工具，对经济社会中生产或非生产活动中的人力资源管理问题进行理性思考、实证分析和解决方案设计所发表的学术成果。人力资源管理包括人力资源的开发、获取、使用和激励等方面的计划、组织、领导和控制等活动。

我们认为，人力资源主要指会聚在国家、地区和组织中有劳动能力人员的总和；人力资本是源于经济学的概念，可以定义为凝聚在人体中的知识、技能和能力，是生产要素；人才指具有一定的专业知识或专门技能，进行创造性劳动并对社会作出贡献的人，是人力资源中能力和素质较高的劳动者。在经济社会活动中发挥"人"的主体作用的一般意义上，人力资源、人力资本和人才概念具有基本一致的含义。人力资源管理学科学术成果的贡献者和发展者，主要分布在人力资源管理、劳动人事管理、公共部门人力资源管理、人力资源开发、人才开发与管理、劳动关系等专业领域。

以上讨论，初步奠定了本文研究的理性基础与概念框架。

---

① 杨河清：《何谓学科？何谓专业？》，《中华女子学院学报》2018年第6期。

（二）研究的样本选择

根据以上对人力资源管理学科的界定，考虑研究资源的可获得性和研究团队的能力与可支配时间等因素，本文将观测的样本确定为国内学者2022年度发表的中文"学术期刊"论文。

在研究样本——中文学术期刊论文的选择过程中，采取了四种方式。第一种方式是通过半结构化问卷对本学科领域研究和发表能力比较突出的来自20多个研究机构和高等学校的近30位中青年学者进行书面、微信或电话访谈，获得对重要学术论文、著作、热点问题关键词等的推荐信息。第二种方式是选择了人力资源、人力资源开发、人力资源管理、人才战略、人才学等13个关键词在中国知网（CNKI，www.cnki.net）检索"学术期刊"，下载来自重点学术机构、发表在重要学术期刊上的论文。第三种方式是检索了30多位本专业领域资深专家以及有一定影响力和代表性中青年学者在2022年发表的论文。第四种方式是对代表性期刊进行CiteSpace可视化文献分析。"代表性期刊"的选择，依据"2021中国最具国际影响力学术期刊（人文社会科学）"①和"国内外管理学权威学术期刊发文量汇总"②中的期刊评价信息，并听取了本学科领域专家的建议。

综合考虑，将"2021复合影响因子/综合影响因子"较高的《管理世界》（13.374/9.062）、《南开管理评论》（9.536/4.848）、《管理评论》（5.546/2.754）三本权威期刊，以及由国家级专业机构主办的《中国人力资源开发》《中国人事科学》两本期刊作为研究对象。③

通过以上四种方式，期待能够采集到比较充分的、具有代表性和典型性的研究样本，为回溯本学科2022年度的发展创造客观性和准确性的物质条件。

二 2022年研究文献梳理与分析

针对采集到的目标文献等信息，从客观实证性的维度呈现、梳理，以主观规范性的角度加以归纳分析。首先汇总来自中青年学者对于学科成果的专家的价值判断，介绍利用CiteSpace可视化文献分析软件对所选择期刊的分析，再讨论关键词和作者检索结果，最后基于文献梳理与分析结果，归纳2022年度本学科研究成果的主要特点。

---

① 中国知网（CNKI）：《2021"中国最具国际影响力学术期刊"和"中国国际影响力优秀学术期刊"》（2022-11-28，https://eval.cnki.net/News/ItemDetail?ID=36356b75b43b4144ba47e7c09bcdefba）。

② 营销学博研会：《国内外管理学权威学术期刊发文量汇总》（2022-11-18，https://mp.weixin.qq.com/s/2Kur5VI3Xmp56IEyEab8QQ）。

③ 南京大学商学院主办的《人力资源管理评论》（2021—2022，CSSCI），在中国知网（CNKI）数据库未检索到相关文献。

（一）来自中青年学者的价值判断

研究团队向学术创造力和生产力处于强化上升阶段的中青年学者，发出邀请函，征集对本学科"名作、名家、名刊"等内容的意见和建议，尽可能体现学者个人及其团队以及所在机构的价值观。

通过书面咨询函和微信、电话咨询，得到中国人事科学研究院任文硕研究员，中国人民大学李超平教授、刘颖教授，中国社会科学院大学徐明教授，北京师范大学于海波教授，中国社会科学院工业经济研究所高中华研究员，山东大学唐贵瑶教授，中央财经大学于广涛教授，北京邮电大学赵晨教授以及兰州大学郭晟豪副教授等近30位学者的回复。

在推荐的文章中，关于优化党政干部人才选拔制度提升国家治理效能的两篇文章很有价值：一篇是《四维匹配驱动国家治理能力现代化——基于中国党政领导干部选拔实践的多案例分析》（刘颖等），另一篇是《以选贤任能促进国家治理效能提升》（郭晟豪、萧鸣政）。学者们也推荐了《管理与组织研究常用的60个理论》（李超平、徐世勇主编）、《集团公司人力资源管理》（唐贵瑶、陈志军著）以及《高质量发展背景下的工匠精神：成效、机制与启示》（赵晨著）等多部具有参考价值的著作。

对本研究而言，学者们对年度关键问题或热点问题关键词的选择，具有重要借鉴意义。如表1所示，左栏是根据右栏"中青年学者提出的关键词"进行的归类。调查结果表明，2022年度本学科主要围绕"人才强国战略与人才管理创新"、"数字化人力资源管理转型与发展"、"疫情影响与适应性发展"、"组织管理新理念"以及"新生代个体行为"五方面问题开展研究。

表1　　　　　　　　　　　　2022年度研究热点问题关键词

热点问题	中青年学者提出的关键词
人才强国战略与人才管理创新	国家战略人才力量、世界重要人才中心建设、人才强国战略、人才管理、中国式人力资源管理、职业教育（高技能人才开发）
数字化人力资源管理转型与发展	数字化、数字化人力资源管理、人力资源管理的数字化转型、数字赋能公共组织人力资源管理发展
疫情影响与适应性发展	疫情下职业发展、远程办公、弹性工作制、不确定性背景
组织管理新理念	组织发展、韧性、包容性、可持续人力资源管理、算法领导力、人力资源管理敏捷性
新生代个体行为	内心驱动发展、自我决定理论、工作—生活平衡、新生代

资料来源：笔者整理。

此外，中青年学者针对重要学术期刊和高水平专家的推荐名单，对我们选择目标学术期刊，进行关键词和作者检索，提供了直接的参考。

（二）对学术期刊论文的 CiteSpace 可视化文献分析

利用 CiteSpace 软件对五本学术期刊进行文献可视化分析，有助于获得贡献学术成果的作者、机构以及关键词的频度与相关性等信息。通过对《管理世界》、《南开管理评论》和《管理评论》三本管理学权威期刊的分析，可以了解管理学领域年度发表的大致情况。再分析包括《中国人力资源开发》与《中国人事科学》在内的五本期刊，可以了解包括人力资源管理栏目的期刊和专业人力资源管理（人事、人才管理）研究结果的发表情况。最后对《中国人力资源开发》与《中国人事科学》两本专业期刊的统计分析，有助于更直接地获得本学科学术研究的热点和重点。

1. 三本管理学权威期刊统计分析

在 CNKI（中国知网）检索到 2022 年度（截止到 2022 年 11 月 20 日）发表在《管理世界》的文章 166 篇，《南开管理评论》85 篇，《管理评论》254 篇，合计 505 篇。经 CiteSpace 统计分析，获得发表论文关键词的共现图谱，如图 2 所示。

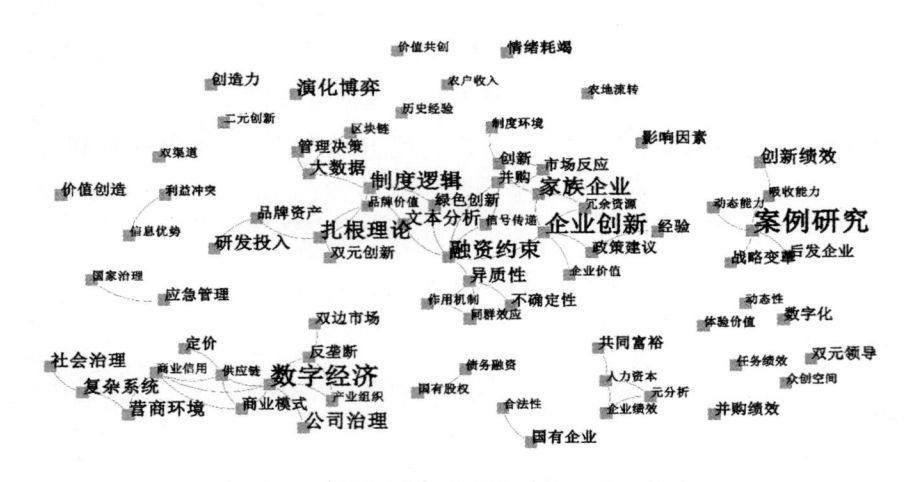

图 2　三本管理学权威期刊关键词共现图谱

资料来源：笔者整理。

据统计，在 500 余篇论文中使用的关键词，词频 3 次及以上有 43 个，4 次及以上有 17 个（见表 2）。从高频关键词可以初步判断，2022 年管理学研究者关注度相对集中的问题包括"数字经济""企业创新""制度逻辑""融资约束""公司治理"等，相对较多的研究采用了"案例研究"和"扎根理论"方法。

表2　　　　　　　　　三本管理学权威期刊论文高频关键词一览

序号	词频	关键词	序号	词频	关键词
1	11	案例研究	10	4	创新绩效
2	9	数字经济	11	4	复杂系统
3	8	企业创新	12	4	大数据
4	6	制度逻辑	13	4	异质性
5	6	家族企业	14	4	文本分析
6	6	扎根理论	15	4	研发投入
7	6	融资约束	16	4	社会治理
8	5	公司治理	17	4	营商环境
9	5	演化博弈			

资料来源：笔者整理。

2. 五本人力资源管理相关期刊统计分析

对三本包含人力资源管理相关内容的权威管理学期刊505篇文章，加上《中国人力资源开发》（88篇）和《中国人事科学》（82篇）两本国家级专业机构主办的专业期刊2022年发表的论文一共675篇，进行CiteSpace统计分析。关键词共现图谱见图3所示，其基本面与图2所示的三本管理学期刊关键词共现图谱相似。表3汇总了五本人力资源管理相关期刊

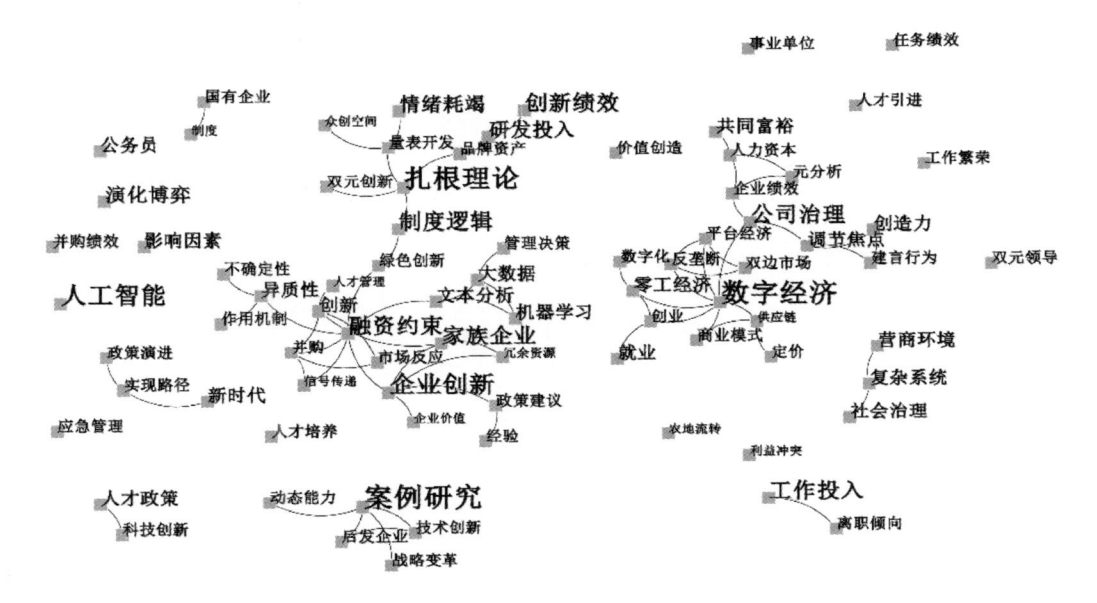

图3　五本人力资源管理相关期刊关键词共现图谱

资料来源：笔者整理。

词频 4 次及以上的关键词 31 个，词频 5 次及以上 14 个。表明研究者关注的热点问题相对集中于"数字经济""企业创新""人工智能"等情境中的人力资源管理问题，较多学者采用了"案例研究"和"扎根理论"方法。

统计分析中获得贡献研究成果的高频机构和高频学者有较高的参考价值。统计表明，贡献 4 篇以上论文的机构有 50 个，5 篇以上 47 个，6 篇以上 33 个，7 篇以上 25 个，8 篇及以上 16 个（见表 4）。贡献论文 20 篇及以上的机构有两个，中国科学院大学经济与管理学院和中国人民大学商学院。另外有发表论文高频作者统计，在 2 篇及以上论文署名的作者有 50 位，3 篇及以上有 15 位，4 篇及以上 4 位，其中一位作者在 7 篇文章署名（见表 5）。

表 3　　　　　　　　五本人力资源管理相关期刊高频关键词一览

序号	词频	关键词	序号	词频	关键词
1	11	案例研究	17	4	创造力
2	10	数字经济	18	4	异质性
3	10	扎根理论	19	4	文本分析
4	8	企业创新	20	4	复杂系统
5	8	人工智能	21	4	人才政策
6	6	工作投入	22	4	就业
7	6	公司治理	23	4	零工经济
8	6	融资约束	24	4	影响因素
9	6	家族企业	25	4	新时代
10	6	制度逻辑	26	4	机器学习
11	6	创新绩效	27	4	创新
12	5	演化博弈	28	4	共同富裕
13	5	研发投入	29	4	调节焦点
14	5	情绪耗竭	30	4	营商环境
15	4	公务员	31	4	社会治理
16	4	大数据			

资料来源：笔者整理。

表 4　　　　　　　　五本人力资源管理相关期刊高频机构一览

序号	数量	机构	序号	数量	机构
1	24	中国科学院大学经济与管理学院	9	11	清华大学经济管理学院
2	20	中国人民大学商学院	10	11	中国科学院数学与系统科学研究院
3	15	同济大学经济与管理学院	11	11	西安交通大学管理学院
4	14	对外经济贸易大学国际商学院	12	11	南京大学商学院
5	14	武汉大学经济与管理学院	13	9	广东工业大学管理学院
6	13	南开大学商学院	14	8	华南理工大学工商管理学院
7	13	中山大学管理学院	15	8	重庆大学经济与工商管理学院
8	12	中国人民大学劳动人事学院	16	8	暨南大学管理学院

资料来源：笔者整理。

表 5　　　　　　　　五本人力资源管理相关期刊高频作者一览

序号	数量	作者	序号	数量	作者
1	7	罗瑾琏	9	3	杨　洋
2	4	陈伟宏	10	3	李燕萍
3	4	钟　熙	11	3	张丽华
4	4	李树文	12	3	王　旭
5	3	杨德锋	13	3	李　敏
6	3	胡　毅	14	3	李新春
7	3	李朋波	15	3	汪　涛
8	3	赵曙明			

资料来源：笔者整理。

3. 两本权威机构专业期刊统计分析

对《中国人力资源开发》（88篇）和《中国人事科学》（82篇）合计170篇论文的CiteSpace统计分析，有更聚焦学科专业领域的呈现，见图4所示。

对关键词的词频统计结果表明，词频3次及以上的关键词有11个，分别是"人工智能"6次，"公务员""工作投入""人才政策""扎根理论"4次，"事业单位""人才培养""离职倾向""新时代""科技创新""人才引进"3次。从高频关键词的统计可以得出一个初步判断，2022年人力资源管理领域学者在这两本专业期刊发表的论文，相对集中讨论了人工智能发展对公务员、事业单位人员的影响问题，以及以人工智能为特征的科技创新产生的人才培养和引进问题。

对高频机构和高频作者的统计表明，发表2篇及以上论文的机构有37个，3篇及以上6个，5篇及以上4个（分别是：中国人民大学劳动人事学院（9篇），首都经济贸易大学劳动经济学院、中国劳动关系学院劳动关系与人力资源学院、南京大学商学院各5篇）。署名2篇及以上的作者有21人，其中包括武汉大学李燕萍教授、南京大学赵曙明教授、首都经济贸易大学何勤教授等。

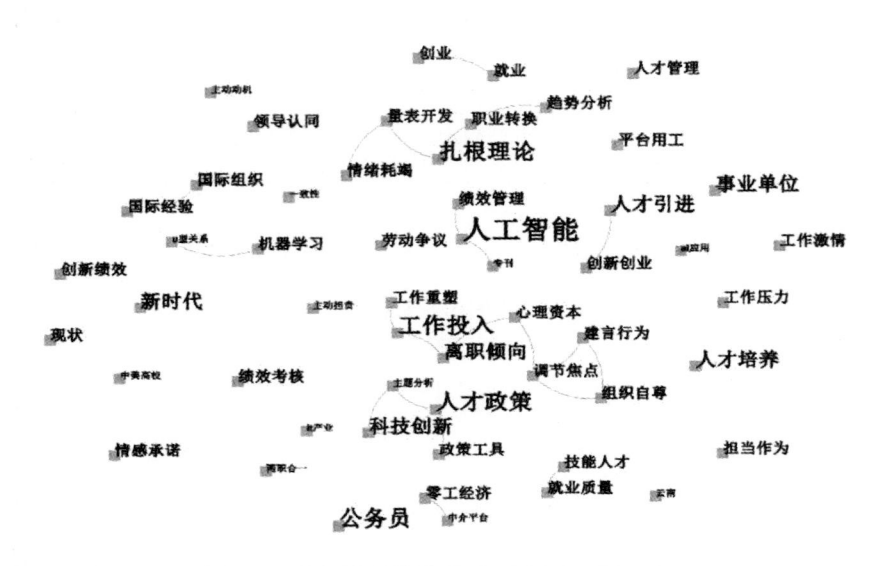

图4 两本权威机构专业期刊关键词共现图谱

资料来源：笔者整理。

（三）关键词和作者检索结果讨论

为了获得更全面、客观的研究样本信息，弥补CiteSpace可视化统计分析因期刊数量、单一年度等带来的不足，我们在中国知网的中文学术期刊数据库，进行了关键词检索，并且选择有影响力的高水平专家及其学术团队进行了年度发表成果检索。

对通过关键词检索到的文章，判断是否符合本学科研究领域，是否发表在有价值的学术期刊，作者是否来自国家级或省部级研究单位或高等教育机构，浏览或下载；检索到有影响力的高水平专家及其学术团队的学术论文，评估是否属于本学科领域，是否可以纳入研究样本，然后下载收藏。

检索的关键词主要有：人力资源、人力资源开发、人力资源管理、人才学、人才战略、战略人才、人才管理、人才高地、人才强国战略、高层次人才（管理）、人力资本管理、劳动关系管理、和谐劳动关系等。

检索的专家有王通讯、何宪、萧鸣政、杨河清、赵曙明、王重鸣、曾湘泉、董克用、吴江、余兴安、赖德胜、杨伟国、时勘、彭剑锋、冯喜良、任文硕、李超平、徐明、姚凯、刘颖、李燕萍、周文霞、刘昕、方振邦、郑晓明、唐宁玉、刘邦成、于海波、柯江林、贾建锋、高中华、陈小平、郭晟豪等38位。

通过关键词检索和专家检索，参考 CiteSpace 可视化统计分析中获得的信息，收集到符合本研究的学术期刊论文146篇，再经过逐篇浏览，去除研究内容超越既定学科领域以及文章形式或发表期刊不符合条件的文章，最后确定作为分析样本的论文有138篇。

（四）2022年度研究成果的概况与特点

对选定的138篇学术期刊论文研究样本，从论文摘要开始通读全文，阅读—思考—再阅读—再思考，聚类、分组、归纳、提炼，从具体成果到一般逻辑，尝试从研究样本以及相关学术论坛等活动的信息中，概括出人力资源管理学科2022年度研究成果的总体情况和主要特点。基于前期比较有系统性和有效性的文献梳理与样本采集过程，对本学科年度发展情况的概述有望获得比较扎实的物质条件与理性基础。

总体上，2022年人力资源管理学科领域所属的各专业的研究者和学术期刊编辑，一如既往，旗帜鲜明，立场坚定。紧紧围绕党的十八大以来关于国家人才事业创新发展的一系列战略举措、体制机制改革，以及人才培养、引进、使用、激励与绩效评价等问题，选题研究，择优发表。2021年9月，习近平总书记在中央人才工作会议上发表重要讲话，强调要坚持党对人才工作的领导，要坚持面向"世界科技前沿、经济主战场、国家重大需求、人民生命健康"，"深入实施新时代人才强国战略，全方位培养、引进、用好人才，加快建设世界重要人才中心和创新高地，为2035年基本实现社会主义现代化提供人才支撑，为2050年全面建成社会主义现代化强国打好人才基础"。①

习近平总书记的重要讲话，极大地鼓舞了人力资源管理、人才开发与管理等专业领域理论工作者的积极性与创新性，学者们积极踊跃从事相关研究，为优化人才获得与使用制度，促进人才发展战略目标实现，提出理论观点、发现理性逻辑、贡献解决方案。2022年多家学术机构和高等学校，联合举办学术论坛和研讨会，学习贯彻中央人才工作会议精神，专家学者就"世界重要人才中心和创新高地"建设问题等方面的选题，各抒己见，发表论文。

在研究选题上，范围广泛，宏观、微观组织和个体并重。这一方面体现研究者通过差异化实现创新目标的战略智慧，另一方面也在一定程度上反映了本学科领域"百花齐放，百

---

① 《习近平在中央人才工作会议上强调，深入实施新时代人才强国战略，加快建设世界重要人才中心和创新高地》（2022-12-09，新华网：http://www.news.cn/politics/leaders/2021-09/28/c_1127913654.htm）。

家争鸣"的繁荣局面。对研究样本尝试进行聚类、分组，集中度并不高，这一点在通过 CiteSpace 对五本人力资源管理相关期刊高频关键词统计中有所反映（见表3）。对研究样本学术论文的分类，包括人才强国战略与人才高地建设，数字经济、人工智能与人力资源管理创新，新经济形态下的劳动关系变化与保障，疫情防控中民众心理评价及其对就业的影响，组织中领导风格与员工行为的实证研究，事业单位制度创新与工资改革，学科发展与中国人力资源学科建设，人才培养与高校毕业生就业问题，老年人力资源开发等。

在研究设计上，重视现实场景，深入实际调查，通过对系统性观察和所收集数据资料的理性分析得出一般性认识。CiteSpace 高频词统计表明，较多的作者使用"案例研究"和"扎根理论"研究方法。在案例研究中，研究者选择一个或几个场景作为案例进行观察，系统地收集第一手的数据和资料，运用一定的理论框架进行厚实的描述和系统的理解，发现有意义的特征，获得具有全面性与客观性的认识。扎根理论（Grounded Theory，GT）作为一种定性研究的方法，旨在通过观察和经验资料分析建立理论。研究者不是从理论假设出发，而是直接从实际观察入手，从原始资料中归纳出经验，再从经验上升到系统性的理论。

重视"案例研究"和"扎根理论"研究方法，有助于获得对中国经济、社会、政治和文化背景下的市场微观主体的特征与行为特点的客观认识，进而演绎出有现实意义和应用价值的理性观点，避免出现"过度'数学化''模型化'等不良倾向"。[①] 在人力资源管理研究中采用"实证研究"（empirical research）方法，如果对概念框架、理论模型、行为量表源于不同于"中国文化"的"文化"这一问题认识不足，处理不当，表面上看起来"模型化""量化"的"科学性"特征显著，但实际上已脱离现实性和客观性，无助于对问题的认识与解决。《管理世界》杂志倡导"研究中国问题、讲好中国故事"，连续15年联合中国人民大学商学院举办"中国企业管理案例与质性研究论坛"，发掘中国企业管理的优秀案例，对于破除"重模型、轻思想""重技术、轻问题""重国外、轻国内"等不良倾向具有重要作用。

除了上述从政治态度、研究选题和研究设计三方面概括的总体特征，细查具体的学术论文成果，还可以归纳出以下四个特点。

第一，聚焦国家和地区经济社会发展战略需求，以及组织与个人紧迫关切的问题，提出应对策略与方案。

2022年5月下旬，为了学习贯彻习近平总书记2021年9月在中央人才工作会议上要求"粤港澳大湾区建设高水平的人才高地"的指示精神，落实2020年发布的《中华人民共和

---

① 李志军、尚增健：《亟需纠正学术研究和论文写作中的"数学化""模型化"等不良倾向》，《管理世界》2020年第4期。

国国民经济和社会发展第十四个五年规划和 2035 年远景目标纲要》中关于粤港澳大湾区建设的战略目标，以及探讨中共中央、国务院 2019 年印发的《粤港澳大湾区发展规划纲要》中对战略人才资源的开发与管理问题，广东财经大学、中国人力资源开发研究会人才测评专业委员会、中华人力资源研究会，联合举办"2022 粤港澳大湾区人才战略与创新发展论坛"，来自北京大学、清华大学、复旦大学、上海交通大学、中国人民大学、浙江大学、南京大学、中山大学、北京师范大学、广东财经大学、中国人事科学研究院、澳门大学、高雄师范大学等高校专家、学者，北大方正集团有限公司、德勤香港公司等机构、企业负责人共 300 余位现场参会，论坛同步在线直播，在线观众总计超过 53 万人次。此次论坛特邀 16 位嘉宾在主论坛主题演讲，10 位重要嘉宾主题发言，81 位嘉宾在七个分论坛进行汇报。论坛邀请到《中国行政管理》《公共管理学报》《行政论坛》《公共行政评论》《中国人力资源开发》《广东财经大学学报》等期刊主编参加圆桌论坛。[1] 类似形式的围绕国家和地区经济社会发展战略人力资源开发与管理的论坛有不少，专家发表真知灼见，学术期刊主编介绍发表要求，学术研究与学术成果发表主体间交流合作、相互促进，有助于产出高水平论文，丰富学术成果，推动本学科高质量发展。

数字经济是继农业经济、工业经济之后的主要经济形态。数字经济是"以数据资源为关键要素，以现代信息网络为主要载体，以信息通信技术融合应用、全要素数字化转型为重要推动力，促进公平与效率更加统一的新经济形态"。"十三五"时期，我国深入实施数字经济发展战略，不断完善数字基础设施，加快培育新业态新模式，推进数字产业化和产业数字化取得积极成效。"十四五"时期，我国数字经济转向深化应用、规范发展、普惠共享的新阶段。[2] 在数字经济时代，人工智能成为产业数字化转型"枢纽"；数字经济的发展为人工智能产业创造技术条件和应用环境，人工智能作为关键性的新型技术能力，成为推动整个国家数字化经济转型与发展的核心推动力。[3]

在经济社会数字化转型和人工智能广泛应用的"数字化""数智化"背景下，人力资源管理等相关领域的学术机构积极组织研讨活动，专家学者针对新经济形态和新技术应用带来的人力资源需求变化，以及人力资源职业市场环境的"乌卡化"（VUCA, Volatility, Uncertainty, Complexity, Ambiguity）——易变性、不确定性、复杂性、模糊性，进行理性思辨或经

---

[1] 《人力资源学院协同承办的 2022 第二届粤港澳大湾区人才战略与创新发展论坛在广州成功举办》(2022 - 12 - 10, http：//rlzy. gdufe. edu. cn/2022/0603/c7258a160709/page. htm)。

[2] 《"十四五"数字经济发展规划》(2022 - 12 - 10，中华人民共和国中央人民政府网：http：//www. gov. cn/zhengce/content/2022 - 01/12/content_5667817. htm)。

[3] 《数字经济时代，人工智能成为产业数字化转型"枢纽"》(2022 - 12 - 11，中国经济新闻网：https：//www. cet. com. cn/itpd/sdyd/3189668. shtml)。

验实证，献计献策，发表理论观点和实践指南。2022年11月中旬，中国人力资源开发研究会主办的学术期刊《中国人力资源开发》在线召开第七届学术年会，专题研讨人力资源管理的数字化与数智化问题，内容包括"数智化背景下的人力资源开发与创新管理"（赵曙明）、"数字化时代人力资源管理的新课题"（彭剑锋）、"人才数字能力结构及其测量研究"（李燕萍）、"包容性领导对数字化时代员工的适用性"（唐宁玉）、"数字化对企业HRM的影响、问题与应对"（刘洪）、"数智时代新生代员工管理新课题"（颜爱民）等。[①] 2022年11月，中国人事科学研究院、中国人民大学和亚太地区国家东部公共行政组织人力资源研究中心联合举办国际学术研讨会，回应数字化给公共组织人力资源管理带来的机遇与挑战。萧鸣政教授在此次国际研讨会上发表《数字化及对公共组织HRM赋能价值与困难》的主题演讲，对"什么是数字化？数字化赋能及其价值是什么？公共组织数字化赋能存在哪些困难？"等问题作了系统阐述。在学术期刊，也有学者发表了多篇论文，其中有：《数字经济发展对就业的影响与对策研究》（鲍春雷等）、《人工智能时代的公共部门人力资源管理：实践应用与理论研究》（陈鼎祥、刘帮成）、《人工智能引发劳动关系变革：系统重构与治理框架》（何勤等）、《革新与风险：人力资源管理的数字化战略转型》（唐鑛、张莹莹）等。

第二，研究方法多样化、精细化，研究成果的客观性、科学性和有效性水平比较高。

人力资源管理属于应用型学科，研究选题以发现问题、分析问题、提出解决问题的方案为主。其中的问题，通常包括人力资源战略规划与配置，员工招募与甄选、培训与开发、绩效考评、薪酬与福利，以及员工国际派遣管理、组织文化建设和员工关系管理等。就人力资源管理学科而言，尚未形成高度认可的一致的范式，研究者往往从自己在专业基础学习和硕士研究生或博士研究生专业研究阶段习得和掌握的视角与方法开展研究。通过对研究样本学术期刊论文的浏览，可以判断研究者所采用的概念框架和研究方法所属的学术领域，比如经济学、心理学、组织行为学、社会学、管理学等。

就管理问题研究的推理过程而言，通常可以分为两个过程：一是从一般到具体的演绎法，如图2华莱士模型[②]所示，即右半部分T—H—O；二是从具体到一般的归纳法，即图2左半部分O—E—T。在发表的论文中呈现的研究方法，一般有理论研究（theoretical study）和实证研究（empirical study）两类。图2上半部分的E—T—H过程为理论研究，下半部分

[①] 《中国人力资源开发》第七届学术年会（2022）第三轮通知（含会议议程）（2022-12-11，https://mp.weixin.qq.com/s?__biz=MzAwMjAyNTI4Ng==&mid=2652664490&idx=1&sn=ffd7414b18acaa574f4c35f95e6e3aa9&chksm=81386083b64fe9950b1c008cb86ce1121c6d41f392ae8430ca463dc281662a12d0a5f9186480&scene=27）

[②] "华莱士（W. L. Wallace）模型"为研究过程推理的理论、假设、观测和经验概括四要素模型。见李怀祖《管理研究方法论（第2版）》（教育部研究生工作办公室推荐：研究生教学用书），西安交通大学出版社2004年版，第70页。

的 H—O—E 过程为实证研究或称为经验研究。在 2022 年研究成果中，较高比例的论文采用的研究方法为基于组织行为学概念、模型与量表的实证研究，即依据某种理论与实际观测提出研究假设，然后运用行为量表采集数据，进行统计分析，证实或者证伪研究假设。实证研究是近几年来人力资源管理学科课题研究、学术论文以及硕士、博士研究生学位论文主流的研究方法。

在 2022 年研究成果中，无论是构建概念模型的理论研究、验证行为要素相关性的实证研究，还是采用经济学中的计量经济模型的实证研究（positive study）和提出政策建议或问题解决方案的规范研究（normative study），以及运用劳动经济学对劳动关系、劳动者权益保证等问题的案例研究和实证分析，从社会学、政治学角度对人才开发与管理问题的研究，比较充分地体现研究方法的多样化、视角的多维度、技术路线的合理性，定性例证和定量数据采集的规范性、论证的客观性，在较高程度上保证了研究结论的合理性、可靠性和科学性。

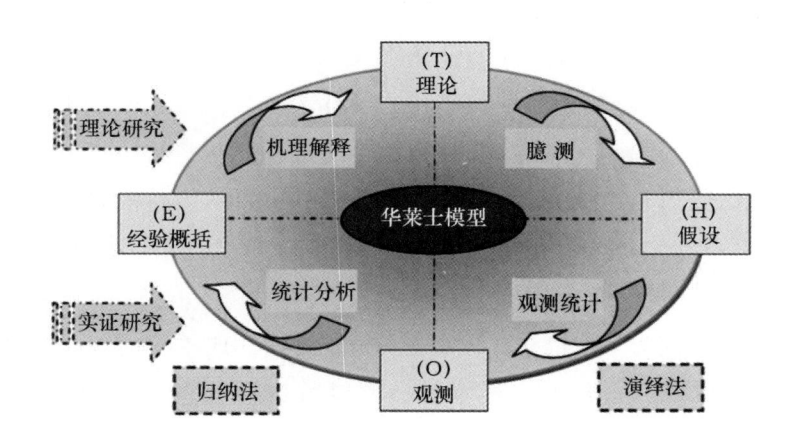

图 2　管理研究方法逻辑关系（华莱士模型）

资料来源：根据李怀祖《管理研究方法论（第 2 版）》第 70 页图 2 至图 8 绘制。

第三，中青年学者的创新力与生产力比较强，研究潜力和发表质量趋向国际化。

长期从事人力资源管理学科的教学与科研工作，对本学科领域专家学者的情况有一定的了解。另外，对此次所采集的研究样本学术论文作者的学术背景和所工作的机构又进行了进一步的核实。基本可以肯定，2022 年度学术成果的贡献者，主要是高等学校和研究院（所）中青年学者，年龄大概在 35—55 岁，拥有博士学位，获得中级或高级职称。也有一部分超过 60 岁资深的教授、专家，坚守在原工作单位继续指导中青年专家和研究生开展团队作战，承担重要的人才培养和科学研究责任，持续产出高质量论文和著作；或者在一个新的城市新的单位担任特聘职位或领导职务，继续发挥教学科研工作的指导、指挥作用，贡献学术成果。

作为本学科学术成果主要贡献主体的中青年学者，绝大多数在国内著名高等学校或者国际知名高等教育机构接受过博士学位学术研究训练，学有所成，开始指导硕士、博士研究生，不少人已经成为所在单位学术骨干或领导者。一般来说40—50岁的专家正处于学术创新创造的黄金期，产出高标准、高质量论著成为必然。

有许多学者曾经在国外留学，或者到国外进修访学。在当今信息化、全球化时代，国际学术交流日益便捷和常态化。中青年学者基础好，学习力强，对标国际学术水准发表成果的能力普遍提高。我们坚信，随着国家经济和社会战略目标的实现，包括人力资源管理学科在内的人文社会科学必将得到高质量、高水平、国际化发展，中国学者和中国学术的国际影响力一定会大大增强！

第四，审视新时代人力资源管理学科创新发展逻辑，促进中国式理论体系构建研究。

人力资源管理学科领域的专家学者和学术组织的领导者，是加快构建中国特色哲学社会科学伟大事业的实践者和贡献者。2022年举办的学术活动和发表的学术成果，其中一个显著特点就是反映出主办单位和作者认真学习和贯彻习近平总书记的指示精神，在研究中沿着"立足中国、借鉴国外，挖掘历史、把握当代，关怀人类、面向未来的思路"，努力在"指导思想、学科体系、学术体系、话语体系等方面充分体现中国特色、中国风格、中国气派"。① 习近平总书记指出，"加快构建中国特色哲学社会科学，归根结底是建构中国自主的知识体系"。要求哲学社会科学工作者"要以中国为观照、以时代为观照，立足中国实际，解决中国问题"，"不断推进知识创新、理论创新、方法创新"，"以回答中国之问、世界之问、人民之问、时代之问为学术己任，以彰显中国之路、中国之治、中国之理为思想追求，在研究解决事关党和国家全局性、根本性、关键性的重大问题上拿出真本事、取得好成果"。②

人力资源管理学科作为哲学社会科学必不可少的组成部分，理论工作者自觉践行作为新时代中国学者的使命，脚踏实地，勤奋工作，努力创新，为建设中国自主的人力资源管理和人才开发与管理知识体系贡献智慧和成果。2022年5月27—28日，中国社会科学院大学、中国社会科学院财经战略研究院、中国人事科学研究院共同举办第二届"新时代人力资源管理创新与发展"高端学术论坛。据报道，国内众多知名高校、科研院所的专家学者，国

---

① 《习近平：在哲学社会科学工作座谈会上的讲话（全文）》（2022 - 12 - 13，人民网：http://politics.people.com.cn/n1/2016/0518/c1024 - 28361421.html）。

② 《习近平在中国人民大学考察时强调：坚持党的领导传承红色基因扎根中国大地 走出一条建设中国特色世界一流大学新路》（2022 - 12 - 14，中央人民政府网：http://www.gov.cn/xinwen/2022 - 04/25/content_5687105.htm）。

内顶级期刊的负责人以及政产学研创等各界精英，以"数字经济时代与人力资源管理变革"为主题，着重探讨了"人力资源管理的理论与创新发展"和"人力资源管理的实践与挑战应对"两个方面的问题。内容包括《劳动组合形态与人事管理体制的变革》（余兴安）、《人力资本密度与创新》（赖德胜）、《世界重要人才中心和创新高地建设与人才创新生态系统的构建》（徐芳）、《人才发展中的百年党史》（郭强）、《人力资源管理范式性转型》（杨伟国）、《面向数字经济时代的企业管理变革》（戚聿东）、《中国人力资源管理变革的理论思考与实践探索》（刘昕）、《新时代人才强国战略总体框架与实现路径》（徐明）等。与会领导和专家表示，加快构建中国特色哲学社会科学是我国规划的重大战略任务，在这一背景下举办论坛恰逢其时，"对于梳理国内人力资源管理发展进程，加快人力资源管理、人才学等领域的理论研究，总结人力资源管理实践经验，从而形成具有中国特色的人才理论体系，使中国的人力资源管理学科屹立于世界学术之林具有重要的理论意义；对于指导我国人才工作，立足中华民族伟大复兴战略全局和世界百年未有之大变局，面向世界科技前沿，面向经济主战场，面向国家重大需求，面向人民生命健康，会聚天下英才投身中国特色社会主义现代化建设也具有重要的实践价值"①。

2022 年 8 月 20 日，中国人力资源开发研究会与西安石油大学共同主办了"第二届人力资源管理学科发展论坛"，来自国内 100 余所高校人力资源管理学科的知名专家、学科或专业带头人、骨干教师等 200 余位专家，围绕"新时代人力资源管理学科的发展方向与路径"主题进行了深入探讨。中国人力资源开发研究会会长李朴民在开幕致辞中指出，"新中国成立以来特别是改革开放以来，我国人力资源管理学科迅速发展，学科水平已步入世界第一方阵，理论成果令人瞩目，实践创新鼓舞人心"。李朴民提出，要坚持以习近平人才思想为指导，深化人力资源供给侧结构性改革，把好方向、强化结合、突出特色、勇于创新、深化融合，推动新时期人力资源管理学科的高水平、高质量发展。②

三 2022 年研究的关键问题与代表作品

综合考虑从研究样本、学术论坛或研讨会等来源获得的信息，经过多次考量和分类，可以把 2022 年人力资源管理学科讨论的关键问题归纳为 7 个方面。分别是：人才强国战略与人才高地建设；数字经济、人工智能与人力资源管理创新；新经济模式下和谐劳动关系建设

---

① 徐蔚冰：《第二届"新时代人力资源管理创新与发展"高端学术论坛成功举办》（2022 - 12 - 12，UCASS 治理现代化研究：https：//mp. weixin. qq. com/s/bfPYUNuwrb0gi7DX_0hzTA）。

② 《第二届人力资源管理学科发展论坛成功举办》（2022 - 12 - 12，https：//mp. weixin. qq. com/s?__biz = MzAwMjAyNTI4Ng = = &mid = 2652663666&idx = 1&sn = da4874 b437b428d733314a50f0b30c92&chksm = 81387d5bb64ff44dd6bc8e3f7a419d554b0aa20e932b81de22b5061971fbc0a50 60a4cc649a5&token = 2043）。

与劳动者权益保障；人力资源开发与高校毕业生就业；组织领导与员工行为实证研究；组织变革与人力资源管理创新；新时代人力资源管理学科创新与发展。每一个方面的问题，都有代表性的作品深入讨论，精辟论述，提出创新观点或建议，为丰富学术成果、促进学科发展作出了贡献。

（一）人才强国战略与人才高地建设

有几篇重要的文章，分别探讨了在新时代实施人才强国战略的演化逻辑、理论基础与工作重点，人才强国战略实施中的"人才生态环境"建设、STEM（指在科学、技术、工程、数学）领域中女性专业技术人才的发展问题，以及党政领导人才的选拔任用、培养使用与政治素质考核等问题。

加快建设世界重要人才中心和创新高地，是凝聚和强化中国式现代化建设人才支撑力量，实现我国第二个百年奋斗目标重大的战略人才开发复杂系统工程。萧鸣政等专家对人才高地建设的标准与路径、粤港澳大湾区战略人才高地建设，以及对人才高地建设中的区域人才开发指数和区域人才发展环境指数进行了实证研究。

中国社会科学院大学徐明教授在《新时代人才强国战略的总体框架、时代内涵与实现路径》一文中基于文献研究和理论推演，构建"理念—体系—能力—战略"整合型的理论分析框架。徐明教授认为，以人才治理理念现代化引领人才治理体系和能力现代化，不断推进完善新时代人才工作的理论体系，人才强国战略内含于人才治理现代化框架，国家人才战略是对人才治理现代化愿景的长远谋划和分步执行，从会聚人才、培育人才、激励人才、造就人才等方面来把握新时代实施人才强国战略的时代内涵和要求。为此，应在以下方面落棋下子，打好主动仗，下好先手棋：建设世界重要人才中心和创新高地，既要明确布局，又要"点""阵"结合；构建和塑造国家战略人才力量，既要"质""量"协同，又要梯次配置；深化人才发展体制机制改革，既要授权"松绑"，又要"破""立"兼顾；全方位培养引进用好人才，既要"内""外"统筹，又要"领""育"结合。将各行各业各领域各方面的优秀人才会聚到党和人民的伟大事业中来，形成全面建设社会主义现代化国家的时代伟力。[1] 中国人事科学研究院孙锐研究员撰文论述了实施新时代人才强国战略的演化脉络、理论意义与工作重点。孙锐研究员认为，"新时代人才强国战略"是在继承、发展"以往人才强国战略"的基础上形成的一个"新战略"。中国人才强国战略，经历了由"追赶型"战略到"攀登型"战略再到"夺标型"战略的进阶演变过程，每一个阶段的人才战略内涵与国家总体战略任务高度相关。他指出，中国新时代人才强国战略的提出和实施具有时代性、发展性

---

[1] 徐明：《新时代人才强国战略的总体框架、时代内涵与实现路径》，《河海大学学报（哲学社会科学版）》2022年第6期。该文被2023年第10期《新华文摘》全文转载。

和科学性，要求中国在高水平人才集聚、培养、使用和创新创造方面进入世界中心位置。为此，在人才工作中要重点做好进一步推动理论创新、深化人才制度改革、打造人才高地和人才平台，以及建立人才强国战略实施效果的监测评估体系。①

清华大学公共管理学院蓝志勇教授在《论人才强国战略中的人才生态环境建设》一文中指出，在全球高度关注的"第四次工业革命"背景下，人才特别是科技人才的关键性作用更加凸显。通过对人才成长和成就的生态环境治理，积极推动我国人才强国战略高质量实施值得各界高度重视。蓝志勇教授在文章中分析了生态原则和生态理论对生命群落的影响，提出了利用生态原理和实践经验科学构建人工生态系统，推动我国人才高地建设和人才强国战略目标"世纪工程"实现的建议。②

科技战略人才是国家实现科教兴国战略目标的核心人才支撑力量，其中包括女性专业技术人才。武汉大学李燕萍教授等研究了STEM（Science, Technology, Engineering, Mathematics）领域，即科学、技术、工程、数学领域中女性专业技术人才的发展问题。通过对相关文献的系统梳理发现，国内外对STEM领域女性工作者职业发展的研究呈现上升趋势，国内的研究稍晚于国外。从职业转换视角考察可以发现，研究者关注的核心议题，包括社会职业认知理论、期望价值理论、角色调和理论等不同视角下的"个体、家庭、组织、环境"因素对职业选择、职业成长和成就以及职业退出的影响问题。③

党政领导干部人才，既是人才强国战略发展的重要人才队伍，又是人才强国战略的领导者和推动者，通过什么方式培养、如何选拔任用和绩效考核，对于促进包括实施人才强国战略在内的国家治理能力强化和治理效能提升，具有重要现实意义和实践参考价值。北京大学萧鸣政教授团队比较研究了"不同培养方式对领导干部发展影响效能"问题。研究认为，领导干部培养体系是中国选贤任能制度显著优势发挥的坚实基础和动力源泉，通过梳理人力资源开发理论及相关文献，概括出学科结构优化培养、政治理论培养、业务能力培养、视野拓展培养、领导本领提升培养与特殊环境培养六种方式，不同培养方式发挥不同效能；六个方面协同发力是领导干部的选拔培养工作最有价值的选择。④ 兰州大学郭晟豪副教授和北京大学萧鸣政教授合作发表《以选贤任能促进国家治理效能提升》一文，针对当前我国治理实践中存在的人才选任问题，提出通过充分发挥选贤任能制度优势提升国家治理效能的建

---

① 孙锐：《实施新时代人才强国战略：演化脉络、理论意涵与工作重点》，《人民论坛·学术前沿》2022年第18期。
② 蓝志勇：《论人才强国战略中的人才生态环境建设》，《行政管理改革》2022年第7期。
③ 李燕萍、王诗婧：《科技领域的巾帼之路？STEM领域女性工作者职业发展研究回顾与展望》，《中国人力资源开发》2022年第9期。
④ 萧鸣政、张睿超：《不同培养方式对领导干部发展影响效能的比较》，《中共中央党校（国家行政学院）学报》2022年第4期。

议，包括坚持党管人才原则，遵循公共价值基本方向；把握素质观、开发观、协同观和发展观，注重政治、品德素质的内在驱动和开发、协同、发展的外部驱动作用；抓好关键领域、用好领军人才、选好先进地方，以点带面、延续接力开展选贤任能工作，以多层次和全方位的选贤任能机制推动国家治理效能的总体提升。[①]

中国人民大学刘颖教授团队，通过对中国党政领导干部选拔实践的多案例分析，深入挖掘制度创新的有益经验，构建了具有中国特色的党政领导干部选拔的"四维度匹配模型"，即政治匹配、事业匹配、组织匹配与岗位匹配。研究中借鉴了胜任素质模型，形成了中国特色的领导干部选拔理论和方法，提出了有价值的政策建议。[②] 此外，中共中央党校（国家行政学院）宋雄伟教授和中国人民大学刘颖教授研究认为，"政治素质"是干部素质的核心和履职的首要条件，严把政治关，考准考实干部政治素质至关重要；"信念坚定、站稳人民立场、胸怀'国之大者'、严守政治纪律、政治能力过硬"是党政干部必备的政治素质。[③] 青年干部是实现国家战略目标的主力军和接班人，萧鸣政教授和陈小平教授著文论述了青年人才在实现我国第二个百年奋斗目标历程中的责任、挑战与对策。[④]

为了响应习近平总书记在中央人才工作会议上提出的"加快建设世界重要人才中心和创新高地"的号召，人力资源管理和人才开发与管理研究工作者，从不同的角度观察，运用不同的概念框架和研究方法，进行理性思辨，构建理论模型，提出战略选择的原则和行动方案，积极为领导决策机关和服务与管理部门建言献策。最有代表性的作品是北京大学萧鸣政教授团队发表在重要期刊的《人才高地建设的标准与路径——基于概念、特征、结构与要素的分析》一文。萧鸣政教授团队认为，"人才高地"表现为人才数量的高密度、人才级别的高水平、人才工作的高活力、人才产出的高效益与人才发展环境的高匹配。基于条件、过程与结果三大特征和主体、机制与环境三大要素，构建了人才高地的结构模型与标准体系，规划了"一个高地+三个特征+三大要素+五大体系"的建设路径框架，提出了发展模式和政策建议。[⑤] 北京师范大学王建民教授团队撰写了《加快构建粤港澳大湾区支撑中国式现代化建设战略人才高地：生态分析与战略实现》一文，基于人力资本生态理论对粤港澳大湾区和世界主要大湾区从七个维度进行了比较分析，梳理和审视了构建粤港澳

[①] 郭晟豪、萧鸣政：《以选贤任能促进国家治理效能提升》，《国家现代化建设研究》2022年第4期。
[②] 刘颖、刘梦韬、商容轩：《四维匹配驱动国家治理能力现代化——基于中国党政领导干部选拔实践的多案例分析》，《公共管理学报》2022年第3期。
[③] 宋雄伟、刘颖：《考准考实干部政治素质》，《党建研究》2022年第8期。
[④] 萧鸣政、陈小平：《第二个百年奋斗目标下青年的责任、挑战与对策》，《人民论坛》2022年第8期。
[⑤] 萧鸣政、应验、张满：《人才高地建设的标准与路径——基于概念、特征、结构与要素的分析》，《中国行政管理》2022年第5期。

大湾区支撑中国式现代化建设战略人才高地系统工程的基础条件，阐述了粤港澳大湾区高水平人才高地建设应该坚持的五项原则，分析了可选择的战略制度安排，提出政策落实的五点建议。①

区域人才开发是实现国家建设"世界重要人才中心和创新高地"战略规划目标的重要条件。通过构建评价指标体系，对地区人才开发能力与水平以及人才发展进行评估，有助于促进地区战略人才开发工作，为建设国家级的"高水平人才高地"奠定物质基础。萧鸣政教授团队通过分析对广东省21个地级市调查的1012份问卷，开发了反映地市人才开发能力与水平的指数评价体系。②此外，萧鸣政教授团队也对"区域人才发展环境"的评价问题进行了研究，基于文献和实践从"经济社会与文化环境""政策环境""人才市场环境""生活环境""教育与科技发展环境"等维度，构建出一套区域人才发展环境评价指标体系。③

（二）数字经济、人工智能与人力资源管理创新

在数字经济时代，人工智能技术和产品在生产、生活和社会各方面广泛应用。数字经济作为继农业经济、工业经济之后新的经济形态，正以前所未有的速度、广度和深度，全面推动生产方式、生活方式和治理方式发生深刻的变革。④数字经济带来的变革，人工智能的广泛应用，势必导致经济和社会活动中对人力资本和物力资本生产要素的需求，以及供给方式与管理模式发生变化。

人力资源管理学科领域的理论工作者，敏锐地观察到了这种变化趋势对当前和今后的人力资源开发与管理带来的机遇与挑战，从多个角度切入开展理论和实证研究。从我们检索到的具有代表性的研究样本来看，2022年讨论的关键问题，包括数字经济发展对就业的影响、人工智能引发的劳动关系变革、数字金融发展与农民工再就业、人力资源管理的数字化战略转型、数字时代数智化组织中的管理创新等问题。

中国劳动和社会保障科学研究院鲍春雷等研究了数字经济发展对就业的影响问题。研究

---

① 王建民执笔撰写的《加快构建粤港澳大湾区支撑中国式现代化建设战略人才高地：生态分析与战略实现》一文待发表中。文章中的核心观点，曾于2022年5月28日在广东财经大学、中国人力资源开发研究会人才测评专业委员会、中华人力资源研究会和南粤人力资源有限公司联合举办的"2022粤港澳大湾区人才战略与创新发展论坛"上发表。
② 萧鸣政、张睿超：《区域人才开发指数的实证研究——基于广东省的样本调查与分析》，《科技管理研究》2022年第7期。
③ 萧鸣政、朱玉慧兰：《区域人才发展环境指数研究——基于广东省21个地市的调查样本》，《行政论坛》2022年第3期。
④ 2021年12月12日国务院发布《"十四五"数字经济发展规划》（2022-12-16，中华人民共和国中央人民政府网：http://www.gov.cn/zhengce/content/2022-01/12/content_5667817.htm）。

认为，一方面我国数字经济蓬勃发展，数字产业化、产业数字化进程加速，数字经济领域就业规模不断扩大，就业形势稳中趋好，就业结构持续优化，就业质量相对提升，但另一方面数字化进程中的技术替代、数字鸿沟、结构分化和低技能群体就业质量短板等问题有待解决。为此，提出了加大数字经济就业创业支持力度、适应数字化转型加强人力资源开发等建议。① 首都经济贸易大学何勤教授等研究了"人工智能引发劳动关系变革"问题，认为人工智能技术迅速融入各产业以及企业管理的各个领域，推动传统的劳动关系发生变革，给劳动力市场带来了新挑战。依据"机器行为学与劳动关系系统理论"，融合人机动态演变关系与传统劳动关系系统理论，重构人工智能赋能及人工智能合作条件下的劳动关系，提出了有创新的治理框架和新的治理思路。② 中国人民大学曾湘泉教授团队基于中国劳动力动态调查数据，分析数字金融发展与返乡农民工再就业问题。研究发现，数字金融发展水平每提高一个标准差，促进返乡农民工非农就业概率提高 0.062—0.21 个单位，并使其农业就业概率降低 0.071—0.22 个单位，结论是数字金融能够降低融资和创业成本，有助于吸引返乡农民工在农村地区开展机会型创业。③

在我国数字经济蓬勃发展的条件下，人力资源管理势必进行数字化战略转型。中国人民大学唐鑛教授等认为，企业人力资源管理迫切需要与企业的数字化发展战略同步转型，以最大化地分享数字技术带来的红利。还提出，在数字化人力资源管理中必须关注数字劳动情境下的用工风险，勇于面对变革的机遇与挑战，努力实现组织价值升级和绩效增量。④ 清华大学长聘副教授王雪莉等研究认为，越来越多的产业卷入数字化浪潮，新的工作岗位涌现，旧的工作岗位消亡或重塑，人力资源管理有必要同步进化，创新管理方式与手段，稳定变化中的市场秩序，引领组织在风口浪尖继续前行。⑤

此外，还有学者就人工智能时代的公共部门人力资源管理⑥、数字时代的公安人力资源管理⑦、

---

① 鲍春雷、陈云、莫荣：《数字经济发展对就业的影响与对策研究》，《中国劳动》2022 年第 1 期。
② 何勤、董晓雨、朱晓妹：《人工智能引发劳动关系变革：系统重构与治理框架》，《中国人力资源开发》2022 年第 1 期。
③ 曾湘泉、郭晴：《数字金融发展能促进返乡农民工再就业吗——基于中国劳动力动态调查（CLDS）的经验分析》，《经济理论与经济管理》2022 年第 4 期。
④ 唐鑛、张莹莹：《革新与风险：人力资源管理的数字化战略转型》，《清华管理评论》2022 年第 Z2 期。
⑤ 王雪莉、邬雨珂：《进化：数字化风口浪尖上的人力资源管理》，《清华管理评论》2022 年第 Z2 期。
⑥ 陈鼎祥、刘帮成：《人工智能时代的公共部门人力资源管理：实践应用与理论研究》，《公共管理与政策评论》2022 年第 4 期。
⑦ 韩春梅、王禹淋：《数字时代的公安人力资源管理》，《中国人民公安大学学报（社会科学版）》2022 年第 4 期。

数智化组织领导的新挑战①，以及数字化时代的员工职业生涯发展②等问题，进行了深入探讨。

（三）新经济模式下和谐劳动关系建设与劳动者权益保障

在平台经济、零工经济等新的经济模式下，劳动关系发生了新的变化。理论工作者注意到，平台经济是一种双方或多方在虚拟或真实的交易场所——平台上实现交易的新的商业模式，零工经济指工作量不多的自由职业者构成的经济领域，工作的需求和供给通过互联网和移动技术快速匹配，通常包括"群体工作"和"按需工作"两种方式。在不同于传统的雇佣关系条件下，如何构建和谐劳动关系，规范平台经济和零工经济主体行为，保障劳动者合法权益，研究者各抒己见，发表了自己的观点。

关于和谐劳动关系和劳动关系风险预警问题，有三篇代表作品值得分享。第一篇是东北大学张志元、侯培莹发表的《新时代我国和谐劳动关系构建的政治经济学分析》。该研究认为，劳动关系是社会和谐发展的风向标，构建和谐劳动关系是中国特色社会主义事业的重要组成部分。研究从马克思关于劳动关系的一般论述中汲取理论支撑，从我国劳动关系演进的制度化与常态化进程中借鉴有益经验，阐述了新型就业形态给劳动关系治理带来的挑战，建议始终坚持劳动者的主体地位，构建中国特色和谐劳动关系。③ 第二篇是中国人民大学唐鑛、张莹莹撰写的《企业和谐劳动关系治理指数构建研究》。作者认为，和谐劳动关系治理指数作为量化劳动关系和谐程度的测量工具，是推进和谐劳动关系建设的重要内容。研究基于时代特征、管理理论、文献梳理和实地调研，构建了以"合法"为深层根据的基础性和以"合情""合理"为核心所指的提升性两个层次评价指标体系，提出了企业和谐劳动关系治理指数，并区分了预警型、良好型、和谐型劳动关系治理指数概念化结果。④ 第三篇是福建农林大学李中斌、杨敏基于福建省样本研究产出的《劳动关系风险预警系统构建——基于福建省样本的研究》一文。该研究构建了劳动关系风险预警三级指标体系，从预警信息收集、模糊综合评价、报警和排警干预等方面开发劳动关系风险预警系统。⑤

平台经济对就业结构有什么影响？中国人民大学杨伟国教授等利用2014—2020年中国省

---

① 张颖、郑晓明：《职场孤独感：数智化组织领导的新挑战》，《清华管理评论》2022年第4期。
② 周文霞、潘真：《企业的另一种福祉：数字化时代的员工职业生涯发展》，《清华管理评论》2022年第9期。
③ 张志元、侯培莹：《新时代我国和谐劳动关系构建的政治经济学分析》，《中国劳动关系学院学报》2022年第2期。
④ 唐鑛、张莹莹：《企业和谐劳动关系治理指数构建研究》，《中国劳动关系学院学报》2022年第36卷第3期。
⑤ 李中斌、杨敏：《劳动关系风险预警系统构建——基于福建省样本的研究》，《中国劳动关系学院学报》2022年第3期。

级面板数据，实证分析和验证了平台经济发展对多层面就业结构的影响，得出了平台经济发展对产业、行业和技能层面就业结构有显著影响、平台经济对就业结构的影响存在"U型"关系等研究结论。① 中国社会科学院工业经济研究所高中华研究员，以战略人力资源管理中的能力—动机—机会模型（Ability-Motivation-Opportunity，AMO）为框架，对平台化人力资源管理系统中赋能、激励和授权三个子系统的设计进行了探讨，在此基础上构建了平台化人力资源管理系统有效性模型，为推动平台化转型提供理论依据与实践启示。② 国防大学胡磊教授研究认为，互联网和数字技术的应用引发劳动资料数字化和劳动过程平台化，变革了生产组织形式和劳动控制方式，推动平台用工"去劳动关系"化，衍生出"不完全符合确立劳动关系情形但企业对劳动者进行劳动管理"的"不完全劳动关系"，对"不完全劳动关系"的生成机理、运行特点与治理取向进行了讨论。③ 此外，中国人民大学曾湘泉教授等基于X泛娱乐直播平台的微观数据，对直播平台职业主播的性别工资差距进行了分析。④

首都经济贸易大学冯喜良教授指导的团队研究认为，零工经济下时空灵活的工作模式在给劳动者带来更丰富的就业选择和收入来源，同时也引发了职业伤害等诸多问题与不确定性，特别是基础技能零工成为职业伤害的"重灾区"。利用外卖平台的9133个骑手样本，采用二元Probit模型，基于自我损耗理论，对基础技能零工日接单时长对职业伤害的影响与作用机制进行了分析，得出了这部分零工的日接单时长与其职业伤害的发生呈非线性正相关关系的稳健性结论，提出了政府相关政策和平台企业管理建议。⑤

（四）人力资源开发与高校毕业生就业

有研究者探讨了人力资源开发以及高校毕业生就业问题。对人力资源开发的讨论，包括通常意义上的通过教育与培训活动，使学习者的知识、技能和能力发生从无到有、从少到多的变化；这一过程在经济学语境中被称为人力资本投资。还有一种人力资源开发是指对离开工作岗位的、处于闲置状态的人的知识、技能和能力的利用，重新投入某种生产经营活动中发挥作用，比如老年人力资源开发。通过国家、家庭和个人主体长期的、高成本的人力资本投资，在高等学校获得一定知识、技能和能力的毕业生，只有在激烈的职业市场竞争中胜出，才能够获得就业机会和价值实现。

---

① 杨伟国、吴邦正：《平台经济对就业结构的影响》，《中国人口科学》2022年第4期。
② 高中华：《平台化转型中人力资源管理系统及其有效性：理论构建与分析》，《中国人力资源开发》2022年第5期。
③ 胡磊：《"不完全劳动关系"的生成机理、运行特点与治理取向》，《经济纵横》2022年第10期。
④ 曾湘泉、郭晴：《直播平台职业主播的性别工资差距——基于X泛娱乐直播平台的微观数据分析》，《社会科学辑刊》2022年第5期。
⑤ 郑祁、詹婧、冯喜良：《基础技能数字零工工时与职业伤害——基于外卖骑手数据的实证研究》，《人口与经济》2022年第5期。

讨论人力资源开发与高校毕业生就业问题文章比较多，具有代表性的有北京理工大学张军院士的《智慧教育视域下的全人化人才培养》[1]、中国科学院大学刘继安教授等的《新工科背景下"计算机＋"学科交叉专业构建理念与路径——MIT苏世民计算学院的启示》[2]、中国教育科学研究院陈柳等的《职业教育人才培养的生态化转向——基于芬伯格技术整体论的视角》[3]、中国人民大学曾湘泉教授等的《乡村振兴背景下专业技术培训与农村家庭减贫》[4]等。有两位专家发表了关于人力资本的文章，一篇是中共中央党校（国家行政学院）赖德胜教授等的《阅读、人力资本与收入》[5]，另一篇是中国人民大学杨伟国教授等撰写的《社会心理资本对人力资本增值的影响效应》[6]，应该属于广义的人力资源开发范畴。中国社会科学院程杰副研究员等，讨论了老龄化背景下中老年人力资源开发的挑战与方向，发表了《中国退休人口劳动参与率为何如此之低？——兼论中老年人力资源开发的挑战与方向》一文。[7]

关于高校毕业生就业问题，中国人民大学曾湘泉教授和合作者，以及周文霞教授指导的团队，分别发表了文章。周文霞等认为，就业是民生之本，青年就业更是就业工作的重中之重。近年来，我国高校毕业生规模逐年攀升，教育部公布数据称2022年高校毕业生规模预计达1076万人。受疫情、国内外宏观经济形势等因素影响，对我国高校毕业生就业造成较大冲击。对此，在文献梳理基础上，分析了大学生就业的研究现状与困境，提出了对策建议。[8]毛宇飞、曾湘泉利用网络招聘平台数据，实证检验了疫情对高校毕业生就业的影响。研究发现，在疫情冲击下毕业生就业市场供需两端均受到影响，表现为招聘需求下降、求职人数上升、就业景气降低等问题，为此提出了提高毕业生就业匹配效率、减缓结构性矛盾，从需求端来引导高等教育改革和大学生就业指导的建议。[9]

---

[1] 张军：《智慧教育视域下的全人化人才培养》，《中国高教研究》2022年第7期。

[2] 刘继安、徐艳茹、孙迟瑶：《新工科背景下"计算机＋"学科交叉专业构建理念与路径——MIT苏世民计算学院的启示》，《高等工程教育研究》2022年第4期。

[3] 陈柳、赵志群：《职业教育人才培养的生态化转向——基于芬伯格技术整体论的视角》，《清华大学教育研究》2022年第4期。

[4] 曾湘泉、陈思宇：《乡村振兴背景下专业技术培训与农村家庭减贫》，《广东社会科学》2022年第1期。

[5] 赖德胜、王琦：《阅读、人力资本与收入》，《教育经济评论》2022年第4期。

[6] 杨伟国、卢川、吴帅：《社会心理资本对人力资本增值的影响效应》，《中国物价》2022年第5期。

[7] 程杰、李冉：《中国退休人口劳动参与率为何如此之低？——兼论中老年人力资源开发的挑战与方向》，《北京师范大学学报（社会科学版）》2022年第2期。

[8] 周文霞、李硕钰、冯悦：《大学生就业的研究现状及大学生就业困境》，《中国大学生就业（综合版）》2022年第4期。

[9] 毛宇飞、曾湘泉：《新冠肺炎疫情对高校毕业生就业的影响——来自招聘网站数据的经验证据》，《学术研究》2022年第1期。

(五) 组织领导与员工行为实证研究

运用心理学或组织行为学的方法，对组织中领导者和员工的行为进行实证研究成果丰富。这些成果，从学科和方法论角度看属于组织行为学领域，但是研究者大多数从事人力资源管理专业，也可以认为是对人力资源管理学科的贡献。人力资源管理研究较之组织行为学研究，领域更广（既有宏观高度又有微观视角）、方法更多、实践性更强；但是，后者对变量的相关性以及作用机理或机制的解释力更强。

从研究样本考察，2022年基于组织行为学方法的人力资源管理研究成果集中在多个方面，大致可以归纳为领导行为与员工行为两类。代表作品主要包括：中国人民大学刘昕教授合作发表的《无为而治：一种合理的管理艺术？——放任型领导的机制探讨与量表开发》[1]；中国人民大学李超平教授团队对"服务型领导如何跨层次影响工作繁荣"的研究[2]；上海交通大学唐宁玉教授团队基于知识图谱对"责任型领导"的国内外比较分析[3]；东北大学贾建锋教授等对"双元视角下的威权领导组合对领导信任及知识共享行为的影响"的研究[4]。

针对员工行为与家庭支持、组织绩效、创新动力等方面的实证研究成果，呈现多姿多彩、百花争艳的繁荣状态。这里列举几篇代表作品：中国人民大学李超平教授团队"基于元分析的证据"对"家庭支持型主管行为对员工的影响与作用机制"的研究[5]；清华大学郑晓明教授等合作发表的《配偶情绪智力对员工工作投入的影响：员工生活幸福感的中介作用和性别的调节作用》[6]；北京师范大学柯江林副教授团队关于"行政机关混编混岗人员工作生活质量的现状与效应——以职场精神力与包容性氛围为调节变量"研究[7]和"职场精神力视角下包容性氛围对多样化社区工作者的影响效应：一个跨层有调节的中介模型"研究[8]；北京师范大学李

---

[1] 曾琦、刘昕：《无为而治：一种合理的管理艺术？——放任型领导的机制探讨与量表开发》，《当代经济管理》2022年第4期。

[2] 叶蒲、胥彦、李超平：《服务型领导如何跨层次影响工作繁荣？——关系型能量和学习目标取向的作用》，《管理评论》2022年第7期。

[3] 李叶叶、唐宁玉：《责任型领导研究：基于知识图谱的国内外研究对比分析》，《管理科学》2022年第4期。

[4] 赵若男、贾建锋、闫佳祺、关鑫：《双元视角下的威权领导组合对领导信任及知识共享行为的影响》，《管理学报》2022年第10期。

[5] 李超平、孟雪、胥彦、蓝媛美：《家庭支持型主管行为对员工的影响与作用机制：基于元分析的证据》，《心理学报》2023年第2期。

[6] 郑晓明、余宇、刘鑫：《配偶情绪智力对员工工作投入的影响：员工生活幸福感的中介作用和性别的调节作用》，《心理学报》2022年第6期。

[7] 柯江林、卢梦、董月云：《行政机关混编混岗人员工作生活质量的现状与效应——以职场精神力与包容性氛围为调节变量》，《中国人事科学》2022年第5期。

[8] 柯江林、张继争、丁群：《职场精神力视角下包容性氛围对多样化社区工作者的影响效应：一个跨层有调节的中介模型》，《公共管理评论》2022年第1期。

永瑞副教授团队撰写的《群体断层激活及负面效应涌现：熙宁变法缘何从志同道合走向四分五裂？》[1]；兰州大学郭晟豪副教授等的《力学不倦：组织认同、工作繁荣下的创新绩效》研究[2]；东北大学贾建锋教授等对"积极追随特质对员工创新行为的影响"的研究[3]；中国社会科学院工业经济研究所高中华研究员及其与合作者发表的《工匠精神对员工主动性行为的影响机制研究》[4]和《他人环保行为对个体工作场所环保行为的动态影响机制研究》[5]。

（六）组织变革与人力资源管理模式创新

这一部分文章讨论的问题，大致可以归类为组织变革或制度变迁以及人力资源管理模式创新。

组织变革重点讨论事业单位改革与事业单位工资问题，代表性作品主要是中国人才研究会会长何宪教授 2022 年发表的四篇文章。在《深化事业单位改革的若干思考》一文中，何宪会长指出，虽然事业单位改革经历了探索阶段、放权搞活阶段和分类推进阶段，取得了一定成绩，但仍然存在与市场经济的关系不清晰、分类管理改革推进缓慢、财政负担沉重、缺少优胜劣汰机制、聘用制流于形式等问题。为此，提出对事业单位的分类再认识、进一步明确公益事业组织定位、强化事业单位法人治理结构建设等深化事业单位改革的建议。[6] 何宪会长在《事业单位的地区工资关系研究》一文中认为，目前事业单位地区之间的工资关系存在差距过大问题，有很多不合理成分，有效处理地区间工资关系的科学制度有待建立和完整。[7] 在《事业单位三类工资制度改革比较研究》一文中，何宪会长指出公立医院、高等院校、科研院所三类事业单位在性质和定位、人员情况、财务收支特点、绩效考核要求、行业内部工资等方面都不一样，需要建立不同的工资制度。[8] 第四篇文章是《国家与事业单位的工资分配关系研究》，何宪会长认为，国家与事业单位工资分配关系的调控，存在绩效工资与绩效考核分离、绩效工资总额核定缺少科学依据、绩效工资总额指标与资金来源两张皮等问题。建议高度重视事业单位经济收益中的非公平竞争因素，探索工资总额与经济效益挂钩

---

[1] 李永瑞、王铭、宋佳谕：《群体断层激活及负面效应涌现：熙宁变法缘何从志同道合走向四分五裂？》，《心理学报》2023 年第 2 期。

[2] 郭晟豪、胡倩倩：《力学不倦：组织认同、工作繁荣下的创新绩效》，《管理评论》2022 年第 1 期。

[3] 贾建锋、赵洋、刘秋余：《积极追随特质对员工创新行为的影响——感知的人力资源管理强度与工作嵌入的作用》，《东北大学学报（自然科学版）》2022 年第 6 期。

[4] 高中华：《工匠精神对员工主动性行为的影响机制研究》，《管理学报》2022 年第 6 期。

[5] 高中华、徐燕、刘琪：《他人环保行为对个体工作场所环保行为的动态影响机制研究》，《软科学》2023 年第 1 期。

[6] 何宪：《深化事业单位改革的若干思考》，《秘书》2022 年第 3 期。

[7] 何宪：《事业单位的地区工资关系研究》，《中国井冈山干部学院学报》2022 年第 4 期。

[8] 何宪：《事业单位三类工资制度改革比较研究》，《中国行政管理》2022 年第 6 期。

的科学方法。①

关于人力资源管理模式创新相关问题的研究，有多篇文章值得介绍。中国人民大学刘昕教授团队发表的《360度反馈的理论与实践对民主测评优化的启示》，研究认为，在党政领导干部选拔任用以及考核评价中广泛运用的"民主测评"方法，在实践中暴露出一些比较明显的问题，建议基于政府绩效管理体系建立以实绩为导向的干部考核体系。② 东北大学贾建锋教授团队，基于三个时点的362家企业高层管理者的调研数据，从过程型与内容型人力资源管理整合的视角，研究了"高承诺型人力资源管理实践对突破式创新的影响"问题。③ 同济大学罗瑾琏教授和合作者，"整合人力资本理论与社会学习理论，以2016年GEM数据库38个发展中国家的8594个创业者为样本"，研究了创业者人力资本对机会型创业的作用机制，分析了创业机会识别能力的中介作用和创业榜样的调节作用。④ 中共北京市委党校葛明磊等团队采用多案例方法研究了人力资源咨询项目中多元制度逻辑的矛盾及其应对机制问题，贡献了有价值的成果。⑤

（七）新时代人力资源管理学科创新与发展

富有使命感和责任感的中国学者，在加快构建具有"中国特色、中国风格、中国气派"哲学社会科学的大道上砥砺前行。人力资源管理学科的研究者，也在积极探索，有专家就新时代人才事业的成就与变革，新时代人力资源管理学科的创新发展，以及中国情境下的人力资源管理学科"学术创业"等问题，发表了重要观点。

中国社会科学院大学徐明教授团队，系统阐述了新时代人力资源管理创新发展的逻辑、问题和实现路径。研究认为，新时代人工智能、大数据、区块链等数字技术的发展，推动人力资源管理在视角、方法及运作模式发生了重大变革。人力资源开发与管理有必要实现数字化转型，利用更先进的"算法"使流程更加标准化、规范化和智能化，管理效率得到大幅度提升。⑥

中国人事科学研究院孙锐研究员在《新时代人才事业的历史性成就与变革》一文中指

---

① 何宪：《国家与事业单位的工资分配关系研究》，《中国人事科学》2022年第8期。
② 刘昕、李蹊：《360度反馈的理论与实践对民主测评优化的启示》，《财经问题研究》2022年第7期。
③ 闫佳祺、贾建锋、赵若男等：《高承诺型人力资源管理实践对突破式创新的影响》，《东北大学学报（自然科学版）》2022年第8期。
④ 程建青、罗瑾琏：《创业者人力资本如何激活机会型创业？——一个被调节的中介模型》，《科学学与科学技术管理》2022年第6期。
⑤ 葛明磊、张丽华、贾广余等：《人力资源咨询项目中多元制度逻辑的矛盾及其管理》，《管理评论》2022年第9期。
⑥ 徐明、陈斯洁：《新时代人力资源管理创新发展的逻辑、问题和实现路径》，《中国人事科学》2022年第5期。

出，党的十八大以来的十年，是全面深入推进人才强国战略的十年，人才队伍建设、人才工作水平和人才发展服务等各方面，取得了历史性成就，发生了历史性变革。① 南京大学程德俊教授等，以人力资源管理学科为例，合作研究了"中国管理学情境化学术创业的双元目标悖论与解决路径"问题。结果表明，以技术情境而不是文化情境主导，能够更好地解决情境化双元目标悖论。②

四 2023 年学科发展趋势展望

展望 2023 年人力资源管理学科的发展趋势，我们充满信心和期待。相信本学科领域专业的理论工作者和人才开发与管理的实践研究者，在新的一年里一定能够贡献出更加丰富、更高水平、更大价值的学术成果，期待在重点重大问题研究选题、中国特色人才管理学建设研究、微观组织行为研究范式的借鉴与创新，以及学术评价与国际传播等方面取得突破性成就。

（一）阐释党的"二十大"精神，强化中国式现代化建设人才支撑研究

可以确信，2023 年人力资源管理学科领域重点、重大或重要的研究选题，将主要来自国家级、省部级研究基金发布的课题指南，以及全国性和地方性的学术组织、社会科学研究机构、高等学校公布的选题建议。

在"研究阐释党的二十大精神国家社会科学基金重大项目招标"发布的 116 个课题研究方向中，至少有三个——"53. 促进教育与科技创新、经济发展更好结合研究""56. 加快建设世界重要人才中心和创新高地研究""57. 强化现代化建设人才支撑的实现路径与对策研究"，③ 应该由本学科领域专家担当第一责任者。

在《教育部哲学社会科学研究专项（党的二十大精神研究）选题指南》④ 65 个选题方向中，编号 30—37 的 8 个选题，如教育、科技、人才在全面建设社会主义现代化国家中的基础性、战略性支撑作用研究，全面提高人才自主培养质量研究，加快建设高质量教育体系研究，加快建设国家战略人才力量研究等，将作为重点研究内容。

---

① 孙锐：《新时代人才事业的历史性成就与变革》，《人民论坛》2022 年第 17 期。
② 黄杰、程德俊：《中国管理学情境化学术创业的双元目标悖论与解决路径：以人力资源管理学科为例》，《管理学报》2022 年第 9 期。
③ 全国哲学社会科学工作办公室：《研究阐释党的二十大精神国家社会科学基金重大项目招标公告》（2022 - 12 - 19，http：//www.nopss.gov.cn/n1/2022/1130/c431028 - 32577928.html）。
④ 教育部办公厅：《教育部办公厅关于发布教育部哲学社会科学研究专项（党的二十大精神研究）选题指南的通知》（教社科厅函〔2022〕43 号）（2022 - 12 - 19，教育部：http：//www.moe.gov.cn/srcsite/A13/moe_2557/s3103/202211/t20221118_995469.html）。

（二）加快构建具有"中国特色、中国风格、中国气派"的"人才管理学"研究

中国社会科学院院长石泰峰教授指出，2016年5月17日习近平总书记在主持召开的哲学社会科学工作座谈会上发表的重要讲话，为加快构建具有中国特色、中国风格、中国气派的哲学社会科学指明了前进方向，提供了根本遵循。① 我们相信，在中国社会科学院、中国人事科学研究院、中国人才研究会、中国人力资源开发研究会，以及"双一流"建设高校推动下，预期2023年本学科领域会在加快建设具有"中国特色、中国风格、中国气派"的"中国人才管理学"学科体系方面，作出更大贡献。

我们注意到，2022年12月16—17日，在中国人民大学举办的"2022（第十八届）中国人力资源管理新年报告会暨中国人才发展高峰论坛"②和"2023（第十九届）中国人力资源管理新年报告会"③上，发布了《北京地区人才资源统计报告（2020）》《北京人才发展报告（2021）》和《2021全球城市人才黏性指数报告》，专家、学者和领导们讨论的主题大多数聚焦在人才管理方面。在以"中国式现代化进程中的人才管理"为主题的"2023（第十九届）中国人力资源管理新年报告会"上，更是集中讨论了人才开发与管理问题，比如《营造教育、科技、人才系统集成的开放创新生态》（吴江）、《新征程上的人才强国战略——关键问题与重点突破》（苏中兴）、《新格局下企业家人才的管理智慧》（刘辉）等。

自1979年9月，现代中国人才学研究肇始以来，已经走过了43年的发展道路。人才学是中国人在中国大地上研究出的学问，表现出旺盛的生命力。目前，人才研究已上升到国家战略的高度。中国人才学的学科地位已经从三级学科上升至二级学科。④ 我们认为，在加快构建中国特色哲学社会科学背景下，基于中国人才学概念框架和理论基础，深化和完善具有"自主知识体系"的中国人才管理学的目标一定能够实现。

（三）立足中国实践，沉浸本土情境，在借鉴中创新组织行为研究范式

在一次人力资源管理专业博士研究生的毕业论文答辩会上，一位知名的组织行为学教授指出，他所在学校正在大力推进构建自主知识体系的学术创新工作，未来要形成基于中国本土逻辑和实践情境的"组织行为学"。

---

① 石泰峰：《加快构建具有中国特色中国风格中国气派的哲学社会科学》（2022-12-19，中国共产党新闻网：http://theory.people.com.cn/n1/2022/0519/c40531-32425341.html）。

② 《2022（第十八届）中国人力资源管理新年报告会暨中国人才发展高峰论坛成功举办》（2022-12-19，https://news.ruc.edu.cn/archives/362982）。

③ 《论坛回顾 | 2023（第十九届）中国人力资源管理新年报告会成功举办》（2022-12-19，https://mp.weixin.qq.com/s/iL1Oc4dMuUdlci4xgjF3GQ）。

④ 王通讯：《四十年人才研究 垒土成塔》，《中国人力资源社会保障》2018年第8期。

我们已经注意到，在近几年的研究中，主要参考来自英文文献的概念、模型、量表等开展组织行为学实证研究的研究生和年轻教师，在学术经历丰富、具有高度使命感和爱国情怀的教授指导下，越来越意识到政治、经济、社会和文化的差异性对理论模型构建和行为测评量表的决定性影响，更加重视模型和量表的本土化开发，重视对本土制度体系、实践特征和文化价值等方面的了解，力争提高组织行为问题研究的合理性、有效性和科学性。

我们相信，这将成为 2023 年人力资源管理学科研究成果的一个显著特征。

（四）优化学术成果和学者绩效评价制度，主导中国学术的国际传播

如果我们对于学术成果和学者绩效的评价，基于由国外专家和学术商业机构主导的英文期刊或出版社发表、出版的英文作品作为主要的或重要的指标，势必导致中国学者不得不学习、接受和采用产生于西方制度和文化的学术范式，严重抑制对体现中国特色自主知识创新的理想追求。哲学社会科学具有客观性和真理性，但是主导学术成果发表的学术市场主体具有文化性、经济性甚至政治性。

习近平总书记在考察中国人民大学时强调，"要发挥哲学社会科学在融通中外文化、增进文明交流中的独特作用，传播中国声音、中国理论、中国思想，让世界更好读懂中国，为推动构建人类命运共同体作出积极贡献"[①]。落实习近平总书记指示精神，在国际上传播中国学术，传播中国学者自主创立的知识体系，应该建立由中国机构、中国学者主导的机制。应该参考"国家社科基金中华学术外译项目"的方式，设立由国家级研究学术机构或者重点高等学校主办的英文学术期刊，选聘高水平的国际外文期刊学术编辑队伍，以国家最高学术标准审稿，翻译出版或者刊用外文撰写的中国学者的学术论文，以电子出版物和纸本期刊形式在全球同步发行。我们预期，2023 年这项工作应该起步。

五　结语

本文在研究和撰写中，始终本着体现大局观、客观性和准确性的原则，力争反映本学科学术发展全貌和专家学者作出的贡献。

为保证研究的有效性和科学性，首先梳理和界定了人力资源管理学科的内涵与外延，讨论并确定了研究样本的选择条件。确定研究样本是研究的基础和质量保证的必要条件，为此，通过访谈中青年学者、可视化分析文献、关键词和代表作者检索四个途径采集研究样本。在对样本全面统计、分析的基础上，概括出了 2022 年度学术研究成果的总体特征和主

[①] 《习近平在中国人民大学考察时强调：坚持党的领导传承红色基因扎根中国大地　走出一条建设中国特色世界一流大学新路》（2022 - 12 - 20，中央人民政府网：http：//www. gov. cn/xinwen/2022 - 04/25/content_5687105. htm）。

要特点。通过对研究样本的进一步审视与思考，归纳出研究者在 2022 年讨论的七个方面关键问题，包括人才强国战略与人才高地建设，数字经济、人工智能与人力资源管理创新，新经济模式下和谐劳动关系建设与劳动者权益保障，新时代人力资源管理学科创新与发展等。对每一类关键问题，列举了代表性作品。

最后，展望了在新的一年本学科发展趋势，包括重大、重点和重要选题，加快构建中国"人才管理学"体系研究，组织行为研究范式创新，以及建立主导中国学术国际传播机制。

本文的研究与撰写是负责任的，严格遵守学术规范。但是，受水平与经验制约，一定存在不足之处。如有发现，请指正。

最佳论文

评选说明

本说明适于本年鉴所有最佳论文 TOP 100 榜单。

1. 候选论文

候选论文仅限于公开发行的期刊所发表的论文，不包括工作论文、评论和报告等其他文章。这些论文选自 525 份期刊，包括中国的中文期刊 289 份和全球发行的英文期刊 236 份。

一篇论文所属的子学科主要按照其议题的学科类属确定。对于跨多个子学科的论文，其首要学科归属按其议题的主要关键词来确定。

2. 评价原则

短期评价与长期评价相结合，客观评价（刊物发表和文献引用）和主观评价（专家投票）相结合。刊物的影响因子显示所刊论文的引用周期，其值越高，表示期刊的理论性越强，引用周期越长。其中，短期评价限于论文发表后至本评选接受投票前后的时期。通常来说，论文的短期效应如果较强，其短期引用次数也会较高，但此类文献难以发表在理论性较强或影响因子较高的期刊上。反之，论文议题的理论性如果较强，其发表在影响因子较高期刊的概率较高，但其短期引用可能较低。

3. 评分计算

借鉴《世界经济年鉴》计算方式，论文综合得分的计算公式如下：

$$S_i = 0.1 * I'_{ij} + 0.6 * C'_i + 0.2 * V'_i + 0.1 * D'_i$$

其中，S 为论文 i 的综合得分。X' 为 X 去量纲后的数值，X 包括 4 个指标，即刊物复合影响因子（I）、论文被引次数（C）、获得专家投票数（V）、论文下载次数（D）。

指标 X 去量纲方法如下：

$$X'_i = \frac{x_{id} - \min\{X_i\}}{\max\{X_i\} - \min\{X_i\}}, \quad i = 1, \cdots, N$$

其中，N 为所有候选论文总数。

基于上述公式的得分介于 0 和 1 之间。

在计算综合得分时，为消除各论文不同发表月份带来的异质性，各论文的引用数据及下载数据均由样本期间的引用总数和下载总数转换为该文发表后至数据采集日之前的月均数，即月均引用量和月均下载量。

一 2022 年人力资源管理最佳中文论文

(一) TOP 50 榜单

人力资源管理最佳中文论文 TOP 10 榜单,2022 年

总榜序	论文	刊物复合影响因子	月均引用	专家投票	月均下载	综合得分
1	组织创新氛围、网络嵌入对员工创新行为的影响 李静芝、李永周（2022），《科技进步与对策》，第 12 期，第 130—139 页	4.575	12.000	5	2182.000	0.742
2	战略人力资源管理策略如何影响组织惯例更新——基于员工情感反应视角的解释 尚航标、杨学磊、李卫宁（2022），《管理世界》，第 3 期，第 162—182 页	21.328	0.700	12	869.600	0.374
3	数字经济发展的人力资本结构效应研究 李梦娜、周云波（2022），《经济与管理研究》，第 1 期，第 23—38 页	6.541	1.000	12	290.167	0.289
4	数字经济、人力资本投资与高质量就业 丛屹、闫苗苗（2022），《财经科学》，第 3 期，第 112—122 页	5.819	0.700	11	556.400	0.258
5	人工智能、人力资本对产业结构升级的影响研究——来自中国 30 个省份的经验证据 郭艳冰、胡立君（2022），《软科学》，第 5 期，第 15—20 页	4.840	1.625	9	613.875	0.252
6	智能化技术应用是否改善了人力资本要素错配 孙雪、宋宇、赵培雅（2022），《科学学研究》，网络首发	4.960	0.000	11	1180.000	0.247
7	业绩预告与管理层薪酬契约中的"预期管理"——基于中国上市公司的实证研究 郭栋、肖星（2022），《南开管理评论》，网络首发	8.882	0.000	10	1204.000	0.243

续表

总榜序	论文	刊物复合影响因子	月均引用	专家投票	月均下载	综合得分
8	高人力资本是否会降低人口出生率——基于地级以上城市宏观数据和CGSS微观数据的实证研究　钟晓龙、王自锋（2022），《山西财经大学学报》，第3期，第28—42页	6.379	0.000	12	26.300	0.237
9	人力资本、技术进步与经济稳增长——理论机制与经验证据　杨思涵、佟孟华（2022），《浙江社会科学》，第1期，第24—38＋157页	2.419	1.333	10	283.000	0.235
10	创始人人力资本与高技术新创企业创新：一个有调节的中介模型　关健、邓芳、陈明淑、芮雪梅（2022），《管理评论》，第6期，第90—102页	6.173	0.000	12	188.286	0.232

人力资源管理最佳中文论文TOP 11–50榜单，2022年

总榜序	论文	刊物复合影响因子	月均引用	专家投票	月均下载	综合得分
11	农村数字化、人力资本与农村产业融合发展——基于中国省域面板数据的经验证据　王定祥、冉希美（2022），《重庆大学学报（社会科学版）》，第2期，第1—14页	5.712	1.273	9	466.727	0.231
12	远程工作对员工创新行为的"双刃剑"效应　王辉、肖宇婷（2022），《软科学》，第6期，第98—105页	4.840	0.143	11	504.286	0.223
13	持续导向型人力资源管理量表开发与验证研究　程豹、于晓彤、蒋建武（2022），《管理学报》，第4期，第534—544页	5.463	0.333	11	187.889	0.221
14	管理者特征、R&D投入与企业绩效　朱涛、李君山、朱林染（2022），《科研管理》，第3期，第201—208页	5.270	1	9	553.800	0.220

续表

总榜序	论文	刊物复合影响因子	月均引用	专家投票	月均下载	综合得分
15	源于挑战还是霸凌：职场压力对破坏性建言行为作用机制研究　代同亮、董华、雷星晖（2022），《管理评论》，第7期，第246—254页	6.173	0.250	11	172.500	0.219
16	新时代人才强国战略的总体框架、时代内涵与实现路径　徐明（2022），《河海大学学报（哲学社会科学版）》，第6期，第88—101+131—132页	3.671	0.000	11	672.000	0.217
17	人力资本的增长来源及其对中国经济增长的贡献　李展、崔雪（2022），《软科学》，第3期，第33—38页	4.840	0.800	10	194.000	0.216
18	多尺度人力资本空间测度：格局分析与尺度关联　杨振山、杨航（2022），《地理研究》，第10期，第2663—2679页	8.636	0.333	10	261.333	0.215
19	人力资本如何增强城市经济韧性　胡艳、张安伟（2022），《财经科学》，第8期，第121—134页	5.819	0.000	11	316.400	0.212
20	创业者人力资本如何激活机会型创业？——一个被调节的中介模型　程建青、罗瑾琏（2022），《科学学与科学技术管理》，第6期，第110—122页	4.938	0.143	11	207.571	0.209
21	创新型人力资本对中国经济绿色转型的影响　王珊娜、张勇、纪韶（2022），《经济与管理研究》，第7期，第79—96页	6.541	0	11	170.167	0.208
22	人力资本结构高级化、结构匹配与制造业生产效率提升　王蓉、黄桂田（2022），《统计与决策》，第11期，第88—92页	3.034	2.000	7	539.500	0.208
23	人力资本何以成为红利？——来自企业出口价值攀升视角的证据　阳立高、韩峰（2022），《中国软科学》，第5期，第123—133页	7.316	0.000	11	67.625	0.207

续表

总榜序	论文	刊物复合影响因子	月均引用	专家投票	月均下载	综合得分
24	创业者人力资本与企业绩效关系及多层次边界条件研究——基于经验视角的元分析 胡望斌、焦康乐、张亚会、张琪（2022），《管理评论》，第7期，第81—94页	6.173	0.000	11	158.167	0.206
25	公共服务供给与地区收入差距——基于人力资本视角的分析 高春亮、王业强、魏后凯（2022），《中国人口科学》，第4期，第44—59+127页	6.043	0.000	11	161.000	0.205
26	人工智能时代的公共部门人力资源管理：实践应用与理论研究 陈鼎祥、刘帮成（2022），《公共管理与政策评论》，第4期，第38—51页	5.363	0.000	11	202.444	0.204
27	校长变革型领导如何影响教师组织承诺——基于中介效应与调节效应的实证分析 张婉莹、毛亚庆（2022），《教育研究》，第6期，第134—147页	6.797	0.143	10	368.857	0.201
28	复杂的人性：大五人格对员工创新行为影响的定性比较分析 王圣慧、易明（2022），《研究与发展管理》，第3期，第134—146页	5.165	0.000	11	130.100	0.200
29	零工平台模式下电子绩效监控对零工工作者持续价值共创行为的影响 朋震、王斯纬、王青松（2022），《中国人力资源开发》，第6期，第23—38页	4.035	0.000	11	203.714	0.197
30	员工持股计划对企业全要素生产率的影响研究 李姝、金振、谢雁翔（2022），《管理学报》，第5期，第758—767页	5.463	0.250	10	285.875	0.196
31	真心换真新：真实型领导风格对新员工创新行为的激发机制研究 许爽、杨征、刘平青、杨芳、赵莉（2022），《科技进步与对策》，第19期，第132—140页	4.575	2.000	6	601.333	0.194

续表

总榜序	论文	刊物复合影响因子	月均引用	专家投票	月均下载	综合得分
32	数字经济背景下京津冀人力资源系统韧性评价与治理　梁林、段世玉、李妍（2022），《中国人力资源开发》，第8期，第71—83页	4.035	0.400	10	205.600	0.193
33	人力资本视角下雾霾污染对长江经济带绿色高质量发展的影响研究　程永生、张德元、赵梦婵、汪侠（2022），《重庆大学学报（社会科学版）》，第5期，第46—60页	5.712	0.250	10	135.000	0.190
34	数据要素何以成为创新红利？——源于人力资本匹配的证据　陶长琪、丁煜（2022），《中国软科学》，第5期，第45—56页	7.316	0.000	10	197.500	0.189
35	高质量人力资本与中国城市创新能力——来自高校扩招政策的证据　何小钢、黄莹珊、朱国悦（2022），《当代财经》，第10期，第15—27页	4.729	0.000	10	461.333	0.188
36	员工伦理型领导原型对伦理型领导有效性的影响：员工崇敬感的中介作用　邢志杰、贺伟、张正堂、蒋旭婷（2022），《心理学报》，第9期，第1093—1105页	3.570	0.000	10	578.000	0.187
37	人力资本、绿色科技创新与长江经济带全要素碳排放效率　何伟军、李闻钦、邓明亮（2022），《科技进步与对策》，第9期，第23—32页	4.575	0.750	8	710.750	0.186
38	员工创新行为对反生产行为的影响：心理所有权和道德认同的作用　秦许宁、张志鑫、闫世玲（2022），《科研管理》，第5期，第86—93页	5.270	0.125	10	223.375	0.185
39	AMO战略人力资源管理对组织绩效的影响路径　葛元骎、李树文（2022），《科研管理》，第11期，第200—208页	5.27	0.000	10	326.500	0.184
40	人工智能技术与人力资源管理实践：影响逻辑与模式演变　张建民、顾春节、杨红英（2022），《中国人力资源开发》，第1期，第17—34页	4.035	0.555	9	347.778	0.182

续表

总榜序	论文	刊物复合影响因子	月均引用	专家投票	月均下载	综合得分
41	人力资本匹配对区域经济效率的影响研究——基于新结构经济学视角　陈林雄、钟昌标、钟文（2022），《当代经济管理》，第4期，第68—76页	5.260	0.556	9	193.333	0.181
42	企业战略激进程度与关键员工激励机制设计　李志远、全晶晶（2022），《经济问题》，第12期，第90—97页	5.538	0.000	9	732.000	0.179
43	文化资本、人力资本与大学生地位获得——兼论教育的家校建构与个体特质的关系　高娟（2022），《人口与发展》，第2期，第124—137页	3.971	0.182	10	150.182	0.178
44	中国管理学情境化学术创业的双元目标悖论与解决路径：以人力资源管理学科为例　黄杰、程德俊（2022），《管理学报》，第9期，第1261—1272页	5.463	0.000	10	180.500	0.178
45	数字经济时代下智能化、科技人力资源与产业转型升级　侯建、刘青（2022），《研究与发展管理》，第5期，第123—135页	5.165	0.000	10	186.571	0.177
46	高绩效工作系统能为何类员工带来幸福感？——基于人本主义心理学和环境心理学视角　张广胜、杨春荻（2022），《工程管理科技前沿》，第5期，第65—72页	3.490	0.125	10	191.500	0.175
47	流动经历、教育人力资本与流动儿童成年后的劳动力市场表现　蒋浩君、姚兆余、苏群（2022），《华中农业大学学报（社会科学版）》，第6期，第110—123页	5.550	0.000	10	97.143	0.175
48	机器学习在人力资源管理领域中的应用研究　张敏、赵宜萱（2022），《中国人力资源开发》，第1期，第71—83页	4.035	0.500	9	234.667	0.174

续表

总榜序	论文	刊物复合影响因子	月均引用	专家投票	月均下载	综合得分
49	**公共教育投资、人力资本积累和区域创新能力** 李思龙、仝菲菲、韩阳阳（2022），《财经研究》，第 9 期，第 94—108 页	8.004	0.000	9	329.000	0.173
50	**人力资本理论的发展及其公共教育政策的呈现** 李永春、刘天子（2022），《教育与经济》，第 3 期，第 73—80 页	3.113	0.100	10	131	0.169

（二）TOP 50 内容概览

第 1 名

组织创新氛围、网络嵌入对员工创新行为的影响

李静芝、李永周（2022），《科技进步与对策》，第 12 期，第 130—139 页

【内容概览】

1. 问题/议题

组织创新氛围、网络嵌入对员工创新行为的影响是什么？

2. 结论

组织创新氛围各维度中，资源供应、团队协作显著促进员工创新行为，而领导效能影响不显著；组织创新氛围与员工关系嵌入显著正相关，资源供应、团队协作与结构嵌入显著正相关，但领导效能对结构嵌入影响不显著；网络嵌入在资源供应、团队协作与员工创新行为关系中发挥中介作用，但在领导效能与员工创新行为关系中不起中介作用。

3. 论证

研究假设。第一，组织创新氛围与创新行为。H1：组织创新氛围对员工创新行为具有显著正向影响。H1a：团队协作对员工创新行为具有显著正向影响；H1b：领导效能对员工创新行为具有显著正向影响；H1c：资源供应对员工创新行为具有显著正向影响。第二，组织创新氛围与网络嵌入。H2：组织创新氛围对员工网络嵌入具有显著正向影响。H2a：团队协作对员工关系嵌入具有显著正向影响；H2b：领导效能对员工关系嵌入具有显著正向影

响；H2c：资源供应对员工关系嵌入具有显著正向影响；H2d：团队协作对员工结构嵌入具有显著正向影响；H2e：领导效能对员工结构嵌入具有显著正向影响；H2f：资源供应对员工结构嵌入具有显著正向影响。第三，网络嵌入与创新行为。H3：网络嵌入对员工创新行为具有显著正向影响。H3a：关系嵌入对员工创新行为具有显著正向影响；H3b：结构嵌入对员工创新行为具有显著正向影响。第四，网络嵌入的中介作用。H4：网络嵌入在组织创新氛围与员工创新行为的作用机制中发挥中介作用。H4a：关系嵌入在团队协作影响员工创新行为的作用机制中发挥中介作用；H4b：关系嵌入在领导效能影响员工创新行为的作用机制中发挥中介作用；H4c：关系嵌入在资源供应影响员工创新行为的作用机制中发挥中介作用；H4d：结构嵌入在团队协作影响员工创新行为的作用机制中发挥中介作用；H4e：结构嵌入在领导效能影响员工创新行为的作用机制中发挥中介作用；H4f：结构嵌入在资源供应影响员工创新行为的作用机制中发挥中介作用。

变量度量。组织创新氛围从"团队沟通""资源供应""领导效能"3个维度衡量组织创新氛围。网络嵌入从"关系嵌入"和"结构嵌入"两个维度衡量。员工创新行为包括"工作中，我经常产生一些有创意的点子或想法"等5个题项。

控制变量。该研究对员工的年龄、性别、教育程度及工作性质等人口统计学变量进行控制。

假设检验。团队协作和资源供应与创新行为显著正相关，领导效能对创新行为无显著影响。因此，假设H1a、H1c成立，H1b不成立。团队协作、领导效能和资源供应均与关系嵌入显著正相关。团队协作和资源供应与结构嵌入显著正相关，领导效能对结构嵌入无显著影响。因此，假设H2a、H2b、H2c、H2d、H2f成立，H2e不成立。关系嵌入和结构嵌入均与创新行为显著正相关。因此，假设H3a和H3b成立。

4. 作者自评和他评

他评。截至2023年1月31日，中国知网数据显示，该文被下载2182次，被引12次。

该文研究观点"当个体感知到更多的创新支持时，开展创造性活动的欲望增强，创新行为的产生率也随之提高"获得胡瑞、赵紫睿[①]等人的认同。该文研究观点"网络嵌入理论常用于分析行为主体如何在网络中获取异质性资源和更好的机会"得到郭春荣[②]的认同。

[①] 胡瑞、赵紫睿：《基于三元交互理论的大学生创新行为影响机制研究》，《科技管理研究》2023年第1期。

[②] 郭春荣：《基于网络嵌入理论的高校服务区域发展路径研究——以威斯康星大学为例》，《天津职业大学学报》2022年第6期。

【作者简介】

李静芝：中国人民大学劳动人事学院，博士研究生。

李永周：武汉科技大学恒大管理学院，教授，博士生导师，主要研究创新性人才开发、绩效与薪酬管理、人因工程理论。

第 2 名

战略人力资源管理策略如何影响组织惯例更新
——基于员工情感反应视角的解释

尚航标、杨学磊、李卫宁（2022），《管理世界》，第 3 期，第 162—182 页

【内容概览】

1. 问题/议题

企业在战略变革实施过程中如何有效发挥战略人力资源管理策略的战略重塑功效？

2. 结论

员工的情感反应类型决定了其行为倾向，加速或延缓了组织惯例更新，决定着战略人力资源管理的战略重塑功效。具体而言，高行为激活情感促进组织惯例更新，加强了战略人力资源管理的战略重塑功效；而低行为激活情感导致组织惯例惰性，弱化了战略人力资源管理的战略重塑功效。员工的情感反应类型受到情感转化过程的影响。员工通过认知合法性评估、过程合法性评估将战略人力资源管理策略的情感冲击转化成不同的情感反应类型。

3. 论证

战略人力资源管理策略通过情感冲击过程影响企业的组织惯例更新。第一，战略人力资源管理策略作为重要的情感事件，带给员工强烈的情感冲击。第二，员工通过合法性评估，将情感冲击转化为情感反应。第三，员工行为激活维度情感反应决定着组织惯例是更新还是更显惰性。

通过合法性评估，员工将战略人力资源管理策略的情感冲击转化为不同的情感反应。也就是说，员工的合法性判断在战略人力资源管理策略和组织惯例更新之间创造了转折点，决定着战略人力资源管理是否具有战略重塑功效。第一，员工以认知合法性和过程合法性判断为依据转化情感。第二，两种合法性判断的不同结果，决定员工对战略人力资源管理策略有不同的情感反应。

员工在不同的行为激活情感反应的影响下具有不同的行为倾向，最终导致组织惯例更新

走向不同的方向。第一，高行为激活情感塑造了员工主动性行为倾向。具有高行为激活情感的员工，在面对战略变革时会采取主动性行为倾向，在工作中表现出高水平的角色开放性以及角色主动性，推动认知努力和试错学习行为，有助于组织惯例的更新。第二，低行为激活情感塑造了员工被动性行为倾向。具有低行为激活情感的员工，在面对战略变革时会具有被动性行为倾向，在工作中表现出高水平的角色锁定以及角色被动性，阻碍了认知努力和试错学习行为，不利于组织惯例的更新。

4. 作者自评和他评

他评。截至2023年1月31日，中国知网数据显示，该文被下载8631次，被引7次。

该文研究观点获得方肖燕、严谋春[①]以及曹雪梅[②]的认同。最新的案例研究结论证实了启动机制的存在，当组织实施战略性人力资源管理策略（如全员竞聘上岗）时，员工会对这一事件作出评价判断，并产生相应的情感反应，进而影响后续的行为反应。这一观点获得阳毅、万杨[③]的认同。

【作者简介】

尚航标：东北林业大学经济管理学院，教授，博士生导师，主要研究企业战略管理与组织行为学。电子邮箱：shbszz@ nefu. edu. cn.

杨学磊：华南理工大学工商管理学院，博士研究生，主要研究战略管理与家族企业传承。

李卫宁：华南理工大学工商管理学院，教授，博士生导师，主要研究家族企业传承、CEO特征与企业战略、中小企业国际化。电子邮箱：adweinli@ scut. edu. cn.

第3名

数字经济发展的人力资本结构效应研究

李梦娜、周云波（2022），《经济与管理研究》，第1期，第23—38页

【内容概览】

1. 问题/议题

数字经济发展与人力资本结构高级化之间的关系是什么？数字经济发展与低级、中级、

[①] 方肖燕、严谋春：《动态学习能力视角下营销多元化与新零售企业绩效的互动关系研究》，《商业经济研究》2022年第18期。
[②] 曹雪梅：《销售企业的人力资源管理问题与对策研究》，《商场现代化》2022年第12期。
[③] 阳毅、万杨：《专有性人才管理方式对个体的影响：系统综述与研究构想》，《中国人力资源开发》2022年第9期。

高级人力资本之间的关系是什么？

2. 结论

数字经济发展能够显著提高人力资本结构高级化水平，尤其是显著提高低级和高级人力资本水平；异质性分析结果表明，无论是从东部和中西部角度，还是从中心城市和外围城市角度，数字经济发展均正向推动人力资本结构高级化水平，且在低级、中级、高级人力资本水平方面存在明显差异；进一步，在产业结构高级化水平较低时，数字经济发展对人力资本结构高级化具有积极作用，但到达一定阶段之后则会产生抑制作用。因此，各地区应加快建设数字经济基础设施，合理推动产业结构高级化，提升人力资源有效性，从而实现经济高质量发展。

3. 论证

理论分析与研究假设。假设1：数字经济发展直接推动人力资本结构高级化。假设2：数字经济发展提升了社会对低级和高级人力资本的需求，对中级人力资本需求的影响具有不确定性。假设3：产业结构高级化水平较低时，数字经济发展推动人力资本结构高级化；产业结构高级化水平较高时，数字经济发展抑制人力资本结构高级化。

模型设定与变量选择。针对假设1，该文构建基本面板固定效应模型；针对假设2，构建基本模型；针对假设3，构建面板门槛模型。解释变量为数字经济发展指数；被解释变量为人力资本结构高级化指标，采用向量夹角法度量人力资本结构高级化水平；门槛变量产业结构高级化（Hindus）采用向量夹角法进行测算，用来反映产业结构升级；控制变量包括金融发展水平（Finance）、城市化水平（Urban）、经济发展水平（Lngdpp）、市场化水平（Market）、外商投资（Fdi）、产业结构合理化（Rindus）。

实证研究结果。第一，数字经济与人力资本结构高级化的基准回归显示，无论是采用OLS回归或是面板固定效应回归，数字经济发展指数的估计系数均显著为正，即数字经济发展显著推动了人力资本结构高级化水平，假设1得到验证。第二，数字经济与各级人力资本水平的基准回归显示，数字经济发展显著提高了低级和高级人力资本水平，而且数字经济发展对高级人力资本水平的正向影响更大。此外，数字经济发展对中级人力资本的影响具有不显著的正相关关系，假设2得到验证。第三，产业结构高级化的门槛效应显示，当产业结构高级化指数较低时，数字经济发展与人力资本结构高级化呈现显著的正相关关系；当产业结构高级化指数较高时，数字经济发展与人力资本结构高级化呈现显著的负相关关系，假设3得到验证。

4. 作者自评和他评

他评。截至2023年1月30日，中国知网数据显示，该文被下载3482次，被引12次。

该文研究观点获得袁其刚、嵇泳盛、沈倩芸、李玥[①]，罗良文、陈敏[②]，杨永聪、沈晓娟、刘慧婷[③]，姚战琪[④]，梁林、段世玉、李妍[⑤]等的认同。该文研究观点"数字经济发展显著推动了人力资本结构高级化水平"获得钟文、郑明贵、钟昌标[⑥]的认同。"互联网发展对于劳动力技能提升的影响主要表现为需求端的职业创造效应和供给端的深化效应"获得陶爱萍、刘秉东[⑦]的认同。

【作者简介】

李梦娜：南开大学经济学院。

周云波：南开大学经济学院，教授，博士生导师，主要研究经济增长、技术进步、经济体制改革、收入分配和贫困等。电子邮箱：zyunbo@sina.com。

第4名

数字经济、人力资本投资与高质量就业

丛屹、闫苗苗（2022），《财经科学》，第3期，第112—122页

【内容概览】

1. 问题/议题

数字经济、人力资本投资与高质量就业之间的关系是什么？

2. 结论

数字经济对实现高质量就业有促进作用，人力资本投资则对两者之间的作用关系有明显的正向调节效应，但不同区域、不同时段差异明显；进一步分析发现，人力资本投资在数字

[①] 袁其刚、嵇泳盛、沈倩芸、李玥：《数字化转型提高了制造业企业全要素生产率吗？——以山东省A股上市公司为例》，《山东财经大学学报》2022年第6期。

[②] 罗良文、陈敏：《劳动力结构变迁：人工智能化进程与展望——基于文献综述的视角》，《社会科学动态》2022年第10期。

[③] 杨永聪、沈晓娟、刘慧婷：《人才政策与城市产业结构转型升级——兼议"抢人大战"现象》，《产业经济研究》2022年第5期。

[④] 姚战琪：《数字经济对我国居民人均消费支出的影响研究》，《贵州社会科学》2022年第9期。

[⑤] 梁林、段世玉、李妍：《数字经济背景下京津冀人力资源系统韧性评价与治理》，《中国人力资源开发》2022年第8期。

[⑥] 钟文、郑明贵、钟昌标：《数字经济、空间溢出与区域发展差距：理论与实证》，《阅江学刊》2022年第6期。

[⑦] 陶爱萍、刘秉东：《互联网发展对城市创新的影响研究——基于中国283个城市面板数据的实证检验》，《经济与管理评论》2022年第6期。

经济对高质量就业作用关系中也存在显著的门槛效应。因此，有必要着重加大对劳动者的人力资本投资，提高劳动者的认知能力和学习能力，适应数字经济发展的需要，实现高质量就业。

3. 论证

研究假设。假设1：数字经济能够促进高质量就业。假设2：人力资本投资在数字经济促进高质量就业作用中发挥正向的调节效应。

变量说明。被解释变量：高质量就业（Emp）。解释变量：数字经济（Dig）。调节变量：人力资本投资（Hci）。控制变量：经济发展程度（Pgdp）以人均实际GDP表示，产业结构（Stru）以第三产业增加值占GDP比重表示，外商直接投资（Fdi）以外商直接投资占GDP比重表示，贸易开放度（Ope）以进出口总额占GDP比重表示，交通通达度（Trc）以人均邮件业务量表示，社会和就业财政支出（Fie）以其占GDP比重表示。

基本回归结果。数字经济的发展与高质量就业呈显著正相关，验证了假设1。数字经济与人力资本投资的交互项对高质量就业作用系数为2.853，说明人力资本投资在数字经济促进高质量就业中发挥积极的正向调节效应，带给高质量就业1.597个单位的增长，验证了假设2。

异质性分析结果显示东部地区数字经济对高质量就业回归系数显著为正，人力资本投资对两者作用关系中具有正向的调节效应；但是中、西部地区数字经济对高质量就业的回归系数及人力资本投资对两者作用关系中的调节效应均不显著。进一步分析结果显示，数字经济与高质量就业呈显著的非线性关系。当人力资本投资低于门槛值4.021时，数字经济对高质量就业的回归系数为0.187，表明数字经济对高质量就业促进作用不显著；当人力资本投资高于门槛值4.021时，数字经济对高质量就业的回归系数为1.683，表明数字经济对高质量就业发挥显著的促进作用。

4. 作者自评和他评

他评。截至2023年1月31日，中国知网数据显示，该文被下载5664次，被引7次。

该文研究观点获得刘月、郭亚红[1]，谭玉松、王林辉、胡晟明[2]的认同。"数字经济对实现高质量就业有促进作用"获得戴志强、郭如良[3]的认同。该文构建的就业质量综合水平评

---

[1] 刘月、郭亚红：《数字经济、产业链韧性与流通业高质量发展》，《商业经济研究》2022年第19期。
[2] 谭玉松、王林辉、胡晟明：《人工智能技术能促进就业质量提升吗？》，《哈尔滨商业大学学报（社会科学版）》2022年第3期。
[3] 戴志强、郭如良：《数字经济、农村创业与共同富裕》，《云南农业大学学报（社会科学）》2023年第1期。

价指标体系得到陈志、程承坪、陈安琪[①]的认同。"我国创新产业的空间集群效应明显，在集群区域内的创新的主体更加倾向于和区域内的主体进行合作，而对区域外的主体有一定的排斥效应"获得濮珍贞[②]的认同。

【作者简介】

丛屹：天津财经大学经济学院，教授，博士生导师，主要研究中国特色社会主义经济理论、劳动经济学等。电子邮箱：cy@tjufe.edu.cn。

闫苗苗：天津财经大学经济学院，博士研究生。

第 5 名

人工智能、人力资本对产业结构升级的影响研究——来自中国 30 个省份的经验证据

郭艳冰、胡立君（2022），《软科学》，第 5 期，第 15—20 页

【内容概览】

1. 问题/议题

人工智能、人力资本以及二者融合对产业结构升级影响的动态效应和区域性差异是什么？

2. 结论

人工智能对于产业结构升级具有显著的正向促进效应；人工智能与人力资本融合对我国产业结构升级的促进效应显著，其中人工智能与高技能劳动融合对我国产业结构升级的促进效应更强；人工智能对产业结构升级的影响存在显著的人力资本双重门槛效应。

3. 论证

模型设定与变量选取。为实证检验人工智能、人力资本的产业结构升级效应，该文设定静态面板模型；将被解释变量滞后一期纳入回归方程；为考察人工智能与人力资本融合对产业结构升级的影响，设定互补效应模型。被解释变量用三次产业比例关系与对应劳动生产率乘积加权来衡量产业结构升级；核心自变量包括人工智能应用水平（AI）、人力资本水平（HUM）；控制变量包括经济发展水平（PGDP）、市场化程度（MAR）、经济开放水平（OPEN）、基础设施水平（INFR）、外商投资水平（FDI）等。

---

① 陈志、程承坪、陈安琪：《人工智能促进中国高质量就业研究》，《经济问题》2022 年第 9 期。
② 濮珍贞：《我国数字经济产业特征及发展评价研究》，《武汉商学院学报》2022 年第 3 期。

实证分析。第一，基本估计结果显示人工智能、人力资本对产业结构升级具有显著正向促进作用。第二，采用系统 GMM 模型进行估计以缓解内生性问题，结果显示 AI 系数在 5% 水平上显著为正，表明提高人工智能应用水平能显著促进产业结构升级；AI×HUM 系数在 1% 水平上显著为正，说明二者融合能显著促进产业结构升级；AI×HIG 系数在 1% 置信水平显著为正，说明人工智能与高技能劳动良性匹配可以显著促进产业结构升级；AI×MID、AI×LOW 系数在 1% 的水平上显著为负，表明人工智能与中、低技能劳动之间存在要素错配，二者融合不利于产业结构升级。第三，区域差异性分析显示，东部地区 AI 系数在 1% 的水平上显著为正，说明东部地区人工智能显著促进产业结构升级；中、西部地区 AI 系数为负且均不显著，说明中、西部地区人工智能促进产业升级的作用不明显；AI×HUM 系数显著为正，说明东部地区二者融合能显著促进产业结构升级；中、西部地区 AI×HUM 系数为正但不显著，说明二者融合对产业结构升级的促进作用不明显。

人工智能、人力资本与产业结构升级的门槛效应检验。结果显示人工智能的产业结构升级效应存在三个区间的变化：当人力资本水平低于门槛值 9.098 时，人工智能促进产业结构升级作用不明显；当人力资本水平处于门槛值 9.098 和 10.97 范围内时，AI 系数显著为正但数值较小；当人力资本水平大于等于门槛值 10.97 时，AI 系数增加到 0.225 且通过了 1% 的显著性检验，表明人工智能的产业结构升级效应明显增强。

4. 作者自评和他评

他评。截至 2023 年 1 月 31 日，中国知网数据显示，该文被下载 4911 次，被引 13 次。

该文研究观点获得陈嘉钦[①]、原静[②]、张淼鑫[③]、郭晶晶[④]的认同。"人工智能对产业结构升级具有显著正向促进作用"获得戴魁早、吴婷莉、潘爱民[⑤]的认同。当企业增加职业培训费用培训高技能的技术人员时，高技能技术人员会意识到技术创新对企业竞争力的重要性，会进一步地提升研发投入水平。这一观点获得曹君丽、徐芳芳、徐勇戈[⑥]的认同。

[①] 陈嘉钦：《智能化对我国产业结构升级的影响》，硕士学位论文，南京信息工程大学，2022 年。

[②] 原静：《产业结构、创新型人力资本与绿色全要素生产率——基于全国 282 个城市的实证分析》，硕士学位论文，山西财经大学，2022 年。

[③] 张淼鑫：《数字经济对产业结构优化升级的影响研究》，硕士学位论文，河南大学，2022 年。

[④] 郭晶晶：《最终需求对战略性新兴产业的影响研究》，硕士学位论文，河南大学，2022 年。

[⑤] 戴魁早、吴婷莉、潘爱民：《人工智能与工业结构升级》，《暨南学报（哲学社会科学版）》2022 年第 10 期。

[⑥] 曹君丽、徐芳芳、徐勇戈：《人工智能的就业效应：抑制还是促进？——来自建筑业上市公司的证据》，《工程经济》2022 年第 7 期。

【作者简介】

郭艳冰：中南财经政法大学工商管理学院。

胡立君：中南财经政法大学工商管理学院，教授，博士生导师，主要研究产业组织理论、企业竞争理论与战略。

第 6 名

智能化技术应用是否改善了人力资本要素错配

孙雪、宋宇、赵培雅（2022），《科学学研究》，2022 年 6 月 15 日网络首发

【内容概览】

1. 问题/议题

智能化对人力资本错配的影响及作用路径是什么？

2. 结论

智能化技术应用可以改善人力资本要素错配的情况，这一效果在不同地理区位、城市等级之间不同；智能应用改善人力资本错配存在"智能应用→收入均值提高→人力资本流动→人力资本错配改善"与"智能应用→收入差距拉大→人力资本流动→人力资本错配改善"两条作用路径；智能应用可以改善本地人力资本错配，但对周边地区却有反向作用。因此，要在遵循市场规律的基础上，统筹智能化产业布局，着力推进智能化升级改造。

3. 论证

理论分析与研究假说。第一，智能化技术应用对人力资本要素错配的影响。假设 1：智能化技术应用可以改善人力资本要素错配。第二，智能化技术应用对人力资本要素错配的影响机制。假设 2：智能化技术应用提高了人均收入水平从而缓解人力资本错配。假设 3：智能化技术应用扩大收入差距从而缓解人力资本错配。假设 4：智能化技术应用加速人力资本流动从而缓解人力资本错配。假设 5：智能化技术应用对人力资本错配的影响还表现为"智能应用→收入结构调整→人力资本流动→人力资本错配改善"的链式中介路径。假设 6：智能应用可以改善本地人力资本错配，但对周边地区却有抑制作用。

变量定义。被解释变量：人力资本要素错配（abstaul）。解释变量：智能化应用水平（robot）、中介变量收入均值（income_ave）与收入差距（income_gap）。

第一，基准回归结果分析。根据 Hausman 检验结果，选用固定效应模型进行基准估

计。智能化应用在 1% 的水平上显著为负，说明智能化应用显著改善了人力资本错配的情况，进一步纳入了控制变量，智能化应用的系数仍显著为负，智能化应用每提升 10%，可以带动人力资本错配改善 0.502%，假设 1 得到验证。第二，该文通过双重差分法验证前文结论的稳健性。结果显示，treat × post 的系数在 1% 的水平上显著为负，与基准回归结果一致。采用替换解释变量获取企业层面智能化技术应用情况进行替换解释变量稳健性检验；采用工具变量法选取工业机器人安装密度滞后一期作为智能化应用水平的工具变量进行 2SLS 估计；考虑到人力资本错配可能存在"路径依赖"，将人力资本错配的滞后一期引入基准模型的右侧构建动态面板模型，使用更有效率的系统 GMM 估计法，都表明结果稳健。

4. 作者自评和他评

他评。截至 2023 年 1 月 31 日，中国知网数据显示，该文被下载 1180 次，被引 0 次。

【作者简介】

孙雪：西北大学经济管理学院，博士研究生。

宋宇：西北大学经济管理学院，教授、博士生导师，主要研究政治经济学、发展经济学。

赵培雅：西北大学经济管理学院，博士研究生。

第 7 名

业绩预告与管理层薪酬契约中的"预期管理"
——基于中国上市公司的实证研究

郭栋、肖星（2022），《南开管理评论》，2022 年 9 月 7 日网络首发

【内容概览】

1. 问题/议题

管理层作出业绩预告会影响企业内部薪酬契约中业绩考核目标的预期管理行为吗？

2. 结论

管理层在绩效考核目标确定之前作出的业绩预告更加偏向于悲观。这种悲观倾向与绩效考核目标选择、管理层权力与公司相对业绩表现密切相关，当管理层薪酬—业绩（净利润）联系更加紧密、管理层在职消费越多以及公司相对业绩表现更差时，管理层作出的业绩预告更加悲观。此外，有效的内部治理机制，如两职分离、降低管理层持股比例可以对管理层的预期管理行为产生一定的抑制作用。业绩预告的悲观程度与管理层下一

年度得到的货币薪酬正相关，这在一定程度上说明了董事会并未完全识别出管理层的预期管理行为。该文结果佐证了业绩预告的内外部"双重信息"属性，表明管理层存在利用向外部投资者披露业绩预测在企业内部决策中"暗度陈仓"；也为改进公司薪酬契约的设计提供了有益的参考。

3. 论证

研究假设。假设1：与其他时间公布的业绩预告相比，管理层在1月作出的业绩预告更加悲观。假设2a：管理层的薪酬—业绩敏感度越强，管理层进行预期管理的动机也就越强，其在1月作出的业绩预告更加悲观；假设2b：与营业收入和净资产收益率相比，管理层薪酬—净利润敏感度越强时，管理层进行预期管理的动机也就越强，其在1月作出的业绩预告更加悲观。假设3a：在职消费越低，管理层进行预期管理的动机也就越强，其在1月作出的业绩预告更加悲观；假设3b：在职消费越高，管理层进行预期管理的动机也就越强，其在1月作出的业绩预告更加悲观。假设4a：相对业绩表现越差，管理层进行预期管理的动机也就越强，其在1月作出的业绩预告更加悲观；假设4b：相对业绩表现越差，管理层进行预期管理的动机会被削弱，其在1月作出的业绩预告并不会更加悲观。

变量。被解释变量：管理层业绩预测的悲观程度（Pessi）。解释变量：管理层预测的发布时间（Jan）、管理层的薪酬—业绩敏感性（PPS）、管理层的在职消费（Perk）、公司的相对业绩表现（RP）。

进一步，该文分析了管理层的薪酬—业绩敏感度对其预期管理行为的边际影响。Jan×PPS3的系数在所有模型中均大于0，并且在5%和10%的水平上显著，这表明随着薪酬—业绩敏感度的提高，管理层在1月前作出的业绩预告会更加悲观，这支持了假说2a。三种在职消费与Jan的交乘项在各个模型中均显著大于0，这说明在职消费较高时，管理层会在1月作出更加悲观的业绩预告进行预期管理，这支持了假设3b。在所有的模型中GW×Jan、RROE×Jan的系数均显著为负，这表明相对于其他公司而言，相对业绩表现较差的公司在1月作出的业绩预告会更加悲观，这支持了该文的假设4a。

4. 作者自评和他评

他评。截至2023年1月31日，中国知网数据显示，该文被下载1204次，被引0次。

【作者简介】

郭栋：清华大学经济管理学院会计系，博士研究生。

肖星：清华大学经济管理学院，教授，博士生导师，主要研究新制度会计与公司治理、会计与资本市场、财务报表分析、私募股权投资。电子邮箱：xiaox@ sem. tsinghua. edu. cn.

第 8 名

高人力资本是否会降低人口出生率——基于地级以上城市宏观数据和 CGSS 微观数据的实证研究

钟晓龙、王自锋（2022），《山西财经大学学报》，第 3 期，第 28—42 页

【内容概览】

1. 问题/议题

人力资本与人口出生率之间有什么关系？

2. 结论

人力资本对人口出生率的作用为非线性，人力资本总体上会降低人口出生率，当人口出生率增加时负面作用减弱，当人口出生率降低时负面作用增强。利用 2012 年、2013 年、2015 年和 2017 年中国综合社会调查（CGSS）数据进一步研究发现，人力资本提高会通过降低生育意愿、延缓生育进度降低人口出生率。

3. 论证

研究设计。被解释变量为城市人口出生率（br，又称粗出生率），人口出生率指在一定时期内（通常为一年）一定地区的出生人数与同期内平均人数（或期中人数）之比，用千分率表示。核心解释变量为本文估算得到的 i 城市 t 期人力资本的对数（$lnhe_{it}$），$lnhe_{it} \times br_{it-1}$ 为人力资本和人口出生率的交互项，以考察人力资本的非线性影响。

基准回归结果显示 β_1 的估计系数均在 1% 的水平上显著为负，β_2 的估计系数均在 1% 的水平上显著为正，且 $|\beta_1|/\beta_2$ 值为 11.2—11.8，临界值较大。这说明城市人力资本与人口出生率存在动态非线性关系，城市人力资本总体上会降低人口出生率，该影响效应随着人口出生率的提高而减弱，随着人口出生率的降低而增强。人口出生率高于一定的临界值时，城市人力资本对人口出生率起到促进作用；当人口出生率低于该临界值时，城市人力资本对人口出生率起抑制作用。鉴于当前我国总和生育率已经持续近 30 年低于生育更替水平，城市人力资本提高总体上不利于人口出生率的增长。

4. 作者自评和他评

他评。截至 2023 年 1 月 31 日，中国知网数据显示，该文被下载 2632 次，被引 0 次。

【作者简介】

钟晓龙：南开大学经济学院，博士研究生，主要研究人力资本与城市经济。

王自锋：南开大学经济学院，副教授，经济学博士，主要研究国际贸易与世界经济。电子邮箱：wangzifeng@ nankai. edu. cn。

第 9 名

人力资本、技术进步与经济稳增长——理论机制与经验证据

杨思涵、佟孟华（2022），《浙江社会科学》，第 1 期，第 24—38＋157 页

【内容概览】

1. 问题/议题

人力资本与技术进步的三种匹配关系对经济增长有什么影响？

2. 结论

应用人力资本—技术应用匹配的正向经济效应最强烈，创新人力资本—技术创新匹配次之，创新人力资本—技术应用为无效匹配，不利于经济稳增长。异质性分析发现，东、西部地区的经济增长分别得益于创新人力资本—技术创新和应用人力资本—技术应用这两种有效匹配，相对于高应用人力资本，高创新人力资本的正向经济效应更显著。机制分析表明，劳动成本、全要素生产率、出口竞争力、产业升级和居民消费升级具有中介效应和遮掩效应，现阶段经济稳增长策略应以短期优先技术应用、长期优先技术创新为主导方向。

3. 论证

理论模型。通过讨论研发部门和最终产品部门间的配置，分析人力资本与技术进步之间的匹配关系对经济增长（由"劳均产出及其增长率"衡量）的影响。该文的联立方程组共有两个方程，第一个是经济增长决定方程，用来识别人力资本与技术进步的匹配是否能促进经济增长；第二个方程是匹配决定方程，用来识别经济增长如何影响人力资本与技术进步之间的匹配。结合两个方程的估计结果，可以考察人力资本与技术进步匹配对经济增长的影响净效应和作用渠道。

核心变量包括：经济稳增长，采用各省的劳均产出增长率（rljcc）测度；人力资本与技术进步的匹配，采用人力资本水平与技术进步的交互项表征；技术进步，采用专利申请量和授权量等显示企业技术进步的直接成果。控制变量包括经济增长决定方程、匹配决定方程等。

实证结果分析。第一，基准回归 3SLS 估计结果显示不论是哪种人力资本—技术进步匹配均在 5％ 统计水平上对劳均产出增长率产生显著的正向影响，表明人力资本—技术进步匹配能够促进经济增长，但当期的劳均产出增长率不会对当期的人力资本—技术进步匹配产生影响；应用人力资本与技术应用这一有效匹配对劳均产出增长率的正向效应最大，且远大于另外两者，创新人力资本和技术应用的无效匹配的正向效应最小。除人力资本—技术进步匹

配外的其他因素对劳均产出增长率同样有着不可忽视的作用。第二，异质性分析显示，中部地区还没有形成以人力资本—技术进步为核心的经济增长模式；高创新人力资本均至少在10%统计水平上显著提升三种匹配关系对劳均产出增长率的影响效应。

4. 作者自评和他评

他评。截至 2023 年 1 月 30 日，中国知网数据显示，该文被下载 3396 次，被引 16 次。

该文研究观点获得吴应龙、沈满洪、王迪[1]，徐忠、王筱[2]，刘佳勇、张润东、张劭杰[3]的认同。吴应龙等认同，相比于实用新型专利，发明专利是对现有知识存量的增量贡献，创新程度更高。徐忠、王筱认同，人力资本通过人才聚集促进创新以及优化资源配置、促进产业结构升级进而拉动海洋经济增长。

【作者简介】

杨思涵：东北财经大学经济学院。

佟孟华：东北财经大学经济学院，教授，主要研究数理金融与实证金融。电子邮箱：tongmenghua@dufe.edu.cn。

第 10 名

创始人人力资本与高技术新创企业创新：一个有调节的中介模型

关健、邓芳、陈明淑、芮雪梅（2022），《管理评论》，第 6 期，第 90—102 页

【内容概览】

1. 问题/议题

创始人人力资本对高技术新创企业创新的作用机制是什么？风险投资在两者间是否发挥中介作用？

2. 结论

第一，创始人较高的教育水平、较丰富的管理经验不仅能直接促进高技术新创企业进行技术创新，还能通过吸引风险投资间接促进技术创新。第二，创始人的创业经验对高技术新

---

[1] 吴应龙、沈满洪、王迪：《生态科技创新的双重外部性及矫正机制研究》，《浙江社会科学》2023 年第 1 期。

[2] 徐忠、王筱：《科技创新对海洋经济增长的影响与传导机制研究》，《海洋开发与管理》2022 年第 11 期。

[3] 刘佳勇、张润东、张劭杰：《榆林农村人力资源开发与经济增长实证分析》，《辽宁农业科学》2022 年第 5 期。

创企业创新具有直接的积极影响。第三，创始人的技术专长虽然对吸引风险投资具有显著的积极影响，却不直接影响高技术新创企业创新。进一步研究表明，创业或管理经验与技术专长的协同效应能显著提高高技术新创企业的创新水平。第四，制度环境地区差异对创始人人力资本对高技术新创企业创新的直接影响和间接影响均存在调节作用。

3. 论证

研究假设。假设1：创始人的人力资本（教育水平、创业经验、管理经验、技术专长）对高技术新创企业创新具有显著的正向影响。假设2：风险投资参与在创始人人力资本与高技术新创企业创新的关系中起着中介作用，即创始人人力资本能够通过吸引风险投资，进而促进高技术新创企业创新。假设3a：制度环境越不完善，创始人人力资本对高技术新创企业创新的直接影响越强；假设3b：制度环境越不完善，创始人人力资本吸引风险投资的作用越强，从而通过风险投资促进高技术新创企业创新的间接影响越强。

变量定义。因变量——创新（Patent）：该文使用企业每年的专利申请数来衡量企业的创新活动。教育水平（Education）：该文采用创始人的受教育年数来衡量创始人的教育水平。创业经验（Startupexp）：该文使用虚拟变量来衡量创始人的创业经验。管理经验（Mexp）：该文使用虚拟变量Mexp对该指标进行计量。技术专长（Techexp）：根据创始人简历，从以下四个方面判断是否具有技术专长：①所学专业，专业背景为计算机等技术性专业；②具有工程师、研究员等相关职称；③工作经历，从事过研发等关键技术工作；④获得过发明专利或省级以上发明奖励。若创始人满足其中一项，即认为拥有技术专长，Techexp取值为1，否则为0。风险投资（Vc）：该变量为一个虚拟变量。调节变量——制度环境（Ins）：采用其中的"市场化总指数评分"这一指标来反映制度环境。

回归结果分析。(1) 创始人教育水平、创业经验和管理经验均对高技术新创企业专利申请数具有显著的正向影响，创业者技术专长对高技术新创企业专利申请数的影响不显著。因此，假设1得到部分支持。(2) 风险投资参与在创始人教育水平、管理经验与高技术新创企业创新之间起部分中介作用。为此，假设2得到部分支持。(3) 制度环境越不完善，创始人教育水平和创业经验对高技术新创企业创新的促进作用越明显，而创始人技术专长和管理经验的作用不显著，假设3a得到部分支持；制度环境的好坏不影响创始人人力资本对吸引风险投资的影响，假设3b没有得到支持。

4. 作者自评和他评

他评。截至2023年1月31日，中国知网数据显示，该文被下载1318次，被引0次。

【作者简介】

关健：中南大学商学院，教授，博士生导师，主要研究公司战略与财务管理。

邓芳：中南大学商学院，博士研究生。

陈明淑：中南大学商学院，副教授，硕士生导师，主要研究人力资源管理、组织与行为。电子邮箱：mingshuchen@163.com。

芮雪梅：中南大学商学院，硕士研究生。

第 11 名

农村数字化、人力资本与农村产业融合发展
——基于中国省域面板数据的经验证据

王定祥、冉希美（2022），《重庆大学学报（社会科学版）》，第 2 期，第 1—14 页

【内容概览】

1. 问题/议题

农村数字化对农村产业融合发展的影响机理是什么？

2. 结论

农村数字化对农村产业融合发展的影响系数显著为正，并且通过了 1% 的显著性水平检验，意味着农村数字化有利于促进农村产业融合发展；延伸农业产业链条、拓展农业多重功能、发展农业新兴业态与培育产业融合主体是农村数字化影响农村产业融合发展的具体机制，相较而言，农村数字化对农业产业链条延伸、农业多功能性发挥、产业融合主体培育的促进作用要明显大于农业新业态发展；农村数字化、农村人力资本与农村产业融合发展之间存在明显的非线性门限关系，即农村数字化对农村产业融合发展的促进作用发挥受到农村人力资本水平的制约与影响，随着农村人力资本水平的不断提高，农村劳动力运用数字资源和数字技术的能力越强，越有利于发挥农村数字化对农村产业融合发展的促进作用；进一步的耦合协调关系检验发现，农村数字化与农村人力资本的耦合协调度越高，越有利于推动农村产业融合发展。

3. 论证

理论分析与研究假设。假设 1：农村数字化有利于促进农村产业融合发展。假设 2：在农村人力资本水平越高的地区，农村数字化越有利于促进农村产业融合发展。

变量选择。被解释变量：农村产业融合发展（CON）。核心解释变量：农村数字化（DIG）。基于农村居民家庭平均每百户主要耐用消费品（计算机和移动电话）的拥有量和互联网宽带的接入数，采用熵值法计算出 2008—2019 年各省份的农村数字化指数（具体测算思路与农村产业融合发展一致），来衡量农村地区的数字化水平。门限变量：农村人力资本（HUM），以中央财经大学人力资本与劳动经济研究中心测算的各省份农村实际人力资本

（万元）来衡量。

实证检验与结果分析。从农村数字化（DIG）的估计结果可以看出，其对农村产业融合发展的影响系数显著为正，并且通过了1%的显著性水平检验，这表明农村数字化有利于促进农村产业融合发展，进而证实了研究假设1。农村人均劳动力人力资本水平越高，其运用数字资源和数字技术的能力越强，从而使得农村数字化对农村产业融合发展的促进作用也有所增强，进而证实了研究假设2。

4. 作者自评和他评

他评。截至2023年1月31日，中国知网数据显示，该文被下载5134次，被引14次。该文对农村融合发展指标的构建获得黄细嘉、张科、王红建等[1]的认同。该文研究观点"高人力资本农民可以更好把握住农业政策的精髓，掌握农产品生产和销售的各项标准，建立起现代农业生产经营理念，从而优化生产结构，提高农业生产产量、质量和销量，拓宽农业生产经营利润空间，达到农业生产效率提升的效果"获得罗明忠[2]的认同。

【作者简介】

王定祥：西南大学经济管理学院，教授，博士生导师，主要研究金融理论与政策、农村金融与财政、智能金融与数字经济。电子邮箱：wdx6188@126.com。

冉希美：重庆城市科技学院经济管理学院，助教，主要研究财务管理与经济发展。

第12名

远程工作对员工创新行为的"双刃剑"效应

王辉、肖宇婷（2022），《软科学》，第6期，第98—105页

【内容概览】

1. 问题/议题

远程工作对员工创新行为的影响机制模型应如何构建？

2. 结论

第一，角色模糊在远程工作与员工创新行为之间起负向中介作用，工作自主性在远程工作与员工创新行为之间起正向中介作用，并且工作自主性比角色模糊的中介作用更大。第

---

[1] 黄细嘉、张科、王红建等：《乡村旅游发展能否缩小城乡收入差距？——来自"全国休闲农业与乡村旅游示范县"的经验证据》，《旅游学刊》2023年第2期。

[2] 罗明忠：《人力资本视角下中国农业强国建设的基本路径》，《求索》2023年第1期。

二，上级响应性负向调节远程工作与角色模糊的关系，同时正向调节远程工作与工作自主性的关系。第三，上级响应性负向调节角色模糊在远程工作与员工创新行为之间的中介作用，同时正向调节工作自主性在远程工作与员工创新行为之间的中介作用，并且上级响应性对工作自主性中介作用的调节效应更强。

3. 论证

理论基础与研究假设。H1a：远程工作正向影响角色模糊；H1b：角色模糊负向影响员工创新行为；H1c：角色模糊在远程工作与员工创新行为的关系中起负向中介作用。H2a：远程工作正向影响工作自主性；H2b：工作自主性正向影响员工创新行为；H2c：工作自主性在远程工作与员工创新行为的关系中起正向中介作用。H3a：上级响应性对远程工作与角色模糊的关系起负向调节作用，即上级响应性水平越高，远程工作对角色模糊的影响越小；H3b：上级响应性负向调节角色模糊在远程工作与员工创新行为之间的中介作用，即上级响应性水平越高，角色模糊的中介效应越小。H4a：上级响应性对远程工作与工作自主性的关系起正向调节作用，即上级响应性水平越高，远程工作对工作自主性的影响越大；H4b：上级响应性正向调节工作自主性在远程工作与员工创新行为之间的中介效应，即上级响应性水平越高，工作自主性的中介效应越大。

假设检验。远程工作显著正向影响角色模糊，H1a被验证。角色模糊显著负向影响员工创新行为，H1b被验证。远程工作显著正向影响工作自主性，H2a被验证。工作自主性显著正向影响员工创新行为，H2b被验证。远程工作通过角色模糊影响员工创新行为的间接效应值为-0.073，95%置信区间为$[-0.112, -0.035]$（不包括0），H1c被验证。远程工作通过工作自主性影响员工创新行为的间接效应值为0.143，95%置信区间为$[0.088, 0.197]$（不包括0），H2c被验证。远程工作和上级响应性的交互项显著负向影响角色模糊，H3a被验证。远程工作和上级响应性的交互项显著正向影响工作自主性，H4a被验证。被调节的角色模糊中介效应值为0.130，95%置信区间为$[0.034, 0.298]$（不包含0），H3b被验证。被调节的工作自主性中介效应值为0.223，95%置信区间为$[0.038, 0.485]$（不包含0），H4b被验证。

4. 作者自评和他评

他评。截至2023年1月31日，中国知网数据显示，该文被下载3530次，被引1次。

该文研究观点"远程工作使得员工与组织、领导之间的空间距离扩大，导致工作信息传递滞后或不完整，员工因此感受到角色模糊，需要消耗大量的时间和精力来应对这种压力，限制了开展创新活动的能力"获得李正东、张蓓[①]的认同。

---

① 李正东、张蓓：《混合办公时代下远程办公何以影响员工离职意愿？》，《中国劳动》2022年第5期。

【作者简介】

王辉：湘潭大学商学院，教授，统计学博士生导师，工商管理（人力资源管理方向）硕士生导师，主要研究组织行为与人力资源管理、人力资源开发。电子邮箱：wanghui8242@xtu.edu.cn。

肖宇婷：湘潭大学商学院，硕士研究生。

第 13 名

持续导向型人力资源管理量表开发与验证研究

程豹、于晓彤、蒋建武（2022），《管理学报》，第 4 期，第 534—544 页

【内容概览】

1. 问题/议题

如何基于持续导向型人力资源管理的概念和结构开发相关量表并对量表进行修订和验证？

2. 结论

持续导向型人力资源管理包括：持续保障劳动权益、持续学习与发展、持续守护员工健康、持续履行社会责任、持续维护关系平衡、持续发展管理理念6个维度，共18个题项。尔后，进一步通过实证研究检验持续导向型人力资源管理与战略型、发展型两种人力资源管理的异同，及其对员工工作绩效和职业可持续性的差异化影响。研究结果进一步发现，持续导向型人力资源管理显著区别于其他两种人力资源管理，对工作绩效和职业可持续性具有额外解释力。

3. 论证

持续导向型人力资源管理的概念界定。将SOHRM定义为在可持续发展理念的指导下，以一种不耗损且旨在实现可持续发展和绩效目标的方式引导员工，激活个体价值，兼顾企业效益和社会责任在内的人力资源管理活动。这一概念将人力资源管理的可持续性内化为企业利益相关者的共同责任以及对员工可持续发展的贡献。

持续导向型人力资源管理的维度和测量。该研究结合GRI标准和可持续发展理论，秉持多维度原则，借助捆绑组合的方式将SOHRM的内容结构划分为以下6个维度：①持续保障劳动权益，②持续学习与发展，③持续守护员工健康，④持续履行社会责任，⑤持续维护关系平衡，⑥持续发展管理理念。

研究方法。遵照扎根理论方法推进量表开发工作，整合一手资料（访谈文本）和二手资料（文献素材、可持续发展报告）形成资料数据库，开展文本编码分析。该研究采用开放式编码、主轴编码、选择性编码的方式进行编码分析。

编码结果。从编码结果看，SOHRM 包括如下维度：①持续保障劳动权益，②持续学习与发展，③持续守护员工健康，④持续履行社会责任，⑤持续维护关系平衡，⑥持续发展管理理念。最后这一维度涉及员工的绩效考核及其人力资源管理理念，区别于已有量表。结合访谈可知，约有 35% 的受访者表示，企业的绩效考核不仅考核员工的实际工作产出，还要考虑其社会活动表现，这是符合组织可持续发展的价值追求，也是人力资源管理实践与可持续发展理念相结合的最佳表现。

持续导向型人力资源管理量表预测效用研究。假设 1：SOHRM 对员工工作绩效具有正向影响。假设 2：SOHRM 对员工职业可持续性具有正向影响。研究回归分析表明，SOHRM 对工作绩效有显著正向影响，假设 1 得到支持；SOHRM 对职业可持续性有显著正向影响，假设 2 得到支持。

4. 作者自评和他评

他评。截至 2023 年 1 月 31 日，中国知网数据显示，该文被下载 1702 次，被引 3 次。

该文研究观点获得张显[①]的认同。"有一些单位在发展过程中过于看重经济效益，但却严重忽视了职工个人发展以及价值实现方面的要求，这便制约了单位整体的发展进程，长此以往势必会对其发展埋下一定的隐患"获得黄敬原[②]的认同。

【作者简介】

程豹：西南财经大学工商管理学院，副教授，主要研究职场阴暗面等消极组织行为学、酒店人力资源管理。电子邮箱：chengbao@ swufe. edu. cn.

于晓彤：西南财经大学工商管理学院。

蒋建武：深圳大学管理学院，教授，博士生导师，主要研究人力资源管理、员工关系管理。电子邮箱：jwjiang@ szu. edu. cn.

---

① 张显：《人力资源管理在企业中的应用现状及优化措施》，《投资与合作》2022 年第 8 期。
② 黄敬原：《人力资源管理存在的问题及对策分析》，《产业创新研究》2022 年第 23 期。

第 14 名

管理者特征、R&D 投入与企业绩效

朱涛、李君山、朱林染（2022），《科研管理》，第 3 期，第 201—208 页

【内容概览】

1. 问题/议题

管理者特征、R&D 投入与企业绩效间的关系是什么？R&D 投入在其间是否发挥中介效应？

2. 结论

第一，管理者人力资本特征中的教育程度、职称、任期以及年龄异质性、任期异质性与企业绩效关系显著。第二，管理者的教育程度、任期、职称、任期异质性、年龄异质性与 R&D 投入之间影响显著。第三，企业 R&D 投入是企业管理者人力资本与公司绩效间的中介变量，管理者的任期、教育程度、职称、任期异质性、年龄异质性对公司绩效的影响是通过 R&D 投入传导的。

3. 论证

研究假设。H1：企业管理者传记性人力资本特征与企业绩效间呈正相关关系。H2：企业管理者传记性人力资本特征与企业创新 R&D 投入间呈正相关关系。H3：企业管理者非传记性人力资本特征与企业绩效间呈负相关关系。H4：企业管理者非传记性人力资本特征与企业创新 R&D 投入呈负相关关系。H5：管理者特征、R&D 投入与企业绩效间存在着中介效应。

变量定义。被解释变量为企业绩效。解释变量为企业管理者特征。创新 R&D 投入作为中介变量，最后加入控制变量。

多元回归分析。第一，企业管理者传记性人力资本特征与企业绩效回归分析显示企业绩效与企业管理者的教育程度呈正相关关系；管理者的任期、职称与企业绩效则呈负相关关系，管理者年龄与企业绩效未通过显著性检验。第二，企业管理者传记性人力资本特征与创新 R&D 投入回归分析结果符合假设 2 中的部分假设，管理者特征中的任期、职称和教育程度与 R&D 投入呈正相关关系；年龄与 R&D 投入则不相关。第三，企业管理者非传记性人力资本特征与企业绩效回归分析结果拒绝了假设 3 中的假设，管理者任期异质性、年龄异质性与企业绩效之间呈正相关关系，职称异质性、教育程度异质性与企业绩效则显示不相关。第四，企业管理者非传记性人力资本特征与创新 R&D 投入回归分析结

果符合假设4中的部分假设，管理者年龄异质性、任期异质性以及教育程度异质性与R&D投入之间呈负相关关系，职称异质性与R&D投入则显示不相关。第五，企业创新R&D投入与企业绩效回归分析结果：R&D投入与企业绩效经检验，不显著，说明R&D投入不能直接提高企业绩效。第六，企业管理者非传记性人力资本特征的中介效应分析：管理者的职称异质性没有通过显著性检验；管理者的教育程度异质性、年龄异质性、任期异质性与R&D投入经检验显著；对管理者任期异质性、年龄异质性的Sobel检验结果表明R&D投入的中介效应显著。

4. 作者自评和他评

他评。截至2023年1月31日，中国知网数据显示，该文被下载5538次，被引10次。

该文研究观点获得曹雯莉[1]、任泽轩[2]、黄娜[3]、刘伟乐[4]的认同。"平均年龄较大的高管团队，一般在业界从业多年，拥有宽阔的视野、丰富的社会经验和较多的社会关系网络，在遇到风险时能够及时筹集资金，因此平均年龄较大的高管团队更倾向于占用较少的营运资金"获得周华、杨畅、谭跃[5]的认同；"管理者特征、R&D投入与企业绩效间存在中介效应，多重特征的领导对未来发展预期高，能够建立共同愿景激励下属，找到工作的价值，进而促使下属愿意实现自我超越，高效率完成工作目标"获得曾鹏云、周海燕、李想[6]的认同。

【作者简介】

朱涛：河南大学产业经济研究所，教授，硕士生导师，主要研究产业发展与公司成长。

李君山：河南大学经济学院，研究生，主要研究企业创新。

朱林染：华东师范大学经济学院，助理研究员，主要研究风险投资。

---

[1] 曹雯莉：《智能化发展对制造业转型升级的影响研究》，硕士学位论文，南昌大学，2022年。
[2] 任泽轩：《基于DEA-Malmquist的建筑上市企业R&D效率研究》，硕士学位论文，扬州大学，2022年。
[3] 黄娜：《CEO行业专业背景对企业绩效的影响研究》，硕士学位论文，江西财经大学，2022年。
[4] 刘伟乐：《慈善捐赠、管理者短视与企业创新绩效》，硕士学位论文，青岛理工大学，2022年。
[5] 周华、杨畅、谭跃：《高管年龄与企业营运资金需求及动态调整》，《商业会计》2022年第20期。
[6] 曾鹏云、周海燕、李想：《学习型企业文化对企业绩效影响的实证研究》，《商业经济研究》2022年第17期。

第 15 名

源于挑战还是霸凌：职场压力对破坏性建言行为作用机制研究

代同亮、董华、雷星晖（2022），《管理评论》，第 7 期，第 246—254 页

【内容概览】

1. 问题/议题

挑战性压力和职场霸凌对破坏性建言的效能机制和边界条件是什么？

2. 结论

挑战性压力对于破坏性建言行为具有负向影响；职场霸凌对于破坏性建言行为具有正向影响；心理契约破裂在挑战性压力和破坏性建言行为以及职场霸凌和破坏性建言行为之间起部分中介作用；新员工社会化程度在挑战性压力和心理契约破裂之间起正向调节作用；新员工社会化程度在职场霸凌和心理契约破裂之间起负向调节作用。

3. 论证

理论基础和假设。H1：挑战性压力对破坏性建言行为具有负向影响。H2：职场霸凌对破坏性建言行为具有正向影响。H3：心理契约破裂在挑战性压力和破坏性建言行为之间起部分中介作用。H4：心理契约破裂在职场霸凌和破坏性建言行为之间起部分中介作用。H5：当新员工社会化程度高时，挑战性压力对于心理契约破裂负向作用会增强，反之减弱。H6：当新员工社会化程度高时，职场霸凌对于心理契约破裂正向作用会减弱，反之增强。H7：新员工社会化程度分别调节了挑战性压力通过心理契约破裂影响破坏性建言行为的间接作用和职场霸凌通过心理契约破裂影响破坏性建言行为的间接作用。

研究工具。挑战性压力（CS）采用 Jessica 和 Judge 创制的量表。职场霸凌（WB）采用 Parkins 等开发的量表。心理契约破裂（PCB）采用 Robinson 等开发的量表。破坏性建言行为（DVB）主要采用 Maynes 和 Podsakoff 开发的量表。新员工社会化程度（NES）主要采用 Haueter 等开发的量表。

数据分析与结果。该研究采取逐步层次回归（stepwise hierarchical regression）方法对相关假设进行检验。第一，主效应。挑战性压力对破坏性建言行为具有显著的负向影响；职场霸凌对破坏性建言行为具有显著的正向影响，因此，H1、H2 得到数据检验的支持。第二，中介效应，即检验心理契约破裂的中介作用。心理契约破裂对破坏性建言行为具有显著正向预测作用；挑战性压力对于破坏性建言行为也有显著预测作用，但是预测作用变小，因此支持了 H3。根据以上操作过程，得出心理契约破裂在职场霸凌和破坏性建言行为之间同样起

到部分中介作用,因此支持了 H4。第三,调节效应。新员工社会化程度与挑战性压力交互会对心理契约破裂产生正向影响,这表明新员工社会化程度越高,挑战性压力与心理契约破裂之间的正向关系越强,因此支持了 H5。新员工社会化程度与职场霸凌交互会对心理契约破裂产生负向影响,这表明新员工社会化程度越高,职场霸凌与心理契约破裂之间的正向关系越弱,因此支持了 H6。第四,为了检验被调节的中介作用,该研究运用 Bootstrap 方法,进行有调节的中介检验。新员工社会化程度越高,心理契约破裂在挑战性压力和破坏性建言行为之间的中介作用越弱。当自变量为职场霸凌时,结果表明,新员工社会化程度越高,心理契约破裂在职场霸凌和破坏性建言行为之间的中介作用越弱,因此支持了 H7。

4. 作者自评和他评

他评。截至 2023 年 1 月 31 日,中国知网数据显示,该文被下载 1380 次,被引 2 次。

该文研究观点"职场霸凌对破坏性建言行为具有显著的正向影响"获得李正东[①]的认同。

【作者简介】

代同亮:青岛科技大学经济与管理学院,硕士生导师,主要研究人力资源与组织行为管理、领导力、创新。电子邮箱:daitongliang2013@126.com.

董华:青岛科技大学经济与管理学院,教授,博士生导师(技术经济及管理专业),硕士生导师(工商管理专业),主要研究企业战略与组织、项目管理等。

雷星晖:同济大学经济与管理学院,教授,博士生导师,主要研究战略管理与创新管理。电子邮箱:leixinghui@tongji.edu.cn.

第 16 名

新时代人才强国战略的总体框架、时代内涵与实现路径

徐明(2022),《河海大学学报(哲学社会科学版)》,第 6 期,第 88—101 + 131—132 页

【内容概览】

1. 问题/议题

新时代人才强国战略的实施重点与实现路径是什么?

2. 结论

应在以下方面落棋下子,打好主动仗,下好先手棋:建设世界重要人才中心和创新高

[①] 李正东:《工作特征与青年员工建言行为》,《青年研究》2022 年第 6 期。

地，既要明确布局，又要"点""阵"结合；构建和塑造国家战略人才力量，既要"质""量"协同，又要梯次配置；深化人才发展体制机制改革，既要授权"松绑"，又要"破""立"兼顾；全方位培养引进用好人才，既要"内""外"统筹，又要"领""育"结合。将各行各业各领域各方面的优秀人才会聚到党和人民的伟大事业中来，形成全面建设社会主义现代化国家的时代伟力。

3. 论证

新时代人才强国战略的总体框架。该文构建了"理念—体系—能力—战略"整合型的理论分析框架。人才治理理念为人才工作提供方向先导和价值依循，包括坚持党对人才工作的全面领导，坚持人才引领发展的战略定位，坚持四个面向，坚持聚天下英才而用之；人才治理体系是新时代人才工作的制度载体，包括不断深化人才发展的体制机制改革，营造识才爱才敬才用才的环境；人才治理能力是人才治理体系的外在表现，包括全方位培养用好人才，弘扬科学家精神。以人才治理理念现代化引领人才治理体系和能力现代化，不断推进完善新时代人才工作的理论体系，为新时代人才强国战略提供具有中国特色的理论基础和科学规律。人才强国战略内涵于人才治理现代化框架，国家人才战略是对人才治理现代化愿景的长远谋划和分步执行，从汇聚人才、培育人才、激励人才、造就人才等方面来把握新时代实施人才强国战略的时代内涵和要求。

新时代人才强国战略的理论基础。第一，以人才治理理念现代化引领新时代人才工作。第二，以人才治理体系变革推动新时代人才治理体系现代化。第三，以人才治理能力提升推进新时代人才治理能力现代化。

新时代人才强国战略的时代内涵。第一，坚持以正确的政治方向领航会聚人才。第二，坚持以长远的战略谋划培育用好人才。第三，坚持以科学的人才理论团结激励人才。第四，坚持以深化改革的人才制度服务成就人才。

4. 作者自评和他评

他评。截至 2023 年 1 月 31 日，中国知网数据显示，该文被下载 670 次，被引 0 次。该文被《新华文摘》2023 年第 10 期全文转载。

【作者简介】

徐明：中国社会科学院大学商学院，教授，博士生导师，人力资源学科带头人和人力资源学科点负责人，主要研究人力资源开发管理与人才发展、社会治理、公共安全与应急管理等。电子邮箱：dx-xuming@ cass. org. cn。

第 17 名

人力资本的增长来源及其对中国经济增长的贡献

李展、崔雪（2022），《软科学》，第 3 期，第 33—38 页

【内容概览】

1. 问题/议题

人力资本在 1978—2018 年的变动情况及其对中国经济增长的贡献情况如何？人力资本的增长来源是什么？

2. 结论

中国人力资本在 1978—2018 年增长了 2.4 倍，每年上升 2.2%，其中 1.5% 来自教育效应，0.6% 来自行业间的劳动再配置效应，受教育水平提升是人力资本增加的最主要来源。人力资本对中国经济增长的贡献较低，年均贡献 0.3%。为了促进人力资本积累的增加，政府一方面需要加大对教育的投资力度，提高全民受教育水平；另一方面努力消除限制劳动力跨行业流动的障碍，让市场在资源配置中起决定性作用，提高人力资本的利用效率。

3. 论证

模型和数据来源。该文将中国经济划分为农业和非农业两大生产部门。两大生产部门的增加值均可以表示为资本投入、各种劳动投入（用劳动时间表示）和技术水平的函数。所用数据来自中国经济行业生产率数据库，该数据库是由日本一桥大学伍晓鹰教授团队建立并维护更新的。产出方面，该数据库构建了时间序列的投入产出表和分行业的价格指数，可以采用标准的双平减方法计算各行业的实际增加值增长率；投入方面，该数据库建立了详细类别的资本和劳动数据，尤其是劳动数据，从性别、年龄、教育和行业四个维度建立了各种劳动类别的工作时间及其对应的劳动报酬，可以较为全面地测算中国经济的人力资本积累状况。

结果分析。第一，两大部门就业人员的学历水平均在不断改善中，然而农业部门的高学历就业人数上升较为缓慢，高中及以上学历就业人数的比例仅由 1978 年的 5% 上升至 2018 年的 8%，非农业部门的高学历就业人数上升较快，尤其是高等学历的就业人数，其比例由 1978 年的 4% 大幅上升至 2018 年的 28%。教育是提升人力资本积累的最主要因素，非农业部门高学历就业人数的大幅增加在一定程度上促进该部门生产率的提高，改善该部门的工资水平。第二，农业部门在 1978—2018 年的年均增长率为 3.7%，其中劳动生产率增长率贡

献了 5.1%，而劳动时间增长率下降了 1.4%；非农业部门在 1978—2018 年的年均增长率为 9.6%，其中 5.3% 来自劳动生产率增长，4.2% 来自劳动时间的增长。从中国整体经济来看，GDP 在 1978—2018 年的年均增长率为 8.4%，其中 7.0% 来自劳动生产率增长率，1.4% 来自劳动时间增长率。

4. 作者自评和他评

他评。截至 2023 年 1 月 31 日，中国知网数据显示，该文被下载 1940 次，被引 8 次。

该文研究观点获得李红[①]、鲁玉秀[②]、元鹏飞[③]、于丽霞[④]等人的认可。"我国前几十年的发展主要是依靠低成本的简单劳动力，人力资本对经济发展的贡献率不大"[⑤]。

【作者简介】

李展：深圳大学经济学院，主要研究经济增长与全要素生产率测算。

崔雪：深圳大学经济学院，博士、助理教授，主要研究金融工程和工商管理。电子邮箱：xcuiaa@szu.edu.cn。

第 18 名

多尺度人力资本空间测度：格局分析与尺度关联

杨振山、杨航（2022），《地理研究》，第 10 期，第 2663—2679 页

【内容概览】

1. 问题/议题

通过构建一套适用于多空间尺度的人力资本水平综合评价体系，分别分析了 2000 年和 2010 年全国省、市、县（区）级行政单位人力资本水平的时空分异与变化。

2. 结论

第一，全国人力资本水平呈"东北高，西南低，高人力资本水平地区呈点状或块状

[①] 李红：《构建"四链互通"产教融合新框架 增强职业教育适应性》，《中国高等教育》2022 年第 19 期。
[②] 鲁玉秀：《数字经济对城市经济高质量发展影响研究——基于数字产业化与产业数字化的双重视角》，博士学位论文，西南财经大学，2022 年。
[③] 元鹏飞：《"减污降碳"视角下煤炭开采的资源诅咒效应及环境影响研究——基于山西省县域数据》，硕士学位论文，山西财经大学，2022 年。
[④] 于丽霞：《消费升级对文化产业发展的影响机制研究》，硕士学位论文，江西财经大学，2022 年。
[⑤] 关信平：《高质量发展与社会政策》，《杭州师范大学学报（社会科学版）》2022 年第 6 期。

分布"的特征，且具有较强的空间集聚性。第二，人力资本水平具有尺度效应，县（区）级尺度的人力资本水平差异程度和空间集聚程度最高。第三，研究期内全国人力资本水平和人力资本总量均上升，但约有11%的县（区）级单位人力资本水平呈负增长态势。

3. 论证

数据来源与方法。该文从教育、健康、技能三方面选取数据。人力资本总量计算根据对区域人力资本内涵的理解，将某地区内人力资本总量定义为地区内人口数量与人力资本水平的积。尺度方差将研究对象的方差按照尺度等级或嵌套系统逐步分解，不同尺度水平下方差突变的相对大小，可以反映不同尺度格局或过程变化对研究对象变异性贡献的相对大小程度。采用 Global Moran's I 统计量反映空间自相关程度，采用 Local Moran's I 统计量并绘制 LISA（Local Indicators of Spatial Association）图以揭示每个区域与周边地区之间的人力资本水平空间关联类型。

第一，人力资本水平的评价结果分析得出研究期内全国人力资本水平整体提升，但区域差异扩大并存在极化现象。研究期内各级尺度方差均增长，虽然市级的尺度方差贡献率小幅提升，但县（区）级尺度的方差贡献率仍然远高于其他空间尺度。第二，分析多尺度人力资本的时空格局及演变得出全国人力资本水平呈现"东北高，西南低"的地域分布特征，人力资本总量则呈现"东南高，西北低"的地域分布特征，随着尺度下降，高水平地区呈块状或点状分布；无论何种空间尺度下，人力资本水平与人力资本总量均呈显著的空间正相关性，其中县（区）级尺度的相关程度最强，且在研究期内不断增强；研究期内所有省级、市级单位的人力资本水平和人力资本总量均上升，但在县（区）级尺度下存在大量人力资本水平和总量负增长地区。

4. 作者自评和他评

他评。截至2023年1月31日，中国知网数据显示，该文被下载784次，被引1次。

该文对人力资本的测算方法获得代新玲、刘伟[①]的认同。

【作者简介】

杨振山：中国科学院大学资源与环境学院，研究员，博士生导师，主要研究城市与区域可持续发展。电子邮箱：yangzs@ igsnrr. ac. cn。

杨航：中国科学院大学资源与环境学院。

---

① 代新玲、刘伟：《产业数字化、技术创新与城市经济韧性》，《中国流通经济》2022年第12期。

第 19 名

人力资本如何增强城市经济韧性

胡艳、张安伟（2022），《财经科学》，第 8 期，第 121—134 页

【内容概览】

1. 问题/议题

异质型人力资本对城市经济韧性有什么样的影响？

2. 结论

第一，教育人力资本对经济韧性的影响呈现"U"型曲线特征，健康人力资本对经济韧性的影响为促进作用。第二，教育人力资本对经济韧性的影响，在大城市中为促进作用，在中小城市呈"U"型曲线特征；在都市圈城市中呈现"U"型曲线特征，在非都市圈城市中的影响不显著。健康人力资本对经济韧性的影响，在大城市与都市圈城市中为促进作用，在中小城市与非都市圈城市中不显著。第三，利用 shift-share 分析法对城市经济韧性进行分解，发现教育人力资本可以通过影响产业结构韧性与区域竞争力韧性作用于经济韧性，而健康人力资本只能通过影响产业结构韧性作用于经济韧性。第四，教育人力资本可以通过协同创新效应与劳动力流动效应影响产业结构韧性与区域竞争力韧性，最终作用于经济韧性；健康人力资本可以通过劳动生产率效应影响产业结构韧性，最终影响经济韧性。

3. 论证

理论分析与研究假设。为探究人力资本对城市经济韧性的影响，提出假设 1：教育人力资本对城市经济韧性的影响为非线性关系，健康人力资本对城市经济韧性的影响为促进作用。关于人力资本影响城市经济韧性的作用机制，提出假设 2：教育人力资本可以通过协同创新效应与劳动力流动效应影响城市经济韧性；假设 3：健康人力资本可以通过人产匹配效应与劳动生产率效应影响城市经济韧性。

研究设计。经济韧性用城市经济韧性（res）以及产业结构韧性（resa）与区域竞争力韧性（resb）表示。教育人力资本的测算利用在校生数量测算受教育年限表征潜在的教育人力资本。健康人力资本利用人均床位数表征城市健康人力资本。协同创新（c_i）利用引力系数测算城市协同创新指数，$c_i = (pat_i \times pou_i)(pat_j \times pou_j)/D2$。其中，pat 为城市专利申请授权量，pou 为城市常住人口，D 为城市之间的距离。劳动力流动（lm）利用从业人员占比来衡量劳动力在城市之间的流动。人产匹配（ma）利用结构偏差系数表征

人产匹配水平。劳动生产率（lp）利用地区生产总值与劳动力数量的比值表征单位劳动的产出。经济发展（eco）以人均GDP进行衡量；对外开放（open），用实际外商投资额占GDP的比重表示；金融效率（fin），用年末金融机构贷款额与存款额的比值表示；市场容量（cap），用人均社会消费品零售总额表示；投资水平（inv），用固定资产投资占GDP的比重表示。

实证分析。基准回归结果显示教育人力资本对城市经济韧性的影响呈非线性关系，健康人力资本对城市经济韧性的影响不存在阶段性特征，且其影响系数为正数，表明健康人力资本对经济韧性的影响为促进作用。异质性分析结果显示都市圈城市中教育人力资本对城市经济韧性的影响呈现"U"型曲线特征，健康人力资本对城市经济韧性的影响为正向，而在非都市圈城市中这两者对城市经济韧性的影响均不显著。稳健型分析利用城市坡度数据作为工具变量进行内生性检验，并将坡度数据与年度虚拟变量的交乘项作为工具变量引入模型，进行内生性检验的结果与基准结果一致。机制检验结果显示教育人力资本可以通过协同创新效应、劳动力流动效应影响城市经济韧性，且教育人力资本可以通过协同创新效应、劳动力流动效应作用于产业结构韧性与区域竞争力韧性，最终作用于整体城市经济韧性。

4. 作者自评和他评

他评。截至2023年1月31日，中国知网数据显示，该文被下载1582次，被引0次。

【作者简介】

胡艳：安徽大学创新发展战略研究院，教授，博士生导师，主要研究区域经济学和产业经济学。电子邮箱：2314569544@qq.com。

张安伟：安徽大学创新发展战略研究院，博士研究生。电子邮箱：zhanganwei365@163.com。

第20名

创业者人力资本如何激活机会型创业？
——一个被调节的中介模型

程建青、罗瑾琏（2022），《科学学与科学技术管理》，第6期，第110—122页

【内容概览】

1. 问题/议题

创业者人力资本对机会型创业的作用机制是什么？

2. 结论

创业者人力资本通过正向影响创业机会识别能力，进而促进机会型创业；创业榜样正向调节人力资本对创业机会识别能力的影响，即创业榜样出现时，创业者人力资本与创业机会识别能力的正向关系更强，然而，创业榜样并不调节创业机会识别能力的中介作用。

3. 论证

理论与研究假设。就创业者人力资本与机会型创业提出假设 H1：创业者人力资本与机会型创业呈正相关关系，即高人力资本的个体更可能投身机会型创业。就创业机会识别能力的中介效应提出假设 H2：创业者人力资本与创业机会识别能力呈正相关关系；H3：创业机会识别能力中介了创业者人力资本对机会型创业的影响，即人力资本高的个体拥有更强的创业机会识别能力，也更可能投身机会型创业活动。就创业榜样的调节作用提出假设 H4：创业榜样正向调节创业者人力资本对创业机会识别能力的影响；H5：创业者人力资本与机会型创业之间的中介关系受到创业榜样的调节。

以 2016 年 GEM 数据库 38 个发展中国家的 8594 个创业者为样本，因变量为机会型创业，自变量为人力资本，中介变量为创业机会识别能力，调节变量为创业榜样，控制变量为性别、年龄、收入、社会网络与风险规避。采用 SPSS 21.0 进行阶层回归分析，主效应检验结果显示人力资本与机会型创业显著正相关（$b = 0.275$，$SE = 0.032$，$p < 0.01$），支持了 H1；中介效应检验结果显示人力资本与创业机会识别能力显著正相关（模型 2，$b = 0.072$，$SE = 0.018$，$p < 0.01$），人力资本对机会型创业影响仍然显著（$b = 0.264$，$SE = 0.031$，$p < 0.01$），且创业机会识别能力对机会型创业影响仍然显著（$b = 0.157$，$SE = 0.018$，$p < 0.01$），支持了 H2 和 H3。调节效应检验结果验证了 H4，未验证 H5。

4. 作者自评和他评

他评。截至 2023 年 1 月 31 日，中国知网数据显示，该文被下载 1453 次，被引 1 次。

该文研究结论"人力资本高的个体更容易投身高质量的机会型创业活动""人力资本对改善机会型创业有重要意义"获得孙建国、张玮橦、田明甫[1]的认同。

【作者简介】

程建青：大理大学经济与管理学院。

罗瑾琏：同济大学经济与管理学院，教授，主要研究组织悖论、团队效能、双元领导、女性领导力。电子邮箱：luojl@ tjhrd. com。

---

[1] 孙建国、张玮橦、田明甫：《人力资本和产业结构匹配度分析——以河南省开封市为例》，《长江师范学院学报》2022 年第 6 期。

第 21 名

创新型人力资本对中国经济绿色转型的影响

王珊娜、张勇、纪韶（2022），《经济与管理研究》，第 7 期，第 79—96 页

【内容概览】

1. 问题/议题

创新型人力资本对绿色发展具有什么样的影响？

2. 结论

第一，创新型人力资本、高级教育人力资本、绿色技术创新和市场化等对绿色转型具有显著、稳健的正向作用。第二，创新型人力资本的绿色转型溢出存在显著的门限效应，在经济社会发展复杂变量的不同水平下产生非线性的影响。第三，中国大部分地区如果能进一步提升高级教育人力资本和市场化水平，可以更好地发挥创新型人力资本的绿色溢出作用。

3. 论证

理论分析及研究假设。假设 1：创新型人力资本对经济绿色转型的影响存在结构红利的门限效应。假设 2：创新型人力资本对经济绿色转型的影响存在教育红利的门限效应。假设 3：创新型人力资本对经济绿色转型的影响存在技术红利的门限效应。假设 4：创新型人力资本对经济绿色转型的影响存在市场红利的门限效应。

变量选取。被解释变量：经济绿色转型，采用省级能源效率指数来衡量。核心解释变量为创新型人力资本，使用研发人员与从业人员的比重来衡量；产业结构变迁分解为产业高级化水平（TS）和产业合理化水平（TL），产业结构高级化水平通过区域的第三产业产值与第二产业产值之比作为产业结构高级化的度量，产业结构的合理化水平通过泰尔指数测度；异质性教育人力资本根据受教育程度引入大专及以上学历占总劳动力人口的比例、高中受教育程度占总劳动力人口的比例以及初中及以下学历占总劳动力人口的比例，分别衡量高级教育人力资本、中级教育人力资本和初级教育人力资本；绿色技术创新将绿色专利申请数据根据专利类型划分为绿色发明型专利、绿色实用新型专利和绿色专利三种，并对其进行对数处理；市场化水平构建省级市场化水平指标。

实证结果。基准回归结果验证了创新型人力资本对经济绿色转型存在显著且稳健的积极影响。非线性关系检验结果显示：其一，产业结构变迁的结构红利在发展的初始阶段对创新型人力资本的绿色溢出效果更为明显；其二，异质性教育人力资本的教育红利比较特殊；其

三，绿色技术创新所带来的技术红利，在绿色技术创新提升的初始阶段，创新型人力资本对绿色转型显著正向影响要更为积极；当绿色技术创新跨越其门限值时，创新型人力资本对绿色转型的积极影响有所减弱；其四，随着市场化水平的不断提升，创新型人力资本的能源效率提升作用更为积极和显著，当市场化程度跨越门限值后，创新型人力资本对绿色转型的影响增强。

4. 作者自评和他评

他评。截至 2023 年 1 月 31 日，中国知网数据显示，该文被下载 1012 次，被引 0 次。

【作者简介】

王珊娜：中国劳动关系学院经济管理学院，讲师，主要研究劳动力市场的理论与现状、性别工资差距、劳动力流动等。

张勇：中国劳动关系学院经济管理学院，副教授，主要研究劳动经济学、财政转型。

纪韶：中国劳动关系学院经济管理学院，教授，博士生导师，主要研究劳动力市场流量分析模型、中国失业预警理论与实践、中国就业增长与经济发展的平衡性、中国农村劳动力流动就业的理论与实践、中国数字经济与就业发展趋势。

第 22 名

人力资本结构高级化、结构匹配与制造业生产效率提升

王蓉、黄桂田（2022），《统计与决策》，第 11 期，第 88—92 页

【内容概览】

1. 问题/议题

通过构造"人力资本—制造业"结构匹配度指标体系，从结构匹配的视角对人力资本结构高级化影响制造业生产效率的内在机制进行了检验。

2. 结论

人力资本结构高级化显著促进了制造业生产效率的提升，对于高技术制造业行业，"人力资本—制造业"结构匹配度发挥完全中介效应，人力资本结构高级化带来了高素质人才供给与需求匹配度的提高，进而有效促进了其生产效率的提升。对于中低技术制造业行业，"人力资本—制造业"结构匹配度则发挥遮掩效应，当偏离"最优匹配度"时，过高的人力资本结构可能意味着人才的浪费与效率的损失。因此应重视人力资本结构与制造业发展的同步优化与适配，并关注不同制造业行业对人力资本结构的差异化需求。

3. 论证

人力资本结构高级化水平与"人力资本—制造业"结构匹配度的测算。人力资本结构高级化水平测算：以受教育程度衡量人力资本水平，并使用向量夹角法对人力资本结构高级化水平进行测算。"人力资本—制造业"结构匹配度利用耦合协调度模型计算。

实证结果与分析。第一，人力资本结构高级化对制造业生产效率影响的实证结果估计结果均高度正向显著，且系数不断增大，这说明在处理了各种内生性问题后，人力资本结构高级化对制造业行业生产效率的提高均存在显著的促进作用。第二，结构匹配视角下的机制检验结果显示，人力资本结构高级化显著促进了"人力资本—制造业"结构匹配度的提升，而"人力资本—制造业"结构匹配度的提升亦对制造业生产效率的提升具有显著的促进作用，这说明中介变量的间接效应显著存在。随着匹配度的提升，制造业生产效率在低人力资本结构高级化水平下呈现上升趋势，而在高人力资本结构高级化水平下则呈现先上升后下降的"倒 U"型趋势。

4. 作者自评和他评

他评。截至 2023 年 1 月 31 日，中国知网数据显示，该文被下载 1092 次，被引 4 次。

该文的研究观点获得赵斌斌等人[1]的认同。该文观点——人力资本与制造业结构的匹配程度显著影响制造业生产效率获得林春、孙英杰[2]的认同。受教育经费不足和人才供应结构不合理等影响，我国劳动力市场中仍缺乏高学历人才和技术技能人才，这一观点获得王慧、王玮东、胡燕妮、杜健[3]的认同。

【作者简介】

王蓉：北京大学经济学院，博士研究生，主要研究劳动经济学、产业经济学。

黄桂田：北京大学经济学院，教授，博士生导师，主要研究产业经济学。电子邮箱：huanggt@pku.edu.cn.

---

[1] 赵斌斌：《人力资本结构高级化对区域创新能力的空间效应分析》，《昆明理工大学学报（社会科学版）》2022 年第 6 期。

[2] 林春、孙英杰：《数字普惠金融促进了制造业集聚吗?》，《西南民族大学学报（人文社会科学版）》2022 年第 12 期。

[3] 王慧、王玮东、胡燕妮、杜健：《实施四大举措 保持制造业比重基本稳定》，《宏观经济管理》2022 年第 11 期。

第 23 名

人力资本何以成为红利？——来自企业出口价值攀升视角的证据

阳立高、韩峰（2022），《中国软科学》，第 5 期，第 123—133 页

【内容概览】

1. 问题/议题

人力资本对制造业出口价值攀升具有什么样的影响？作用机制是什么？

2. 结论

第一，人力资本扩张可通过促进技术创新、提升制造业结构高度化和产业结构服务化水平、强化城市集聚效应等机制提高企业出口产品国内附加值率，进而推进制造业出口价值攀升。第二，人力资本对制造业出口国内附加值率的影响具有明显的异质性特征，取决于企业贸易类型、所在地区、所在城市及企业所有制类型等方面。Ⅱ型以上大城市在制造业出口价值攀升中显著受益于人力资本外部性，而中小城市尤其是小城市在大型城市极化效应作用下，并未在人力资本外部性中获得明显出口附加值攀升优势。

3. 论证

理论机制与假说。假设 1：人力资本积累通过提升企业技术进步水平提高国内中间品效率和中间品种类数，进而促进制造业出口价值攀升。假设 2：人力资本积累可通过制造业高度化和产业结构服务化增加国内制造业中间品种类，进而推进制造业出口国内附加值率提升。假设 3：人力资本外部性通过提升制造业集聚经济效应提高国内中间品效率、增加国内中间品种类，进而推进制造业出口价值攀升。

变量定义。制造业出口国内附加值率（DVAR）用企业出口国内附加值率来衡量。城市人力资本水平（hc）使用城市层面大学生数（万人）来衡量。企业层面控制变量主要包括：企业规模（size）、资本密集度（cap）、融资约束水平（rzys）、全要素生产率（tfp）。城市层面控制变量主要包括：制造业劳动力水平（L）、资本存量（K）、外商直接投资存量（FDI）、城市规模（Pop）、财政支出力度（Egov）。

机制检验。中介效应检验结果显示国内中间品种类数在人力资本促进制造业出口价值攀升过程中存在部分中介效应。对影响机制进一步检验，引入人力资本与企业技术创新能力交互项（lnhc×lnTech）、人力资本与制造业结构高度化交互项（lnhc×lnMug）、人力资本与产业结构服务化交互项（lnhc×lnSCBZ）以及人力资本与制造业集聚交互项（lnhc×lnAggM），探究人力资本积累通过影响企业技术创新、制造业结构高度化、产业结构服务化和制造业集

聚作用于国内中间品效率和国内中间品种类数，进而影响制造业出口价值攀升的机制。假设1得到部分印证，假设2和假设3得到印证。

4. 作者自评和他评

他评。截至2023年1月31日，中国知网数据显示，该文被下载541次，被引0次。

【作者简介】

阳立高：长沙理工大学经济与管理学院，教授，博士生导师，主要研究产业经济学、劳动经济学、技术经济学、计量经济学、国际贸易学、区域经济学。

韩峰：南京审计大学经济学院，教授，博士生导师，主要研究区域和城市经济。电子邮箱：hanfeng@nau.edu.cn。

第24名

创业者人力资本与企业绩效关系及多层次边界条件研究
——基于经验视角的元分析

胡望斌、焦康乐、张亚会、张琪（2022），《管理评论》，第7期，第81—94页

【内容概览】

1. 问题/议题

创业者人力资本与企业绩效之间的真实关系以及可能存在的边界条件是什么？

2. 结论

创业者先前经验与企业绩效之间呈积极的弱相关关系（$r=0.109$），其中，创业经验对绩效的影响显著高于工作经验，多样性经验对绩效的影响高于单一经验。企业年龄、所处行业、环境不确定性、研究时点以及绩效测量方式对二者之间的关系均发挥了调节作用。

3. 论证

文献回归与假设。H1a：创业者先前经验对企业绩效有正向的影响作用；H1b：在经验—绩效关系中，创业经验强于管理经验；H1c：在经验—绩效关系中，管理经验强于工作经验；H1d：在经验—绩效关系中，多样性的先前经验强于单一类型的先前经验。H2：创业者性别调节创业者先前经验与企业绩效之间的关系，男性创业者比女性创业者从先前经验对企业绩效的支持中获益更多。H3a：创业者先前经验与企业绩效之间的关系受企业年龄的影响，随着企业年龄的增加，创业者先前经验对创业企业绩效的影响减弱；H3b：创业者先前经验与企业绩效之间的关系受行业影响，相比低技术行业，在高技术行业中，创业者先前经验对创业企业绩效的影响作用更大。H4a：环境不确定性调节创业者先前经验与企业绩效之

间的关系，在高不确定性的环境中，创业者的先前经验对企业绩效影响更强；H4b：创业者先前经验与企业绩效之间的关系受研究时点的影响，与早期研究相比，研究时点越近的研究得出的经验—绩效关系越强。H5：创业者先前经验与企业绩效之间的关系受绩效测量方式的影响，与绩效客观测量方式相比，主观测量方式下，创业者先前经验对企业绩效具有更大的影响。

该文运用元分析方法，基于国内外193个独立研究样本，从先前经验视角探究创业者人力资本与企业绩效之间的真实关系以及可能存在的边界条件。

数据结果和分析。第一，出版偏差和异质性检验。首先对所有193组原始文献的出版偏差进行检验，若漏斗图中研究样本整体均匀地分布在均值两侧，则纳入元分析的文献不存在出版偏差。通过失安全系数、Egger's与Begger's检验进一步检验出版偏差。异质性检验结果通过Q值和I^2进行判断。第二，主要效应检验。主效应分析结果显示，创业者先前经验与创业企业绩效间的相关系数为0.109（p=0.000），说明创业者先前经验对企业绩效有积极影响，支持H1a。创业经验与管理经验之间的差异不显著（p=0.179），不支持H1b。管理经验与工作经验之间的差异不显著（p=0.183），不支持H1c。创业经验与工作经验之间的差异显著（p=0.004）。多样性经验与企业绩效的效应值为0.217（p=0.000），单一经验与企业绩效的效应值为0.103（p=0.000），且二者之间具有显著性差异（p=0.001），支持H1d。第三，调节效应检验。先前经验对企业绩效的影响并未有显著变化（r=0.004，p=0.907），说明经验—绩效关系并不存在显著的性别差异，不支持H2。该文对原始研究中的企业年龄进行编码以检验其调节作用，共79组原始样本汇报了样本企业的年龄。元回归结果显示，随着企业年龄的增长，先前经验对企业绩效的影响作用减弱（r=−0.005，p=0.013），支持H3a。先前经验对高技术行业企业绩效的影响（r=0.131，p=0.000）高于低技术行业企业（r=0.067，p=0.002），二者之间的差异显著（p=0.030），支持H3b。先前经验对绩效的影响在两组间有显著差异（p=0.041），且在高不确定性环境中的影响（r=0.130，p=0.000）强于较低不确定性环境（r=0.091，p=0.000），支持H4a。研究时点越近，创业者先前经验与创业绩效之间的关系系数越大（r=0.003，p=0.001），支持H4b。先前经验与主观绩效的相关系数为0.173（p=0.000），与客观绩效的相关系数为0.093（p=0.000），且两组之间有显著差异（p=0.000），支持H5，主观指标与绩效的关联性更高。

4. 作者自评和他评

他评。截至2023年1月31日，中国知网数据显示，该文被下载949次，被引0次。

【作者简介】

胡望斌：南开大学商学院，教授，博士生导师，主要研究创新与创业管理、战略管理。

电子邮箱：wangbinhu@nankai.edu.cn.

焦康乐：南开大学商学院、南开大学创业研究中心，博士研究生。

张亚会：南开大学商学院、南开大学创业研究中心，博士研究生。

张琪：北京交通大学经济管理学院，博士研究生。

第 25 名

公共服务供给与地区收入差距——基于人力资本视角的分析

高春亮、王业强、魏后凯（2022），《中国人口科学》，第 4 期，第 44—59 + 127 页

【内容概览】

1. 问题/议题

公共服务供给作为人力资本空间分布的关键因素，如何影响创新驱动阶段的地区收入差距？

2. 结论

第一，人力资本对人均 GDP 的贡献超过物质资本。第二，公共服务供给对人力资本的中介效应大于物质资本，且提高了创新活动和人口集聚对人均 GDP 的贡献。第三，公共服务供给扩大地区收入差距存在累积效应。

3. 论证

该文建立居民和政府两部门均衡模型：居民获取公共服务并促进人力资本积累，实现效用最大化；地方政府推动内生增长函数形成并追求产出最大化。在模型设定中，地区收入差距（GAP）为被解释变量，公共服务供给（PUB）为核心解释变量。解释变量包括两类：投入要素，包括公共服务供给（PUB）、滞后一期人力资本（HUM）和物质资本（KFC）；城市环境因素，包括集聚经济（RSI）、金融效率（DEF）、政府竞争（GOV）和开放水平（EXP）。地区收入差距（GAP）用平减后的城市人均 GDP 衡量。公共服务供给（PUB）以人均一般预算内财政支出反映。人均物质资本（KFC）以所在省份 2000 年固定资本形成总额除以 10% 为基期，计算 2000 年 GDP 占全省比重并分配初始固定资本存量。按城镇单位从业人员、私营和个体从业人员的总就业，计算人均物质资本存量。人均人力资本（HUM）根据 $H_{it} = [w_{it}/(\beta z_{it1-\beta})]^{[1]/[2]\beta}$ 计算。

基准回归结果显示。公共服务供给对人均 GDP 的弹性显著为正，表明公共服务供给水平越高则引致人力资本增量越高，人均 GDP 增长也越快，继而扩大地区收入差距。滞

后一期人力资本、人均物质资本存量对人均 GDP 的弹性显著为正，但人均物质资本存量的弹性更大。集聚经济、政府竞争和对外开放积极影响人均 GDP，而金融效率弹性不显著。

通过更换被解释变量的方法进行稳健型检验，结果显示，人力资本弹性仍大于物资资本，而且其他重要解释变量的弹性均显著为正，且排序与基准回归基本一致。

4. 作者自评和他评

他评。截至 2023 年 1 月 31 日，中国知网数据显示，该文被下载 1449 次，被引 0 次。

【作者简介】

高春亮：集美大学财经学院，教授，硕士生导师，主要研究区域经济、公共财政。电子邮箱：gaochunliang74@126.com。

王业强：中国社会科学院生态文明研究所，研究员，硕士生导师，主要研究城市与区域经济、房地产经济。电子邮箱：wangyeqiang517@163.com。

魏后凯：中国社会科学院农村发展研究所，研究员，博士生导师，主要研究经济体制改革、农业经济。

第 26 名

人工智能时代的公共部门人力资源管理：实践应用与理论研究

陈鼎祥、刘帮成（2022），《公共管理与政策评论》，第 4 期，第 38—51 页

【内容概览】

1. 问题/议题

文章从实践应用和理论研究两方面对人工智能时代的公共部门人力资源管理展开系统探讨。

2. 结论

一方面，文章系统梳理和分析了人工智能技术在公共部门人力资源管理系统的具体实践运用，深入分析了人工智能技术嵌入下的公共部门人力资源管理系统可能存在的风险，并从人工智能治理的视角提出风险规避方案。具体来说，文章阐释了人工智能技术在公共部门人力资源管理中的具体应用，以及需要规避的风险。在此基础上，文章指出亟须从国家层面制定相应的法律法规，从而对人工智能技术的运用进行有效规制。同时，公共部门的实务操作者需要深刻地认识到，人工智能的确可以为人力资源管理带来极大便利，但是切勿沦为智能

技术的附庸。现有管理主义过分夸大技术图腾的支配作用，放大了技术在国家治理中的作用。

3. 论证

公共部门人力资源管理现状及人工智能的实践应用。第一，公共部门人力资源管理的特点。首先，公共利益的实现是公共部门得以存在的根本，这也预示着公共部门人力资源管理必然要以实现公共利益为首要目标。其次，与私营部门人力资源相比，公共部门人力资源管理对任职者的政治和道德素养要求更为严格。最后，在人力资源管理具体职能方面，公共部门人力资源管理与私营部门人力资源管理也存在差异。第二，当前公共部门人力资源管理面临的困境：人力资源管理的战略性诉求与不同核心板块的匹配失效之间的矛盾；人力资源管理内容的客观明确性与操作过程的主观模糊性之间的矛盾。第三，人工智能在公共部门人力资源管理中的具体应用，包括在人力资源规划模块、招聘与配置模块、培训与开发模块、绩效管理模块、薪酬福利管理模块、劳动关系管理模块的应用。第四，人工智能在公共部门人力资源管理中的风险规避。谨防算法权力带来的技术霸权，防止数据泄露带来的诸多风险，摒弃唯人工智能的路径依赖。

人工智能时代公共部门人力资源管理研究的理论模型建构。第一，个体层面的研究逻辑。人格特质/技术接受理论要素—人工智能使用的意愿（变革意愿）：员工人格特质和技术接受理论要素对其使用人工智能技术的意愿会产生影响。变革意愿—人工智能技术使用—个人绩效：员工的变革意愿会显著影响其人工智能技术的使用，进而影响个人绩效；在这个过程中，技术便利程度起到了调节作用。第二，组织层面的研究逻辑。工作特征/领导力—组织的人工智能技术使用：工作特征和领导力能够影响组织的人工智能技术使用。组织的人工智能技术使用—人力资源管理系统—组织绩效：组织的人工智能技术使用能够显著影响公共部门人力资源管理系统，并进而影响组织绩效。第三，组织外部环境层面的研究逻辑。地方的经济发展水平和组织外部压力能够显著影响组织的人工智能技术选择。

4. 作者自评和他评

他评。截至2023年1月31日，中国知网数据显示，该文被下载1800次，被引0次。

【作者简介】

陈鼎祥：北京师范大学政府治理研究中心讲师，上海市创新政策评估研究中心研究员。

刘帮成：上海交通大学国际与公共事务学院，教授，主要研究人才政策与战略性人力资源管理、跨文化组织行为与变革管理、科技政策与创新创业管理。电子邮箱：liubangcheng@sjtu.edu.cn。

第 27 名

校长变革型领导如何影响教师组织承诺
——基于中介效应与调节效应的实证分析

张婉莹、毛亚庆（2022），《教育研究》，第 6 期，第 134—147 页

【内容概览】

1. 问题/议题

校长变革型领导对教师组织承诺的影响及作用机制是什么？

2. 结论

校长变革型领导对教师组织承诺具有显著正向预测作用；教学效能感在校长变革型领导和教师组织承诺间发挥部分中介作用；教师社会情感能力在校长变革型领导与教师组织承诺之间具有正向调节作用，即教师社会情感能力越高，校长变革型领导对教师组织承诺的作用就越强。

3. 论证

研究假设。H1：校长变革型领导对教师组织承诺具有显著的正向预测作用。H2：教学效能感在校长变革型领导和教师组织承诺间发挥中介作用。H3：教师社会情感能力正向调节了校长变革型领导与教师组织承诺之间的关系。

该文采用国内学者编制的《教师组织承诺问卷》，该问卷共 19 个题项，包含感情承诺、投入承诺、规范承诺、理想承诺四个维度；采用国内学者编制的适合于我国文化背景的《变革型领导问卷》，该问卷共 26 个题项，包括德行垂范、领导魅力、愿景激励与个性化关怀四个维度；采用国内学者对查宁莫兰（Tschannen-Moran M.）和霍伊（Hoy A. W.）编制的《教学效能感问卷》修订后的简缩版本，该问卷共 12 个题项，包含教学策略、课堂管理、学生投入三个维度，采用修订后的《教师社会情感能力问卷》对教师的社会情感能力进行测量。

该论文主要使用 SPSS 22.0 和 AMOS 26.0 对数据进行实证分析，运用结构方程模型方法，对校长变革型领导对教师组织承诺的影响及其机制进行实证研究。同时，使用 Bootstrap 的回归路径分析法，将四个变量纳入同一模型检验中介效应和调节效应的显著性。实证研究结果表明，H1、H2、H3 获得验证。

4. 作者自评和他评

他评。截至 2023 年 1 月 31 日，中国知网数据显示，该文被下载 2582 次，被引 1 次。

该文研究结论"应重视激发教师的教学效能感，唤醒教师角色自信"获得伊明明[①]的认同。

【作者简介】

张婉莹：北京师范大学教育学部。

毛亚庆：北京师范大学教育学部，教授，博士生导师，主要研究教育领导与学校管理改进、校长领导力与学校人力资源培训等。

第28名

复杂的人性：大五人格对员工创新行为影响的定性比较分析

王圣慧、易明（2022），《研究与发展管理》，第3期，第134—146页

【内容概览】

1. 问题/议题

大五人格组合对创新行为的影响有哪些？对创意产生、创意传播和创意实施三阶段的影响有什么不同？

2. 结论

第一，单一人格特质并不构成引致员工创新行为的必要条件，但宜人性在引致创新行为中发挥着较为普适的作用。第二，存在多条引致员工创新的等效组态，包括以外向性缺席、宜人性、尽责性和情绪稳定性为要素的组态，以宜人性、尽责性、情绪稳定性、经验开放性为要素的组态，以外向性缺席、情绪稳定性缺席、宜人性和经验开放性为要素的组态。第三，外向性缺席与宜人性通过等效替代的方式影响员工的创新行为。第四，虽然引致员工创新三阶段的组态存在相似性，但其中重要性更高的核心条件存在差异。

3. 论证

论文对215名高新技术企业员工的数据进行分析，使用的量表全部采用英文文献中的成熟量表，首先对量表进行翻译与回译，然后经过专家审订后应用于正式调研。所有条目的测量均采用李克特五点量表，采用模糊集定型比较分析（fsQCA）对收集的数据进行分析。

---

① 伊明明：《高职思政课教师教学能力提升路径探究——基于教学效能感视域下》，《辽宁高职学报》2022年第12期。

第一，为了检验该文变量的构念区分度，对员工外向性、宜人性、尽责性、情绪稳定性、经验开放性、创意产生、创意传播、创意实施 8 个变量进行验证性因子分析。第二，进行描述性统计分析，结果显示外向性、宜人性、尽责性、情绪稳定性和经验开放性这五种人格因素均与创意产生、创意传播、创意实施之间分别呈正相关关系。第三，单项前因条件的必要性分析结果显示，在分析员工创新行为时应该综合考虑大五人格的并发协同效应。第四，条件组态的充分性分析显示，引致创意产生、创意传播和创意实施各存在三条路径，引致员工整体创新行为则存在两条路径。第五，条件组态的充分性分析结果显示，在预测创意产生的前因组态中，组态 1 中经验开放性为核心条件，外向性缺席、宜人性和情绪稳定性缺席作为辅助条件；组态 2 中情绪稳定性为核心条件，外向性缺席、宜人性和尽责性为辅助条件；组态 3 中情绪稳定性和经验开放性为核心条件，宜人性和尽责性为辅助条件。组态 1 的净覆盖度最大，说明在引致员工创意产生的三个人格组态中，组态 1 单独解释的案例较多。在预测创意传播的前因组态中，组态 4 中尽责性缺席和经验开放性为核心条件，外向性缺席、情绪稳定性缺席和宜人性为辅助条件；组态 5a 中情绪稳定性为核心条件，外向性缺席、宜人性和尽责性为辅助条件；组态 5b 中情绪稳定性为核心条件，宜人性、尽责性和经验开放性为辅助条件。组态 5a 和 5b 构成二阶等价组态，即它们的核心条件一致。其中，组态 5b 的原始覆盖度和净覆盖度最大，这说明在引致员工创意传播的人格组态中，组态 5b 解释的案例较多。在预测创意实施的前因组态中，组态 6 中经验开放性为核心条件，外向性缺席、宜人性和情绪稳定性缺席为辅助条件；组态 7 中尽责性为核心条件，外向性缺席和宜人性为辅助条件；组态 8 中尽责性和经验开放性为核心条件，宜人性和情绪稳定性为辅助条件。组态 7 的原始覆盖度和净覆盖度最大，说明在引致员工创意实施的人格组态中，组态 7 解释的案例较多。在预测员工整体创新行为的前因组态中，组态 9a 中情绪稳定性为核心条件，外向性缺席、宜人性和尽责性为辅助条件；组态 9b 中情绪稳定性为核心条件，宜人性、尽责性和经验开放性为辅助条件。两个组态具有相同的核心条件，说明两者为二阶等价组态，且组态 9b 解释的案例较多。

4. 作者自评和他评

他评。截至 2023 年 1 月 31 日，中国知网数据显示，该文被下载 1301 次，被引 0 次。

【作者简介】

王圣慧：东北财经大学工商管理学院，副教授，主要研究组织行为与人力资源管理。电子邮箱：shwang@ dufe. edu. cn.

易明：山东大学山东省人才发展战略研究院，助理研究员，主要研究组织行为与人力资源管理。电子邮箱：myi@ sdu. edu. cn.

第 29 名

零工平台模式下电子绩效监控对零工工作者持续价值共创行为的影响

朋震、王斯纬、王青松（2022），《中国人力资源开发》，第 6 期，第 23—38 页

【内容概览】

1. 问题/议题

电子绩效监控对持续价值共创行为的影响机理是什么？

2. 结论

发展型电子绩效监控通过正向影响关系型心理契约、负向影响交易型心理契约来正向影响持续价值共创行为；预防型电子绩效监控通过负向影响关系型心理契约、正向影响交易型心理契约来负向影响持续价值共创行为；顾客反馈增强了关系型心理契约与持续价值共创行为的关系，同时也增强了关系型心理契约在电子绩效监控与持续价值共创行为之间的中介作用。

3. 论证

理论分析与假设。假设 1a：发展型电子绩效监控与零工—平台关系型心理契约正相关；假设 1b：发展型电子绩效监控与零工—平台交易型心理契约负相关；假设 1c：预防型电子绩效监控与零工—平台关系型心理契约负相关；假设 1d：预防型电子绩效监控与零工—平台交易型心理契约正相关。假设 2a：关系型心理契约与零工持续价值共创行为正相关；假设 2b：交易型心理契约与零工持续价值共创行为负相关。假设 3a：关系型心理契约在零工感知到的发展型电子绩效监控与持续价值共创行为之间起中介作用；假设 3b：交易型心理契约在零工感知到的发展型电子绩效监控与持续价值共创行为之间起中介作用；假设 3c：关系型心理契约在零工感知到的预防型电子绩效监控与持续价值共创行为之间起中介作用；假设 3d：交易型心理契约在零工感知到的预防型电子绩效监控与持续价值共创行为之间起中介作用。假设 4a：顾客反馈增强了关系型心理契约在零工感知到的发展型电子绩效监控与持续价值共创行为之间的中介作用；假设 4b：顾客反馈增强了关系型心理契约在零工感知到的预防型电子绩效监控与持续价值共创行为之间的中介作用；假设 4c：顾客反馈减弱了交易型心理契约在零工感知到的发展型电子绩效监控与持续价值共创行为之间的中介作用；假设 4d：顾客反馈减弱了交易型心理契约在零工感知到的预防型电子绩效监控与持续价值共创行为之间的中介作用。

假设检验。论文采用层次回归分析和 PROCESS 3.0 程序的 Bootstrap（N = 5000）方法检验心理契约的中介作用。发展型电子绩效监控负向影响交易型心理契约，正向影响关系型心

理契约；预防型电子绩效监控正向影响交易型心理契约，负向影响关系型心理契约，假设 1a、1b、1c、1d 得到支持。交易型心理契约对持续价值共创行为有显著的负向影响，关系型心理契约与持续价值共创行为显著正相关，假设 2a、2b 得到支持。交易型心理契约的回归系数为负且显著，假设 3b、3d 得到验证；对于关系型心理契约的中介效应，关系型心理契约的回归系数均为正且显著，假设 3a、3c 得到支持。采用 Bootstrap 法进行统计分析来进一步检验顾客反馈的调节作用，顾客反馈的水平越高，关系型心理契约在零工工作者感知到的电子绩效监控与持续价值共创行为的中介作用越强，假设 4a、4b 得到支持；而顾客反馈对交易型心理契约与持续价值共创之间的负向关系的调节作用并不显著，假设 4c、4d 并没有得到支持。

4. 作者自评和他评

他评。截至 2023 年 1 月 31 日，中国知网数据显示，该文被下载 1426 次，被引 0 次。

【作者简介】

朋震：北京外国语大学国际商学院，副教授，主要研究企业人力资源管理、企业战略、组织文化、组织绩效。电子邮箱：pengzhen@bfsu.edu.cn。

王斯纬：北京外国语大学国际商学院。

王青松：北京外国语大学国际商学院。

第 30 名

员工持股计划对企业全要素生产率的影响研究

李姝、金振、谢雁翔（2022），《管理学报》，第 5 期，第 758—767 页

【内容概览】

1. 问题/议题

员工持股计划对全要素生产率具有什么样的实际影响？

2. 结论

企业实施员工持股计划会显著提高公司的全要素生产率，且这一正向关系仅在非股权质押的企业中显著；从不同的实施环境看，员工持股计划对全要素生产率的正向影响在代理问题严重且员工薪酬水平较低的企业中效果更显著；创新产出、人力资本结构以及内部资本配置效率是员工持股计划影响全要素生产率的可能路径。此外，员工持股计划的实施可以与混合所有制改革发挥协同作用，共同推动企业生产效率的提高。

3. 论证

理论基础与研究假设。假设1：实施员工持股计划能提高公司全要素生产率。假设2：实施员工持股计划对公司全要素生产率的正向影响，在股权没有质押的公司更为显著。假设3：实施员工持股计划对公司全要素生产率的正向影响，在代理问题严重的公司更为显著。假设4：实施员工持股计划对公司全要素生产率的正向影响，在员工薪酬较低的公司更为显著。

选取2011—2019年中国A股上市公司为初始研究样本。运用双重差分模型检验员工持股计划的实施是否提高企业生产效率，将实施员工持股计划的企业作为处理组，未实施员工持股计划的企业作为控制组，通过对持股计划实施前后进行时间趋势上的差分，以及对处理组和控制组之间的实施与否的差分，评估持股计划实施的净效应。同时，模型中的标准误均在公司层面进行聚类处理，以缓解可能的序列相关问题。被解释变量是企业的全要素生产率（TFP）运用OP和LP的方法对上市公司的全要素生产率进行测算，$ESOP_i$为处理组虚拟变量，如果该企业实施员工持股计划取值为1，否则取值为0；$POST_t$为实施前后的虚拟变量，在企业实施员工持股之后赋值为1，之前则为0。$ESOP_i \times POST_t$为双重差分交乘项，用以评估员工持股计划实施影响。

基准回归结果。第一，员工持股计划与全要素生产率的回归系数在1%的水平上均显著为正，假设1成立。第二，在大股东进行股权质押组中，ESOP_POST系数为正，但并不显著；而在大股东未进行股权质押组中ESOP_POST系数分别在10%和5%的水平上显著为正，验证了假设2。第三，为了检验代理问题的调节作用，根据管理费用率将样本分为两组，分别检验员工持股计划对生产效率的影响，在代理问题严重的分组中，ESOP_POST系数分别在5%和1%的水平上显著为正；而在代理问题较轻的分组中，ESOP_POST的系数均未通过显著性检验，假设3得以验证。

4. 作者自评和他评

他评。截至2023年1月31日，中国知网数据显示，该文被下载2287次，被引2次。

该文研究观点获得熊毅、洪茳[①]的认同，该文的研究方法"用公司主营业务收入的自然对数作为当年的产出"被胡静锋、周江、王波[②]借鉴。

【作者简介】

李姝：南开大学商学院暨中国公司治理研究院，教授，博士生导师，主要研究资本市场与会计信息披露、财务会计与公司治理。电子邮箱：lishu999@126.com.

金振：南开大学商学院，博士研究生。

谢雁翔：南开大学商学院，博士研究生。

---

① 熊毅、洪茳：《员工薪酬竞争力对企业风险承担的影响研究》，《管理学报》2022年第10期。

② 胡静锋、周江、王波：《制造业升级的内生机理与中国样本实证测算分析》，《宏观经济研究》2023年第1期。

第 31 名

真心换真新：真实型领导风格对新员工创新行为的激发机制研究

许爽、杨征、刘平青、杨芳、赵莉（2022），《科技进步与对策》，
第 19 期，第 132—140 页

【内容概览】

1. 问题/议题

基于认知—情感视角，探究真实型领导风格对新员工创新行为的影响机理，并识别师徒关系的调节作用。

2. 结论

真实型领导风格对新员工创新行为具有显著正向影响；组织公平感和工作投入具有中介作用，且组织公平感的中介作用更强；良好的师徒关系正向调节真实型领导风格和组织公平感、工作投入对新员工创新行为的影响，且关系越强，中介效应越显著。

3. 论证

理论与假设。H1：真实型领导对"90后"新员工创新行为有正向积极影响。H2：组织公平感在真实型领导与"90后"新员工创新行为之间发挥中介作用。H3：工作投入在真实型领导与"90后"新员工创新行为之间发挥中介作用。H4：师徒关系正向调节真实型领导与组织公平感之间的关系，对于拥有强师徒关系的"90后"新员工，真实型领导对其组织公平感的影响更强。H5：师徒关系正向调节真实型领导通过组织公平感对创新行为的积极影响，对于有强师徒关系的"90后"新员工，组织公平感的中介作用更强。H6：师徒关系正向调节真实型领导对工作投入的作用，对于拥有强师徒关系的"90后"新员工，真实型领导对其工作投入的影响更大。H7：师徒关系正向调节真实型领导通过工作投入对"90后"新员工创新行为的积极影响，对于拥有强师徒关系的"90后"新员工，工作投入的中介作用更强。

假设检验。第一，主效应与中介效应检验发现，真实型领导对"90后"新员工创新行为有显著正向影响，H1成立。将真实型领导、组织公平感、工作投入同时纳入模型中，真实型领导对创新行为的影响变得不再显著，而组织公平感和工作投入对创新行为的影响依然显著，因而H2成立。第二，师徒关系的调节效应检验。将真实型领导、师徒关系、真实型领导与师徒关系的交互项同时纳入对组织公平感的回归方程时，交互项的回归系数显著，H4得证；将真实型领导、师徒关系、真实型领导与师徒关系的交互项同时纳入对工作投入的回归方程中，结果显示交互项回归系数显著，说明H6通过检验。第三，中介效应检验表

明，师徒关系对于组织公平感与工作投入的中介作用具有增强效果，并且组织公平感在真实型领导与创新行为之间的中介效应高于工作投入的中介效应。因此，H5、H7得到支持。

4. 作者自评和他评

他评。截至2023年1月31日，中国知网数据显示，该文被下载1825次，被引6次。该文研究观点获得郭立君[①]、洪静[②]、董琳[③]、余圆[④]、辛明洋[⑤]等的认同，研究观点"真实型领导对'90后'新员工创新行为有显著正向影响"获得王颖[⑥]的认同。

【作者简介】

许爽：北京理工大学管理与经济学院。

杨征：北京理工大学管理与经济学院。

刘平青：北京理工大学管理与经济学院，教授，主要研究组织行为与人力资源管理。电子邮箱：liupingqing@ bit. edu. cn.

杨芳：北京理工大学管理与经济学院。

赵莉：北京理工大学管理与经济学院。

第32名

数字经济背景下京津冀人力资源系统韧性评价与治理

梁林、段世玉、李妍（2022），《中国人力资源开发》，第8期，第71—83页

【内容概览】

1. 问题/议题

数字经济背景下京津冀人力资源系统韧性评价体系应如何构建？针对这一问题可以提出怎样的治理策略？

[①] 郭立君：《家长式领导对矿工不安全行为的影响研究》，硕士学位论文，太原理工大学，2022年。

[②] 洪静：《"能力—动机—机会"组态效应对员工双元创新行为的影响研究》，硕士学位论文，西南大学，2022年。

[③] 董琳：《个人—组织匹配视角下差错管理氛围对员工创新行为的影响研究》，硕士学位论文，西南科技大学，2022年。

[④] 余圆：《高阶团队跨界领导力——内涵、测量及其对员工创新行为的影响研究》，硕士学位论文，西华大学，2022年。

[⑤] 辛明洋：《包容型领导与员工创新行为的关系：内部人身份感知和积极情绪的链式中介作用》，硕士学位论文，沈阳师范大学，2022年。

[⑥] 王颖：《情感型领导对科技人才创新行为的影响研究》，硕士学位论文，常州大学，2022年。

2. 结论

第一，从整体韧性现状看，京津冀三省市的韧性均值排名为北京、河北、天津，京津冀整体、北京和河北呈上升趋势，而天津呈下降趋势，河北和天津均存在不同程度的发展不均衡问题。第二，从韧性治理看，北京、河北和天津适用的治理策略分别是整体性治理、协同治理、网络化治理。

3. 论证

人力资源系统韧性评价指标选取与数据来源。该文构建数字经济背景下人力资源系统韧性评价指标体系，包括多样性维度指标、流动性维度指标、缓冲性维度指标、进化性维度指标。多样性指数字评价系统要素种类的多样化程度；流动性反映人力资源与生存环境相互协调的可靠性与适应性；缓冲性反映系统资源的富裕程度；进化性反映系统通过提高资源配置效率，实现进化发展；人力资源系统整体韧性是四维度韧性的有机耦合。

在数字经济背景下对京津冀人力资源系统韧性进行实证分析。第一，多样性维度评价结果：相比于2019年，2021年京津冀整体及北京、天津和河北的多样性维度韧性值均呈上升趋势，北京2021年的多样性维度韧性值相较于2019年上升1.374%，上升幅度最大。第二，流动性维度评价结果：相比于2019年，2021年京津冀整体、天津、河北的流动性维度韧性值均呈下降趋势，天津2021年的流动性维度韧性值相较于2019年下降39.516%，下降幅度最大，而北京2021年的流动性维度韧性值比2019年有所上升。第三，缓冲性维度评价结果：相比于2019年，2021年京津冀整体及北京、天津和河北的缓冲性维度韧性值均呈上升趋势，天津2021年的缓冲性维度韧性值相较于2019年上升21.053%，上升幅度最大。第四，进化性维度评价结果：相比于2019年，2021年京津冀整体及北京、河北的进化性维度韧性值均呈上升趋势，河北2021年的进化性维度韧性值相较于2019年上升20.838%，上升幅度最大，而天津2021年的进化性维度韧性值比2019年有所下降。

进而对京津冀人力资源系统韧性发展态势进行比较，北京人力资源系统处于最优的良性均衡状态，河北和天津存在不同程度的发展不均衡问题。京津冀人力资源系统整体韧性评价结果分析显示，京津冀整体及其三省市人力资源系统整体韧性水平在2019—2021年的变化情况为京津冀整体及北京、河北呈上升趋势，天津呈下降趋势。评价结果静态排名显示京津冀人力资源系统整体韧性均值在2019—2021年的排名情况为北京、河北、天津。

4. 作者自评和他评

他评。截至2023年1月31日，中国知网数据显示，该文被下载1028次，被引2次。

该文研究观点获得陈颢[①]的认同。该文在数字经济背景下对京津冀地区人力资源系统韧

---

① 陈颢：《基于互联网思维下的人力资源管理创新》，《商展经济》2022年第19期。

性进行研究，该研究主题得到张城恺、武霏霏、杨丽丽[①]的认同。

【作者简介】

梁林：河北工业大学经济管理学院，副研究员，博士生导师，主要研究区域人才规划、企业人力资源管理。电子邮箱：lianglin1234567@163.com.

段世玉：河北工业大学经济管理学院。

李妍：河北工业大学经济管理学院。

第33名

人力资本视角下雾霾污染对长江经济带绿色高质量发展的影响研究

程永生、张德元、赵梦婵、汪侠（2022），《重庆大学学报（社会科学版）》，第5期，第46—60页

【内容概览】

1. 问题/议题

人力资本视角下，雾霾污染对经济高质量发展的影响效应及传导机制是什么？

2. 结论

样本期内以 $PM_{2.5}$ 为代表的雾霾污染物每增加1个单位，绿色经济发展质量下降8.4个百分点；雾霾污染影响经济质量的直接效应为 -0.064，经人力资本中介传导后的间接效应为 -0.020；进一步分析显示，雾霾污染对长江经济带绿色高质量发展具有明显的异质性，其中雾霾污染对下游城市人力资本的负面影响更大，进而对经济质量的抑制作用也显著高于中、上游城市，且2013年之后雾霾污染的损害效应出现加剧现象。

3. 论证

理论分析与研究假说。H1：雾霾污染抑制了长江经济带发展质量，并且抑制作用存在异质性。H2：人力资本在雾霾污染和高质量发展中发挥中介作用，即雾霾污染通过人力资本影响经济高质量发展。

变量选取。被解释变量为绿色高质量发展，用绿色全要素生产率（GTFP）来表征。核心解释变量为雾霾污染，用污染"元凶" $PM_{2.5}$ 浓度作为代理变量，以哥伦比亚大学公开的全球 $PM_{2.5}$ 浓度栅格数据为基础，并采用ArcGIS软件，解析分离出长江经济带城市数据。控

[①] 张城恺、武霏霏、杨丽丽：《京津冀数字经济发展的现状与建议》，《科技智囊》2022年第11期。

制变量方面，选择了人均产出（pgdp）；产业结构（struc），用第二产业产值占地区 GDP 的比重表征；对外开放（open），用实际利用外商投资占比地区 GDP 来衡量；人口密度（pden），用年末总人口与辖区行政面积之比表征；城镇登记失业率（unemp）；基础设施（infra），用人均建设道路面积表示；职工平均工资（pwage）；财政分权度（fiscal），用财政收入占财政支出的比重表征。为了克服雾霾污染的内生性问题，选取城市自然降水量（rain）作为雾霾污染的工具变量。

实证结果。第一，雾霾污染与经济质量呈负相关关系。第二，雾霾污染抑制经济质量的提升，也会显著抑制人力资本积累，影响人力资本在促进经济质量方面的积极效果，导致经济质量受损。在控制了人力资本对经济质量影响的间接效应后，雾霾污染对经济质量的估计系数均显著为负，且数值大小较控制前的估计系数更小，进一步验证了人力资本中介效应的存在性。第三，异质性分析。从区域异质性看，上、中、下游城市雾霾污染均不利于人力资本积累，并且雾霾对下游城市人力资本的负面影响更大，其次是中游城市，影响最小的是上游城市，这说明下、中游城市居民对雾霾污染更加敏感，环境质量诉求更高。从时间异质性看，2003—2012 年，雾霾污染对人力资本的回归系数在 1% 水平上显著为负，说明雾霾污染阻碍人力资本积累。2013—2018 年，雾霾污染同样成为人力资本积累的阻碍因素。人力资本在 5% 水平上对经济质量具有正向促进作用。

4. 作者自评和他评

他评。截至 2023 年 1 月 31 日，中国知网数据显示，该文被下载 1080 次，被引 2 次。

该文研究观点获得刘琦[1]的认同。该文对于人力资本的定义，"作为一种严格经济学概念的人力资本，最早是由美国经济学家 Schultz 提出，意指体现在个人身上的知识、技能、能力以及可以转化为生产力的其他'非物质资本'属性的统称"获得汪振、张晓玉、刘滨[2]的借鉴。

【作者简介】

程永生：安徽大学创新发展战略研究院。电子邮箱：chengyongsheng@ aliyun. com.

张德元：安徽大学经济学院，教授，博士生导师，主要研究农村经济学、农村社会学。电子邮箱：zdyuan@ 263. net.

赵梦婵：安徽大学创新发展战略研究院，博士研究生。

汪侠：阜阳师范大学经济学院。

---

[1] 刘琦：《中国 FDI、大气污染与工业企业绿色经济发展研究》，硕士学位论文，北京化工大学，2022 年。

[2] 汪振、张晓玉、刘滨：《生计资本、生态认知与农村环境治理支付意愿——基于江西省 588 份农户数据》，《新疆农垦经济》2022 年第 9 期。

第 34 名

数据要素何以成为创新红利？——源于人力资本匹配的证据

陶长琪、丁煜（2022），《中国软科学》，第 5 期，第 45—56 页

【内容概览】

1. 问题/议题

数据要素与人力资本匹配度对制造业上市企业创新质量的影响效应及作用机制是什么？

2. 结论

第一，数据要素与人力资本匹配显著提升制造业企业创新质量，但单独的数据要素或人力资本不具有显著的创新激励效应，创新红利的释放强调数据要素与人力资本要素组合的作用。第二，异质性分析发现，数据要素与人力资本匹配仅对中部地区企业、劳动密集型企业以及金融约束程度较低的企业具有创新激励效应。第三，机制检验发现，数据要素与人力资本匹配通过增强企业流动性储备、激发市场需求以及提升供应链效率从而促进制造业企业创新质量提升。

3. 论证

理论机制分析与假设。H1：数据要素与人力资本匹配促进制造业创新质量提升。H2：数据要素与人力资本匹配通过增强流动性储备从而提升制造业创新质量。H3：数据要素与人力资本匹配通过刺激市场需求扩张从而提升制造业创新质量。H4：数据要素与人力资本匹配通过提升供应链效率从而提升制造业创新质量。

该文的被解释变量为制造业企业创新质量，采用上市公司独立与联合申请的发明专利数量占总专利申请数量的比重（FM_ratio_{it}）衡量。核心解释变量为数据要素与人力资本的匹配度，采用数据要素与人力资本的系统协调度（D）衡量，从数据要素来源、数据要素处理与维护、数据要素发展保障以及数据要素应用与效益四个方面构建数据要素指标体系。

实证结果分析。第一，基准回归结果显示，数据要素与人力资本匹配显著提升了制造业企业创新质量，验证了 H1。第二，异质性分析。区域异质性分析结果显示数据要素与人力资本匹配对中部地区企业具有创新激励效应，对西部地区企业创新具有抑制效应，对东部地区以及东北部地区企业的影响不显著。行业异质性分析结果显示仅在劳动密集型行业中，数据要素与人力资本匹配显著促进企业创新质量的提升。企业异质性分析结果显示在金融约束程度较低的样本中，数据要素与人力资本匹配显著促进制造业企业创新质量提升；在金融约束程度较高的样本中，数据要素与人力资本的系统协调度对企业创新的影响不显著。

4. 作者自评和他评

他评。截至 2023 年 1 月 31 日，中国知网数据显示，该文被下载 1580 次，被引 0 次。

【作者简介】

陶长琪：江西财经大学统计学院，教授，主要研究技术创新的数量分析。电子邮箱：tcq_822@163.com。

丁煜：江西财经大学统计学院，博士研究生。

第 35 名

高质量人力资本与中国城市创新能力——来自高校扩招政策的证据

何小钢、黄莹珊、朱国悦（2022），《当代财经》，第 10 期，第 15—27 页

【内容概览】

1. 问题/议题

高质量人力资本对中国城市创新能力的影响是什么？

2. 结论

第一，高校扩招政策带来的人力资本扩张有效地提升了城市创新能力，且这一影响随时间推移显著增强。第二，机制分析表明，人力资本扩张显著提高了劳动者技能水平，而技能劳动进一步诱发了创新要素的集聚效应，提升了城市内部的研发能力，由此共同推动了城市创新水平的提升。第三，异质性分析表明，人力资本扩张对东部城市、创新基础较好、资本品进口增长更快以及市场化程度更高的城市创新提升效应更大。第四，分产业来看，人力资本对城市第二产业创新能力的提升有更大的促进作用。

3. 论证

理论机制。第一，高质量人力资本有利于提升城市创新能力。在其他条件不变的情况下，高校扩招导致的人力资本扩张通过提高劳动力技能水平、创新要素资源集聚以及提升城市研发能力推动城市创新水平的提升。第二，在东部城市、各城市第二产业以及创新基础较好、资本品进口增长较快和市场化程度较高的城市中，人力资本对城市创新的积极作用更加显著。

利用我国 1999 年开始实施的高校扩招这一外生政策冲击构建准自然实验，运用双重差分法检验人力资本对城市层面创新水平的影响。采用《中国城市和产业创新能力报告》发布的中国各城市创新指数的对数值（lninno）作为被解释变量，核心解释变量通过各城市按产业加权的人才资本密度构造城市人力资本密度，用来表示各城市对高学历人才的需求和吸纳程度。

实证结果。第一，基准回归结果显示由大学扩招带来的人力资本扩张使得高人力资本密度城市的创新水平与低人力资本密度城市相比有更大幅度的上升，表明人力资本扩张有利于提高我国创新水平。第二，通过替换被解释变量、替换控制变量、离散变量双重差分估计、排除高铁开通的影响、删减样本、扩大样本时间范围等方法进行稳健性检验，结果依然稳健。

4. 作者自评和他评

他评。截至 2023 年 1 月 31 日，中国知网数据显示，该文被下载 1384 次，被引 0 次。

【作者简介】

何小钢：江西财经大学产业经济研究院，研究员，博士生导师，主要研究数字经济、技术进步与产业创新管理。电子邮箱：nchxg@126.com.

黄莹珊：江西财经大学产业经济研究院。

朱国悦：暨南大学产业经济研究院。

第 36 名

员工伦理型领导原型对伦理型领导有效性的影响：员工崇敬感的中介作用

邢志杰、贺伟、张正堂、蒋旭婷（2022），《心理学报》，第 9 期，第 1093—1105 页

【内容概览】

1. 问题/议题

伦理型领导对员工工作绩效的影响机制是什么？

2. 结论

第一，伦理型领导能够正向影响员工的崇敬感。第二，崇敬感能够中介伦理型领导对组织公民行为的积极作用，但对任务绩效的中介效应并不显著。第三，员工的伦理型领导原型会强化伦理型领导与员工崇敬感之间的正向关系，即相比于拥有低伦理型领导原型的员工，拥有高伦理型领导原型的员工更容易对伦理型领导产生崇敬感。第四，崇敬感能够中介伦理型领导与员工伦理型领导原型的交互作用对组织公民行为的影响。

3. 论证

问题的提出。假设 1：控制积极情绪后，伦理型领导对员工的崇敬感有正向影响。假设 2：控制积极情绪后，员工的崇敬感在伦理型领导与任务绩效（假设 2a）和组织公民行为（假设 2b）之间起中介作用。假设 3：员工的伦理型领导原型能够调节伦理型领导与员工崇敬感之间的关系，即相比于拥有低伦理型领导原型的员工而言，伦理型领导对拥有高伦理型领导原型的员工崇敬感

有更强的正向影响。假设4：控制积极情绪后，员工的崇敬感能够中介伦理型领导与员工伦理型领导原型的交互作用对任务绩效（假设4a）和组织公民行为（假设4b）的影响。

研究样本是来自中国某高校的MBA学员及其员工。伦理型领导选用Brown等2005年开发的量表，该量表包括10个条目；伦理型领导原型采用与伦理型领导相同的量表条目，但更换了量表引导语；崇敬感根据上述文中对崇敬感的定义，结合Watson等1988年提出的有关积极情绪和消极情绪的测量方式；任务绩效采用Bachrach等2007年开发的量表，该量表包含5个条目，如"该员工总是能完成工作职责范围内的任务"；组织公民行为采用Lee和Allen 2002年编制的量表，该量表包含针对个人的组织公民行为和针对组织的组织公民行为两个子维度。

使用SPSS 20.0和Mplus 7.0对研究数据进行统计分析。由模型可知，伦理型领导能够对员工的崇敬感产生显著的正向影响（B = 0.80，p < 0.001），假设1得到验证。到任务绩效的间接效应并不显著，假设2a没有得到验证；到组织公民行为存在显著的间接效应，假设2b得到验证。伦理型领导与员工伦理型领导原型的交互项系数并没有达到统计上的显著水平，假设3没有得到数据支持。因为假设4预测崇敬感可以中介伦理型领导与员工伦理型领导原型的交互作用对工作绩效的影响，所以假设4也未得到验证。

4. 作者自评和他评

他评。截至2023年1月31日，中国知网数据显示，该文被下载2312次，被引0次。

【作者简介】

邢志杰：南京大学商学院。

贺伟：南京大学商学院，教授，博士生导师，主要研究人才管理、组织薪酬分配与员工激励、领导行为与领导力。电子邮箱：whe@nju.edu.cn。

张正堂：南京大学商学院，教授，博士生导师，主要研究战略人力资源管理、薪酬理论。

蒋旭婷：南京大学商学院。

第37名

人力资本、绿色科技创新与长江经济带全要素碳排放效率

何伟军、李闻钦、邓明亮（2022），《科技进步与对策》，第9期，第23—32页

【内容概览】

1. 问题/议题

基于1999—2019年长江经济带面板数据，运用全局超效率SBM模型、拓展的STIRPAT模

型、中介效应模型和门槛模型，考察人力资本、绿色科技创新与全要素碳排放效率之间的关系。

2. 结论

人力资本积累在直接促进长江经济带全要素碳排放效率优化的同时，通过绿色科技创新发挥间接促进作用。为进一步推动长江经济带全要素碳排放效率提升，加快建成引领全国经济高质量发展的主力军，建议以绿色科技创新为引领，促进人力资本不断积累，全面激发长江经济带绿色低碳转型发展活力。

3. 论证

模型构建。绿色科技创新是实现绿色低碳发展的重要支撑，人力资本作为重要的绿色科技创新主体，在生产生活方式向绿色低碳转型的过程中发挥重要作用。参考现有研究成果，引入绿色科技创新作为中介变量，从直接和间接作用路径两方面考察人力资本、绿色科技创新对长江经济带全要素碳排放效率的影响。

指标选取。被解释变量：全要素碳排放效率（tfc）。核心解释变量：人力资本（hum）。中介变量：绿色科技创新（gti）。控制变量：①经济发展水平（pgdp）；②产业结构（ind）；③对外开放水平（op）；④环境规制（er）；⑤基础设施水平（inf）；⑥城镇化水平（urban）。

人力资本、绿色科技创新影响长江经济带全要素碳排放效率的实证检验。第一，基准回归估计结果表明，人力资本积累能够有效促进长江经济带全要素碳排放效率提升，有助于加快长江经济带绿色低碳转型发展。第二，人力资本影响绿色科技创新的系数 a、绿色科技创新影响长江经济带全要素碳排放效率的系数 b 均通过显著性检验，可见人力资本对长江经济带全要素碳排放效率提升存在显著的间接效应。第三，绿色科技创新是人力资本促进长江经济带全要素碳排放效率提升的重要路径，即人力资本积累能够有效促进绿色科技创新，助力绿色低碳技术推广和应用，进而驱动长江经济带全要素碳排放效率提升。第四，伴随绿色科技创新水平提升，人力资本对长江经济带绿色低碳发展的驱动效应增强，促进长江经济带全要素碳排放效率的影响更加显著。

4. 作者自评和他评

他评。截至 2023 年 1 月 31 日，中国知网数据显示，该文被下载 2862 次，被引 3 次。

该文研究观点获得付文鸽[1]、刘杰[2]的认同，"伴随着人力资本积累，地区能源消费需求增加，导致碳排放密度增大"获得邝嫦娥、李文意、黄小丝[3]的认同。

---

[1] 付文鸽：《中国产业结构对碳排放效率的影响研究》，硕士学位论文，辽宁大学，2022 年。
[2] 刘杰：《个人所得税税负抑制了科技创新吗？——基于人力资本视角的实证研究》，《财经论丛》2022 年第 10 期。
[3] 邝嫦娥、李文意、黄小丝：《长江中游城市群碳排放强度与经济高质量发展耦合协调的时空演变及驱动因素》，《经济地理》2022 年第 8 期。

【作者简介】

何伟军：三峡大学经济与管理学院，教授，博士生导师，主要研究决策分析与战略研究。电子邮箱：weijunhe@ctgu.edu.cn。

李闻钦：三峡大学经济与管理学院，硕士研究生，主要研究区域经济、决策分析。

邓明亮：武汉大学中国发展战略与规划研究院，博士研究生，主要研究区域经济转型发展理论与实践、区域产业经济分析与规划、长江经济带发展战略与政策。

第 38 名

员工创新行为对反生产行为的影响：心理所有权和道德认同的作用

秦许宁、张志鑫、闫世玲（2022），《科研管理》，第 5 期，第 86—93 页

【内容概览】

1. 问题/议题

员工创新行为是否具有负面影响？对反生产行为有怎样的影响？

2. 结论

第一，员工创新行为对其心理所有权具有正向影响，心理所有权对反生产行为具有正向影响，心理所有权在员工创新行为与反生产行为之间起中介作用。第二，道德认同负向调节心理所有权与反生产行为之间的关系，并削弱心理所有权在创新行为与反生产行为之间的间接效应。

3. 论证

理论与假设。基于自我拓展理论、创新行为与心理所有权提出研究假设。假设 1：员工创新行为对其心理所有权具有正向影响。假设 2：员工心理所有权对其反生产行为具有正向影响。假设 3：员工心理所有权在创新行为与其反生产行为之间起中介作用。假设 4：道德认同调节员工心理所有权与其反生产行为的关系。当员工道德认同水平高时，心理所有权对反生产行为的正向影响越弱；当员工道德认同水平低时，心理所有权对反生产行为的正向影响越强。假设 5：道德认同负向调节心理所有权在创新行为与员工反生产行为关系间的中介作用。

该研究调研对象来源于十余家山东省高新技术企业的生产制造、技术研发和市场运营的员工。创新行为采用 Scott 等的 6 题项量表，示例问题为"在工作中，我会主动寻求应用新技术、新流程或新方法"；心理所有权采用 Chi 等的 4 题项量表，示例题目为"我感觉组织属于我"；道德认同采用 Aquino 的 5 题项量表；反生产行为选取 Yang 等开发的适合我国情境的反生产行为量表。

假设检验结果显示，创新行为显著正向影响心理所有权（$\beta=0.342$，$p<0.01$），假设 1 通过

验证。心理所有权显著正向影响反生产行为（β=0.284，p<0.01），假设2通过验证。心理所有权在创新行为与员工反生产行为之间起部分中介作用，假设3通过验证。心理所有权对员工反生产行为具有显著影响（β=0.202，p<0.01），当心理所有权与道德认同的交互项放入回归方程中，交互项系数显著（β=−0.113，p<0.05），表明道德认同具有负向调节作用，假设4通过验证。道德认同起到被调节的中介作用，假设5通过验证。

4. 作者自评和他评

他评。截至2023年1月31日，中国知网数据显示，该文被下载1878次，被引1次。

该文研究观点"具有强烈道德认同的个体认为道德角色对于定义他们个人身份至关重要，从而他们越容易被道德相关情境激活，对道德信息进行加工处理的能力也越强"获得张光磊、丁杨洋、李铭泽[1]的认同。

【作者简介】

秦许宁：山东财经大学MBA学院，硕士研究生，主要研究组织与人力资源管理。

张志鑫：山东省宏观经济研究院，助理研究员，主要研究组织与人力资源管理。

闫世玲：山东财经大学国际经贸学院，博士研究生，主要研究国际贸易和对外投资。

第39名

AMO战略人力资源管理对组织绩效的影响路径

葛元骎、李树文（2022），《科研管理》，第11期，第200—208页

【内容概览】

1. 问题/议题

基于400余家科创企业，从能力—动机—机会（AMO）的横向维度与企业生命周期的纵向维度探究了战略人力资源管理对组织绩效的影响机制。

2. 结论

初创期科创企业战略人力资源管理通过双元学习能力与人力资本的连续中介作用影响组织绩效，而发展期与成熟期科创企业则仅通过双元学习能力的中介作用影响组织绩效。研究在资源—能力整合框架下厘清了不同发展阶段AMO战略人力资源管理对组织绩效的差异化影响机制，为企业合理配置人力资源提供启示。

---

[1] 张光磊、丁杨洋、李铭泽：《秉节持重，问诸水滨？创业者底线心态对创业团队社会责任的影响研究》，《商业经济与管理》2022年第9期。

3. 论证

理论基础与假设。第一，AMO 战略人力资源管理及其对组织绩效的影响路径。该研究将学习能力与人力资本作为 AMO 战略人力资源管理对组织绩效影响的双重路径。第二，双元学习能力对人力资本的影响。假设 1：双元学习能力对组织人力资本具有显著影响。第三，双元学习能力与人力资本的连续中介作用。假设 2：双元学习能力与人力资本在 AMO-SHRM 与组织绩效间起连续中介作用。第四，企业生命周期作为边界条件。假设 3：初创期企业 AMO-SHRM 通过能力—资源路径影响组织绩效，而发展与成熟期企业通过能力路径影响组织绩效。

样本调查。研究调研对象为山东省、浙江省、上海市、陕西省、四川省等众多区域的科创企业管理者。研究者主要采用两项标准筛选调研企业：一是选择在核心领域具有突出绩效的企业；二是选择具有相对健全的人力资源管理体系的企业。

变量测量。研究采用 Likert 5 点量表测量各变量。以培训与开发（HP）、招聘与甄选（HZ）来衡量能力型实践，共 6 个题项；以申述程序（HS）、职业发展（HG）、内部晋升（HN）、报酬激励（HB）、绩效评估（HJ）来衡量动机型实践，共 15 个题项；以员工参与（HR）、合理授权（HD）来衡量机会型实践，共 4 个题项；双元学习能力共 10 个条目；组织人力资本（OHC）共 5 个条目；组织绩效采用 Jimenez-Jimenez 等修订的量表，有 4 个题项；企业生命周期采用投资、筹资、经营活动的组合来综合判断，例如经营和筹资为负数的企业被认定为衰退期，经营和投资为负数的企业被认定为初创期，投资为负数的企业被认定为发展期，筹资为负数的企业被认定为成熟期。

假设检验。双元学习能力与人力资本的连续中介效应强于其个别中介效应。同理可知，在动机型实践与组织绩效以及机会型实践与组织绩效间关系中，双元学习能力与人力资本均发挥显著连续中介作用。在能力型、动机型实践与组织绩效关系中，双元学习能力的个别中介效应强于其他中介效应。在能力型、动机型、机会型战略人力资源管理与组织绩效关系中，双元学习能力起显著中介作用。

4. 作者自评和他评

他评。截至 2023 年 1 月 31 日，中国知网数据显示，该文被下载 619 次，被引 0 次。

【作者简介】

葛元骎：石河子大学经济与管理学院，副教授，硕士生导师，主要研究管理心理学、人力资源管理。电子邮箱：geyuanqin@ shzu. edu. cn。

李树文：同济大学经济与管理学院，博士研究生，主要研究组织与人力资源管理。

第 40 名

人工智能技术与人力资源管理实践：影响逻辑与模式演变

张建民、顾春节、杨红英（2022），《中国人力资源开发》，第 1 期，第 17—34 页

【内容概览】

1. 问题/议题

采取弱技术决定论视角，重视技术的异质性、技术的应用以及情境的差异，循着"技术路线"—"技术应用"—"技术影响"—"模式变革"的框架开展研究。

2. 结论

"智能增强"与"智能替代"是人工智能技术影响人力资源管理的两种基本逻辑，会为人力资源管理模式带来不同程度的改变。而这种改变，又因人力资源管理工作智能化程度以及员工工作智能化程度的不同，呈现多种可能。该文据此提出一个研究人工智能时代人力资源管理模式演变的分析框架，以期对未来研究有所启示。

3. 论证

人工智能技术影响人力资源管理实践的具体逻辑。第一，符号主义技术的影响逻辑。当下，在人力资源管理中应用较多的符号主义技术是知识图谱。知识图谱强调事物之间的逻辑关系，是一个符号逻辑体系。第二，联结主义技术的影响逻辑。联结主义技术对人类 HR 的智能增强；联结主义技术对人类 HR 的智能替代。第三，行为主义技术的影响逻辑。行为主义聚焦对人类"行为智能"的模仿，技术成果主要表现为机器人。

人工智能时代人力资源管理模式的演化。基于 HRM 智能化与工作智能化两个维度，结合技术与组织研究中建构主义视角对于组织情境因素的强调，初步构建了一个 AI 时代 HRM 演变的分析框架。情境一：HRM 智能化程度低，工作智能化程度低。这种模式下的人力资源管理，具有非常明显的技术属性。情境二：HRM 智能化程度低，工作智能化程度高。这一情境的典型代表是智能工厂。智能工厂中的机器人与人类员工应该形成一种相互补充、相互协作的关系。情境三：HRM 智能化程度高，工作智能化程度低。这一情境的典型代表是诸如 Uber、滴滴出行、美团外卖之类提供按需服务的应用工作（app-work）。情境四：HRM 智能化程度高，工作智能化程度高。机器人自主完成工作，机器人同时自主完成对机器人的"人"力资源管理。

在文献梳理中，发现当前研究存在如下问题：第一，理解视角上，学科隔阂明显；第二，研究方法上，缺少经验研究；第三，价值取向上，仍以追求绩效为主。

4. 作者自评和他评

他评。截至 2023 年 1 月 31 日，中国知网数据显示，该文被下载 3121 次，被引 5 次。

该文研究观点"在培训中引入人工智能技术，通过场景化演练与模拟提高员工对用户需求的识别捕捉和动态应对能力"获得吴丹[①]、高中华[②]的认同。

【作者简介】

张建民：云南大学工商管理与旅游管理学院，主要研究人力资本、人力资源管理与组织战略等。电子邮箱：jmzhang@ynu.edu.cn。

顾春节：云南大学工商管理与旅游管理学院。电子邮箱：chunjiegu@hotmail.com。

杨红英：云南大学工商管理与旅游管理学院，教授，博士生导师，主要研究人力资源开发与管理、民族经济与社会发展。

第 41 名

人力资本匹配对区域经济效率的影响研究
——基于新结构经济学视角

陈林雄、钟昌标、钟文（2022），《当代经济管理》，第 4 期，第 68—76 页

【内容概览】

1. 问题/议题

基于新结构经济学视角将产业结构纳入人力资本匹配的分析框架当中，并运用耦合协调模型对我国 31 个省份（不包括港、澳、台地区）2005—2019 年人力资本与产业结构的耦合协调度进行了测算，以此衡量人力资本匹配程度。在此基础上，利用面板双固定模型和中介效应模型考察了人力资本匹配对区域经济效率的影响效应及作用机制。

2. 结论

第一，我国人力资本匹配总体呈上升趋势，但增长较为缓慢，其中东部地区整体匹配度最高，中部地区次之，西部地区最低。第二，面板双向固定效应模型显示，人力资本匹配对区域经济效率的提升具有显著积极作用，且该影响效应具有区域异质性。第三，作用机制检验表明，人力资本匹配可以通过促进城镇化发展和加速技术创新实现区域经济效率的提升。

[①] 吴丹：《基于人工智能的企业人力资源管理策略研究》，《上海商业》2022 年第 12 期。

[②] 高中华：《平台化转型中人力资源管理系统及其有效性：理论构建与分析》，《中国人力资源开发》2022 年第 5 期。

3. 论证

研究假设。H1：人力资本匹配对区域经济效率的影响与匹配程度相关。H2a：人力资本匹配可通过加速城镇化发展从而影响区域经济效率；假设 H2b：人力资本匹配可通过促进技术创新从而影响区域经济效率。

根据人力资本与产业结构的特征与内涵，按照科学性、系统性、可获得性等原则，构建了"人力资本—产业结构"系统的指标评价体系。对于人力资本子系统，主要从教育、健康和科研三个维度进行衡量。对于产业结构而言，赋予产业结构水平更丰富的内涵，从产业的高度化、合理化、高效化和绿色化角度来选取具体的分指标。

实证结果。第一，基准回归分析显示人力资本匹配有利于区域经济效率的提升。第二，分区域看，东、中、西部人力资本匹配均对区域经济效率的提升具有显著的正向作用，影响效应排序为：东部＞中部＞西部。H1 得到验证。第三，机制检验，采用中介效应模型，对人力资本匹配影响区域经济效率的作用机制进行检验，结果表明城镇化和技术创新是人力资本匹配影响区域经济效率的重要机制。H2a、H2b 得到验证。

4. 作者自评和他评

他评。截至 2023 年 1 月 31 日，中国知网数据显示，该文被下载 1750 次，被引 5 次。

该文研究观点获得朱映[1]、薛姝惠[2]、尹显珲[3]、汪桂群[4]的认同。该文观点，"人力资本与产业结构是同等重要的"得到孙建国、张玮橦、田明甫[5]的认同。

【作者简介】

陈林雄：云南财经大学经济学院博士研究生，主要研究区域经济与新结构经济学。

钟昌标：云南财经大学，教授，博士生导师，主要研究区域协调发展。

钟文：江西理工大学经济管理学院，讲师，主要研究土地经济。

---

[1] 朱映：《中职学生学习投入及其影响因素研究》，博士学位论文，华中师范大学，2022 年。

[2] 薛姝惠：《基于组合模型的内蒙古科技创新人才需求预测研究》，硕士学位论文，内蒙古科技大学，2022 年。

[3] 尹显珲：《全球价值链嵌入与企业技术创新——基于人力资本的调节作用》，硕士学位论文，四川外国语大学，2022 年。

[4] 汪桂群：《教育人力资本影响经济增长的区域异质性研究》，硕士学位论文，重庆工商大学，2022 年。

[5] 孙建国、张玮橦、田明甫：《人力资本和产业结构匹配度分析——以河南省开封市为例》，《长江师范学院学报》2022 年第 6 期。

第 42 名

企业战略激进程度与关键员工激励机制设计

李志远、全晶晶（2022），《经济问题》，第 12 期，第 90—97 页

【内容概览】

1. 问题/议题

人力资本在企业战略实施过程中的主体作用应如何充分发挥？

2. 结论

企业战略激进程度越高，越可能采取关键员工薪酬补偿及员工社会责任作为激励机制，以减轻员工对企业风险的担忧，诱使员工投入更多的专用性人力资本投资。但履行员工社会责任并不能够作为员工薪酬补偿的替代机制，经济限制情况下，企业会优先选择给予员工经济上的激励。企业战略激进程度引起的员工激励机制最终能够促使关键员工投入相应的专用性人力资本投资，进而转化为企业的经济绩效。

3. 论证

理论分析与研究假设。假设 1：企业战略激进程度越高，其关键员工的薪酬水平越高。假设 2：企业战略激进程度越高，其企业员工社会责任表现会越好。假设 3：在其他条件相同的情况下，与员工社会责任表现较差的企业相比，员工社会责任表现较好的企业会以更低的水平进行关键员工薪酬补偿。

研究设计。关键员工薪酬（Wage）：以上市公司员工薪酬平均值的自然对数进行度量，其中，员工薪酬平均值 =（应付职工薪酬变化值 + 支付给职工以及为职工支付的现金）/员工人数。企业员工社会责任（CESR）：基于中国研究数据服务平台（CNRDS）数据库中的"雇员关系"数据，其中，雇员关系优势包括员工参股、员工福利、安全管理体系、安全生产培训、职业安全认证、职业培训、员工沟通渠道、其他优势；雇员关系关注包括雇员安全纠纷和裁员。企业战略激进程度（Stra）：按照 Bentley 等对企业战略激进程度的度量，设置战略激进程度虚拟变量（Stra2）。

实证检验结果与分析。第一，回归分析结果显示，企业战略激进程度的系数均为正且在 1% 的水平上显著，说明企业战略越激进，其关键员工薪酬水平越高。假设 1 得证。企业战略激进程度的系数均为正且在 1% 的水平上显著，说明企业战略越激进，其员工社会责任表现越好。假设 2 得证。无论哪组，企业战略激进程度与关键员工薪酬水平均呈显著正相关关系，但与预期相反，员工社会责任表现较好组，企业战略激进程度的系数反而大；员工社会责任表现

较差组，企业战略激进程度的系数反而小，这说明在履行员工社会责任更多的企业中，企业战略激进程度对关键员工的薪酬激励也会更为明显。假设3并没有得到证实。

4. 作者自评和他评

他评。截至2023年1月31日，中国知网数据显示，该文被下载732次，被引0次。

【作者简介】

李志远：贵州商学院会计学院。

全晶晶：南开大学商学院。

第43名

文化资本、人力资本与大学生地位获得
——兼论教育的家校建构与个体特质的关系

高娟（2022），《人口与发展》，第2期，第124—137页

【内容概览】

1. 问题/议题

家庭文化资本、大学文化资本、大学生人力资本与大学生地位获得之间有什么样的关系？

2. 结论

家庭文化资本对大学毕业生教育获得升级、职业薪酬和职业单位性质具有一定直接正效应，而性别、生源地和学校类型等因素则会弱化这种直接效应。大学文化资本对大学毕业生教育获得升级、职业获得和职业地位不产生显著直接效应，但家庭文化资本和大学文化资本均会通过大学生人力资本间接影响其地位获得。即大学生人力资本在家庭文化资本对大学生地位获得的作用中发挥部分中介效应，而在大学文化资本对大学生地位获得的作用中发挥完全中介效应。

3. 论证

文献回顾与研究假设。假设1a：家庭文化资本对大学生教育获得升级具有显著正向效应，即家庭文化资本越丰富的大学生越有可能实现教育获得的升级；假设1b：家庭文化资本对大学生职业地位获得具有显著正向效应，即家庭文化资本越丰富的大学生越有可能获得更高地位的职业。假设2a：大学文化资本对大学生教育获得升级具有显著正向效应，即大学生所就读大学拥有的文化资本越丰富的大学生越有可能实现教育获得的升级；假设2b：大学文化资本对大学生职业地位获得具有显著正向效应，即大学生所就读大学拥有的文化资本越丰富的大学生越有可能获得更高地位的职业。假设3a：大学生人力资本在家庭文化资本对其教育获得升级的作用中发挥中介效应，即家庭文化资本越丰富的大学生越有可能积累

更多的人力资本，从而实现教育获得的升级；假设 3b：大学生人力资本在家庭文化资本对其职业地位获得的作用中发挥中介效应，即家庭文化资本越丰富的大学生越有可能积累更多的人力资本，从而获得更高地位的职业。假设 4a：大学生人力资本在大学文化资本对其教育获得升级的作用中发挥中介效应，即大学生所就读大学文化资本越丰富，其越有可能积累更多的人力资本，从而实现教育获得的升级；假设 4b：大学生人力资本在大学文化资本对其职业地位获得的作用中发挥中介效应，即大学生所就读大学文化资本越丰富，其越有可能积累更多的人力资本，从而获得更高地位的职业。

变量设计。解释变量：第一，家庭文化资本，从具体化形态（包括家庭文化习惯、文化氛围、父母阅读习惯、父母教育支持、亲子交流）、客观化形态（包括家庭文化物品、书籍杂志、高雅文化活动）和制度化形态（包括父母学历、父母职业）形成 10 个问卷题项作为家庭文化资本的测量指标；第二，大学文化资本，从具体化形态（包括大学建校历史、社会声誉、校风学风、师生关系、文化认同）、客观化形态（包括教学设施、文化设施、校园环境、文体活动、学术科研成果）和制度化形态（包括规章制度、课程制度、就业制度等）形成 13 个问卷题项作为大学文化资本的测量指标。中介变量：大学生人力资本，形成了外显性人力资本（政治面貌、学业成绩、奖学金等荣誉证书获得、其他学习经历、实践比赛获奖、各种实践经历）和内隐性人力资本（道德品质素质、特殊文化能力、心理调适与承受能力、人际社交或沟通能力、工作与创新能力）两个层面的 11 个问卷题项作为大学生人力资本的测量指标，以定序变量或李克特五级量表反映。被解释变量：大学生地位获得，包括大学生教育获得和职业获得、大学生职业地位获得。

模型结果分析显示，家庭文化资本和大学文化资本均对大学生人力资本具有非常显著的正效应；大学生人力资本状况对大学生教育获得和职业获得均具有显著正效应；家庭文化资本在大学生总体职业状况上具有一定显著的直接正效应，但其对大学生职业获得却具有较弱显著性的直接负面影响；大学文化资本对大学生的教育获得和职业获得均未发挥显著直接效应，但却通过大学生人力资本对其教育获得和职业获得发挥显著间接正效应，但这种效应均较小。

4. 作者自评和他评

他评。截至 2023 年 1 月 31 日，中国知网数据显示，该文被下载 1652 次，被引 2 次。

该文研究观点"学业成绩、英语水平、计算机水平、担任学生干部、获奖情况、社会实践、工作经历或兼职经历、政治面貌等学业成就对大学生就业具有积极影响"获得邓丽慧[①]、高娟[②]

---

① 邓丽慧：《文化资本对乡村儿童文化能力的影响研究——基于陕西省韩城市的实证调查》，硕士学位论文，西北农林科技大学，2022 年。
② 高娟：《家庭社会经济地位如何影响大学生就业风险——父母参与和学业成就的中介效应》，《南开经济研究》2022 年第 7 期。

的认同。

【作者简介】

高娟：中南民族大学管理学院，讲师，主要研究智力资本、高校风险。电子邮箱：gaojuan80@163.com。

第44名

中国管理学情境化学术创业的双元目标悖论与解决路径：以人力资源管理学科为例

黄杰、程德俊（2022），《管理学报》，第9期，第1261—1272页

【内容概览】

1. 问题/议题

基于学术创业视角，将学术场域条件纳入中国管理学情境化发展的分析框架，以人力资源管理学科为例，基于对"十三五"期间国内外人力资源管理文献的计量分析和对人力资源管理学科"十四五"发展规划专家建议的文本分析，说明并印证了中国管理学研究通过情境化进行学术创业面临的双元目标悖论的形成机制，并结合"百年未有之大变局"的现实新情境探索了解决这一悖论的可能情境化路径。

2. 结论

情境化双元目标悖论形成的原因在于中西文化异质性与中国管理学的边缘地位加剧了双元目标的矛盾性，而非中国管理学研究通过情境化进行学术创业本身存在缺陷；相较于文化情境主导的情境化路径，技术情境主导的情境化路径能更好地解决情境化双元目标悖论。

3. 论证

学术创业视角下的中国管理学情境化双元目标悖论及其成因。影响中国管理学情境化学术创业的两个关键场域条件：中西文化异质性与中国管理学的边缘地位。将这两个关键场域条件纳入分析框架中，以期更深入地分析情境化未能卓有成效地实现双元目标的原因。首先，并没有理由拒绝选择情境化作为双元目标的实现道路。其次，在中国管理学情境化学术创业本身的必要性和自发性得到确认之后，则需要进一步对其发展过程进行分析。由以上分析可知，中国管理学情境化学术创业的真正问题在于：在其实现双元目标的过程中，由情境化的本土研究与普适化的管理理论之间的矛盾转化为文化制度异质性与主流权威性之间的矛盾，其对立程度骤增，中国管理学情境化双元目标悖论就此形成。

该研究以人力资源管理学科为例分析中国管理学情境化学术创业。该研究依托国家自然

科学基金专项项目——工商管理学科发展战略及"十四五"发展规划研究的子课题，即人力资源管理学科"十四五"发展规划中的数据进行案例分析。通过文献计量分析和专家调研两项核心工作的相互比对和印证，提炼出了"十三五"期间人力资源管理学科的核心主题。

解决双元目标悖论的情境化路径选择：技术情境主导的深度情境化。第一，技术情境的领先性：中国管理学情境化学术创业的新契机。基于技术情境领先性的情境化路径能够帮助中国管理学情境化理论较顺利地实现差异化、资源调动与合法性构建，从而通过情境化研究进行学术创业。第二，中国管理学研究情境化路径对比分析：基于文化情境独特性与基于技术情境领先性。中国管理学研究者将对本土文化情境进行更为具象的解读，而非仅仅纠结于中西文化的差异性，从而向世界展现中国本土文化情境更深刻的内涵。而西方管理学研究者也会因为该管理理论来源于中国本土文化情境与技术情境的共同作用而尝试对中国本土文化情境进行更为深刻的理解而非一味地忽视甚至否定。

4. 作者自评和他评

他评。截至2023年1月31日，中国知网数据显示，该文被下载713次，被引0次。

【作者简介】

黄杰：南京大学商学院。

程德俊：南京大学商学院，教授、博士生导师，主要研究战略人力资源管理和组织理论。电子邮箱：djcheng@nju.edu.cn。

第45名

数字经济时代下智能化、科技人力资源与产业转型升级

侯建、刘青（2022），《研究与发展管理》，第5期，第123—135页

【内容概览】

1. 问题/议题

在不同地区科技人力资源异质门槛下智能化对产业转型升级有什么影响？

2. 结论

区域智能化水平整体偏低，存在一定发展空间，且地区差异显著。智能化对产业转型升级的作用呈现显著的科技人力资源异质门槛效应，较低程度的科技人力资源显著抑制了产业转型升级，随着科技人力资源水平的提升并突破"临界值"，科技人力资源显著正向地推动

智能化对产业转型升级的作用，即智能化与产业转型升级呈现"U"型关系。

3. 论证

指标构建。采用熵值法以避免主观因素造成的偏差，使对智能化水平的测度更具有合理性。11个测度指标中，各指标的权重大小有一定差异。智能技术熵值最小，所含信息量最大，权重为0.153，对全面评价的影响最大。然后，熵值从小到大依次是创新技术、载体建设、发展效率、人才保证、智能服务、智能化应用水平、企业发展、产业运行、基础设施和信息资源采集能力。

被解释变量是产业转型升级（ISR），考虑三次产业比例及产值比重变化，构造产业转型升级指数。核心解释变量是智能化（IND），使用上文构建智能化体系的测算结果。门槛变量是科技人力资源（STR），采用分区域的R&D人员全时当量测量科技人力资源。控制变量采用消费水平（CON）、政府支持（GOV）、生产规模（SIZ）和金融发展水平（FIN）。

将科技人力资源异质门槛作为切入点，采用动态面板门槛模型重点探讨智能化对产业转型升级的复杂机制作用。采用双重科技人力资源门槛模型估计智能化对产业转型升级的驱动作用，结果表明模型存在显著双门槛结构。进一步以一阶差分GMM动态回归比较不同门槛水平差异下的门槛效应，结果表明整体上，在科技人力资源视角下，智能化对产业转型升级呈现"U"型关系。随着科技人力资源水平的提高，产业转型升级驱动机制存在差异。

4. 作者自评和他评

他评。截至2023年1月31日，中国知网数据显示，该文被下载1306次，被引0次。

【作者简介】

侯建：河南农业大学信息与管理科学学院。

刘青：华南理工大学公共管理学院。

第46名

高绩效工作系统能为何类员工带来幸福感？
——基于人本主义心理学和环境心理学视角

张广胜、杨春荻（2022），《工程管理科技前沿》，第5期，第65—72页

【内容概览】

1. 问题/议题

高绩效工作系统和员工工作幸福感存在怎样的关系？组织的物理环境和非物理环境对上

述关系有哪些影响？

2. 结论

高绩效工作系统给具备自我实现人格的员工带来工作幸福感。对具备自我实现人格的员工来说，良好的物理环境在高绩效工作系统和员工工作幸福感关系间具有正向的调节作用；支持型的组织氛围在高绩效工作系统和员工工作幸福感之间起中介作用；关怀型领导调节了支持型的组织氛围在高绩效工作系统和员工工作幸福感之间的中介效应。

3. 论证

理论基础和研究假设。H1：对具备自我实现人格的员工来说，高绩效工作系统对其工作幸福感有正向的作用。H2：对具备自我实现人格的员工来说，良好的物理环境对高绩效工作系统与员工工作幸福感之间的关系有正向的调节作用。H3：对具备自我实现人格的员工来说，高绩效工作系统对支持型的组织氛围有正向的作用。H4：对具备自我实现人格的员工来说，高绩效工作系统可以促进支持型的组织氛围，支持型的组织氛围对员工工作幸福感有正向的作用，即支持型的组织氛围起中介作用。H5：对具备自我实现人格的员工来说，关怀型领导正向调节支持型的组织氛围在高绩效工作系统与员工工作幸福感之间的中介作用。

自变量是自我实现人格和高绩效工作系统；因变量是员工工作幸福感，分为心理幸福感、身体幸福感和社会幸福感；中介变量是支持型的组织氛围；调节变量包括关怀型领导和物理环境。

研究结果。第一，主效应检验可得高绩效工作系统对员工工作幸福感有正向的作用（$\beta = 0.87$，$p < 0.01$），H1 得到验证。第二，物理环境的调节作用检验得到良好的物理环境对高绩效工作系统与员工工作幸福感之间的关系有显著的正向调节作用，H2 得到验证。第三，支持型的组织氛围的中介作用检验得到高绩效工作系统×自我实现人格对员工工作幸福感和支持型的组织氛围有显著正向作用；加入支持型的组织氛围后，其对员工工作幸福感的影响是降低的（$\beta = 0.54$，$p < 0.01$），存在中介作用，所以 H3、H4 也得到了支持。第四，被调节的中介效应。支持型的组织氛围对员工工作幸福感的影响显著（$\beta = 0.46$，$p < 0.01$），高绩效工作系统×自我实现人格×关怀型领导作用在员工工作幸福感时，交互作用（$\beta = 0.12$，$p < 0.05$）也依然显著，因而被调节的中介效应得到了验证。

4. 作者自评和他评

他评。截至 2023 年 1 月 31 日，中国知网数据显示，该文被下载 1532 次，被引 1 次。该文研究观点获得袁洁[①]的认同。

[①] 袁洁：《高绩效工作系统负面影响的潜在机制研究》，《现代商业》2023 年第 1 期。

【作者简介】

张广胜：辽宁大学商学院。
杨春获：辽宁大学商学院。

第 47 名

流动经历、教育人力资本与流动儿童成年后的劳动力市场表现

蒋浩君、姚兆余、苏群（2022），《华中农业大学学报（社会科学版）》，第 6 期，第 110—123 页

【内容概览】

1. 问题/议题

流动经历对流动儿童成年后劳动力市场表现有什么影响？

2. 结论

第一，流动经历对流动儿童成年后的工作收入产生显著的积极影响，流动经历引起的教育人力资本的变化，对流动儿童成年后的工作收入和职业声望产生显著的间接影响。第二，流动发生的时间越早，距离越远，通过增加教育人力资本对劳动力市场表现的中介效应越强。由此提出政府应制定相关政策，促进流动儿童的家庭化流动，尽量减少儿童留守。第三，扩大优质教育资源的覆盖范围，降低流动儿童的失学风险；同时还应加强学校教育能力和师资水平的建设，提升流动儿童的教育质量。

3. 论证

理论分析与研究假说。H1：具有流动经历的农村流动儿童在成年后的劳动力市场表现更好。H2：流动经历会通过降低农村流动儿童成年后的受教育年限，对其劳动力市场表现产生消极影响。H3：流动经历会通过提高农村流动儿童成年后的认知能力，对其劳动力市场表现产生积极影响。

变量设置。被解释变量为劳动力市场表现。该文选取工作收入和职业声望（SIOPS）来衡量个体的劳动力市场表现。解释变量主要是指儿童时期的流动经历。从三个方面来考察流动经历：是否流动，将户籍为农业户籍、在 0—12 岁居住地发生改变的情况，视为具有流动经历；流动时机，分为"0—3 岁流动"和"4—12 岁流动"；流动距离，分为"市内流动"、"省内流动"和"省外流动"。中介变量是指教育人力资本。教育人力资本是通过正规教育、职业培训和移民流动等方式累积起来的人力资本，包含了个人的知识、技能等。

为估计流动经历对农村儿童成年后的劳动力市场表现的影响，该文通过一般线性回归模

型 OLS 来进行分析。将具有流动经历的样本作为处理组，将没有的样本作为控制组，采用一般倾向得分匹配模型解决内生性问题。采用结构方程模型，通过 AMOS 软件来实证检验流动经历、教育人力资本对个体劳动力市场表现的影响路径，并通过 bootstrap 检验来考察中介效应是否显著。实证结果及分析显示，流动经历对农村儿童成年后的工作收入有显著的正向影响。

4. 作者自评和他评

他评。截至 2023 年 1 月 31 日，中国知网数据显示，该文被下载 680 次，被引 0 次。

【作者简介】

蒋浩君：南京农业大学公共管理学院。

姚兆余：南京农业大学人文与社会发展学院，教授，主要研究农村社会学、社会政策、社会经济史、农业。电子邮箱：yaozhaoyu@njau.edu.cn。

苏群：南京农业大学经济管理学院，教授，博士生导师，主要研究农村劳动力转移就业、农村教育与社会保障。电子邮箱：suqunqun@njau.edu.cn。

第 48 名

机器学习在人力资源管理领域中的应用研究

张敏、赵宜萱（2022），《中国人力资源开发》，第 1 期，第 71—83 页

【内容概览】

1. 问题/议题

关注机器学习在人力资源管理领域的应用，通过对目前已有研究的梳理了解人力资源管理领域中人工智能/机器学习的应用程度和研究热点。

2. 结论

基于管理实践，提出人力资源管理者如何利用算法，以有价值的方式处理和解释数据，将其真正应用于人力资源管理的六大模块工作中，以降低管理成本，提供不断增长的优势和潜力。在现有学术研究和管理实践的基础上，该研究列举了机器学习在人力资源管理领域应用可能面临的挑战及未来的研究方向，以期为后续研究提供一定的参考。

3. 论证

关于机器学习与预测分析原理。作为人工智能的子集之一，机器学习是指基于数据而不是编程规则来创建程序，再从大量的数据中进行自主学习，并依据这些数据作出具有高内部

有效性的未来预测，自主执行常规和非常规的任务。通常意义上，应用到具体的场景中，机器学习技术最常用的方式是"监督"功能，即通过创建机器学习算法，确定最合适的度量方式来评估其准确性，并使用样本来训练算法。

机器学习在人力资源管理六大模块中的应用。一是在人力资源战略和规划方面。作为辅助决策系统，机器学习的应用有助于企业进行全面的战略规划，包括人力资源规划。二是在招聘方面。通过人工智能的大数据对招聘信息进行推送，利用机器学习的因果算法分析候选人的个体特征，对简历和候选人进行筛选，以及在结构化面试的环节，参考候选人过往的工作经验、学习经历等状态特征，结合 Chatbot 应用程序进行综合考量，再由人力资源部组织人工面试，大大缩短一套完整招聘的时间，节省招聘的成本，同时又提高了选择与企业战略发展、文化相兼容的人才的可能性。三是在培训方面。基于人工智能的培训方式，实现员工的职业成长和发展，以每个员工的职业需求为基础，改变传统的学习和培训方式，如将书面文件转换成更具动态效果的视觉形式等，为员工定制个性化的学习计划和培训方案。四是在绩效管理方面。形成每个员工不同维度的大数据，促使人力资源部门可以更有效地收集和统计员工评估结果。五是在薪酬制度方面。依托强大的人工智能学习能力，智能决策推荐系统基于经理的实际决策提供的下一轮薪酬计划建议，有效避免不合理（过高或过低）的薪酬安排。

机器学习在人力资源管理领域应用面临的挑战及未来的研究方向。就人工智能与自动化的发展程度和影响结果而言，企业的人力资源管理实践迫切需要抓住发展时机，积极拥抱人工智能，通过以大数据为基础的数字化转型，提高其向管理层提供有价值信息的能力，以助于管理者依据信息作出明智的决策，帮助企业有效应对外部环境带来的挑战，在全球经济中获得可持续的竞争力。

4. 作者自评和他评

他评。截至 2023 年 1 月 31 日，中国知网数据显示，该文被下载 2850 次，被引 6 次。

该文研究观点"根据企业人力资源管理需求训练出不同的模型来进行相关业务数据的预测，以促进企业人力资源管理的数字化转型，从而提升企业人力资源管理水平"获得王译庆[①]的认同。

【作者简介】

张敏：南通大学经济与管理学院。

赵宜萱：南京大学商学院。电子邮箱：yixuanzhao@nju.edu.cn。

---

① 王译庆：《ML.NET 机器学习框架在人力资源管理中的应用》，《信息技术与信息化》2022 年第 8 期。

第 49 名

公共教育投资、人力资本积累和区域创新能力

李思龙、仝菲菲、韩阳阳（2022），《财经研究》，第 9 期，第 94—108 页

【内容概览】

1. 问题/议题

公共教育投资对区域创新能力的影响机制是什么？

2. 结论

第一，通过公共教育投资提升教师工资、增加学杂费补贴以及助学贷款利息补贴，有助于降低接受教育家庭的收入门槛，从而使更多的低收入家庭选择高等教育。第二，增加公共教育投资能够显著提升所在省份的人力资本积累，通过增加教育行业从业人员、研发和技术服务行业从业人员的数量，提升所在省份的区域创新能力。第三，在公共教育投资渠道方面，提升教师工资对区域创新能力的促进作用更大；公共教育支出比公共研发支出对区域创新力的提升作用更显著。由于人才集聚效应，西部人才向东部流动，使得东部地区公共教育投资对区域创新力的提升效果远大于其他地区。

3. 论证

研究假设。H1：公共教育投资增加，有助于提升各省份的区域创新能力。H2：公共教育投资增加能够显著提升人力资本积累，进而提升各省份的区域创新能力。

变量选取。被解释变量：区域创新能力指数（II）。区域创新能力指数主要来自寇宗来的《中国城市和产业创新力报告 2017》，通过 AR2 模型，并基于历史数据估计，得到各省 2017—2019 年的区域创新力指数。解释变量：人均公共教育投资（PP），用人均公共教育投资来衡量各省的公共教育投资水平；人力资本积累（HS），选取教育行业从业人员数量（HS2）衡量人力资本积累水平；人均教师工资支出（TS），使用教育工作者人均工资来表示；学杂费（TF），使用地区学杂费收入占公共教育收入比重来衡量各省学杂费。

实证检验及稳健性分析。结果表明，采用研发资金投入、研发人员投入度量研发投入以及专利申请比、专利授权比度量知识产权保护程度，不影响最终的估计结果。公共教育投资对区域创新能力的影响系数显著为正，说明增加公共教育投资能够显著提升区域创新能力，验证了 H1。公共教育投资增加能够显著提升公共教育从业人员以及科研和技术服务行业从业人员的数量，提升人力资本积累水平，进而提高所在省份的区域创新能

力，验证了 H2。通过工具变量回归和创新能力指标替换进行稳健性检验，证明结论依然可靠。

4. 作者自评和他评

他评。截至 2023 年 1 月 31 日，中国知网数据显示，该文被下载 1316 次，被引 0 次。

【作者简介】

李思龙：山东工商学院金融学院，副教授，主要研究公司治理、公司金融与资本市场。

仝菲菲：山东工商学院金融学院，教师。

韩阳阳：上海财经大学金融学院，博士研究生。

第 50 名

人力资本理论的发展及其公共教育政策的呈现

李永春、刘天子（2022），《教育与经济》，第 3 期，第 73—80 页

【内容概览】

1. 问题/议题

人力资本理论的发展情况及其在教育经济与教育管理中的应用情况如何？

2. 结论

人力资本理论发展史可以划分为雏形期、诞生期、发展期以及突破期。随着人力资本理论在不同时期的发展，各国在国家层面也呈现与之相应的公共教育政策，充分体现了理论先行、政策跟进的现实逻辑。

3. 论证

人力资本理论的雏形期。这一时期主要为古典经济学时期的人力资本思想。亚当·斯密的思想对后来人力资本理论的形成起到了决定性的作用，所以研究认为亚当·斯密奠定了人力资本理论的雏形。亚当·斯密时代正处在西方资本主义工业化初期，此时各国还没有建立起相对完善的公共教育体制以对其国民提供有针对性的正规教育，所以也就没国家层面上相应教育政策的统一呈现。

人力资本理论的产生。1960 年 12 月 28 日美国芝加哥学派的经济学家西奥多·W. 舒尔茨（T. W. Shultz）在第 73 届美国经济学年会上发表了题为《人力资本投资》的演讲，标志着人力资本理论的产生。人力资本理论自产生后便沿着两条路径推进：一条是舒尔茨的人力资本的宏观研究路径，主要解决宏观经济增长之谜等宏观问题；另一

条则是以贝克尔（Becker）为代表的人力资本的微观研究路径，即用经济学方法对个人及家庭的行为进行分析。该时期，发达国家普遍实行了通过加大教育投入来改善教育质量的教育政策。

人力资本理论的发展期，产生了技术内生的人力资本理论。在技术创新驱动经济增长的浪潮中，人力资本理论被纳入增长模型，成为技术产生与技术创新的决定因素。这使得人力资本的研究更深入、更具体、更数量化了，不仅极大发展了人力资本理论，而且使各国重新认识到教育与培训的重要作用，同时开始特别重视科技创新以及专有人才的培养。此时，不论是发达国家还是发展中国家，对高科技人才的重视程度史无前例。

人力资本理论的突破期，新人力资本理论崛起。基于新人力资本理论对于技能形成的内在规律的发现，不论是单个家庭还是公共教育体制，都应该尽可能进行人力资本投资；对弱势儿童进行早期实验性干预和长期跟踪研究发现，单个家庭如果能够提高孩童时期的父母时间投入以及家庭的资源水平，就可以显著地提高孩童成年后的经济社会生活表现，同时也给公共教育投资提供了借鉴。

4. 作者自评和他评

他评。截至2023年1月31日，中国知网数据显示，该文被下载1310次，被引1次。

该文对人力资本的概念界定，"人力资本指凝结在个体身上的、后天习得的、具有经济价值的体力、健康、知识、技能和能力"获得李雪梅、郭文斌[①]的认同。

【作者简介】

李永春：东北石油大学人文科学学院，副教授，主要研究教育管理。电子邮箱：dayong20080928@126.com.

刘天子：首都师范大学学前教育学院，讲师，主要研究学前教育政策、幼儿教师工资、普惠托育供给。

---

① 李雪梅、郭文斌：《近10年我国残疾人就业研究热点主题与前沿演进》，《现代特殊教育》2022年第14期。

（三）TOP 51－100 榜单

人力资源管理最佳中文论文 TOP51－100 榜单，2022 年

总榜序	论文	刊物复合影响因子	月均引用	专家投票	月均下载	综合得分
51	关系型人力资源管理实践对受益人利他行为的影响：基于道德补偿的视角　杨焕、卫旭华（2022），《心理学报》，第 10 期，第 1248—1261 页	3.570	0.000	9	694.333	0.168
52	人工智能驱动的组织与人力资源管理变革：实践洞察与研究方向　罗文豪、霍伟伟、赵宜萱、王震（2022），《中国人力资源开发》，第 1 期，第 4—16 页	4.035	0.750	8	370.083	0.168
53	人力资本错配与人力资本贡献率：系统测度与实证关联　王亚飞、柏颖、廖薏（2022），《系统管理学报》，第 3 期，第 509—521 页	2.907	0.100	10	96.800	0.167
54	人力资本积累、家庭人口结构与文化消费升级　顾江、刘柏阳（2022），《江海学刊》，第 3 期，第 75—81 页	1.888	0.222	10	62.222	0.166
55	老龄化、人力资本与经济增长　潘俊宇、徐婷、宣烨（2022），《经济问题探索》，第 7 期，第 74—89 页	4.107	0.167	9	349.167	0.163
56	人力资本结构与制造业高质量发展：影响机制与实证检验　杨仁发、郑媛媛（2022），《经济体制改革》，第 4 期，第 112—119 页	3.662	0.333	9	181.000	0.161
57	强制性组织公民行为对高绩效员工创造力的遮掩效应研究　马君、马兰明、任茹（2022），《管理学报》，第 8 期，第 1152—1162 页	5.463	0.000	9	318.400	0.160
58	学前教育经费投入对人力资本的多维影响研究　蔡秀云、其格乐、张停停（2022），《中国人口科学》，第 1 期，第 85—98＋128 页	6.043	0.083	9	146.417	0.159

续表

总榜序	论文	刊物复合影响因子	月均引用	专家投票	月均下载	综合得分
59	创新价值链视角下人力资本结构高级化对科技创新的影响——兼论研发投入的门槛效应 周均旭、刘子俊（2022），《科技管理研究》，第10期，第115—122页	2.673	1.333	7	211.667	0.158
60	共同富裕视角下的人力资本配置与包容性增长 杨晨旭、刘霞辉（2022），《中国流通经济》，第9期，第71—85页	5.896	0.000	9	221.750	0.157
61	企业—工会关系对员工创新行为的影响研究——心理资本和情绪智力的作用 单红梅、金露露（2022），《管理学刊》，第3期，第88—102页	5.463	0.100	9	147.900	0.157
62	数字经济对人力资本水平提升的影响研究 陈南旭、李益（2022），《西北人口》，第6期，第65—76页	2.562	0.286	9	241.714	0.156
63	财政支出、人力资本积累与经济高质量发展——基于动态随机一般均衡模型的研究 常非凡、宋永华（2022），《宏观经济研究》，第6期，第15—28+56页	4.633	0.143	9	143.286	0.155
64	人力资本与创新驱动——高等教育改革推动高质量发展的微观证据 毛其淋、杨琦、方森辉（2022），《财贸研究》，第2期，第1—19页	3.923	0.182	9	136.091	0.153
65	社会信息加工视角下伦理型领导对员工创新行为的双刃剑影响效应研究 王雁飞、林珊燕、郑立勋、朱瑜（2022），《管理学报》，第7期，第1006—1015页	5.463	0.167	8	507.167	0.152
66	财政科技投入、科研人力资本对科技创新的影响 孙青（2022），《统计与决策》，第1期，第153—157页	3.034	0.750	8	133.333	0.152

续表

总榜序	论文	刊物复合影响因子	月均引用	专家投票	月均下载	综合得分
67	人力资本结构高级化与企业投资效率 侯粲然、刘欢、王化成（2022），《会计与经济研究》，第1期，第46—67页	4.172	0.167	9	84.833	0.151
68	领导幽默对员工组织公民行为的影响研究——一个有调节的中介效应模型 胡丽丽、叶龙、郭名、刘云硕（2022），《管理评论》，第8期，第205—216页	6.173	0.000	8	568.400	0.150
69	数字化转型能推动企业人力资本结构调整吗？ 陈红、张梦云、王稳华、胡耀丹（2022），《统计与信息论坛》，第9期，第35—47页	3.045	0.250	8	631.250	0.149
70	CEO真实型领导对员工组织依恋的影响：人力资本独特性的调节作用 王小予、席猛、赵曙明（2022），《中国人力资源开发》，第4期，第28—44页	4.035	0.000	9	170.333	0.146
71	人力资本结构提升、知识产权保护与技术进步——基于中国省级面板数据的实证检验 靳涛、王卫卿（2022），《吉林大学社会科学学报》，第4期，第21—33+233页	2.898	0.111	9	92.333	0.142
72	社会保险缴费负担对企业人力资本结构的影响研究 马海涛、田影（2022），《财政科学》，第1期，第16—31页	1.236	0.250	9	92.917	0.141
73	人力资本集聚对区域技术创新能力的影响效应研究 刘伟（2022），《西北人口》，第4期，第82—91页	2.562	0.111	9	67.000	0.139
74	谈钱真的伤感情吗？创业团队契约治理对成员亲密关系的影响 朱仁宏、王雅渲、时方方、贺思涵（2022），《外国经济与管理》，第2期，第118—133页	6.066	0.000	8	341.000	0.139

续表

总榜序	论文	刊物复合影响因子	月均引用	专家投票	月均下载	综合得分
75	资质过剩感对员工组织公民行为的正面影响——领导涌现的中介作用 刘松博、程进凯、马晓颖（2022），《软科学》，网络首发	4.840	0.000	7	986.000	0.138
76	早期迁移经历对农村个体教育人力资本的影响 蒋浩君、苏群（2022），《南京农业大学学报（社会科学版）》，第5期，第170—184页	8.021	0.000	8	32.875	0.134
77	社会责任型人力资源管理如何降低员工亲组织非伦理行为：道德效力和伦理型领导的作用 赵红丹、陈元华（2022），《管理工程学报》，第6期，第57—67页	4.145	0.143	8	261.714	0.133
78	人力资本结构优化视角下的城乡收入差距——来自省级层面的经验证据 程锐、马莉莉（2022），《北京工商大学学报（社会科学版）》，第10期，第115—122页	5.070	0.333	7	450.333	0.131
79	机构改革行进中人力资源实践的检视与重构——以L县综合行政执法类机构为例 刘帮成、孙思睿（2022），《公共行政评论》，第4期，第157—174+199—200页	4.452	0.222	8	82.444	0.130
80	住房价格、人力资本与城镇居民消费——基于我国35个大中城市的实证研究 丛颖、宋兴文（2022），《财经问题研究》，第5期，第67—76页	3.883	0.250	8	70.000	0.128
81	发展型人力资源管理实践感知对员工即兴行为的影响 朱平利、万可可（2022），《中国人力资源开发》，第4期，第83—95页	4.035	0.556	7	263.222	0.128
82	人力资本结构与环境污染：新结构经济学视角的理论初探 郑洁（2022），《经济评论》，第6期，第36—52页	6.462	0.000	8	44.143	0.127

续表

总榜序	论文	刊物复合影响因子	月均引用	专家投票	月均下载	综合得分
83	中国共产党百年人才思想的理论进路与实践向度　徐明（2022），《北京社会科学》，第2期，第4—15页	1.617	0.364	8	128.909	0.125
84	区域产业结构差异、人力资本与经济增长　泥霓、丁宁（2022），《经济与管理评论》，第6期，第46—58页	5.088	0.000	8	147.143	0.125
85	创新型人力资本对经济高质量发展的影响　王帅龙、李豫新（2022），《统计与决策》，第14期，第174—178页	3.034	0.167	8	166.667	0.124
86	地方政府债务治理改革与企业人力资本升级　胡玥、张涵萌、马文杰（2022），《经济管理》，第8期，第152—169页	9.071	0.000	7	236.600	0.124
87	区域科技人力资源测度及影响因素研究　马茹、黄园淅（2022），《中国科技论坛》，第4期，第109—119页	2.895	0.222	8	46.667	0.127
88	养老抚幼双重负担对家庭人力资本投资的影响——来自中国家庭追踪调查（CFPS）的经验证据　李海荣、石玉堂（2022），《重庆社会科学》，第3期，第56—69页	3.412	0.100	8	104.200	0.120
89	组织承诺在职业可持续性对员工创新行为影响中的作用机制研究——基于社会交换理论　李根祎（2022），《财经论丛》，第5期，第101—112页	4.091	0.286	7	344.286	0.119
90	平台化转型中人力资源管理系统及其有效性：理论构建与分析　高中华（2022），《中国人力资源开发》，第5期，69—82页	4.035	0.428	7	194.714	0.119
91	可干预的人格特质：自我分化对员工创新的影响　仇泸毅、张梦桃、王勐追、张生太（2022），《科研管理》，第2期，第202—208页	5.270	0.364	7	122.727	0.118

续表

总榜序	论文	刊物复合影响因子	月均引用	专家投票	月均下载	综合得分
92	人力资本流动、空间溢出与经济增长：新经济地理学的视角　郭丽燕、庄惠明（2022），《东南学术》，第3期，第148—158页	2.329	0.100	8	92.500	0.114
93	新时代人力资源管理创新发展的逻辑、问题和实现路径　徐明、陈斯洁（2022），《中国人事科学》，第5期，第24—33页	0.816	0.205	8	57.000	0.114
94	创新能力与人力资本是否促进了资源型城市的发展？——基于规模扩张和效率提升视角的实证检验　许士道、郑洁（2022），《南京财经大学学报》，第1期，第22—31页	1.333	0.167	8	119.000	0.113
95	领导—员工交换一致性对员工组织公民行为的影响机理研究　綦萌、牛雄鹰、董玉杰、杨早立（2022），《管理评论》，第6期，第215—225页	6.173	0.000	7	196.000	0.108
96	按"知"分配何以可能？——中国特色社会主义新时代的高校教师薪酬改革　朱玉成、金雪军（2022），《浙江大学学报（人文社会科学版）》，第3期，第150—161页	1.588	0.100	8	35.100	0.107
97	农村人力资本是否促进了乡村振兴？——基于双重异质性视角　姚旭兵、邓晓霞、罗光强（2022），《西南民族大学学报（人文社会科学版）》，第6期，第136—149页	2.473	0.286	7	225.000	0.105
98	心理授权与员工创新行为关系的元分析　雍少宏、张森森、牛晓茹、陈鸾（2022），《软科学》，第6期，第93—97页	4.840	0.000	7	226.428	0.103
99	职场精神力视角下包容性氛围对多样化社区工作者的影响效应：一个跨层有调节的中介模型　柯江林、张继争、丁群（2022），《公共管理评论》，第1期，第152—177页	2.857	0.250	7	159.083	0.102

续表

总榜序	论文	刊物复合影响因子	月均引用	专家投票	月均下载	综合得分
100	城市人力资本与企业创新　李天籽、陆铭俊（2022），《东北师大学报（哲学社会科学版）》，第3期，第115—123页	2.485	0.222	7	85.889	0.100

二　2022年人力资源管理最佳英文论文

（一）TOP 10 榜单

人力资源管理最佳英文论文TOP 10榜单，2022年

总榜序	论文	刊物复合影响因子	月均引用	综合得分
1	Think human, act digital: Activating data-driven orientation in innovative start-ups　Visvizi, A., Troisi, O., Grimaldi, M., & Loia, F. (2022). European Journal of Innovation Management, 25 (6), 452 – 478	4.750	16.000	0.6510
2	Opportunities and risks of artificial intelligence in recruitment and selection　Ore, O., & Sposato, M. (2022). International Journal of Organizational Analysis, 30 (6), 1771 – 1782	2.758	15.000	0.5921
3	High-performance work system: A systematic review of literature　Kaushik, D., & Mukherjee, U. (2022). International Journal of Organizational Analysis, 30 (6), 1624 – 1643	1.891	13.000	0.5078
4	Innovation and human resource management: A systematic literature review　Jotabá, M. N., Fernandes, C. I., Gunkel, M., & Kraus, S. (2022). European Journal of Innovation Management, 25 (6), 1 – 18	4.750	8.000	0.3510
5	A review of machine learning applications in human resource management　Garg, S., Sinha, S., Kar, A. K., & Mani, M. (2022). International Journal of Productivity and Performance Management, 71 (5), 1590 – 1610	2.773	8.250	0.3391

续表

总榜序	论文	刊物复合影响因子	月均引用	综合得分
6	**CRM dimensions and performance of SMEs in Yemen: The moderating role of human capital**　AlQershi, N. A., Mokhtar, S. S. M., & Abas, Z. B. (2022). *Journal of Intellectual Capital*, 23 (3), 516–537	6.371	3.500	0.1996
7	**Competitive advantage via intellectual capital: a moderated mediation analysis**　Mohammad Shafiee, M. (2022). *Journal of Intellectual Capital*, 23 (5), 957–997	6.371	3.000	0.1809
8	**Human resource management studies in hospitality and tourism domain: A bibliometric analysis**　Pelit, E., & Katircioglu, E. (2022). *International Journal of Contemporary Hospitality Management*, 34 (3), 1106–1134	9.321	1.455	0.1545
9	**Rethinking companies' culture through knowledge management lens during Industry 5.0 transition**　Cillo, V., Gregori, G. L., Daniele, L. M., Caputo, F., & Bitbol-Saba, N. (2022). *Journal of Knowledge Management*, 26 (10), 2485–2498	8.869	1.583	0.1545
10	**Human resource management (HRM) in the performance measurement and management (PMM) domain: A bibliometric review**　Garengo, P., Sardi, A., & Nudurupati, S. S. (2022). *International Journal of Productivity and Performance Management*, 71 (7), 3056–3077	3.0511	3.000	0.1452

（二）TOP 10 内容概览

第 1 名

人性化思考，数字化行动：激活创新创业公司的数据驱动导向

Think human, act digital: Activating data-driven orientation in innovative start-ups, Anna Visvizi, Orlando Troisi, Mara Grimaldi, Francesca Loia（2022），*European Journal of Innovation Management*，25（6），452-478

【内容概览】

1. 问题/议题

研究当代数据驱动组织/公司创新管理的驱动因素。

2. 结论

确定了数据驱动公司创新发展的关键因素，并揭示了数据驱动公司可能会根据激活的能力类型产生不同的创新模式。整合基于数据、人力资源能力和主动管理的战略方向的数据驱动组织在触发创新方面更有效。

3. 论证

该研究采用了建构主义基础理论、Gioia 方法论和溯因方法。通过对 20 名意大利初创企业创始人进行半结构化访谈收集数据，半结构化面试持续了六个月，受访者是提供数字服务、技术和咨询公司的年轻企业家（22—38 岁），采访持续 20—45 分钟。根据定性方法采用的抽样标准，一旦达到理论饱和，面试过程就会停止。在数据的收集和分析阶段，第一，在确定研究问题后，确定主要主题来构建采访草图；第二，进行编码，将从采访的简单转录中获得的原始数据系统化；第三，进行分类，通过促进从一阶概念过渡到对数据的新理解，将编码中获得的发现与确定为研究指南的不同维度联系起来；第四，概念化，基于从分类中确定的子类别中提取最小意义单位。通过以上四个步骤对样本中企业家实施的不同战略、目标、活动、资源、技术进行分类，并加以描述分析，进而对数据驱动创新发展方法的主要推动因素进行分类。结果证实，数据分析/管理与人力资源/技能提升之间的互补性和综合性可以促进创新的出现。探索采用数据驱动导向、提高技能与实现创新之间的潜在联系，有助于确定利用技术促进创新的不同战略杠杆。一方面，研究表明，人为因素可以作为适当应用战略数据管理以创造创业机会的主要驱动因素之一。另一方面，对数据驱动导向的关键赋能维度的分析可以揭示最有用的战略，以丰富人们的技能，从而实现创新的可能。

4. 作者自评和他评

他评。截至 2023 年 1 月 31 日，该文被引 16 次。

该文研究主题数据驱动导向下的企业创新获得 Nisha Bamel 等[①]的认同。Orlando Troisi 和 M. Grimaldi[②] 认为，旨在利用大数据提供的机会的当代组织应该通过新技术和分析重新构建其流程，不仅要获得竞争优势，还要实施灵活的治理并促进分散的决策。

【作者简介】

Anna Visvizi：SGH 华沙经济学院，副教授，主要研究人工智能和地缘政治、智能城市和智能村庄、知识和创新管理以及技术传播。

Orlando Troisi：萨勒诺大学商业研究与研究部。

Mara Grimaldi：萨勒诺大学商业研究与研究部，全职研究员。

Francesca Loia：那不勒斯腓特烈二世大学，主要研究新型科技、小城市、大数据、数字化、创新。

第 2 名

人工智能在招聘和选拔中的机会和风险

Opportunities and risks of artificial intelligence in recruitment and selection, Olajide Ore, Martin Sposato（2022）. *International Journal of Organizational Analysis*, 30（6），1771-1782

【内容概览】

1. 问题/议题

通过分析一个多文化跨国组织中的专业招聘人员的观点，探讨在招聘和选拔中使用人工智能（AI）的机会和风险。

2. 结论

人工智能通过自动化促进了常规任务的有效执行。然而，在招聘和选拔中采用人工智能技术也充满了风险，可能使招聘者产生担忧和不信任。有效采用人工智能可以改善招聘战

---

① Bamel N., Kumar S., Bamel U., et al. The state of the art of innovation management: Insights from a retrospective review of the European Journal of Innovation Management [J]. European Journal of Innovation Management, 2022（ahead-of-print）.

② Troisi O., Grimaldi M. Guest editorial: Data-driven orientation and open innovation: The role of resilience in the (co-) development of social changes [J]. Transforming Government: People, Process and Policy, 2022.

略。同时，由于对自动化带来的裁员的担忧，招聘人员存在愤世嫉俗的情绪，并认为人类招聘人员的工作应该继续存在。

3. 论证

该文采用了定性的方法，对在一家跨国公司工作的10名专业招聘人员进行了面对面、半结构化的深入访谈。参与者都是该组织人力资源部门的员工，工作年限从1年到11年不等，招聘和选拔经验在4年和22年之间。在最初的分析阶段，回顾访谈的录音并逐字转录，以保持数据的原始性质；然后根据兴趣和与文献综述结果的一致性生成数据代码；最后进一步分析以确定重要主题，数据代码被分类为与三个研究问题相关的潜在主题。人工智能在招聘和选拔中存在的机会被归类为数据分析、候选人体验、雇主品牌等主题，风险被归类为恐惧、不信任等主题。

4. 作者自评和他评

他评。截至2023年1月31日，该文被引15次。

Sateesh Shet 和 B. Nair[1]认为，互联网、社交媒体、移动设备和无线连接促进了全球用户和设备实时创造的持续信息流。这些数据可以为人力资源管理（HRM）提供一些见解。从基本指标到有组织的数据，人力资源分析（HRA）逐渐改变了人力资源管理中数据的使用。

【作者简介】

Olajide Ore：密德萨斯大学。

Martin Sposato：扎耶德大学商学院。

第3名

高绩效工作体系：文献系统综述

High-performance work system: A systematic review of literature, Dilip Kaushik, Ujjal Mukherjee (2022). *International Journal of Organizational Analysis*, 30 (6), 1624 – 1643

【内容概览】

1. 问题/议题

回顾现有的关于高绩效工作系统（HPWS）的知识体系，特别关注加强其普及性的最新

---

[1] Shet S., Nair B. Quality of hire: Expanding the multi-level fit employee selection using machine learning [J]. International Journal of Organizational Analysis, 2022.

发展。

2. 结论

第一，确定并描述了 HPWS 的关键特征，如系统、协同效应、性能，并提出了两个新的特征——敏捷性和技术的采用。第二，进一步发现表明，HPWS 对员工结果有积极和消极的影响。积极的结果有助于人力资本的发展，为组织提供竞争优势。第三，强调了由于人力资源实践的错位，HPWS 对员工行为的一些负面影响。第四，为未来的研究人员提供了进一步研究的范围。

3. 论证

该文采用系统的文献综述方法，强化了"高绩效工作体系"这一尚未被广泛关注的概念、它与人和组织的联系、理论基础和干预机制。从各种研究中收集的信息进行了专题分析和综合，以评估现有的文献。为了更好地理解 HPWS，按照以下子主题进行回顾：定义和意义、概念化、技术注入、与人和组织的关系、常用的理论以及 HPWS 的积极和消极后果。

4. 作者自评和他评

他评。截至 2023 年 1 月 31 日，该文被引 13 次。

H. A. Javed 等[1]引用了该研究确定和描述的高绩效工作系统的特征，如绩效、系统和协同效应；技术的采用和敏捷性这两个新的特征是整体创新能力绩效不可或缺的。Carolina Monsalve-Castro 等[2]认为，几十年来人力资源（HR）研究一直在强调其在组织内功能价值的战略方法下进行，该文的贡献在于促进能够改善公司业绩的做法的实施。

【作者简介】

Dilip Kaushik：耆那大学人力资源管理系，Bangalore，India.

Ujjal Mukherjee：CMS 商学院人力资源管理系，Bangalore，India.

---

[1] Javed H. A., Khan N. A., Michalk S., et al. High-Performance Work System and Innovation Capabilities: The Mediating Role of Intellectual Capital [J]. Administrative Sciences, 2023, 13（1）: 23.

[2] Monsalve-Castro C., Pardo-del-Val M., Dasi-Rodríguez S., et al. High-performance work system: Differences between the perception of employees and the intention of human resources managers in SMEs in Colombia [J]. Cuadernos de Administración (Universidad del Valle), 2022, 38（72）.

第 4 名

创新与人力资源管理：系统文献综述

Innovation and human resource management: A systematic literature review, Mariana Namen Jotabá, Cristina I. Fernandes, Marjaana Gunkel, Sascha Kraus (2022). *European Journal of Innovation Management*, 25 (6), 1-18.

【内容概览】

1. 问题/议题

通过采用创新实践，绘制人力资源管理（HRM）发展的科学出版物、知识结构和研究趋势。

2. 结论

通过采用创新实践，对人力资源开发的各种理论观点进行识别和分类：一是成功的组织因素；二是战略人力资源管理；三是人类行为；四是学习管理。

3. 论证

采用文献计量学、文献耦合和聚类分析技术。为了评估文章之间的潜在模式，分析了这些文章是如何被联合引用的。同时采用层次聚类分析，将相关文章分组为不同集合的范围内的书目耦合分析。

4. 作者自评和他评

他评。截至 2023 年 1 月 31 日，该文被引 8 次。

Walter Pérez Villa 等[1]认为该文采用创新实践来研究人力资源开发的文献综述，包括采用此类实践的动机和障碍的部分。Barbara Sypniewska 等[2]认为该文丰富了强调需要重新校准关于人力资源管理实践在创造创新中的作用的讨论。

【作者简介】

Mariana Namen Jotabá：贝拉内部大学，Covilha，Portugal.

Cristina I. Fernandes：拉夫堡大学企业创业与创新中心。

Marjaana Gunkel：博赞波尔扎诺自由大学经济与管理学院，Bolzano，Italy.

Sascha Kraus：博赞波尔扎诺自由大学经济与管理学院。

---

[1] Pérez Villa W., Pérez-Ezcurdia A., Vigil Berrocal M. A. Tacit Contributions and Roles of Senior Researchers: Experiences of a Multinational Company [J]. Administrative Sciences, 2022, 12 (4): 192.

[2] Sypniewska B., Lenart-Gansiniec R., Chen J. Weathering the Storm: Innovation-Driven Human Resource Management Practices [J]. Journal of Entrepreneurship Management and Innovation, 2023, 19 (1).

第 5 名

机器学习在人力资源管理中的应用回顾

A review of machine learning applications in human resource management，Swati Garg，Shuchi Sinha，Arpan Kumar Kar，Mauricio Mani（2022），*International Journal of Productivity and Performance Management*，71（5），1590-1610

【内容概览】

1. 问题/议题

通过回顾 105 篇 Scopus 索引文章，确定机器学习（ML）在人力资源管理（HRM）核心功能中的采用程度、范围和目的。

2. 结论

人力资源管理已经接受了机器学习，尽管还处于起步阶段，并且主要受到以技术为导向的研究人员的关注。机器学习应用程序在招聘和绩效管理领域最强，使用决策树和文本挖掘算法进行分类主导了人力资源管理的所有模块。对于复杂的流程，机器学习应用程序仍处于早期阶段；需要人力资源专家和机器学习专家一起工作。

3. 论证

由于机器学习研究来自多个学科，并由几种方法组成，所以采用半系统的方法，使用不同的方法和理论框架对来自多个学科的文献进行更详细的分析。

4. 作者自评和他评

他评。截至 2023 年 1 月 31 日，该文被引 66 次。

该文对 105 篇文章进行了半系统回顾，并确定了机器学习应用程序在人力资源管理范围内的招聘和绩效管理功能中的广泛使用。其强调"在将较新的人工智能方法纳入人力资源实践时，人力资源专家和机器学习专家需要合作"获得 Alexis Megan Votto[①] 等的认同。M. A. A. Walid 等[②]认为机器学习应用程序在人类性能和行为分析的数据管理和数据挖掘分类中最为广泛。

---

① Votto A. M.，Valecha R.，Najafirad P.，et al. Artificial intelligence in tactical human resource management：A systematic literature review［J］. International Journal of Information Management Data Insights，2021，1（2）：100047.

② Walid M. A. A.，Ahmed S. M. M.，Zeyad M.，et al. Analysis of machine learning strategies for prediction of passing undergraduate admission test［J］. International Journal of Information Management Data Insights，2022，2（2）：100111.

【作者简介】

Swati Garg：印度理工学院德里分校管理研究系。
Shuchi Sinha：印度理工学院德里分校管理研究系。
Arpan Kumar Kar：印度理工学院德里分校管理研究系。
Mauricio Mani：墨西哥国立自治大学行政研究系，Ciudad de Mexico，Mexico。

第 6 名

也门中小企业的客户关系管理维度与绩效：人力资本的调节作用

CRM dimensions and performance of SMEs in Yemen：The moderating role of human capital，Nagwan Abdulwahab AlQershi，Sany Sanuri Mohd Mokhtar，Zakaria Bin Abas（2022），*Journal of Intellectual Capital*，23（3），516–537

【内容概览】

1. 问题/议题

研究了人力资本和客户关系管理（CRM）对也门中小企业绩效的互动机制。

2. 结论

第一，以关键客户为中心、基于技术的 CRM 和 CRM 知识管理是中小企业绩效的有效驱动力，但不是 CRM 组织工具。第二，人力资本对绩效与关键客户关注和 CRM 知识管理关系没有调节作用，尽管它确实分别调节了绩效与 CRM 组织和基于技术的 CRM 之间的关系。

3. 论证

研究假设。H1：也门 CRM 四个维度（KCF、KM、CRMO 和 TCM）与中小企业绩效显著相关。H2：人力资本缓和了客户关系管理的四个维度与也门制造业中小企业绩效之间的关系。

在统计方法上，数据的分析采用偏最小二乘法（PLS），在 SEM 中，使用一种基于配置的评估方法。PLS 主要用于预测基于方差的因果分析，并使用基于主成分的估计方法。在数据分析上，采用两步法的方法评价 PLS 模型。首先，对测量模型进行评估，以确定个别项目的可靠性，并确认其内部一致性信度、内容效度、收敛效度和判别效度。其次，对结构模型进行了测试，以确定哪些因果关系与数据相一致。在建立了测量模型的有效性后，利用标准引导程序对结构模型进行评估。用 500 个自助样本，以及 284 个案例来确定路径系数的显著性。

4. 作者自评和他评

他评。截至 2023 年 1 月 31 日，被引 41 次。

该文调查的对象是也门的中小企业，该研究对象获得 Moad Hamod M Saleh 等[①]的认同。Nuryakin Nuryakin 和 T. Maryati[②] 提出并检验了以绿色创新为导向的绿色营销概念，与该文所提出的"在创建客户关系时，绿色营销是公司营销活动的一个关键方面"，尤其是在中小企业相匹配。

【作者简介】

Nagwan Abdulwahab AlQershi：马来西亚敦胡先翁大学技术管理与商业学院。

Sany Sanuri Mohd Mokhtar：马来西亚北方大学商学院。

Zakaria Bin Abas：马来西亚北方大学商学院。

第 7 名

通过智力资本获得竞争优势：一个调节性的中介分析

Competitive advantage via intellectual capital：A moderated mediation analysis，Majid Mohammad Shafiee，（2022），*Journal of Intellectual Capital*，23（5），957－997.

【内容概览】

1. 问题/议题

研究如何通过智力资本（IC）等战略无形资产获得竞争优势（CA）。

2. 结论

在智力资本（IC）和竞争优势（CA）的作用机制中，发现了商务智能（BIN）和品牌形象（IM）两个关键中介变量。此外，管理支持和竞争强度调节了智力资本（IC）、中介变量和竞争优势（CA）之间的关系。

3. 论证

在智力资本（IC）概念的基础上，使用从制造/服务和公共/私营公司收集的数据，测试了一个有调节变量的中介模型，以确定智力资本（IC）对竞争优势（CA）的影响是否取决于业务类型、竞争强度和管理支持。提出如下假设。H1：知识资本对竞争优势有积极影响。H2：商务智能调节了智力资本和竞争优势之间的关系；H2a：智力资本对商务智能有积极的影响；H2b：商务智能对竞争优势有积极的影响。H3：品牌形象是智力资本与竞争优势

---

① Al-Hakimi M. A., Borade D. B., Saleh M. H. The mediating role of innovation between entrepreneurial orientation and supply chain resilience [J]. Asia-Pacific Journal of Business Administration, 2022, 14 (4)：592－616.

② Nuryakin N., Maryati T. Do green innovation and green competitive advantage mediate the effect of green marketing orientation on SMEs' green marketing performance? [J]. Cogent Business & Management, 2022, 9 (1)：2065948.

关系的中介因素；H3a：智力资本对品牌形象有积极的影响；H3b：品牌形象对竞争优势有积极的影响。H4：管理支持缓和了智力资本和商业智能、智力资本和品牌形象之间的关系。应用 Smart PLS 3 软件来估计模型中的直接和间接效应，分三步进行 PLS，即评估测量模型、结构模型和整体模型。

4. 作者自评和他评

他评。截至 2023 年 1 月 31 日，该文被引 15 次。

I. Mouhamed 和 A. Kanbur[①]认为，智力资本依赖于无形资产，这有助于通过增加有利可图的报价来创造价值。

【作者简介】

Majid Mohammad Shafiee：伊朗伊斯法罕大学管理系，副教授。电子邮箱：m.shafiee@ase.ui.ac.ir。

第 8 名

酒店和旅游领域的人力资源管理研究：文献计量分析

Human resource management studies in hospitality and tourism domain：A bibliometric analysis，Elbeyi Pelit，Esra Katircioglu（2022），*International Journal of Contemporary Hospitality Management*，34（3），1106-1134

【内容概览】

1. 问题/议题

通过文献计量分析，揭示酒店和旅游领域人力资源管理（HRM）研究的现状，同时探索研究趋势和未来方向。

2. 结论

研究结果显示，最高频的关键词是"工作满意度"、"酒店"、"旅游"、"人力资源"和"工作参与"。Karatepe 和 Baum 是被引用最多的作者。Inoue（2011）、Felps（2009）、Shaw（2011）、Gursoy（2008）和 Cooper（2006）是酒店和旅游领域人力资源管理研究中引用最多的论文。

3. 论证

在 Web of Science 上总共选择了 1404 篇文章进行文献计量分析。通过 VOSviewer 程序分

[①] Mohamed I．，Kanbur A. The path from intellectual capital to innovation：A research with the oil companies affiliated to the national oil corporation（noc）in libya［J］. Journal of Research in Business，7（2）：335-353.

析和可视化获得的数据，进行引文分析和共同引用分析。结果显示，摘要中最常用的关键词包括"关系"、"行业"、"方法"、"效果"和"旅游"等，直到2016年，"工业、方法、旅游发展、工作满意度和战略"等词语经常使用，自2017年以来，"关系、效果、领导力、理论、结构方程建模和行为"在研究人员中越来越受欢迎。人力资源管理研究已经开始专注于确定变量之间的关系。此外，结构方程建模（SEM）在研究人员中越来越受欢迎。人力资源管理研究中最常用的关键词分别是"工作满意度"、"酒店"、"旅游"、"人力资源"和"工作参与"。

4. 作者自评和他评

他评。截至2023年1月31日，该文被引16次。

Yang Luqi 等[1]认为该文对酒店和旅游领域的人力资源管理研究进行文献计量分析不仅揭示了旅游、疫情和多学科领域顶级出版物知识传播的主要途径，还对学者们寻找论文的相关期刊有益。Elbeyi Pelit 和 E. Katircioglu[2]认为在实践意义上，酒店行业的经理和雇主依靠人力资源，通过突出创新方面与其他企业竞争。

【作者简介】

Elbeyi Pelit：阿法亚考卡特帕大学旅游学院旅游指导系。电子邮箱：elbeyipelit@ aku. edu. tr.

Esra Katircioglu：屈塔希亚杜姆鲁皮纳尔大学西马夫职业学校。

第9名

在工业5.0转型过程中，通过知识管理视角反思企业文化

Rethinking companies' culture through knowledge management lens during Industry 5.0 transition, Valentina Cillo, Gian Luca Gregori, Lucia Michela Daniele, Francesco Caputo, Nathalie Bitbol-Saba（2022），*Journal of Knowledge Management*，26（10），2485–2498

【内容概览】

1. 问题/议题

企业在多样性（DIV）、包容性（INC）和人员赋权（PEMP）政策方面的参与如何影响

---

[1] Yang L., Li X., Hernández-Lara A. B. Scientific collaboration and thematic analysis of the tourism industry in the context of COVID–19: A bibliometric approach [J]. International Journal of Contemporary Hospitality Management, 2022 (ahead-of-print).

[2] Pelit E., Katircioglu E. Investigating the effects of epistemic curiosity on innovative work behaviour: A study on hotel employees [J]. Tourism and hospitality management, 2023, 29 (1): 73–85.

企业的组织绩效，以支持组织向工业5.0的框架转变。

2. 结论

研究表明，在多样性（DIV）、包容性（INC）和人员赋权（PEMP）政策方面参与的公司具有更高的盈利能力，更受资本市场投资者的重视。

3. 论证

结合人力资源管理和知识管理驱动的组织文化，提出了一个概念模型来解释企业更高的组织绩效。提出如下假设。H1：高度参与多元化政策的公司比那些参与较少的公司表现出更好的组织绩效。H2：高度参与包容性政策的公司比那些参与度较低的公司表现更好。H3：高度参与人员赋权政策的公司比参与度较差的公司表现出更好的组织绩效。我们参考了路孚特公司在五年时间内（2016—2020年）通过24196个观测数据追踪的一组国际上市公司，来对提出的假设进行检验。实证研究结果表明，在DIV、INC和PEMP维度上得分较高的公司比那些得分较低的有更好的财务表现。

4. 作者自评和他评

他评。截至2023年1月31日，该文被引19次。

该文研究结论获得Alexander Serenko[①]的认同，管理者还应该考虑制定授权员工的政策，因为这样做可能会增加知识管理计划的成功，并提高组织绩效。Roman Kmieciak[②]认同知识管理有助于更好的公司绩效和实现竞争优势。

【作者简介】

Valentina Cillo：罗马第三大学工商管理学院。

Gian Luca Gregori：马尔凯理工大学管理学院。

Lucia Michela Daniele：坎帕尼亚大学经济学院。

Francesco Caputo：那不勒斯费德里克二世大学信息学院系统通信和经济管理系。

Nathalie Bitbol-Saba：巴黎商学院全球货币和金融动态专业。

---

① Serenko A. The Great Resignation：The great knowledge exodus or the onset of the Great Knowledge Revolution？[J]. Journal of Knowledge Management，2022（ahead-of-print）.

② Kmieciak R. Alexithymia, social inhibition, affectivity, and knowledge hiding [J]. Journal of Knowledge Management，2022（ahead-of-print）.

第 10 名

人力资源管理在绩效测量和管理（PMM）领域：文献计量学综述

Human resource management（HRM）in the performance measurement and management（PMM）domain：A bibliometric review，Patrizia Garengo，Alberto Sardi，Sai Sudhakar Nudurupati（2022）. *International Journal of Productivity and Performance Management*，71（7），3056 – 3077

【内容概览】

1. 问题/议题

回顾绩效测量和管理领域人力资源管理的文献，强调人力资源管理在发展有效的组织绩效测量和管理中的关键作用。

2. 结论

该研究突出了与绩效测量和管理方面的人力资源管理有关的出版物数量的增加和四个主题。强调了组织内从静态到动态的绩效测量和管理系统的转变，预计这将更适合当前和未来的情况。

3. 论证

该文对 1252 篇文章进行文献计量学文献综述，以确定绩效测量和管理领域人力资源管理的主流研究趋势和概念结构。对绩效测量和管理领域人力资源管理的研究趋势进行分析，包括论文数量、引用数量、发文国家、发文数量多的期刊、最高产作者；再对绩效测量和管理领域人力资源管理研究的概念结构进行分析；最后对绩效测量和管理领域人力资源管理研究的主题演变进行分析。

4. 作者自评和他评

他评。截至 2023 年 1 月 31 日，该文被引 15 次。

Zunaira Najam 和 Q. A. Nisar[1]在论述电子人力资源管理服务质量与评价时引用该文观点——"电子人力资源管理服务包括电子工资单、员工自助服务模块、电子福利、电子考勤记录、电子绩效管理系统、电子招聘、职业管理和电子继任规划"。Muhammad Ismail 等[2]

---

[1] Najam Z.，Nisar Q. A. Enhancing Employer Branding through Virtual Reality：The role of E-HRM Service Quality and HRM Effectiveness in the Hotel Industry of Pakistan［J］. Asia-Pacific Journal of Innovation in Hospitality and Tourism，2022，11（2）：69 – 89.

[2] Ismail M.，Haeruddin M. I. W.，Mustafa F.，et al. The Effect of the Four Marketing Mix Factors on Customer Loyalty（Case Study：Consumers of Boots Café Makassar）［J］. Asian Journal of Economics，Business and Accounting，2023，23（6）：1 – 11.

引用该文研究方法,正态性检验正态分布将形成一条直对角线,数据绘图将与对角线进行比较:如果数据分布正常,则连接实际数据的线将沿着对角线。

【作者简介】

Patrizia Garengo:帕多瓦大学工业工程系。

Alberto Sardi:都灵大学管理系。

Sai Sudhakar Nudurupati:甘地技术与管理学院国际商学院。

(三) TOP 11–100 榜单

人力资源管理最佳英文论文 TOP 11–100 榜单,2022 年

总榜序	论文	刊物复合影响因子	月均引用	综合得分
11	Green human resource management in nonprofit organizations: Effects on employee green behavior and the role of perceived green organizational support Aboramadan, M., Kundi, Y. M., & Becker, A. (2022). *Personnel Review*, 51 (7), 1788–1806	3.228	2.800	0.1396
12	Analysis of challenges in sustainable human resource management due to disruptions by Industry 4.0: An emerging economy perspective Agarwal, V., Mathiyazhagan, K., Malhotra, S., & Saikouk, T. (2022). *International Journal of Manpower*, 43 (2), 513–541	3.295	2.750	0.1385
13	Hotel employees' occupational stigma narratives: Perceived attributes, formation paths and destigmatization mechanisms Xiang, K., Gao, F., Qiao, G., & Chen, Q. (2022). *International Journal of Contemporary Hospitality Management*, 34 (12), 4389–4414	9.321	1.000	0.1375
14	Green human resource management and green organizational citizenship behavior: Do green culture and green values matter? Hooi, L. W., Liu, M. S., & Lin, J. J. (2022). *International Journal of Manpower*, 43 (3), 763–785	3.295	2.714	0.1371

续表

总榜序	论文	刊物复合影响因子	月均引用	综合得分
15	The influence of corporate governance characteristics on human capital disclosure: The moderating role of managerial ownership Tejedo-Romero, F., & Araujo, J. F. F. E. (2022). *Journal of Intellectual Capital*, 23 (2), 342 – 374	6.371	1.818	0.1365
16	Human resource analytics: A review and bibliometric analysis Qamar, Y., & Samad, T. A. (2022). *Personnel Review*, 51 (1), 251 – 283	3.228	2.600	0.1321
17	Drivers of workforce agility: A dynamic capability perspective Ajgaonkar, S., Neelam, N. G., & Wiemann, J. (2022). *International Journal of Organizational Analysis*, 30 (4), 951 – 982	1.891	2.571	0.1167
18	Life cycle analysis of Brazilian startups: Characteristics, intellectual capital, agents and associated risks Couto, M. H. G., Oliva, F. L., Del Giudice, M., Kotabe, M., Chin, T., & Kelle, P. (2022). *Journal of Intellectual Capital*, 23 (6), 1348 – 1378	6.371	1.250	0.1152
19	Analysing the impact of sustainable human resource management practices and industry 4.0 technologies adoption on employability skills Sharma, M., Luthra, S., Joshi, S., & Kumar, A. (2022). *International Journal of Manpower*, 43 (2), 463 – 485	3.295	2.125	0.1150
20	Green intellectual capital, green HRM and green social identity toward sustainable environment: A new integrated framework for Islamic banks Ali, M., Puah, C. H., Ali, A., Raza, S. A., & Ayob, N. (2022). *International Journal of Manpower*, 43 (3), 614 – 638	3.295	2.000	0.1104
21	Analysing workforce development challenges in the Industry 4.0 Ozkan-Ozen, Y. D., & Kazancoglu, Y. (2022). *International Journal of Manpower*, 43 (2), 310 – 333	3.295	2.000	0.1104
22	The emotional and social side of analytics professionals: An exploratory study of the behavioral profile of data scientists and data analysts Bonesso, S., Gerli, F., & Bruni, E. (2022). *International Journal of Manpower*, 43 (9), 19 – 41	3.295	2.000	0.1104

续表

总榜序	论文	刊物复合影响因子	月均引用	综合得分
23	The contribution of organizational learning and green human resource management practices to the circular economy: A relational analysis-Part I Subramanian, N., & Suresh, M. (2022). *The Learning Organization*, 29 (5), 428–442	3.010	2.000	0.1073
24	The contribution of organizational learning and green human resource management practices to the circular economy: A relational analysis-evidence from manufacturing SMEs (part II) Subramanian, N., & Suresh, M. (2022). *The Learning Organization*, 29 (5), 443–462	3.010	2.000	0.1073
25	From teamwork to psychological well-being and job performance: The role of CSR in the workplace Kim, H. S., Kim, M., & Koo, D. (2022). *International Journal of Contemporary Hospitality Management*, 34 (10), 3764–3789	9.321	0.182	0.1068
26	The impact of servitization on the environmental and social performance in manufacturing firms Zhang, J., Qi, L., Wang, C., & Lyu, X. (2022). *Journal of Manufacturing Technology Management*, 33 (3), 425–447	8.144	0.500	0.1061
27	Green human resource management, leader-member exchange, core self-evaluations and work engagementTthe mediating role of human resource management performance attributions Gim, G. C., Ooi, S. K., Teoh, S. T., Lim, H. L., & Yeap, J. A. (2022). *International Journal of Manpower*, 43 (3), 682–700	3.295	1.857	0.1050
28	Measure what matters: Descriptive and predictive metrics of HRM-pathway toward organizational performance Pillai, R., & Sivathanu, B. (2022). *International Journal of Productivity and Performance Management*, 71 (7), 3009–3029	2.773	2.000	0.1048
29	Sustainable electronic human resource management systems and firm performance: An empirical study Bag, S., Dhamija, P., Pretorius, J. H. C., Chowdhury, A. H., & Giannakis, M. (2022). *International Journal of Manpower*, 43 (1), 32–51	3.295	1.778	0.1020

总榜序	论文	刊物复合影响因子	月均引用	综合得分
30	**Intellectual capital and firm efficiency of US multinational software firms**　Nkambule, N. A., Wang, W. K., Ting, I. W. K., & Lu, W. M. (2022). *Journal of Intellectual Capital*, 23 (6), 1404-1434	6.371	0.750	0.0965
31	**Effectiveness of human resource records management strategies at a university in Ghana**　Adom-Nyankey, K., & Andoh, R. P. K. (2022). *Global Knowledge, Memory and Communication*, 71 (8/9), 972-985	1.7349	2.000	0.0936
32	**Does work engagement mediate the impact of green human resource management on absenteeism and green recovery performance?**　Darban, G., Karatepe, O. M., & Rezapouraghdam, H. (2022). *Employee Relations*, 44 (5), 1092-1108	2.688	1.714	0.0931
33	**Understanding the effects of perceived organizational support and high-performance work systems on health harm through sustainable HRM lens: A moderated mediated examination**　Chillakuri, B., & Vanka, S. (2022). *Employee Relations*, 44 (3), 629-649	2.688	1.700	0.0926
34	**Developing human capital 4.0 in emerging economies: An industry 4.0 perspective**　Singh, R. K., Agrawal, S., & Modgil, S. (2022). *International Journal of Manpower*, 43 (2), 286-309	3.295	1.500	0.0916
35	**The effect of knowledge management capacity on firm performance through sequential mediations of strategic HRM, administrative and technical innovations**　Chawla, A. S., Kundu, S. C., Kumar, S., Gahlawat, N., & Kundu, H. (2022). *Journal of Asia Business Studies*, 16 (6), 923-942	3.179	1.500	0.0904
36	**Managerial challenges to promoting competency-based intellectual capital in emerging market economies-developing a framework for implications**　Shet, S. V., Del Giudice, M., & Rammal, H. G. (2022). *Journal of Intellectual Capital*, 23 (1), 85-102	6.371	0.583	0.0902

续表

总榜序	论文	刊物复合影响因子	月均引用	综合得分
37	Cut me some slack！An exploration of slack resources and technology-mediated human capital investments in entrepreneurship　Jabbari, J., Roll, S., Bufe, S., & Chun, Y. (2022). *International Journal of Entrepreneurial Behavior & Research*, 28 (5): 1310-1346	5.995	0.667	0.0893
38	Board industry expertise and innovation input: Evidence on the curvilinear relationship and the moderating effect of CEO　Sarto, F., & Saggese, S. (2022). *European Journal of Innovation Management*, 25 (6), 775-803	4.75	1.000	0.0885
39	Risk-adjusted banks' resource-utilization and investment efficiencies: Does intellectual capital matter?　Kweh, Q. L., Lu, W. M., Tone, K., & Nourani, M. (2022). *Journal of Intellectual Capital*, 23 (3), 687-712	6.371	0.500	0.0871
40	The role of human resource practices in the implementation of digital transformation　Nicolas-Agustin, A., Jiménez-Jiménez, D., & Maeso-Fernandez, F. (2022). *International Journal of Manpower*, 43 (2), 395-410	3.295	1.375	0.0869
41	Human capital readiness and global market orientation in Indonesian Micro-, Small-and-Medium-sized Enterprises business performance　Tjahjadi, B., Soewarno, N., Nadyaningrum, V., & Aminy, A. (2022). *International Journal of Productivity and Performance Management*, 71 (1), 79-99	2.773	1.417	0.0829
42	Human resources flexibility as a mediating mechanism between high-performance work systems and organizational performance: A multilevel quasi-longitudinal study　Katou, A. A. (2022). *EuroMed Journal of Business*, 17 (2), 174-192	4.163	1.000	0.0822
43	Human resource developments with the touch of artificial intelligence: A scale development study　Kambur, E., & Akar, C. (2022). *International Journal of Manpower*, 43 (1), 168-205	3.295	1.222	0.0812

续表

总榜序	论文	刊物复合影响因子	月均引用	综合得分
44	Systemic leadership development: Impact on organizational effectiveness Douglas, S., Merritt, D., Roberts, R., & Watkins, D. (2022). *International Journal of Organizational Analysis*, 30 (2), 568-588	1.891	1.583	0.0797
45	Intellectual capital for recovering patient centrality and ensuring patient satisfaction in healthcare sector Fiano, F., Sorrentino, M., Caputo, F., & Smarra, M. (2022). *Journal of Intellectual Capital*, 23 (3), 461-478	6.371	0.300	0.0796
46	Human resource development 4.0 (HRD 4.0) in the apparel industry of Bangladesh: A theoretical framework and future research directions Alam, S., & Dhamija, P. (2022). *International Journal of Manpower*, 43 (2), 263-285	3.295	1.125	0.0775
47	Setting the conditions for open innovation in the food industry: Unravelling the human dimension of open innovation Palumbo, R., Manesh, M. F., Pellegrini, M. M., & Flamini, G. (2022). *British Food Journal*, 124 (6), 1786-1809	3.224	1.125	0.0768
48	The impact of human resource management practices on job satisfaction and affective commitment in Hurghada resort hotels Hussien, F. M., Ibrahim, Y., & Naser, H. A. (2022). *Journal of Hospitality and Tourism Insights*, 5 (5), 905-926	0.000	2.000	0.0750
49	Prioritizing Green HRM practices from policymaker's perspective Mehrajunnisa, M., Jabeen, F., Faisal, M. N., & Mehmood, K. (2022). *International Journal of Organizational Analysis*, 30 (3), 652-678	1.891	1.444	0.0745
50	Influence of Industry 4.0 technologies on corporate operation and performance management from human aspects Obermayer, N., Csizmadia, T., & Hargitai, D. M. (2022). *Meditari Accountancy Research*, 30 (4), 1027-1049	2.575	1.143	0.0705

续表

总榜序	论文	刊物复合影响因子	月均引用	综合得分
51	**Decent work and work-family enrichment: Role of meaning at work and work engagement** Kashyap, V., & Arora, R. (2020). *International Journal of Productivity and Performance Management*, 71 (1), 316 – 336	2.773	0.917	0.0641
52	**Quantifying human resource management: A literature review** Coron, C. (2022). *Personnel Review*, 51 (4), 1386 – 1409	3.228	0.700	0.0609
53	**A bibliometric reflection on the history of green human resource management research** Farrukh, M., Raza, A., Ansari, N. Y., & Bhutta, U. S. (2022). *Management Research Review*, 45 (6), 781 – 800	3.01	0.750	0.0604
54	**Explaining resistance intention towards mobile HRM application: The dark side of technology adoption** Shankar, A., & Nigam, A. (2022). *International Journal of Manpower*, 43 (1), 206 – 225	3.295	0.667	0.0604
55	**A dark side of e-HRM: Mediating role of HR service delivery and HR socialization on HR effectiveness** Talukdar, A., & Ganguly, A. (2022). *International Journal of Manpower*, 43 (1), 116 – 147	3.295	0.667	0.0604
56	**The new concept of quality in the digital era: A human resource empowerment perspective** Balouei Jamkhaneh, H., Shahin, A., Parkouhi, S. V., & Shahin, R. (2022). *The TQM Journal*, 34 (1), 125 – 144	0.000	1.583	0.0594
57	**Use of 4.0 (I4.0) technology in HRM: A pathway toward SHRM 4.0 and HR performance** Pillai, R., Yadav, S., Sivathanu, B., Kaushik, N., & Goel, P. (2022). *Foresight*, 24 (6), 708 – 727	1.963	1.000	0.0586
58	**Fostering engagement among emotionally exhausted frontline employees in financial services sector** Sahi, G. K., Roy, S. K., & Singh, T. (2022). *Journal of Service Theory and Practice*, 32 (3), 400 – 431	4.545	0.222	0.0571

总榜序	论文	刊物复合影响因子	月均引用	综合得分
59	Addressing strategic human resource management practices for TQM: The case of an Indian tire manufacturing company　Verma, P., Kumar, V., Mittal, A., Gupta, P., & Hsu, S. C. (2022). *The TQM Journal*, 34 (1), 29–69	0.000	1.500	0.0563
60	The study of knowledge employee voice among the knowledge-based companies: The case of an emerging economy　Hosseini, E., Saeida Ardekani, S., Sabokro, M., & Salamzadeh, A. (2022). *Revista de Gestão*, 29 (2), 117–138	0.000	1.400	0.0525
61	Knowledge management and human resources performance: Evidence from Turkish family businesses　Zaim, H., Ramadani, V., Dinibutun, S. R., Gërguri-Rashiti, S., & Said, D. S. (2022). *Journal of Family Business Management*, 12 (2), 185–199	2.548	0.667	0.0523
62	Measure human capital because people really matter: Development and validation of human capital scale (HuCapS)　Dahiya, R., & Raghuvanshi, J. (2022). *International Journal of Productivity and Performance Management*, 71 (6), 2235–2261	2.773	0.571	0.0512
63	Manpower forecasting models in the construction industry: A systematic review　Zhao, Y., Qi, K., Chan, A. P., Chiang, Y. H., & Siu, M. F. F. (2022). *Engineering, Construction and Architectural Management*, 29 (8), 3137–3156	3.85	0.200	0.0488
64	Cloud computing and human resource management: Systematic literature review and future research agenda　Marín, J. M. M., De Oliveira-Dias, D., Navimipour, N. J., Gardas, B., & Unal, M. (2022). *Kybernetes*, 51 (6), 2172–2191	2.352	0.625	0.0487
65	Estimation of the knowledge management model for performance measurement in university libraries　Rafi, M., Jian Ming, Z., & Ahmad, K. (2022). *Library Hi Tech*, 40 (1), 239–264	1.623	0.818	0.0481

续表

总榜序	论文	刊物复合影响因子	月均引用	综合得分
66	Development of a multi-item Operational Excellence scale: Exploratory and confirmatory factor analysis　　Saeed, B., Tasmin, R., Mahmood, A., & Hafeez, A. (2022). *The TQM Journal*, 34 (3), 576–602	0.000	1.200	0.0450
67	Gatekeepers influencing careers of Canadian public sector employees: Views from managers and union employees　　Darling, S., & Cunningham, J. B. (2022). *Journal of Management Development*, 41 (9/10), 469–495	2.372	0.500	0.0442
68	Service-oriented human resource practices and customer outcomes: The service-profit chain perspective　　Chen, P. C., & Chi, N. W. (2022). *Personnel Review*, 51 (4), 1427–1448	3.228	0.250	0.0440
69	Does cloud computing improve team performance and employees' creativity?　　Zou, J., & Jian, C. (2022). *Kybernetes*, 51 (2), 582–601	2.352	0.455	0.0423
70	Innovation in SMEs: The role of employee training in German SMEs　　Demirkan, I., Srinivasan, R., & Nand, A. (2022). *Journal of Small Business and Enterprise Development*, 29 (3), 421–440	0.000	1.125	0.0422
71	Do high-commitment work systems engage employees? Mediating role of psychological capital　　Sekhar, C. (2022). *International Journal of Organizational Analysis*, 30 (4), 1000–1018	1.891	0.571	0.0417
72	Green supply chain management and SMEs environmental performance: Green HRM practices as antecedent from service sector of emerging economy　　Aldaas, R., Mohamed, R., Hareeza Ali, M., & Ismail, N. A. (2022). *International Journal of Emergency Services*, 11 (3), 422–444	0.815	0.750	0.0369
73	The virtual human resource development (VHRD) approach: An integrative literature review　　Rahimi, S., Khorasani, A., Rezaeizadeh, M., & Waterworth, J. (2022). *European Journal of Training and Development*, 46 (5/6), 484–503	1.648	0.500	0.0364

续表

总榜序	论文	刊物复合影响因子	月均引用	综合得分
74	Conceptualizing and theorizing green human resource management: A narrative review　Mukherji, A., & Bhatnagar, J. (2022). *International Journal of Manpower*, 43 (3), 862-888	3.295	0.000	0.0354
75	Returnee status, academic staff rewards and psychological contract fulfilment in China's higher education sector　Gu, J., Nyland, C., Fan, X., & Wu, D. (2022). *Personnel Review*, 51 (4), 1298-1313	3.228	0.000	0.0346
76	Trendsetters of HRM: A systematic review of how professional service firms manage people　Sokolov, D., & Zavyalova, E. (2022). *Personnel Review*, 51 (2), 564-583	3.228	0.000	0.0346
77	Do cloud-based enterprise resource planning systems affect the productivity of human resources in the COVID-19 era?　Yao, X., & Azma, M. (2022). *Kybernetes*, 51 (6), 1967-1990	2.352	0.250	0.0346
78	The impact of cloud-based human resource and supply chain management systems on the performance of multinational organizations　Dong, X., & Salwana, E. (2022). *Kybernetes*, 51 (6), 2030-2043	2.352	0.250	0.0346
79	The nexus between diversity management (DM) and organizational performance (OP): Mediating role of cognitive and affective diversity　Showkat, S., & Misra, S. (2022). *European Journal of Training and Development*, 46 (1/2), 214-238	1.684	0.417	0.0337
80	Human resource management for the resilience of public organizations: A model based on macro-competences　Macchi Silva, V. V., & Ribeiro, J. L. D. (2022). *Journal of Organizational Effectiveness: People and Performance*, 9 (4), 656-674	3.027	0.000	0.0325
81	The jury is out - Can the HR managers be the choice architects in a post-pandemic work setting?　Sinha, S., & Jain, N. K. (2022). *Journal of Organizational Change Management*, 35 (1), 165-168	2.096	0.250	0.0319

续表

总榜序	论文	刊物复合影响因子	月均引用	综合得分
82	Can you grow your supply chain without skills? The role of human resource management for better supply chain management in Latin America Patrucco, A. S., Rivera, L., Mejía-Argueta, C., & Sheffi, Y. (2022). *The International Journal of Logistics Management*, 33 (1), 53–78	0.000	0.800	0.0300
83	A study on the intellectual capital management over cloud computing using analytic hierarchy process and partial least squares Wang, P. (2022). *Kybernetes*, 51 (6), 2089–2108	2.352	0.125	0.0299
84	Empowerment and support of senior management in promoting happiness at work Galván Vela, E., Mercader, V., Arango Herrera, E., & Ruíz Corrales, M. (2022). *Corporate Governance: The International Journal of Business in Society*, 22 (3), 536–545	0.000	0.750	0.0281
85	Technology, human resource competencies and productivity in nascent petroleum industries: An empirical study Masiko, P. B., Oluka, P. N., Kajjumba, G. W., Mugurusi, G., & Nyesiga, S. D. (2022). *Technological Sustainability*, 1 (2), 132–144	0.000	0.750	0.0281
86	Impact of human resource management practices on TQM: An ISM-DEMATEL approach Pandey, P., Agrawal, N., Saharan, T., & Raut, R. D. (2022). *The TQM Journal*, 34 (1), 199–228	0.000	0.750	0.0281
87	Uncovering hidden human capital in uncertain times by exploring strategic resources in Spanish wineries Martín-Hidalgo, F. A., & Pérez-Luño, A. (2022). *International Journal of Wine Business Research*, 34 (1), 69–85	1.578	0.273	0.0272
88	Workplace spirituality, teachers' professional well-being and mediating role of positive psychological capital: An empirical validation in the Indian context Paul, M., & Jena, L. K. (2022). *International Journal of Ethics and Systems*, 38 (4), 633–660	1.048	0.400	0.0262

总榜序	论文	刊物复合影响因子	月均引用	综合得分
89	**Psychological empowerment and employee engagement: Role of job satisfaction and religiosity in Nigeria** Nwachukwu, C., Vu, H. M., Chládková, H., & Agboga, R. S. (2022). *Industrial and Commercial Training*, 54 (4), 666-687	1.5	0.250	0.0255
90	**The influence of leadership styles and human resource management on educators' well-being in the light of three Sustainable Development Goals** Gallego-Nicholls, J. F., Pagán, E., Sánchez-García, J., & Guijarro-García, M. (2022). *Academia Revista Latinoamericana de Administración*, 35 (2), 257-277	1.369	0.286	0.0254
91	**Diagnosing of human resource performance management based on lack of ambidextrous learning themes: A case study of public Iranian banking system** Hadji, S., Gholizadeh, P. & Naghavi, N. (2022). *International Journal of Ethics and Systems*, 38 (3), 484-509	1.776	0.143	0.0244
92	**Gender equality in the workplace in Quebec: Strategic priority for employers or partial response to institutional pressures?** Genin, É., Laroche, M., & Marchadour, G. (2022). *Equality, Diversity and Inclusion: An International Journal*, 41 (7), 959-975	1.226	0.250	0.0225
93	**The impact of self-development on the tendency toward organizational innovation in higher education institutions with the mediating role of human resource agility** Narenji Thani, F., Mazari, E., Asadi, S., & Mashayekhikhi, M. (2022). *Journal of Applied Research in Higher Education*, 14 (2), 852-873	0.994	0.300	0.0219
94	**An operational conceptualization of human resource analytics: Implications for in human resource development** Jiang, Y., & Akdere, M. (2022). *Industrial and Commercial Training*, 54 (1), 183-200	1.5	0.083	0.0192
95	**Antecedents and outcomes of supply chain security practices: The role of organizational security culture and supply chain disruption occurrence** Asamoah, D., Nuertey, D., Agyei-Owusu, B., & Acquah, I. N. (2022). *International Journal of Quality & Reliability Management*, 39 (4), 1059-1082	0	0.500	0.0188

续表

总榜序	论文	刊物复合影响因子	月均引用	综合得分
96	Determinants of the human capital department development programs toward achieving functional strategic objectives: A fuzzy hybrid approach Valmohammadi, C., & Shahrashoob, V. (2022). *Industrial and Commercial Training*, 54 (3), 377–395	0.000	0.429	0.0161
97	Impact of environmental scanning on organizational resilience and competitive advantage: A study of Egyptian SMEs YahiaMarzouk, Y., & Jin, J. (2022). *Continuity & Resilience Review*, 4 (2), 192–223	0.000	0.429	0.0161
98	The curious case of green human resource management practices in the Ghanaian manufacturing industry: A reality or a mirage? Suleman, A. R., Amponsah-Tawiah, K., Adu, I. N., & Boakye, K. O. (2022). *Management of Environmental Quality*, 33 (3), 739–755	0.000	0.400	0.0150
99	Access control of human resource records: Case of the University of Cape Coast, Ghana Andoh, R. P. K., & Attafuah, A. (2022). *Collection and Curation*, 41 (1), 25–33	0.500	0.167	0.0116
100	Does employees' perception towards mobile human resource management application quality affect usage intention? A moderated-mediation analysis Shankar, A. (2022). *The TQM Journal*, 34 (1), 145–159	0.000	0.083	0.0031

主要图书

一 2022年人力资源管理主要中文图书

1. 褚吉瑞、邵曦:《企业人才培养与现代人力资源管理》,吉林文史出版社,2022年1月。

2. 周万中、杜其云、罗小燕:《人力资源管理(双色版)》,湖南师范大学出版社,2022年1月。

3. 焦艳芳:《人力资源管理理论研究与大数据应用》,北京工业大学出版社,2022年1月。

4. 李伟:《组织行为学》,武汉大学出版社,2022年1月。

5. 范围、白永亮:《人力资源管理理论与实务》,首都经济贸易大学出版社,2022年2月。

6. 冯拾松、李菁羚:《人力资源管理与开发》(第四版),高等教育出版社,2022年2月。

7. 朱建斌、蔡文:《人力资源管理数字化运营:基于SAP SuccessFactors》,复旦大学出版社,2022年2月。

8. 范围、白永亮:《人力资源服务业管理理论与实务》,首都经济贸易大学出版社,2022年2月。

9. 郑强国、梁月、吴青梅、李静玉:《人力资源管理》(第2版),清华大学出版社,2022年3月。

10. 杨云、朱宏:《旅游企业人力资源管理》,中山大学出版社,2022年3月。

11. 杨伟国、郭钟泽:《人力资本经营思维》,中国人民大学出版社,2022年3月。

12. 夏天:《人力资源管理案例分析》,冶金工业出版社,2022年4月。

13. 汪波:《管理的厚度:中小企业人力资源管理历史文化视野》,云南科技出版社,2022年4月。

14. 程阳:《人力资源合规管理全书》,中国法制出版社,2022年4月。

15. 南锐、欧阳帆:《应急人力资源开发与管理》,应急管理出版社,2022年6月。

16. 襄阳郭丹:《业务为本:华为和阿里的HRBP价值创造三层十二式》,机械工业出版社,2022年5月。

17. 刘洪波:《人力资源数字化转型:策略、方法、实践》,清华大学出版社,2022年5月。

18. 钱玉竺:《现代企业人力资源管理理论与创新发展研究》,广东人民出版社,2022年6月。

19. 杨红玲、伍剑琴、蒋小龙:《酒店人力资源管理实务》,广东教育出版社,2022年7月。

20. 陈英耀:《医院人力资源管理》,中国协和医科大学出版社,2022年7月。

21. 王崇良、黄秋钧:《当HR遇见AI:用人工智能重新定义人力资源管理》,人民邮电出版社,2022年7月。

22. 梁金如：《人力资源优化管理与创新研究》，北京工业大学出版社，2022年7月。

23. 李贺、王俊峰：《人力资源管理》（第3版），上海财经大学出版社，2022年8月。

24. 陈丽琴主编：《公共部门人力资源管理：理论与实务》，企业管理出版社，2022年8月。

25. 贾建锋、闫佳祺、唐贵瑶：《解码中国情境下的人力资源管理强度》，经济管理出版社，2022年9月。

26. 徐大丰、范文锋、牛海燕：《人力资源管理信息系统》，首都经济贸易大学出版社，2022年10月。

27. 彭剑锋：《战略人力资源管理：理论、实践与前沿》（第2版），中国人民大学出版社，2022年10月。

28. 任康磊：《用数据提升人力资源管理效能（实战案例版）》（第2版），人民邮电出版社，2022年10月。

29. 任康磊：《人力资源量化管理与数据分析》（第2版），人民邮电出版社，2022年10月。

30. 陈璐、蒋翠珍：《人力资源管理案例解析》，经济管理出版社，2022年11月。

31. 杨光瑶：《人力资源管理高效工作法》，中国铁道出版有限公司，2022年11月。

二 2022年人力资源管理主要英文图书

Nankervis, A., Baird, M., Coffey, J., & Shields, J. (2022). *Human Resource Management 11e*. Cengage AU.

Malik, A. (Ed.). (2022). *Strategic human resource management and employment relations: An international perspective*. Springer Nature.

Rothmann, S., & Cooper, C. L. (2022). *Work and organizational psychology*. Routledge.

DIEBOLT., C., & Hippe, R. (2022). *Human Capital and Regional Development in Europe*. Springer International Publishing.

Grabowska, I., & Jastrzebowska, A. (2022). *Migration and the transfer of informal human capital: Insights from central Europe and Mexico*. Routledge.

World Bank. (2022). *Human Capital Project: Year 3 Progress Report*. World Bank.

Petrakis, P. E. (Ed.). (2022). *Human Capital and Production Structure in the Greek Economy: Knowledge, Abilities, Skills*. Springer Nature.

Swanson, R. A. (2022). *Foundations of human resource development*. Berrett-Koehler Publishers.

Mahapatro, B. B. (2022). *Human resource management.* PG Department of Business Management.

Machado, C. (Ed.). (2022). *Sustainable Human Resource Management: Policies and Practices.* CRC Press.

Kitt, A. M. (2022). *Imprinting antecedents of the human resource management process: Towards a multi-level model.* Nottingham Trent University (United Kingdom).

主要课题

2022 年人力资源管理国家社会科学基金重大项目立项名单①

	课题全称	批准号	首席专家	责任单位
1	劳动力要素市场化配置中的效率增进与协同推进共同富裕路径研究	22&ZD055	乔晓楠	南开大学
2	劳动力要素市场化配置中的效率增进与协同推进共同富裕路径研究	22&ZD056	邢春冰	中国人民大学
3	高速交通网络与我国劳动力资源时空配置机制研究	22&ZD064	文雁兵	嘉兴学院
4	西部农村和民族地区人力资本培育的方式和路径选择研究	22&ZD065	张学敏	西南大学
5	新时代促进劳动力返乡创业的高质量发展研究	22&ZD191	何晓斌	清华大学
6	中国高校科技创新团队管理与合作有效性研究	22&ZD308	赵文华	上海交通大学

2022 年人力资源管理国家社会科学基金年度项目立项名单

	课题全称	批准号	负责人	责任单位
1	劳动力市场灵活性与进口竞争的劳动力再配置效应研究	22AJL006	陈建伟	对外经济贸易大学
2	数字经济下就业极化的形成机理与治理对策研究	22AJL007	韩雷	湘潭大学
3	财政资助对儿童人力资本及其成年早期劳动表现的影响研究	22BJY043	黄维	长沙理工大学
4	数字经济背景下我国数字人力资本积累研究	22BJY045	袁科峰	宁德师范学院
5	中国省域人力资本测度及多维度分析研究	22BTJ013	朱喜安	中南财经政法大学

2022 年人力资源管理国家社会科学基金青年项目立项名单

	课题全称	批准号	负责人	责任单位
1	新时代大学生劳动精神协同培育路径及评价体系研究	22CKS047	黄黎明	上海立信会计金融学院

---

① 本刊所有课题清单均按全国哲学社会科学工作办公室公布的课题顺序排列。本刊课题清单的基础资料来自国家社会科学基金官网。

主要学人

赵履宽与人力资源管理学科发展

刘 昕*

赵履宽先生是我国人力资源管理、劳动经济学研究和教育的开拓者和先行者,他的教学和研究,对人力资源管理学科的创建和发展,以及劳动经济学说的创建、劳动人事制度和分配制度的改革和发展都起到了巨大的推动作用。

赵履宽1930年出生于云南省大理市喜洲镇,是白族人。1948年肄业于北平文法学院文学哲学系,次年3月参加革命工作,1953年加入中国共产党。自1952年起任教于中国人民大学。1999年办理离休手续。赵履宽是中国劳动科学和人力资源管理学的主要奠基人和开拓者,国务院学位委员会批准的第五批博士生指导教师,中国人民大学荣誉一级教授。曾任中国人民大学劳动人事学院院长、中国劳动科学教学研究会名誉会长、中国人力资源开发研究会副会长、中国劳动学会副会长。

赵履宽的研究方向广泛涉及劳动经济学、劳动社会学、劳动法学、劳动保护学、社会保障学、人力资源管理学和行政学等领域,著述颇丰,先后在《经济研究》《中国社会科学》《财贸经济》《中国工业经济学报》《中国人民大学学报》《经济理论与经济管理》《经济科学》《经济纵横》《经济问题探索》《中国人力资源开发》等期刊发表了90多篇具有重要影响的论文,著有《劳动经济与劳动管理》《劳动社会学概论》《人事管理学概要》《劳动经济学》等多部开创性教材以及《中国劳动经济体制改革——理论、目标、对策》等20多本重要学术著作。

赵履宽创建了我国第一所劳动人事学院,开创我国第一个人事管理(后更名为人力资源管理)本科专业,获批中国第一个劳动经济学博士学位授予点,为我国劳动经济、人力资源管理、社会保障、劳动关系四门学科在中国的发展作出了重大贡献。赵履宽于2008年获得"人力资源管理教育终身成就奖",2009年获得"劳动科学教育终身成就奖"。

* 刘昕:中国人民大学公共管理学院组织与人力资源研究所教授、博士生导师。

追求真理，坚持走理论与实践相结合的研究之路

赵履宽治学广博、严谨，把"博览群书，勇于创新，不盲目崇拜权威，追求真理"作为学术活动的唯一目标。他长期关注本领域的理论前沿问题，并能不断提出一些独到的见解。赵履宽在《学者谈艺录》一书中写道："在长期的教学和科研实践中，我逐渐形成了自己的治学座右铭，这就是：'博览群书，交叉联系，继承创新，自成一格。'"这十六个字，正是他学术风格最好的写照。

早在1957年，赵履宽就在《大公报》发表了《社会主义制度下的商品生产由什么决定?》一文，明确对斯大林关于国营企业之间调拨的生产资料不是商品的观点提出了异议。此后，他还发表了一些关于工农产品比价、商品差价等方面的论文，并在中国人民大学贸易系首次讲授价格理论课程。

在"反右运动"以及"文化大革命"期间，赵履宽受到冲击，被下放江西"五七干校"劳动。1972年，赵履宽作为专家从当时已被解散的中国人民大学抽调进入由国家计委和劳动总局成立的"工资理论研究小组"，该小组由周恩来总理倡议成立，当时的国务院副总理纪登奎牵头。与于光远、薛暮桥、齐燕铭、许涤新等一些著名学者共同研究我国工资问题的赵履宽，与劳动经济学、人事管理学结下了不解之缘。

1975年，随着邓小平被第二次起用，国务院成立政治研究室，邓力群、于光远等都被调入。于光远将赵履宽推荐到政治研究室，后来又转到书记处研究室。在那段时间里，他们以"向群"为笔名，以批"四人帮"、拨乱反正为切入点，在《人民日报》发表了一系列有影响力的文章。

粉碎"四人帮"以后，重新回到中国人民大学的赵履宽迎来了学术创新高潮，并且逐渐将研究范围从工资扩展到了人的管理。1977年，动荡了十年的中国终于复归安定，中国经济开始出现复苏迹象。国务院发出《关于调整部分职工工资的通知》，3000多万名职工的生活逐渐得到改善，民营经济也悄然萌芽。这时，关于民生的按劳分配问题便成了"拨乱反正"的最佳切入口，国务院政策研究室负责人之一于光远建议成立了"中国劳动工资研究会"。研究会成立后，马上牵头举办了四次"全国按劳分配问题讨论会"，成为全国最早开展的理论层面的"拨乱反正"活动。赵履宽将自己在研讨会上的发言整理成文，以《驳"四人帮"在劳动报酬形式问题上的谬论》[①]为题，发表在《人民日报》上，这是一篇较早批判"四人帮"的有力文章。这篇文章被全国二十多家报纸全文转载，甚至海外的一些报纸也以摘要方式转载。

---

① 赵履宽:《驳"四人帮"在劳动报酬形式问题上的谬论》,《人民日报》1977年11月22日。

1980年前后，我国城市中出现了严重的失业问题。1980年8月19日，《人民日报》头版发表《编者按》，提请读者注意该报当天第五版的"重要文章"即赵履宽撰写的《我国当前劳动就业的几个问题》。文章从"统包统配"制度、人口政策、所有制结构、经济结构等方面对导致我国就业问题尖锐化的原因和解决途径进行了深入的探讨。1983年9月7日，赵履宽在《人民日报》上发表了《论劳动合同制》，明确提出劳动合同制是适合社会主义商品经济体制和劳动管理法制化要求的制度，在学术界和实际工作部门都引起了较大的反响，对我国劳动人事制度改革起到了一定的推动作用。1988年，赵履宽和杨体仁合作发表了《政府、所有者、经营者、劳动者职能分离与配套改革》一文，指出，配套改革的根本问题是权力结构问题，即政府、资产所有者、经营者和劳动者之间的职能划分和利益划分，应实施四者职能分离，把政府目标和劳动者目标从企业运行目标中排除出去。此后，赵履宽还发表了《我的经济改革观》《关于市场经济与劳动经济的几个理论问题》《引进市场机制——我国劳动经济体制改革的关键所在》《市场机制与企业工资改革——探索企业工资改革的新路子》《应通过劳动市场实现按劳分配》《中国经济体制改革与人力资源开发》等论文，对按劳分配与工资收入分配制度改革以及中国劳动力市场制度建立的必要性等方面，进行了大量的理论探索，在中国从计划经济劳动人事制度向市场经济劳动力市场主导劳动力资源配置的转变过程中，为推动政策改革作出了重大理论贡献。

在不断探索研究的同时，赵履宽将更多的精力都投入探索建立具有中国特色的劳动科学知识体系之中。1984年，北京出版社出版了赵履宽和潘金云合著的《劳动经济与劳动管理》，标志着这一探索达到了一个新的阶段。1988年，赵履宽与杨体仁等合著的《中国劳动经济体制改革——理论、目标、对策》一书出版[1]，该书的主要观点包括：劳动经济体制改革必须突破产品经济的旧框框，服从商品经济规律的要求；改革的中心环节在于建立政府、所有者、经营者、劳动者之间职能分离、利益制衡的权利结构；大中型企业实行的企业工资总额与利润挂钩的做法弊大于利，导致企业目标向个人收入最大化倾斜即行为短期化；开放劳动市场才是劳动经济体制改革的必由之路；等等。该著作出版后，在学术界和实际工作领导部门产生了相当大的影响，四川省劳动厅特意为全省劳动工资主要领导干部举办学习该书的研讨班。

随着对劳动问题的深入研究，赵履宽认识到劳动问题必须走多学科结合的道路，1984年，他和王子平合作编写的《劳动社会学概论》出版，此后，基于劳动科学知识体系的不断拓展，赵履宽在劳动经济与人事管理问题等方面的研究也不断深入。1986年，他与伍岳

---

[1] 赵履宽、杨体仁等：《中国劳动经济体制改革——理论、目标、对策》，四川科学技术出版社1988年版。

中等合著了《人事管理学概要》一书，这是中国第一本人事管理学教材。同时，他作为学术带头人在劳动人事学院开创的人事管理专业也获北京市高等院校教育成果奖。

赵履宽在1989年撰写的《评放权让利和双轨制的改革思路》一文中，提出市场经济与计划经济不能长期并存，如果二者含混不清，势必导致一些人蓄意钻国家政策空子，损害国家和集体利益，以权谋私，因此提出应当进一步发展市场经济、深化企业制度改革具有前瞻性的重要观点。

1998年初，赵履宽在《改革》杂志上发表《谨防对国有企业改革进程的扭曲、干扰和拖延》一文，指出"中国改革面临的最大危险，在于改革可能以不彻底的结局告终，形成事实上的半计划半市场经济体制"，这一观点被国内外报刊大量引用转载。

2001年5月，已步入70岁高龄的赵履宽在《中国人力资源开发》发表《关于21世纪人力资源开发的几个问题》，指出人的价值的全面提升是21世纪的主流趋势，从全球范围来看，知识经济已成为21世纪的主导性经济，因此，推动科技创新和制度创新是21世纪的成功之道。

赵履宽非常重视学术交流，早在1988年就赴香港大学开展学术交流，与港大学者在三个重大问题上达成共识：一是中国极"左"路线的要害在于违反人性；二是计划经济体制的实质是行政权力垄断；三是对外开放是推动对内改革的最强大动力。此后，赵履宽赴苏联、日本、法国、美国、韩国、波兰等国家开展了一系列的国际学术交流活动，与国际学界建立了广泛的学术关系。

开拓创新，引领中国人力资源学科发展和人才培养

除了自身研究和对社会问题的高度关注之外，赵履宽在中国人力资源管理领域的重大贡献还表现在，推动创建了我国第一所劳动人事学院，开办了中国第一个人事管理本科专业，填补了人力资源管理学科领域的人才培养空白，见证了我国劳动经济学打破苏联模式、茁壮生长的历程，推动了人力资源管理学科在中国的蓬勃发展，成为中国劳动科学和人力资源管理学的主要奠基人和开拓者。

1978年初，赵履宽担任于光远建议成立的中国劳动工资研究会的总干事，专门研究工资和劳动人事等方面的问题。同年，在中国人民大学复校后，赵履宽回到中国人民大学，在于光远的支持和鼓励下回校后很快创办了"中国人民大学劳动经济研究室"。1981年，赵履宽联合当时的劳动总局局长康永和成立了中国劳动学会。这一年，赵履宽创建的"劳动经济研究室"开始招收研究生，他的第一位硕士研究生就是著名的人力资源管理专家董克用，董克用教授后来接连担任中国人民大学劳动人事学院和公共管理学院两个重要学院的院长。

1982年，中央开始下决心启动行政体制改革，国务院宣布精简机构，从原来100个工

作部门缩减到61个，这是新中国成立以来精简机构力度最大的一次。在改革用人体制与精简行政机构的双重背景下，1982年5月，原国家劳动总局、国家人事局、国务院科学技术干部局和国家编制委员会四个单位合并，成立劳动人事部，其目的就在于"搞好劳动、工资和人事制度这三大改革"。而要改革，就要有人才。新成立的劳动人事部决定，要建立一所自己的直属院校，培养劳动人事方面的专业人才。得知这一消息，回到了中国人民大学的赵履宽觉得必须抓住这个机会，于是主动和他们联系，建议他们在劳动经济研究室的基础上，和人大合办这个学院。尽管当时还有另外两所学校也想获得这个合作机会，也都有很强的竞争力，但最后劳动人事部还是选择了中国人民大学，这一方面是因为中国人民大学的知名度，另一个重要原因也在于赵履宽在权威媒体上发表了多篇有关劳动就业和工资福利方面的文章。

1982年，劳动人事学院筹建领导小组正式成立。1983年7月14日，劳动人事部和中国人民大学签订《劳动人事部、中国人民大学关于合办劳动人事学院协议书》，正式确定学院名称为"劳动人事学院"。同日，双方联合向教育部、国家计委上报《关于合办中国人民大学劳动人事学院的报告》。1983年10月8日，教育部同意劳动人事部与中国人民大学合办中国人民大学劳动人事学院。

然而，在筹建之初，不仅房屋、设备等硬件条件艰苦到"现在的人无法想象"，最严重的是，作为一个整建制的学院，却没有基本的教师队伍。当时的劳动人事学院筹备师资的方式主要有两种，一是"内产"，一是"点将"。"内产"就是充分调用劳动经济研究室乃至中国人民大学的内部资源，只要研究内容与劳动人事相关又有水平的老师，都被赵履宽设法引入了劳动人事学院，劳动经济研究室的几位年轻老师也是这样加入劳动人事学院的。1981年夏，赵履宽招收了第一个劳动经济专业的硕士研究生董克用，次年又招收了两名研究生彭剑锋和刘尔铎，这几人毕业后都留在了劳动人事学院任教，后来也都成了相关领域的著名学者。"点将"又分两种：一是去最好的学校、最强的专业物色优秀的应届硕士毕业生（当时全国尚未招收博士研究生），然后点名要人，比如，从吉林大学引进政治学人才，从南开大学引进社会学人才，从北京大学引进心理学和社会调查方法人才，从北京师范大学引进管理心理学人才，从复旦大学引进经济学人才，真正把劳动人事学院的师资队伍打造成在当时最具特色的具有交叉学科优势的年轻而优秀的团队，这个教师团队对劳动人事学院的发展起到了至关重要的作用。二是在外校物色合适的骨干教师，然后"打着劳动人事部的旗号"去调人。赵履宽不放过任何一个发现优秀教师的机会。赵履宽注意湖南有位老师（杨体仁）讲课非常受欢迎，既有理论又有实际，就通过劳动人事部把那位老师和他的家人都从湖南湘潭调来北京。

劳动人事学院在1983年开办了劳动经济学和人事管理学两个专业的干部进修班，学制为两年，学员由全国各省份的劳动人事部门选送，连续办了三届，为劳动人事部门培养了一批有理论的实践者，对我国后来在劳动人事领域各项改革的推进发挥了重要作用。1985年秋天，劳动人事学院迎来了第一届本科生，再加上当年招入的3名硕士研究生，劳动人事学院终于在"大学"意义上有了正式的首届学生。也是在这一年，赵履宽在全院教师大会上提出了劳动人事学院在科研、教学和文化三个方面的"三化"方针：即经济市场化、政治民主化、文化多元化。"经济市场化"是提倡在进行劳动经济相关研究时，研究关注点和价值取向为市场化的经济体制，并积极研究西方国家的经济运行逻辑。尽管"社会主义市场经济"这一名词当时还未被官方接纳，但在赵履宽看来，中国已经显现了向市场经济转型的趋势，学术研究一定要紧紧跟上，甚至要起到引导的作用。"政治民主化"是赵履宽力倡的价值取向。这种民主和平等的作风不仅体现于教师之间，还反映在老师与学生的关系上。结合学院的专业背景，在建院之初，赵履宽就主导首创了"学生评价老师"的机制，实际上就是后来普遍实行的教学评估体系。"文化多元化"就是想尽量广泛地多开一些课程，比如社会学、社会心理学、组织行为学等课程都是劳动人事学院首先在中国人民大学开设的，当时全国开这些课的学校很少。那个时候还是有一些限制的，但赵履宽认为课程一定要多元化，不能搞单一的价值灌输。基于这样的理念，劳动人事学院当时在中国人民大学率先开设了一批新的课程，包括社会学、心理学、组织行为学、社会调查方法、人员素质测评、人事管理学、社会保障学、社会工作学、比较政治学、西方劳动经济学、外国人事管理学、行政管理学等等。

中国人民大学劳动人事学院1985年仅招收了一个劳动经济专业的本科班，1986年仅招收了一个人事管理本科班，从1987年开始两个专业同时招生。劳动人事学院在成立后的很长一段时间内，都是国内唯一开设人事管理专业的学府。1992年邓小平"南方谈话"推动我国计划经济体制及与之相适应的劳动和人事管理体制向市场经济体制转变，劳动人事学院顺应发展需要，率先于1993年在国内将带有浓郁计划经济气息的"人事管理"专业更名为"人力资源管理"专业，成为国内最早开设人力资源管理专业的院校，同时还在海淀中关村地区首创"明星人才评价中心"。同年底，经国务院学位委员会批准，中国人民大学劳动人事学院成为劳动经济学博士学位授予点，赵履宽成为这一学科的国内第一位博士生导师。2003年，劳动人事学院设立社会保障博士学位点，同年，又设立了国内首个人力资源管理的硕士点和博士点。

由赵履宽创建的中国人民大学劳动人事学院现有劳动经济、人力资源管理、社会保障、劳动关系和职业开发与管理五个系；设有组织行为学研究所、人力资源开发与评价中心、领导科学研究中心、中国社会保障研究中心、中国就业研究所、劳动关系研究所、中国人力资本审计研究所、人力资源服务研究中心、人大—罗格斯全球雇佣与工作研究中心等研究机构；建有数据与案例研究中心、人力资源与领导力开发中心；拥有人力资源管理、劳动与社会保障、劳动关系和劳动经济学四个本科专业，劳动经济学、社会保障、人力资源管理和劳动关系四个硕士点，劳动经济学、人力资源管理、社会保障和劳动关系四个博士点，与其他院系共享一个应用经济学博士后流动站。劳动经济学为国家级重点学科，社会保障为北京市重点学科。在全国第四轮学科评估中，劳动人事学院专业所涉学科全部获评为 A+。2003 年，劳动人事学院的人力资源管理专业成为全国唯一拥有学士、硕士、博士完整培养体系的学科。2021 年，劳动人事学院成为全国唯一获批"人力资源开发与管理硕士专业学位"的学院。

为人师表，持续为中国人力资源管理教育事业贡献余热

在学术上，赵履宽是马克思主义按劳分配理论的坚定捍卫者，思想运动解放的先驱，中国劳动力市场理论的积极倡导者和中国现代劳动学科探索的领路人。在教书育人方面，赵履宽则是一位令人极其尊重的师长，谦虚雅量、执着求真，对晚辈后生总是信任有加、大力提携，体现了一代大师的风范，在近 70 年的治学育人历程中，不仅为中国培养了一大批劳动经济、人力资源管理、社会保障等领域的优秀人才，而且通过这些学生影响了一代又一代的学子。

笔者从 1987 年进入中国人民大学劳动人事学院劳动经济专业学习，就开始接触时任劳动人事学院院长赵履宽教授。1991 年本科毕业时，笔者有幸获得全院唯一的保送研究生资格，于是便更紧密地追随赵履宽教授进入硕士研究生学习阶段。在刚开始读研究生时，赵老师曾经讲过三个让笔者牢记终生的重要观点：一是人类社会已进入知识创造价值的时代，人力资源已经成为财富积累和经济增长的重要源泉；二是人力资源的问题不是某个单一学科能够解决的，必须努力在经济学、社会学、管理学、心理学、法学、哲学等多个学科领域进行艰苦的积累；三是要更多地站在劳动者的角度来研究和思考人的管理问题。当赵老师在 1993 年成为中国第一个劳动经济学博士生导师的时候，笔者正好硕士毕业，因此，笔者毫不犹豫地决定报考博士研究生，继续追随赵老师完成博士研究生阶段的学习。在硕士和博士研究生学习期间，赵老师不仅对笔者的学术提供了很多的指导，而且带着笔者去了很多地方做调研，了解中国社会。1997 年，在顺利拿到中国第一个劳动经济学博士学位之后，笔者拒绝了从政和挣钱的诱惑，选择了留校任教，决定沿着赵老师的足迹继续前行。赵老师的那种追求真理、淡泊名利的人生境界一直在影响着笔者，同时，笔者也在不断地把这种师门精神向自己的学生一代一代传递下去。

赵履宽晚年致力于中国经济改革的哲学思考，提出了"自然秩序高于人为秩序"的观点。他指出，我国有两个最突出的优势：一是人力资源数量多、质量高；二是有举世无双、从未间断、博大精深的中华传统文化。因此，他在 80 岁高龄时仍然坚持每年给劳动人事学院博士研

究生开设讲座课程，内容涉及"市场经济与观念更新""发扬中华文化的优良传统，改善人力资源开发的宏观环境""把中国历代哲人的民主思想转化为现代民主制度"等专题领域，对学生产生了深刻的思想启迪。

"如果没有对劳动问题深入研究，就没有政治经济学和社会主义学说，从而也就没有马克思主义。"赵履宽深刻地认识到"劳动""人力资源"的重要性，以及研究劳动问题对社会主义建设事业的重要性。他指出，中国的振兴取决于人力资源的开发，认为可以通过发展教育事业培养具有较高智力素质和非智力素质的人才，从而有效地开发和利用人力资源，不断健全劳动力市场，促进我国整体经济状况的改善与发展。而要真正开发和利用人力资源，必须学会直面人性，人性就是趋利避害，即便有些人可以为了长远利益放弃短期利益、为了大利舍小利、为了那一处利益舍弃这一处利益，但总的来说，都是奔着利益而去的，因此，好的制度一定是建立在对人性的洞察和把握上的。

赵履宽在"文化大革命"结束后为推动中国特色的劳动科学发展和劳动力市场体系建设作出了巨大的努力和突出的贡献，同时在学院管理方面用"道法自然"的思维方式营造了兼容并包、求真务实的学术氛围，在长期的研究和实践过程中，为中国的劳动经济、人力资源管理、社会保障、劳动关系等研究领域奠定了坚实的基础，指明了方向。后辈学人理应承担起更大的责任，努力推动劳动科学和人力资源管理等研究领域的理论与实践发展，为建设一流的劳动科学和人力资源管理学科以及通过人力资源管理助力中国式现代化建设，作出新的、更大的贡献。

2021 年 10 月，赵履宽教授为学生作讲座

2012年5月，赵履宽教授与其指导的中国首位劳动经济学博士刘昕教授（右二）以及刘昕指导的硕士和博士研究生在校园偶遇

2016年，赵履宽教授与其指导的劳动经济学博士研究生董克用教授（右一）以及毕业20周年返校的1992级本科毕业生

2019 年 5 月，赵履宽教授与已毕业的部分博士在一起

附　赵履宽教授的主要学术成果

一、赵履宽发表的主要文章

1. 赵履宽，人性——人类行为永恒的动机——为纪念两个三十周年而作，《中国人力资源开发》，2013 - 09 - 23。

2. 赵履宽，关于劳动人性化的哲学思考，《中国劳动关系学院学报》，2011 - 10 - 01。

3. 赵履宽，最大的危险是改革不彻底，《领导决策信息》，1998 - 04 - 08。

4. 赵履宽、杨体仁、丁大建，重建新型的企业用人制度，《管理世界》，1995 - 05 - 13。

5. 赵履宽，体制改革与人力资源开发——中国的当务之急，《中国民办科技实业》，1995 - 04 - 25。

6. 赵履宽，论人力资源开发，《经济问题探索》，1995 - 01 - 15。

7. 赵履宽，略论市场权威与政府权威的关系——我国经济体制改革中的一个关键问题，《财贸经济》，1992 - 08 - 28。

8. 赵履宽、杨体仁、董克用，中国经济体制改革与人力资源开发，《中国人力资源开发》，1989 - 03 - 20。

9. 赵履宽、杨体仁、文跃然，解决个人收入分配不公平问题的新设想，《经济研究》，1988 - 07 - 29。

10. 赵履宽、杨体仁，应通过劳动市场实现按劳分配，《经济理论与经济管理》，1988 -

04 - 30。

11. 赵履宽、杨体仁，按劳分配是按"提供劳"分配，不是按"实现劳"分配，《中国社会科学》，1988 - 03 - 10。

12. 赵履宽、杨体仁，运用市场机制，实行按劳分配，《经济纵横》，1988 - 01 - 31。

13. 赵履宽，现代领导者应确立的八大观念，《人才研究》，1987 - 10 - 28。

14. 赵履宽、杨体仁，引进市场机制——我国劳动经济体制改革的关键所在，《中国人民大学学报》，1987 - 06 - 30。

15. 赵履宽、杨体仁，市场机制与企业工资改革——探索企业工资改革的新路子，《经济理论与经济管理》，1986 - 08 - 29。

16. 赵履宽、陆国泰，商品经济条件下的按劳分配与工资制度，《经济科学》，1986 - 03 - 02。

17. 赵履宽，论社会主义工资的职能——有关工资制度改革的一个基本理论问题，《中国工业经济学报》，1985 - 12 - 20。

18. 赵履宽、姚裕群，开发和利用劳动力资源的几个问题，《未来与发展》，1983 - 08 - 29。

19. 赵履宽，我国工资制度的改革问题，《经济研究》，1983 - 03 - 02。

20. 赵履宽，按劳分配·劳动计量·思想教育，《教学与研究》，1982 - 04 - 01。

21. 赵履宽，再论劳动就业问题，《人口研究》，1981 - 08 - 29。

22. 冯兰瑞、赵履宽，当前我国城镇劳动者的就业问题，《中国社会科学》，1981 - 11 - 10。

二、赵履宽出版的主要著作

1. 赵履宽，《道法自然　心向往之——我的八十八个春秋》，中国人民大学出版社，2017 年。

2. 赵履宽等主编，《劳动经济学》，中国劳动出版社，1998 年。

3. 赵履宽等，《劳动就业与劳动力市场建设》，江苏人民出版社，1998 年。

4. 赵履宽主编，《劳动科学——中国劳动经济与人力开发》，中国劳动出版社，1996 年。

5. 关怀、赵履宽主编，《中华人民共和国劳动法实务全书》，经济日报出版社，1994 年。

6. 赵履宽、王玉元主编，《劳动经济师必读》，四川科学技术出版社，1989 年。

7. 赵履宽主编，《现代领导知识要览》，浙江人民出版社，1989 年。

8. 赵履宽、杨体仁等，《中国劳动经济体制改革——理论、目标、对策》，四川科学技术出版社，1988 年。

9. 赵履宽、张德信、王玉元主编，《国家公务员通用知识大全》，四川科学技术出版社，

1988 年。

10. 张晋、赵履宽,《劳动人事管理辞典》,四川科学技术出版社,1987 年。
11. 赵履宽、董克用,《工资管理》,辽宁人民出版社,1987 年。
12. 赵履宽、王子平,《人事管理和社会学》,中国展望出版社,1986 年。
13. 赵履宽,《人事管理学概要》,劳动人事出版社,1986 年。
14. 赵履宽、潘金云,《劳动经济与劳动管理》,北京出版社,1984 年。
15. 赵履宽,《劳动社会学概论》,上海人民出版社,1984 年。
16. 赵履宽、孙树菡,《劳动中的生理与劳动保护》,中国经济出版社,1987 年。

陈立生平

于海波　宋尚昊[*]

陈立（1902—2004），湖南省平江县人，1928 年毕业于上海沪江大学，1933 年获得伦敦大学心理学博士学位。他曾任教于原杭州大学、浙江大学，并担任过浙江大学文学院院长、浙江大学教育系主任、浙江师范学院院长、杭州大学校长和浙江大学名誉校长等职务。陈立是我国工业心理学的创始人之一，智力理论和心理测验研究的先驱，著名心理学家和教育家。1935 年，陈立完成了《工业心理学概观》一书，这是中国人在这个学科的第一本专著。该书系统地论述了工业心理学的基本问题和原理，从组织层面分析了工业心理学的应用领域和理论发展方向，成为我国工业心理学乃至应用心理学理论发展的重要里程碑之作。新中国成立后，陈立致力于心理学研究和高等院校管理等工作。他建立了中国第一个与管理有关的心理学专业（工业心理学）和第一个国家重点实验室，并培养了一批工业心理学硕、博士和著名学者。陈立还于古稀之年加入了中国共产党，担任过九三学社浙江省委主委、全国政协第三至第七届委员和浙江省政协第四届委员会副主席等职务。他是一位执着向党的革命者。陈立为我国工业心理学科的建立和发展倾注了毕生精力，是新中国工业心理学的奠基人和开拓者。

人物生平：艰苦卓绝，勤勉奋斗的科学者

（一）在动荡社会中艰苦学习

陈立于 1902 年 7 月出生于湖南平江更鼓台，家境贫寒。小学毕业后以七省联考第一名的成绩考取了武汉博文书院，获得了免学费和生活费的资助。在校期间，他担任了学生会主席和湖南旅鄂同学会会长，积极参加革命宣传活动。1919 年，他组织同学参与了五四运动并在武汉当地的进步学生中开展了倡导科学的宣传工作。同时，他还担任了《大汉报》副刊主编和长沙《湘报》的特约通讯员，发表了《科学概论》的译稿。1924 年，他在博文书

---

[*] 于海波，教授，博士生导师，北京师范大学政府管理学院党委书记，研究领域为组织行为学与人力资源管理；宋尚昊，北京师范大学政府管理学院组织与人力资源管理系博士研究生，研究领域为组织行为学与人力资源管理。

院任助教，后在上海沪江大学深造，毕业后回到博文中学担任数理化教员兼教务主任。

1930 年，陈立以第一名的优异成绩考取湖北省公费留学英国，被推荐到伦敦大学著名的心理学家 C. E. 斯皮尔曼（C. E. Spearman）教授门下攻读心理学。1933 年 5 月，他获得了伦敦大学心理学博士学位，随后加入英国工业心理学研究所，在半年时间内写出了 4 项研究报告。

（二）在学有成就时毅然回国

1934 年，陈立前往德国柏林大学心理研究所，拜 W. 科勒（W. Kohler）教授为师，学习格式塔心理学。当时德国国内纳粹势力日益猖獗，陈立毅然决定放弃两年的博士后公费资助，回国为祖国服务。回国后，他致力于发展我国的工业心理学。尽管面临着工业落后、民族灾难、经济困难和腐败政府无暇发展工业心理学等诸多困境，但他没有退缩，甚至独自开展工作并自费进行研究。他在北京南口机车厂、江苏南通大生纱厂进行劳动环境与生产效率关系的研究，并在清华大学建立起疲劳研究

年轻时的陈立先生

实验室。1935 年，他撰写并出版了我国第一部工业心理学专著《工业心理学概观》，系统地论述了工业心理学的基本问题和原理，成为我国工业心理学乃至应用心理学理论发展的重要里程碑。

全面抗战期间，陈立无法继续从事工业心理学的研究，于 1939 年转任浙江大学心理学教授。当时，整个浙江大学正在流亡途中，陈立不失时机地开始考察中国教育的现状。1940 年至 1947 年，他先后发表了有关教育改革的论文 20 余篇。同时，为使心理学研究能更快地开展与普及，1941—1942 年，他曾先后两次去中山大学研究院讲学，帮助开展心理测验工作。在此期间，还应教育部的要求，为该部计划编撰的《教育大全书》写了 20 几篇心理学专题文献，内容涉及因素分析、测验统计、工业心理学及心理学流派等，计 10 余万字。后因国民政府垮台，大部分手稿丢失，书未出版。

（三）新中国成立后革新中国心理学研究

陈立是一位正义感强的科学家，强调科学要为人民服务，曾发表多篇呼吁改变中国科技落后的文章。新中国成立后，他有了更好的社会条件去实现自己从事研究的理想，为此他进行了广泛的研究，其中包括杭州市 4000 千多名四岁至十五岁的在校儿童的身体发展状况测量，成为国内这方面研究的先导。在 50 年代，陈立带领师生深入杭州的一些工厂进行事故分析、操作分析、工艺流程和视觉疲劳等方面的调查研究工作，使心理学直接为社会主义建

设服务。

60年代初，陈立开始研究认识过程发展规律的心理学。1965年，他和其他人合作在《心理学报》上发表了《儿童色形抽象的发展研究》等3篇系列实验研究报告。当时，姚文元化名葛铭人在《光明日报》上抛出题为《这是研究心理学的科学方法和正确方向吗？》的攻击文章，煽动整个心理学界对陈立的心理学研究工作开展批判。尽管来自各方面的压力非常大，但陈立还是不畏强权，坚持真理，并在《光明日报》上发表反驳文章。尽管在"文革"期间受到了很多批判和打击，但他仍然坚定信心，并利用业余时间坚持心理学的研究，写下大量心得体会并整理和翻译了大量资料。

（四）改革开放后推动中国心理学走向世界

"文化大革命"后，被迫停止的心理学研究得到恢复。虽然陈立此时已是年近八旬的老人，但他仍怀着激动与喜悦的心情，老当益壮，一心扑在事业上。作为中国心理学会副理事长，陈立十分重视心理学队伍的建设与提高。在1978年全国心理学年会上，他提出举办高校实验心理学师资进修班的倡议，并主动承担了在杭州大学心理学系举办第一届进修班的任务。为了加速培养工业心理学的专门人才，他从1978年开始连续招收三届研究生。他亲自与机械工业部等国家部委联络和商谈合作，于1980年建立了与工业部门直接挂钩的面向实际应用的工业心理学专业，并在该专业的培养计划、教学方案以及课程设置的设计与实施方面，做了周密而富有成效的工作。杭州大学工业心理学专业因此成为我国首批经国务院学位委员会批准的有博士和硕士学位授予权的专业，并被国家教委批准为国家重点学科。1990年，工业心理学实验室被国家计委批准为国家重点开放实验室。陈立还十分重视提高中国心理学的国际影响。1980年7月，陈立任中国心理学代表团团长，率团出席在莱比锡召开的第22届国际心理学会议。会议期间，我国心理学会加入了国际心理学联合会（IUPS）。陈立在大会上作了题为《冯特与中国心理学》的报告，受到国际心理学界的热烈欢迎。回国后，陈立即着手创办《外国心理学》杂志，沟通中外心理学研究的信息。1983年4—5月，陈立受联合国教科文组织的资助组团去英美等国考察工业心理学。回国后，他写了一份长达40多页的考察报告，受到国家教委和教科文组织的重视。他利用自己在国际心理学界的声望，不断邀请国际心理学界知名人士来我国访问，为促进国际科学交流作出了贡献。

90年代开始，陈立又把目光转向学校心理学这一应用领域。为了更加重视和促进心理学研究与中国实际的应用相结合，他把《外国心理学》杂志改名为《应用心理学》，并在《应用心理学》杂志上撰文呼吁加强心理系学生的学校心理学训练，以使其在毕业后能在各中小学中开展心理咨询与学习指导工作。他认为，在当时的条件下，此工作应先从普教中的特殊教育做起。为此，他组织杭州大学心理系教师展开专题讨论，并对此提出课程设置的改革方案。晚年，他还撰写了《中国心理学应向何处去》一文，对我国心理学研究再次进行了归源与溯流。基于陈立在心理学研究领域作出的成就，1992年12月，他被授予伦敦大学院院士，1997年、1998年，又分别被授予"中国心理学会终身成就奖"和"中国人类工效学会终身成就奖"。"会心在四远，不是为高飞"，陈立引用潘天寿这两句警语以自励，默默地实践着自己的人生诺言。

学术成就：繁星灿烂、厚积薄发的心理学家

（一）在智力与测验理论上的学术成就

陈立是一位早年专注于智力和测验理论的研究者，他最先采用因素分析方法研究了影响智力的O因素。在20世纪二三十年代，心理学家J. C. 弗卢杰尔（J. C. Flugel）等对这个问题进行了一些零星研究，但在理论和方法上都存在一些漏洞。1931年，陈立采用心理物理学和心理测量等方法，选了120名初中学生作为被试，对智力操作和感觉阈限等进行起伏现象的研究，从而克服了实验仪器设备缺乏的困难。这是一项采用个别被试进行繁复实验室研究的广泛取材，对O因素的确定作出了比较详细的验证，同时证实了O因素变化的周期。

该研究将弗卢杰尔从疲劳入手研究O因素推到从注意入手进行研究，使得研究不囿于单一因素。从方法论上看，陈立采用各种途径突破单因素的局限。在该研究中，陈立对斯皮尔曼的四差法（即单因素分析）提出了不同的看法。陈立倾向于多因素，突破了斯皮尔曼的研究框架。其研究结果写成了博士学位论文《感觉阈限和智力活动中的起伏》。弗卢杰尔将其论文的摘要编入了《智力波动的最新探讨》一文中。论文的最后一章关于O因素起伏的周期，在《英国心理学》杂志上发表。因其采用移动平均法，使得时相的测量得到了一个新的处理方法。这一统计方法的改进备受同行称道。

陈立对G因素的研究作出了重大贡献。1939年陈立针对斯皮尔曼提出的G因素不变说（至少从9—18岁不变），开始对智力发展规律展开研究。他编了10种测验，对小学、初中、高中、大学的近800名学生（相当于9—18岁这一年龄范围）进行测试，计算了近400个相关数据，进行了繁复的因素分析。研究结果表明，因素组成随年龄增长而简化，这一发现具有重大的理论意义。他的论文《一套测验在不同教育水平的因素分析》发表在美国《发展心理学》杂志上后，受到国际心理学界的高度重视。美国著名心理学家阿纳斯塔西（Anastasi）在其《差异心理学》中首先引用了陈立的研究成果。后来，泰勒（Tyler）在其《人类差异心理学》中认为该文是对G因素的发展研究划阶段的论著。亨特（Hunt）在《智力与经验》一书中将陈立的结论和当代发展心理学权威皮亚杰的"守恒"理论相印证。陈立的研究成果引起了智力发展的研究方向的争论。

1947年，陈立在美国《教育心理学》杂志上发表了《配对测验的校正公式》一文，对沈有乾和Zubin两人繁复的配对测验计算公式做了很大的修正和简化。他认为，公式的前提

不是从检查知识而是从无知的随意挑选答案出发，因而缺乏效度的考虑。此外，他简化公式的动机是因为在教学中看到学生们使用这个公式有很大的困难，反映了他对教学的用心。作为中国第一个介绍并应用因素分析的心理学家，陈立总觉得自己有一种职责，把好测验关，防止测验统计的滥用。他发表了不少文章，如《我对测验的看法》《习见统计方法中的误用与滥用》《测验效度理论的析义》《项目反应理论初评》等，对中国心理测验的正确应用产生了良好的影响。

（二）开拓工业心理学研究，创建中国工业心理学实验研究基地

陈立最初在英国工业心理学研究所开始他的工业心理学研究。1934年11月回国后，陈立找到了当时中央研究院心理研究所所长汪敬熙，想在该研究所开展这方面的研究。由于当时心理研究所正从上海迁往南京，陈立就在上海租了一间公寓开始写书。虽然在独自一人的状态下，既无图书参考，也无助手相帮，但他还是埋头苦干了3个月，写成了《工业心理学概观》一书。该书详细叙述了心理学干预工业生产所取得的显著成效。这本书填补了我国工业心理学研究的空白，也为他接下来的职业生涯奠定了基础。此后，清华大学和心理研究所合聘陈立为工业心理研究员，他用半年时间在清华教课并进行调查与实验研究，另外半年在中央研究院工作，去江南一带做些实地调研。在清华大学，除了一般教学外，他还到南口和长辛店机车厂调查，提出了许多有价值的建议，并在清华大学筹建了第一个"疲劳研究实验室"。在江南的南通大生纱厂，他在第一年的调查基础上，第二年带了助教和实验员做了整整半年研究工作，取得了一定的成果。

从50年代后期开始，陈立带领一些年轻教师和研究生继续进行工业心理学研究。他们在杭州市的部分工厂开展了对事故分析、细纱工培训、操作分析、工艺流程、视觉疲劳等方面的研究工作。他们下工厂蹲点，对新手进行培训，并充分肯定反馈在培训中的作用，这些工作受到了厂方的欢迎。1957年，陈立代表我国心理学界去民主德国考察劳动心理学，并在回国后在《心理学报》上发表《德意志民主共和国的劳动心理学》一文，充满信心地描绘了我国工业心理学发展的前景。1961年，陈立获准在杭州大学教育系招收中国有史以来第一届工业心理学硕士研究生。研究生招到第三届时，由于"四清"运动和随之而来的"文化大革命"而被迫终止。

党的十一届三中全会之后，培养工业心理学人才迫在眉睫。在这个背景下，陈立表现出了强烈的责任感和事业心，积极参与了我国第一个工业心理学专业的建设和发展。他与机械工业部等工业部门的领导进行了密切合作，最终于1980年建立了面向实际应用的工业心理学专业，并设计了周密而富有成效的培养计划、教学方案和课程设置。由于他的努力，杭州大学工业心理学专业成了我国首批获得国务院学位委员会批准的有博士和硕士学位授予权的专业，并被国家教委批准为国家重点学科点。陈立在工业心理学领域发表了数十篇论著，成

为了我国工业心理学研究和应用的科学指导，他主编的《工业管理心理学》也成了全国经济管理学院的教材。此外，他还开设了工程心理学课程，并要求新招收的研究生开展追踪心理负荷等的研究工作，这些研究成果对自动化和技能行为机制的研究产生了重要影响。

陈立给研究生上课

陈立是中国工业心理学的前驱者之一，他非常注重工业心理学的实验研究和学术创新，主张以实验研究和应用成果作为学科建设和发展的基础。在80年代初，他领导组建了工业心理学实验室，并积极承担了大量的工业心理学研究课题，这些课题包括管理决策心理模式、人—计算机界面特征与开发工具、显示与控制设计、汉字设计参数及显示工效、企业组织激励机制、新技术应用策略、企业改革与组织发展等。这些研究课题的结果产生了广泛的影响，其中一些研究成果已经被广泛采用。1990年，工业心理学实验室被国家计委批准为国家重点开放实验室。陈立在工业心理学领域的一系列工作，对我国工业心理学的开拓和发展起了重要作用。

（三）在组织管理心理学方面的理论成就

陈立在组织管理心理学领域的理论思想及其应用方面作出了很多创新。他强调整体论和宏观工效学的思想，注重工业心理学理论与我国企业组织改革以及新技术应用的紧密结合。在1983年出版的《工业心理学简述》这本书中，他系统地论述了管理心理学、工程心理学和劳动心理学的基本原理及其在社会主义四个现代化建设中的重要作用、发展趋势、理论意义、研究潜力和应用前景。他还详细阐述了人机系统设计中的习惯与革新、企业改革中的目标管理、期望与激励等方面的心理机制。特别是在企业组织的改革与发展这一研究与应用领域，陈立先后在《企业组织的发展与改革》、《行动研究》、《经济体制改革中的组织发展研究》和《改革开放中企业的新秩序观》等一系列文章中，深入浅出地论述了理论原理，明确地提出了组织改革与发展的方法学和具体实施策略。他主张在企业组织改革中采用理论联系实际和专家与群众密切结合的行动研究方法，并注重行动研究的理论定向、长期目标以及开放系统的正反馈作用，以此推动企业组织的发展。他沿着扩大企业自主权的主题思想，从责任与权益辩证统一的观点，分析了参与管理对于工作积极性、责任感与生产效益等的独特效应，并把参与管理作为决策科学化与民主化的重要条件。

陈立深刻地分析了改革开放形势下企业组织由旧传统向新秩序转换的特征，并精辟地论述了参与决策、开放系统、耗散结构、异中求同、适者生存等组织变革的演化途径，提出了实现新秩序所要求的领导行为、多源实践和发展观点。他非常重视系统论与整体论观点，在《工业现代化中的宏观工效学》一文中，创新地提出了把科学理论方法与社会组织功能分析相结合的宏观工效学思想，并且强调以更具有适应性和弹性的异阶管理和预测管理构建管理目标体系，有效地参与国际的经济大循环。陈立的上述理论思想，把我国工业心理学的理论提高到新的阶段，为在改革开放实践中广泛应用工业心理学原理和方法提供了新的思路和理论依据。

教育贡献：勇于创新、用心良苦的教育家

1939 年，陈立受浙江大学校长竺可桢之邀，到浙江大学教育系任心理学教授。时值浙大举校西迁、流亡办学，陈立跟随学校举家西迁，最后到达贵州遵义。而这看似一次平常的岗位调动，却谱写了陈立与浙大的三代情缘，他先后担任了浙江大学教授、文学院院长、浙江师范学院院长、杭州大学校长、名誉校长等职务。

"一所真正的大学不仅在于积累和传授知识，还必须紧密结合实验研究，成为新思想、新知识、新技术的发源地。"抱着这样的想法，每到西迁中的新地方，陈立都会力争一小块地方安置仪器并安排同学们的教学实验。[①] 在艰苦的环境下，人力与物资的双重缺乏，心理学的测量统计和计算有如蜗牛爬行，陈立及其助手要在计算和誊写数目上花费穷年累月的时间。但就是在这样艰苦的环境中，陈立带领学生们仍然取得了卓越的科研成果。

西迁路上，陈立还和苏步青、蒋堡等教授一边教书，一边组织浙大师生去中学和农村做科普实验演示和宣传，在遵义等地墙头出科普墙报，声援抗日救亡活动。陈立说道，"虽然经历了颠沛流离的八年抗战，但我对心理学的执着研究却始终没有中断过。我一生是个科普积极分子，从'五四'时期起直至今天"。

[①] 王宣懿：《我心中的求是大先生丨瞻之弥高，仰之弥坚——陈立先生小传》，微信公众号"ZJU 以理观心"。

1940年浙大西迁路上的合影

1952年，全国迎来高校院系调整，陈立留在了后来的杭州大学。1980年9月，陈立创办杭州大学心理学系，掀开了我国工业心理学人才培养的新篇章。但要在国内经济危难、人才青黄不接之时大力发展教育，过程的艰辛可想而知。为了培养出更多的专业人才，已过耄耋之年的陈立亲自开设课程，制订培养计划、教学方案以及课程大纲，因为他始终认为，"只有科研上去了，大学教育才能真正把'工具'交给学生"。1988年，杭州大学心理系工业心理学专业被原国家教委批准为国家重点学科，属首批国家重点学科之一。在我国心理学领域，该学科也是首批硕士和博士点，并建有第一个国家级实验室——工业心理学国家专业实验室。

1998年，浙江大学四校合并。为了不使四校合并后管理心理学面临衰落的危机，陈立向时任浙江大学校长潘云鹤提出重新带博士研究生的愿望，而这一带，就带到了98岁：不做名誉导师，而是亲自进行指导，倾力多方为学生查找参考书，制订具体研究计划，联系调研工厂，有时一忙就是几小时……在他的培养和教育下，浙大心理学系涌现出一批年轻有才干的中青年骨干教师，为国家培养输送了大批人才，他本人也因此获得教育部颁发的优秀教学成果奖。[①]

"朝闻道，夕死可矣。"在弥留之际，陈立仍不知疲倦地关注心理学前沿，关心学生科研。他听到心理与行为科学系教授马剑虹的声音，说"马剑虹是来向我汇报心理系工作的"——这成了他留给世人的最后一句话。

2004年3月，陈立与世长辞，享年103岁。他的墓志铭这样写道："绿水之湄，碧岩之

---

① 王宣懿：《我心中的求是大先生 | 瞻之弥高，仰之弥坚——陈立先生小传》，微信公众号"ZJU以理观心"。

侧。渊渊哲人，长眠山阿。郁郁其文，巍巍其德。贞石其铭，松柏其侧。"

总结

  陈立先生是一位成就卓著的科学家，是我国工业心理学的创始人、奠基者和重要的设计师，为中国工业心理学科的建立和发展倾注了毕生精力，作出了重大贡献。陈立先生也是一位德高望重的教育家，以七十余年的教育经验，对学校教育制度的改革，提出了一套完整的教育思想，而且亲自在实践中加以完善提高，为国家培养输送了大批人才。陈立先生的一生，无论是个人发展、学术成就还是社会工作都与党和国家息息相关。在他从事心理科学研究和教学七十余年不平凡的经历中，先生以中华民族伟大复兴、推动祖国心理科学发展为己任，为我国心理科学的创建和发展，作出了不可磨灭的贡献，为我国新时期工业心理学科的发展及繁荣奠定了基础。

文字资料来源：

  [1]《陈立（中国现代心理学家）》，百度百科 https：//baike. baidu. com/link？url = oIZ-KWFKoUq3f4UZtpq61veHh_ – n7ONk7rE6YCQ2REGjICHnFFdo_ – R0OGK08t8 – 58cwA1yOGkNy1MZDjnrapfg2mpE51leJc9_Pv0FS3X6y.

  [2] 王重鸣、陈芳：《陈立——为中国工业心理学事业的发展作出重要贡献》，中国心理学家网 http：//www. cnpsy. net/ReadNews. asp？NewsID = 3705.

  [3] 王宣懿：《我心中的求是大先生丨瞻之弥高，仰之弥坚——陈立先生小传》，微信公众号"ZJU 以理观心"。

  [4] 杨思梁：《陈立与 20 世纪中国工业心理学》，《心理学报》2011 年第 11 期。

  [5]《陈立先生纪念文集》，浙江大学出版社 2006 年版。

  [6]《中国心理学会发展史》，陕西师范大学出版社 2021 年版。

  图片资料来源：《我心中的求是大先生丨瞻之弥高，仰之弥坚——陈立先生小传》（来源：微信公众号"ZJU 以理观心"）。

人才学

学科综述

2022 年人才学学科回顾与展望*

余兴安　范青青　孙　锐**

【内容摘要】党的二十大报告强调"教育、科技、人才是全面建设社会主义现代化国家的基础性、战略性支撑",提出"深入实施人才强国战略",明确强调要"加快建设世界重要人才中心和创新高地"。当前我国人才工作取得了显著成绩的同时,也面临着一系列问题与挑战,要求我国围绕新发展阶段、新发展理念、新发展格局,布局新时代人才工作。人才学对我国人才战略和政策的制定产生了重要作用。我国人才学学科取得长足发展,人才学理论创新不断探索推进,人才学理论成果数量逐步增多,人才学对国家社会的贡献日益增长,人才学学术交流活动获得广泛参与。2022 年我国人才学学科关键研究领域主要集中在党的二十大会议精神研究、新时代人才强国战略研究、培养使用战略科学家研究、建设世界重要人才中心和创新高地研究、深化人才发展体制机制改革研究。为推动人才工作实践,党和国家发布了一系列人才工作相关规划,中央及部委出台了一系列人才工作相关政策文件,地方也形成了区域性人才工作意见。未来推动人才学发展还应进一步推动新时代人才强国战略理论创新,同时注重理论研究和应用研究有机结合,进一步推动人才学学科体系全面协调发展。

【关键词】人才学;人才强国战略;战略人才力量;学科回顾;展望

一　2022 年人才工作时代背景概述

(一) 党的二十大召开

当今世界的综合国力竞争,说到底是人才竞争,人才越来越成为推动经济社会发展的战略性资源。人才是强国之本,中国共产党历来重视人才和人才工作。2022 年 10 月,党的二

---

* 本文是国家社科基金重大项目"实施新时代人才强国战略关键问题研究"(22ZDA037)阶段性成果。
** 余兴安,中国人事科学研究院研究员,研究领域:人事科学、人才研究。范青青,中国人事科学研究院助理研究员,研究领域:人才战略与政策。孙锐,中国人事科学研究院研究员,研究领域:人才战略与政策、创新人力资源管理。

十大胜利召开。习近平总书记作了题为《高举中国特色社会主义伟大旗帜 为全面建设社会主义现代化国家而团结奋斗》的报告。中国式现代化是创新驱动的现代化，是高质量发展的现代化，更是人才引领驱动、人才支撑发展的现代化。党的二十大报告强调："教育、科技、人才是全面建设社会主义现代化国家的基础性、战略性支撑。必须坚持科技是第一生产力、人才是第一资源、创新是第一动力，深入实施科教兴国战略、人才强国战略、创新驱动发展战略，开辟发展新领域新赛道，不断塑造发展新动能新优势。……坚持教育优先发展、科技自立自强、人才引领驱动，加快建设教育强国、科技强国、人才强国。"在总结中央人才工作会议精神的基础上，党的二十大报告以更高视角、更大格局对推动人才工作提出了明确要求和总体部署，指明了未来一段时间人才工作的地位作用、前进方向和实践路径[1]，提出"深入实施人才强国战略"，进一步明确要"加快建设世界重要人才中心和创新高地"。党的二十大还将"聚天下英才而用之""充分发挥人才作为第一资源的作用"等内容写入党章。这些都凸显了人才事业和人才工作在党和国家工作全局中的分量之重。

（二）当前人才工作取得的成绩

当前，中国特色社会主义进入新时代，我国正处于世界一流人才培养孕育、创造产出的质变临界点、爆发点。截至2022年底，我国技能人才总量超过2亿人，占就业人员总量的比例超过26%，高技能人才超过6000万人，占技能人才的比例达到30%，接受高等教育的人口达2.4亿人，已经成为全球规模最宏大、门类最齐全的人才资源大国，并正在从人力资源大国向人力资源强国迈进。[2] 人才队伍快速壮大，人才效能持续增强，人才比较优势稳步增强，我国已经拥有一支规模宏大、素质优良、结构不断优化、作用日益突出的人才队伍，我国人才工作站在一个新的历史起点上。[3]

当前，从全国层面上看，第二次全国人才工作会议提出的人才优先发展战略布局得到确立：在全国主要系统和重要地区人才优先发展的社会共识基本形成、工作设计突出强化、战略体系发展建立，人才优先发展的引领作用得到显现，我们正进入由人才优先向人才引领战略布局迈进的迭代、进阶进程当中。[4] 有研究显示，对于后发国家来说，其高精尖人才数量、人才整体质量和人才创新活力形成的人力资本，对其实现赶超发展能够产生效率倍增效应。目前，在培养优秀人才方面不论是增量上还是存量上，我们都具有显著优势。基于庞大

---

[1] 孙锐：《彰显人才的战略性支撑作用》，《光明日报》2022年11月25日。
[2] 孙锐：《把优秀人才集聚到党和人民事业中来》，《人民日报》2022年12月22日。
[3] 本报评论员：《全面贯彻新时代人才工作新理念新战略新举措——论学习贯彻习近平总书记中央人才工作会议重要讲话》，《人民日报》2021年9月29日。
[4] 孙锐：《新时代人才强国战略的内在逻辑、核心构架与战略举措》，《人民论坛·学术前沿》2021年第24期。

的人才队伍"底座",我国完全能够培养出更多杰出人才和世界一流人才。可见,我国人才队伍"多而广、大而全",在若干重要指标上已赶超世界发达国家水平,并正在产生一个加速趋势和追赶态势[1]。

(三) 当前人才工作存在的问题

在看到成绩的同时,我们也要清楚地认识到当前我国仍面临人才数量增长快而人才质量提升慢、人才素质变化快而人才结构优化慢、人才投入增加快而人才原创成果产出少的问题。同时,我们以往对创新创业人才关注多,对产业实用人才关注少;对国有企事业单位人才关注多,对非公领域人才关注少;对传统类型人才关注多,对新兴行业人才关注少,一些人才发展指标存在"被平均"的问题。面对新时代新阶段的战略要求,我国人才队伍整体开发还不够平衡,人才队伍结构性矛盾还较为突出。其中,战略科学家和顶尖人才匮乏,基础研究人才不足,能够解决"卡脖子"和"0—1"技术问题的人才太少,高水平工程师和技能人才供给不够,工程科技人才培养与使用相脱节,高校院所事业单位人事制度僵化、人才政策精准化程度不高,体制机制改革"最后一公里"不畅通和"最后一米"未落地等问题成为制约我国高质量发展和高水平科技自立自强的桎梏。人才原始创新能力、国际竞争能力、自我孕育和自由涌现能力与我们的战略需求相比还有较大差距。[2]

(四) 人才工作的新挑战和新要求

当今世界正经历百年未有之大变局。全球经济下行风险增大,全球经济增长总体放缓,全球化与逆全球化角力胶着,政治经济格局深度调整,全球治理遭遇巨大挑战。面对一系列国内外形势的重大变化,我国正处在转变发展方式、优化经济结构、转换增长动力的攻关期,正在形成以国内大循环为主体、国内国际双循环相互促进的新发展格局[3],这要求我国围绕新发展阶段、新发展理念、新发展格局,布局新时代人才工作。

当前,时代背景、发展阶段、挑战机遇均发生了变化,目标任务不同、战略取向不同、路径手段不同。我们恰逢"两个一百年"奋斗目标的历史交汇期。中国成功实现第一个百年奋斗目标,正在向第二个百年奋斗目标迈进。面对"世界百年未有之大变局",当前我国总体战略正在进行调整进阶,即由以往的跟随型、模仿型战略升级为引领型、夺标型战略,力求通过创新驱动发展、高质量发展和科技自立自强推动实现中华民族伟大复兴的中国梦,重新站上世界发展的潮头位置。这种战略范式升级和转变,要求我们在未来一段时间,能够独立解决一系列影响国计民生的重大课题,取得一系列从0到1的原创性、引领性突破,进

---

[1] 孙锐:《新时代人才工作新在哪儿》,《人民论坛》2021年第30期。
[2] 孙锐:《新时代人才强国战略的内在逻辑、核心构架与战略举措》,《人民论坛·学术前沿》2021年第24期。
[3] 《深圳经济特区建立40周年庆祝大会隆重举行》,《人民日报》2020年10月15日第1版。

一步推动中国成为全球创新发展增长极,形成世界一流国家的发展动能、势能、辐射力和感召力。在这些方面,新时代的人才强国战略需要做到协同呼应和战略匹配,通过在更高层次、更大范围、更深程度、更优方式上全方位培养、引进和使用人才,进一步推动中国人才集聚发展重心进入全球中心位置。①

高质量发展阶段的人才竞争是顶尖人才集聚度的竞争、人才作用发挥的竞争、人才创新效能的竞争、人才制度体系的竞争和人才创新生态系统的竞争。② 因此,人才队伍建设的质量、水平和贡献替代人才规模、数量成为新时代人才工作的主要关注点。面向"十四五"和2035年远景目标,人才的能力、水平和创新效能成为新时代人才强国战略实施的重点。通过进一步调动和增强各类人才创新发展活力,着力解决好我国人才发展结构不平衡、发展不充分的问题,人才工作推动中的不协调、不匹配问题③,人才工作与创新驱动、高质量发展的协同、校准问题,以及形成"聚天下英才而用之"的人才制度优势问题。面对一系列人才发展挑战,我们要发挥党管人才体制优势、人才队伍优势、工作基础优势,加快构建与重要转变相适应的人才发展布局安排。④

二 2022年人才学学科发展概述

人才学伴随着党的十一届三中全会的召开于1979年诞生,改革开放以来,中国人才学研究发展经历了学科开创、学科拓展、学科蓄势、学科繁盛四个阶段,形成了较为完备的学科体系,促进了人才理论的创新,取得了丰硕的理论成果,培养了大批人才学研究人才,对人才战略和政策的制定产生了重要作用,在整个学术体系中产生了一定影响。⑤ 发展至今,人才学的学科发展、理论创新都取得了不凡的成就,人才学研究成果数量十分可观,人才学对国家、社会的贡献日益增长,人才学领域学术交流活动获得广泛关注和积极参与。

(一)人才学学科建设取得长足发展

一是人才学学科的人才队伍呈现更替的态势。当前我国已形成一批人才学学科带头人队伍,培养了一大批研究生人才,大多数省份都有人才学的研究组织。随着新时代人才强国战略的提出,我国各类研究机构、高校院所中研究人才规划、人才战略、人才经济、人才环境、人才开发等方面的专业研究人员也相应增多。二是人才学学科在整个学术体系中的影响

---

① 孙锐:《新时代人才强国战略的内在逻辑、核心构架与战略举措》,《人民论坛·学术前沿》2021年第24期。
② 孙锐:《彰显人才的战略性支撑作用》,《光明日报》2022年11月25日。
③ 孙锐:《"十四五"时期人才发展规划的新思维》,《人民论坛》2020年第32期。
④ 孙锐:《"十四五"人才发展规划:布局高质量发展人才工作新体系》,《中国人才》2021年第3期。
⑤ 钟祖荣:《中国人才学研究四十年回顾与未来发展的思考》,《中国人事科学》2019年第6期。

力逐步扩大。人才学促进了各个领域人才问题的研究，间接促进了各个学科的丰富性。此外，一些理论也影响到其他学科，比如在教育学中，现在常常出现"遵循人才成长规律"的观点。

（二）人才学理论创新不断探索推进

2022 年，为了贯彻落实党的中央人才工作会议、党的十九届六中全会、党的二十大会议精神，人才学学科领域的专家学者围绕新时代人才强国战略、创新驱动战略、科教兴国战略、人才强军战略、中国式现代化等一系列理论主题进行创新探索，围绕人才创造最佳年龄、人才是第一资源与战略资源、人才资本、人才贡献率、人才成长规律、人才区域分布规律、人才流动与市场、西部人才开发、人才聚集效应等发展规律进行研究探讨，贡献了很多思想和理论资源。

（三）人才学理论成果数量逐步增多

据统计，2022 年，中国知网的人才学学科类别下，以"人才"为主题关键词的文章共有 6489 篇。其中，以"人才"为题名的硕士、博士学位论文 253 篇，报纸文章 2741 篇，学术期刊文章 3126 篇（北大核心期刊有 267 篇，CSSCI 期刊有 204 篇，EI 期刊有 2 篇）。2022 年度，以人才学和人力资源管理为方向的研究课题中，国家社科基金重大项目有 2 项，国家社科基金课题有 9 项，国家社科基金青年项目有 3 项。此外，研究阐释党的十九届六中全会精神国家社科基金重大项目中人才主题的课题有 2 项，即"实施新时代人才强国战略关键问题研究"和"以建设世界重要人才中心为目标的新时代人才强国战略研究"。

（四）人才学对国家社会的贡献日益增长

一是人才学理论对人才政策、人才规划制定产生潜在影响，2022 年，党和国家发布了多项人才工作相关规划方案，中央和地方也相继出台一系列政策进行整体性和区域性人才资源开发，推进新时代人才工作战略谋划。二是人才学专家直接参与相关政策和规划的制定，例如，中国人才科学研究院研究室主任孙锐参与中央交办任务《全国宣传思想文化领域"十四五"人才发展规划》起草组，文件于 9 月由习近平总书记圈阅并下发；为中组部人才高地建设专班提供研究支撑和专家建议；为《国家"十四五"期间人才发展规划》提供完善修改意见建议等。

（五）人才学学术交流活动获得广泛参与

2022 年 7 月，中国人才研究会作为人力资源和社会保障部主管的国家一级社团法人单位和我国高级别人才学术研究机构，成功召开中国人才研究会第七次会员代表大会和第七届理事会换届大会。此次会议采用线上线下相结合的方式，云集了众多国内人才研究领域中有突出贡献和影响的专家学者，共选举产生理事会常务理事 55 位，理事会理事 217 位。9 月，由中国人事科学研究院承担的研究阐释党的十九届六中全会精神国家社科基金重大项目"实施新时代人才强国战略关键问题研究"开题研讨会成功举行。会议聚集了王通讯、吴江、申金升、余兴安、蔡学军等多位人才学学科和人才工作领域的专家学者共议课题研究方案。此次课题研究将联合宁波大学、北京邮电大学、浙江师范大学相关领域专家学者共同开展。

三 2022年人才学学科关键领域研究回顾

（一）党的二十大会议精神研究

党的二十大开启了以中国式现代化全面推进中华民族伟大复兴的新征程。党的二十大报告提出："深入实施科教兴国战略、人才强国战略、创新驱动发展战略，开辟发展新领域新赛道，不断塑造发展新动能新优势。"2022年，围绕贯彻落实党的二十大会议精神，众多专家学者就党的二十大报告对于人才工作相关理论研究和实践工作的重要指导意义展开了积极讨论和解读。

1. 教育科技人才战略整体谋划

李善民认为，党的二十大报告将教育、科技和人才单独成章为一个部分，凸显了教育事业、科技事业、人才培养在全面建设社会主义现代化国家中的重要作用。[1] 易丽丽认为，这是强化现代化建设人才支撑的全局性、整体性、前瞻性战略部署。系统实施科教兴国、人才强国、创新驱动发展三大战略，是对现代化建设规律性认识的深化，也契合通过投资人力资本、持续投入创新以获得经济增长走向现代化国家的发展逻辑。[2] 中国人事科学研究院人才理论与技术研究室主任孙锐认为，整体谋划教育、科技、人才，有利于人才工作更好落到实处。着眼于推动高质量发展和高水平科技自立自强，党的二十大报告将教育工作、科技工作、人才工作统筹考虑、整体部署，体现了系统思维和战略谋划。教育、科技、人才工作相互嵌入，互为支撑甚至相互交叠。对人才工作而言，教育是其前端，形成人才储水池；创新是其后端，是人才工作效能的主要体现之一。在过去的工作实践当中，或多或少地存在教育、科技、人才工作各说各话、各办各事的问题，尚未形成总体工作统筹合力。党的二十大报告强调教育、科技、人才工作三位一体，三大战略共同服务于创新型国家建设，进一步完善了国家总体战略体系，有利于形成一个战略目标导向的有机系统，有利于充分发挥人才的引领驱动作用，有利于更好将人才工作部署落到实处。[3]

2. 人才工作战略位次显著提升

统观党的二十大报告，易丽丽认为三大战略中人才强国战略是关键战略。深入实施人才

---

[1] 李善民：《加快建设教育强国、科技强国、人才强国》，《人民论坛》2022年第23期。
[2] 易丽丽：《系统实施三大战略　强化现代化建设人才支撑》，《中国人才》2022年第12期。
[3] 孙锐：《把优秀人才集聚到党和人民事业中来》，《人民日报》2022年12月22日。

强国战略，能够极大推进科教兴国战略，并有效落实创新驱动发展战略①。实施创新驱动发展战略，主要靠人才。孙锐认为党的二十大报告中人才工作的战略位次显著提升。立足"两个大局"，我国正进入重要的发展动力转换期、发展模式升级期和国家战略进阶期，这正是报告强调"坚持创新在我国现代化建设全局中的核心地位"的现实背景。人才是创新的根基，创新驱动实质上是人才驱动。人才是推动高质量发展和高水平科技自立自强的基础性、战略性资源。对发达国家的研究表明，一个经济体发展程度越高，其人力资本及专业型人力资本对其经济发展的贡献率就越大。过去人才资源被置于与物质资源、金融资源等同等的位置，2018年以来，中央提出"人才引领发展"，实质是将人才资源放在其他各类资源的前置位置，人才发展处于引领位置。②此次，"聚天下英才而用之""充分发挥人才作为第一资源的作用"被写入《中国共产党章程（修正案）》，人才及人才工作的分量显著加强、地位大幅提升。③

3. 人才强国战略动态更新发展

孙锐对党的二十大报告整体进行了梳理和解读，认为以人才强国战略为主线，整合统筹人才相关内容，有利于形成守正创新的传承体系。人才强国战略是中国之治、中国之路、中国方案的重要体现。自2002年中央研究提出人才强国战略、2003年全国人才工作会议部署实施人才强国战略、2010年第二次全国人才工作会议健全发展人才强国战略，到2021年中央人才工作会议深化提升人才强国战略，人才强国战略逐步实现由追随型、追赶型战略到领先型、夺标型战略的进阶和转变。从这个历程看，人才战略、人才工作体系不断健全发展，战略优先级逐步提升，这既是我们党对人才及人才工作的认识不断深化的过程，也是人才强国战略重心根据不同时期国家总体战略需求动态更新的过程，体现出党和国家以"人才强"助力"国家强"的战略定力、战略恒心和战略自信。④

4. 未来人才工作战略布局调整

易丽丽认为，未来五年是全面建设社会主义现代化国家开局起步的关键时期，关键是看能否最大限度激发科技第一生产力、人力第一资源、创新第一动力所蕴藏的巨大潜能⑤。李善民强调，要牢牢把握坚持和加强党的全面领导、坚持中国特色社会主义道路、坚持以人民为中心的发展思想、坚持深化改革开放、坚持发扬斗争精神的五个重大原则，聚焦加快推进教

---

① 易丽丽：《系统实施三大战略 强化现代化建设人才支撑》，《中国人才》2022年第12期。
② 孙锐：《新时代人才强国战略的内在逻辑、核心构架与战略举措》，《人民论坛·学术前沿》2021年第24期。
③ 孙锐：《彰显人才的战略性支撑作用》，《光明日报》2022年11月25日。
④ 孙锐：《把优秀人才集聚到党和人民事业中来》，《人民日报》2022年12月22日。
⑤ 易丽丽：《系统实施三大战略 强化现代化建设人才支撑》，《中国人才》2022年第12期。

育现代化建设教育强国、完善国家科技创新体系加快建设科技强国、实施创新驱动发展战略增强自主创新能力、深入实施新时代人才强国战略，加快建设世界重要人才中心和创新高地四个重点任务。[1] 科学技术部科技人才交流开发服务中心主任徐晧庆认为，推进新时代科技人才工作，以高质量科技人才工作有力支撑中国式现代化建设，需要做好四项重要工作：一是加快建设国家战略科技人才力量，完善科技人才战略布局，推动形成结构合理的战略科技人才方阵和成长梯队；二是深化科技人才体制机制改革，强化教育、科技、人才工作融合发展，全方位培养引进用好人才；三是推动加快建设世界重要人才中心和创新高地，促进人才区域合理布局和协调发展，着力打造科技人才国际竞争的比较优势；四是优化国际化人才制度环境，增强国际科技人才交流的广度和深度，推动形成具有全球竞争力的开放创新生态。[2]

（二）新时代人才强国战略研究

党的十九届六中全会强调，"深入实施新时代人才强国战略，加快建设世界重要人才中心和创新高地，聚天下英才而用之"。中央人才工作会议指出，"当前，我国进入了全面建设社会主义现代化国家、向第二个百年奋斗目标进军的新征程，我们比历史上任何时期都更加接近实现中华民族伟大复兴的宏伟目标，也比历史上任何时期都更加渴求人才"。"实现我们的奋斗目标，高水平科技自立自强是关键"。2022年，围绕新时代人才强国战略，人才研究领域众多专家学者从不同角度对其进行了研究分析。

1. 关于人才强国战略的发展历程

在改革开放和社会主义现代化建设新时期，我们党从中国实际出发，运用马克思列宁主义、毛泽东思想、邓小平理论，科学分析我国人才工作的新情况、新问题、新任务，精辟地阐述了"人才"与"强国"的关系问题，逐步形成了人才强国战略，丰富和发展了有中国特色的社会主义理论。中国人事科学研究院人才理论与技术研究室主任孙锐认为，新时代人才强国战略是在继承、发展以往人才强国战略的基础上形成的一个"新战略"。中国人才强国战略经历了由"追赶型"战略到"攀登型"战略再到"夺标型"战略的进阶过程，其中每一阶段战略内涵的变化都与国家总体战略任务转换紧密关联。[3]

2. 关于人才强国战略的实践经验

从全球范围看，中国是第一个鲜明提出国家系统化人才战略，并明确相关战略议程和战

---

[1] 李善民：《加快建设教育强国、科技强国、人才强国》，《人民论坛》2022年第23期。
[2] 徐晧庆：《深入学习贯彻党的二十大精神 大力推进新时代科技人才工作》，《中国科技人才》2022年第5期。
[3] 孙锐：《实施新时代人才强国战略：演化脉络、理论意涵与工作重点》，《人民论坛·学术前沿》2022年第18期。

略路线图的国家。其他国家虽然也提出了人才政策、计划和项目等,但往往将其纳入科技或教育领域。中国人才强国战略的实施为全世界贡献了宝贵经验,联合国教科文组织也因中国人才工作的成就,而将"rencai"列为专门词语。通过规划一段时期内人才强国战略的内涵、目标、重点引领未来国家人才队伍建设,是我国独具特色的人才发展治理方式和人才强国建设的"登山"方式。可以说,实施人才强国战略已经成为中国推动人才发展的特色治理方式,也是中国特色社会主义的伟大实践创造之一。[1]

3. 关于新时代人才强国战略的内在逻辑

孙锐认为,新时代人才强国战略回答和解决了"人才转型""人才泛化""人才支持""人才发展核心治理构架"等一系列人才发展基本问题。从全国面上情况看,当前我国不同地区人才工作处于城市化进程阶段、传统工业化进程阶段、新型工业化进程阶段和创新经济发展进程阶段等不同发展阶段当中。不论处于哪个阶段的地区人才工作,其中都体现着一些基本规律:人才是创新的根基,创新驱动实质是人才驱动;人才和人力资本是一个区域创新发展的本质资源;人才引领发展是助推高质量发展的必要条件。[2]

4. 关于新时代人才强国战略的理论构建

徐明基于文献研究和理论推演,构建"理念—体系—能力—战略"整合型的理论分析框架。[3] 研究发现:人才治理理念为人才工作提供方向先导和价值依循,包括坚持党对人才工作的全面领导,坚持人才引领发展的战略定位,坚持四个面向,坚持聚天下英才而用之;人才治理体系是新时代人才工作的制度载体,包括不断深化人才发展的体制机制改革,营造识才爱才敬才用才的环境;人才治理能力是人才治理体系的外在表现,包括全方位培养用好人才,弘扬科学家精神。以人才治理理念现代化引领人才治理体系和能力现代化,不断推进完善新时代人才工作的理论体系,为新时代人才强国战略提供具有中国特色的理论基础和科学规律。人才强国战略内含于人才治理现代化框架,国家人才战略是对人才治理现代化愿景的长远谋划和分步执行,从汇聚人才、培育人才、激励人才、造就人才等方面来把握新时代实施人才强国战略的时代内涵和要求。

在分析新时代人才强国战略背景与需求的基础上,孙锐提出基于创新适配的人才强国战略功能模型,并研究新时代人才强国 IPO 维度框架和相关特征。[4] 孙锐认为,基于竞争战略

---

[1] 孙锐:《新时代人才强国战略的内在逻辑、核心构架与战略举措》,《人民论坛·学术前沿》2021年第24期。

[2] 孙锐:《新时代人才强国战略的内在逻辑、核心构架与战略举措》,《人民论坛·学术前沿》2021年第24期。

[3] 徐明:《新时代人才强国战略的总体框架、时代内涵与实现路径》,《河海大学学报(哲学社会科学版)》2022年第6期。

[4] 孙锐:《新时代人才强国战略实施若干问题研究》,《中国软科学》2022年第8期。

的理论框架,新时代的人才强国战略需要产生业务层面上的功能贡献。一是形成与国家战略进阶需求相匹配的国家人才资本和知识技能。国家赶超的历史经验表明,一个处于加速追赶进程中的国家或竞争实体,其关键人才智力资源,特别是由其顶尖人才水平、总体人才质量和人才创新活力所表征的国家典型人才资本①,对其实现科技突破和战略赶超发挥着效率倍增效应。国家战略进阶升级,更加凸显对国家层面上人才智力资本及其知识技能积累的路径依赖。二是新时代的人才强国战略需要有战略层面的功能贡献,即造就新时代的世界"人才强国",此方面可以从 IPO 维度框架的输入、过程和输出三个维度予以标记衡量。三是新时代人才强国战略实施需要有能力层面的功能贡献,即成为与国家一级战略相适配的核心动态能力产生来源。在新时代新阶段,基于创新适配的核心动态能力主要体现在以突破关键基础研究、前瞻性研究和卡脖子技术问题为核心,有效形成、调动和集成人才活力与创新能量的能力方面。新时代人才强国战略实施在业务层、战略层和能力层的功能贡献整合,最终形成具有价值性、稀缺性、难以模仿性和可组织性的国家竞争优势,从而支撑中华民族伟大复兴的最高战略目标的实现。②

5. 关于新时代人才强国战略的发展方向

唯有真正把实施新时代人才强国战略转化为人才工作的生动实践,更好完善制度、营造环境,才能为 2050 年全面建成社会主义现代化强国奠定人才之基。坚持党对人才工作的全面领导,是做好人才工作的根本保证。中国人才研究会学术委员会主任王通讯认为,当今世界正经历百年未有之大变局,国际形势复杂严峻,为更好解决高精尖人才短缺以及"卡脖子"技术问题,我们需要在党强有力的领导下,充分发挥政府各部门的职能作用,将新时代人才强国战略落到实处。中国行政管理学会副会长吴江指出,在加快建设世界人才中心和创新高地的过程中,要进一步推动市场化改革,关注市场配置资源的作用,在全球人才竞争中掌握主动权。在中国社会科学院数量经济与技术经济研究所研究员王宏伟看来,吸引人才是地区发展的重要基础,未来可以将人才中心和创新高地建设与区域发展战略结合起来研究。中国科学院大学公共政策与管理学院院长穆荣平表示,要把新时代人才强国战略放到新发展格局中去看,特别是东南沿海、中西部等不同地区,应该根据自身的发展状况,承担起不同的责任。③

6. 关于新时代人才强国战略的关键任务

孙锐研究梳理了新时代深入实施人才强国战略的四个关键点。一是实施重点人才开发工

---

① 孙锐、孙彦玲:《构建面向高质量发展的人才工作体系:问题与对策研究》,《科学学与科学技术管理》2021 年第 2 期。
② 孙锐:《新时代人才强国战略实施若干问题研究》,《中国软科学》2022 年第 8 期。
③ 班晓悦:《深化新时代人才强国战略研究》,《中国社会科学报》2022 年 9 月 5 日。

程计划。如优化重点社会事业人才队伍建设工程,构建支撑高质量发展的重点人才队伍体系;改革完善职业教育机制,打通技能人才培育制度通道;等等。二是深化人才、项目和科研评价机制改革。如建立"高精尖"人才自由涌现配套机制,建立健全科学家(科研人员)信誉信用体系,严肃整治学术造假问题,等等。三是加快科研事业单位人事制度改革。如探索建立"科学家本位""人才本位"的人事制度、科研管理体制,实行主岗主业分类管理,试点对战略科学家建立全周期、全薪酬、全保障机制,等等。四是健全新时代人才发展治理体系。如优化国家人才分类体系,推动建立国家层面的人才大数据系统,建立权威型行业专业协会,健全完善相应产业链人才开发职能职责,等等。[①]

(三)培养使用战略科学家研究

中国创新驱动发展战略深入实施背景下,人才成为最重要的创新要素,创新驱动的实质是人才驱动。当科技创新成为国际战略博弈的主战场,无论是从跟随到领跑的创新飞跃,还是凭借"头雁"地位助力形成人才聚集效应,都需要战略科学家引领。[②] 当前,全球进入大科学时代,科学研究的复杂性、系统性、协同性、不确定性显著增强,战略科学家引领开拓科学前沿的重要性日益凸显。[③] 中央人才工作会议上,"大力培养使用战略科学家"成为重要谋划议题之一。2022年,很多专家学者围绕什么是战略科学家、如何培养使用战略科学家、怎样建设战略人才梯队等议题展开研究讨论。

1. 关于战略科学家的概念内涵

姜玉平认为,战略科学家是能够跨越专业鸿沟把握科学技术发展方向,提出创造性、前瞻性的研究构想,并对国家科技发展战略、重大科技项目研究等产生重大影响的科学家[④]。徐欧露认为,战略科学家是能够提出和解决全局性、根本性、前瞻性的科学问题,攻克经济社会发展和国家安全的重大科技难关,提出科学技术未来发展方向、发展思路和发展重点的科学家[⑤]。胡艳等认为,战略科学家具备四个重要特征。一是科学素养,即打通基础与应用研究、不同学科间的壁垒,开展跨学科、跨领域研究。二是战略眼光,即有敏锐的方向感,能及时、准确把握前沿科技的发展动向和前景;有全局判断力,对存在的问题和突破的关键点有超强的预见力和洞察力。三是实践能力,即有极强的号召力和组织领导力,能吸引一代代科学家跟随拓荒、深耕,并带领大兵团合作攻克技术难题。四是担当和勇气,即具有很强的国家情怀

---

① 孙锐:《新时代人才强国战略的内在逻辑、核心构架与战略举措》,《人民论坛·学术前沿》2021年第24期。
② 《我们需要怎样的人才?如何厚培国家战略人才力量?》,《瞭望》2023年1月12日。
③ 尤延铖、杨玉成:《如何培养战略科学家》,《光明日报》2022年5月10日。
④ 姜玉平:《钱学森——杰出的战略科学家》,《科技导报》2022年第16期。
⑤ 徐欧露:《铺路战略科学家》,《瞭望》2023年1月6日。

和人类责任，把人生的价值定位于改善国家民族命运、创造更好的人类生存空间上。[1]

2. 关于战略科学家的核心特征

关键少数、紧迫性、战略性是战略科学家的高频标签。[2] 中国科学技术信息研究所副所长、研究员郭铁成认为，战略科学家中的"战略"一词有双重含义：一是指国家的发展战略，科学家要服务经济社会发展和国家安全；二是指科技自身的发展战略，科学家要提出和解决世界性的科学问题，开辟新领域、新学科，促进科学技术的现代化。中国工程院院士李国杰认为，"战略思维"至少应包含空间与时间两个维度，前者是全局观念，站在更高的角度从整个国家的利益考虑科技发展问题；后者是前瞻思维，主要是源于长期在科研第一线工作的知识积累与经验沉淀。厦门大学航空航天学院教授尤延铖认为，随着科技创新与产业变革联系愈发紧密，"大兵团作战能力"的战略层次更广，战略科学家的组织领导逐步扩展到商界、工业界、政界等更宽层次。郭铁成和团队通过对战略科技人才近十年的研究，总结了战略科学家的一系列特征，如战略科学家的行为是由兴趣、志向、使命感、价值观这些高阶需求主导的，战略科学家具有边际感知、出离思考、会聚研究的思维特点；又如，存在战略科学家生态聚集规律——战略科学家的出现不是偶然、散发，也非设计安排，而是生态化发生。

3. 关于战略科学家的发现培养

中国科协创新战略研究院党委书记吴善超认为有三个关键：一是对战略科学家"培养"的整体性系统性顶层设计；二是从实践中探索出一套发现、培育、成就战略人才的路径；三是搭建、用好战略科学人才平台。厦门大学航空航天学院教授尤延铖研究发现，我国对战略科学家的主要培养路径是，遴选有潜力的高层次复合型人才、顶尖科学家到国家重大科技任务的战略位置担纲领衔，在实践中提高全局视野、跨学科理解能力、组织水平等，锻炼成为战略科学家。这条培养路径在新型举国体制下发挥着重大作用，先后培养出了人造卫星和深空探测开拓者孙家栋、对海探测新体制雷达奠基人刘永坦等一批战略科学家。尤延铖认为，综合考虑战略性人才、高校和科研院所、新型科技企业、国家高水平科技自立自强四个方面的需求，可以以"创新+创业""科技+资本""战略+科学"的范式，在产学研深度融合中探索战略科学家培养新路径。[3]

4. 关于战略科学家成长梯队建设

把培育国家战略人才力量的政策重心放在青年科技人才培养上，是当下的焦点。郭铁成和团队对战略科学家创新年龄峰值的研究显示，重大创新的峰值出现在 35~45 岁，重大创

---

[1] 胡艳、杨志宏、张昊若：《生命历程理论视角下战略科学家的成长轨迹及机制——以应用光学专家王大珩为例》，《科技导报》2022 年第 16 期。

[2] 徐欧露：《铺路战略科学家》，《瞭望》2023 年 1 月 6 日。

[3] 徐欧露：《战略科学家如何培养》，《瞭望》2023 年 1 月 10 日。

新思想种子的孕育峰值是 20～30 岁。面向未来的"无人区"研究，郭铁成建议，战略科学家培养项目以某一学科或领域为基础，会聚多学科、多领域人才，培育各个学科人才协同、交融、交叉创新的生态。人才研发定制计划可以不设项目指南，以研究者为中心，研究人员自行发掘主题，经过主题征集、磋商，确定科研项目。中国科协创新战略研究院党委书记吴善超认为，培养使用战略科学家的平台、基本模式、基本路径，可以根据原创研究探索性强、难以准确预测等特点提供有力的保障。①

（四）建设世界重要人才中心和创新高地研究

面对世界百年未有之大变局，中央人才工作会议对新时代人才强国战略进行了设计谋划，以"建设世界重要人才中心和创新高地"的宏伟战略目标来引领未来十五年的大改革、大发展、大布局。党的二十大报告也强调，要加快建设世界重要人才中心和创新高地。立足推动高质量发展和高水平科技自立自强，新时代人才强国战略明确了未来国家人才工作发展的增长极、能量核和撬动点，形成了一个有序时空战略化结构布局，其基本内涵反映了国家战略进阶的根本需求。② 2022 年，围绕加快建设世界重要人才中心和创新高地的人才战略总体目标，很多人才学领域的专家学者进行了研究讨论。

1. 关于世界重要人才中心和创新高地的理论意涵

何丽君指出，世界重要人才中心和创新高地指的是集聚数量充足、结构合理、活力充沛的世界级高层次创新人才，汇聚前沿性、原创性、颠覆性的世界级重大创新成果，引领世界科技革命与产业转型升级的特定区域。人才与创新的良性互动是世界重要人才中心和创新高地的本质所在。③ 孙锐认为，世界重要人才中心和创新高地的内核是以高水平人才队伍、高水平科技创新引领高质量发展和高水平科技自立自强，造就世界一流战略人才力量和战略科技力量，进而走入世界人才发展和人才集聚舞台的中心位置，推动实现中华民族伟大复兴的"中国梦"，重新使中国站上世界发展的潮头和灯塔位置。④ 日本学者汤浅光朝的研究表明，如果一个国家的科学成果数量占到了全世界比例的 25%，那么就会成为世界科学中心。每个世界科学中心平均维持时间为 80 年左右。⑤ 在世界历史上，科学中心先后从意大利转移到英国，再到法国、德国和美国。"汤浅现象"表明，文化震荡、社会变革、经济快速增长、新学科群的崛起、科学家的集体流动等，都是导致科学中心发生转移的因素。其中，世

---

① 郭铁成：《新时代战略科学家从何而来》，《光明日报》2022 年 4 月 17 日。
② 孙锐：《新时代人才强国战略的内在逻辑、核心构架与战略举措》，《人民论坛·学术前沿》2021 年第 24 期。
③ 何丽君：《中国建设世界重要人才中心和创新高地的路径选择》，《上海交通大学学报（哲学社会科学版）》2022 年第 4 期。
④ 孙锐：《新时代人才工作新在哪儿》，《人民论坛》2021 年第 30 期。
⑤ ［日］汤浅光朝：《解说科学文化史年表》，张利华译，科学普及出版社 1984 年版。

界科学中心的显著特征是：处于最佳年龄区的科学家数量一定占据国际优势。例如在1950年，处于最佳年龄区（25—45岁）的科学家人数，美国占了61%，德国占了27%，英国占了25%。而处于这一时段的科学家正处于创造力的爆发期，显示出最强创造性[1]。孙锐认为，世界主要科学中心和世界重要人才中心，其实质是一个事物的两个方面，这二者之间相互联系，相互促进，甚至互为因果。历史发展的经验表明，人才中心、创新高地和世界强国往往密切相连，三者之间相互塑造、相互嵌套、相互捆绑。中国要成为世界一流强国，实现中华民族伟大复兴就必须努力建成世界重要人才中心和创新高地。

2. 关于世界重要人才中心和创新高地的构成要素

郑永年认为，通过建设世界重要人才中心来推动科学技术进步，必须同时拥有三大要素：一是必须拥有一大批具有基础科研能力的大学和研究机构；二是需要一大批把基础科学研究成果转化成应用技术的企业或者机构；三是必须具有支撑科技创新和成果转化的金融机构[2]。孙锐认为，需要具备一流人才、一流平台、一流环境和一流贡献。具体而言，打造世界重要人才中心和创新高地需要聚焦如下三个方面。一是培育和集聚一大批能够领导世界潮流的大家大师。其中包括世界顶尖科学家、企业家、科技领军人才和卓越工程师，具有全球优秀人才配置能力和一流人才培养造就能力，在高水平、高活跃度的世界优秀人才数量和占比上均具有国际比较优势，在若干战略领域形成世界人才尖峰。二是需要提供世界级的人才发展大平台、大场景、大舞台。为全球人才创新创造创业提供处于世界前沿水平的人才发展机会、平台和环境，打造一批世界一流大学、一流学科和一流实验室，提供世界级重大命题、课题和难题的问题解决场景及平台，形成国际一流人才创新创业生态系统，成为全球一流科技创新资源汇聚地，对全球优秀人才产生强大的感召力、吸引力。三是产生一批改变人类命运和生产生活方式的伟大发现、原创技术、发明创造和颠覆性产品，成为世界主要原创思想的策源地，是世界标志性、颠覆性科技成果的主要贡献国、全球创新创业主要增长极，对全世界文明发展的贡献度显著且不可替代[3]。

3. 关于世界重要人才中心和创新高地建设的实现路径

何丽君认为，应坚持党对人才工作的全面领导，树立人才引领发展的战略理念，推进世界重要人才中心和创新高地建设的战略布局，强化世界重要人才中心和创新高地建设的战略举措，以期为全面建成社会主义现代化强国夯实人才基础[4]。徐明认为，建设世界重要人才

---

[1] 孙锐：《新时代人才工作新在哪儿》，《人民论坛》2021年第30期。
[2] 郑永年：《人才高地建设与中国的科技现代化》，《中国科学院院刊》2022年第12期。
[3] 孙锐：《新时代人才工作新在哪儿》，《人民论坛》2021年第30期。
[4] 何丽君：《中国建设世界重要人才中心和创新高地的路径选择》，《上海交通大学学报（哲学社会科学版）》2022年第4期。

中心和创新高地，既要明确布局，又要"点""阵"结合；构建和塑造国家战略人才力量，既要"质""量"协同，又要梯次配置；深化人才发展体制机制改革，既要授权"松绑"，又要"破""立"兼顾；全方位培养引进用好人才，既要"内""外"统筹，又要"领""育"结合。将各行各业各领域各方面的优秀人才会聚到党和人民的伟大事业中来，形成全面建设社会主义现代化国家的时代伟力。① 孙锐认为，世界重要人才中心和创新高地建设有突破点、增长极和能量核。建设世界重要人才中心需要着眼全国开展战略布局，形成点、线、面结合的战略扩散和支撑体系。下一步国家将在整体层面上布局若干个人才发展极点、支点，通过打造区域人才发展"能量核"和"增长极"，做强区域中心人才集聚发展地标，以点带面，以点上爆发式效应带动辐射面上大发展。比如，在北京、上海、粤港澳大湾区考虑建设高水平人才高地，在区域中心城市建设人才集聚平台，推动开展人才发展体制机制综合改革配套试点，加快形成一批国家人才发展战略支撑点，构建中心性人才强市雁阵布局。②

4. 关于世界重要人才中心和创新高地的雁阵布局

为加快建设世界重要人才中心和创新高地，党中央作出了在北京、上海、粤港澳大湾区建设高水平人才高地，在一些中心城市建设人才平台的"3＋N"空间战略布局。中国行政管理学会副会长吴江表示，我们要通过国内的三个创新高地先行先试，同时要借鉴其他国家的发展经验，在比较互鉴中形成具有中国特色的人才聚集地、创新高地发展模式。③ 穆荣平认为，必须加快建设世界重要人才中心，厚植城市创新基因，强化中心城市的创新枢纽功能，打造一批国际科技创新中心、区域创新高地和创新型城市圈（群），支撑国家创新驱动高质量发展。④ 丁倩、张磊认为，建设世界重要人才中心和创新高地需要有若干战略支点的支撑，急需以"吸引集聚人才平台"为支点，精准对接国家需求。各地应结合实际统筹谋划未来5—15年的需求对人才平台建设进行布局，深入开展人才集聚和科技创新工作，从而实现人才集聚推动经济社会发展的战略目标。⑤ 孙锐指出，在以往调研中发现：不论是世界人才中心还是创新高地，其在人才生态方面都表现一致的特征，即年轻化、多元化和国际化。因此，我们要建设世界重要人才中心和创新高地，就需要重视进一步提升引领性科创人才的浓度和密度，向年轻化求新、向多元化求变、向枢纽化求活，努力会聚不同背景的全球

---

① 徐明：《新时代人才强国战略的总体框架、时代内涵与实现路径》，《河海大学学报（哲学社会科学版）》2022年第6期。
② 孙锐：《新时代人才工作新在哪儿》，《人民论坛》2021年第30期。
③ 班晓悦：《深化新时代人才强国战略研究》，《中国社会科学报》2022年9月5日。
④ 穆荣平：《厚植城市创新基因 推动建设世界重要人才中心和创新高地》，《中国科技人才》2022年第1期。
⑤ 丁倩、张磊：《"吸引集聚人才平台"的建设路径分析》，《中国人才》2022年第5期。

顶尖科学家，为高潜力青年人才提供参与重大创新工作的条件机会，增加中青年高水平科学家、工程师的数量及全球占比，提升外国专家占比，为全球优秀人才尤其是青年创新人才提供自我突破、价值提升和自我实现的国际化平台。代表国家参与世界人才发展竞争的北京、上海和粤港澳大湾区，要努力形成全球优秀人才集聚优势、节点优势和尖峰优势，实现人才集聚全球化、人才服务高质化、价值创造多元化、跨国流动便捷化，争取人均产值贡献进入世界一流国家行列，打造世界级人才集聚坐标。①

（五）深化人才发展体制机制改革研究

2022 年，围绕人才发展体制机制及其改革相关议题，众多人才工作领域专家学者就当前我国人才发展体制机制改革进程中存在的相关问题进行了探讨研究。在人才培养机制方面，我国当前的青年科技人才培养机制在基础教育、文化意识、国际交流、人才回流上存在不足②，工程科技人才、创新创业人才、复合型学科人才培养模式改革推进不足，政府对技能人才产教融合培养的政策和资金支持不足③，"干中学"导致普通职业技术学校等渠道的产业人才培养效果不佳，产业界在人才培养中的作用发挥不够，产学研用生态系统构建不完善④。在人才使用机制方面，当前体制内岗位聘用、职称晋升等存在论资排辈现象，抑制青年人才发展。高校院所存在"官本位、行政化"、功利导向、"中材大用"⑤、表面化科研甚至人才"逆向淘汰"问题。广大基层"重引进，轻使用"，人才使用观念落后，大材小用或引进人才置而不用的问题尤为明显。在全球引才背景下，海外高层次人才在承担重大科技项目、担任事业单位负责人等方面仍有限制，作用不能充分发挥。一些地方政府还存在对本土人才的优势不够重视和对本土人才的不足不能包容等"灯下黑"问题。⑥ 在人才评价机制方面，当前我国创新领域的人才评价行政色彩过浓、评价手段单一、评价分类不足、"四唯"评价问题日益突出，人才分类评价改革进展程度不一，用人主体作用发挥不够明显、评价结果运用不够理想等问题依然存在。在人才流动机制方面，当前我国体制内外人才流动的身份壁垒、政策壁垒依然存在，不同区域的科技人才流动不平衡、不通畅。⑦ 近年

---

① 孙锐：《新时代人才工作新在哪儿》，《人民论坛》2021 年第 30 期。
② 颜诗琪、张向前：《面向 2035 我国青年科技人才培养机制研究》，《特区经济》2022 年第 4 期。
③ 舒保国、施宇：《高职院校产教融合人才培养机制创新构建研究》，《继续教育研究》2022 年第 9 期。
④ 张省、魏慧敏、李骅锦：《产学研协同创新生态系统构建研究》，《决策咨询》2022 年第 4 期。
⑤ 刘益东：《打造以一流人才为中心的卓越科研体系——关于设立基础研究特区的建议与思考》，《国家治理周刊》2022 年第 3 期。
⑥ 沈继培：《人才使用"灯下黑"问题的具体表现和解决对策》，《领导科学》2022 年第 5 期。
⑦ 李峰、徐付娟、郭江江：《京津冀、长三角、粤港澳科技人才流动模式研究——基于国家科技奖励获得者的实证分析》，《科学学研究》2022 年第 3 期。

来各地出现的"人才争夺战"一定程度上促进了青年人才、科技人才和高层次人才流动,但也暴露出同质化竞争、市场失灵、可持续性不足等问题,此外,某些一线城市的高落户门槛阻碍了人才的本地融入。在人才激励机制方面,存在人才激励政策覆盖面相对较窄、人才激励配套服务政策不足[1],以及人才激励重名不重实、激励模式单一化、人才激励机制与人才需求层次不相匹配[2]等问题。

围绕人才发展体制机制的改革路径和具体措施,众多专家学者也给出了不同的建议和意见。例如,在健全人才发展治理体系方面,要坚持党管人才原则框架,优化人才工作中政府、市场、社会的关系,发挥市场配置人才资源的决定性作用。[3] 在改革人才培养机制方面,要加大青年科技人才、工程科技人才、复合型学科人才、创新创业人才的发现培养投入。推动"产学研一体化"高层次人才培养,创新高校院所"政产学研协同"人才培养模式。[4] 在创新人才评价机制改革方面,推进人才分类评价,依据不同类型的人才评价的价值导向,合理推进相关类型人才评价自主权下放。[5] 在改革科研管理机制方面,陈景彪认为要强化科技创新领军人才的发现集聚机制,建立完善科技创新人才全方位培养和使用机制,构建更加多元化的评价激励机制。[6] 李天宇等认为,要利用重大科学计划和战略创新平台的竞争优势,吸引、聘用和激励一大批高水平科技人才,加大我国国家科研机构对国际化人才的吸引与集聚能力,优化稳定与流动适度结合的人才结构,改进科研人员薪酬结构与水平。[7]

四 2022 年人才工作实践重点工作回顾

(一)党和国家发布人才工作相关规划

围绕贯彻落实中央人才工作会议精神,2022 年 4 月,中共中央政治局召开会议,审议了《国家"十四五"期间人才发展规划》,强调要全面加强党对人才工作的领导,牢固确立

---

[1] 周倩倩:《对实施城市技术技能人才激励政策的工作分析》,《黑龙江人力资源和社会保障》2022 年第 13 期。
[2] 王雅琴、梁玉娇、王诗瑶、林永恩:《创新创业人才引进激励机制问题及对策探究》,《中外企业文化》2022 年第 6 期。
[3] 冯凌、孙锐:《构建面向高质量发展的区域人才发展治理体系——以北京市海淀区为例》,《中国科技人才》2022 年第 1 期。
[4] 张辉:《广西高校政产学协同人才培养机制研究》,《中国科技产业》2022 年第 9 期。
[5] 潘教峰、王光辉、鲁晓:《基于五大价值导向的"破四唯"和"立新标"》,《科学通报》2022 年第 3 期。
[6] 陈景彪:《我国科技创新人才体制机制的改革与完善》,《行政管理改革》2022 年第 9 期。
[7] 李天宇、温珂、黄海刚、游钉怡:《如何引进、用好和留住人才?——国家科研机构人才制度建设的国际经验与启示》,《中国科学院院刊》2022 年第 9 期。

人才引领发展的战略地位,全方位培养引进用好人才。[①] 会议指出,要坚持重点布局、梯次推进,加快建设世界重要人才中心和创新高地。北京、上海、粤港澳大湾区要坚持高标准,努力打造成为创新人才高地示范区。一些高层次人才集中的中心城市要采取有力措施,着力建设吸引和集聚人才的平台,加快形成战略支点和雁阵格局。要大力培养使用战略科学家,打造大批一流科技领军人才和创新团队,造就规模宏大的青年科技人才队伍,培养大批卓越工程师。要把人才培养的着力点放在基础研究人才的支持培养上,为他们提供长期稳定的支持和保障。要深化人才发展体制机制改革,为各类人才搭建干事创业的平台。此外,围绕中央人才工作会议精神和新时代人才强国战略主题,中央正在研究出台系列相关规划政策文件。

2022年,中共中央和国务院围绕加强国家战略人才力量,印发了《扩大内需战略规划纲要(2022—2035年)》,提出遵循人才成长规律和科研活动规律,培养造就更多国际一流的领军人才。围绕加强新时代哲学社会科学人才队伍建设、卫生健康人才队伍建设、农业人才队伍建设、数字人才队伍建设、交通运输物流人才队伍建设、气象领域专业人才队伍建设等方面的人才工作重要内容,中共中央办公厅和国务院办公厅陆续出台了《国家"十四五"时期哲学社会科学发展规划》《"十四五"国民健康规划》《"十四五"推进农业农村现代化规划》《"十四五"数字经济发展规划》《"十四五"现代综合交通运输体系发展规划》《"十四五"现代物流发展规划》《气象高质量发展纲要(2022—2035年)》等文件,进一步推动各行业领域人才工作有序发展。

根据党和国家的相关政策布置,在中央人才工作领导小组领导下,2022年,人才工作相关职能部门陆续开展不同领域人才工作专项规划编制工作。例如,中共中央宣传部、人力资源和社会保障部等编制的《全国宣传思想文化领域"十四五"人才发展规划》,人力资源和社会保障部发布的《关于实施人力资源服务业创新发展行动计划(2023—2025年)的通知》,科学技术部发布的《"十四五"技术要素市场专项规划》,国家卫生健康委员会发布的《"十四五"卫生健康人才发展规划》《"十四五"卫生健康标准化工作规划》,科学技术部、住房和城乡建设部发布的《"十四五"城镇化与城市发展科技创新专项规划》,农业农村部发布的《"十四五"全国农业农村科技发展规划》和农业农村部办公厅印发的《关于深化农业科研机构创新与服务绩效评价改革的指导意见》,国家减灾委员会发布的《"十四五"国家综合防灾减灾规划》,交通运输部、科学技术部发布的《交通领域科技创新中长期发展规划纲要(2021—2035年)》《"十四五"交通领域科技创新规划》,国家发展和改革委员会发

[①] 《中共中央政治局召开会议分析研究当前经济形势和经济工作 审议〈国家"十四五"期间人才发展规划〉》,《人民日报》2022年4月30日第1版。

布的《"十四五"生物经济发展规划》等规划文件,围绕宣传文化领域人才、科技人才、卫生健康人才、农业农村人才、自然灾害防治领域专业技术人才、交通运输行业科技创新人才、生命科学复合型人才等不同人才队伍建设工作相关内容,出台具体政策措施来加强不同领域人才梯队建设,增强国家战略人才力量,推进世界重要人才中心和创新高地建设。

(二)中央及部委出台人才工作相关政策文件

2022年,围绕贯彻落实党的十九届六中全会、中央人才工作会议、党的二十大会议精神,推动实施新时代人才强国战略,推动新时代人才工作系统化升级、高质量发展,党和国家的相关机构陆续出台了一系列重要的人才相关政策文件[①]。

1. 加强国家战略人才力量

一是推动我国院士制度改革。9月,中央全面深化改革委员会发布《关于深化院士制度改革的若干意见》,强调要以完善制度、解决突出问题为重点,提高院士遴选质量,更好发挥院士作用,让院士称号进一步回归荣誉性、学术性。要注重在重大科学研究和国家重大工程中选拔院士,以重大贡献、学术水平、道德操守为准绳,防止增选中的不正之风。要加强引导规范,鼓励和支持院士专心致志开展科研工作,强化作风学风建设,排除非学术性因素干扰。要严格监督管理,强化院士科研伦理和学术规范责任,创造良好学术和科研环境。

二是加强基础学科人才培养。2月,中央全面深化改革委员会审议通过《关于加强基础学科人才培养的意见》等文件,强调要全方位谋划基础学科人才培养,科学确定人才培养规模,优化结构布局,在选拔、培养、评价、使用、保障等方面进行体系化、链条式设计,大力培养造就一大批国家创新发展急需的基础研究人才。要走好基础学科人才自主培养之路,坚持面向世界科技前沿、面向经济主战场、面向国家重大需求、面向人民生命健康,全面贯彻党的教育方针,落实立德树人根本任务,遵循教育规律,加快建设高质量基础学科人才培养体系。

三是创新青年科技人才培养使用。5月,中国科协、教育部、科学技术部等八部门联合发布的《关于支持青年科技人才全面发展联合行动倡议》提出,完善优秀青年科技人才全链条培养体系。加大国家重大人才计划、科技项目、科研基金对青年科技人才的支持力度,进一步增加青年人才托举工程资助数量。为解决青年科研人员面临的崭露头角机会少、成长通道窄、评价考核频繁、事务性负担重等突出问题,8月,科学技术部、财政部等五部门发布《关于开展减轻青年科研人员负担专项行动的通知》(简称《通知》)。针对"挑大梁",

---

① 《"十四五"职业技能培训规划》《关于加强科技伦理治理的指导意见》《关于扩大高校和科研院所科研相关自主权的若干意见》《关于改革完善中央财政科研经费管理的若干意见》《关于健全完善新时代技能人才职业技能等级制度的意见(试行)》等。

《通知》提出，国家重点研发计划40岁以下青年人才担任项目（课题）负责人和骨干的比例提高到20%；开展基础研究人才专项试点工作，围绕国家重大战略需求和基础科学前沿，长期稳定支持在自然科学领域取得突出成绩且具有明显创新潜力的青年科技人才等。针对"增机会"，《通知》提出，中央级公益性科研院所和中央部门直属高等学校基本科研业务费用于资助青年科研人员的比例一般不低于50%；推动有条件的科研单位设立职业早期青年人才培养专项。针对"减考核"，《通知》提出，推动科研单位对青年科研人员减少考核频次，实行聘期考核、项目周期考核等中长周期考核评价，简化、淡化平时考核。针对"保时间"，《通知》提出，确保青年专职科研人员工作日用于科研的时间不少于4/5；不要求青年科研人员参加应景性应酬性活动、列席接待性会议。

2. 深化人才评价机制改革

9月，科学技术部等八部门发布《关于开展科技人才评价改革试点的工作方案》，强调要遵循科技创新规律和人才成长规律，以激发科技人才创新活力为目标，按照创新活动类型，构建以创新价值、能力、贡献为导向的科技人才评价体系，引导人尽其才、才尽其用、用有所成。开展科技人才评价改革试点，要坚持德才兼备，按照承担国家重大攻关任务以及基础研究、应用研究和技术开发、社会公益研究等分类进行人才评价，从构建符合科研活动特点的评价指标、创新评价方式、完善用人单位内部制度建设等方面提出试点任务，形成可操作、可复制、可推广的有效做法。11月，人力资源和社会保障部办公厅发布的《关于进一步做好职称评审工作的通知》强调，以"破四唯""立新标"为突破口，突出品德、能力、业绩导向，建立体现职业道德、专业能力、技术水平、创新成效等多维度的职称评审标准。实践性强的职称系列不将论文作为职称评审的主要评价指标，不得简单设立论文数量、影响因子等硬性要求。推广代表性成果制度，技术推广、高质量专利、智库成果、文艺作品、教案、病例均可作为代表性成果参加职称评审。减少学历、奖项等限制性条件，不具备规定学历但业绩显著、贡献突出的可由专家推荐破格申报。进一步畅通职称评审绿色通道，引进的海外高层次人才和急需紧缺人才，可直接申报高级职称。发挥用人单位主体作用，支持国家实验室开展高级职称自主评审，支持科学中心、创新高地采取灵活的职称评聘机制。

3. 完善科技人才激励机制

4月，中央全面深化改革委员会审议通过《关于完善科技激励机制的若干意见》等文件，强调要激励科技人员坚定爱国之心，砥砺报国之志，自觉为加快建设科技强国、实现高水平科技自立自强担当作为、贡献力量。科技激励是促进科技创新的重要保障，对释放科技创新潜力、激发创新活力具有重要作用。要坚持精神激励和物质激励相结合，重点奖励那些从国家急迫需要和长远需求出发，为科学技术进步、经济社会发展、国家战略安全等作出重大贡献的科技团队和人员。要创新科研项目组织管理机制，保障科技人员科研工作时间，心无旁骛创新创造。要加大对青年科技人员的激励，敢于给年轻人担纲大任的机会，创造有利于青年人才脱颖而出的环境。要健全科研经费稳定支持机制，持之以恒支持科研人员在基础性、公益性研究方向上"十年磨一剑"。要坚持激励和约束并重，建立有效的约束和监督机制。5月，中国科学技术协会、教育部、科学技术部等八部门联合发布的《关于支持青年科技人才全面发展联合行动倡议》提出，加强部委联动，实施表彰奖励提升计划，发挥好中国青年科技奖、中国青年女科学家奖、中国青少年科技创新奖等表彰奖励的典型示范作用。鼓励社会力量设立青年科技人才奖项，促进青年才俊奔涌而出。

4. 加强高技能人才队伍建设

中共中央办公厅、国务院办公厅印发的《关于加强新时代高技能人才队伍建设的意见》提出，构建以行业企业为主体、职业学校（含技工院校）为基础、政府推动与社会支持相结合的高技能人才培养体系。鼓励企业根据需要，建立高技能领军人才"揭榜领题"以及参与重大生产决策、重大技术革新和技术攻关项目的制度。高技能人才可实行年薪制、协议工资制，企业可对作出突出贡献的优秀高技能人才实行特岗特酬，鼓励符合条件的企业积极运用中长期激励工具，加大对高技能人才的激励力度。支持各地将高技能人才纳入城市直接落户范围，高技能人才的配偶、子女按有关规定享受公共就业、教育、住房等保障服务。完善以职业能力为导向、以工作业绩为重点，注重工匠精神培育和职业道德养成的技能人才评价体系，推动职业技能评价与终身职业技能培训制度相适应，与使用、待遇相衔接。建立以国家表彰为引领、行业企业奖励为主体、社会奖励为补充的高技能人才表彰奖励体系。此外，中共中央办公厅、国务院办公厅印发《关于深化现代职业教育体系建设改革的意见》，进一步推动现代职业教育体系建设改革。在加快高技能人才培养平台建设方面，人力资源和社会保障部、财政部发布的《国家级高技能人才培训基地和技能大师工作室建设项目实施方案》提出，2022—2025年，国家重点支持建设400个以上国家级高技能人才培训基地（含新建和已建）和500个以上国家级技能大师工作室，引领带动各地、有关行业企业建设各级各类高技能人才培训基地和技能大师工作室。

5. 推进事业单位管理制度改革

在新时代人才工作布局中，我国事业单位人事人才管理制度改革不断推进。一是加强事业单位领导人员管理。1月，中共中央办公厅印发《事业单位领导人员管理规定》，对事业单位领导人员的选拔聘用和工作交流作出了详细规定。根据行业特点和工作需要，可以采取竞争（聘）上岗、公开选拔（聘）、委托相关机构遴选等方式产生人选。任用事业单位领导人员，区别不同情况实行选任制、委任制、聘任制。二是优化科研项目管理服务。6月，科学技术部等七部门发布《关于做好科研助理岗位开发和落实工作的通知》，按照科研经费管理改革有关政策要求，对科研辅助岗位的经费收支渠道作出了详细规定。鼓励设立科研助理岗位的单位统筹相关经费渠道，配套专门资金为科研助理岗位提供长期稳定支持。三是加强项目专项资金管理。11月，财政部、教育部发布《中央高校建设世界一流大学（学科）和特色发展引导专项资金管理办法》，提出"引导专项"实行项目管理，由中央高校统筹用于拔尖创新人才培养、师资队伍建设、提升自主创新、社会服务能力、文化传承创新、国际合作交流六个方面。"引导专项"支出范围包括与世界一流大学和一流学科建设以及特色发展相关的人员支出等。人员支出主要用于高水平人才队伍建设，培养、引进、聘任学术领军人才和建设优秀创新团队等。

6. 促进人才创新创业活力迸发

随着经济全球化不断加深，市场在资源配置中起决定性作用。从创新跨行业合作机制，到改革人才流动机制，再到加强产学研深度融合，一系列政策密集出台，促进人才创新创业活力迸发。2022年9月，中央全面深化改革委员会发布《关于健全社会主义市场经济条件下关键核心技术攻关新型举国体制的意见》，强调政府、市场、社会有机结合起来，科学统筹、集中力量、优化机制、协同攻关。2022年1月，国务院办公厅印发《要素市场化配置综合改革试点总体方案》，提出激发人才创新创业活力，支持事业单位科研人员按照国家有关规定离岗创新创业。3月，科学技术部等四部门联合印发的《〈关于扩大高校和科研院所科研相关自主权的若干意见〉问答手册》指出，兼职创新、在职创办企业人员继续享有参加职称评审、项目申报、岗位竞聘、培训、考核、奖励等各方面权利。7月，教育部办公厅、国家知识产权局办公室、科技部办公厅发布的《关于组织开展"千校万企"协同创新伙伴行动的通知》，提出探索选聘一批专家教授作为中小企业技术导师。实施"校企双聘"制度，促进专家教授的研究成果和专利技术在企业实现产业化应用。8月，科学技术部、财政部发布《企业技术创新能力提升行动方案（2022—2023年）》，提出加大科技人才向企业集聚的力度。推动企业招收更多高水平科技人才，扩大企业博士后招收规模。9月，科学技术部发布《"十四五"技术要素市场专项规划》指出，探索建立科技人才跨地区、跨部门、跨行业流动机制，完善校企、院企科研人员"双聘门"或"旋转门"机制，畅通高校院所和企业间人才流动渠道。12月，教育部办公厅、国家知识产权局办公室、科技部办公厅发布《关于组织开展"百校千项"高价值专利培育转化行动的通知》，提出建立高校、发明人和技术转移机构等主体间责权利相统一的收益分配机制，进一步调动各方积极性，促进科技成果快速转化。

7. 促进国际高端人才引进集聚

6月，国务院发布《广州南沙深化面向世界的粤港澳全面合作总体方案》，提出创新人才政策体系，实施面向港澳人才的特殊支持措施，在人才引进、股权激励、技术入股、职称评价、职业资格认可、子女教育、商业医疗保险等方面率先取得突破。对在南沙工作的港澳居民，免征其个人所得税税负超过港澳税负的部分。支持南沙实行更大力度的国际高端人才引进政策，对国际高端人才给予入境、停居留便利。实施产学研合作培养创新人才模式，加快博士后科研流动站、科研工作站以及博士后创新实践基地等载体建设，鼓励国际高端人才进入南沙。大力发展国际化人力资源服务，搭建国际人才数据库，建设好人力资源服务产业园区，允许符合条件的取得内地永久居留资格的国际人才创办科技型企业、担任科研机构法人代表。

（三）地方形成区域性人才工作意见

中央人才工作会议、党的二十大会议召开以后，各地围绕认真贯彻落实新时代人才强国战略部署，抓紧新时代地方人才工作战略谋划，出台人才工作相关行动方案和工作指引。各地瞄准发展需求，面向新经济、新基建、新技术、新产业，不断探索推动人才体制机制改革[①]，更加注重战略人才引进培养，大力推进区域人才中心和创新高地建设。

1. 发布地方人才发展"十四五"规划

为贯彻党的二十大会议精神，我国大部分省市围绕新时代人才强国战略和创新驱动战略，积极贯彻落实中央人才工作部署，相继召开人才工作会议，结合自身发展实际，发布地方人才发展和科技创新"十四五"规划，实施具有自身特色的新时代人才工作专项行动。例如，河南省、重庆市、西藏自治区、青海省等地区陆续出台《河南省"十四五"人才发展人力资源开发和就业促进规划》《重庆市科技创新"十四五"规划（2021—2025年）》《重庆市战略性新兴产业发展"十四五"规划（2021—2025年）》《西藏自治区"十四五"时期科技创新规划》《青海省"十四五"科技人才发展规划》等文件，围绕人才引进、培养、评价、使用、流动、激励各环节出台具体政策措施，将习近平总书记关于新时代人才工作的新布局具象化、政策化、工程化、项目化，为我国增强战略人才力量、建设世界重要人才中心和创新高地提供有力支撑。

2. 注重区域战略人才梯队建设

一是领军人才培养支持。湖南省科学技术厅印发的《"三尖"创新人才工程实施方案（2022—2025）》指出，实施"三尖"创新人才工程，重点支持三类高层次人才：战略科学家（顶尖）、科技领军人才（拔尖）、青年科技人才（荷尖）。山东省科学技术厅发布《山东半岛国家自主创新示范区自主创新行动方案（2023—2025年）》，提出在自创区积极探索重点人才"直通车"机制，实施战略科学家负责制，对顶尖人才、急需紧缺人才采取"一事一议""一人一策"等方式按需支持。新疆维吾尔自治区科学技术厅发布的《新疆维吾尔自治区技术创新中心建设工作指引（试行）》提出，集聚行业顶尖专家及团队参与共建工作，搭建以首席科学家、学术带头人、研发骨干为构架的人才梯队体系。上海市科学技术委

---

① 范青青、孙锐：《近期我国地方人才工作创新趋势追踪》，《中国科技人才》2021年第5期。

员会等九部门发布的《关于支持上海长三角技术创新研究院建设和发展的若干政策措施》提出，支持上海长三角技术创新研究院引进、培育高水平创新创业人才，享受相关人才政策。

二是青年科技人才培养支持。浙江省、海南省开展减轻青年科研人员负担专项行动，支持青年人才领衔承担重大科研任务。建立青年科技人才"白名单"制度，探索对高质量完成目标、绩效突出的科研团队采取滚动支持机制，经费使用可实行包干制。启动"百院千企引万才"行动，加大国内外优秀青年人才的发现引育力度。实施万名博士集聚行动，加大对企业在站博士后科研项目支持力度。北京市科学技术委员会、中关村科技园区管理委员会发布的《北京市科技新星计划管理办法（修订版）》提出，通过"人才+项目"支持模式，支持从事应用基础研究、技术创新和工程技术研发的青年人才，开展前沿科技攻关、跨学科跨领域交叉合作和科技成果转化。对工程技术人才支持比例不低于20%。此外，湖北省出台10条政策措施，支持战略科技人才后备力量。四川省计划到2025年，形成一支250人左右的战略科学家及后备人才队伍。

三是高技能人才培养培训。北京市人力资源和社会保障局、北京市财政局印发《北京市高技能人才研修培训工作管理办法》，对北京市内高技能人才研修培训工作作出具体规定。中共郑州市委办公厅、郑州市人民政府办公厅发布《郑州市高质量推进"人人持证、技能河南"建设工作方案》，围绕完善技能人才培养培训体系、完善技能人才评价激励体系、建立健全职业技能竞赛体系、完善技能人才就业创业支持体系，出台11条具体措施。[①] 重庆市相关部门发布《"巴渝工匠2025"行动计划》《重庆市技工教育"十四五"规划》，并在全国率先出台《重庆市"十四五"职业技能培训规划》，提出健全完善终身职业技能培训体系、提升职业技能培训供给能力、推进急需紧缺项目制培训、提高培训质量和标准化水平、畅通技能人才职业发展等多个方面的重点工作。

3. 推动地方特色创新中心建设

一是发布区域创新中心建设工作指引。例如，浙江省科学技术厅印发的《浙江省技术创新中心建设工作指引（试行）》、山东省科学技术厅发布的《山东半岛国家自主创新示范区自主创新行动方案（2023—2025年)》、新疆维吾尔自治区科学技术厅发布的《新疆维吾尔自治区技术创新中心建设工作指引（试行）》等文件，提出建设区域性人才创新中心，围绕创新人才引育评价激励机制、搭建创新平台、实施创新科研项目、落实科技成果转化等方面工作出台具体政策措施，进一步激发科研人员创新活力。

[①] 《〈郑州市高质量推进"人人持证、技能河南"建设工作方案〉的通知》，郑州市人力资源和社会保障局官网，https://public.zhengzhou.gov.cn/D480301X/6571859.jhtml，2022年3月20日。

二是促进特色产业人产互促发展。很多地方政府出台政策加大产业人才引进支撑和服务保障力度，通过人产互促的方式推动区域特色产业发展。例如，北京市相关部门发布《关于加快建设高质量创业投资集聚区的若干措施》《北京城市副中心元宇宙创新发展行动计划（2022—2024年）》，提出优化人才支撑，加大创投人才、元宇宙相关人才团队的引进和服务保障力度。江苏省推出"新时代人才工作十大专项行动"，其中，最引人关注的是强化数字经济人才的培育。广东省科技厅、工业和信息化厅发布的《广东省新一代人工智能创新发展行动计划（2022—2025年）》提出，着力培养一批技术、产业和商业的跨界复合型人才，以及人工智能紧缺急需专业技术人才、高技能人才。[1] 此外，山东省、四川省、宁夏回族自治区等围绕地区发展实际出台相关政策文件，聚焦当地特色重点产业发展需要开展人才需求预测。

三是加强区域科技创新平台建设。上海市科学技术委员会发布的《上海市重点实验室建设与运行管理办法》、安徽省科技厅和教育厅发布的《安徽省联合共建学科重点实验室实施方案（试行）》、四川省科学技术厅发布的《四川省软科学研究基地建设工作指引（试行）》等文件提出，鼓励相关依托单位创新体制机制，推动资源、人才、项目、基地统一配置，在人才培养和使用机制、人才分类聘用管理机制、人才评价与激励机制、人才项目交流合作机制等方面，强化对重点实验室的综合支持。此外，科学技术部联合上海市、江苏省、浙江省、安徽省三省一市人民政府共同发布的《长三角科技创新共同体联合攻关合作机制》提出，联合构建跨学科、跨领域、跨区域的若干创新联合体，实现项目、人才、基地、资金一体化配置，促进产业基础高级化和产业链现代化。

四是促进地区科技成果转化应用。2022年初，北京经开区出台"科创20条"[2]，其中，在聚焦产学研用、促进科技成果转化落地方面，提出依托清华、北大、中科院等顶尖高校院所及重点产业资源，建设产教融合基地，统筹人才基地项目；实施"创新伙伴计划""创新成长计划"；加强"三城一区"创新联动发展，布局一批先导基地加速区，建设一批特色产业园区[3]；支持全球一流大学及科研院所在北京经开区设立新型研发机构，根据上年度科技成果转化情况给予最高1000万元的奖励，推动产学研一体化高效协同；强化产业共性技术支撑能力，对服务企业大、行业影响力高的平台，根据其服务能力及效果，给予资金支持，发放科技创新服务券，促进科技资源开放共享。

---

[1] 连新轩：《"技能中国行动"引领技能广州新发展》，《职业》2021年第18期。
[2] 《北京经济技术开发区关于加快推进国际科技创新中心建设打造高精尖产业主阵地的若干意见》，北京市人民政府官网，https://www.beijing.gov.cn/fuwu/19fw/gggs/202203/t20220324_2639035.html，2022年1月14日。
[3] 王永生：《"两区"建设的亦庄加速度》，《中关村》2022年第4期。

4. 推动科研管理制度改革

一是加强科研项目经费使用管理。福建省、山西省、广东省、云南省、湖南省、四川省、江西省、山东省等相继出台省级"财政科技计划项目经费管理办法""重点研发计划项目管理办法",广东省、浙江省、北京市等出台"科研项目经费'负面清单+包干制'改革试点工作方案"等文件,提出改革完善科技项目经费管理的具体措施,大力推行经费"包干制"试点工作,赋予科研人员更大的人财物支配权和技术路线决策权,加快构建一套有效的基于信任的科研管理机制。

二是赋予科研人员职务科技成果所有权。浙江省科学技术厅等六部门发布《浙江省扩大赋予科研人员职务科技成果所有权或长期使用权试点范围实施方案》,提出试点单位可将利用财政性资金形成、利用单位物质技术条件形成或接受企业、其他社会组织委托形成的归单位所有的职务科技成果所有权赋予科技成果完成人(团队),试点单位与科技成果完成人(团队)成为共同所有权人。赋予科研人员职务科技成果长期使用权。试点单位可赋予科技成果完成人(团队)不低于10年的职务科技成果长期使用权,科技成果完成人(团队)应向单位申请并提交成果转化实施方案,由其单独或与其他单位共同实施该项科技成果转化。

三是创新院企科研人员双聘机制。安徽省人民政府发布《安徽省深化科技创新体制机制改革加快科技成果转化应用体系建设行动方案》,提出制定企业和高校院所科技人员双向兼职取酬管理试行办法。打破人事关系等刚性制约,采取"双聘制",推动企业高端人才到高校担任"产业教授"、高校院所科研人员到企业担任"科技副总",开展科技成果转化工作。云南省科技厅发布的《云南省企业科技创新能力提升工程行动方案》提出,建立企业科技特派员机制和校企、院企科研人员"双聘"机制,鼓励高校、院所科研人员流动到企业开展技术创新服务,鼓励企业委托云南省内外高校、科研院所培养科技创新人才,与云南省内外高校、科研院所开展科研人员"双聘"。

5. 推动人才评价机制改革

一是加大用人单位评价自主权。南京市相关部门出台《关于加快打造高水平国家级人才平台推进新时代人才强市建设的意见(征求意见稿)》,提出注重"支持人"也"支持用人",向用人主体授权,在人才举荐、职称评审等方面赋予用人单位更大空间。人才评价注重"破四唯"也"立新标",加快人才管理职能转变,切实从定项目、分钱物转到制定政策、搞好服务、创造环境上来。在重大项目评审立项实施中,把人才配置作为必要条件,建立产业、科技、人才项目贯通评价机制。

二是完善科技成果评价机制。湖南省、山东省、宁夏回族自治区、辽宁省等地区陆续发布各地"关于完善科技成果评价机制的实施意见""关于建立健全科技成果评价机制的实施意见"等政策,系统性改革完善科技成果的评价体系,细化完善有利于转化的职务科技成果评估政策。完善企业、高等学校、科研院所等科研人员职务科技成果披露制度，依法依规制定成果转化收入奖励和赋予科技人员职务科技成果共同所有权、长期使用权及收益权分配的操作细则。体系化推进科技奖励改革，调整优化科技奖励制度，规范提名制度和流程，优化奖励项目，提高奖励质量，奖励真正作出创造性贡献的科学家和一线科研人员。

三是优化科技成果转化专业职称评定。辽宁省人力资源和社会保障厅、科学技术厅发布的《辽宁省科技成果转化成绩优异人员职称评定暂行办法（修订）》提出，在工程、农业职称系列中分别设置科技成果转化专业，按实际从事专业方向开展正高级和副高级两个级别职称评定。以评价科技成果转化工作成绩为第一标准，为科技成果转化成绩优异人员开辟"绿色通道"。坚持克服"四唯"倾向，将科技成果转化的经济社会效益作为主要评价内容；重视应用方对科技成果转化效果的评价，加大企业评价在专业技术资格评定中的权重系数。

6. 实施更加开放的人才政策

一是便利外国人来华工作许可办理。2022年，广州市科学技术局印发《关于进一步优化外国人来华工作许可办理的若干措施》，进一步优化外国人来华工作许可办理，实行外国人工作许可资质互认，允许已取得粤港澳大湾区、内地其他城市工作许可的外国人在广州办理工作许可时，原则上可按原许可认定类别直接办理工作许可证，无须提交最高学位（学历）证书、工作资历证明（从事职业、岗位不同的除外）。工作许可办理可以实施不见面审批，以"承诺+告知制"在网上进行全流程办理。[1] 同时，放宽对外国科技人才、高技能人才年龄和工作经历限制，推动外国人来穗工作便利化、规范化管理。云南省科技厅发布《外国人才来云南工作便利服务措施十条（试行）》，提出放宽外国人才来云南工作年龄限制，外国高端人才（A类）无年龄限制；对用人单位确有需要的创新创业人才、专业技能人才、执行政府间协议或协定的外国专业人才（B类），可放宽年龄至65岁。免除部分外国专业人才来云南工作学历要求，对持有国际通用职业技能资格证书的技能型人才、平均工资收入不低于本地区上年度社会平均工资收入4倍的外籍人才、计点积分在60分以上的外国专业人才，不作学历要求。扩大境内申请外国人来华工作许可申请人范围，允许持其他有效签证或居留许可证件且已在我国境内的急需紧缺外国专业人才（B类）在境内直接申请办理外国人来华工作许可。此外，上海市、江苏省、浙江省、安徽省相关部门联合发布的《三省一市共建长三角科技创新共同体行动方案（2022—2025年）》提出，推进外国高端人才、专业人才在长三角生态绿色一体化发展示范区内互认，推动外国人来华工作许可、居留许可"单一窗口"办理。

二是实施个人所得税优惠政策。广东省财政厅、国家税务总局广东省税务局转发《财

---

[1] 李鹏程：《外国人来穗工作许可实现大湾区内地城市资质互认》，《南方日报》2022年3月22日。

政部　税务总局关于横琴粤澳深度合作区个人所得税优惠政策的通知》（简称《通知》）。《通知》提出，对在横琴粤澳深度合作区工作的境内外高端人才和紧缺人才，其个人所得税负超过15%的部分予以免征。对享受优惠政策的高端人才和紧缺人才实行清单管理，具体管理办法由粤澳双方研究提出，提请粤港澳大湾区建设领导小组审定。对在横琴粤澳深度合作区工作的澳门居民，其个人所得税负超过澳门税负的部分予以免征。按照清单管理办法列入人才清单的高端人才和紧缺人才以及在横琴粤澳深度合作区工作的澳门居民，在横琴粤澳深度合作区办理个人所得税年度汇算清缴时享受上述优惠政策。

三是促进国际科技人才合作交流。海南省科学技术厅发布的《海南省国际科技合作人才与交流项目和经费管理暂行实施细则》指出，人才与交流项目原则上公开择优立项。对海南省科技创新领域的重点项目、平台和基地申报的外国专家项目，可根据需要采用定向委托等方式征集项目。定向委托方式按程序采取"一事一报"方式立项。对于外国专家项目，项目单位依据指南申报项目，提出聘专需求和经费申请，对经评审立项的外国专家项目，资助金额不超过100万元。对于活动与人员交流项目，根据活动绩效择优进行资助，对重点活动给予实际支出50%、最高50万元的补助。对一般活动给予实际支出50%、最高20万元的补助。

四是实行高端紧缺人才清单管理。海南省人民政府发布的《海南自由贸易港享受个人所得税优惠政策高端紧缺人才清单管理暂行办法》提出，对在海南自由贸易港工作并享受优惠政策的高端人才和紧缺人才实行清单管理。确定为高端人才和紧缺人才的，当年享受个人所得税优惠政策。海南自由贸易港紧缺人才行业需求目录包含：旅游业、现代服务业、高新技术产业、农业领域、医疗领域、教育领域、体育领域就业创业、电信领域、互联网领域、文化领域、维修领域、金融领域、航运领域的技术技能骨干和管理人才，机关事业单位人才以及法定机构、社会组织聘用人才，其他外国人员（C类），在海南自由贸易港执业的港澳台人才，其他非限制性准入行业领域急需的技术技能骨干和管理人才。

五　2023年人才学研究趋势与展望

2023年，面对复杂严峻发展环境和高质量发展首要任务，基于对党的二十大精神的深入学习，我们要以实施新时代人才强国战略为主线推动人才学理论研究创新和新阶段人才工作高质量发展。未来人才学发展的策略，应进一步推动新时代人才强国战略理论创新，同时注重理论研究和应用研究的有机结合。通过提升人才学学科层次、创新人才学研究内容、创新研究工具和研究方法、加强学术资源的吸收和运用、强化人才学研究的中国特色等举措，进一步推进人才学学科体系全面协调发展。

（一）推动新时代人才强国战略理论创新

新时代人才强国战略的提出和实施既具有时代性、实践性和发展性，也具有理论性、特色性和科学性。当前和今后一个时期，人才学学科领域需要进一步推动新时代人才强国理论创新，为构建中国特色新时代人才强国战略理论体系打下坚实根基。[1] 一是认真总结和深入挖掘古今中外的人才思想，梳理总结马克思列宁主义、毛泽东思想、邓小平理论、"三个代表"重要思想、科学发展观，特别是习近平新时代中国特色社会主义思想中有关人才工作的重要思想、基本观点、论断和方法，进一步夯实中国特色人才战略的思想基础。二是强化人才学理论基础研究，特别是要抓紧建立人才学与人才战略有关的概念体系、逻辑体系、内涵体系和数据体系。当前在人才理论和人才工作实践中，一些概念、逻辑和统计相互交叉、似是而非，内涵和外延界定不清晰，如人才资源与人力资源、产业行业人才与高层次人才、人才强国与人力资源强国等，解决好这些问题才能为推动人才战略相关学科的长足发展奠定基础。三是要加强基于时代发展、经济发展和社会发展的人才分类框架研究，抓紧建立一套以现代职业分类为基础的人才分类体系，提升人才政策供给的针对性、匹配性，增强人才统计口径和关键指标的国际可比性。四是要大力推动跨学科跨领域的交叉融合研究。进一步打破学科壁垒和领域界限，结合战略理论、创新理论、发展理论和国家发展史的经典理论，吸纳世界科学中心、创新高地的最新研究成果，构建体现中国特色、全球视野的新时代人才强国战略理论框架，力争实现人才发展新实践与人才强国新理论的互动支撑和协同发展，形成新战略的新立论、新解释、新范式，建立国家人才战略研究的中国国际话语权。[2]

（二）注重理论研究和应用研究有机结合

理论来源于实践，也需要指导实践。要将人才学理论研究成果运用到具体应用问题领域，同时以应用研究为切入点，反过来促进相关的理论研究。当前和今后一个时期，要围绕我国新时代人才强国建设，加强相应的专门人才和人才问题的研究。在推动国家治理体系和治理能力现代化的过程中，全面分析把握新时代人才强国战略的先进性、科学性和实践性，推动新时代人才强国战略思想的理论化，战略理论的结构化、体系化、系统化，对新时代人才发展的新趋势新现象开展规律探寻，以战略理论、创新理论、发展理论和管理学理论等多学科解释拓宽理论研究的广度和深度，推动人才工作从创新实践到特色理论的提炼升华，构建形成新时代新战略的新立论、新解释、新框架，并进一步推动人才强国战略研究从沿袭内

---

[1] 孙锐：《彰显人才的战略性支撑作用》，《光明日报》2022年11月25日。
[2] 孙锐：《实施新时代人才强国战略：演化脉络、理论意涵与工作重点》，《人民论坛·学术前沿》2022年第18期。

部语境和传统范式向形成具有世界影响力和中国话语权的研究范式探索和转变，这不仅是对人才学理论的推动和发展，同时也将有助于丰富习近平总书记治国理政的基本方略，有望对形成完善中国特色社会主义理论的人才发展理论篇章作出基础性理论贡献。

（三）推进人才学学科体系全面协调发展

一是提升人才学学科层次。人才学的发展关键是要加强学科建设，把人才学从三级学科提升到二级学科。要紧紧抓住国家中长期人才发展规划纲要实施的有利时机，尽快提出学科建设的总体框架和思路，要利用国家调整学科目录的有利时机，争取早日实现学科层次升级。

二是创新人才学研究内容。人才政策和人才工作是常新的，人才学研究也要常新，人才学研究内容要与时俱进不断丰富。只有不断创新研究内容，才能促进学科的持续发展，才能更好地为人才政策和人才工作服务。[①] 要深化学科体系框架研究，加大对各分支学科和各交叉学科的研究，如人才统计学、人才生态学、人才法学等。要深化对人才哲学、人才心理学、人才社会学、人才经济学、人才管理学、比较人才学等基础性的主干交叉学科的研究。[②]

三是创新研究工具和研究方法。和其他社会科学学科相比，人才学的理论基础稍显薄弱，人才学研究工作者的专业化水平有待提升。例如，人才学的一些基本概念，如人才效能、人才贡献率也有待科学定义。因此，要重视定量分析和定性分析相结合，加强学术规范，强调实证研究。要推进人才统计学和人才计量学的研究，进一步使人文方法和数理方法相融合，形成人才研究的专门方法和研究范式。

四是加强学术资源的吸收和运用。人才学研究要用好内外部学术资源。特别是在研究专门人才学和交叉人才学时，这种跨领域的借鉴与融合尤其必要。内部资源是人才学自身的学科资源，主要是前人的研究成果和经验。人才学研究者需要注重和善于检索相关领域研究成果，以文献综述作为研究的基础和起点，这样才能"站在前人的肩上"向前发展。要解决封闭研究、缺乏文献综述的研究、自我循环的研究等问题。[③] 外部资源是其他学科的资源，如经济学、社会学等。要使人才学研究深入，人才学研究者需善于借鉴其他学科的科学资源，包括其概念、理论、方法、范式等。

五是强化人才学研究的"中国特色"。在全球化趋势正在向全方位深入发展的背景下，我国人才学研究，当然应跟踪研究、认真吸纳国际社会关于人力资源研究、英才研究的前沿性、先进性成果，做好世界名著的译介工作，以利于"洋为中用"；然而我国人才学研究，在吸收国外理论精华的同时，更要注重保持和发扬人才学的中国特色、民族风格和实践品格。

---

① 吴江：《中国人才学学科发展的回顾与展望》，《第一资源》2010年第1期。
② 叶忠海：《中国人才学发展的历程、成就和展望》，《中国人才》2013年第1期。
③ 钟祖荣：《中国人才学研究四十年回顾与未来发展的思考》，《中国人事科学》2019年第6期。

最佳论文

一 2022 年人才学最佳中文论文

（一）TOP 50 榜单

人才学最佳中文论文 TOP 10 榜单，2022 年

总榜序	论文	刊物复合影响因子	月均引用	专家投票	月均下载	综合得分
1	论基于混合式教学的高校创新人才培养模式　陈婧（2022），《中国人民大学教育学刊》，第 1 期，第 87—98 页	1.139	1.333	5	220.1	0.7613
2	乡村振兴背景下农村社会工作人才队伍建设研究　卫小将、黄雨晴（2022），《中共中央党校（国家行政学院）学报》，第 1 期，第 104—112 页	4.258	1.250	3	362.2	0.6934
3	我国竞技体育后备人才多元培养困境与对策　朱岩、李国红、张景峰、杨庆宇（2022），《体育文化导刊》，第 3 期，第 52—57 + 64 页	3.322	1.100	2	241.5	0.5828
4	打造"不设天花板"的基础学科拔尖创新人才培养空间　郑庆华（2022），《中国高等教育》，第 12 期，第 17—19 页	1.899	1.000	3	373.0	0.5705
5	体教融合背景下我国竞技篮球后备人才培养新格局与发展路径　贾志强、董国民、贾必成（2022），《体育文化导刊》，第 3 期，第 65—71 页	3.322	1.000	2	470.8	0.5568
6	供需视角下上海科技人才政策评估　张群（2022），《科技管理研究》，第 2 期，第 26—35 页	2.673	0.909	3	201.3	0.5191
7	什么样的宏观生态环境影响科技人才集聚——基于中国内地 31 个省份的模糊集定性比较分析　李作学、张蒙（2022），《科技进步与对策》，第 10 期，第 131—139 页	4.575	1.000	4	556.7	0.5128

续表

总榜序	论文	刊物复合影响因子	月均引用	专家投票	月均下载	综合得分
8	校企深度融合的人工智能复合型人才培养探索 胡清华、王国兰、王鑫（2022），《中国大学教学》，第3期，第43—50+57页	3.525	0.700	4	157.1	0.4540
9	人才引进政策的经济增长及空间外溢效应——基于长三角城市群的研究 史梦昱、沈坤荣（2022），《经济问题探索》，第1期，第32—49页	4.107	0.667	4	238.2	0.4485
10	中国青年科技人才培养的历史演进、存在问题与对策建议 王思霓（2022），《中国青年研究》，第3期，第37—43页	3.803	0.500	5	234.5	0.4003

人才学最佳中文论文 TOP 11–50 榜单，2022 年

总榜序	论文	刊物复合影响因子	月均引用	专家投票	月均下载	综合得分
11	创新人才集聚对经济高质量发展的影响效应研究——基于长三角41个城市面板数据的实证分析 崔祥民、柴晨星（2022），《软科学》，第6期，第106—114页	4.84	0.571	3	469.0	0.3997
12	创新投入、国际人才流动与国际创业——基于国家级高新技术产业开发区的实证研究 薛佳慧、彭华涛（2022），《中国科技论坛》，第2期，第133—140+169页	2.895	0.545	4	119.1	0.3783
13	习近平新时代创新人才观探析 范一泓（2022），《湘潭大学学报（哲学社会科学版）》，第2期，第127—131页	1.857	0.455	5	209.3	0.3684
14	知识转型与评价转向：高校科研人才评价困境及重构 杨佳乐、高耀（2022），《中国高教研究》，第2期，第35—41页	5.526	0.455	4	153.6	0.3528

续表

总榜序	论文	刊物复合影响因子	月均引用	专家投票	月均下载	综合得分
15	新文科背景下新闻传播学本科专业人才培养研究 周茂君、柏茹慧（2022），《国际新闻界》，第2期，第133—156页	5.314	0.545	2	210.3	0.3402
16	国家间技术互补变迁及其对发明人才跨国流动的影响——一个国际技术发现假说与检验 郑江淮、陈喆、康乐乐（2022），《中国工业经济》，第4期，第23—41页	21.679	0.222	3	279.9	0.3074
17	包容性、人才迁移与城市创新 张超、肖植检、兰宗敏（2022），《科技管理研究》，第4期，第217—228页	2.673	0.444	3	103.0	0.3018
18	区域人才发展环境指数研究——基于广东省21个地市的调查样本 萧鸣政、朱玉慧兰（2022），《行政论坛》，第3期，第131—138页	5.313	0.300	4	44.5	0.2732
19	中国城市人才聚集的时空演化特征及影响因素研究 金海燕、刘宵、李佩（2022），《世界地理研究》，2022年10月8日网络首发	3.755	0.000	7	315.3	0.2389
20	我国海外理工科人才引进政策变迁——基于政策"目标—工具—阶段"框架的分析 魏立才、田恩舜、胡炳仙（2022），《高等工程教育研究》，第5期，第99—105页	4.79	0.000	7	100.5	0.2260
21	科技金融政策能否提升科技人才集聚水平——基于多期DID的经验证据 谢文栋（2022），《科技进步与对策》，第20期，第131—140页	4.575	0.333	2	577.3	0.2145
22	科技创新人才能力的动态演变及国际比较研究 陈劲、杨硕、吴善超（2022），《科学学研究》，2022年7月13日网络首发	4.96	0.000	5	266.8	0.1835

续表

总榜序	论文	刊物复合影响因子	月均引用	专家投票	月均下载	综合得分
23	我国科技人才政策十年发展与面向高水平科技自立自强的优化思路　陈凯华、郭锐、裴瑞敏（2022），《中国科学院院刊》，第5期，第613—621页	5.904	0.125	3	191.4	0.1809
24	陕西省科技人才评价指标体系与评价方法构建　田军、刘阳、周琨、祝文青、曹怡静、艾艳芳（2022），《科技管理研究》，第4期，第89—96页	2.673	0.333	0	200.2	0.1742
25	基于产教融合背景的数字传媒人才培养方式探析——以上海出版印刷高等专科学校为例　李晶晶（2022），《传媒》，第10期，第85—87页	1.114	0.333	1	124.0	0.1604
26	我国拔尖创新人才的选拔与培养——基于教育实践的多案例循证研究　郑永和、杨宣洋、谢涌、王晶莹（2022），《中国科学院院刊》，第9期，第1311—1319页	5.904	0.250	4	280.3	0.1587
27	拔尖创新人才培养的成效、缺失和建议　杨德广（2022），《重庆高教研究》，第6期，第3—9页	4.391	0.286	3	162.3	0.1578
28	中国共产党百年人才培养的目标定位与价值取向　王枬、雷安娜、马玮岐（2022），《国家教育行政学院学报》，第5期，第9—17页	2.912	0.125	3	59.4	0.1556
29	信息技术学科拔尖人才选拔与培养的现状、问题与建议　徐显龙、许洁、党渤斐（2022），《中国电化教育》，第5期，第107—114页	7.138	0.250	4	109.8	0.1505
30	人才高地建设的标准与路径——基于概念、特征、结构与要素的分析　萧鸣政、应验、张满（2022），《中国行政管理》，第5期，第50—56页	6.058	0.250	5	144.8	0.1483
31	供给侧结构性改革视域下高校创新创业型人才培养路径　徐伟明、肖洒（2022），《科技管理研究》，第6期，第76—82页	2.673	0.286	1	89.7	0.1436

续表

总榜序	论文	刊物复合影响因子	月均引用	专家投票	月均下载	综合得分
32	人才生态环境、成长预期与海外人才回流意愿　张楠、田帆（2022），《中国人力资源开发》，第9期，第114—128页	4.035	0.250	4	148.5	0.1389
33	西部地区创新发展、人才集聚关联性与经济高质量发展——基于模糊集定性比较分析研究　杨帆、杜云晗、徐彬（2022），《软科学》，第4期，第71—77页	4.84	0.222	0	220.8	0.1362
34	在融合中生长：应用型人才培养路径探索　刘献君、赵彩霞（2022），《高等教育研究》，第1期，第79—85页	3.33	0.250	4	147.5	0.1354
35	京津冀人才链与产业链耦合发展研究　姜兴、张贵（2022），《河北学刊》，第2期，第170—176页	1.394	0.273	2	119.7	0.1341
36	基于四维分析视角的我国科技人才评价政策文本计量与优化　谭春辉、梁远亮、魏温静、刁斐、陈晓琪（2022），《情报科学》，第3期，第63—71页	3.853	0.200	3	281.1	0.1265
37	科技人才评价政策传导与个体非理性行为——基于行为公共政策的分析　章熙春、朱绍棠、李胜会（2022），《科研管理》，第8期，第183—191页	5.27	0.200	4	184.4	0.1253
38	科技创新人才评价指标体系构建　张熠、倪集慧（2022），《统计与决策》，第16期，第172—175页	3.034	0.200	3	284.8	0.1229
39	马克思社会发展理论视阈下当代青年人才发展困境及其治理　刘长军、谢瑜、谢熠（2022），《四川师范大学学报（社会科学版）》，第5期，第25—30页	1.785	0.125	2	54.8	0.1213

续表

总榜序	论文	刊物复合影响因子	月均引用	专家投票	月均下载	综合得分
40	区域一体化政策对城市高学历人才分布的影响与作用机制——以长三角地区为例 许泽宁、陈子韬、甄茂成（2022），《地理研究》，第 6 期，第 1540—1553 页	8.636	0.143	4	222.9	0.1188
41	基于中国式人力资源管理理念的企业人才培养模式 鲍宜周（2022），《山西财经大学学报》，第 S2 期，第 25—27 页	6.379	0.000	3	83.1	0.1179
42	中国共产党百年人才思想的理论进路与实践向度 徐明（2022），《北京社会科学》，第 2 期，第 4—15 页	1.617	0.182	8	45.182	0.1167
43	乡村振兴重点帮扶县乡村人才突出问题及其破解 王俊程、窦清华、胡红霞（2022），《西北民族大学学报（哲学社会科学版）》，第 4 期，第 104—112 页	1.65	0.222	2	168.1	0.1166
44	现代信息技术时代下的新型人才培养 李德才、宋文龙、张佳薇（2022），《山西财经大学学报》，第 S2 期，第 112—114 页	6.379	0.000	3	46.5	0.1149
45	国际比较视野下我国参与全球战略科技人才竞争的形势、问题与对策 秦琳、姜晓燕、张永军（2022），《国家教育行政学院学报》，第 8 期，第 12—23 页	2.912	0.200	4	140.2	0.1103
46	适应区域经济的跨境电商人才培养绩效评价 张永（2022），《山西财经大学学报》，第 S1 期，第 184—186 页	6.379	0.167	3	46.0	0.1041
47	基础学科拔尖人才培养的"道"与"术" 邬大光、叶美金（2022），《中国高等教育》，第 8 期，第 18—20 页	1.899	0.200	4	109.0	0.1029

续表

总榜序	论文	刊物复合影响因子	月均引用	专家投票	月均下载	综合得分
48	人才引进政策会诱致性别不平等吗？——基于我国12个"新一线城市"的实证研究　刘杨（2022），《东北大学学报（社会科学版）》，第5期，第86—95页	3.31	0.000	3	75.5	0.1026
49	城市舒适物吸引了人才吗——基于我国地级市数据的实证研究　扈爽、朱启贵（2022），《山西财经大学学报》，第6期，第28—41页	6.379	0.143	4	145.9	0.1017
50	中国省际高技能人才迁移的时空演化机制　古恒宇、沈体雁（2022），《地理学报》，第10期，第2457—2473页	9.697	0.000	1	379.7	0.1012

（二）TOP 50 内容概览

第 1 名

论基于混合式教学的高校创新人才培养模式

陈婧（2022），《中国人民大学教育学刊》，第1期，第87—98页

【内容概览】

1. 问题/议题

混合式教学的特征和培养目标是什么？实现创新人才培养对传统教学提出什么样的挑战？应有怎样的培养创新人才的策略？

2. 结论

高校创新人才培养的新途径：明确核心目标，聚焦综合能力培养；完善评价体系，形成完整教学闭环；构建混合式教学的评价指标。

3. 论证

创新人才的特征：自觉创新意识、缜密的创新思维、坚强的创新能力和创新型人格。

创新人才的培养目标：第一，高校构建创新人才培养模式的最终目标是培养出一大批适

应时代发展的创新型拔尖人才；第二，高校创新人才培养模式的目标是能够培养出具有创新意识、创新思维、创新能力以及创新个性的、全面发展的创新型人才，高校要在帮助学生牢固掌握学科知识的同时激发其创新能力。

实现创新人才培养对传统教学方式提出的挑战：第一，新科技发展对传统教学模式造成冲击；第二，知识生产模式变革对创新人才提出了新要求；第三，学科导向与学术转变对创新人才培养提出了新挑战。

混合式教学条件下培养创新人才的策略：第一，搭建新科技适应支架，激发创新意识；第二，适应新模式下的学习动机，提高学习自主性；第三，重塑新型的师生关系，创新知识传播途径。

混合式教学评价体系的构建：第一，明确核心教学评价目标；第二，完善评价体系；第三，设置合理评价框架。

4. 作者自评和他评

他评。截至 2023 年 1 月 31 日，中国知网数据显示，该文被下载 2641 次，被引 16 次。

该文研究观点获得杨利强、苏钠、谢瑶等[1]，杨晓华[2]，韩玲[3]，栗滢超、翟天林、李昕[4]，汪梦佳[5]，陈集成、潘艳、黄秀芸[6]的认同。该文研究观点"创新人才的特征是自觉创新意识、缜密的创新思维、坚强的创新能力和创新型人格"获得吕晨、涂天诚、杨天一等[7]的认同。该文的论断"混合式教学的概念也发展为以培养学生自主学习能力为目的，将信息技术、创新教学方法、多种学习方式相混合的教学模式，构造出'基于移动通信设备、网络学习环境与课堂讨论相结合的教学情境'，为学生提供最优的学习环境"获得魏曼琳等[8]的认同。

---

[1] 杨利强、苏钠、谢瑶等：《混合式教学模式在人体解剖学教学中的启发及应用》，《科技风》2023 年第 1 期。

[2] 杨晓华：《学习者自主性视域下混合式教学实践研究——以能源英语课程为例》，《高教学刊》2022 年第 34 期。

[3] 韩玲：《高校英语专业混合式教学模式构建研究》，《英语广场》2022 年第 34 期。

[4] 栗滢超、翟天林、李昕：《基于超星学习通的土地利用规划学课程混合式教学实践》，《河南教育（高等教育）》2022 年第 11 期。

[5] 汪梦佳：《基于 OBE 理念的"中级财务会计"混合式教学改革研究》，《科教导刊》2022 年第 23 期。

[6] 陈集成、潘艳、黄秀芸：《农业类核心课程线上线下混合式教学的设计与建设——以养牛与牛病防治课程为例》，《广西教育》2022 年第 27 期。

[7] 吕晨、涂天诚、杨天一等：《多校区高校创新型人才培养模式选择探析——基于层次分析法和熵权法的分析》，《中国高校科技》2022 年第 7 期。

[8] 魏曼琳、张航、宋扬：《地方高校动物营养学教学改革探索》，《养殖与饲料》2022 年第 12 期。

【作者简介】
陈婧：中国人民大学教育学院。

第 2 名

乡村振兴背景下农村社会工作人才队伍建设研究

卫小将、黄雨晴（2022），《中共中央党校（国家行政学院）学报》，第 1 期，第 104—112 页

【内容概览】

1. 问题/议题

乡村振兴背景下农村社会工作人才队伍建设存在的问题有哪些？

2. 结论

因我国社会工作发展存在城市"弱需求、缓需求、强发展"与农村"强需求、急需求、弱发展"的资源配置失衡问题，导致农村社会工作人才队伍建设存在总量稀少、覆盖面窄、碎片式发展、定位不清、功能分化、本土化不足等问题。同时，农村社会工作也呈现积极发展的态势。如初步开始形成连续的"制度政策丛"，试点工作不断推开，等等。由此，在乡村振兴战略背景下，通过借鉴和总结相关经验提出政策建议：实施"一村一社工"和"社工驻村模式"；创新农村社会工作人才教育培养机制，推动教育、研究和实践相结合；借助信息科学技术提供远程培训与专业服务；大力培育农村社会组织，发挥"孵化器"作用，塑造友好型专业发展生态环境。

3. 论证

资源配置与农村社会工作人才队伍建设的迫切性。第一，积极推进乡村社会工作人才队伍建设不仅是重新调整和优化公共服务资源城乡配置的关键路径，更是回应"三农"问题、创新社会治理的重要举措。第二，乡村振兴离不开人才振兴：其一，精准扶贫收官之后，宏观社会政策转向微观社会服务是社会治理的必然趋势；其二，乡村振兴需要整合国家外衍性力量和乡村内生性力量，协同农业、农村和农民发展，着力破解产业空心化、人才空心化及教育空心化等问题。

农村社会工作人才队伍建设困境。其一，农村社会工作人才总量较少，流动性较强，可持续性较弱，难以覆盖大规模的受众需求。其二，农村社会工作的职能定位不够清晰，社会工作者角色较为泛化，服务有时也缺少一定的系统性和科学性。其三，农村社会工作本土发展空间巨大，但本土化程度相对不足，社会工作者还缺乏文化敏感性和本土境遇的应变性。

其四，农村社会组织发展较为滞后，农村社会工作缺乏社会认同，农村社会工作者专业认同度比较低。

农村社会工作人才队伍建设的相关经验。一是公共财政制度的经费保障是建设农村社会工作人才队伍的前提。二是通过制度化建设促进农村社会工作人才队伍的专业化和职业化。三是发达的社会组织是农村社会工作发展的"助推器"，更是农村社会工作人才的"孵化器"。四是利用现代信息科学技术跨时空培养专业人才并提供服务是推动农村社会工作人才队伍建设的新举措。五是立足现实情境，回应本土需求，在本土性助人工作者的基础上培养具有文化敏感性的农村社会工作专业通才。

农村社会工作人才队伍建设的政策建议。第一，着力推进农村社会工作人才队伍建设，实施"一村一社工"和"社工驻村模式"。第二，创新农村社会工作人才教育培养机制，推动教育、研究和实践相结合，以点带面，全面推开。第三，建立健全农村社会工作人才队伍制度建设，大力培育农村社会组织，利用现代信息技术手段，塑造友好专业生态环境。

4. 作者自评和他评

他评。截至 2023 年 1 月 31 日，中国知网数据显示，该文被下载 4346 次，被引 15 次。

该文研究观点获得王宏涛、郭少新[1]，蒋伟琳、刘心怡[2]的认同。该文观点"社会工作作为一种社会治理术，在创新社会治理手段、应对转型社会问题、调适人类行为与社会生态系统方面可以发挥积极作用"获得张李莹[3]的认同。该文建议"贫困户可以利用自身拥有的土地资源或者手艺等，加入某个产业的生产当中，从而获得财富"获得余仪[4]的认同。

【作者简介】

卫小将：中国人民大学社会与人口学院，副教授，博士生导师，主要研究社会工作、社会问题、发展社会学。

黄雨晴：中国人民大学社会与人口学院，博士研究生。

---

[1] 王宏涛、郭少新：《新时代农村青年要争做乡村振兴弄潮儿》，《人民论坛》2022 年第 22 期。

[2] 蒋伟琳、刘心怡：《列宁社会主义文化建设思想及其现实意义》，《平顶山学院学报》2022 年第 4 期。

[3] 张李莹：《乡村振兴战略下农村社会工作人才队伍建设研究》，《甘肃农业》2022 年第 11 期。

[4] 余仪：《乡村振兴背景下社会工作介入五指山市巩固扶贫成果的路径研究》，《农村经济与科技》2022 年第 20 期。

第 3 名

我国竞技体育后备人才多元培养困境与对策

朱岩、李国红、张景峰、杨庆宇（2022），《体育文化导刊》，第 3 期，第 52—57 + 64 页

【内容概览】

1. 问题/议题

我国竞技体育后备人才多元培养的困境有哪些？

2. 结论

后备人才多元培养困境包括：第一，体系衔接不畅，基层体系薄弱；第二，体校培养落后，培养能力萎缩；第三，融合基础欠缺，目标难以统一；第四，社会主体薄弱，尚未形成支撑。提出多元培养路径：第一，完善顶层设计，转变融合培养理念；第二，多种模式并存，推进多元协同培养；第三，加大社会组织培育力度，盘活社会力量；第四，畅通人才发展通道，打通上升链条。

3. 论证

竞技体育后备人才多元培养价值。第一，加速体育强国建设，增强为国争光能力。培养出的多名优秀运动员，在一定程度上满足了"十四五"时期我国竞技体育高质量发展转型的需要，加速了 2035 年建成社会主义现代化体育强国的远景目标，同时对实现为国争光以及中华民族伟大复兴的中国梦都具有重要作用与意义。第二，实现资源多方共享，促进青少年健康发展。多元培养模式为每位学生创造了良好的体育技能学习与提升的环境和条件，有效地提升了学生社会适应能力，培养了其体育锻炼的习惯，从而有效保障了青少年的体质健康。

我国竞技体育后备人才多元培养困境。第一，体系衔接不畅，基层体系薄弱。表面上培养主体多元存在，但实践中整体系统薄弱，缺少统一规划及具体路径，未能形成合力，不符合体教融合初衷。第二，体校培养落后，培养能力萎缩。第三，融合基础欠缺，目标难以统一。培养目标的差异、双系统分治、彼此争夺资源、信息不对等、无法破除输送壁垒、实践与目标的偏离等问题直接影响体教融合基础。第四，社会主体薄弱，尚未形成支撑。社会组织作为竞技体育后备人才培养主体发展是薄弱的，在整个培养过程中不具备主动权，导致难以独立完成培养目标，无法对竞技体育后备人才培养形成有力支撑。

我国竞技体育后备人才多元培养对策。第一，完善顶层设计，转变融合培养理念。首先，要完善顶层设计，坚持系统观念。其次，原有"三级训练网"更多地将"金牌优先"作为运动员培养的首要指标，这在很大程度上也限制了后备人才的质量，如造成了专业队运

动员文化教育的缺失以及伤病的出现。第二，多种模式并存，推进多元协同培养。第三，加大社会组织培育力度，盘活社会力量。第四，畅通人才发展通道，打通上升链条。

4. 作者自评和他评

他评。截至 2023 年 1 月 31 日，中国知网数据显示，该文被下载 2415 次，被引 11 次。该文研究观点获得陶涛、徐娟、周逸姗[①]，宋炜、杜光友[②]的认同。该文对体育竞技人才地位的阐释，"竞技体育后备人才是我国实现为国争光的重要基石"获得武威、王国伟[③]的认同。该文提出的竞技体育后备人才多元培养对策，"建立以体教融合政策为主导的执行协调机制，明确各部门机构间的权力与责任划分，加强各部门机构间的沟通交流，避免不必要失误阻碍政策执行"获得周生辉、肖方威[④]的认同。

【作者简介】

朱岩：北京师范大学体育与运动学院。

李国红：北京师范大学体育与运动学院，副教授，硕士生导师，主要研究排球教学与训练等。电子邮箱：liguohong23@126.com.

张景峰：北京师范大学体育与运动学院。

杨庆宇：北京师范大学体育与运动学院。

第 4 名

打造"不设天花板"的基础学科拔尖创新人才培养空间

郑庆华（2022），《中国高等教育》，第 12 期，第 17—19 页

【内容概览】

1. 问题/议题

基础学科拔尖人才培养路径是什么？

[①] 陶涛、徐娟、周逸姗：《"放管服"视角下我国竞技体育后备人才的发展机遇、挑战及优化路径研究》，《辽宁体育科技》2023 年第 2 期。

[②] 宋炜、杜光友：《体教融合再思考：竞技体育后备人才培养的多元路径》，《新课程研究》2023 年第 3 期。

[③] 武威、王国伟：《我国竞技女子马拉松发展现状、困境及优化策略研究》，《体育科技文献通报》2023 年第 1 期。

[④] 周生辉、肖方威：《我国体教融合政策的执行困囿与纾解路径——基于史密斯政策模型》，《湖北体育科技》2022 年第 12 期。

2. 结论

基于西安交通大学的实践探索经验，加强基础学科拔尖人才培养，应持续优化基础学科人才选拔评价机制，完善基础学科人才培养分类指导，强化基础学科研究平台磁吸效应。持续优化多维度考核评价招生模式。一是建议设立专门通道从高中一、二年级甚至初中生中，挖掘基础学科的"千里马"；二是不断总结各个高校二次选拔的经验，为真正热爱基础学科研究的"偏才、怪才"提供机会；三是加大优秀本科生免试攻读基础学科研究生的比例，在研究生培养层面设立与"英才计划""拔尖计划"对应的项目，加强高层次基础学科人才储备。强化基础学科教育系统化部署，加强统筹协调，整合各方资源，在研究生指标、条件建设、人才引进、考核评价等方面给予政策支持和资源倾斜。加强基础学科师资建设，在基础学科优秀教师政策吸引、经费支持、职称评定等各个方面建立专门特殊通道，全面保障基础学科人才培养；推动基础学科与应用学科均衡协调发展，鼓励开展跨学科研究，促进自然科学、人文社会科学等不同学科之间的交叉融合，吸引更多优秀人才从事基础性研究。政府、企业、高校和研究机构要着眼"四个面向"，立足长远，加强基础研究投入，吸引优秀拔尖人才从事基础研究。实施和完善高校引进、培养基础学科人才的专项计划，广泛建立基础学科教学平台、开放国家级高端基础研究平台培养人才。建立政产学研一体的大型基础科学研究中心或实验室，通过机制创新和政策激励吸引人才，为高层次基础学科人才提供用武之地和就业保障，大量储备基础研究人才，为实现基础研究原创性突破提供源源不断的人才支撑。

3. 论证

基础学科发展规律与特点。第一，基础学科具有抽象性、概括性的特点。第二，基础学科具有长期性、连续性的特点。第三，基础学科作用发挥具有深层次、隐蔽性的特点。

基础学科人才培养的意义。加强基础学科人才培养是提升原始创新能力的关键。加强基础学科人才培养是实现科技自立自强的基础。加强基础学科人才培养是建设创新型人才强国的核心。

基础学科拔尖创新人才培养的探索与实践。为更好地培养基础学科拔尖创新人才，西安交通大学发扬钱学森"集大成、得智慧"教育理念，创办钱学森学院，创新基础学科拔尖创新人才培养举措，实行"两阶段四模块"甄选方式、"三重一化一中心"培养模式、质量监控体系督导人才。基础学科拔尖创新人才培养取得显著成效。深化体制机制创新，激发人才培养活力。打造高质量育人体系，优秀学子不断涌现。引领教育教学发展，创新改革成果卓著。推广经验辐射全国，社会各界高度评价。

4. 作者自评和他评

他评。截至2023年1月31日，中国知网数据显示，该文被下载296次，被引1次。

该文研究观点"基础学科通常商业价值不明显，较难产生直接经济效益，往往需要很多的中间环节，才能发展为生产力"获得施晓光[①]的认同。

【作者简介】

郑庆华：西安交通大学电子与信息工程学院，教授，主要研究大数据知识工程、网络舆情监测。电子邮箱：qhzheng@mail.xjtu.edu.cn。

第5名

体教融合背景下我国竞技篮球后备人才培养新格局与发展路径

贾志强、董国民、贾必成（2022），《体育文化导刊》，第3期，第65—71页

【内容概览】

1. 问题/议题

我国竞技篮球后备人才培养新格局及发展路径是什么？

2. 结论

体教融合背景下的新格局：体育和教育部门管理体制联动发展，青少年篮球竞赛体系多元统一，后备人才培养渠道多元化发展，"教学、训练、竞赛"一体化的综合保障体系。发展路径：加快"三位一体"人才培养格局的融合发展；建立不同系统管理部门之间的联动机制；建立与后备人才培养相匹配的青少年篮球竞赛体系；创新人才培养渠道，丰富多元化培养体系；继续推进"一校一品"青少年校园篮球特色学校建设；制定优秀篮球后备人才进入学校担任体育教师的考核标准。

3. 论证

体教融合对竞技篮球后备人才培养的价值。第一，推进体育和教育系统管理运行一体化，有利于政府宏观调控，提高管理效率，加快相关政策的统一制定与实施。第二，重点解决"学训矛盾"问题，有利于提高青少年篮球人口基数，为我国篮球后备人才增加储备。第三，拓宽后备人才培养渠道，不仅能动员多方资源实现多渠道培养，还能促使竞技篮球后备人才实现多元化发展。第四，从根源上缓解运动员退役就业问题，为我国竞技体育提供源源不断的后备力量，形成良性循环。

体教融合背景下我国竞技篮球后备人才培养新格局。第一，体育和教育部门管理体制联

---

① 施晓光：《文化视域下的基础学科拔尖创新人才培养》，《北京教育（高教）》2022年第12期。

动发展。加强两个部门在青少年篮球人才培养方面的沟通，统一发力，对青少年篮球后备人才培养的各项工作进行统一的组织管理。第二，青少年篮球竞赛体系多元统一。以学校教育系统为基础，兼并体育系统和社会系统赛事，消除同等水平或年龄段不同类型学生参加比赛的壁垒，建立同场竞技的竞赛平台，形成分学段（小学、初中、高中、大学）、跨区域（县、市、省、国家）的四级青少年篮球竞赛体系是我国竞技篮球竞赛体系改革的主要发展方向。第三，后备人才培养渠道多元化发展。以"体育、教育、社会"三大阵地建设为基础，配合政府、协会、市场力量，在现有基础上加强竞技篮球后备人才培养渠道的开拓与创新。第四，形成"教学、训练、竞赛"一体化的综合保障体系。

体教融合背景下我国竞技篮球后备人才培养发展路径。第一，重点加快构建体育系统、教育系统、社会系统人才培养"三线交叉融合""三位一体"的人才培养"面"，实现竞技篮球后备人才培养的全面发展。第二，既要将体育系统、教育系统和社会系统的培养资源相互融合，做到以"教"育"体"，丰富多元化后备人才培养体系，还要注入社会市场活力，使竞技篮球后备人才培养符合国家经济发展趋势，逐渐向市场化方向转型。第三，发挥学校教育系统的教育优势，校园篮球赛事要协同大学生、中学生体育协会，推动全国初、高中联赛和CBA赛事的普及与提高，构建全面覆盖的"小学—初中—高中—大学"四级青少年赛事体系。第四，提高运动员的文化知识储备和学历教育水平，加强他们的社会竞争力，从根源上解决运动员退役后的就业保障问题。第五，增加学生的练习机会，对不同阶段学生的教学内容、培养要求、课时分配、考核标准、评定办法等方面进行重新梳理，制定各阶段分层培养目标，促进"一校一品"校园篮球特色学校的建设与完善发展。

4. 作者自评和他评

他评。截至2023年1月31日，中国知网数据显示，该文被下载4078次，被引10次。

该文研究观点获得陈平、郭静霞[1]，徐伟光[2]，林鸿[3]的认同。该文对体教融合的概念，即"体教融合是保障青少年体育健康高效发展的重要举措，其本质是通过各部门高度协调促进青少年体育发展，即体育部门和教育部门形成统一，融为一体，双方在管理理念、训练组织、竞赛机制、资源配置、条件保障等方面形成有机整体，各项内容在主要负责部门单位统一监管下，完成权力与责任的分配，实现管理运行一体化"获得马千龙[4]的认同。该文建

---

[1] 陈平、郭静霞：《国外运动员培养的现实困境、经验总结及其启示》，《吉林体育学院学报》2022年第6期。

[2] 徐伟光：《体教融合背景下青少年篮球后备人才培养机制建设研究》，《拳击与格斗》2022年第10期。

[3] 林鸿：《青少年校园篮球开展的困境与路径研究》，《体育师友》2022年第4期。

[4] 马千龙：《新时代体教融合视域下青少年篮球人才培养的路径研究》，《当代体育科技》2023年第5期。

议"加快'三位一体'人才培养格局的融合发展，需要三个培养系统协调发展，制定统一的培养目标，相互融合、互为依托，做到信息互通、资源共享，在此基础上，未来我国竞技篮球后备人才培养应在体教融合发展战略的推动下，重点加快构建体育系统、教育系统、社会系统人才培养'三线交叉融合''三位一体'的人才培养'面'，实现竞技篮球后备人才培养的全面发展"获得王文龙、贺凤凯、邢金明[①]等的认同。

【作者简介】
贾志强：北京体育大学。
董国民：北京体育大学。
贾必成：北京体育大学。

第 6 名

供需视角下上海科技人才政策评估

张群（2022），《科技管理研究》，第 2 期，第 26—35 页

【内容概览】

1. 问题/议题

上海政策供给与人才需求的匹配效果如何？

2. 结论

尽管上海科技人才政策频发，但政策供给与人才需求的匹配效果仍存在不足：对人才流动、交流和评价的目标关注不够；需求型政策工具、信息支持和住房保障政策应用不足；对青年人才和企业技术人员的支持欠缺，重视外国人才而忽视本土人才的培养和激励。基于以上供需偏差问题，建议上海进一步促进人才流动和交流，构建灵活的激励和评价方式，加大需求型政策工具供给力度、整合优化供给型政策工具包，更加重视对高层次人才、青年人才、管理服务人才和本土人才的培育，开展科技人才政策系统的整体性评估。

3. 论证

分析框架。该研究将政策范式置于上海科技人才政策情境中，并对其进行适应性改造，将"政策目标—政策工具—工具设置"框架中的"工具设置"替换为"政策对象"，指代政策工具作用于何种科技人才。

---

① 王文龙、贺凤凯、邢金明等：《CAS 理论视角下我国校园篮球系统演化机制与调控路径》，《首都体育学院学报》2022 年第 6 期。

数据与方法。第一，政策文本编码。借助扎根理论对政策文本编码，提取符合研究目标的政策信息，总结政策体系的结构特征。第二，问卷调查。通过问卷调查的方法获取政策对象和人才工作单位的政策效果反馈和需求。

研究结果。第一，政策分析结果。自改革开放至2020年底，上海科技人才政策数量整体呈增长态势。政策目标在1985年、1995年、2002年、2010年和2016年五个节点发生转变，标志着上海科技人才政策发生间断变迁。第二，问卷调查结果。对于政策目标的落实情况调查表明，人才激励是科技人才政策的核心目标；有关政策工具的调查结果显示，供给型政策工具数量和应用最多，但其中一部分供给型工具有待升级和完善；需求型政策工具的应用很少，导致人才参与创新活动的自由度受限。第三，政策供需偏差。在政策目标层面，政策供给对人才的流动、交流和评价三个目标关注不够，实现激励目标的方式有待优化；在政策工具层面，需求型政策工具的拉动力量不足，供给型政策工具的信息服务水平需要进一步提高；在政策对象层面，各类人才的支持力度不均衡是主要问题，其中青年人才、管理服务人才和本土人才的需求尤其需要政策制定者加以关注。

4. 作者自评和他评

他评。截至2023年1月31日，中国知网数据显示，该文被下载2214次，被引10次。

该文研究观点获得吕英、黎光明、郑茜[①]、杨永聪、沈晓娟、刘慧婷[②]、王玉玫、何怡欣[③]、靳春晓[④]的认同。该文研究观点"将上海科技人才政策的目标分为人才集聚、人才培养、人才评价、人才激励、人才保障、人才流动、人才使用和人才交流共8种，通过刻画政策目标的变化反映政府注意力的配置情况"获得陈云、黄意夏、郭嘉宁[⑤]的认同。

【作者简介】

张群：华东师范大学公共管理学院，博士研究生，主要研究科技创新、科技政策。

[①] 吕英、黎光明、郑茜：《产学研融合视域下创新型人才培养模式与优化路径——基于双案例的对比研究》，《科技管理研究》2022年第20期。

[②] 杨永聪、沈晓娟、刘慧婷：《人才政策与城市产业结构转型升级——兼议"抢人大战"现象》，《产业经济研究》2022年第5期。

[③] 王玉玫、何怡欣：《科技人才政策研究综述》，《中小企业管理与科技》2022年第18期。

[④] 靳春晓：《人才政策现状与优化策略研究——以W市为例》，《黑龙江人力资源和社会保障》2022年第8期。

[⑤] 陈云、黄意夏、郭嘉宁：《我国区域科技创新人才政策比较分析》，《武汉理工大学学报（社会科学版）》2022年第5期。

第 7 名

什么样的宏观生态环境影响科技人才集聚
——基于中国内地 31 个省份的模糊集定性比较分析

李作学、张蒙（2022），《科技进步与对策》，第 10 期，第 131—139 页

【内容概览】

1. 问题/议题

多重因素构成的宏观生态环境影响科技人才集聚的条件组态和路径是什么？

2. 结论

文化教育是影响科技人才集聚的必要条件。存在四条提升科技人才集聚的有效路径，即科技创新主导型、科技创新主导下的宜居文教驱动型、文化教育和公共服务主导下的经济科创驱动型、公共服务主导下的文教驱动型。存在六条阻碍科技人才集聚的路径，且与提升科技人才集聚路径之间属于非对称关系。

3. 论证

模型构建。该文从关注多因素对结果联动影响的组态视角出发，选择科技人才集聚度作为结果变量，将经济发展、科技创新、文化教育、宜居环境和公共服务作为前因条件，构建影响科技人才集聚的宏观生态环境理论模型，探究其影响中国科技人才集聚的复杂因果机制。

研究方法。选取模糊集定性比较分析（fsQCA）方法，探究中国 31 个省份科技人才集聚的复杂因果关系，基于以下三点原因：一是科技人才集聚受到宏观生态环境中多个要素的协同影响，fsQCA 能够从组态视角探究各项前因条件与科技人才集聚之间的非线性关系；二是 fsQCA 整合了定性和定量研究优势，适合 15~50 个的中等规模样本研究，该文选取 31 个省份作为研究案例在数量上属于中等规模样本，应用该方法既能深入探究不同地区科技人才集聚的独特性，也能兼顾分析结果的内部效度；三是该文探究科技人才高集聚的前因条件组合，fsQCA 能够对比科技人才高集聚与非高集聚之间非对称前因条件组合。

实证分析。第一，组态充分性分析。fsQCA 分析结果显示科技人才高集聚现象包含四个等效组态，科技人才非高集聚包含六个等效组态。产生科技人才高集聚的组态路径包括四个方面。其一，科技创新主导型。宜居环境一般的地区，在公共服务水平较低的情况下，无论经济发展水平和文化教育水平如何，只要科技创新水平高，该地区就会产生科技人才高集聚。其二，科技创新主导下的宜居文教驱动型。在宜居环境优越但经济发展水平较低的地区，无论公共服务水平高低，只要在科技创新推动下文化教育发展状况较好，就能产生科技人才高集聚。其三，文化教育和公共服务主导下的经济科创驱动型。无论地区宜居环境是否优越，在文化教

育和公共服务支持下,只要经济发展水平和科技创新活力较高,就能产生科技人才高集聚。其四,公共服务主导下的文教驱动型。宜居环境不够优越且经济发展水平较低的地区,在科技创新活力不足的情况下,只要地区公共服务水平和文化教育水平较高,也能产生科技人才高集聚。第二,比较科技人才高集聚组态和科技人才非高集聚组态发现,影响科技人才集聚的原因具有非对称性,科技人才非高集聚的六条路径并不是科技人才高集聚四条路径的对立面。

4. 作者自评和他评

他评。截至 2023 年 1 月 31 日,中国知网数据显示,该文被下载 1657 次,被引 3 次。

该文观点"针对人才一体化发展面临的人才生态承载力提升有限、人才集聚规模效应不够、产才互动格局不优、人才创新成果对产业发展支撑不强、人才投入保障不足等多重问题,回归人才一体化的基本属性"得到刘蓉、宋杰[1]的认同。

【作者简介】

李作学:沈阳航空航天大学经济与管理学院,副教授,主要研究人力资源管理、知识与智力资源管理。

张蒙:沈阳航空航天大学经济与管理学院,硕士研究生,主要研究组织行为与人力资源管理。

第 8 名

校企深度融合的人工智能复合型人才培养探索

胡清华、王国兰、王鑫(2022),《中国大学教学》,第 3 期,第 43—50 + 57 页

【内容概览】

1. 问题/议题

校企合作产教融合的"人工智能+"复合型人才培养的途径是什么?

2. 结论

该文立足国家人才强国新战略,结合人工智能人才现状及需求,针对校企合作存在的突出问题,对国内外人工智能人才培养目标、课程体系、实践体系、师资队伍等进行调研分析,得出应通过校企联动聚焦"人工智能+"复合型人才培养目标、校企联动构建"人工智能+"复合型人才培养课程体系、校企联动构建"人工智能+"复合型人才培养实践体

---

[1] 刘蓉、宋杰:《人才一体化的内涵要义及响应机制研究》,《科技和产业》2022 年第 9 期。

系、校企联动构建可持续改进的教学质量评价体系等途径进行校企合作产教融合的"人工智能+"复合型人才培养。

3. 论证

校企合作产教融合的"人工智能+"复合型人才培养必要性分析。第一，社会发展的需要。社会发展不仅需要人工智能高端人才，而且需要人工智能与其他行业交叉的复合型人才。第二，新工科建设的需要。面向新工科建设的要求，解决新工科倡导的产业升级和人才变革，培养"人工智能+"复合型新工科人才成为重点任务，而新工科人才培养需要加强校企合作产教融合，既要做到传统专业的升级改造，也要做好新专业的交叉融合，实现适应新工科建设的高端人工智能人才的培养。第三，人工智能专业建设的需要。当前推广智能技术普遍存在技术与专业脱离、难以有效推广的问题，改变这一难题的重要举措是加快校企合作，深化产教融合，大力培养"人工智能+"复合型人才，因此校企深度融合成为必由之路。

校企合作产教融合的"人工智能+"复合型人才培养的途径。第一，校企联动聚焦"人工智能+"复合型人才培养目标。坚持立德树人，夯实学科基础，培养数据思维，培养创新精神，理论实践并重。第二，校企联动构建"人工智能+"复合型人才培养课程体系。第三，校企联动构建"人工智能+"复合型人才培养实践体系。

4. 作者自评和他评

他评。截至2023年1月31日，中国知网数据显示，该文被下载1585次，被引7次。

该文研究观点获得穆龙涛、王建军、张文帅、赵明威[1]，董昕、陈欣、兰玉彬、邓小玲[2]，古天龙[3]等的认同。该文观点"高校'双创'教育的培养目标与人工智能人才的培养目标高度契合，这为推进拔尖人工智能人才培养改革提供了机遇"获得刘洋、冯林[4]的认同。

【作者简介】

胡清华：天津大学人工智能学院，教授，博士生导师，主要研究机器学习、数据挖掘、大数据。电子邮箱：huqinghua@tju.edu.cn。

王国兰：天津大学访问学者，山西工商学院计算机信息工程学院副院长。

王鑫：天津大学人工智能学院，教授，博士生导师，主要研究数据库、知识图谱、大数据。电子邮箱：wangx@tju.edu.cn。

---

[1] 穆龙涛、王建军、张文帅、赵明威：《双高计划下校企产教融合的运行机制实践研究》，《南方农机》2023年第2期。

[2] 董昕、陈欣、兰玉彬、邓小玲：《人工智能专业的实践教学体系改革探索》，《创新创业理论研究与实践》2022年第22期。

[3] 古天龙：《人工智能伦理及其课程教学》，《中国大学教学》2022年第11期。

[4] 刘洋、冯林：《创新创业驱动的人工智能拔尖人才培养路径探究》，《创新创业理论研究与实践》2022年第21期。

第 9 名

人才引进政策的经济增长及空间外溢效应
——基于长三角城市群的研究

史梦昱、沈坤荣（2022），《经济问题探索》，第 1 期，第 32—49 页

【内容概览】

1. 问题/议题

长三角城市群人才引进政策实施具有经济增长效应和空间溢出效应吗？

2. 结论

人才引进政策实施不仅对本地经济增长存在"U"型影响，对关联地区经济增长在短期和长期也存在非线性"U"型空间溢出效应，表现为由政策实施前期的"虹吸效应"转变为政策后期的"扩散效应"。人才引进政策工具中，科研支持和税收优惠对经济增长存在显著的"U"型非线性影响，而住房保障则表现出正向线性关系。人才引进政策主要通过科技研发创新、制度环境改善和产业结构高级化三个途径推动区域经济增长。

3. 论证

研究假设。假设 1：人才引进政策对区域经济增长具有非线性的"U"型影响。假设 2：人才引进政策实施会通过区域研发创新、产业结构升级和制度环境改善影响区域经济增长。假设 3：人才引进政策对关联地区的经济增长存在非线性的空间溢出效应。

变量定义。被解释变量：全要素生产率（tfp）。采用 DEA-Malmquist 方法计算，这种数据包络分析方法优势在于可以避免生产函数设定错误带来的偏差。核心解释变量：人才引进政策。控制变量：行政级别、地方财政收入水平和教育水平、工资水平、研发投入强度。

人才引进政策的经济增长效应及其传导机制。第一，基准回归模型结果显示城市人才引进政策实施对经济增长呈现先负后正的"U"型影响，假设 1 成立。城市人才引进政策实施的短期和长期总效应也在地理权重矩阵和经济距离矩阵下对其他地区呈现显著的非线性"U"型影响，表现出先"虹吸效应"后"扩散效应"的变化发展，假设 3 成立。第二，传导机制检验显示研发创新活动、制度环境改善和产业结构升级是人才引进政策实施促进经济增长的主要途径，假设 2 成立。

4. 作者自评和他评

他评。截至 2023 年 1 月 31 日，中国知网数据显示，该文被下载 2858 次，被引 8 次。

该文研究观点获得玉国华[①]，唐剑、杨竞[②]，马抗美、易明[③]，鞠方、夏麒、杨玉婷[④]的认同。该文研究观点"城市人才引进政策实施对经济增长呈现先负后正的'U'型影响"获得蔡红、韩兆洲、孙瑞峰[⑤]的认同。

【作者简介】

史梦昱：南京大学经济学院，博士研究生。

沈坤荣：南京大学商学院，教授，博士生导师，主要研究宏观经济、转型经济、经济增长、金融经济、资本市场、企业发展战略。电子邮箱：shenkr@nju.edu.cn.

第10名

中国青年科技人才培养的历史演进、存在问题与对策建议

王思霓（2022），《中国青年研究》，第3期，第37—43页

【内容概览】

1. 问题/议题

中国青年科技人才培养目前存在的什么问题？

2. 结论

青年科技人才培养中存在政策体系的系统性和整体性不足、培养体系的前瞻性领域布局不足、评价体系滞后与创新性不足、科研环境与管理行政化的问题，建议继续坚持党对青年科技人才工作的全面领导、强化政策顶层设计和政策引领、探索青年科技人才选拔与激励机制、完善多元评价制度、打造一流创新平台和载体、深化科技创新体制改革，营造青年科技人才发展的良好环境。

3. 论证

青年科技人才培养的历史演进。第一，总体战略。中国共产党在新民主主义革命时期、

[①] 玉国华：《高铁开通、技术创新与经济空间均衡：一个三部门新经济地理模型的解释》，《经济问题探索》2022年第9期。

[②] 唐剑、杨竞：《民族地区涉农科技人才助推乡村振兴长效机制研究——以阿坝藏族羌族自治州为例》，《贵州民族研究》2022年第4期。

[③] 马抗美、易明：《长三角城市人才引进政策的经济发展效应评估——采用双重差分法实证检验》，《江西社会科学》2022年第8期。

[④] 鞠方、夏麒、杨玉婷：《"人才特区"政策对房价的影响研究》，《财经理论与实践》2022年第4期。

[⑤] 蔡红、韩兆洲、孙瑞峰：《人力资源与经济高质量发展的耦合协调关系研究》，《统计与决策》2022年第21期。

社会主义建设时期、改革开放和社会主义现代化建设新时期和中国特色社会主义新时代各个历史时期均高度重视青年科技人才的地位和作用，为培养、选拔、引进、任用青年科技人才建立了总体思路和依据。第二，政策措施。在研究经费分配上，加大对青年科技人才的倾斜力度；在选拔与激励机制上，通过国家重大科技专项、国家重点研发计划、国家科技创新基地等平台为青年科技人才成长提供有力支持；在考核评价体系上，坚决破除"五唯"，突出不同类型人才的特点，引导评价多元化与长效化，完善立德树人评价机制；在对外交流上，通过公派留学机制和合作研究提升青年科技人才国际化能力。第三，取得的成就。在原创性成果产出方面，青年科技人才聚焦基础研究和国民经济领域重要科学问题，积极承担国家级重大项目，取得一系列创新成果；在原创技术与产品研制方面，青年科技人才致力于原创科研成果转移转化，推动创新链与产业链的密切衔接。

青年科技人才培养存在的主要问题及原因剖析。第一，政策体系的系统性、整体性不足。一方面关于青年科技人才项目的规划和布局缺乏前瞻性；另一方面，在对青年科技人才的资助方面也缺乏长期稳定的平台和资金支持。第二，培养体系的前瞻性领域布局不足。在培养方式上缺乏前瞻规划和长期支撑，主要体现在前瞻性领域布局不足，未能在我国具有比较优势的领域、关键核心技术领域、关系国民经济命脉领域提前培养相关青年人才。第三，评价体系滞后与创新性不足。人才评价标准同质化严重，缺乏对青年科技人员兴趣和爱好的培养。第四，科研环境与管理行政化。

加强青年科技人才培养的现实价值。第一，时代发展的必然选择。加强对青年科技人才培养已经成为我国面对新发展阶段，顺应时代发展趋势，实现我国由人口大国转变为人才强国的必然选择。第二，实现高水平自立自强的重要保障。加强对青年科技人才培养将成为我国实现高水平自立自强的重大引擎，在科技强国建设中发挥不可替代的推动作用。第三，应对国际局势新变化的关键环节。加强青年科技人才培养，一方面可以为我国经济转型升级提供智力支持；另一方面在中美经贸摩擦背景下，为实现我国关键核心技术突破和战略性产业发展形成自主人才培养体系和创新型人力资本积累。

4. 作者自评和他评

他评。截至 2023 年 1 月 31 日，中国知网数据显示，该文被下载 2345 次，被引 5 次。

该文观点"在 STEM（科学、技术、工程、数学）专业中，中国相关专业硕士毕业生占比 13%，博士毕业生仅为 2%。截止到 2019 年，美国 STEM 专业中硕士生和博士生占比分别为 24% 和 5%"获得王素等[①]的认同。该文观点"青年科技人才培养应探索青年科

---

① 王素、张永军、方勇等：《科学教育：大国博弈的前沿阵地——国际科学教育战略与发展路径研究》，《中国教育学刊》2022 年第 10 期。

技人才选拔与激励机制，激发人才创新活力"获得黄广艺等[1]的认同。该文观点"青年科技人才培养应完善青年科技人才培养体系，强化顶层设计和政策引领；探索青年科技人才选拔与激励机制，激发人才创新活力；完善多元评价制度，推动青年科技人才发展的全方位保障；打造一流创新平台和载体，巩固青年科技人才成长阵地；深化科技创新体制改革，营造青年科技人才发展的良好环境"获得芮绍炜、刘倩铃[2]的认同。该文观点"加强青年科技人才培养是时代发展的必然选择、实现高水平自立自强的重要保障"获得王锐、李冠楠[3]的认同。该文观点"青年人才一般都具有很强的事业心，成就感极强，在从事工作的过程中往往更忠诚于自身所学的专业，具有独立的价值观"获得孙艳[4]的认同。

【作者简介】
王思霓：吉林大学经济学院，博士研究生。

第 11 名

创新人才集聚对经济高质量发展的影响效应研究
——基于长三角 41 个城市面板数据的实证分析

崔祥民、柴晨星（2022），《软科学》，第 6 期，第 106—114 页

【内容概览】

1. 问题/议题

创新人才集聚对城市经济高质量发展的影响效应是什么？

2. 结论

第一，创新人才集聚对城市经济高质量发展水平具有显著非线性影响，创新人才集聚在一定规模内对经济发展质量产生边际贡献递增，而超过一定规模时，创新人才集聚对经济高质量发展会产生边际贡献递减。第二，创新人才集聚对经济高质量发展具有显著的双重门槛效应，存在结构性突变，区域创新能力并非越大越好，而是存在一定阈值，在该阈值范围内，人才集聚对经济高质量发展的促进效果最好。

---

[1] 黄广艺、彭碧琳、胡泽浩等：《新时期农业科研机构青年科技人才激励机制研究——以广东省农业科学院为例》，《农业科技管理》2022 年第 4 期。
[2] 芮绍炜、刘倩铃：《青年科技人才成长环境的国别比较与启示》，《中国科技人才》2022 年第 3 期。
[3] 王锐、李冠楠：《面向高水平科技自立自强的科技人才效能提升》，《科技智囊》2022 年第 5 期。
[4] 孙艳：《企业青年人才培养存在的问题与对策研究》，《中小企业管理与科技》2022 年第 7 期。

3. 论证

研究假设。H1：创新人才集聚对经济高质量存在空间溢出效应。H2：创新人才集聚对经济高质量发展存在非线性关系。H3：创新人才集聚与经济高质量发展之间存在门槛效应。

变量选取与变量描述。被解释变量：经济高质量发展水平。从经济活力、创新效率、绿色发展、人民生活、社会和谐五个方面建立指标体系衡量经济高质量发展水平。关键解释变量：创新人才集聚。定义为科学研究、教育业、文化体育和娱乐业、计算机服务业和软件业、金融业、租赁和商业服务业六大行业的就职人员总数与城市总人口之比。门槛变量：区域创新（pat），用城市每万人专利授权数量来衡量该地区的创新产出。控制变量：城市的信息化水平、交通基础设施水平、城镇化率、政府财政支出与外商直接投资。

空间计量模型实证回归结果。第一，空间相关性分析显示，长三角区域经济高质量发展水平存在正的高度空间自相关性，高水平城市与高水平城市聚集分布，低水平城市与低水平城市聚集分布。第二，创新人才集聚对经济高质量发展的空间影响效应结果表明，创新人才集聚对相邻城市的经济高质量发展具有空间溢出作用。

创新人才集聚与经济高质量发展水平的门槛效应分析。第一，门槛识别结果表明不存在三重门槛效应，只存在双重门槛效应，即创新人才集聚在促进经济高质量增长时存在阈值，为 H3 提供验证，创新人才集聚在达到一定水平时会弱化对经济增长质量的作用。第二，门槛回归分析显示，随着区域创新力的增加，创新人才集聚对城市经济高质量发展水平增长率具有边际贡献递减的趋势。

4. 作者自评和他评

他评。截至 2023 年 1 月 31 日，中国知网数据显示，该文被下载 3268 次，被引 4 次。

该文观点"创新人才集聚对经济高质量发展具有显著的正向空间溢出效应"获得李雪阳[①]的认同。该文结论"创新人才集聚程度在一定规模内对经济发展质量产生边际贡献递增，而超过一定规模时，创新人才集聚对经济高质量发展会产生边际贡献递减"得到蔡红等[②]的认同。

【作者简介】

崔祥民：江苏科技大学人文社科学院，副教授，主要研究创业经济与人才经济。
柴晨星：江苏科技大学人文社科学院，硕士研究生，主要研究区域经济。

---

① 李雪阳：《数字经济时代城市经济效率影响因素探讨》，《新经济》2022 年第 11 期。
② 蔡红、韩兆洲、孙瑞峰：《人力资源与经济高质量发展的耦合协调关系研究》，《统计与决策》2022 年第 21 期。

第 12 名

创新投入、国际人才流动与国际创业
——基于国家级高新技术产业开发区的实证研究

薛佳慧、彭华涛（2022），《中国科技论坛》，第 2 期，第 133—140＋169 页

【内容概览】

1. 问题/议题

创新投入、国际人才流动及国际创业绩效的内在关系是什么？

2. 结论

研发人才投入与高新技术企业国际创业绩效正向相关；跨国人才流入对于研发资金投入影响高新技术企业国际创业绩效具有正向调节作用，对于研发人才投入影响高新技术企业国际创业绩效不具有调节作用；国际人才回流显著正向调节研发人才投入与高新技术企业国际创业绩效的正向关系，对于研发资金影响高新技术企业国际创业绩效不具有调节作用。上述研究结论对国际人才流动背景下从创新投入环节探寻提升国际创业绩效的路径具有一定启示。

3. 论证

研究假设。H1：研发资金投入正向影响高新技术企业国际创业绩效。H2：研发人才投入正向影响高新技术企业国际创业绩效。H3a：跨国人才流入正向调节研发资金投入与高新技术企业国际创业绩效的关系；H3b：跨国人才流入正向调节研发人才投入与高新技术企业国际创业绩效的关系。H4a：国际人才回流正向调节研发资金投入与高新技术企业国际创业绩效的关系；H4b：国际人才回流正向调节研发人才投入与高新技术企业国际创业绩效的关系。

变量定义。被解释变量：国际创业绩效，指企业通过进行国际创业活动而获得的各类成果总称。解释变量：创新投入，反映高新技术企业对科技创新的重视程度，从研发人才投入（R&D Talents Input）和研发资金投入（R&D Capital Input）两个方面对高新技术企业创新投入情况进行测量。调节变量：采用留学归国人员的自然对数来衡量国际人才回流（Return of Talents）。控制变量：将入统企业数（Number of Enterprises to Collect Data）、大专及以上人员（College and Higher Level）作为控制变量并进行对数处理。

实证结果与分析。模型 2 的线性关系显示研发人才投入及研发资金投入与国际创业绩效均正相关，H1、H2 得到检验。跨国人才流入和研发资金投入的交互项与国际创业绩效显著正相关，回归结果表明跨国人才流入正向调节研发资金投入对国际创业绩效的影响，H3a 通过检验。但跨国人才流入对研发人才投入影响国际创业绩效的正向调节作用不成立，与 H3b 相悖。国际人才回流与研发资金投入的交互项与国际创业绩效并不显著，说明两者没有直接

的联系，H4a 未得到验证。国际人才回流和研发人才的交互项与国际创业绩效显著正相关，假设 H4b 通过检验。

4. 作者自评和他评

他评。截至 2023 年 1 月 31 日，中国知网数据显示，该文被下载 1312 次，被引 6 次。该文研究观点获得肖雯雯[①]、罗月名、何芳[②]、苏德金、陈浙英[③]、马振超、戴成[④]的认同。该文研究观点"创新投入正向影响高新技术企业国际创业绩效；跨国人才流入在研发资金投入影响高新技术企业国际创业绩效的过程中产生正向调节作用，在研发人才投入过程中的调节作用不成立；国际人才回流显著调节研发人才投入与高新技术企业国际创业的正向关系，在研发资金投入影响国际创业绩效的过程中不存在调节作用"获得吴匀菲[⑤]的认同。

【作者简介】

薛佳慧：武汉理工大学管理学院，硕士研究生，研究方向为国际创业。

彭华涛：武汉理工大学管理学院，教授，主要研究创新与创业管理。电子邮箱：penghuatao@whut.edu.cn。

第 13 名

习近平新时代创新人才观探析

范一泓（2022），《湘潭大学学报（哲学社会科学版）》，第 2 期，第 127—131 页

【内容概览】

1. 问题/议题

习近平新时代创新人才观的内涵是什么？

2. 结论

党的十八大以来，以习近平同志为核心的党中央在继承马克思主义人才思想的基本理论

[①] 肖雯雯：《英国茶企业的国际化战略及其对中国茶企业的启示——以川宁茶企为例》，《福建茶叶》2022 年第 12 期。

[②] 罗月名、何芳：《AGIL 分析视域下体育产业数字化人才培养研究》，《体育科技文献通报》2022 年第 8 期。

[③] 苏德金、陈浙英：《东道国双重网络嵌入视角下的国际创业研究》，《常州大学学报（社会科学版）》2022 年第 3 期。

[④] 马振超、戴成：《雄安新区国际技术移民人社服务管理创新研究》，《中国人民警察大学学报》2022 年第 5 期。

[⑤] 吴匀菲：《国家级开发区的建设提升了城市创新水平吗？》，硕士学位论文，华中师范大学，2022 年。

基础上，从中华优秀传统人才思想中取其精华，借鉴国外创新人才理论，形成了以"辨贤选才"的识才观、"养贤培英"的育才观、"任人唯贤"的用才观、"纳贤引才"的聚才观为主要内容的习近平新时代创新人才观，是马克思主义理论中国化在人才思想方面的最新成果。回应了如何育才、用才以推动高质量发展，如何把握创新人才结构同国家发展之间的关系，如何处理本土创新人才和国外创新人才之间的关系，如何建立创新人才发展与激励机制，如何推动创新人才国际化等一系列重大现实问题。习近平新时代创新人才观体现了创新人才在实现"中国梦"中的重大作用，也是构建人类命运共同体文明的理论彰显。

3. 论证

习近平新时代创新人才观的主要内容。第一，"辨贤选才"的识才观。识才要树立强烈的人才意识。中国共产党在成立之初就树立起了强烈的人才意识，并一直坚持重才、爱才、善于纳才的优良传统。识才要明确人才标准。习近平提出了创新人才的标准：创新人才要具有忠诚爱国品格、坚定的理想信念、具有担当精神、勇于改革创新、以求真务实的科研态度打造创新人才的世界格局。要在实践中识才。习近平认为识才的首要条件就是要把握人才工作的核心，抓住人才工作的内在规律，全面识才，辩证识才，全方位、多角度识才，重视人才发展的同时也要重视基础，考察显绩的同时也要在乎潜绩。第二，"养贤培英"的育才观。育才要不断学习理论知识。要放眼世界和历史，在学习国外先进理念的同时，重视从优秀传统文化中汲取养分，进一步推动理论创新。育才要从扎根基层开始。育才要广泛开展内外交流。第三，"任人唯贤"的用才观。用才要首先把握"党管人才"原则。"党管人才"原则解决了"创新人才为谁而用"这一根本问题，是中国特色人才制度优越性的体现，并为建设世界重要人才中心和创新高地打下坚实的基础。用才要坚持"以德为先"标准。在正确的方向扬帆远航，才能获得饱满的创新活力和不竭的创新动力，进而创造出更多造福人民的成果与产品。用才要秉持"以事择人、人岗相适"的理念。第四，"纳贤引才"的聚才观。聚才要开发国内人才资源。在各研究领域，聚集世界科技领域泰斗和行业领军人物，增强科技号召力，不断吸引国内外投资，促进产业优化升级，让天下英才都能找到一片成长沃土。聚才要集合归国人才资源。集合并留住世界高水平人才，才能在全球新一轮科技革命和产业变革中掌握话语权、占据制高点。聚才要开放国内外人才市场。面对全球知识经济浪潮，要想不被其他国家甩在后面，就必须开放国门、纳贤引才，实施内源发展、对外开放与外向拓展相结合的积极人才战略。

习近平新时代创新人才观的现实意义。第一，马克思主义人才观最新理论成果。第二，建设世界重要人才中心和创新高地的行动指南。第三，构建人类命运共同体的中国智慧。

4. 作者自评和他评

他评。截至 2023 年 1 月 31 日，中国知网数据显示，该文被下载 2288 次，被引 5 次。

该文研究观点"习近平新时代创新人才观的主要内容包括'辨贤选才'的识才观、'养贤培英'的育才观、'任人唯贤'的用才观、'纳贤引才'的聚才观"获得徐侠侠、邓纯东[①]的认同。

【作者简介】

范一泓：湘潭大学马克思主义学院，博士研究生。

第 14 名

知识转型与评价转向：高校科研人才评价困境及重构

杨佳乐、高耀（2022），《中国高教研究》，第 2 期，第 35—41 页

【内容概览】

1. 问题/议题

高校科研人才评价困境及重构路径是什么？

2. 结论

当下高校科研人才评价出现的评价标准 SCI/SSCI 至上、评价方式一刀切、评价口径限于学科和评价方法崇尚量化的现实困境需要回归知识本源探寻破解之道。改革方向包括构建具有中国特色的科研人才评价标准、细化科研人才分类评价方式、探索交叉学科科研人才评价以及遵循规律综合评价科研人才。

3. 论证

高校科研人才评价困境及知识观基础。第一，评价标准 SCI/SSCI 至上与全球性知识观。高校科研人才评价的第一大困境表现为盲目推崇英文发表，唯 SCI/SSCI 马首是瞻。第二，评价方式一刀切与同质性知识观。高校科研人才评价的第二大困境体现在评价方式较为笼统，忽视差异。第三，评价口径限于单一学科与确定性知识观。高校科研人才评价的第三大困境体现为评价口径以单一学科为主，压抑创新活力。第四，评价方法崇尚量化与完全理性知识观。高校科研人才评价的第四大困境表现在评价方法过度依赖量化指标。

高校科研人才面临的知识转型趋势。第一，知识评价标准从全球转向本土。在知识评价

[①] 徐侠侠、邓纯东：《习近平关于创新人才重要论述的核心要义及价值意蕴》，《陕西理工大学学报（社会科学版）》2022 年第 5 期。

标准从全球转向本土的现实背景下，亟待构建具有中国特色的高校科研人才评价体系。第二，知识生产方式从同质转向异质。如何对高校科研人才进行合理分类并设计适切的评价方式成为学术研究者、管理实践者和政策制定者共同关注的焦点。第三，知识学科边界从清晰转向模糊。在评价制度设计上必须突破单一学科口径桎梏，为科学评价交叉学科科研人才预留充足空间，从而打破评价口径过窄给知识创新带来的制度藩篱，最大限度激发高校科研人才创新活力。第四，知识增长动力从完全理性转向有限理性。推进综合评价的关键是在既有量化指标之外引入难以量化的非理性因素，对高校科研人才而言不可或缺的非理性因素包括想象力、学术激情、好奇心、科学家精神等。

知识转型对高校科研人才评价的重构。第一，构建具有中国特色的科研人才评价标准。一是继承中华民族深厚的文化传统；二是加大对本土知识评价的力度，注重评价高校科研人才服务国家重大战略需求，解决中国问题，总结中国经验的能力和贡献。第二，细化科研人才分类评价方式。知识生产方式从同质转向异质要求在人文社会科学与自然科学二分法基础上，依据知识生产方式差异进一步落实分类评价，细化评价对象、评价内容、评价方法、评价周期等，力争让不同赛道的科研人才均能脱颖而出。第三，探索交叉学科科研人才评价。可行思路之一是探索开放同行评议，具体包括开放评议专家身份、开放评议意见以及开放评议过程。第四，遵循规律综合评价科研人才。知识增长动力从完全理性转向有限理性要求科研人才评价必须遵循人格特征、成长阶段、发展需求、地域流动等人才成长发展规律，以综合评价克服单纯依赖量化指标导致的化约主义，重视想象力、学术激情、好奇心、科学家精神等非智力因素对知识增长的驱动作用。

4. 作者自评和他评

他评。截至2023年1月31日，中国知网数据显示，该文被下载1690次，被引5次。

该文研究观点获得陈创荣、洪海都、谢智荣等[1]，智永婷、刘洋[2]，江语蒙[3]的认同。该文观点"高校科研量化评价事实上是一种'理性的'管理方式。在量化评价导向下，科研水平被简化为成果数量和期刊等级，科研人才的想象力、学术激情、好奇心、科学家精神等非理性因素在评价规则中失语，在评价结果中失踪，科研人才由此沦为单向度的工具人而非鲜活立体的知识贡献者"获得刘文杰[4]的认同。

---

[1] 陈创荣、洪海都、谢智荣等：《粤港澳大湾区中医药科技成果转化困境成因分析——基于交易成本理论视角》，《卫生软科学》2023年第1期。

[2] 智永婷、刘洋：《基于心理契约的高校科技人才评价机制优化策略》，《大连大学学报》2022年第6期。

[3] 江语蒙：《匹兹堡大学图书馆学者评价服务研究》，《数字图书馆论坛》2022年第9期。

[4] 刘文杰：《高校科研量化评价何以盛行——基于"数字"作为治理媒介的视角》，《大学教育科学》2022年第4期。

【作者简介】

杨佳乐：中国社会科学院中国社会科学评价研究院，助理研究员。

高耀：天津大学教育学院，副教授。

第 15 名

新文科背景下新闻传播学本科专业人才培养研究

周茂君、柏茹慧（2022），《国际新闻界》，第 2 期，第 133—156 页

【内容概览】

1. 问题/议题

针对新闻传播学本科专业人才培养的现状及问题可以提出哪些建议？

2. 结论

针对存在的问题，提出以下建议：更新专业划分标准、重构知识框架、优化课程体系，对跨学科知识进行新闻传播化改造，并且注重能力型人才的培养。

3. 论证

研究设计。该文收集了国内 59 家具有代表性新闻传播院校的最新本科培养方案，样本院校的选取综合了前四次学科评估情况；充分考虑地域分布，各省份高校皆有兼顾（港澳台地区高校不纳入调研范围）；平衡院校性质的多样性，兼具综合性大学、理工科院校、师范院校等。对于培养定位的分析采用人工与 Python 程序语言混合编码方法，对于培养要求的分析采用人工编码方法，汇总 59 家院校中所有专业培养方案中培养要求的文本，逐句进行编码，对于课程体系的分析采用人工与 Python 程序语言混合编码方法。

数据呈现与研究发现。第一，新闻传播学科人才培养目标。基于培养方案中对于人才培养定位的具体要求，通过合并近义词，统计出人才培养定位关键词 27 个；对各院校培养目标中培养要求进行编码表明，我国新闻传播院校的人才培养要求按照从高到低、从抽象到具体的排列，可分为三个层级。第二，课程体系研究。通识课程以公共基础课程为主，重视人文素养类课程。学院平台课中概论课占比最大，新闻传播学相关课程以史论课为主。专业课程体系以史论类与业务技术类课程为主。

基于对 59 家新闻传播院校培养方案的内容分析所呈现的课程设置与人才培养现状，该文结合对 10 位学界专家与 6 位业界专家的半结构式访谈，对我国新闻传播学专业本科人才培养存在的问题及未来发展趋势进行讨论。结果表明：第一，各专业间区分度不显著；第

二，业务课设置以传统的新闻传播类业务课程为主，实践教学环节存在诸多不足；第三，课程设置不够合理，知识杂糅重复；第四，数理统计与技术类课程需适应新闻传播学科的实际需要。

4. 作者自评和他评

他评。截至 2023 年 1 月 31 日，中国知网数据显示，该文被下载 2313 次，被引 6 次。

该文研究观点"目前我国新闻学教育实践来看，新闻学专业教育存在学生专业思想不稳固、学习动力不足，教学方法重理论轻实践，教学模式处于模仿阶段和本土化的探索阶段等情况"获得余索[1]的认同。该文观点"全媒体环境下，新闻传播行业对于职能的划分更为模糊，业内更需要的是身兼多职的综合型人才"获马笑楠、王璐[2]的认同。该文观点"人才培养定位是人才培养目标的高度浓缩，人才培养能力是人才培养目标的具体体现"获韦燕柳[3]的认同。

【作者简介】

周茂君：武汉大学新闻与传播学院，教授。电子邮箱：00002735@whu.edu.cn.

柏茹慧：武汉大学新闻与传播学院，博士研究生。电子邮箱：charlottebrh@163.com.

第 16 名

国家间技术互补变迁及其对发明人才跨国流动的影响——一个国际技术发现假说与检验

郑江淮、陈喆、康乐乐（2022），《中国工业经济》，第 4 期，第 23—41 页

【内容概览】

1. 问题/议题

国家间技术互补变迁对发明人才跨国流动具有什么影响？

2. 结论

国家间技术互补显著促进了发明人才双向跨国流动；随着国家间文化以及制度距离的增

---

[1] 余索：《中国共产党人精神谱系融入新闻学课程思政教育的价值分析和传承路径》，《传播与版权》2023 年第 6 期。

[2] 马笑楠、王璐：《基于 OBE 理念的传媒实务课程"工作坊"模式研究》，《保定学院学报》2023 年第 2 期。

[3] 韦燕柳：《新文科建设背景下地方高校新闻传播专业人才培养思路与实践探索》，《传播与版权》2023 年第 1 期。

加，国家间技术互补对发明人才双向跨国流动的促进作用将减弱；相比于低技术和中低技术行业，高技术和中高技术行业的国家间技术互补能显著地促进发明人才双向跨国流动；行业比较优势是国家间技术互补促进发明人才双向跨国流动的重要传导机制。该文研究结论为加快推进新一轮科技革命中国家间技术互补进一步深化、形成以自主可控技术为基础的跨国技术集群、加快"发明人才双循环"、制定发明人才多点集聚的发展战略和政策提供了启示。

3. 论证

国家间技术互补能有效推动发明人才流动。为此，不难得出一个国际技术发现假说：国家间技术互补实质上是各国为应对全球价值链分工引发的产品和技术竞争压力，不断增强本地化创新资源禀赋特定的创新优势，以较高的工资溢价，在全球范围内引发发明人才流入流出，不断优化发明人才地理配置，与各国发明人才共同实施技术发现的过程。其内在作用机制主要是，在国家间技术互补过程中，当一国在某些特定技术领域上形成比较优势时，该技术领域的本地化创新资源禀赋和创新体系的激励能力将逐渐增强，进而不断吸引其他国家发明人才的流入，形成超模条件，引发来源于其他国家相关技术领域的发明人才与该国家技术创新形成正向群分匹配效应。当本地化创新能力和技术集聚达到一定程度时，国家间技术互补减缓，相应，发明人才流动减弱，全球范围内创新地理呈现分散化—多极点的技术集聚格局。

核心解释变量：国家 i 和国家 j 之间的发明人才流动。被解释变量：国家 i 和国家 j 之间的技术互补程度。控制变量：国家间 GDP 差值（Diff_gdp）、国家间距离差值（Diff_dis）、国家间教育水平差值（Diff_edu）、外交关系（Dr）、殖民地关系（Cr）、语言相似性（Ls）等。

基准回归结果显示，无论是否加入控制变量，国家间技术互补对发明人才流动的回归系数均在 1% 的显著性水平下为正，表明国家间技术互补程度的增加能有效促进越来越多的发明人才参与到跨国流动之中。并且，剔除无发明人才流动样本后，国家间技术互补对发明人才流动的影响仍显著为正，且回归系数明显增大。文化和制度距离调节作用检验的回归结果显示，国家间技术互补与文化和制度距离的交互项均显著为负，这意味着，随着文化和制度距离的增加，国家间技术互补对发明人才流动的促进作用将减弱。行业层面拓展，无论是采用行业比较优势指数 Rta，还是利用对称性行业比较优势指数（SRta），国家间技术互补的回归系数均显著为正。这意味着，当国家间在某一行业上的技术互补程度越高时，该行业的比较优势也就越明显，进而越有利于为发明人才流动提供激励。

4. 作者自评和他评

他评。截至 2023 年 1 月 31 日，中国知网数据显示，该文被下载 2480 次，被引 2 次。该文观点"区域创新集群的形成与发展得益于创新要素的自由流动与空间集聚，而创新要素在美国具有较高的流动"得到郑江淮、许冰[①]的认同。

【作者简介】

郑江淮：南京大学长江三角洲经济社会发展研究中心，南京大学经济学院，教授，博士生导师。

陈喆：南京大学经济学院，博士研究生。电子邮箱：dg20020025@ smail. nju. edu. cn.

康乐乐：南京大学信息管理学院，副教授。

第 17 名

包容性、人才迁移与城市创新

张超、肖植检、兰宗敏（2022），《科技管理研究》，第 4 期，第 217—228 页

【内容概览】

1. 问题/议题

城市包容性对城市创新的影响是什么？

2. 结论

城市包容性不仅会对城市创新水平产生直接的正向影响，还会通过促进人才流动对城市创新水平产生间接影响；同时，对具有不同外商投资水平、工资水平及高铁通达性的区域来说，包容性对城市创新水平的影响呈现显著的差异性；此外，文化多样性在人才促进城市创新的过程中起到催化剂作用，但对其他群体来说却表现为抑制作用。该研究提出重视提升城市软实力作用、因城施策，以提升地方生活品质为重点提升城市包容性和吸引力，以及注重增强文化多样性和文化交流、强化包容性对创新的带动作用等对策建议。

3. 论证

被解释变量：城市创新指数。选用《中国城市和产业创新力报告2017》中我国 388 个城市 2001—2016 年的创新指数作为城市创新水平的测度指标数，该创新指数通过专利更新模型估算专利价值并加总到城市层面，有效解决了专利质量和价值异质性的问题。核心解释变量：城市包容性。选用户口指数作为城市包容性的代表变量，具体为城市中无户口人数占城市常住人口比重，可以很好地衡量城市包容外来人口的能力。中介变量：人才迁移。控制变量：其他影响区域创新产出的变量，包括外商投资、人口密度、GDP、工资水平、城镇登

---

① 郑江淮、许冰：《驱动创新增长的区域发展体制：内涵、逻辑与路径》，《兰州大学学报（社会科学版）》2022 年第 6 期。

记失业率、第三产业比重等。

计量结果分析。第一，基准回归结果显示，以户口指数作为城市包容性的代表变量对城市创新存在显著的正向影响。第二，异质性分析。以不同的城市特征与城市包容性的代表变量分别做交叉项，探讨具有不同特征的城市在城市包容性影响创新中所起到的作用，结果显示：外商投资在城市包容性影响城市创新过程中具有显著的正向调节效应；工资水平在城市包容性影响城市创新过程中均具有显著的正向调节效应；城市通达性在城市包容性影响城市创新的过程中具有显著的负向调节效应；由人均 GDP 所代表的地区发展水平对包容性影响城市创新的调节作用并不明显。第三，人才迁移的中介效应。城市包容性对城市创新水平的影响可以通过影响人才的迁移实现，即城市包容性越强，可能吸引到的人才就越多，城市创新水平也就越高。第四，文化多样性的中介效应与调节效应。文化多样性作为中介变量时，间接效应显著，但是文化多样性并未对城市创新产生正向影响，反而对包容性影响城市创新的过程产生了遮掩效应。

4. 作者自评和他评

他评。截至 2023 年 1 月 31 日，中国知网数据显示，该文被下载 917 次，被引 4 次。

该文研究观点"国内外学者对影响城市创新的因素开展大量研究，其中城市规模、人口密度、人力资本、产业结构等因素都被实证检验与城市创新存在着显著的相关关系"获得宋丽娟、余泳泽[①]的认同。该文研究观点"地方品质部门同样按照垄断竞争与规模报酬递增的方式生产地方品质。其中，地方品质是指地理空间上不可贸易品的数量、多样性和质量，具体包括休闲娱乐等个人消费服务，教育、医疗等公共服务，人工和自然生态环境等"获得张超、王君慧、姚永玲[②]的认同。

【作者简介】

张超：河北工业大学经济管理学院，副教授，主要研究空间经济、城市与区域经济。电子邮箱：zhangchao_pku@163.com.

肖植检：河北工业大学经济管理学院，硕士研究生，主要研究城市与区域经济。

兰宗敏：国务院发展研究中心，中央财经大学政府管理学院，研究员，兼职教授，主要研究宏观经济、区域经济与公共政策。

---

① 宋丽娟、余泳泽：《城市公共服务水平对技术创新的影响——以城市公共图书馆为例》，《产业组织评论》2022 年第 2 期。

② 张超、王君慧、姚永玲：《通勤成本、地方品质竞争与都市圈空间结构演化》，《首都经济贸易大学学报》2022 年第 5 期。

第 18 名

区域人才发展环境指数研究——基于广东省 21 个地市的调查样本

萧鸣政、朱玉慧兰（2022），《行政论坛》，第 3 期，第 131—138 页

【内容概览】

1. 问题/议题

区域人才发展环境评价指标体系应如何构建？对广东省人才发展环境在哪些方面提出建议？

2. 结论

区域人才发展环境评价指标体系可以从"经济社会与文化环境""政策环境""人才市场环境""生活环境""教育与科技发展环境"等维度出发建构。该文以广东省 21 个地市 2015—2019 年五年数据为样本，进行评价指标体系的验证和评价指数的计算与排序，对评价结果进行分析，从"制度""厚度""用度""温度""限度"等方面提出优化建议，以促进区域人才发展环境评价理论研究和实践发展，促进新时代新发展格局下区域人才中心和创新高地的建设。

3. 论证

构建人才发展环境指标体系。第一，初步构建政策环境、经济环境、文化环境、社会环境、科教环境、生活环境、人才市场环境 7 个一级指标进行考察。在 7 个一级指标下设立若干二级指标，构建区域人才发展环境评价指标体系，最后形成包括 62 个评价指标在内的清单。基于 62 个评价指标的初步设计，并在征求人力资源管理相关领域专家意见基础上进行修改和完善，然后通过与统计分析专家的讨论并且遵循可获得性原则与可比性原则，最后得到政策环境、经济环境、文化环境、社会环境、科教环境、生活环境、人才市场环境 7 个一级指标及 38 个二级指标。第二，进行问卷设计与发放，对回收的问卷数据进行梳理与代表性分析。第三，进行指标体系评估与筛选。第四，进行环境指标体系维度划分及信度检验。得到经济社会与文化环境因子、政策环境因子、人才市场环境因子、生活环境因子、教育与科技发展环境因子 5 个因子。经济社会与文化环境、政策环境、人才市场环境、生活环境、教育与科技发展环境的信度系数分别为 0.954、0.896、0.909、0.900、0.893，信度系数均在 0.8 以上，有较高信度。

区域人才发展环境指数分析。第一，人才发展环境指数年度情况分析。数据分析结果发现，珠三角地区的人才发展环境在整个广东省属于先进梯队。其中，广州市、深圳市、佛山

市、东莞市、珠海市基本上保持前五的水平。粤东地区，汕头的人才发展环境处于领先，汕尾市、潮州市处于其后。粤西地区，茂名市、湛江市的人才发展环境具有一定优势，阳江市、云浮市有较大发展空间。粤北地区，各地市的人才发展环境各年度之间的变化较大。第二，人才发展环境指数分维度分析情况。分别对经济社会与文化环境指数、政策环境指数、人才市场环境指数、生活环境指数、教育与科技发展环境指数进行分析。

改善区域人才发展环境的相关建议。第一，构建更加灵活有效的引才用才机制，打造"制度"优势。第二，持续优化经济社会与文化环境，增加基础"厚度"。第三，重点改善人才市场环境，激活人才"用度"。第四，提高城市适宜度，提升环境"温度"。

4. 作者自评和他评

他评。截至 2023 年 1 月 31 日，中国知网数据显示，该文被下载 406 次，被引 2 次。

该文构建经济社会与文化环境因子、政策环境因子、人才市场环境因子、生活环境因子、教育与科技发展环境因子 5 个因子，对广东省人才发展环境进行评估，获得谨素静[①]的认同。

【作者简介】

萧鸣政：北京大学政府管理学院，教授，博士生导师，主要研究行政管理与人才关系、领导人才与领导力等。

朱玉慧兰：北京大学政府管理学院，本科生党支部书记。

第 19 名

中国城市人才聚集的时空演化特征及影响因素研究

金海燕、刘宵、李佩（2022），《世界地理研究》，2022 年 10 月 18 日网络首发

【内容概览】

1. 问题/议题

2000—2020 年中国城市人才聚集的时空演化特征是什么？

2. 结论

第一，中国东中西部城市人才分布存在较大差距，形成"东强中西弱"和区域性"一超多强"的分布格局，且平均人才密度差距具有缩小趋势。第二，人才分布表现出极大的不均衡性，具有非稳定的轻微减弱态势。第三，全局上，人才密度呈现显著的正空间自相关

---

① 谨素静：《城市人才发展环境指数编制及实证研究》，《中国人事科学》2022 年第 11 期。

性，人才的空间集聚效应日趋显著。局部上，逐渐形成长三角和珠三角高—高型人才聚集区；由低—低型集聚城市组成的低水平人才聚集区会对其相邻城市产生同质化影响；西部部分省会城市具有显著的高—低型集聚特征，形成了"中心—外围"的人才聚集格局。第四，三产占比、科教支出占比、人均 GDP、普通高等院校数量、人均拥有公共图书馆图书藏量、每万人拥有公共交通车辆数对人才聚集均有显著的正向影响，且影响强度依次降低，其中，以三产占比和人均 GDP 为代表的经济环境因素空间尺度较小，具有较强的空间异质性，其他变量则接近全局尺度，空间异质性特征不明显。

3. 论证

研究方法。采用基尼系数、泰尔指数来衡量三次普查中国人才分布的不均衡程度，两类系数互为等价、相互补充。全局莫兰指数（Moran's I）是用来度量空间自相关的全局指标，通过计算全局莫兰指数反映人才的空间分布特征；通过局部空间自相关指标（Moran 散点图和 LISA 聚类图）来实现局部区域的自相关评估，分析人才局部空间聚类分布特征。用多尺度地理加权回归（MGWR）探求人才聚集不同影响因素的空间异质性及空间尺度。

人才聚集的影响因素分析。选取人才密度为因变量，表征人才聚集程度。根据既有相关研究，把人才聚集的影响因素（自变量）归纳为经济环境、公共服务、自然环境、文化环境、教育环境、政策环境、住房压力七个方面。回归结果显示，人均 GDP、第三产业占地区生产总值的比重、每万人拥有公共交通车辆数、普通高等院校数量、科教支出占财政总支出的比重五个变量的所有样本点均通过了 95% 的显著性水平检验且均为正向影响，人均拥有公共图书馆图书藏量有近一半的样本点通过检验且为正向影响，而城镇在岗职工平均工资、每万中小学生的中小学教师数、每万人医生数、建成区绿化覆盖率、房价收入比的所有样本点均不显著。根据系数平均值进行变量影响强度的排序发现，产业结构和财政支出结构是影响城市人才聚集的核心因素，其影响程度远大于其他影响因素。随着我国社会经济向高质量发展转变，城市产业布局、科教支出力度等政府举措会显著影响人才聚集，人才群体更倾向于选择就业多元化、发展潜力大、地方政府重视的城市作为就业地。

人才聚集主要影响因素 MGWR 回归系数的空间分布结果表明，人均 GDP 回归带宽为 43，空间异质性特征明显，属于局部变量，其影响在空间上差异较大。三产占比回归带宽也为 43，空间异质性特征明显，属于局部变量，其影响在空间上存在明显差异。每万人拥有公共交通车辆数回归带宽为 243，几乎为全局尺度，不存在空间异质性，属于全局变量，其影响在空间上没有显著差异。人均拥有公共图书馆图书藏量回归带宽为 229，接近全局尺度，空间异质性特征不明显，属于全局变量，其影响在空间上变化不大。普通高等院校数量回归带宽为 241，属于全局变量，其影响在空间上没有明显变化。科教支出占比回归带宽为 241，几乎为全局尺度，空间异质性特征不明显，属于全局变量。

4. 作者自评和他评

他评。截至 2023 年 1 月 31 日,中国知网数据显示,该文被下载 839 次,被引 0 次。

【作者简介】

金海燕:重庆大学管理科学与房地产学院,副教授,主要研究房地产经济、建设项目管理、标杆管理。电子邮箱:jinhaiyan@cqu.edu.cn。

刘宵:重庆大学管理科学与房地产学院。

李佩:重庆大学管理科学与房地产学院,硕士研究生。

第 20 名

我国海外理工科人才引进政策变迁
——基于政策"目标—工具—阶段"框架的分析

魏立才、田恩舜、胡炳仙(2022),《高等工程教育研究》,第 5 期,第 99—105 页

【内容概览】

1. 问题/议题

我国海外理工科人才引进政策如何变迁?

2. 结论

第一,通过统计和比较"引得进""留得住""用得好"三个目标所占的比例,以及它们在不同阶段的变化,研究发现我国人才引进政策经历了从"规模驱动"到"质量导向"的转变。第二,研究对四类政策工具在各计划阶段的使用频率的统计结果进行了较为全面地分析,发现激励型与强制型工具在三个政策阶段的使用频率最高。第三,四类政策工具的使用频率虽有波动,但结构上体现了一定的稳定性特征。一是激励型工具与强制型工具的使用频率呈现逐渐下降的趋势,但两种工具始终占据主体地位;二是组织型工具与能力建设型工具的使用频率不断上升,但占比较低,其中能力建设型工具占比始终是最少的。

3. 论证

根据现有政策内容研究的分析框架,结合中央、省级政府及若干所高校海外人才引进政策文本的结构特点以及研究问题,建立了政策工具(X 维)—政策目标(Y 维)—政策阶段(Z 维)三维分析框架。结合具体实际,采用内容分析法对所选政策文本进行分析,截至 2022 年 4 月 1 日,共计检索到 84 份符合条件的政策文本。按照三维分析框架对政策文本内容进行编码,并借助 NVivo 12 软件,以句子为单位对文本内容进行了系统化分析及定量描述。编码过程邀请了一位来自跨国学术人才流动问题研究领域的专家参与,与研究作者各自单独对随机抽

取的三个政策文本进行编码，然后使用 NVivo 12 软件中的"查询—编码比较"功能，得到了三个人才引进政策样本编码分类的一致性，结果显示都达到了 80% 以上，因此，编码结果的可靠性符合研究要求。

分析结果。第一，我国人才引进政策经历了从"规模驱动"到"质量导向"的转变。第二，激励型与强制型工具在三个政策阶段的使用频率最高，是实现政策目标的主要工具类别，尤其是在第一阶段政策中（皆超过 35%）；而能力建设型工具在三个政策阶段的使用频率最低。在分析不同政策阶段之间各种政策工具的变化时，研究发现激励型工具的使用频率略有波动，但保持着稳定态势；强制型工具的使用频率呈轻微下降趋势；而能力建设型工具与组织型工具的使用频率值虽然较小，但呈稳定上升态势，尤其是能力建设型工具的上升幅度较大，几乎与强制型工具的使用频率降低幅度一致。第三，四类政策工具的使用频率虽有波动，但结构上体现了一定的稳定性特征。具体而言，激励型工具与强制型工具的使用频率呈逐渐下降的趋势，但两种工具始终占据主体地位；组织型工具与能力建设型工具的使用频率不断上升，但占比较低，其中能力建设型工具占比始终是最少的。

4. 作者自评和他评

他评。截至 2023 年 1 月 31 日，中国知网数据显示，该文被下载 691 次，被引 0 次。

【作者简介】

魏立才：中南民族大学教育学院，讲师，主要研究教育经济与社会学研究、学习科学与技术研究。电子邮箱：weilicaifu@163.com.

田恩舜：中南民族大学教育学院，教授，主要研究高等教育管理、比较高等教育、大学教学与评估。

胡炳仙：中南民族大学教育学院，教授，主要研究高等教育政策研究、民族教育研究。电子邮箱：husthbx@163.com.

第 21 名

科技金融政策能否提升科技人才集聚水平
——基于多期 DID 的经验证据

谢文栋（2022），《科技进步与对策》，第 20 期，第 131—140 页

【内容概览】

1. 问题/议题

科技金融政策对城市科技人才集聚水平的影响和作用机制是什么？

2. 结论

科技金融政策显著提升城市科技人才集聚水平；科技金融政策主要通过政府干预效应、结构升级效应和创新驱动效应提升城市科技人才集聚水平；科技金融政策对科技人才集聚水平的影响随着城市行政级别的提升呈现边际效应递增规律。据此，提出对策建议，包括推进科技金融政策有序扩散、强化试点政策的科技人才集聚效应并扩展作用路径、设计科技金融政策梯度发展战略、促进地区间均衡协调发展。

3. 论证

影响机制分析。H1：科技金融政策显著提升城市科技人才集聚水平。H2：科技金融政策通过政府干预效应提升城市科技人才集聚水平。H3：科技金融政策通过结构升级效应提升城市科技人才集聚水平。H4：科技金融政策通过创新驱动效应提升城市科技人才集聚水平。H5：科技金融政策对城市科技人才集聚水平的影响随着城市行政级别的上升而产生边际递增效应。

变量说明。被解释变量：科技人才集聚水平（STA）。核心解释变量：科技金融政策虚拟变量（did）。根据科学技术部官方网站公布的科技金融政策试点城市名单，按照试点城市批准的时间先后进行赋值，得到核心解释变量did。控制变量：根据已有研究，控制可能影响城市科技人才集聚水平的因素，包括经济发展水平（dev）、对外开放水平（open）、金融发展水平（finan）、信息化水平（infor）和公共服务水平，其中公共服务水平主要包含医疗服务水平（medi）和教育发展水平（edu）。介变量：政府干预（inter）、产业结构（ind）、创新水平（inno）。

该文将科技金融政策的实施视为一项准自然实验，基于2004—2019年281个城市面板数据，利用多期双重差分法实证分析科技金融政策对城市科技人才集聚水平的作用机制。得出如下结论：首先，科技金融政策显著提升城市科技人才集聚水平，政策效应存在两年滞后期，并且政策效应逐年增强；其次，科技金融政策通过政府科技干预效应、结构升级效应和创新驱动效应三大作用路径，促进城市科技人才集聚水平提升；最后，科技金融政策的科技人才集聚效应在城市行政级别上呈现边际效应递增规律，城市行政级别越高，科技金融政策越能发挥科技人才集聚效应。

4. 作者自评和他评

他评。截至2023年1月31日，中国知网数据显示，该文被下载1700次，被引1次。

该文研究观点"科技金融政策通过政府干预效应、结构升级效应和创新驱动效应显著提升了城市科技人才集聚水平，这种影响还会随着城市行政级别的提升呈现'边际效应递增'规律"得到翟媛媛、文雯[1]的认同。

【作者简介】

谢文栋：上海财经大学公共经济与管理学院，博士研究生。

第22名

科技创新人才能力的动态演变及国际比较研究

陈劲、杨硕、吴善超（2022），《科学学研究》，2022年7月13日网络首发

【内容概览】

1. 问题/议题

科技创新人才发展指数如何构建？国际科技人才发展存在哪些区域差异？中国科技人才发展存在哪些问题？

2. 结论

该文基于人才规模、结构和效能等维度构建了科技创新人才发展指数，并采用基尼系数和核密度测度全球科技人才发展差异及分布动态。研究指出全球科技人才发展非均衡问题突出，且存在明显的区域重叠效应。中国在科技人才规模、结构和效能等维度上均取得长足进步，但中国"高精尖"人才匮乏，科技人才质量和人才培养体系亟待提升。

从区域差异来看，低收入区域内的科技人才发展水平的非均衡问题突出，并呈现波动上涨态势。高收入国家因经济水平和人才吸引力强对人才队伍发展有重要支撑，而低收入国家对人才发展支持力不足，使得两者间差异呈扩大趋势。此外，当前超变密度是整体科技人才发展差异的核心来源，存在明显的区域重叠效应。从分布动态演进来看，全球以及三大区域的科技创新人才发展水平持续上升，国际及区域间的非均衡程度愈发增大，全球科技人才发展水平差距逐步扩张。

3. 论证

国家科技创新人才能力评估指标体系设计。依据指标体系构建原则整合影响科技创新人才发展的关键性指标，得到以科技人才规模、人才结构和人才效能为一级评价指标的创新人才发展指标体系框架。

国际科技人才发展水平的研究方法。（1）评价方法：为保证评价过程的透明性、可重

---

[1] 翟媛媛、文雯：《区域科技金融服务体系建设研究综述》，《河南科技》2022年第17期。

复性、动态可比性和评价结果的客观性，运用熵值法测度17个国家科技创新人才发展能力指数。首先对原始数据进行标准化处理，然后利用熵值法确定权重，以客观反映原始数据信息，最后基于线性加权法得出科技创新人才发展指数。（2）Dagum基尼系数。Dagum将差异分解为地区间差异、地区内差异以及由样本重叠引起的差异，即超变密度。该方法能够有效解决地区间的交叉重叠问题，从而对差异来源及贡献进行精准评价。（3）Kernel核密度估计。基于核密度估计考察国际科技创新人才发展的分布动态特征和发展水平的绝对差异信息。核密度估计作为非参数方法，具有对假设条件要求低、对模型依赖性弱及稳健性较强的特征。此方法通过使用连续密度曲线描述随机变量的形态，能够精准刻画变量的分布特征。

国际主要国家科技人才发展指数及比较分析。第一，科技创新人才指标的测度结果。根据科技创新人才评价体系，测算了全球17个经济体2010—2020年的综合科技人才发展指数以及各维度指数。第二，国际主要经济体科技创新人才的比较分析。对国际三大区域科技创新人才发展水平的区域内差异和变化态势、全球科技创新人才发展的区域间差异和近十年变化趋势、科技创新人才发展的区域差异来源和贡献率进行分析；从波峰的演进趋势、分布形态和分布延展性方面描述了国际科技创新人才发展水平的分布情况。

4. 作者自评和他评

他评。截至2023年1月31日，中国知网数据显示，该文被下载1492次，被引0次。

【作者简介】

陈劲：清华大学经济管理学院，教授，博士生导师，主要研究技术创新管理、科技创新政策、一般管理与战略管理、创业管理。电子邮箱：chenjin@ sem. tsinghua. edu. cn.

杨硕：清华大学经济管理学院，主要研究科技政策、创新管理。电子邮箱：yangshuo@ sem. tsinghua. edu. cn.

吴善超：中国科协创新战略研究院，研究员，主要研究科技、科协发展战略与政策。

第23名

我国科技人才政策十年发展与面向高水平科技自立自强的优化思路

陈凯华、郭锐、裴瑞敏（2022），《中国科学院院刊》，第5期，第613—621页

【内容概览】

1. 问题/议题

现有科技人才政策体系存在什么样的问题？应如何优化？

2. 结论

在高水平科技自立自强的时代背景下，我国更需要显著增强高水平科技创新人才自主培养能力，强化面向未来前沿技术的科技人才政策布局，支撑科技人才在基础研究等领域持续作出重大原创性突破。这迫切要求系统性优化我国科技人才政策体系，推动我国科技人才管理高质量转型，提升我国科技人才体系整体效能。强化政策联动，提高人才政策制定与实施系统性；强化自主培养，实现人才国际化与自主培养并举；强化青基人才，夯实高水平科技自立自强的根基；强化多链融合，促进教育、人才和科研活动协同；强化需求导向，增进科技人才政策体系的精准度。

3. 论证

我国科技人才政策不断优化，逐渐形成多层联动的政策体系。第一，科技人才政策体系不断健全与优化。国家始终以激发科技人才活力为主线，以建设适应时代发展和经济社会需求的科技人才队伍为任务，推进科技人才政策体系不断健全。第二，科技人才教育与培养政策不断完备。党的十八大以来，各级政府和部门围绕科技人才教育与培养政策出台了一系列改进政策，政策体系不断完备，重点体现在两个方面：一是加强基础学科人才教育与培养，全方位推进学科体系和教学体系改革；二是建立科技需求导向的人才培养机制，深化科教融合与产教融合。第三，科技人才使用与发展政策逐步改善。党的十八大以来，各级政府和部门通过科研平台和事业平台促进科技人才使用与发展政策不断健全，重点包括两个方面：一是推进科技计划管理改革，优化科技计划项目组织实施，鼓励科技人才全身心投入科研活动；二是以扩大用人单位自主权为主线进行科研机构改革，为科技人才发展提供良好环境。第四，科技人才评价与激励政策不断丰富。党的十八大以来，我国不断深化科技人才评价与激励体制机制改革，向改革要动力、用改革增活力，政策体系更加丰富。其主要体现在两个方面：一是以知识价值创造为导向不断优化科技人才评价机制；二是不断优化科技项目资助管理方式，激发科技人才创新创造活力。

我国科技人才政策实施成效显著，促进科技人才高质量发展。第一，科技人才队伍规模快速扩大。第二，科技人才队伍结构不断优化。第三，科技人才创新能力逐步提高。但是我国科技人才政策在系统性、精准性等方面仍面临诸多挑战。第一，科技人才政策系统性不足。各部门科技人才政策内容联动有待进一步强化，不同地区的政策时效不连续等问题还需进一步改善。第二，科技人才政策精准性不高。现阶段我国科技人才政策不但未充分考虑差异性，包括不同类别研究发展需求差异性、不同层次科技人才发展需求差异性、不同领域发展需求差异性、不同类型单位发展需求差异性、不同区域发展需求差异性等方面，而且也未充分考虑产业和社会发展的趋势和需求，致使科技人才政策的精准性和精细化程度不高。第三，科教人才政策联动性不强。当前研究生招生制度、学科设置机制、学科评估机制、科研考核机制和职称评审导向等体制机制还存在制约科教深度融合的方面。第四，青基人才政策体系不健全。现阶段对青基人才的激励政策等协同支撑体系还未完善，政策落地也较为困难。

4. 作者自评和他评

他评。截至 2023 年 1 月 31 日，中国知网数据显示，该文被下载 1428 次，被引 1 次。

该文从政策协调系统、自主培养体系、青基人才成长、人才学研融合、需求导向精准五个模块对我国科技人才政策的进一步发展落实提出的系统化建议获得王玉玫、何怡欣[①]的认同。

【作者简介】

陈凯华：中国科学院大学公共政策与管理学院，教授，中国科学院科技战略咨询研究院研究员。

郭锐：中国科学院大学公共政策与管理学院，特别研究助理，主要研究绿色科技创新、科技人才战略、企业创新管理等。

裴瑞敏：中国科学院科技战略咨询研究院，副研究员。

第 24 名

陕西省科技人才评价指标体系与评价方法构建

田军、刘阳、周琨、祝文青、曹怡静、艾艳芳（2022），《科技管理研究》，第 4 期，第 89—96 页

【内容概览】

1. 问题/议题

科技人才评价指标体系与评价方法如何构建？

2. 结论

调查分析当前陕西省科技人才综合评价体系存在的问题及可能的制约因素，结合陕西省科技人才评价的实际需要及"一带一路"建设需求，将陕西省科技人才分为基础研究类、工程技术类、创新创业类；进一步提炼与归纳这三类人才评价的共有关键要素和专业关键要素，构建包括创新知识、道德素质、创新动机、影响力、创新能力、产出绩效六个维度的科技人才评价指标体系，并利用层次分析法与模糊评价法相结合的方式构建陕西省科技人才分

---

① 王玉玫、何怡欣：《科技人才政策研究综述》，《中小企业管理与科技》2022 年第 18 期。

类评价模型；最后从管理创新和保障条件两个层面提出实施陕西省科技人才评价的五条政策建议。

3. 论证

陕西省科技人才评价现状分析。存在的问题：评价主体方面，存在评价主体异化与错位、专业素养较低的问题；评价对象方面，存在科技人才定义不清、科技人才分类评价不足的问题；评价标准方面，存在科技人才评价标准的针对性较差、评价指标缺乏操作性的问题；评价方法方面，存在原创性理论极少，照搬国外理论框架、评价方法单一，主观性较大的问题；评价程序方面，存在评价过程缺乏公正性的问题；评价结果方面，存在评价结果应用不足、评价结果缺乏追踪评估与监督反馈的问题。

陕西省科技人才评价的关键要素分析。共有关键要素：道德素质、创新动力、创新知识。专业关键要素：影响力、创新能力、产出价值。关键要素集成：通过分析提炼科技人才评价的共有关键要素和专业关键要素，归纳总结陕西省科技人才评价的关键要素，并分为相应的二级、三级评价指标，获得科技人才分类评价的关键要素集成。

陕西省科技人才评价管理创新及政策建议。第一，陕西省科技人才评价的管理创新。建立以创新为导向的分类科技人才评价机制；建立"一带一路"区域人才一体化评价机制。第二，陕西省科技人才评价保障条件。大力发展专门针对科技人才评价的第三方组织和机构；各地区要找准创新驱动发展的着力点；建立实现科技人才评价数据共享基地/平台。

4. 作者自评和他评

他评。截至2023年1月31日，中国知网数据显示，该文被下载1802次，被引3次。

该文研究观点"实施分类评价，激发人才创新活力，建立基于学术水平、实际贡献、发展潜力和现实表现等的科学评价指标体系，设置符合人才发展规律的考核周期，综合运用各类科学的评价手段，健全以创新能力、产出绩效等为导向的人才评价体系"获得钱方兵、李政、钱桂芳[1]，公丕明[2]，孟祥伟、王红梅[3]的认同。

【作者简介】

田军：西安交通大学管理学院，教授，博士生导师，主要研究人才评价、供应链管理与管理信息系统。电子邮箱：tianjun@mail.xjtu.edu.cn。

---

[1] 钱方兵、李政、钱桂芳：《基于FAHP分析的高校创新创业人才培养质量评价体系构建与实证分析》，《思想教育研究》2022年第10期。

[2] 公丕明：《新时代深化科技人才评价改革：现实基础、主要问题与实现路径》，《特区经济》2022年第9期。

[3] 孟祥伟、王红梅：《某肿瘤医院临床医学一流学科建设的实践与思考》，《中国医院管理》2022年第7期。

刘阳：西安交通大学管理学院，博士研究生，主要研究人才评价、应急管理与应急决策。
周琨：西安交通大学管理学院，博士研究生，主要研究人才评价、供应链管理。
祝文青：西安交通大学管理学院，硕士研究生，主要研究人才评价、供应链管理。
曹怡静：西安交通大学管理学院，博士研究生，主要研究人才评价、物流管理。
艾艳芳：西安交通大学管理学院，博士研究生，主要研究人才评价、供应链管理。

第25名

基于产教融合背景的数字传媒人才培养方式探析
——以上海出版印刷高等专科学校为例

李晶晶（2022），《传媒》，第10期，第85—87页

【内容概览】

1. 问题/议题

基于产教融合背景的数字传媒人才培养方式是什么？

2. 结论

第一，打造数字传媒现代产业学院，以"双学院"制调动基地培养活力。第二，建立健全高质量人才选拔体系，实现"就业创业"双向人才发展。第三，持续完善产学研协同的体制机制，促进合作主体多元化。

3. 论证

数字传媒人才培养的必要性。第一，产教融合战略指引，数字传媒领域急需"示范性"样本。数字传媒的高度融合性不断催生着产业的新业态、新模式，因此，打造示范性的数字传媒人才培养方式尤为重要。第二，数字经济市场选择，"泛媒体人才"需求旺盛。泛媒体人才的培养可以聚焦于"宽口径、复合型"的方针，以共有性的技能培训，满足泛媒体就业的用工需求。第三，文化创新活力激发，职业教育的使命担当。

数字传媒人才培养模式特色升级。第一，"时长"升级。传媒人才的培养过程整体上固守传统，过多关注教学过程而对学习过程的重视不够。第二，"产业"升级。通过引入国内多个垂直类机构，紧密对接数字传媒行业，构建起完善的产业生态体系，并巧用"共建共享"的价值机制，依托学校专业，聚焦数字出版、数字印刷、数字电竞、数字影视、数字文化创意、人工智能与大数据六大行业，以产学研合作的教学实践形式，促进企业、学校与个人的三方共生，加快知识、信息与数据的流通，加快数字领域文化、知识和技能的积累，提高数字传媒人才的生产和服务的能力。第三，"格局"升级。以南上海数字出版传媒产业

园为例，该园区是以数字出版、文化装备、版权交易、广告传媒、科技转化与创新创业等为主要内容的产业基地。目标是建成以数字化、智能化、绿色化为特征的新型出版传媒产业示范园区，通过产学研项目牵引校内数字传媒人才的创新实践与科技成果转化，培育学生在数字出版传媒行业的前瞻力与技能点，赋力人才走出校园。

数字传媒人才培养方案的"再优化"。第一，打造数字传媒现代产业学院，以"双学院"制调动基地培养活力。第二，建立健全高质量人才选拔体系，实现"就业创业"双向人才发展。第三，持续完善产学研协同的体制机制，促进合作主体多元化。

目前，数字传媒产业仍处于一个发展、变革的时期，数字化背景下传媒产业创新发展的路径也在不断拓展。学校只有持续优化数字传媒人才的培养方案，才能紧密贴合行业需求，推进新时代我国数字传媒产业的健康发展。第一，数字传媒现代产业学院可以依托学院与行业龙头企业进行组建。上海出版印刷高等专科学校可以选择如世纪出版、分众传媒等数字传媒领域的企业进行合作，双方在人才培养模式、课程体系构建、师资队伍共建、专业共建、科技研发、技术培训与咨询等方面开展深度合作，培养适应数字传媒产业需要的高素质应用型、复合型、创新型人才。第二，建立健全高质量的数字传媒人才的选拔体系，围绕系统性原则、准确性原则、可操作性原则、动态性原则来分别进行人才的全面、素质、技能等方面的评价指标。第三，积极发挥主观能动性，与企业、政府、地方、区域、行业、协会等多元社会主体联动形成新组织。上海出版印刷高等专科学校可以联动上海市职业教育协会数字传媒艺术专业委员会、上海市地方政府来全方位构建出适合数字传媒人才培育的新方案，助推更多人才的顺利孵化。

4. 作者自评和他评

他评。截至 2023 年 1 月 31 日，中国知网数据显示，该文被下载 448 次，被引 2 次。

【作者简介】

李晶晶：上海出版印刷高等专科学校。

第 26 名

我国拔尖创新人才的选拔与培养
——基于教育实践的多案例循证研究

郑永和、杨宣洋、谢涌、王晶莹（2022），《中国科学院院刊》，
第 9 期，第 1311—1319 页

【内容概览】

1. 问题/议题

我国拔尖创新人才的选拔与培养模式是什么？有什么特色？

2. 结论

通过对中国科学技术大学少年班、西安交通大学少年班、北京大学元培学院、清华大学钱学森力学班和深圳零一学院的人才选拔与培养经验进行探索性案例研究，分析得出当前我国拔尖创新人才教育凸显多元化选拔、进阶式培养和理解性支持的特色。面向拔尖创新人才培养的迫切需求，要从选拔、培养和支持服务等方面为人才提供适合的成长途径与发展环境，拓宽人才选拔视野，重视人才早期培养，并通过政策保障特色化育人实践。

3. 论证

我国拔尖创新人才选拔与培养模式分析。第一，育人目标。富有创造力的领军人才中科大少年班、西交大少年班、北大元培学院、清华钱班和深圳零一学院虽然是我国不同历史发展时期拔尖创新人才培养的典型代表，但其育人目标均适应国家发展和时代变化的需求，在人才培养站位和定位上有着高要求，志在培养创新型的领军人才。第二，多元化选拔：知识、能力和志趣的三联考察。第三，进阶式培养：既博且专基础上的创新突破。概括来看，整体教学组织支撑学生从入门到专业三个层次发展需求，包括自我定向、专业发展和自主创新。第四，理解性支持：保障认知、情感和社会性发展。上述案例院校致力于营造整体的创新文化氛围，为学生的与众不同提供"心理安全"，具体包括鼓励自由思想、重视心理健康、强化社会责任三个方面。

启示与展望。第一，拓宽人才选拔视野，育人过程中持续鉴才。建议适当拓宽人才选拔视野，集中力量率先实现高等教育阶段拔尖创新人才培养的突破，为优秀的潜质生提供"绿色通道"。第二，重视人才早期培养，分阶段完善育人升级。建议构建青少年人才发现、保护和引导的激励机制，将拔尖创新人才培养延伸至基础教育阶段。第三，创新人才成长氛围，以政策保障特色实践。建议将拔尖创新人才培养提升至国家战略高度，系统推进相关部署，为创新人才成长提供政策和环境保障。

4. 作者自评和他评

他评。截至2023年1月31日，中国知网数据显示，该文被下载950次，被引用1次。该文获得张晓光[①]的认同。

【作者简介】

郑永和：北京师范大学科学教育研究院，教授，博士生导师，主要研究科技与教育战略、科学教育、教育信息科学与技术等。电子邮箱：zhengyonghe@bnu.edu.cn。

杨宣洋：北京师范大学科学教育研究院。

---

① 张晓光：《拔尖创新人才早期培养应由"拔尖"转向"普育"》，《中小学管理》2022年第12期。

谢涌：北京师范大学科学教育研究院。

王晶莹：北京师范大学科学教育研究院，教授，主要研究科学教育。

第 27 名

拔尖创新人才培养的成效、缺失和建议

杨德广（2022），《重庆高教研究》，第 6 期，第 3—9 页

【内容概览】

1. 问题/议题

拔尖创新人才培养的成效、缺失是什么？

2. 结论

应从以下方面进一步做好拔尖创新人才的培养工作：一是培养德才兼备、以德为先的拔尖创新人才；二是培养各种类型的拔尖创新人才；三是赋予培优高校招生自主权；四是完善英才学校的空间布局；五是主动为拔尖创新人才培养立法；六是基础教育应担当起培养拔尖创新人才的重任；七是加强拔尖创新人才培养的组织保障。

3. 论证

拔尖创新人才计划的实施和成效。自教育部实施"六卓越一拔尖计划"以来，一些重点高校创造了各种拔尖创新人才的培养模式和方法，包括以下几个方面。一是成立英才学院，专门培养尖子学生；依靠基地培养尖子人才；建立培养尖子人才实验区。二是实行三段式培养尖子人才。三是设置交叉复合类、就业创业类专业，由学生自行选择。四是与相关的科研院所、试验中心、企业或国外高校合作办学，联合培养拔尖创新人才。五是实施教师主导的科创计划，学生与导师双向选择。六是改革实验课教学方法，教师不设定内容，由学生自己设计，自由分组开展实验。吸收尖子学生进入国家级科技创新平台，在科技攻关第一线培养拔尖创新学生的科研能力和创新能力。

拔尖创新人才培养存在的困惑与缺失。第一，高校的困惑与缺失。教育部高教司提出的培养好拔尖人才必须抓住"选、培、评"三个字是符合人才培养规律的。第二，基础教育阶段的困惑与缺失。必须充分发挥基础教育的功能和作用，把中小学生中的尖子人才选拔好、培养好。

进一步做好拔尖创新人才培养工作的思考和建议。第一，培养拔尖创新人才应德才兼备、以德为先。第二，努力培养各种类型的拔尖创新人才。第三，赋予培优高校招

生自主权。第四，完善英才学校的空间布局。第五，主动为拔尖创新人才培养立法。第六，基础教育担当起培养拔尖创新人才的重任。第七，加强拔尖创新人才培养的组织保障。

4. 作者自评和他评。

他评。截至 2023 年 1 月 31 日，中国知网数据显示，该文被下载 136 次，被引 2 次。

该文研究观点获得罗熊、冀燕丽、尚新生[①]的认同。该文对拔尖创新人才培养重要性的论述"培养基础学科拔尖人才是当前我国研究型大学的重要使命"获得徐嘉雯、赵娟、朱军文[②]的认同。

【作者简介】

杨德广：上海师范大学，教授，博士生导师，主要研究高等教育管理。

第 28 名

中国共产党百年人才培养的目标定位与价值取向

王枬、雷安娜、马玮岐（2022），《国家教育行政学院学报》，
第 5 期，第 9—17 页

【内容概览】

1. 问题/议题

中国共产党百年来人才培养的目标定位与价值取向是什么？

2. 结论

百年来中国共产党领导的国民教育、社会教育、党内教育，在人才培养上均体现着坚持党的领导、服务国家发展、促进社会进步和秉持人民至上的价值取向。而这些取向又是彼此联系、不可分割的。党的领导统领人才培养的目标定位及其价值取向，回答"培养什么人"的问题，这是人才培养的根本任务。服务国家发展的立场回答的是"谁来培养人"的问题，一方面体现在办学主体上，另一方面体现在办学目的和人才培养目标上，最终是要服务国家改革发展，投身社会主义建设中。促进社会进步回答的是"怎样培养人"的问题，体现的是公共利益为先、集体利益为重的人才培养原则，这既是教育社会功能的体现，也是社会主

---

① 罗熊、冀燕丽、尚新生：《STEM 教育视域下高校本科人才培养模式的构建》，《北京科技大学学报（社会科学版）》2023 年第 2 期。

② 徐嘉雯、赵娟、朱军文：《拔尖创新人才培养多元目标与单一实现机制的冲突——以我国研究型大学为样本的案例研究》，《江苏高教》2022 年第 12 期。

义国家人才培养的内在要求。而人民至上是中国共产党办好人民满意的教育的具体体现,是马克思主义关于人类解放和人的全面自由发展的核心价值在中国大地的生动实践,在人才培养中,站稳人民立场、以人民为中心办教育、办人民满意的教育贯穿于中国共产党百年人才培养的各个时期,也正是人民至上的价值取向赢得了人民群众在革命、建设、改革各个时期和新时代对党的拥护。

3. 论证

中国共产党百年人才培养的目标定位。1921—1949 年的目标定位为造就身强力壮、忠实于无产阶级的战斗员。1949—1978 年的目标定位为培养又红又专、有社会主义觉悟的有文化的劳动者。1978—2012 年的目标定位为培养"四有"社会主义事业建设者和接班人。2012 年至今的目标定位为培养德智体美劳全面发展、担当民族复兴大任的时代新人。

中国共产党百年人才培养的基本特征。在目标结构上,关注个人素质与社会角色。正是由于中国共产党在人才培养上既关注个人身心素质的发展,又根据革命和建设的不同需要确定了各个时期人才的不同社会角色,从而依靠着这些"身强力壮忠实于无产阶级的战斗员""又红又专、有社会主义觉悟有文化的劳动者""'四有'社会主义事业建设者和接班人""德智体美劳全面发展、担当民族复兴大任的时代新人",推动了中国社会的不断进步。在目标依据上,凸显社会需要和时代精神,若把人才培养置于历史范畴中考察,其在不同的时空条件中常处于解构和重构的过程中,这是教育持续不断改造进步的内生动力,也是人才培养更好地适应各方需求的必然。在目标路径上,坚持教育与生产劳动相结合。教育与生产劳动相结合这一人才培养路径贯穿党的百年教育发展史,为各行各业输送了所需要的各类人才,有力地推动了中国革命和建设任务的逐步实现。在目标指向上,强调立德树人。从中国共产党百年人才培养的历程上看,无论对人才培养有着怎样不同的表述,实质上都涉及"培养什么人、怎样培养人、为谁培养人"这一根本性问题,立德树人贯彻始终。

中国共产党百年人才培养的价值取向。中国共产党人才培养的价值取向是随着党对人才培养认识的深化和党的中心工作转移而变迁的,其中有探索、有借鉴、有偏差、有批判、有反思、有重构,但主线始终围绕着对个体身心素质的规定及对教育社会价值的规定,而党的领导、国家发展、社会进步和人民至上的价值取向贯穿百年人才培养的全过程。

4. 作者自评和他评

他评。截至 2023 年 1 月 31 日,中国知网数据显示,该文被下载 430 次,被引用 1 次。该文研究观点"培养目标作为教育实践活动的起点,表达了对'培养什么人'的价值预设,通过预设人才培养的规格、质量、内容、目标等,有组织、有计划地指导人才的培养。"获得刘奉越、李洪岩[①]的认同。

【作者简介】

王枬:广西师范大学,教授,博士生导师,主要研究教育原理、教师发展。

雷安娜:广西师范大学。

马玮岐:广西师范大学。

第 29 名

信息技术学科拔尖人才选拔与培养的现状、问题与建议

徐显龙、许洁、党渤斐(2022),《中国电化教育》,第 5 期,第 107—114 页

【内容概览】

1. 问题/议题

信息技术学科拔尖人才选拔与培养中存在的问题是什么?相应地提出什么样的建议?

2. 结论

当前我国信息技术学科拔尖人才选拔与培养中存在标准不够科学、方式未衔接和缺乏开放学习环境、课程结构单一和师资队伍较为薄弱等问题。该文提出以科学研究的形式驱动拔尖人才的选拔、高校应高力度介入基础教育阶段信息技术拔尖人才的选拔、推进教育新型基础设施建设支撑拔尖人才高质量培养、研发面向拔尖人才的贯通式课程、建设多元化的拔尖人才培养师资队伍的建议。

3. 论证

调查设计与实施。针对国内外信息技术拔尖人才选拔与培养进行现状调查,国内研究对象为四个直辖市和 15 个副省级城市以及这些地区的部分信息技术教师;国外选取了美国、白俄罗斯、欧盟等国家和国际组织作为研究对象。现状调查于 2021 年 7 月至 2021 年 9 月进行。

国内外选拔与培养现状分析。第一,选拔现状。美国的选拔标准会对拔尖学生进行多方面考虑。不同的信息技术类竞赛有着不同的选拔方式。目前国内存在的选拔方式主要有三种,分别为过程性筛选制、笔试面试考察制、信息学竞赛选拔制;各种选拔方式有不同

---

① 刘奉越、李洪岩:《高素质农民培育的演进、模式及行动逻辑》,《职教论坛》2022 年第 12 期。

的选拔标准，更加关注学生所掌握的信息技术基础知识和过程性表现。第二，培养现状。在师资队伍建设方面，美国很多学校在培养拔尖人才时，由大学教授充当学生科学导师，使学生在高中阶段就能接触到科研和一流学者。在国内，在基础设施建设方面，充足的基础设施是信息技术学科拔尖人才教育的根基，国内信息技术学科拔尖人才的学习离不开硬件条件的支撑。在课程设置方面，每所学校根据自身的特色各有侧重。在师资队伍建设方面，国内教师的数量和能力在一定程度上反映了学校的信息技术拔尖人才培养水平。

选拔与培养存在的主要问题。第一，对解决非结构化问题的能力关注度不足。第二，未实现不同拔尖人才选拔方式的衔接。第三，基础设施存在地域差异，缺乏自由的学习环境。第四，课程形式单一，课程内容淡化多元性。第五，师资队伍薄弱，未与高校形成贯通式培养。

4. 作者自评和他评

他评。截至2023年1月31日，中国知网数据显示，该文被下载878次，被引2次。

该文研究观点获得黄仙先[①]的认同。该文研究观点"和其他国家相比，我国基础教育阶段对信息技术拔尖人才的选拔与培养起步较晚，在选拔机制和培养体系上存在着对解决非结构化问题的能力关注不足、未实现大中小拔尖人才选拔方式的衔接、基础设施存在地域差异、课程单一、师资队伍薄弱等问题，在一定程度上阻碍了教育信息化创新人才的培养"获得段晓丽、文武[②]的认同。

【作者简介】

徐显龙：华东师范大学教育信息技术学系暨上海数字化教育装备工程技术研究中心，副研究员，硕士生导师，主要研究复杂技能综合学习设计、信息技术教育应用评估。

许洁：华东师范大学教育信息技术学系暨上海数字化教育装备工程技术研究中心，硕士研究生，主要研究信息化教学设计与应用、数字教育资源设计与开发。

党渤斐：华东师范大学教育信息技术学系暨上海数字化教育装备工程技术研究中心，硕士研究生，主要研究信息化教学设计与应用、数字教育资源设计与开发。

---

① 黄仙先：《高一信息技术课程隐性分层教学策略研究》，硕士学位论文，广西师范大学，2022年。
② 段晓丽、文武：《智能时代高校拔尖人才培养模式探要》，《江苏高教》2022年第8期。

第 30 名

人才高地建设的标准与路径
——基于概念、特征、结构与要素的分析

萧鸣政、应验、张满（2022），《中国行政管理》，第 5 期，第 50—56 页

【内容概览】

1. 问题/议题

人才高地的结构模型与标准体系如何构建？

2. 结论

该文基于条件、过程与结果三大特征和主体、机制和环境三大要素构建了人才高地的结构模型与标准体系，包括 3 个一级指标、9 个二级指标及 30 个三级指标。在此基础上，提出了"一个高地＋三个特征＋三大要素＋五大体系"的建设路径框架，提出了加强政府主导引导、战略规划引领、市场机制调节的发展模式，提倡进行整体目标定位、区域特色互补与分层协同创新的国家战略导向；表达了提高国际化水平、加强产学研合作、优化创新环境与激发科技主体活力等方面的具体建议。

3. 论证

人才高地建设问题的提出与背景分析。第一，人才高地建设工作开始于国家"十四五"规划纲要颁布之前。第二，人才高地建设的重点在于为实现第二个百年奋斗目标做好人才准备。第三，人才高地建设的战略目标在于把中国建成为世界级的创新高地。

人才高地的概念、结构及其评价标准。人才高地概念的分析与界定："人才高地"指在某一人口群体当中，优秀人才所占的比例以及他们的创新效能与价值远高于周边地区的地方，这样的地方可以是一个区域，也可以是一个城市。"人才高地"表现为人才数量的高密度、人才级别的高水平、人才工作的高活力、人才产出的高效益与人才发展环境的高品位。具体来看，其条件特征是优秀人才聚集度高、创新平台多、创新制度好；过程特征是创新氛围浓、创新文化优、创新活动频繁；结果特征是创新效能强、创新成果多、创新价值高、创新贡献大。人才高地的要素与结构分析："一个高地＋三大特征＋三大要素。""一个高地"包括"人才中心"与"创新高地"的两个方面，两者具有相辅相成的关系。"三大特征"体现了人才高地的共同性与差异性，按其发展先后可分为条件特征、过程特征与结果特征。"三大要素"指主体、机制和环境。人才高地的标准体系：形成了人才高地建设评价的 3 个一级指标、9 个二级指标及 30 个三级指标的评价标准体系。

建设路径与发展建议。第一，基于共性分析的实现路径。致力于实现高水平人才高地建设

的战略总目标，基于条件、过程与结果三大特征的改进导向，充分发挥主体、机制和环境三大要素作用，全面实施科学研究、技术创新、高端产业、创新环境、服务保障的五大体系建设。第二，基于优势发挥的战略引领。第三，基于差异与不足的合作发展。应该提高国际化水平、加强产学研合作、优化创新环境与激发科技主体活力。

4. 作者自评和他评

他评。截至 2023 年 1 月 31 日，中国知网数据显示，该文被下载 1134 次，被引 2 次。

该文观点"人才高地是指在某一人口群体当中，优秀人才所占的比例以及他们的创新效能与价值远高于周边地区的地方，具体表现为人才数量的高密度、人才级别的高水平、人才工作的高活力、人才产出的高效益、人才发展环境的高品位，其结果往往呈现创新效能强、创新成果多、创新价值高、创新贡献大等特征"得到顾璟[①]的认同。

【作者简介】

萧鸣政：北京大学政府管理学院，教授，博士生导师，主要研究行政管理与人才关系、领导人才与领导力等。

应验：北京大学政府管理学院，博士研究生。

张满：北京信息科技大学经济管理学院。

第 31 名

供给侧结构性改革视域下高校创新创业型人才培养路径

徐伟明、肖洒（2022），《科技管理研究》，第 6 期，第 76—82 页

【内容概览】

1. 问题/议题

供给侧结构性改革视域下高校创新创业型人才培养路径是什么？

2. 结论

对当前我国高校创新创业型人才培养存在的供给侧结构性矛盾、要素供给与培养需求错位发展以及制度供给与大学生需求之间有落差等方面的内在张力进行分析，提出结构性协同供给、要素配置补强升级、制度供给合理优化等我国高校创新创业型人才培养改革路径。

[①] 顾璟：《创新驱动发展战略背景下江苏省人才高地建设的成效、困境与优化策略》，《高校教育管理》2022 年第 6 期。

3. 论证

供给侧结构性改革对高校创新创业型人才培养的现实要求。第一，高校创新创业型人才培养的侧重点由需求侧转向供给侧。该研究提出高校创新创业人才培养应由需求侧拉动向供给侧推动转变，并不是放弃需求侧，而是为了更好地满足人才培养升级的需求和创新需要。第二，强调高校创新创业人才培养的要素变革。供给侧结构性改革的核心在于扩大有效供给，而有效供给的实现需要供给要素的完善与优化。第三，倒逼高校创新创业型人才培养的制度创新。供给侧结构性改革对创新创业型人才培养的需求因应了高校创新创业人才培养的目标。

高校创新创业型人才培养的内在张力。第一，结构性矛盾。我国对于高校创新创业型人才培养是在政府的主导推动下开展的，而非来自高校自身内生驱动的需求，这导致以高校为供给侧和以社会为需求侧的创新创业型人才培养在供求结构上出现矛盾。第二，要素供给与培养需求错位发展。高校创新创业型人才的培养需要教学要素的有效供给，通过增强教育要素供给的精准度来满足创新创业型人才培养的需求，从而提高高校创新创业型人才培养的质量。第三，培养制度供给与大学生需求之间有落差。

高校创新创业型人才培养的改革路径。第一，人才培养的结构性协同供给。高校创新创业型人才培养机制的运行和发展离不开多元化的协同供给。第二，人才培养要素的补强升级。要破解高校创新创业型人才培养要素层面的供给约束和供给抑制，就必须在人才培养体系方面实现要素补强升级。另外，对高校创新创业教师质量进行补强升级，使之满足创新创业型人才培养的要求。第三，人才培养制度供给的优化。首先，推动高校创新创业型人才培养的协同机制建设；其次，加强对高校创新创业型人才培养的法规支持力度；再次，完善高校创新创业型人才培养的内部规范体系。

4. 作者自评和他评

他评。截至 2023 年 1 月 31 日，中国知网数据显示，该文被下载 628 次，被引 2 次。

该文研究观点"社会力量在人才培养中的活力被政府的过度干预和强大的管理职能所抑制，同时政府部门重计划、轻调控的特点也造成社会力量在体育产业创新创业人才培养和监督方面的盲目性，社会组织和企业在人才培养中的角色被明显削弱"获得张小远、王华、崔源[1]、孙中祥、汪紫珩、陶玉流等[2]的认同。

【作者简介】

徐伟明：广东工业大学马克思主义学院，讲师。

---

[1] 张小远、王华、崔源：《产教融合视域下高校创客空间的建设与运营》，《实验技术与管理》2022 年第 10 期。
[2] 孙中祥、汪紫珩、陶玉流等：《新时代人才强国战略背景下体育产业创新创业人才培养研究》，《西安体育学院学报》2022 年第 6 期。

肖洒：华南理工大学大学城校区管委会。

第 32 名

人才生态环境、成长预期与海外人才回流意愿

张楠、田帆（2022），《中国人力资源开发》，第 9 期，第 114—128 页

【内容概览】

1. 问题/议题

探究影响海外人才回流意愿的因素。

2. 结论

提出了新的分析海外人才回流意愿的理论框架：家庭和国籍因素对海外人才回流意愿有显著影响；东道国人才生态环境对海外人才回流意愿有显著负向影响，原籍国人才生态环境对海外人才回流意愿有显著正向影响；人才成长预期在东道国人才生态环境对海外人才回流意愿的影响中发挥中介作用，感知机会在原籍国人才生态环境对海外人才回流意愿的影响中发挥中介作用；家庭和国籍因素在各潜在变量对海外人才回流意愿的影响中起到调节作用。该研究丰富了海外人才回流意愿影响因素研究的理论维度，探讨了各因素的影响机制，为我国进一步吸引海外人才回流提供了理论依据及政策启示。

3. 论证

对研究变量（海外人才回流意愿、东道国人才生态环境、人才成长预期、原籍国人才生态环境、感知机会）进行验证性因子分析以检验区分效度。结果显示，五因子模型的数据拟合效果最好（CFI = 0.926，TLI = 0.909，RMSEA = 0.054，SRMR = 0.057），说明变量之间具有较好的区分效度。

相关性分析结果。东道国人才生态环境与人才成长预期显著正相关；东道国人才生态环境与海外人才回流意愿显著负相关；人才成长预期与海外人才回流意愿显著负相关；原籍国人才生态环境与感知机会显著正相关；原籍国人才生态环境与海外人才回流意愿显著正相关；收入与海外人才回流意愿显著负相关；国籍与海外人才回流意愿显著负相关；收入与海外人才回流意愿显著负相关。

使用 SPSS 25.0 进行层次回归分析。结果表明，收入对海外人才回流意愿的回归系数不显著，国籍、家庭结构对海外人才回流意愿的回归系数负向显著；东道国人才生态环境对海外人才回流意愿的回归系数负向显著，原籍国人才生态环境对海外人才回流意愿的回归系数

正向显著；人才成长预期对海外人才回流意愿的回归系数负向显著，感知机会对海外人才回流意愿的回归系数正向显著；东道国人才生态环境对人才成长预期的回归系数正向显著，原籍国人才生态环境对感知机会的回归系数正向显著；将中介变量人才成长预期加入回归模型，东道国人才生态环境对海外人才回流意愿影响依然显著，人才成长预期在东道国人才生态环境与海外人才回流意愿之间起到部分中介效用；将中介变量感知机会加入回归模型，原籍国人才生态环境对海外人才回流意愿影响依然显著，感知机会在原籍国人才生态环境与海外人才回流意愿之间起到部分中介效用。

4. 作者自评和他评

他评。截至2023年1月31日，中国知网数据显示，该文被下载526次，被引1次。

该文研究观点"2019年我国留学回国人数与出国留学人数比达到1∶1.212，比2011年的1∶1.824明显下降，呈现人才加速回流的趋势"得到李蔚、孙飞[1]的认同。

【作者简介】

张楠：首都师范大学政法学院。

田帆：中国宏观经济研究院社会发展研究所，副研究员。

第33名

西部地区创新发展、人才集聚关联性与经济高质量发展
——基于模糊集定性比较分析研究

杨帆、杜云晗、徐彬（2022），《软科学》，第4期，第71—77页

【内容概览】

1. 问题/议题

西部地区创新发展、人才集聚关联程度在经济高质量发展中具有什么样的作用？

2. 结论

投资、人力资本积累仍然是西部地区最重要的经济增长驱动因素。对西部地区实现经济高增长而言，较高的创新发展与人才集聚关联程度主要作为重要补充性条件存在，无论经济发展初期或后期，区域创新发展和人才集聚良性互动都对西部地区经济高质量发展具有重要促进作用。在产业结构转型升级相对较慢的地区，若创新发展和人才集聚关联程度较低，则仍须重视通过改善道路等基础设施促进经济增长。

---

[1] 李蔚、孙飞：《我国技术移民制度建设的探索与完善》，《中国人力资源开发》2022年第10期。

3. 论证

变量选取与指标体系建构。创新发展：在创新生产方面，创新发展投入阶段涉及的要素包括创新人员、经费等，选取研发（R&D）经费内部支出、高等学校 R&D 人员全时当量和研究与开发机构 R&D 人员全时当量来反映创新投入。选取发明专利申请数、实用新型专利申请数、外观设计申请数、发明专利授权数、实用新型专利授权数和外观设计授权数反映区域创新综合能力。人才集聚：人才集聚衡量地区具有高技能水平劳动者的数量情况，用从业人员年平均人数反映高端制造业人才集聚程度。

构建指标体系，测算西部地区创新发展与人才集聚综合指数。创新发展指标体系包括 3 个二级指标共 9 个三级指标，人才集聚指标体系包括 3 个二级指标共 7 个三级指标。依据指标体系各变量观测数据，运用熵值法计算各指标权重，加权求和得到西部地区创新发展和人才集聚综合指数。计算灰色关联度。创新发展与人才集聚对应的综合指数是一个随时间和地区不同而变化的序列，可用灰色关联度衡量西部地区创新发展与人才集聚变化趋势的接近程度。

实证分析。第一，必要性分析。高资本存量、高就业人数、高贷款水平、高存款水平和高人力资本存量的一致性和覆盖度均大于 0.9，说明以上各模糊集对经济增长存在主导性影响具有合理性。第二，充分性分析。在产业转型升级相对滞后、创新发展与人才集聚关联程度较低的情况下，西部地区实现经济高增长依赖于投资拉动和道路基础设施支撑。西部地区基础设施发展仍有很大空间，改善城乡、城际间交通设施质量有利于降低生产成本从而促进经济增长。新时代推进西部大开发，不仅应着力提高基础设施通达度、通畅性和均等化水平，也应注重不断提升创新发展能力，同时建立健全有利于西部地区吸引、激励和留住人才的体制机制。

4. 作者自评和他评

他评。截至 2023 年 1 月 31 日，中国知网数据显示，该文被下载 1288 次，被引 2 次。

该文研究观点"对西部地区而言，投资、人力资本积累仍然是最重要的经济增长驱动因素"得到吴凡、傅嘉钰[1]，董晓宏、孙拥军、武星[2]的认同。

【作者简介】

杨帆：西南财经大学社会发展研究院，教授、硕士生导师，主要研究人口与区域发展。

杜云晗：西南财经大学经济学院，博士研究生，主要研究创新与经济增长。

徐彬：四川省社会科学院管理学研究所，研究员，主要研究战略管理、公共政策。

---

[1] 吴凡、傅嘉钰：《粤港澳大湾区科技人才集聚与区域经济发展耦合协调关系研究》，《创新科技》2022 年第 9 期。

[2] 董晓宏、孙拥军、武星：《创新型人才与高技术产业共轭驱动高质量发展——以京津冀为例》，《经济与管理》2022 年第 4 期。

第 34 名

在融合中生长：应用型人才培养路径探索

刘献君、赵彩霞（2022），《高等教育研究》，第 1 期，第 79—85 页

【内容概览】

1. 问题/议题

如何引导部分地方普通本科高校向应用型转型，培养应用型人才？

2. 结论

培养应用型人才的关键在于融合以及在融合中生长。融合包含产教融合、城校融合、学术与技能融合、通识教育与专业教育融合、共性与特性融合五个方面。应用型大学应在融合发展的过程中构建人才培养体系，形成应用型人才培养路径。

3. 论证

产教融合。第一，在协同发展中实现人才供需平衡。产业系统发展经济需要高水平人才，即大学特别是应用型大学所培养的人才为产业系统服务。第二，从多主体入手构建组织间合作网络。产教融合的本质是"异质性组织间合作"。第三，在生产实践中优化教学过程。实现产教融合的重要方式之一是生产过程与教学过程相融合，即在生产实境中教学，在教学过程中生产。

城校融合。第一，目标协同基础上的一体化发展。合作的前提是有共同的目标。第二，通过资源共享建立跨界资源平台。大学与城市资源融合是指大学与城市通过资源的整合、共享与互补建立跨界资源平台。第三，依托城市文化培育大学特色文化。大学与城市文化融合是指大学文化与城市文化相融共生。

学术与技能融合。第一，在学术与技能的平衡中定位人才培养目标。学术表现为系统化的理论知识，技能则来源于实践的经验知识。第二，通过项目合作培养"双师型"教师队伍。应用型大学应培养"双师型"教师，即要求教师既能进行理论教学又能指导学生实践。第三，在融合实践中更新教学策略。在应用型人才培养的教学体系中应强化"践中学""做中学""创中学""研中学"。

通识教育与专业教育融合。第一，围绕目标构建应用型通识教育模式。把握通识教育的育人理念首先要明确培养什么样的人。第二，在通与专的联系中设置贯通式课程体系。第三，在通与专相互渗透中拓展教学内容。

共性与特性相融合。第一，在分类发展中实施差异化定位。第二，在尊重规律的基础上

突出应用特征。第三，满足个性需求开展个性化教育。

4. 作者自评和他评

他评。截至2023年1月31日，中国知网数据显示，该文被下载1792次，被引4次。

该文研究观点获得段延超、吕永飞、李鑫[1]，赵新宇、代智光、任长江等[2]，颜玉娟、潘云凡、王荣等[3]的认同。该文研究观点"产教融合内涵丰富，研究角度较多，既包括不同领域的跨界融合，即产业系统与教育系统的融合，又包括多主体的融合，即学校与企业、政府等多主体的融合"获得朱玮玮[4]的认同。

【作者简介】

刘献君：华中科技大学教育科学研究院，教授，博士生导师，主要研究高等教育管理、院校研究。

赵彩霞：华中科技大学教育科学研究院，博士研究生，主要研究高等教育管理、院校研究。

第35名

京津冀人才链与产业链耦合发展研究

姜兴、张贵（2022），《河北学刊》，第2期，第170—176页

【内容概览】

1. 问题/议题

人才链与产业链耦合机理和演化机制是什么？

2. 结论

根据构建模型，深入剖析了京津冀人才链与产业链耦合发展中存在的主要问题，包括人才分布极不平衡、产业梯度落差巨大、制度瓶颈仍需突破、承接产业转移能力不足、协同创新合力尚未形成和高等教育资源悬殊，并从完善制度环境、优化企业主体、增强创新驱动、

---

[1] 段延超、吕永飞、李鑫：《C#程序设计课程在应用型人才培养中的教学探索》，《科技风》2023年第2期。

[2] 赵新宇、代智光、任长江等：《基于应用型人才培养的农业水利工程专业课程体系改革》，《西部素质教育》2022年第22期。

[3] 颜玉娟、潘云凡、王荣等：《植物文化融入"庭院与室内绿化"课堂教学的探索》，《家具与室内装饰》2022年第8期。

[4] 朱玮玮：《基于"产教、专创"双融合的新商科应用型人才培养路径研究》，《江苏科技信息》2022年第32期。

夯实人才基础四个方面提出了促进京津冀人才链与产业链耦合发展的建议。

3. 论证

人才链与产业链的耦合机理。第一，人才链与产业链的关系耦合。基于系统论的思维和分析框架，人才链与产业链的耦合关系主要体现为两者在目标、实质、影响因素等方面存在着高度的一致性、相通性和重叠性。第二，人才链与产业链的结构耦合。一是产业链通过"建链、补链、强链、延链"扩大了对人才链的需求；二是人才链的发展必然推动产业链优化升级。第三，人才链与产业链耦合发展双螺旋模型。人才链与产业链耦合发展的"碱基"系统：一是政府系统，二是企业系统，三是创新系统，四是教育系统。人才链与产业链耦合发展的"氢键"要素，包括知识、技术、信息、资本等，在人才链与产业链双螺旋系统内形成了相应的知识流、技术流、信息流、资本流，并不断在四大"碱基"系统中循环往复，促进人才链与产业链的耦合发展。

京津冀人才链与产业链耦合发展的基础及存在的问题。第一，人才分布极不平衡。基于经济基础、公共服务水平、区位交通等原因，京津冀三地人才发展不平衡状态十分显著。第二，产业梯度落差巨大。京津冀产业结构错位、梯度差异明显。第三，制度瓶颈仍需突破。其一，耦合发展的深层次体制和机制矛盾依然存在；其二，产才融合发展需进一步强化。第四，承接产业转移能力不足。津、冀正处于新旧动能衔接交替的时期，传统产业加快调整，新动能培育还需时日，这使得两地在承接北京产业转移上存在不会接、接不住、留不下的问题。第五，协同创新合力尚未形成。一是津、冀创新承载力仍显不足；二是政府创新投入较低；三是对基础研究的投入不足。

京津冀人才链与产业链耦合发展的优化路径。第一，以确立两链耦合发展格局为核心，完善制度环境。加强顶层设计，完善两链耦合发展体制机制。第二，以发挥企业主体作用为重点，优化耦合平台。扶持壮大"链主"企业，发挥企业人才开发主体作用。第三，以协同创新体系建设为突破，增强创新驱动。构建以北京为中心的京津冀协同创新体系，实施"顶尖"人才联合培养。第四，以教育合作改革为支撑，夯实人才基础。共建学科集群，深化中高等（职）教育改革。

4. 作者自评和他评

他评。截至2023年1月31日，中国知网数据显示，该文被下载1300次，被引3次。

该文研究观点"为避免单位出现人才断层现象，领导者需要提高'人才开发主体意识'"获得赵茂青、张艳臣[1]的认同。该文研究观点"人力资本作为汇聚知识、技术的活劳动，能够通过人员流动在产业链内进行信息分享和优化调控，并借助公开性的协调建立产业

---

[1] 赵茂青、张艳臣：《单位人才断层的形成原因与领导者的补救之策》，《领导科学》2022年第10期。

链层面的技术创新联盟,带动产业链上下游的深度合作与协同发展,有助于关键核心技术的协同攻关"获得陈晓东、杨晓霞[①]的认同。

【作者简介】

姜兴:南开大学经济与社会发展研究院,博士后,主要研究产业人才开发与劳动经济。

张贵:南开大学经济与社会发展研究院,教授,博士生导师,主要研究区域政策与创新生态、区域产业发展。电子邮箱:zhanggui@ nankai. edu. cn.

第36名

基于四维分析视角的我国科技人才评价政策文本计量与优化

谭春辉、梁远亮、魏温静、刁斐、陈晓琪(2022),《情报科学》,第3期,第63—71页

【内容概览】

1. 问题/议题

对我国科技人才评价政策如何从政策工具、政策要素、政策目标、政策效力四维分析?

2. 结论

科技人才评价政策文本总体上存在政策工具内部要素不齐全,政策工具可操作性有待加强;目标设置与工具选择部分错配,目标导向需更明确;部门合作相对欠缺,政策工具结构失衡等不足。未来科技人才评价政策文本的优化,可从要素—工具、目标—工具、效力—工具三个匹配维度,完善政策要素比例,增强政策的可操作性和指导性;纠正目标与工具的错配,完善政策工具的配套;加强部门之间的联动,优化政策工具结构。

3. 论证

科技人才评价政策文本计量分析视角。第一,政策工具维度。目前有关政策工具的分类,国外的学者研究开展较早。罗思韦尔(Rothwell)和泽赫费尔德(Zegveld)将政策工具分为供给型、需求型、环境型。第二,政策要素维度。即分析科技人才评价政策的文本内容要素,根据一般人才评价政策的具体内容要素,将其分为评价主体、评价方法、评价标准、评价保障、评价运用五类。第三,政策目标维度。第四,政策效力维度。政策文本一般是由相应的行政权力机构按照不同政策类型进行制定印发,不同层级的行政权力机构颁发的政策文本的效力也会有所不同。

---

① 陈晓东、杨晓霞:《数字化转型是否提升了产业链自主可控能力?》,《经济管理》2022年第8期。

科技人才评价政策文本的计量分析。第一，政策工具维度分析。我国科技人才评价政策文本使用的政策工具可归纳为5大类基本政策工具、24小类具体政策工具。第二，政策要素维度分析。从整体占比来看，评价保障要素提及次数最多，占比达33.3%，其次是评价标准（占比23.3%）、评价方法（占比17.7%）和评价运用（占比16.7%），而评价主体提及仅占比9.1%。第三，政策目标维度分析。第四，政策效力维度分析。在政策数量和占比上，政策效力为5级的比例仅为0.9%，高政策效力的科技人才评价政策文件不足；政策效力为4、3、2、1的文件数量和占比分别为48份（占41.7%）、35份（占30.4%）、23份（占20.0%）、8份（占7.0%），总体上分布较为合理。

政策文本四维交叉分析。第一，要素—工具交叉维度：政策工具内部要素不齐全，政策工具可操作性有待加强。第二，目标—工具交叉维度：目标设置与工具选择部分错配，目标导向需更明确。第三，效力—工具交叉维度：部门合作相对欠缺，政策工具结构失衡。

科技人才评价政策文本优化建议。第一，要素—工具匹配维度：完善政策要素比例，增强政策的可操作性和指导性。第二，目标—工具匹配维度：纠正目标与工具的错配，完善政策工具的配套。第三，效力—工具匹配维度：加强部门之间的联动，优化政策工具结构。

4. 作者自评和他评

他评。截至2023年1月31日，中国知网数据显示，该文被下载2791次，被引2次。

该文研究观点"基于政策文本视角，从四个维度视角构建了基于政策要素、政策效力、政策工具以及政策目标为主体的分析视角，以政策工具为基点的交叉分析，提出未来科技人才评价政策文本可从要素—工具、目标—工具、效力—工具三个匹配维度进行深度优化，以完善政策要素比例"获得王玉玫、何怡欣[①]的认同。

【作者简介】

谭春辉：华中师范大学信息管理学院，副教授，硕士生导师，主要研究信息管理与科学评价、企业电子商务诊断、网络消费者行为。电子邮箱：tanadan@ mail. ccnu. edu. cn。

梁远亮：华中师范大学信息管理学院。

魏温静：华中师范大学信息管理学院，硕士研究生。

刁斐：华中师范大学信息管理学院。

陈晓琪：华中师范大学信息管理学院。

---

① 王玉玫、何怡欣：《科技人才政策研究综述》，《中小企业管理与科技》2022年第18期。

第 37 名

科技人才评价政策传导与个体非理性行为
——基于行为公共政策的分析

章熙春、朱绍棠、李胜会（2022），《科研管理》，第 8 期，第 183—191 页

【内容概览】

1. 问题/议题

以行为公共政策视角开展科技人才评价政策研究，通过搜集 2007—2021 年中央层面的科技人才评价政策，从情绪认知、行为引导构建行为公共政策分析框架，重点从工具、叙事与反馈三个层面分析科研减负、评价引导、人才管理三个维度的政策目标。

2. 结论

我国科技人才评价政策正巧妙地运用鞭子型与助推型协同的政策工具、认同强化与社会规范组合的叙事效应、政府主导的单向政策反馈来塑造科技人才的情绪认知与行为引导。但是，科技人才评价政策的政策偏好与科技人才的行为偏好存在偏差，政策工具的缺陷、叙事效应的断层与个体感知的偏差促使了"非理性行为"的发生。我国科技人才评价政策体系亟待完善科研减负的选项体系、人才评审的评定标准与微观个体的情绪疏导。

3. 论证

该文以科研减负、评价引导与人才管理的政策目标为出发点，特别关注中青年科技人才群体，构建科技人才评价政策对非理性行为的解释框架。其中，科技人才的情绪认知与行为引导分别是科技人才行为选择的内在层面与外在表现，符合科技人才产生非理性行为的基本逻辑。于政策实施阶段，从政策工具、政策叙事两个维度关注科技人才评价政策影响科技人才行为的具体实施；于制度形塑阶段，通过对政策实施效果的反馈，总结科技人才评价政策传导的方式，进而理解科技人才非理性行为的政策根源。

科技人才非理性行为的政策根源。第一，政策工具的缺陷。助推型政策工具自 2015 年成为政府青睐的政策工具类型，意味着科技人才评价政策工具库正巧妙地形成引导个体行为的选择架构。政策工具库中"信息共享"与"情绪疏导"的匮乏不足以支撑助推策略的有效运作，成为当前政策工具库的短板。第二，叙事效应的断层。科研减负的政策叙事框架注重认同强化策略的运用，通过加深科研人员与社会公众对科研减负工作的正面印象，辅以科研自主权的下放实现社会规范效应的广泛拓展。第三，个体感知的偏差。目前尚未构建起一套信息共享、及时反馈的科技创新交流平台，对个体感知的接收并不有效，对个体反馈的回应亦不及时，导致个体感知形塑制度的作用有限，阻塞了微观个体合理的情绪宣泄。

4. 作者自评和他评

他评。截至 2023 年 1 月 31 日，中国知网数据显示，该文被下载 832 次，被引 1 次。

该文观点"有效的组织和部署是创新驱动政策落实的原动力和威慑力。包括是否向公众进行有效的政策叙事"得到李成艾、周敏君[①]的认同。

【作者简介】

章熙春：华南理工大学，党委书记。

朱绍棠：华南理工大学公共管理学院，硕士研究生。

李胜会：华南理工大学公共管理学院，教授，博士生导师，主要研究公共政策与区域发展、科技创新与产业发展。电子邮箱：lsh@scut.edu.cn。

第 38 名

科技创新人才评价指标体系构建

张熠、倪集慧（2022），《统计与决策》，第 16 期，第 172—175 页

【内容概览】

1. 问题/议题

构建基于创新驱动视角的科技创新人才评价指标体系，并运用序关系分析法（G1 法）确定指标权重，运用模糊数学法进行综合评价。

2. 结论

科技创新人才评价指标体系由基本素质、创新能力、创新成果 3 个一级指标，智力、创新精神、学术道德、知识结构、科研能力、学习能力、发展潜力、科研成果、成果影响力、成果转化情况 10 个二级指标和 30 个三级指标构成。该指标体系不仅涵盖了对个体的行为特征、个人素质、创新能力的考察和衡量，而且更加注重对标志性成果的质量、贡献和影响以及成果转化情况的考核，增强了学术同行评价的地位和作用，有效避免了 SCI 论文相关指标的过度使用，可为相关部门引进、培养和考核科技创新人才提供一定的依据。

3. 论证

在科技创新人才评价指标体系一级指标中，除了设置创新成果（权重为 0.5），还设置了基本素质（权重为 0.2）和创新能力（权重为 0.3），其中一级指标创新能力还引入二级指标

---

① 李成艾、周敏君：《基于"三维"框架嵌套的创新驱动政策跟踪审计研究》，《审计研究》2022 年第 6 期。

发展潜力（权重为 0.3），涵盖了对个体的行为特征、个人素质、创新能力的考察和衡量。

在科技创新人才评价指标体系二级指标中，一级指标创新成果除了设置科研成果（权重为 0.4），还设置了成果影响力（权重为 0.2）和成果转化情况（权重为 0.4），通过权重设置减少了对科研产出数量的考核，而更加注重对标志性成果的质量、贡献、影响以及成果转化情况的考核。科研成果主要评价标志性成果的质量和贡献；成果影响力主要评价标志性成果的影响；成果转化情况则是以科研成果的质量、贡献和影响为导向，注重科研成果的经济社会效益，除了关注经济社会发展、促进就业，还要履行对自然生态环境的保护和治理等责任。

在科技创新人才评价指标体系三级指标中，二级指标科研成果设置了代表性论著情况（权重为 0.4）、主持和参与项目情况（权重为 0.3）、专利和知识产权情况（权重为 0.3），主要评价代表性科研成果的科学性、创新性以及经济社会贡献度等；二级指标成果影响力除了设置学术影响力（权重为 0.4），还设置了同行认可度（权重为 0.6），增强了学术同行评价的地位和作用，通过参考同行评审专家提供的专业评议意见，有效避免了 SCI 论文相关指标的过度使用。

4. 作者自评和他评

他评。截至 2023 年 1 月 31 日，中国知网数据显示，该文被下载 1315 次，被引用 1 次。该文观点获得王越、刘旭彬、吴舜晖①的认同。

【作者简介】

张熠：湖北工业大学经济与管理学院，副教授，硕士生导师，主要研究决策分析与评价、人力资源管理、技术经济与创新管理、项目管理等。电子邮箱：hgzhangyi@163.com。

倪集慧：湖北工业大学经济与管理学院，硕士研究生。

第 39 名

马克思社会发展理论视阈下当代青年人才发展困境及其治理

刘长军、谢瑜、谢熠（2022），《四川师范大学学报（社会科学版）》，第 5 期，第 25—30 页

【内容概览】

1. 问题/议题

当代青年人才发展面临的困境及对应举措是什么？

---

① 王越、刘旭彬、吴舜晖：《商业银行视角下的原生性科技企业"先觉技术流"专属评价体系探索与思考》，《科技与金融》2022 年第 12 期。

2. 结论

该文尝试从马克思社会发展理论出发，分析当前青年人才发展面临的生态压力、空间挤压、需要缺失、发展观偏离等困境，提出优化人才发展生态、拓展人才发展空间、满足人才发展需要和引导人才发展观等治理路径，以期深入梳理青年人才发展的内在逻辑。人才发展与治理涉及经济社会发展的方方面面，极具复杂性和长期性，如何深入地从理论与实践维度找寻青年人才发展的内在规律，依旧值得深入考究和探讨。

3. 论证

马克思社会发展理论与人才发展。首先，社会发展是人才发展的基础。人才发展治理应当结合社会发展为人才创造必要条件，通过社会发展促进人才的意识、道德和能力的全面发展。其次，人才发展需要与社会发展相统一。人才治理应当充分考虑人才发展的外部社会关系以及客观社会环境对人才发展的影响，注重人才队伍协调统一性，实现人才个人发展与社会发展、人才队伍发展的同频共振。再次，人才发展追求人本身的价值实现。人才发展需要的满足应当是在基础性生活资料保障的前提下，对个人价值实现的发展性需要的满足。最后，人才发展离不开其主观意识的作用。

当代青年人才发展困境。第一，人才发展生态压力。人才发展资源的相对有限，青年人才往往处于资源分配的末端，更是要面临高竞争的内外部压力，尤其是"内卷化"席卷各行各业，使得青年人才更加难以崭露头角；人才发展资源分配机制存在短板；人才发展面临外部环境的现实压力。第二，人才发展空间挤压。一方面，青年人才发展面临职业本身的空间挤压；另一方面，青年人才发展面临职业环境的空间挤压。第三，人才发展需要缺失。首先，青年人才的发展性需要面临压力。其次，青年人才发展面临精神情感需要的压力。第四，人才自身发展观偏离。劳动应当是为了追求劳动本身的意义和价值的劳动，而不仅是谋取物质享乐需要的手段。青年人才发展过度物质化而带来的职业发展观偏离，必然造成对青年人才长远发展的损害。

当代青年人才发展治理路径。第一，优化人才发展生态。在总体人才发展资源供给方面适当向青年人才倾斜；优化青年人才发展资源的内部分配机制；缓解青年人才发展的外部社会压力。第二，拓展人才发展空间。避免青年人才职业发展的"阶层化"趋势，打破人才发展由个人能力之外因素导致的"利益固化的藩篱"，形成青年人才发展相对公平的空间，让青年人才个人能力能够得到自由全面发展。第三，解决人才发展需要。根据青年人才需要的特征，搭建青年人才群体相适应的婚恋平台，落实给予异地发展的青年人才探亲假、让青年人才工作节奏张弛有度等形式，给予青年人才更多的精神情感关怀，从根本上解决青年人才发展需要面临的问题。第四，培育人才自身科学的发展观。正确引导其理性看待发展中的物质回报、竞争公平性、个人得失等问题，防止将社会经济地位上的成败作为个人发展成败的唯一标准，以及避免自我否定或者自我膨胀等不良心态。

4. 作者自评和他评

他评。截至 2023 年 1 月 31 日，中国知网数据显示，该文被下载 353 次，被引用 1 次。该文观点获得罗哲[①]的认同。

【作者简介】

刘长军：西南交通大学，副教授，校党委常委、副校长。

谢瑜：西南交通大学马克思主义学院，副教授，博士生导师，主要研究科技哲学与科技伦理。电子邮箱：xieyu@ home. swjtu. edu. cn.

谢熠：宜宾行政学院，市委党校机关纪委委员，讲师，主要研究社会治理、马克思主义中国化。

第 40 名

区域一体化政策对城市高学历人才分布的影响与作用机制——以长三角地区为例

许泽宁、陈子韬、甄茂成（2022），《地理研究》，第 6 期，第 1540—1553 页

【内容概览】

1. 问题/议题

区域一体化政策对城市高学历人才分布的影响及作用机制是什么？

2. 结论

长三角地区就业人口中高学历人才占比逐年提升，由 2005 年的 20.19% 增长至 2018 年的 30.89%，呈现"多中心、中部强、南北弱"的空间分布态势，且极化现象明显；相较于其他城市，被纳入区域一体化政策的城市平均多 6.81 万名本科学历人才和 0.59 万名研究生学历人才，中小城市与核心城市受到区域一体化政策的影响更加明显；区域一体化政策主要通过提升城市创新产出和公共服务水平的方式，来影响城市高学历人才的规模和占比。在区域协调发展的战略要求下，该文的研究发现可为城市间人才优化配置和区域治理提供决策支持。

3. 论证

计量模型。该文将城市是否被纳入区域一体化规划视为一项准自然实验，利用双重差分

---

① 罗哲：《青年人才：中国式现代化建设的重要动能》，《人民论坛》2022 年第 23 期。

法探究区域一体化政策对人才规模的影响。由于两次区域规划具有连续性，且《长江三角洲城市群发展规划》可以被视为在《长江三角洲地区区域规划》基础上对规划范围的扩容，因此，采用多期双重差分模型进行分析。

变量说明。被解释变量：高学历人才规模。核心解释变量：区域一体化政策干预。区域一体化政策干预（did）为二分类变量，取值为1表示特定城市被纳入政策范围（实验组），取值为0则表示特定城市未被纳入政策范围（对照组）。选取的主要控制变量包括：经济发展水平（gdppc）、人口规模（popu）、人口密度（pd）、产业结构（ind）、政府规模（gov）、外商投资（fdi）。

结果分析。第一，基准模型回归结果。对于本科和研究生学历人才群体，无论是否加入控制变量，区域一体化政策的回归系数都显著为正，这说明一体化政策的实施有利于城市人才规模的提升。第二，基于 PSM-DID 的检验。对于本科和研究生学历人才而言，did 系数在1%水平上均显著为正，与普通双重差分结果相似，这表明区域一体化政策对城市人才规模的提升作用是相对稳定的。第三，不同区位城市的结果差异。不论是核心城市还是非核心城市，区域一体化政策均对人才规模产生了显著影响。对比两类城市，一体化政策对核心城市人才规模的影响明显大于非核心城市。

作用机制分析。在创新产出方面，区域一体化政策与创新产出的交互项系数显著为负，说明一体化政策弱化了城市创新对于人才的吸引作用。在公共服务方面，区域一体化政策与公共服务水平的交互项系数显著为正，说明一体化政策通过加强城市公共服务，对人才产生了吸引作用。一体化政策的实施能够提升区域内医疗、教育、休闲游憩的服务范围和服务效率，促进资源的共建共享、互联互通，从而提升区域公共服务的均等化水平。在产业结构方面，区域一体化政策与产业结构的交互项系数并不显著，可以认为区域一体化政策对人才的作用并未通过产业结构而体现。

4. 作者自评和他评

他评。截至2023年1月31日，中国知网数据显示，该文被下载1540次，被引1次。

该文观点"人力资本的提高，关键在于教育资源的投入，高学历人才的积累有利于劳动和资本的使用效率，从而影响 GTFP"得到姜磊、陈元、黄剑等[1]的认同。

【作者简介】

许泽宁：上海交通大学中国城市治理研究院，主要研究人口与城镇化、城市治理。电子邮箱：xuzening@ sjtu. edu. cn.

---

① 姜磊、陈元、黄剑等：《财政支出效率对绿色全要素生产率影响的实证分析——基于中国284个城市的面板数据》，《经济地理》2022年第11期。

陈子韬：上海交通大学国际与公共事务学院，博士研究生。
甄茂成：北京市科学技术研究院，助理研究员，主要研究城市地理、城市与区域规划。
电子邮箱：824459958@qq.com。

第41名

基于中国式人力资源管理理念的企业人才培养模式

鲍宜周（2022），《山西财经大学学报》，第 S2 期，第 25—27 页

【内容概览】

1. 问题/议题

当前企业人才培养模式存在的问题是什么？应提出怎样的企业人才培养模式？

2. 结论

基于中国式人力资源管理理念的企业人才培养模式构建包括：第一是企业管理层要认识到人才的重要性，人才培养不只是为了培养而培养，而是在企业花费精力培养之后要给企业带来收益；第二是要建立科学完善的人力资源管理制度，制度是保障企业长效运行的根本机制；第三是要建立合理的考核和激励机制，科学的人力资源管理能够有效调动企业员工的积极性，而员工对工作积极性的高低直接决定着其工作效率；第四是建立监督反馈机制，没有监督的制度就没有执行力。

3. 论证

人才对企业发展的重要性。在企业内部根据从事的岗位不同，人才大致可分为高层决策者、中层管理者和基层员工三种。企业高层决策者决定着企业的整体发展方向。企业中层管理者是企业的中坚力量，承载着上令下行、下情上传的承上启下作用，是企业内部的沟通桥梁和连接枢纽。基层员工是企业发展的基础。基层员工是企业的基础，企业的发展规模有多大，或者能产生多少的经济效益与社会效益，在很大程度上取决于企业基层员工的力量；基层员工是企业人才管理的储备力量。

当前企业人才培养模式存在问题。第一，对人才培养不够重视。许多企业对人力资源管理工作的认识程度不够，没有清楚地意识到人才培养是企业发展过程中的关键环节。第二，没有系统的人才培养机制。尤其是在中国特色的人力资源管理模式背景下，部分企业人才的提拔任用完全由领导指定，没有相应的考核试用机制。第三，人才培养的针对性不强。正是因为企业平时对人才培养没有针对性，才会导致"后继无人"的结果。第四，人才培养与

企业用人的结合性不强。

4. 作者自评和他评

他评。截至2023年1月31日,中国知网数据显示,该文被下载642次,被引0次。

【作者简介】

鲍宜周:徐州开放大学招生就业处处长,经贸学院院长。

第42名

中国共产党百年人才思想的理论进路与实践向度

徐明（2022），《北京社会科学》，第2期，第4—15页

【内容概览】

1. 问题/议题

中国共产党百年人才思想的理论进路与实践向度是什么？

2. 结论

中国共产党人才思想经过百年的淬炼和积淀，不断地在继承中发展，在发展中创新，历经革命、建设、改革和新时代等历史发展时期，逐步形成了完备的理论体系，包括战略管控、时代考量、德帅才资、知行合一、价值旨归、会聚英才六大实践向度。百年来党的人才思想逐步明确了人才主体、人才选任、人才发展、人才价值、人才环境五大主题内容，实现了三次大的理论飞跃，为中国社会主义现代化事业发展和实现中华民族的伟大复兴所面临的人才问题提供了理论指引和现实依循。

3. 论证

中国共产党人才思想的理论进路。中国共产党人才思想的演进发展既体现了马克思主义人才理论的历史发展，也体现了中国特色人才思想的理论进路；既保持了理论体系的一脉相承，又坚持理论的创新发展和不断深化。在中国共产党的不同历史发展时期，逐渐形成了具有鲜明时代特征、与时俱进的人才思想。总体而言，中国共产党人才思想发展的理论进路主要经历了新民主主义革命、社会主义革命和建设、改革开放和社会主义现代化建设、中国特色社会主义新时代四个历史分期。

中国共产党人才思想的实践向度。党的百年人才思想既是严谨完备的理论体系，也经受住了实践的检验；既保持了人才工作实践的延续，又有新的实践创新。在革命、建设、改革和新时代的不同历史发展时期，中国共产党对人才思想理论进行了广泛的实践运用。归纳起

来,党的人才思想具有以下六个特点鲜明的实践向度。第一,战略管控:从党管干部到党管人才。第二,时代考量:聚焦时代主题,明确人才主体。第三,德帅才资:以德为先,知人善任,任人唯贤。第四,知行合一:理论与实践相结合,在实践中增长才干。第五,价值旨归:人才是第一资源,人才决定一切。第六,会聚英才:营造爱才容才的人才环境,聚天下英才而用之。

总结及启示。第一,党的百年人才思想逐渐丰富形成了人才主体、人才选任、人才发展、人才价值、人才环境五大主题内容。第二,党的百年人才思想发展历程中经历了三次大的理论飞跃。第一次是以毛泽东为主要代表的中国共产党人将马克思主义基本原理与中国革命实践相结合。第二次是以邓小平、江泽民、胡锦涛为主要代表的中国共产党人把马克思主义基本原理同中国具体实际相结合,科学总结社会主义建设历史经验以及改革开放以来的实践经验,形成了包括邓小平理论、"三个代表"重要思想、科学发展观在内的中国特色社会主义理论体系。第三次是以习近平同志为核心的党中央进一步地把马克思主义中国化,科学总结党的十八大以来的历史经验,创立了习近平新时代中国特色社会主义思想。

4. 作者自评和他评

他评。截至2023年1月31日,中国知网数据显示,该文被下载497次,被引2次。

该文研究观点"中国共产党历来坚持党管干部、党管人才,并逐步形成了具有中国特色的人才思想"获得张斌[1]的认同,该文观点"新民主主义革命时期,毛泽东同志领导的'三湾改编'将支部建在连上,从政治上、组织上保证了党对军队的绝对领导,广大军事人才凝聚在党的周围,迎来了革命胜利的曙光"获得杜娟[2]的认同。该文论点被《新华文摘》2022年第13期摘编,摘编题目为《党的百年人才思想形成五大主题内容》。

【作者简介】

徐明:中国社会科学院大学商学院,教授、博士生导师,人力资源学科带头人和学科点负责人,主要研究人力资源开发管理与人才发展、社会治理、公共安全与应急管理等。电子邮箱:dx-xuming@ cass. org. cn.

---

[1] 张斌:《中国式现代化发展进程中的档案学专业人才发展战略研究》,《档案与建设》2023年第2期。
[2] 杜娟:《中国共产党人才观的百年回溯与当代启示》,《中共乐山市委党校学报》2022年第5期。

第 43 名

乡村振兴重点帮扶县乡村人才突出问题及其破解

王俊程、窦清华、胡红霞（2022），《西北民族大学学报（哲学社会科学版）》，第 4 期，第 104—112 页

【内容概览】

1. 问题/议题

乡村振兴重点帮扶县乡村人才突出问题是什么？应如何破解？

2. 结论

我国 160 个国家乡村振兴重点帮扶县，全分布在西部 10 省区，通过对其五年多的调查以及精准扶贫第三方评估核查经验，可以得出巩固拓展脱贫成果必须同乡村振兴衔接的结论。现在重点帮扶县人才匮乏、乡村人才培训不适应乡村振兴需求等突出问题是制约巩固拓展脱贫成果与乡村振兴衔接的最大障碍。只有转移富余劳动力与多渠道吸引原籍人才回乡两手抓、改派乡村振兴特派员、成立乡村人才师资培训基地、大力发展职业教育、城乡学校互派教师、快速缩小城乡师资差距、整体提高乡村教育质量，才能有效完成脱贫成果与乡村振兴衔接。

3. 论证

乡村振兴背景下人才需求升级。第一，脱贫攻坚期需要大批实干人才。第二，乡村振兴需要大批专业技术人才。第三，巩固脱贫攻坚成果同乡村振兴衔接期急需人才培训。

乡村振兴重点帮扶县乡村人才的突出问题。第一，乡村人才极度匮乏。乡村振兴背景下，无论是农业生产经营人才、农村第二、第三产业发展人才、乡村公共服务人才、乡村治理人才还是农业农村科技人才，都需要接受专业或职业教育。第二，过度转移农村劳动力加剧农村人才矛盾。到了乡村振兴阶段，产业振兴是基础，人才是关键，过度转移农村劳动力必然会加剧农村人才匮乏，犹如"贫血者在失血"。第三，培训课程不适应乡村人才培训需要。第四，培训师资匮乏。一是在乡村振兴重点帮扶县，一般没有高校；二是出于交通不便、经费短缺、机制僵化等原因外请名师难度大。第五，乡村人才培训陷入恶性循环。

乡村振兴重点帮扶县乡村人才振兴实现路径。第一，拓展引才渠道，完善驻村队员选派机制。以乡镇为单位建立人才库，吸引有识之士返乡创业。要大力吸纳原籍党政机关、企事业单位退休职工回乡支持乡村振兴。改派乡村振兴特派员并进一步完善机制。第二，建立乡村师资培训基地。第三，完善外聘师资激励机制。第四，大力发展职业教育。第五，城乡学校互派教师。

4. 作者自评和他评

他评。截至 2023 年 1 月 31 日，中国知网数据显示，该文被下载 1418 次，被引用 2 次。该文研究观点获得郑银治[①]等人的认同。

【作者简介】

王俊程：云南师范大学泛亚商学院。

窦清华：中共宜宾市委党校党史党建教研室。

胡红霞：云南师范大学泛亚商学院。

第 44 名

现代信息技术时代下的新型人才培养

李德才、宋文龙、张佳薇（2022），《山西财经大学学报》，第 S2 期，第 112—114 页

【内容概览】

1. 问题/议题

基于信息技术给高等教育带来的变化，如何推进新时代新型人才培养？

2. 结论

以互联网为代表的现代数字技术将重新构建现代教育生态。未来几年内，可能出现的情况是：智能学习、社群学习和终身学习结伴而行，数字技术+高等教育会日趋成熟；基于数字技术的软硬件双重驱动，在线课程广泛应用，线上线下学习深度融合；智能化与个性化携手而来，规模化的个性化教育将会大批出现；大数据应用会更加成熟，智能、快速、全面的教育分析系统将会全面建立。

推进新型人才培养的新思路：第一，建设高水平的数字校园，为新型人才培养建立技术支撑；第二，推进人才培养机制创新，为新型人才培养构筑环境保障；第三，汇聚高质量的在线资源，为新型人才培养奠定条件基础；第四，实施课程三个建设阶段，为促进教育教学改革提供资源；第五，完善高标准的实践教育，为强化新型人才培养的重要环节；第六，创新高效率的管理方式，为新型人才培养提供服务支持。

3. 论证

信息技术带给教育新变化。高等教育理念发生变化，当前，85.8% 的大学生在线学习已

---

① 郑银治：《以产业发展助推脱贫攻坚同乡村振兴有效衔接的路径研究——以厦门市同安区白交祠村为例》，《延边党校学报》2023 年第 1 期。

经从知识获取转变为个人能力提升。传统教育结构发生变化，信息技术创新了教学方式与学习方式，必将促进人才培养模式的创新。由于学生越来越多地参与课堂外的非正式学习活动，高校教学模式正面临关键转变。课程存在方式发生变化，随着信息技术在课堂教学中的深入融合。在线课程为学生提供了丰富的学习资源，为师生、学生之间交流互动提供平台，为促进教师开展教学方法改革提供载体，教会学生终身学习的能力和习惯，并培养学生更加开放的视野。学生学习方式发生变化，通过技术手段，让大众能免费或低成本接触到顶级的教育资源。教师角色定位发生变化，教师不仅要教学，同时也要学习。

高校人才培养产生新困惑。第一，学生内在学习动力激发困难。过于刚性的教学机制束缚了学生的个性化发展，政策顶层设计不能较好地激发学生的学习积极性。第二，个性化教学难以大范围实现。当下的很多教学活动，仍然是教师安排学习过程，以"学"为中心的教育理念实施困难。传统教学以教师为主体的现状根深蒂固，以往的人才培养理念并未真正聚焦和形成因材施教的理念。第三，创新性思维和能力普遍缺乏。现阶段的很多教育环节，学生仍然是通过听、讲、读等获得知识，缺乏思考、互动等活动环节。第四，学生学习过程行为监测困难。学生学习行为及其结果监测的愿景，受技术手段发展的制约难以发挥得尽善尽美，重要的是缺乏大数据的支撑。

4. 作者自评和他评

他评。截至 2023 年 1 月 31 日，中国知网数据显示，该文被下载 338 次，被引 0 次。

【作者简介】

李德才：东北林业大学教学研究与质量监控中心副主任。

宋文龙：东北林业大学机电工程学院，教授，博士生导师，主要研究植物生命信息检测技术、林业工程加工过程检测及控制技术、机电一体化控制技术。电子邮箱：wlsong139@126.com。

张佳薇：东北林业大学教学研究与质量监控中心主任。

第 45 名

国际比较视野下我国参与全球战略科技人才竞争的形势、问题与对策

秦琳、姜晓燕、张永军（2022），《国家教育行政学院学报》，第 8 期，第 12—23 页

【内容概览】

1. 问题/议题

研究我国参与全球战略科技人才竞争的形势、问题与对策。

2. 结论

针对我国战略科技人才在规模结构、培养储备及海外引才等方面存在的问题，在强化人才自主培养的同时，应统筹人才政策，积极主动谋划教育科研开放新格局，提升"在地"培养国际化科技人才能力，系统推进科技引智工作，提升科技后备人才培养质量，开拓参与战略科技人才竞争的中国道路。

3. 论证

我国战略科技人才现状与问题。我国已经步入科技创新快速轨道，一些前沿领域进入并跑、领跑阶段，成为具有全球影响力的创新大国。但是，与世界科技强国相比，我国在科研人才规模结构、后备人才培养和人才引进等方面还面临不少问题和制约性因素。第一，研发人员绝对规模大但占比低。第二，基础学科科研人才培养需进一步优化。第三，科技后备人才培养存在短板。一方面，我国拔尖创新人才培养重心过高，贯通不足；另一方面，青少年科学教育还存在明显的短板。第四，海外引才举措系统性不足。

重点国家战略科技人才竞争路径分析。第一，美国基于全面竞争优势持续吸纳外源性人才。第二，英法德在传统优势基础上加强人才定向吸引。一是积极发展国际留学市场；二是定向吸引高层次科研后备人才；三是建立国际化科研社群；四是持续拓展国际教育科研合作。第三，日韩以国家战略提升科技人才竞争。一是全方位强化科技人才战略；二是积极利用国际资源，派出培养与海外引才相结合；三是加强拔尖创新人才早期培养。第四，俄印自主培养并积极拓展国际合作空间。一是创建世界级高校和研究中心，在地培养具有国际竞争力的人才；二是以灵活机制吸引海外人才回流环流；三是留学生政策侧重周边国家。

我国参与战略科技人才竞争的路径选择。第一，加强人才培养和引进的顶层设计与政策协同。国际经验显示，战略科技人才的培养、吸引、保留和使用有赖于跨部门的协同联动和全链条的服务支持，我国也须加强人才政策的顶层设计和政策协同。第二，优化布局推动高校务实开展国际合作。高校承担着战略科技人才自主培养的重要任务，同时也是参与国际教育科研合作、吸引国际科技人才的关键主体。第三，创新机制在地培养国际化科技人才。立足本土，加强世界级科技中心和国际化科研社群建设。第四，精准研判系统推进科技引智工作。评估我国高端科技人才引进政策实施情况，以国家战略需求为导向，借助大数据等技术手段精准研判人才需求。第五，提升科研后备力量培养质量加强保障。夯实科技人才自主培养"基本盘"，适度扩大博士教育规模，招生指标向基础学科和紧缺专业适当倾斜，紧密结合世界科技前沿、经济主战场和国家重大战略需求优化博士教育的区域、院校和专业布局。第六，降低拔尖创新人才培养重心加强贯通。进一步改革中小学教学和育人模式，把科学精神、创新思维和创造能力的培养贯穿基础教育全过程。

4. 作者自评和他评

他评。截至 2023 年 1 月 31 日，中国知网数据显示，该文被下载 611 次，被引用 1 次。该文研究观点"在回应'大国竞争新变局下的挑战'与支撑'新时代科技创新强国战略'上，战略科技人才发挥作用的力度仍有很大提升空间"获得陈劲、杨芳[①]的认同。

【作者简介】

秦琳：中国教育科学研究院，副研究员。

姜晓燕：中国教育科学研究院，副研究员，主要研究俄罗斯教育史、中俄比较教育、中俄教育合作交流。

张永军：中国教育科学研究院，助理研究员，主要研究比较教育。

第 46 名

适应区域经济的跨境电商人才培养绩效评价

张永（2022），《山西财经大学学报》，第 S1 期，第 184—186 页

【内容概览】

1. 问题/议题

跨境电商人才培养中存在哪些问题？应如何改进？

2. 结论

跨境电商人才培养在绩效指标的效果评价、跨境电商人才培养的专业技能精准定位、人才培养质量或效率的反映等方面存在问题，应通过政府提供政策支持、完善新项目的规章制度、建立健全绩效考核机制、制定完善的人才培养计划方案和绩效评价方案等进行改进。

3. 论证

我国跨境电子商务及其人才培养现状。第一，区域内跨境电商人才缺口凸显。第二，政府为引进跨境电商人才不断实施新举措。一是政府部门正在积极改善相关的扶持及引导政策；二是加大了对电子商务人才的培训，增加了存量资金的保障幅度，确保跨境电商企业可以开展更适合的岗位、技能与人才培训；三是构建了人才自主创业互动平台，不断完善人才资源共享平台，通过人资共享平台实现人才之间的交流互动。第三，各校对跨境电商人才的培养包括通过产教融合、校企合作办学为社会发展培养可用的跨境电商人才。同时，拓建校

[①] 陈劲、杨芳：《我国战略科技人才胜任力构建及对策建议》，《今日科苑》2022 年第 10 期。

企合作办学服务平台和方式，使学生能够获得充足的实践机遇，也为公司贮备了人力资源，从而实现学校和企业的双赢。

从对跨境电商人才培养实施绩效评价的意义、对跨境电商人才培养实施绩效评价的可行性两个角度分析对跨境电商人才培养实施绩效评价的意义及可行性。适应区域经济的跨境电商人才培养评价内容包括人才培养模式改革、课程体系建设、专业群师资队伍建设、专业群实训基地建设、设定明确的绩效评价指标。

绩效目标实施过程中存在的问题及改善措施。绩效目标实施过程中存在的问题包括：首先，绩效指标的效果评价缺少有效参照；其次，商务活动所涉及范围比较广泛，跨境电商人才培养的专业技能精准定位有一定难度系数；最后，人才培养质量或效率的反映有延迟性，即人才培养效果的使用价值或实用价值并非能马上反映在社会化服务贡献率层面，特别是在服务业层面的人才培养绩效方面。针对问题的改进保障措施包括：一是政府提供政策支持，构建优良环境；二是政府或区域负责人应完善新项目的规章制度，创建专业化的管理体系；三是进一步明确项目目标，提升业绩考核信息内容累积，建立健全绩效考核机制并加以严格落实，进而确保该领域有足够的人才储存；四是，对于跨境电商领域的人才培养应当采取多元化措施，制定完善的人才培养计划方案和绩效评价方案，进行关键专业技能精准定位和课程内容课堂教学规范。

4. 作者自评和他评

他评。截至 2023 年 1 月 31 日，中国知网数据显示，该文被下载 553 次，被引 2 次。

【作者简介】

张永：无锡科技职业学院商学院。

第 47 名

基础学科拔尖人才培养的"道"与"术"

邬大光、叶美金（2022），《中国高等教育》，第 8 期，第 18—20 页

【内容概览】

1. 问题/议题

如何走出具有中国特色的、体现创新精神的拔尖人才自主培养之路？

2. 结论

第一，拔尖人才培养没有现成的经验和模式可以借鉴，我们只能走自己的路。第二，对

拔尖人才培养的认识，表面上是对基础学科人才培养模式的认识，实际上是对整个人才培养规律的认识。第三，基础学科拔尖人才短缺的问题，说到底涉及整体的人才培养模式转型。第四，拔尖人才培养计划的目的是要解决我国整体的人才培养问题，不能操之过急，需要"慢"下来，需要以人才培养的规律为本，久久为功。

3. 论证

基础学科拔尖人才培养一直受到国家高度重视。重视拔尖人才培养具有重大战略意义。从早期主要着眼于"基础学科"人才培养到近年来对基础学科"人才自主培养"的强调，国家对拔尖创新人才培养的意义阐述与战略规划愈加全面与深刻，特别是对人才自主培养能力的目标规划，彰显了当前我国拔尖创新人才培养的核心价值取向。

我国拔尖人才培养的两种模式。一类是在全校范围内选择最优秀的学生，以单独编班的"集中"方式进行培养；一类是在原来的教学班以"分散"方式进行培养。具体而言，集中方式培养是单独成立学院，单独配备老师，单独配备管理队伍，单独划拨经费，而后集中各种优质资源对这些学生重点培养。分散方式培养则是没有单独的组织机构，更多的是通过增加课程的难度、配备高水平导师等措施培养这部分学生。

新时代的使命：自主培养基础学科拔尖人才。拔尖人才培养核心是解决科学合理的人才培养体系问题，主要涉及三个基本命题。其一，撬动学生追求知识的动力和手段究竟是什么？其二，什么样的知识和课程体系对拔尖人才最有价值？其三，有效保障拔尖人才成长的教育教学管理手段是什么？以上三个命题，第一个是价值塑造的问题，第二个是科学合理的知识体系构建的问题，第三个是组织管理体系建设的问题。就三者关系而言，价值塑造是动力，知识体系是载体，组织管理体系是保障，三者之间有着内在的联系，任何一个环节的缺失或环节之间的断裂，都会影响学生成长。

4. 作者自评和他评

他评。截至2023年1月31日，中国知网数据显示，该文被下载545次，被引1次。

【作者简介】

邬大光：厦门大学教育研究院，教授，博士生导师。电子邮箱：wdg@xmu.edu.cn.

叶美金：厦门大学教育研究院，博士研究生。

第 48 名

人才引进政策会诱致性别不平等吗？
——基于我国 12 个"新一线城市"的实证研究

刘杨（2022），《东北大学学报（社会科学版）》，第 5 期，第 86—95 页

【内容概览】

1. 问题/议题

基于我国 12 个"新一线城市"的数据实证研究人才引进政策是否会诱致性别不平等。

2. 结论

第一，人才引进政策具有显著的政策效应，推行人才引进政策的城市年末新增户籍人口数显著多于未推行人才引进政策的城市。第二，人才引进的政策效应具有显著的性别异质性，女性对政策的反应更为敏感，在直接效应、显著度和解释力三个方面均有体现。第三，影响人才迁入的因素中并不存在基于性别的选择偏好，在人才政策的吸引下，男性和女性均对经济发展的"硬条件"和教育资源的"软条件"较为关注。人才引进政策没有诱致性别不平等，但并不意味着该政策效应没有体现性别不平等。在弥补性别不平等、助推女性流动和落户的同时，恰恰客观佐证了不平等现象。政策在"女性歧视，男性偏好"的人才流动现状中打开缺口，规范市场行为，注入公共价值，成为女性人才迁移的"救命稻草"和机会窗口。女性对该政策的敏感度自然强于原本就机会更多的男性。因此，如何真正实现人才流动和更广泛意义上的性别平等，仍然任重道远，需要更多深刻的思考、研究与实践。

3. 论证

人才引进政策在各城市有序展开创造了天然的实验组与对照组。采用多期双重差分法（DID）评估人才引进的政策效应，既有助于因果推断，又避免了"单差法"的内生性。数据来源于 2013—2019 年《中国城市统计年鉴》和各省份《中国统计年鉴》，政策数据来源于官方网站信息公开和新闻报道。核心被解释变量是"人才引进的政策效应"，核心解释变量是"人才引进政策"，控制变量是"物质经济硬条件"和"人文环境软条件"。

采用基准模型与全模型回归，运用 DID 估计人才引进政策对各城市年末新增户籍人口的影响。根据模型，人才引进政策能够促进年末新增户籍人口的增长，平均新增 53.48 万人。政策效应显著。对比人才引进政策对男女的效应差异，一是直接效应。人才引进政策对女性的直接效应强于男性，政策的推行使年末新增女性户籍人口增加约 29.06 万，而仅使新增男性户籍人口增加约 27.61 万。二是显著度。人才引进政策对男性新增户籍人口的影响在 10% 的显著度水平上通过系数 t 检验，而对女性的影响在统计学上更显著。三是解释力度。

对于新增男性户籍人口而言，人才引进政策仅能解释15.51%的变化，而对于女性则能解释17.42%的变化。总之，基准模型在三个维度上表明人才引进的政策效应具有性别异质性，即对女性的影响更大，政策效应更强。

进行平行趋势假定检验，在没有政策冲击时，两组户籍人口增长呈现一致的变化趋势，不随时间出现系统性差异。进行稳健性检验，调整模型变量，改变回归方法，结果表明政策效应至少在5%的水平上显著，女性政策效应更突出，原结论稳健。为检验人才引进政策对户籍人口的促进效果是否是"安慰剂效应"，进一步排除遗漏变量对模型结果的干扰，运用Bootsrap重复抽样的思想进行安慰剂检验，表明人才引进的政策效应并不是随机的，并且女性的政策效应更为稳健。

4. 作者自评和他评

他评。截至2023年1月31日，中国知网数据显示，该文被下载604次，被引0次。

【作者简介】

刘杨：中国人民大学公共管理学院博士生。

第49名

城市舒适物吸引了人才吗——基于我国地级市数据的实证研究

扈爽、朱启贵（2022），《山西财经大学学报》，第6期，第28—41页

【内容概览】

1. 问题/议题

利用全国人口普查及抽样调查数据和地级城市特征数据，重点考察城市舒适物对人才的吸引程度及作用机制。

2. 结论

城市舒适物能够显著提高人才分布水平，证实城市舒适物对人才存在吸引作用。机制分析发现，城市舒适物能够通过满足消费需求、优化创业环境和促进社会融入三方面作用渠道发挥对人才的吸引力。异质性分析表明，随着经济水平提升以及人口规模扩大，城市舒适物人才吸引力有所增强。进一步分析发现，城市舒适物人才吸引力存在边际递增的非线性效应，同时公共和社会两方面舒适物是城市舒适物人才吸引力的重要来源。

3. 论证

理论分析与研究假说。维度一，城市舒适物有益于人才身体和心理健康，从而影响人才

择居意愿。维度二，城市舒适物有助于满足人才生活消费需求，进而影响人才地理分布。维度三，城市舒适物有利于促进社会融入，从而吸引外来人才流入。维度四，城市舒适物有助于优化创业环境，进而发挥人才吸引力。

被解释变量：人才。该文在考察城市舒适物人才吸引力问题时，把本地人才、未取得本地户口的外来人才以及已取得本地户口的外来人才三类群体作为研究对象。核心解释变量：城市舒适物。该文从自然、公共、消费和社会四个维度构建城市舒适物综合评价指标体系。控制变量：劳动市场特征、固定资产投资、产业结构、经济与金融发展水平、人口情况、房价、大学。

实证结果与分析。第一，基准回归结果显示在其他条件一定的情况下，城市人才分布水平将会随着城市舒适物水平的提升而不断提高。具体来说，城市舒适物每增加1个单位，人才就业比重将提升0.78%。第二，稳健性检验。在基准模型中采用滞后一个周期的城市舒适物进行实证分析，结果说明，随着舒适物水平提升，城市对人才的吸引作用进一步提高，再次验证城市舒适物人才吸引力的存在。第三，内生性讨论。一是在基准回归中采用固定效应模型，这一计量策略本身有助于缓解遗漏变量带来的内生性问题。二是采用滞后一期的城市舒适物进行实证，这一模型设定有助于克服潜在的反向因果问题。城市舒适物每增加1个单位，人才就业比例将提升2.78%，相较上文基准回归结果存在明显提升，说明固定效应模型中城市舒适物对人才的吸引作用可能由于内生性问题被低估。综上结果，该文研究假说得到进一步验证。第四，作用机制分析。文章构建条件 Logit 模型，从微观角度识别城市舒适物对人才个体择居决策产生积极影响的作用机制。

进一步分析。城市舒适物人才吸引力非线性效应分析，结果显示随着城市舒适水平提升，城市舒适物人才吸引力表现出边际递增的非线性效应。当城市工资水平较低时，城市舒适物与工资水平存在一定的替代关系：当劳动市场经济条件不具有明显竞争力时，人才可能会愿意为了追求更高的城市舒适物而在工作报酬方面做出一定妥协。

4. 作者自评和他评

他评。截至2023年1月31日，中国知网数据显示，该文被下载1021次，被引1次。

该文研究观点"城市人才分布水平将会随着城市舒适物水平的提升而不断提高"得到李彦军、宋舒雅的认同[①]。

---

① 李彦军、宋舒雅：《"两山"转化促进共同富裕的逻辑、机制与途径》，《中南民族大学学报（人文社会科学版）》2022年第10期。

【作者简介】

扈爽：上海交通大学安泰经济与管理学院，博士研究生，主要研究区域经济和人力资本。

朱启贵：上海交通大学安泰经济与管理学院，教授，主要研究经济统计和国民经济理论与政策。电子邮箱：qgzhu@sjtu.edu.cn。

第 50 名

中国省际高技能人才迁移的时空演化机制

古恒宇、沈体雁（2022），《地理学报》，第 10 期，第 2457—2473 页

【内容概览】

1. 问题/议题

将特征向量空间滤波（ESF）技术和"两阶段"Hurdle 模型结合，构建空间 Hurdle 引力模型，结合 2000—2015 年中国省际高技能人才迁移面板数据，研究人才迁移的时空演化格局和驱动机制。

2. 结论

第一，2000—2015 年人才跨省迁移比例先升后降；人才迁移呈现集聚格局，维系了其空间分布的不均衡性；随时间推移，人才迁移格局呈现分散趋势，人才空间分布集聚性下降；人才迁移和空间分布均呈现出持续显著的网络与空间自相关性特征。第二，引力因素（人口规模、空间距离）、地区经济和科技发展水平（工资、科教投入）、自然舒适度（平均温差、空气质量）、城市舒适度（医疗及教育公共服务、城市绿化）以及其他因素（社会网络、生活成本、人口密度）共同驱动了 21 世纪以来中国省际人才迁移过程。第三，人才迁移可被看作一个"两阶段"过程，影响其迁移概率和迁移规模的因素呈现一定差异。第四，经济增速、科教投入、自然舒适度和基础公共服务对人才迁移的影响随时间增强，而工资和城市绿化的影响随时间减弱。

3. 论证

变量选择。为了解释省际高技能人才迁移，该文共选取 23 个解释变量。包括迁入地及迁出地人口规模（POP_i/POP_j）以及空间距离（D_{ij}）3 个变量。选取 3 组变量反映地区经济发展：（1）迁入地在岗职工平均工资（$WAGE_j$）；（2）GDP 平均增速（$GDPG_i/GDPG_j$）；（3）科技教育发展支出占比（$HTEC_i/HTEC_j$）。地方品质因素可以用自然舒适度和城市舒适

度表示。其中自然舒适度使用1月与7月平均温差（TEMPi/TEMPj）以及加权省级 $PM_{2.5}$ 浓度（AIRi/AIRj）来表示，城市舒适度包括公共服务供给水平和城市绿化两个方面。每万人拥有城市园林绿地面积（GREENi/GREENj）被用作城市绿化的代理变量。迁出人口在各迁出地的构成比（SOCIALij）、生活性支出占可支配收入比例（COLi/COLj）、人口密度（DENSi/DENSj）被视作控制变量，分别用于控制社会网络因素、生活成本因素和地区集聚规模效应的影响。

模型构建。第一，在传统 Hurdle 模型的基础上，被解释变量为区域之间的流量数据，解释变量纳入两区域的"质量"以及两区域间的距离，构建 Hurdle 引力模型。第二，特征向量空间滤波（ESF），ESF 使用提取后的表征空间自相关的特征向量作为控制变量加入模型，达到"过滤"空间自相关的效果。这些特征向量将数据中的空间结构信息从趋势和随机噪音中分离出来，使得模型的随机噪音（误差项）满足独立同方差分布，减少内生性的问题。第三，空间 Hurdle 引力模型。根据目的地竞争理论，迁移至某一目的地的劳动力会受到迁移至其周边地区的劳动力的影响，据此，假设网络自相关同时出现在地区间是否产生迁移以及地区间产生的迁移规模两个过程之中，将选取出来的特征向量同时加入 Logistic 回归和零截尾负二项回归之中。

主要结果分析：引力因素对区域人才迁移产生预期影响；地区经济和科技发展水平在人才迁移中扮演重要地位；自然舒适度和城市舒适度对人才迁移产生较大影响；社会网络、生活成本、人口密度等控制变量同样体现出一定影响；迁入地对人才迁移的"拉力"较迁出地的"推力"更为显著；人才迁移可以看作一个"两阶段"过程，影响人才迁移概率与迁移规模的因素呈现出一定差异。

4. 作者自评和他评

他评。截至2023年1月31日，中国知网数据显示，该文被下载1139次，被引0次。

【作者简介】

古恒宇：香港中文大学地理与资源管理学系，副研究员，博士后，主要研究人口迁移与城镇化、城市流动性与城市空间治理、空间计量与空间数据分析。电子邮箱：hygu@ cu-hk. edu. hk.

沈体雁：北京大学政府管理学院，教授，博士生导师，主要研究城市与区域经济、产业集群、城乡治理与规划、空间计量与空间分析。电子邮箱：tyshen@ pku. edu. cn.

（三）TOP51－100 榜单

人才学最佳中文论文 TOP51－100 榜单，2022 年

总榜序	论文	刊物复合影响因子	月均引用	专家投票	月均下载	综合得分
51	当代中国法学人才理论思维的培养　杜宴林（2022），《法律科学（西北政法大学学报）》，第4期，第36—50页	7.831	0.111	2	130.3	0.0930
52	困境与突破：西北民族地区本土人才推动乡村振兴研究——基于G省T县的实践调查　张军成（2022），《兰州学刊》，第7期，第119—130页	2.301	0.167	2	109.5	0.0899
53	2000—2015年中国高学历人才省际迁移的演化格局及影响机理　齐宏纲、赵美风、刘盛和、高苹、刘振（2022），《地理研究》，第2期，第456—479页	8.636	0.091	5	153.4	0.0897
54	从"竞争"到"普惠"：高校青年人才支持政策转向研究　朱军文、王杰（2022），《教育发展研究》，第7期，第21—26+33页	3.122	0.167	3	56.0	0.0894
55	区域人才开发指数的实证研究——基于广东省的样本调查与分析　萧鸣政、张睿超（2022），《科技管理研究》，第7期，第79—86页	2.673	0.167	2	54.2	0.0871
56	植根国家级多学科交叉科研基地 构建高层次创新人才培养生态系统　王莉莉、刘鑫达（2022），《学位与研究生教育》，第1期，第31—35页	2.468	0.167	3	61.4	0.0867
57	构建顶尖人才培养体系的特征与路径　史秋衡、杨玉婷（2022），《中国高等教育》，第7期，第10—12+27页	1.899	0.167	4	92.7	0.0866
58	"双一流"建设背景下的一流人才：内涵、评价、生成与发展　李义丹、董玥欣（2022），《重庆大学学报（社会科学版）》，第4期，第95—105页	5.712	0.111	4	116.8	0.0818

续表

总榜序	论文	刊物复合影响因子	月均引用	专家投票	月均下载	综合得分
59	树立"三个人才观"促进人才培养提质增效　王华彪、牛立蕊（2022），《人民论坛》，第13期，第70—72页	1.461	0.167	2	28.0	0.0791
60	适合教育：一流应用型人才培养的理论逻辑和实践路径　漆新贵（2022），《重庆高教研究》，第5期，第5—7页	4.391	0.000	2	52.6	0.0773
61	地方高校创新人才培养的行动逻辑与实践路向　叶美兰、金久仁（2022），《国家教育行政学院学报》，第5期，第18—24页	2.912	0.125	3	70.0	0.0708
62	社会福利、人才落户与区域创新绩效——对"抢人大战"的再审视　王欣亮、汪晓燕、刘飞（2022），《经济科学》，第3期，第65—78页	4.22	0.100	4	127.2	0.0705
63	走好新时代高水平人才自主培养之路的思考与实践　龚旗煌（2022），《国家教育行政学院学报》，第5期，第3—8+85页	2.912	0.125	3	47.4	0.0689
64	人才政策对流动人口落户决策的影响——基于全国199个地级市的证据　陈淑云、李琪（2022），《江汉论坛》，第5期，第32—42页	1.392	0.125	3	106.5	0.0665
65	创新型人才流动的空间结构与影响因素——基于高被引华人科学家履历分析　孙康、司月芳（2022），《地理学报》，第8期，第2113—2130页	9.697	0.000	3	299.0	0.0659
66	论人才培养与大学整体功能的辩证关系　夏文斌、王冰一、夏欣（2022），《学校党建与思想教育》，第5期，第76—78页	2.178	0.125	4	52.9	0.0659

续表

总榜序	论文	刊物复合影响因子	月均引用	专家投票	月均下载	综合得分
67	以高端数字化人才引领并推动全民数字素养与技能行动　王世伟（2022），《图书馆论坛》，第3期，第11—13页	2.784	0.100	4	147.8	0.0654
68	高校双创人才培养与乡村振兴战略的耦合机制　张立、范芹（2022），《经济问题》，第9期，第52—59页	5.538	0.000	3	494.5	0.0622
69	基于产学协同的融媒体人才培养模式探究　李华昌、嵇安奕（2022），《出版广角》，第5期，第92—96页	1.171	0.125	3	51.9	0.0610
70	基于扎根理论的高校科研人才能力评价分析　马腾、赵树宽（2022），《科技进步与对策》，第21期，第143—150页	4.575	0.000	5	494.5	0.0576
71	新时代人才强国战略实施若干问题研究　孙锐（2022），《中国软科学》，第8期，第1—11页	7.316	0.000	3	319.4	0.0562
72	新时代高素质人才培养体系探究——基于吉林省地方高校教育实践的视角　左春波、杨峰（2022），《东北师大学报（哲学社会科学版）》，第3期，第174—180页	2.485	0.100	4	54.8	0.0562
73	人工智能技术赋能我国高等教育拔尖人才培养　管佳、韩婷芷、徐国兴（2022），《中国电化教育》，第10期，第97—101页	7.138	0.000	5	310.7	0.0547
74	近郊乡村人才根植的空间环境因素及启示——以广东省24个近郊乡村为例　卢宗亮、张语欢、梁心怡、李毓、蔡恺南、刘婧雨、肖斯仪（2022），《地域研究与开发》，第2期，第133—137+149页	3.626	0.091	3	18.5	0.0546

续表

总榜序	论文	刊物复合影响因子	月均引用	专家投票	月均下载	综合得分
75	习近平关于科学文化与创新人才的重要论述研究　王文敬、洪晓楠（2022），《科学技术哲学研究》，第 3 期，第 110—116 页	0.764	0.100	4	130.6	0.0543
76	粤港澳大湾区科技创新人才空间分布特征及影响因素分析　孙殿超、刘毅（2022），《地理科学进展》，第 9 期，第 1716—1730 页	5.937	0.000	3	332.3	0.0507
77	"十四五"时期北京科技人才政策的战略转型　黄海刚、付月（2022），《北京社会科学》，第 1 期，第 43—55 页	1.617	0.083	4	117.9	0.0498
78	人才强国视域下宁夏引进海外人才实证研究　杨荣斌（2022），《北方民族大学学报》，第 2 期，第 171—176 页	1.722	0.091	2	43.5	0.0476
79	池水微澜：地区人才政策对高管薪酬契约的影响　陈宁、方军雄（2022），《外国经济与管理》，第 11 期，第 93—107 页	6.066	0.000	3	246.5	0.0442
80	政府人才政策、区域制度环境与企业创新　刘盟、杨庆（2022），《统计与决策》，第 19 期，第 164—168 页	3.034	0.000	3	394.7	0.0420
81	如何引进、用好和留住人才？——国家科研机构人才制度建设的国际经验与启示　李天宇、温珂、黄海刚、游玎怡（2022），《中国科学院院刊》，第 9 期，第 1300—1310 页	5.904	0.000	5	218.8	0.0412
82	创业制度环境何以激发科技人才创业意愿？——基于 AMO 理论视角　谭新雨（2022），《科学学研究》，2022 年 11 月 24 日网络首发	4.96	0.000	3	263.5	0.0403
83	我国科技创新人才体制机制的改革与完善　陈景彪（2022），《行政管理改革》，第 9 期，第 53—61 页	3.707	0.000	5	328.5	0.0397

续表

总榜序	论文	刊物复合影响因子	月均引用	专家投票	月均下载	综合得分
84	给待遇还是多培养？激励理论视角下人才政策对企业家创新精神的影响 唐杰、王文伟、莫莉（2022），《中国人力资源开发》，第9期，第7—22页	4.035	0.000	5	295.8	0.0386
85	人才政策与城市产业结构转型升级——兼议"抢人大战"现象 杨永聪、沈晓娟、刘慧婷（2022），《产业经济研究》，第5期，第72—85页	6.225	0.000	4	120.4	0.0345
86	何为、实为与应为——地方大学"高层次人才"引进的考察 贺威姿、易红郡、田英（2022），《中国高教研究》，第10期，第68—74页	5.526	0.000	5	152.0	0.0338
87	广聚英才能否助力地区产业升级——基于人才安居政策实施的准自然实验 徐培、金泽虎、李静（2022），《山西财经大学学报》，第5期，第57—69页	6.379	0.000	2	89.3	0.0327
88	科技人才称号的本质、异化与回归 白强（2022），《中国科学院院刊》，第10期，第1482—1490页	5.904	0.000	2	107.7	0.0320
89	人才政策可以促进企业全要素生产率增长吗——基于地方政府人才治理视角的研究 李娟、杨晶晶、赖明勇（2022），《经济理论与经济管理》，第9期，第38—51页	4.586	0.000	5	180.5	0.0317
90	长三角区域一体化进程中科技人才政策趋同与竞争 白云朴、李果（2022），《中国人力资源开发》，第6期，第81—93页	4.035	0.000	4	180.6	0.0291
91	注重创新型人才培养 推动可持续发展进程——评《研究生创新型人才培养研究》 王冠男（2022），《山西财经大学学报》，第2期，第130页	6.379	0.000	3	27.4	0.0276

续表

总榜序	论文	刊物复合影响因子	月均引用	专家投票	月均下载	综合得分
92	基于 DSGE 模型的我国房价变动对人才流动的影响——兼论房产税冲击下房价和人才流动的响应　金海燕、王亦君（2022），《人口与经济》，第 4 期，第 93—105 页	4.798	0.000	4	114.4	0.0272
93	纵向干预、横向竞争与区域人才配置　司深深、李静、秦玉春（2022），《软科学》，第 7 期，第 62—69 页	4.84	0.000	0	109.0	0.0270
94	城市科技创新人才政策扩散动力因素时空差异研究　彭川宇、刘月（2022），《科技进步与对策》，第 24 期，第 81—90 页	4.575	0.000	5	97.3	0.0247
95	专有性人才管理方式对个体的影响：系统综述与研究构想　阳毅、万杨（2022），《中国人力资源开发》，第 9 期，第 23—41 页	4.035	0.000	7	127.5	0.0247
96	基于 PROMETHEE 方法的农村实用人才区域发展水平评价　刘培德、王福滨、王鹏（2022），《经济与管理评论》，第 5 期，第 36—48 页	5.088	0.000	3	65.8	0.0246
97	"双循环"新发展格局下行业特色高校人才培养的逻辑遵循与关键路径研究　李爱彬、杨晨美子（2022），《高校教育管理》，第 4 期，第 96—104 + 124 页	4.475	0.000	5	100.2	0.0245
98	学术生命周期视野下的精英人才流动研究综述　薛琪薪（2022），《重庆高教研究》，第 4 期，第 118—127 页	4.391	0.000	6	86.7	0.0230
99	论人才强国战略中的人才生态环境建设　蓝志勇（2022），《行政管理改革》，第 7 期，第 4—13 页	3.707	0.000	4	124.3	0.0228
100	省域"候鸟型"人才引进和使用机制的构建——以海南省为例　刘振春（2022），《行政论坛》，第 4 期，第 147—154 页	5.313	0.000	3	30.22	0.0227

二 2022年人才学最佳英文论文

(一) TOP 10 榜单

人才学最佳英文论文 TOP 10 榜单,2022 年

总榜序	论文	刊物复合影响因子	月均引用	综合得分
1	An evidence-based multilevel framework of talent management: A systematic review Aljbour, A., French, E., & Ali, M. (2022). *International Journal of Productivity and Performance Management*, 71 (8), 3348 – 3376	2.773	5.500	0.6185
2	The soft skills gap: A bottleneck in the talent supply in emerging economies Singh Dubey, R., Paul, J., & Tewari, V. (2022). *The International Journal of Human Resource Management*, 33 (13), 2630 – 2661	6.026	4.333	0.5130
3	Inclusive leadership and team creativity: A moderated mediation model of Chinese talent management Jia, J., Jiao, Y., & Han, H. (2022). *The International Journal of Human Resource Management*, 33 (21), 4284 – 4307	6.026	4.000	0.4766
4	Talent management: Four "buying versus making" talent development approaches Cooke, G. B., Chowhan, J., Mac Donald, K., & Mann, S. (2022). *Personnel Review*, 51 (9), 2181 – 2200	3.228	4.000	0.4579
5	Labor shortage: A critical reflection and a call for industry-academia collaboration Kwok, L. (2022). *International Journal of Contemporary Hospitality Management*, 34 (11), 3929 – 3943	9.321	3.000	0.3895
6	From athletic talent development to dual career development? A case study in a Finnish high performance sports environment Nikander, J. A. O., Ronkainen, N. J., Korhonen, N., Saarinen, M., & Ryba, T. V. (2022). *International Journal of Sport and Exercise Psychology*, 20 (1), 245 – 262	4.408	3.250	0.3840

续表

总榜序	论文	刊物复合影响因子	月均引用	综合得分
7	Artificial intelligence, robotics, advanced technologies and human resource management: A systematic review Vrontis, D., Christofi, M., Pereira, V., Tarba, S., Makrides, A., & Trichina, E. (2022). *The International Journal of Human Resource Management*, 33 (6), 1237 – 1266	6.026	3.100	0.3784
8	Bibliometric analysis for talent identification by the subject-author-citation three-dimensional evaluation model in the discipline of physical education Zheng, Y., & Liu, S. (2022). *Library Hi Tech*, 40 (1), 62 – 79	1.623	2.909	0.3282
9	The role of industry and academia partnership in improving project management curriculum and competencies Karanja, E., & Malone, L. C. (2022). *Journal of Economic and Administrative Sciences*, 38 (4), 667 – 691.	0.000	3.000	0.3273
10	Supply chain management talent: The role of executives in engagement, recruitment, development and retention Birou, L., & Hoek, R. V. (2022). *Supply Chain Management: An International Journal*, 27 (6), 712 – 727	11.263	2.000	0.2934

(二) TOP 10 内容概览

第 1 名

基于证据的多层次人才管理框架：系统综述

An evidence-based multilevel framework of talent management: A systematic review, Amro Aljbour, Erica French, Muhammad Ali (2022), *International Journal of Productivity and Performance Management*, 33 (13), 71 (8), 3348 – 3376

【内容概览】

1. 问题/议题

提出了一个全面的基于证据的多层次框架，以指导人才管理实践和概述未来的研究方向。

2. 结论

该文的多层次框架表明，人才管理视角决定了人才管理实践，反过来又影响组织、团队和员工的结果。包容性视角与排他性视角一直是研究的主要焦点，该文研究结果表明，各种观点的结合产生了一种混合方法，从而导致了一系列人才管理实践。研究最多的实践涉及人才开发，研究最少的实践涉及人才聘用。总共有67项关注人才管理结果的研究认为，组织绩效是人才管理最显著的结果。

3. 论证

对120项实证研究进行了系统回顾，制定了标准化的数据提取格式和编码结构。结果被分为三类，反映了文献中的主要主题：决定因素研究、实践研究和结果研究。决定因素研究调查了人才管理实践的预测因素；实践研究检查了人才管理政策和实践；结果研究在三个方面调查了人才管理实践的影响重点。

4. 作者自评和他评

他评。截至2023年1月31日，该文被引11次。

Mohammad R. Saadatmand等[①]认为，多层次框架表明，人才管理影响组织和员工的结果。大多数研究侧重于确定组织内的人才管理观点或实践，而很少有研究调查这些观点如何影响实践。Prakash C. Bahuguna等[②]认为，人才管理水平与组织的人力资源结果实践之间具有积极的关系。

【作者简介】

Amro Aljbour：昆士兰科技大学，澳大利亚布里斯班。

Erica French：昆士兰科技大学，澳大利亚布里斯班。

Muhammad Ali：昆士兰科技大学，澳大利亚布里斯班。

---

① Saadatmand M. Rv, Safaie N., Dastjerdi M. Presenting a structural model of digitalised talent management in a new age：A case study on the mobile telecommunication industry in Iran［J］. SA Journal of Human Resource Management，2022，20：10.

② Bahuguna P. C., Bangwal D., Kumar R. Talent Management and Its Impact on Organizational Commitment：An Empirical Investigation of Indian Hospitality Industry［J］. FIIB Business Review，2022，12（2）.

第 2 名

软技能差距：新兴经济体的人才供应瓶颈

The soft skills gap: A bottleneck in the talent supply in emerging economies, Richa Singh Dubey, Justin Paul, Vijayshri Tewar (2022), *The International Journal of Human Resource Management*, 33 (13), 2630-2661

【内容概览】

1. 问题/议题

与信息技术（IT）部门未来人才库有关的软技能是什么？学生和专业人员间阻碍人才供应的软技能差距是什么？

2. 结论

通过进行广泛的文献回顾，并挖掘了 53 个常见技能特征，研究表明解决问题是 IT 专业人员最重要的技能之一。通过主成分分析得出 44 个软技能特征的组合，这些特征可以归纳为 6 个方面，即个人技能、领导技能、人际交往技能、团队技能、组织技能和进取精神。进一步研究 44 个特征和 6 个因素，通过独立 t 检验证实了学生和专业人员之间存在软技能的差距。

3. 论证

调查了 269 名在五家 IT 公司工作的 IT 专业人士和 329 名在 12 家技术学院攻读 IT/CS 学位的学生。采用了定性研究的方法识别软技能特征，并进行了文献研究，检查了超过 505 篇与 IT、ICT 和软件主题相关的论文，其中 72 篇适合用于软技能特征的提取。开发了一种基于李克特 5 分量表的测量方法，准备两种类型的调查问卷。通过主成分分析和独立 t 检验，研究了个人特质、领导能力、人际交往能力、团队能力、进取能力和组织能力等重要的软技能。

4. 作者自评和他评

他评。截至 2023 年 1 月 31 日，该文被引 26 次。

Peter Gallo 等[1]认同该文采用问卷方式调查 IT 部门的人才管理问题。Alexios Arvanitis 等[2]认为在解决大学毕业生硬技能与软技能"差距扩大"问题的另一个方法是关注雇主和他

---

[1] Gallo P., Dobrovič J., Čabinová V., et al. Increasing the efficiency of enterprises in tourism sector using innovative management methods and tools [J]. Social Sciences, 2021, 10 (4): 132.

[2] Arvanitis A., Touloumakos A. K., Dimitropoulou P., et al. Learning how to learn in a real-life context: Insights from expert focus groups on narrowing the soft-skills gap [J]. European Journal of Psychology Open, 2022, 81 (3): 71-77.

们的需求，这些需求应该更好地传达给教育机构，以便采取全面的专业发展方法。

【作者简介】

Singh Dubey Richa：印度阿拉哈巴德信息技术学院。

Justin Paul：美国公共关系大学；英国雷丁大学。

Vijayshri Tewari：印度信息技术学院。

第 3 名

包容性领导与团队创造力：中国人才管理的有调节中介模式

Inclusive leadership and team creativity: A moderated mediation model of Chinese talent management, Jia Jianfeng, Jiao Yuxin, Han Hongmei（2022），*The International Journal of Human Resource Management*, 33（21），4284–4307

【内容概览】

1. 问题/议题

研究包容性领导——开放、有效支持和可接近——对团队创造力的影响。

2. 结论

包容性领导促进团队创造力；团队授权在包容性领导与团队创造力之间的正向关系中起中介作用；人力资源管理系统的强度增强团队授权的效果。

3. 论证

基于创造力的成分理论，提出一个有调节的中介模型。假设 1：包容性领导促进团队创造力。假设 2：团队授权在包容性领导与团队创造力之间的正向关系中起中介作用。假设 3：人力资源管理系统的强度增强团队授权的效果。上述假设得到来自中国 91 名团队领导者和 308 名个人成员的多来源数据分析的支持。

4. 作者自评和他评

他评。截至 2023 年 1 月 31 日，该文被引 8 次。

Raheel Yasin 等[①]对该文研究展望进行引用，认为未来对包容性领导的研究应侧重于组织因素。

---

① Yasin R., Jan G., Huseynova A., et al. Inclusive leadership and turnover intention: The role of follower-leader goal congruence and organizational commitment [J]. Management Decision, 2023 (ahead-of-print).

【作者简介】

Jia Jianfeng：东北大学工商管理学院。E-mail：jianfengjiajia@163.com。

Jiao Yuxin：东北大学工商管理学院。

Han Hongmei：北京经济管理职业学院。

第 4 名

人才管理：四种"购买与制造"的人才培养方法

Talent management：Four "buying versus making" talent development approaches，Gordon B. Cooke，James Chowhan，Kelly Mac Donald，Sara Mann（2022），*Personnel Review*，51（9），2181–2200

【内容概览】

1. 问题/议题

探讨雇主对可用申请人质量的看法，以及雇主决定购买合格员工还是雇用可用员工。

2. 结论

在接受调查的雇主中，10%的雇主是"依赖者"，他们认为现有申请人的质量较低，但这些雇主不提供员工培训。近一半的雇主（45%）是"开发人员"，他们认为申请人的质量较低，但他们提供员工培训。大约7%的雇主是"偷猎者"，他们发现申请人的质量很高，不提供员工培训。而38%的雇主是"精炼者"，他们发现申请人的质量很高，但提供员工培训。

3. 论证

该研究使用了2015年加拿大安大略省西南部的调查数据，基于834家雇主关于招聘、离职、培训和其他人力资源管理政策的反馈。

4. 作者自评和他评

他评。截至2023年1月31日，该文被引4次。

Maciej Woloszyn 和 K. Kulakowski[①] 认为，由外部或内部候选人填补职位通常被视为雇主的两种备选策略，有时被称为"购买与制造"。

【作者简介】

Gordon B. Cooke：加拿大圣约翰，纽芬兰纪念大学工商管理学院。

[①] Wołoszyn M.，Kułakowski K. Status achieved in an organization—Rank dynamics [J]. Physica A：Statistical Mechanics and its Applications，2023，610：128402.

James Chowhan：加拿大多伦多，约克大学人力资源管理学院。
Kelly Mac Donald：加拿大圭尔夫，圭尔夫大学 Gordon S. Lang 商业和经济学院。
Sara Mann：加拿大圭尔夫，圭尔夫大学 Gordon S. Lang 商业和经济学院。

第 5 名

劳动力短缺：批判性反思及呼吁产学研合作

Labor shortage：A critical reflection and a call for industry-academia collaboration，Linchi Kwok（2022），*International Journal of Contemporary Hospitality Management*，34（11），3929-3943

【内容概览】

1. 问题/议题

第一，日益恶化的劳动力短缺问题能否在短期内得到改善？第二，行业专业人士和学术领袖/教授如何共同努力解决劳动力短缺问题？第三，学术研究如何帮助应对这样的挑战？

2. 结论

针对第一个问题，对相关新闻更新、行业/市场报告和精心挑选的相关文献的批判性反思，得到了三个命题的回答：一是组织和客户日益增长的需求使酒店和旅游行业工作更具挑战性和压力增加，导致更多的人离职；二是随着越来越多的酒店和旅游行业公司在运营中采用人工智能赋能的自动服务，需要新的技能（例如人机交互）来执行这些工作；三是管理人才的低劳动力供应将在酒店与旅游行业至少持续几年。针对问题二和问题三，在人才管理的三个方面提出建议：人才获取、学习与发展，以及人才保留。

3. 论证

首先论证了酒店业和旅游业的劳动力需求与供给的关系。一是对工作的要求越来越高，劳动力需求不断变化；二是供应给行业的管理人才特别是来自认可的大学课程的人才将持续减少。其次，呼吁加强酒店业和旅游业以及学术项目之间的合作。一是在人才获取方面，二是在学习与发展方面，三是在人才保留方面。最后，论述通过学术研究应对劳动力短缺的挑战。研究指出学术研究人员现在应该把人才管理放在议程首位，通过实证研究为行业提供洞察力，以应对劳动力短缺的挑战。

4. 作者自评和他评

他评。截至 2023 年 1 月 31 日，该文被引 9 次。

Adele Ladkin 等[1]引用该文观点,指出在 2021 年,住宿和食品服务行业的员工自愿离职人数最多。劳动力短缺的情况更加严重,雇主招聘农民工从事当地人不喜欢的低薪季节性工作以作权宜之计。该文对劳动力短缺的论述被 Rebecca Bogaers 等[2]用来论证工作幸福感对于可持续就业能力和心理健康的重要性。

【作者简介】
Linchi Kwok:美国,波莫纳,美国加州州立理工大学波莫纳分校柯林斯酒店管理学院。

第 6 名

从体育人才发展到双重职业发展?芬兰高性能体育环境中的案例研究

From athletic talent development to dual career development? A case study in a Finnish high performance sports environment,J. A. O. Nikander,N. J. Ronkainen,N. Korhonen,M. Saarinen,T. V. Ryba,(2022),*International Journal of Sport and Exercise Psychology*,20(1),245-262

【内容概览】

1. 问题/议题

通过探索环境的成功因素和组织文化,评估芬兰青年运动员的人才发展环境是否以及如何从体育人才发展环境(ATDE)转变为双重职业发展环境(DCDE)。

2. 结论

研究表明,环境以不连续的组织文化为特征,芬兰体育人才发展环境被确定为是运动人才发展环境(ATDE)。由此提出建议,要使芬兰的体育环境成功地转变为一个有效的双重职业发展环境(DCDE),就必须对其组织文化进行改革,将双重职业发展纳入环境中来,从而为体育人才发展平衡的生活提供资源。

3. 论证

该研究定位在批判现实主义的哲学领域,意在解释芬兰体育学院的社会心理学现象,以

---

[1] Ladkin A., Mooney S., Solnet D., et al. A review of research into tourism work and employment: launching the Annals of Tourism Research curated collection on tourism work and employment [J]. Annals of Tourism Research, 2023, 100: 103554.

[2] Bogaers R., Geuze E., van Weeghel J., et al. Workplace mental health disclosure, sustainable employability and well-being at work: A cross-sectional study among military personnel with mental illness [J]. Journal of Occupational Rehabilitation, 2022: 1-15.

整体生态学方法的理论框架为基础。该研究遵循实时案例法，从多个角度调查芬兰体育学院及其在现实生活中的复杂性，并对其整体和有意义的特征有深刻理解。数据收集的主要方法包括访谈、观察和文件，基于从一个获得了利物浦约翰摩尔大学和吉瓦斯基拉大学伦理委员会的伦理批准的项目（ECO-DC）收集的数据。参与者观察是一种合适的研究方法，因为它使人们能够在更真实的环境下观察一种现象或参与者，并有助于更深入地了解该文化。档案和文件也被用作大量的数据来源。学院和学校的社交媒体账户、网站（学校、学院和市政当局）、学院的比赛计划、比赛结果、课程表、公交时刻表以及从奥林匹克体育研究所获得的芬兰统计数据汇总。通过访谈和观察，以了解环境的成功因素的基本特征。

基于案例环境的 ESF 模型的实证版本总结了影响环境的因素。在描述环境的促进前提条件时，对教练的信任、激励条件、专业精神和吸引力是中心主题。高工作量、缺乏时间和体育的优先级是确定双重职业发展过程中障碍的中心主题。成功的过程有四个主题：学习运动的生活方式、校友成就的灵感、频繁的考试和高度竞争。关于环境的组织文化的重要发现是，在观察到的不同文化层次（人工饰物、价值观和基本假设）中，组织文化作为一种双重职业发展环境表现出不连贯性。

4. 作者自评和他评

他评。截至 2023 年 1 月 31 日，该文被引 26 次。

该文获得 Jr. Robert T. Book 等[①]的认同。Jaana Viljaranta 等[②]在对双重职业进行论述时引用该文观点，即认为当青少年运动员努力在体育和学术工作中同时取得成功时，他们对参与人才培养计划的要求会很高。

【作者简介】

J. A. O. Nikander：芬兰，于韦斯屈莱，于韦斯屈莱大学心理学系。E-mail：Nikander aku. j. o. nikander@ jyu. fi.

N. J. Ronkainen：芬兰，于韦斯屈莱，于韦斯屈莱大学心理学系。

N. Korhonen、M. Saarinen：芬兰，于韦斯屈莱，于韦斯屈莱大学心理学系。

T. V. Ryba：芬兰，于韦斯屈莱，于韦斯屈莱大学心理学系。

---

① Book Jr R. T., Henriksen K., Stambulova N., et al. "We are their last chance": A case study of a college basketball environment in an American underserved community [J]. Journal of Applied Sport Psychology, 2023：1 - 23.

② Viljaranta J., Aunola K., Tolvanen A., et al. The development of school and sports task values among adolescent athletes: The role of gender [J]. Current Psychology, 2022：1 - 10.

第 7 名

人工智能、机器人技术、先进的技术和人力资源管理：系统性综述

Artificial intelligence, robotics, advanced technologies and huma resource management: A systematic review, Demetris Vrontis, Michael Christofi, Vijay Pereira, Shlomo Tarba, Anna Makrides, Eleni Trichina（2022），*The International Journal of Human Resource Management*，33（6），1237-1266

【内容概览】

1. 问题/议题

系统分析迄今为止关于智能自动化的学术投入，并阐明其对人力资源管理的主要贡献和挑战。

2. 结论

智能自动化构成了一种管理员工和提高公司业绩的新方法，因此，为人力资源管理提供了一些机会，但在技术和道德层面也有相当大的挑战。这些技术的影响已被确定为集中在人力资源管理战略上，即工作替代、人—机器人/人工智能协作、决策和学习机会，以及人力资源管理活动，即招聘、培训和工作绩效。

3. 论证

该文使用了两种方法来搜索相关文章。首先，重点关注了发表在 38 种 HRM、GM 和 IB 领域的主要期刊上的学术文章。这些期刊提供了有关技术进步和信息系统的研究的基础。由于重点主要是 HRM，所以只纳入了与 HRM 重叠的研究，排除了不涉及 HRM 问题的研究。其次，使用了两个主要的数据库：Business Source Ultimate（EBSC）和 Science Direct。然后通过对相关文章进行初始范围搜索，以确定关键词使用的趋势。通过筛选每一篇文章提取相关信息，基于系统的目标将编码数据输入 Excel 电子表格，并分为若干类别，包括发表细节、论文类型（实证、概念、综述）、分析单元、智能自动化对 HRM 的影响、关键发现、每个研究的作者提供的未来研究方向。通过找到文章之间的共同特征，根据分析单元将它们分类为研究主题来解决研究问题，从而确定了三个主要的研究主题：先进技术、人工智能和机器人技术。

4. 作者自评和他评

他评。截至 2023 年 1 月 31 日，该文被下载 31 次，被引 31 次。

Sanjay Chaudhary[①]等借鉴该文的研究方法，在识别、评估和提取文章中专注于搜索文章标题和摘要的三个关键词：家族企业、信任和声誉。Alexis Megan Votto[②]等认为该文的文献综述提供了对人工智能在 HRM 和 T-HRIS 中存在的基础理解。

【作者简介】

Demetris Vrontis：塞浦路斯尼科西亚大学。

Michael Christofi：塞浦路斯尼科西亚大学。

Vijay Pereira：塞浦路斯尼科西亚大学。

Shlomo Tarba：英国伯明翰大学商学院。

Anna Makrides：塞浦路斯尼科西亚大学。

Eleni Trichina：塞浦路斯尼科西亚大学。

第 8 名

体育学科中基于主题—作者—引文三维评价模型识别人才的文献计量分析

Bibliometric analysis for talent identification by the subject-author-citation three-dimensional evaluation model in the discipline of physical education，Zheng，Y. and Liu，S. （2022），*Library Hi Tech*，40（1），62 – 79

【内容概览】

1. 问题/议题

在 z 指数的基础上构建了基于主题—作者—引文的三维人才评价模型，提出了 ZAS 指数来评价学科内不同研究课题的学者。

2. 结论

与 h 指数和 p 指数相比，z 指数在学者成果的数量、质量和引文分布之间实现了较好的平衡。此外，与 z 指数相比，该文基于 ZAS 指数模型，在女性体育等研究领域改进了主题—作者—引用的三维关系。

---

① Chaudhary S.，Dhir A.，Ferraris A.，et al. Trust and reputation in family businesses：A systematic literature review of past achievements and future promises［J］. Journal of Business Research，2021，137：143 – 161.

② Votto A. M.，Valecha R.，Najafirad P.，et al. Artificial intelligence in tactical human resource management：A systematic literature review［J］. International Journal of Information Management Data Insights，2021，1（2）：100047.

3. 论证

该文的统计数据来自 CNKI 学术期刊的在线出版数据库，文献来源范围仅限于 11 种国内体育学科的 CSSCI 期刊：《体育科学》《上海体育学院学报》《体育学刊》《中国体育科技》《体育与科学》《北京体育大学学报》《天津体育学院学报》《武汉体育学院学报》《西安体育学院学报》《成都体育学院学报》《首都体育学院学报》。选择 2015—2019 年的时间窗，最终获得 7040 篇有效论文。在 Python 爬虫工具的帮助下，收集了 7040 篇论文的作者、关键词和被引用频率的统计数据。将关键词分为"体育与训练""学校体育""体育文化与法律""体育医学与健康""体育产业与消费""国家传统体育""公共体育服务""球类体育""青年体育""休闲体育与全民健身""运动文献计量学""运动心理学""女性运动" 13 类研究主题。计算了学者对上述课题的 ZAS 指数，并计算了 h 指数、p 指数和 z 指数等定量指标。对评价效果进行了比较分析。

4. 作者自评和他评

他评。截至 2023 年 1 月 31 日，该文被引 32 次。

Fu X. 和 Zhu W.[1] 认为 2011 年，教育部颁布了"健康第一"的概念，并使其成为义务教育不可分割的一部分，使学生能够掌握运动技能，发展体能，逐渐形成健康和安全感以及良好的生活方式，并促进学生的身心协调和全面发展。Du Peng[2] 等在论证信息不对称的解决方案中引用该文，认为中国目前的风险投资机构的特点是服务能力低、服务质量低、专业性差，因而选择中间人员对于提高信息流通效率至关重要。

【作者简介】

郑莹莹：中国台湾桂山，台湾体育大学体育研究生院；中国温州，温州大学体育学院。

刘爽：中国吉安，井冈山大学体育学院。

---

[1] Fu X., Zhu W. Dilemma and countermeasure of sustainable leadership in physical education development in southern rural Ningxia, China [J]. Frontiers in Psychology, 2022, 13: 947694.

[2] Du P., Shu H., Xia Z. The control strategies for information asymmetry problems among investing institutions, investors, and entrepreneurs in venture capital [J]. Frontiers in Psychology, 2020, 11: 1579.

第 9 名

工业界和学术界合作在完善项目管理课程和提高管理能力方面的作用

The role of industry and academia partnership in improving project management curriculum and competencies, Erastus Karanja, Laurell C. Malone (2022), *Journal of Economic and Administrative Sciences*, 38 (4), 667 – 691

【内容概览】

1. 问题/议题

第一，比较一个领先的行业胜任力模型和框架（PMI 人才三角）中的胜任力与项目管理课程教学大纲学习成果中的胜任力。第二，确定这两套项目管理胜任力的对齐程度。第三，探索改进的途径。

2. 结论

课程大纲中的大多数项目管理能力都属于技术项目管理领域。技术项目管理领域的前三大能力要素：项目管理技能、工具和技术，进度管理，成本估计/预算。领导领域的前三大能力要素：团队建设、口头/书面沟通，解决问题。战略和业务管理领域的前三大能力要素：战略规划、分析和调整，利益管理和实现，客户关系和满意度。

3. 论证

采用有目的的抽样方法收集项目管理课程教学大纲。项目管理能力数据采用内容分析法从教学大纲中收集。然后，使用 QSR NVivo 定性统计软件对学习成果中的胜任力数据进行汇总和分析。

4. 作者自评和他评

他评。截至 2023 年 1 月 31 日，该文被引 3 次。

Roksana Jahan Tumpa 等[1]在论述项目管理工作的重要性时引用该文观点——"到 2027 年，将有超过 8.7 亿员工从事项目导向的工作"。Phathara-on Wesarat 等[2]在论述第四次工业革命对劳动力市场的影响时引用该文观点——"为了避免企业的失败，雇主们正在寻找雇用那些能够在不确定的商业环境下执行现实世界任务的合格员工"。

---

[1] Tumpa R. J., Chaudhry G., Skaik S., et al. Enhancing project management graduates' employability through group assessment innovations: An empirical study [J]. Project Leadership and Society, 2023: 100084.

[2] Wesarat P., Useng N., Kaewsaeng-on R., et al. Formulating Expected Learning Outcomes for the Bachelor of Business Administration Program: Linking to the Requirements of External Stakeholders [J]. Economics and Business Administration Journal.

【作者简介】
Erastus Karanja：美国北卡罗来纳州达勒姆市，北卡罗来纳中央大学商学院。
Laurell C. Malone：美国北卡罗来纳州达勒姆市，北卡罗来纳中央大学专业发展办公室。

第 10 名

供应链管理人才：高管在参与、招聘、发展和留用中的作用

Supply chain management talent：The role of executives in engagement, recruitment, development and retention, Laura Birou, Remko Van Hoek (2022), *Supply Chain Management*, 27 (6), 712–727

【内容概览】

1. 问题/议题

关注公司内部培养供应链人才的努力，特别关注高管在这一过程中发挥的作用。

2. 结论

高管所有权在很大程度上是由提高知识、技能和能力的战略必要性以及对人才招聘和发展重要性的批判性认识所驱动的。有非常具体的供应链管理驱动因素、益处、障碍和桥梁在发挥作用，这对供应链管理主管和团队来说很重要，他们参与其中，而不是仅仅依赖于一般的人力资源过程和框架。

3. 论证

该研究以企业的资源基础观（RBV）和培训动机理论为理论背景进行探索。所研究的三家案例公司中，高管积极参与了供应链人才的招聘、入职和持续发展。在这三个案例中，公司高管的敬业度都很高，高管们都是供应链人才发展计划的倡导者、设计者及管理者。他们还亲自参与招聘、培训和指导工作。为了与公司的 RBV 保持一致，所有三个案例公司都强烈需要通过供应链能力来提高公司的竞争优势。这一战略指令由执行团队驱动，通常涉及一系列目标，包括改进功能能力开发、内部利益相关者关系和业务价值贡献的增长。由于供应链人才短缺以及人才面向未来可持续发展的能力有待提高，企业吸引人才的需求增加。面向未来的人才能够有效地处理当前的工作范围，并成功地实施供应链管理战略所期望的变化。

4. 作者自评和他评

他评。截至 2023 年 1 月 31 日，该文被引 4 次。

Hakim Lyngstadaas 和 T. Berg[①] 引用该文观点——供应链管理普遍缺乏人才。

【作者简介】

Laura Birou：美国佛罗里达州迈尔斯堡，佛罗里达海湾大学 Lutgert 商学院，信息系统和运营管理专业。

Remko Van Hoek：美国阿肯色州费耶特维尔，阿肯色大学 Sam M. Walton 商学院供应链管理系。

（三）TOP 11-100 榜单

人才学最佳英文论文 TOP 11-100 榜单，2022 年

总榜序	论文	刊物复合影响因子	月均引用	综合得分
11	Talent Acquisition and Management, Immersive Work Environments, and Machine Vision Algorithms in the Virtual Economy of the Metaverse　Lyons, N. (2022). *Psychosociological Issues in Human Resource Management*, 10 (1), 121-134	0.000	2.667	0.2909
12	Talent management in hospitality and tourism: A systematic literature review and research agenda　Kravariti, F., Voutsina, K., Tasoulis, K., Dibia, C., & Johnston, K. (2022). *International Journal of Contemporary Hospitality Management*, 34 (1), 321-360	9.321	2.083	0.2895
13	The Impact of Air Pollution Perception on Urban Settlement Intentions of Young Talent in China　Yao, L., Li, X., Zheng, R., & Zhang, Y. (2022). *International Journal of Environmental Research and Public Health*, 19 (3), 1080	4.135	2.333	0.2821
14	Navigating the winds of change on the smooth sea-The interaction of feedback and emotional disruption on the talent pathway　Taylor, J., & Collins, D. (2022). *Journal of Applied Sport Psychology*, 34 (4), 886-912	3.365	2.167	0.2588

[①] Lyngstadaas H., Berg T. Harder, better, faster, stronger: Digitalisation and employee well-being in the operations workforce [J]. Production Planning & Control, 2022: 1-18.

续表

总榜序	论文	刊物复合影响因子	月均引用	综合得分
15	Do global talent management programs help to retain talent? A career-related framework Bonneton, D., Schworm, S. K., Festing, M., & Muratbekova-Touron, M. (2022). *The International Journal of Human Resource Management*, 33 (2), 203–238	6.026	2.000	0.2584
16	Revolutionizing School HR Strategies and Practices to Reflect Talent Centered Education Leadership Tran, H. (2022). *Leadership and Policy in Schools*, 21 (2), 238–252	1.289	2.250	0.2541
17	Policy coordination in the talent war to achieve economic upgrading: The case of four Chinese cities Shen, Y., & Li, B. (2022). *Policy Studies*, 43 (3), 443–463	4.775	2.000	0.2501
18	Competing for Talent: Firms, Managers, and Social Networks Hacamo, I., & Kleiner, K. (2022). *The Review of Financial Studies*, 35 (1), 207–253	8.414	1.750	0.2471
19	Talent management strategies and functions: A systematic review Yildiz, R. O., & Esmer, S. (2023). *Industrial and Commercial Training*, 55 (1), 93–111	1.500	2.000	0.2282
20	Talent management in the public sector: Empirical evidence from the Emerging Economy of Dubai Al Jawali, H., Darwish, T. K., Scullion, H., & Haak-Saheem, W. (2022). *The Interrational Journal of Human Resource Management*, 33 (11), 2256–2284	6.026	1.714	0.2272
21	Modelling of talent management on construction companies' performance: A model of business analytics in Bangkok Kaewnaknaew, C., Siripipatthanakul, S., Phayaphrom, B., & Limna, P. (2022). *International Journal of Behavioral Analytics*, 2 (1), 1–17	3.021	1.833	0.2202
22	Green talent management and turnover intention: The roles of leader STARA competence and digital task interdependence Ogbeibu, S., Chiappetta Jabbour, C. J., Burgess, J., Gaskin, J., & Renwick, D. W. (2022). *Journal of Intellectual Capital*, 23 (1), 27–55	6.371	1.583	0.2153

总榜序	论文	刊物复合影响因子	月均引用	综合得分
23	Talent management and organizational sustainability: Role of sustainable behaviour Mujtaba, M., & Mubarik, M. S. (2022). *International Journal of Organizational Analysis*, 30 (2), 389-407	1.891	1.833	0.2126
24	Skilled migration to emerging economies: The global competition for talent beyond the West Ewers, M. C., Khattab, N., Babar, Z., & Madeeha, M. (2022). *Globalizations*, 19 (2), 268-284	2.407	1.800	0.2124
25	Anchoring talent to regions: The role of universities in graduate retention through employment and entrepreneurship Kitagawa, F., Marzocchi, C., Sánchez-Barrioluengo, M., & Uyarra, E. (2022). *Regional Studies*, 56 (6), 1001-1014	2.059	1.714	0.2008
26	The impact of talent management practices on employee turnover and retention intentions Kumar, S. (2022). *Global Business and Organizational Excellence*, 41 (2), 21-34	0.000	1.727	0.1884
27	The stereotype that girls lack talent: A worldwide investigation Napp, C., & Breda, T. (2022). *Science advances*, 8 (10), eabm3689	14.980	0.800	0.1873
28	There is no good war for talent: A critical review of the literature on talent management Kwon, K., & Jang, S. (2022). *Employee Relations: The International Journal*, 44 (1), 94-120	2.688	1.500	0.1816
29	From brain drain to brain gain: The agenda for talent management in overcoming talent migration from emerging markets Latukha, M., Shagalkina, M., Mitskevich, E., & Strogetskaya, E. (2022). *The International Journal of Human Resource Management*, 33 (11), 2226-2255	6.026	1.286	0.1805
30	The effect of bio-banding on technical and tactical indicators of talent identification in academy soccer players Towlson, C., MacMaster, C., Gonçalves, B., Sampaio, J., Toner, J., MacFarlane, N., … & Abt, G. (2022). *Science and Medicine in Football*, 6 (3), 295-308	0.000	1.600	0.1745

续表

总榜序	论文	刊物复合影响因子	月均引用	综合得分
31	The impact of LinkedIn posts on employer brand perception and the mediating effects of employer attractiveness and corporate reputation　Joglekar, J., & Tan, C. S. (2022). *Journal of Advances in Management Research*, 19 (4), 624–650	2.511	1.400	0.1695
32	The influence of leadership on strategic flexibility and business performance: The mediating role of talent management　Kafetzopoulos, D., Psomas, E., & Bouranta, N. (2022). *Management Decision*, 60 (9), 2532–2551	5.589	1.200	0.1682
33	Talent management in turbulent times: Selection, negotiation, and exploration strategies for talent management in the aeronautics and space industries　d'Armagnac, S., Al Ariss, A., & N'Cho, J. (2022). *The International Journal of Human Resource Management*, 33 (13), 2767–2799	6.026	1.167	0.1675
34	Talent management and performance in the public sector: The role of organisational and line managerial support for development　Kravariti, F., Tasoulis, K., Scullion, H., & Alali, M. K. (2022). *The International Journal of Human Resource Management*, 34 (9), 1782–1807	6.026	1.091	0.1592
35	Needs-driven talent and competency development for the next generation of regulatory scientists in Africa　Semete-Makokotlela, B., Mahlangu, G. N., Mukanga, D., Darko, D. M., Stonier, P., Gwaza, L., … & Pillai, G. (2022). *British Journal of Clinical Pharmacology*, 88 (2), 579–586	9.473	0.818	0.1525
36	Understanding talent management for sports organizations-Evidence from an emerging country　Hassan, Y., Pandey, J., Varkkey, B., Sethi, D., & Scullion, H. (2022). *The Interaction Journal of Human Resource Management*, 33 (11), 2192–2225	6.026	1.000	0.1493

续表

总榜序	论文	刊物复合影响因子	月均引用	综合得分
37	**Undergraduate supply chain management courses: Content, coverage, assessment and gaps**　Birou, L., Lutz, H., & Walden, J. L. (2022). *Supply Chain Management: An International Journal*, 27 (1), 1 – 11	11.263	0.583	0.1388
38	**Global talent management and multinational subsidiaries' resilience in the COVID – 19 crisis: Moderating roles of regional headquarters' support and headquarters-subsidiary friction**　Lee, J. Y., Yahiaoui, D., Lee, K. P., & Cooke, F. L. (2022). *Human Resource Management*, 61 (3), 355 – 372	6.325	0.818	0.1315
39	**From brain drain to brain gain in emerging markets: Exploring the new agenda for global talent management in talent migration**　Mao, Y., Latukha, M., & Selivanovskikh, L. (2022). *European Journal of International Management*, 17 (4), 564 – 582	5.526	0.857	0.1304
40	**Construction of structural dimensions of organizational human capital competitive advantage**　Guo, W., & Chen, M. (2022). *Journal of Intellectual capital*, 23 (5), 1081 – 1106	6.371	0.800	0.1298
41	**Talent agility, innovation adoption and sustainable business performance: Empirical evidences from Indian automobile industry**　Gouda, G. K., & Tiwari, B. (2022). *International Journal of Productivity and Performance Management*, 71 (6), 2582 – 2604	2.773	1.000	0.1276
42	**Outcomes of talent management: The role of perceived equity**　Malik, A. R., & Singh, P. (2022). *Employee Relations: The International Journal*, 44 (2), 277 – 293	2.688	0.909	0.1171
43	**Talent management practices on employee performance among academic staff of Malaysian private universities: Employee engagement as a mediator**　Abdullahi, M. S., Raman, K., & Solarin, S. A. (2022). *Journal of Applied Research in Higher Education*, 14 (1), 135 – 158	0.994	1.000	0.1157

续表

总榜序	论文	刊物复合影响因子	月均引用	综合得分
44	Accessing host country national talent in emerging economies: A resource perspective review and future research agenda　Farndale, E., Beamond, M., Corbett-Etchevers, I., & Xu, S. (2022). *Journal of World Business*, 57 (1), 101256	8.635	0.500	0.1122
45	Why Him Not ME? Inclusive/Exclusive Talent Identification in Academic Public Context　Mousa, M., Massoud, H. K., Ayoubi, R. M., & Murtaza, G. (2022). *International journal of public administration*, 45 (10), 747–759	1.848	0.909	0.1115
46	Reframing talent identification as a status-organising process: Examining talent hierarchies through data mining　Nijs, S., Dries, N., Van Vlasselaer, V., & Sels, L. (2022). *Human Resource Management Journal*, 32 (1), 169–193	4.989	0.667	0.1060
47	Western Approaches for the identification and development of talent in schools and sports contexts from 2009 to 2019 – a literature review　Faber, I. R., Sloot, L., Hoogeveen, L., Elferink-Gemser, M. T., & Schorer, J. (2022). *High Ability Studies*, 33 (2), 135–168	1.563	0.875	0.1059
48	Mediating role of employee engagement on the relationship between succession planning practice and employee performance in academic institutions: PLS-SEM approach　Abdullahi, M. S., Raman, K., & Solarin, S. A. (2022). *Journal of Applied Research in Higher Education*, 14 (2), 808–828	0.994	0.900	0.1048
49	The Matthew effect in talent management strategy: Reducing exhaustion, increasing satisfaction, and inspiring commission among boundary spanning employees　Srivastava, R. V., & Tang, T. (2022). *Journal of Business & Industrial Marketing*, 37 (3), 477–496	3.319	0.750	0.1040

续表

总榜序	论文	刊物复合影响因子	月均引用	综合得分
50	Gender, talent management and firm performance: MNCs' female-focused talent management practices in Russia　Latukha, M., Michailova, S., Ott, D. L., Khasieva, D., & Kostyuk, D. (2022). *Employee Relations*, 44 (4), 850-869	2.688	0.778	0.1028
51	The impact of exclusivity in talent identification: Sources of perceived injustice and employee reactions　Peterson, J., Tahssain-Gay, L., & Laila, B. N. (2022). *Employee Relations*, 44 (6), 1217-1240	2.688	0.750	0.0998
52	Homophily: Functional bias to the talent identification process?　Golik, M., & Blanco, M. R. (2022). *Personnel Review*, 51 (2), 620-643	3.228	0.700	0.0979
53	Talent management in government organizations: Identification of challenges and ranking the solutions to address them　Sehatpour, M. H., Abedin, B., & Kazemi, A. (2022). *International Journal of Productivity and Performance Management*, 71 (4), 1444-1468	2.773	0.667	0.0912
54	Give full play to the talent: Exploring when perceived overqualification leads to more altruistic helping behavior through extra effort　Ma, C., Chen, Z. X., & Jiang, X. (2022). *Personnel Review*, 51 (6), 1727-1745	3.228	0.600	0.0870
55	What is my calling? An exploratory mixed-methods approach to conceptualizing hospitality career calling　Lee, L., Ponting, S. S. A., Ghosh, A., & Min, H. (2022). *International Journal of Contemporary Hospitality Management*, 34 (8), 2832-2851	9.321	0.167	0.0804
56	Social connectedness and career and talent development self-efficacy: Direct and mediating effects　Zhang, J., & Yuen, M. (2022). *British Journal of Guidance & Counselling*, 50 (3), 400-412	1.125	0.625	0.0757
57	Crafting employee engagement through talent management practices in telecom sector　Akter, H., Ahmed, W., Sentosa, I., & Hizam, S. M. (2022). *SA Journal of Human Resource Management*, 20 (0), a1775	0.000	0.667	0.0727

续表

总榜序	论文	刊物复合影响因子	月均引用	综合得分
58	Measuring talent management: A proposed construct Mujtaba, M., Mubarik, M. S., & Soomro, K. A. (2022). *Employee Relations*, 44 (5), 1192 – 1215	2.688	0.500	0.0725
59	The effect of talent management and human capital on sustainable business performance: An empirical investigation in Malaysian hospitals AlQershi, N. A., Thurasamy, R., Ali, G. A., Al-Rejal, H. A., Al-Ganad, A., & Frhan, E. (2022). *International Journal of Ethics and Systems*, 38 (2), 316 – 337	1.048	0.600	0.0725
60	Multi-level nursing workforce planning considering talent management in healthcare with a dynamic quantitative approach Monazam Ebrahimpour, S., Rahimnia, F., Pooya, A., & Pakdaman, M. (2022). *Kybernetes*, 51 (11), 3280 – 3304	2.352	0.500	0.0702
61	Is my employee still attracted to me? Understanding the impact of integrated communication and choice of communication channels on employee attraction Deepa, R., & Baral, R. (2022). *Corporate Communications: An International Journal*, 27 (1), 110 – 126	3.321	0.417	0.0676
62	Global talent management during the COVID – 19 pandemic? The Gods must be crazy! Fernandes, C., Veiga, P. M., Lobo, C. A., & Raposo, M. (2023). *Thunderbird International Business Review*, 65 (1), 9 – 19	1.841	0.500	0.0668
63	The challenges for macro talent management in the mature emerging market of South Korea: A review and research agenda Park, H. M., Patel, P., Varma, A., & Jaiswal, A. (2022). *Thunderbird International Business Review*, 64 (5), 393 – 404	0.000	0.600	0.0655
64	The role of big data and predictive analytics in the employee retention: A resource-based view Singh, R., Sharma, P., Foropon, C., & Belal, H. M. (2022). *International Journal of Manpower*, 43 (2), 411 – 447	3.295	0.375	0.0629

续表

总榜序	论文	刊物复合影响因子	月均引用	综合得分
65	Leadership mindset regarding talent management practices: A case study of the City of Windhoek Council Shingenge, S. N., & Saurombe, M. D. (2022). *SA Journal of Human Resource Management*, 20 (3), a1730	0.000	0.545	0.0595
66	Motives and strategies of CEOs for stimulating sharing and application of knowledge in the care and support for people with intellectual disabilities. Kersten, M., Taminiau, E., Weggeman, M., & Embregts, P. (2022). *Journal of Knowledge Management*	8.689	0	0.0580
67	A Study to Reconnoitering the dynamics of Talent Management Procedure at Hotels in Jharkhand Sharma, V. N., & Hans, A. (2022). *International Journal of New Practices in Management and Engineering*, 11 (01), 41-46	0.000	0.500	0.0545
68	Digital nomads: A savvy enterprise's newest HR frontier Nichols, A. (2022). *Strategic HR Review*, 21 (6), 185-190	0.000	0.500	0.0545
69	Employee experience: The new employee value proposition Panneerselvam, S., & Balaraman, K. (2022). *Strategic HR Review*, 21 (6), 201-207	0.000	0.500	0.0545
70	Negotiation of needs towards halal talents sustainability Abdul Rahim, N. R., Abdullah, I., Yahya, N. A., Awang, M. N., Muhammad, S. Z., Ahmad Sabri, S., & Ahmad, N. N. (2022). *Journal of Islamic Marketing*, 13 (1), 20-44	3.418	0.250	0.0501
71	Hybrid working can help recruit and retain talent, upskill leaders and boost team working, suggests a case study from an international professional services firm Summerfield, R. (2022). *Strategic HR Review*, 21 (1), 34-40	0.000	0.455	0.0496
72	Developing a leadership potential model for the new era of work and organizations Groves, K. S., & Feyerherm, A. E. (2022). *Leadership & Organization Development Journal*, 43 (6), 78-98	3.923	0.200	0.0480

续表

总榜序	论文	刊物复合影响因子	月均引用	综合得分
73	Employee perception of talent management practices and turnover intentions: A multiple mediator model Boonbumroongsuk, B., & Rungruang, P. (2022). *Employee Relations*, 44 (2), 461–476	2.688	0.273	0.0477
74	The effect of talent management and leadership styles on firms' sustainable performance Kafetzopoulos, D., & Gotzamani, K. (2022). *European Business Review*, 34 (6), 837–857	1.500	0.333	0.0464
75	The mediating role of cloud computing in the relationship between talent management and competitive advantages Abu-Darwish, N. J., Al-Kasasbeh, M. M., & Al-Khasawneh, M. M. (2022). *Competitiveness Review*, 32 (2), 200–213	2.449	0.273	0.0461
76	The framework of talent analytics using big data Saputra, A., Wang, G., Zhang, J. Z., & Behl, A. (2022). *The TQM Journal*, 34 (1), 178–198.	0.000	0.417	0.0455
77	Work-life balance indicators and talent management approach: A qualitative investigation of Indian luxury hotels Budhiraja, S., Varkkey, B., & McKenna, S. (2022). *Employee Relations*, 44 (6), 1241–1258	2.688	0.250	0.0452
78	Hindering talented employees' internal mobility: Managers' territorial response to stress Kraichy, D., & Walsh, M. M. (2022). *Journal of Managerial Psychology*, 37 (1), 76–89	4.043	0.167	0.0452
79	The missing children: A systematic scoping review on talent identification and selection in football (soccer) Wrang, C. M., Rossing, N. N., Agergaard, S., & Martin, L. J. (2022). *European Journal for Sport and Society*, 19 (2), 135–150	1.231	0.333	0.0446
80	Assessing the impact of cloud-based services on the talent management of employees Liu, D., & Darbandi, M. (2022). *Kybernetes*, 51 (6), 2127–2155	2.352	0.250	0.0430

总榜序	论文	刊物复合影响因子	月均引用	综合得分
81	Succession planning for senior leaders: Is it always a good idea? Jackson, B. A., & Allen, S. (2022). *International Journal of Educational Management*, 36 (5), 800–811	1.636	0.286	0.0421
82	Mapping talent agility: A bibliometric analysis and future research agenda Gouda, G. K., & Tiwari, B. (2022). *Management Decision*, 60 (12), 3165–3187	5.589	0.000	0.0373
83	Fostering resilience through the culture of excellence (CoE) practices: Explorative insights from a talent management SME Joseph, N., Totawar, A. K., & Sam, O. (2022). *Measuring Business Excellence*, 26 (2), 163–179	1.377	0.167	0.0274
84	Identifying and assessing talent potential for future needs of a company Kabalina, V., & Osipova, A. (2022). *Journal of Management Development*, 41 (3), 147–162	0.000	0.250	0.0273
85	Configurational path of successful entrepreneurship based on open government data: A QCA analysis Zhang, H., Kang, F., & Li, H. (2022). *Transforming Government: People, Process and Policy*, 16 (4), 391–404	3.333	0.000	0.0222
86	From corporate entrepreneurship to turnover intention: A view from humane entrepreneurship Nam, J., Kim, D. H., & Kang, J. (2022). *Journal of Small Business and Enterprise Development*, 29 (6), 863–877	3.292	0.000	0.0220
87	Talent identification strategy in Latin American multinationals: perceptions of corporate actors Golik, M. N., & Blanco, M. R. (2022). *Management Research*, 20, 334–357	2.772	0.000	0.0185
88	A squeezed lemon or an appetizing olive? Exploring expatriate and repatriate talent management Valk, R. (2022). *Employee Relations*, 44 (6), 1516–1537	2.688	0.000	0.0179

续表

总榜序	论文	刊物复合影响因子	月均引用	综合得分
89	A place to work：Examining workplace location attributes that appeal to generation Y and Z talent Wisuchat, W., & Taecharungroj, V. （2022）. *Journal of Place Management and Development*, 15（3）, 264-283	1.973	0.000	0.0132
90	Talent management in private universities：The case of a private university in the United Kingdom Gerhardt, T., & Karsan, S. （2022）. *International Journal of Educational Management*, 36（4）, 552-575	1.636	0.000	0.0109
91	Accounting firms' talent management practices：Perceived importance and its impact on auditors' performance Louis, R. R., Sulaiman, N. A., & Zakaria, Z. （2022）. *Pacific Accounting Review*, 34（2）, 274-292	1.524	0.000	0.0102
92	Talent management：The way out of poor task performance Jimoh, L. A., & Kee, D. M. H. （2022）. *Industrial and Commercial Training*, 54（4）, 623-636	1.500	0.000	0.0100
93	Strategic workforce planning：From closing skills gaps to optimizing talent Tucker, E. （2022）. *Strategic HR Review*, 21（1）, 14-19	0.000	0.091	0.0099
94	Are satisfied employees less inclined to quit? Moderating effects of human capital and abusive supervision Wei, Y. C. （2022）. In *Evidence-based HRM：A Global Forum for Empirical Scholarship*（ahead-of-print）. Emerald Publishing Limited	1.392	0.000	0.0093
95	Moving up the talent curve：Historic US brand quickly shifts people culture Melnkovic, B., & Wilding, M. （2022）. *Strategic HR Review*, 21（6）, 170-174	0.000	0.000	0.0000
96	The mediating effect of knowledge management on talent management and firm performance in small and medium enterprise in Uganda Bagorogoza, J. K., & Nakasule, I. （2022）. *Journal of Management Development*, 41（6）, 349-366	0.000	0.000	0.0000

续表

总榜序	论文	刊物复合影响因子	月均引用	综合得分
97	**Investing in talent: Making talent development the central element in driving innovativeness and strategic flexibility** (2022). *Strategic Direction*, 38 (7), 16-17	0.000	0.000	0.0000
98	**Increasing the firm's strategic flexibility: Leadership and talent management hold the key** (2022). *Strategic Direction*, 38 (8), 18-20	0.000	0.000	0.0000
99	**Bridging the skills gap in post-coronavirus Britain through role-relevant qualifications** Sangar, S. (2022). *Strategic HR Review*, 21 (3), 74-77	0.000	0.000	0.0000
100	**When talent goes unrecognized: racial discrimination, community recognition, and STEM postdocs' science identities** Brockman, A. J., Naphan-Kingery, D. E., & Pitt, R. N. (2022). *Studies in Graduate and Postdoctoral Education*, 13 (2), 221-241	0.000	0.000	0.0000

主要图书

一　2022 年人才学主要中文图书

1. 徐士敏、蒋北麒编著：《人才之战全景观》，中共中央党校出版社，2022 年 1 月。

2. 李跃、卢雨秋、罗双、陈曦乐：《面向创新型国家建设的高校人才政策研究》，四川大学出版社，2022 年 1 月。

3. 赵杨：《创新创业实践与应用型高校人才培养研究》，中国纺织出版社，2022 年 4 月。

4. 段磊、马丽、张少杰编著：《企业人才价值链：任职资格与人才盘点》，企业管理出版社，2022 年 4 月。

5. 童素娟：《人才发展治理、国家治理现代化的重要基石》，浙江大学出版社，2022 年 4 月。

6. 任初轩：《如何建设世界重要人才中心和创新高地》，人民日报出版社，2022 年 5 月。

7. 陶夏：《全球治理人才素质结构及培养策略研究》，武汉大学出版社，2022 年 5 月。

8. 陈新茜：《成长力：揭秘高科技人才成长模式》，机械工业出版社，2022 年 5 月。

9. 佘宇等：《构建长效机制 促进人才发展：高校毕业生基层人才培养实践与效果评价》，中国发展出版社，2022 年 6 月。

10. 陈萍、刘慧卿、常金霞：《高等教育人才培养模式及创新研究》，中国书籍出版社，2022 年 7 月。

11. 蒋朝安、孙科柳：《人才战略落地：人才发展解决方案与标杆实践》，电子工业出版社，2022 年 8 月。

12. 郭金花：《科技人才集聚的全要素生产率提升效应研究》，经济管理出版社，2022 年 8 月。

13. 燕连福、李晓利：《建设人才强国》，中国青年出版社，2022 年 9 月。

14. 孙中胜、王子宁：《创新人才培养》，清华大学出版社，2022 年 9 月。

15. 魏华颖：《国际人才流入与就业》，首都经济贸易大学出版社，2022 年 9 月。

16. 陈书洁：《区域新发展格局下的人才需求与政策保障研究》，首都经济贸易大学出版社，2022 年 9 月。

17. 刘超、马建辉、成新轩、聂心容：《新文科背景下创新人才培养与人力资本积累》，知识产权出版社，2022 年 10 月。

二 2022 年人才学主要英文图书

Roberts, J. L., Inman, T. F., & Robins, J. H. (Eds.). (2022). *Introduction to gifted education.* Taylor & Francis.

Rachman, G. (2022). *The age of the strongman: How the cult of the leader threatens democracy around the world.* Other Press, LLC.

Muzaffar, C. (2022). *Protector: An Analysis of the Concept and Practice of Loyalty in Leader-Led Relationships Within Malay Society.* Gerakbudaya.

Roth, J. C. (2022). *School crisis response: Reflections of a team leader.* Taylor & Francis.

Bond, N. (Ed.). (2022). *The power of teacher leaders: Their roles, influence, and impact.* Routledge.

Ribble, M., & Park, M. (2022). *The digital citizenship handbook for school leaders: Fostering positive interactions online.* International Society for Technology in Education.

Comiskey, J. (2022). *How to be a Great Cell Group Coach: Practical Insight for Supporting and Mentoring Cell Group Leaders.* CCS Publishing.

Bell, W. (2022). *Jamaican Leaders: Political Attitudes in a New Nation.* University of California Press.

Duffy, J. R. (2022). *Quality caring in nursing and health systems: Implications for clinicians, educators, and leaders.* Springer Publishing Company.

Marques, J. R. (2022). *Leader Coach: Coaching como filosofia de liderança.* Buzz Editora.

Daft, R. L. (2022). *The leadership experience.* Cengage Learning.

BOLDEN, R. H., Hawkins, B., & Gosling, J. (2023). *Exploring leadership.* Oxford University Press.

Rigby, T. H., & Harasymiw, B. (Eds.). (2022). *Leadership Selection and Patron-Client Relations in the USSR and Yugoslavia* (Vol. 9). Taylor & Francis.

Kissinger, H. (2022). *Leadership: Six studies in world strategy.* Penguin.

DuBrin, A. J. (2022). *Leadership: Research findings, practice, and skills.* Cengage Learning.

主要课题

2022 年人才学国家社会科学基金重大项目立项名单

	课题全称	批准号	首席专家	责任单位
1	人的全面发展的理论内涵与实现路径研究	22&ZD016	邱耕田	中共中央党校（国家行政学院）
2	我国关键核心技术领域人才培养模式与战略布局研究	22&ZD127	吴文武	海南大学
3	建强新时代国际传播专门人才队伍研究	22&ZD315	曾祥敏	中国传媒大学

2022 年人才学国家社会科学基金年度项目立项名单

	课题全称	批准号	首席专家	责任单位
1	干部选拔人岗适配的精准识别机制研究	22BDJ104	刘勇	中共浙江省委党校
2	新时期国际人才在华高质量创业的影响因素、内在机制和实现路径研究	22BGL047	林道谧	中山大学
3	乡村振兴重点帮扶县乡村人才振兴实现路径研究	22BGL229	王俊程	云南师范大学
4	整合多元数据提升青年科技后备人才管理效率机理研究	22BGL282	王修来	中国人民解放军东部战区总医院

2022 年人才学国家社会科学基金青年项目立项名单

	课题全称	批准号	首席专家	责任单位
1	西部地区乡村本土人才振兴的现实困境与机制优化研究	22CSH034	欧阳修俊	广西师范大学
2	新发展阶段乡村振兴重点帮扶县人才精准回引机制研究	22CSH080	李博	西安建筑科技大学

主要学人

我与人才学学科发展

王通讯[*]

1979年9月，我与雷祯孝联合署名的《试论人才成功的内在因素》在《人民教育》杂志面世。此后，该杂志又连续发表了两人的《试论人才的知识结构》《试论人才成功的时间运筹》等一系列文章，引起社会广泛反响。时任中央组织部部长的胡耀邦在看到《试论人才成功的内在因素》一文后作出重要批示，认为这是一篇知识面宽、思想性深的好文章，对青年一代成长有益。于是，《中国青年报》《中国青年》杂志纷纷转载，新华社迅速发出通稿广为传播，直至蜚声海外。

于是，人才学作为中国社会科学园地的一株新苗破土而出，被叫响了。

一

一门学问能不能转化为一个学科，一般需要有四个必备条件：一是要有若干影响力强的学术尖兵；二是要有刊发此类文稿的学术杂志；三是要能登上大学的高端讲坛；四是出现以此项研究为主旨的社会团体。20世纪80年代初期，这四个条件很快就具备了。

我是河北鹿泉人，1964年考进北大历史系，1969年毕业留校任教，1971年调进国务院科教组。四届人大后，任《人民教育》杂志总编室副主任。主张建立人才学学科的第一份来稿，就是由我送达杂志主编敢峰并得到大力支持的。

我的人才学研究，有独特的思路。这与我出身历史专业、多年从事科教工作、视野开阔且喜欢独立思考有关。我之所以将人才学作为追求的事业，与邓小平大力倡导尊重知识、尊重人才关系密切。邓小平复出后，多次讲到人才和人才问题的重要性，这在我的头脑里打下深深的烙印。那时，我白天在编辑部上班，晚上常挤出时间看书写文章。《科学家成功的奥秘》《科学家名言》等都是我利用业余时间写成的，目的在于用心探讨人才成长规律，实际上也为日后写作《人才学通论》提前做了准备。

---

[*] 王通讯，中央人才工作协调小组聘任国家中长期人才规划专家顾问、国家教育咨询委员、中国人事科学研究院前院长、博士生导师。

我对人才学学科体系的构思是，这是一个以人才与人才问题为逻辑起点，宏观、中观、微观三个层面相互联系又相互嵌套的理论体系。微观层面探讨的是个体"人成其才"规律，中观层面探讨的是组织"人尽其才"规律，宏观层面探讨的是全域"人才辈出"规律。

在微观层面，成才是青年的基本欲望。但是，难以成才、问题多多是其基本矛盾。怎么认识与化解这些矛盾是青少年工作、大中小学教育的一大难题。在中观层面，组织中蕴藏着每个成员的积极性和创造性，但是怎么看待、怎么引导、怎么释放问题不少，表现为管理上的各种弊端。在宏观层面，怎样的制度安排有利于人才涌现，怎样的制度安排又可能反过来抑制了人才冒出，皆为不同政策导致的必然结果。小问题被大问题所限制，此问题被彼问题所困扰，故理顺关系与程序才是解决之道。世界上任何一个人才问题的破解往往涉及以上三个层次，所以学会从不同层次入手、相互联系地分析问题，才能寻找到解决问题的答案。

20世纪80年代初期，国内最早出现的人才学代表作有三本，分别是我的《人才学通论》、叶忠海等的《人才学概论》和彭文晋的《人才学概说》。1983年7月30日，著名教育家匡亚明在为我的《人才学通论》撰写的序言中说："《人才学通论》是王通讯同志一部力作。举凡文学、哲学、历史、艺术，以及自然科学很多学科的书籍，王通讯同志皆尝究心。他在人才学方面写过一系列文章，参加过多次讨论，还授过课。在此基础上，撰成了《人才学通论》。他这种认认真真地读书，认认真真地调查研究和思考问题，确有所得才形之笔墨的踏实负责精神，是应该提倡的。"

经过多年的实践检验，这本书所提出的学科体系坚挺地站立在学术前沿，一版再版，受到广大读者和用户的普遍欢迎。围绕这个体系，我在这一时期出版的著述还有《人才学教程》《人才学基础》《论知识结构》《祝你成才》《宏观人才学》《人才学大辞典》等。

1988年5月，中国自然科学名词审定委员会交叉学科名词审定组向我致函，请我提供有关人才学学科的基本词汇。我联系了上海华东大学的叶忠海教授、东北工学院的于文远教授、哈尔滨工业大学的彭文晋教授以及广西人才研究所的覃世远，一起编写了《人才学基本名词注释》，并于当年第5、第6期《人才研究》杂志刊载。

2008年4月，第三届中国人力资源管理大会在北京召开。国务院研究室牵头主办的颁奖活动成功举行。大会为我颁发的颁奖词，题目为《开山学者》。该颁奖词说——

"开山"，辞书上有四个注解：开山筑路；打开禁地；创立学术流派；名山建院。王通讯研究员作为一个学者和开山对应的记载：1979年，与人合作发表人才学研究的开山之作，使人才学犹如一道闪电，冲破了"文革"封闭了的"人性"和"自我"的禁地，为千百万青年人打开了成才之路。从此，人才学研究畅行中国大地，自我设计、人才流动、创造力开发走入中国的词典。一个开山学者，以他的睿智和勇气，成功地的站在中国改革开放30年历史的地平线上，成为中国人才理论的主要开拓者。我们祝愿王通讯研究员，及早实现开山辞书上的第四个注解：名山建院，建立一座人才科学的宏伟大厦！

中国企业评价协会
中国人力资源开发研究会
中国人力资源管理大奖组委会
2008年4月12日

在广大人才学者的共同努力下，2011年12月29日，国家标准化管理委员会颁布国家标准公告，将人才学学科地位由过去（1992年）确定的三级学科上升为二级学科，即在社会学学科（代号840）下，设立二级学科人才学（代号84072）。

常言说"有为才能有位"。人才学研究之所以能够得到国家的如此重视，归根结底是它适应了时代的需要，积极参与了影响较大的许多重大事项，呼吁人才流动、推动选贤与能、改进人才评价、制定人才战略等，每一步都产生了好的社会影响。人才学与改革开放共命运。

二

人才学研究刚刚兴起，就遇到基本定义上的麻烦，也就是说，什么是人才？谁是人才？当时一位声名鹊起的人在显赫场合公然说"雷锋不是人才"，雷锋那个"材"是"木材"的"材"，造成很大混乱。为了尽快消除这种胡说，1981年3月16日，我在《人民日报》发表短文《学雷锋和出人才》，指出雷锋不仅是人才，而且是值得青年一代永远学习的榜样。从学理上讲，在人才属性上雷锋属于道德品质型人才。我们不能只承认科学家、艺术家等专业型人才，而否定在精神领域、道德领域作出杰出贡献、达到新的高度的人才。任何一座高楼的出现最初都是靠一块一块的砖石一步一步垒成的，如果第一块砖头摆不正，那么往后的工作就会越来越难办。人才定义就是人才学大厦的第一块砖，必须分外小心。第一块砖摆正了，还须推一推、敲一敲，才能放心。

人才定义辩论之后出现的另一个人才学热词是"人才开发"。这个词在书面媒体和日常生活中出现频率甚高，但是查来查去总缺少精准解释。在日语里，"人才开发"多被解释为培训。当时刚刚传入国内的英文教科书，包括一些著名学者也都就此各说各话。1985年夏，澳门社会科学联合会邀请我到澳门讲授人才学，我在授课中对"人才开发"这个重要概念进行了系统讲解。众所周知，对于我们这个人口众多、曾经是一穷二白的国家来说，"人才开发"显得格外重要。我抓紧机会把"人才开发"定义为"提升人才质量、激发人才活力"的过程，并指出人才开发有"培养性开发""使用性开发""政策性开发"三个层次。培养性开发，就是通过教育和培训这两类活动，提升自己国家劳动者的素质的过程。使用性开发，就是通过领导者、管理者使人用人，将其下属才能使用好、发挥好，创造出更高的经济和社会价值。政策性开发，就是通过制定适合社会真正需要的政策，调动起各阶层人员的主动性与积极性，使之为社会作出更大贡献。这种学术解析内涵新颖，而且对于任何一个大学毕业生来说，也极易理解，并加以应用。

随着人才学研究日益纵深发展，到了 80 年代末，一系列人才新理念已经形成。1989年，我对这些新变化及时加以总结，写出了《新人才观》。文章语言清新、视觉冲击力大，著名作家黄宗英看后甚为激动，后来致信我，怀念过往开会研讨的时日。

我总结的"新人才观"共 10 条，它们是——

（1）人才界定的广义观念——人才资源是世界所有资源中最宝贵的资源，社会上各层次的人力资源呈"金字塔"式分布。不确定人才界定的广义观念，就会忽略整个社会最为深厚的智能宝藏。

（2）人才发现的潜显观念——"潜人才"与"显人才"是一对新概念。"潜人才"处在"马太效应"的包围与干扰之中，只有明确了"潜人才"是人才发现的对象，才可能有发现人才的实际行动。

（3）人才鉴别的实践观念——人才难得亦难知。知人之方有赖于鉴别之术。相马不如赛马，实践和生产力标准为人才鉴别提供了可靠的试金石。一个值得注意的问题是：人才往往存在于有争议的人物之中。

（4）人才使用的分类观念——用人之道的精华是"人才分类"。这里讲的分类，不是以职业类别为参照系，而是以人的个性心理文化素质的深层差异为观察点的。由此可以提出一个新命题：不会分类就不会用人。

（5）人才配置的结构观念——结构决定功能。这一物理学原理在人才研究中拓展了人们的新视野。它包括三个方面：用结构的观点分析如何提高人才的群体效能；用结构的观点研究合理的人才层次配比；用结构的观点把握千差万别的人才整体类型。

（6）人才起用的时效观念——领导者对人才的起用并非什么时间效果都一样。这里存在一个最好时机即时效问题。而时效又可划分为两类：最佳年龄时效与审时度势时效。

（7）人才开发的层次观念——人才开发很容易被人们归之为教育部门的事，其实这是一种过时的观念。按照现代人力资源开发学说，人才开发可以划为四个层次，即国家区域的、用人单位的、教师家长的与青少年自己的。

（8）人才管理的动态观念——人才管理应该是动态的还是静态的，这个问题经过几年争论，基本上可以统一认识：唯动态管理才符合科学原理。但是，动态管理的内涵是什么，有哪些好处，其科学依据又在哪里——这些都需要给出明确的回答。

（9）人才研究的定量观念——以往，人们对"典型调查"有很大的偏好，有的还从中引出政策，加以推广。其实，在复杂的现实生活中，什么样的"典型"都有。提出一项覆盖全国的人才政策，如果没有弄清对象的数量背景，那么，这项政策不是导致失误就是毫无意义。

（10）人才评价的效益观念——究竟什么叫好干部，什么叫人才，如果离开了推动生产力发展的效益标准，争论永无休止。"黄钟毁弃，瓦釜雷鸣"，"宁要无瑕之石，不要有瑕之玉"的种种现象提醒人们：评价人才的效益观念，远没有真正树立起来。

历史不断前进，学科继续前行。就在人们感到人才学这棵小树好像20年来面目变化不大的时候，新的嫩芽、新的枝条却静悄悄地不断滋生伸展出来。大家不妨翻看一下80年代高校使用的人才学教科书目录，就可以发现，那时大抵都是"内在因素""社会环境""人才结构""人才使用""人才管理""人才考核""人才交流"等这样一些概念，显得比较陈旧。为了改变这种落后于客观社会变革的面貌，新世纪之初的2004年，在中国人才研究会会长徐颂陶支持下，我约请当时国内最有研究实力的一批人才学骨干力量，投入了《人才学新论》的写作。新的人才学体系面貌一新。

这里，我们简要地开列出该书的篇章目录——

第一章　人才学源流

第二章　人才概说

第三章　人才价值

第四章　人才生态

第五章　人才成长

第六章　人才能力建设

第七章　人才开发

第八章　人才战略

第九章　人才配置

第十章　人才测评

第十一章　人才使用

第十二章　人才激励

第十三章　人才权益

从以上所列出的重点词，就可以看出人才研究的内容已在不断深化。特别是生态、权益、能力建设、战略等概念，都很重要、很新颖。

世纪之交的2000年，中央提出要"实施人才战略"。这对于广大人才研究者和人才工作者来说，是一项崭新的意义重大的课题。无论是过去从事人才理论研究的人，还是从事人才实际工作的人，都没有遇到过如此这般的理论高度和实践难度。我不禁回忆起1984年曾与人合作撰写过关于我国西部人才开发战略的论文，回忆起1989—1990年又承担过国家计委下达的中国国家人才战略的研究课题。但是对于这次要实施的"人才战略"究竟是怎样一种样子，应该从哪里入手开始工作，心里也不清楚。好在人事部部长张柏林专门来到中国人事科学研究院传达中央精神，中央很快成立了人才工作协调小组，全局工作逐步推进，我心里才踏实下来。

我和几位国内知名人才学学者被中央人才工作协调小组聘请为"国家中长期人才规划专家顾问"，由此加入两次人才工作会议文件研讨与制订工作中来。可以说，参加筹备全国人才工作会议，研讨制订国家中长期人才规划，是最锻炼人、最考验人的社科工程，每一场研讨、每一处修改都能使人获得平素多少年得不到的认识提高。在2003—2010年这段日子里，我不仅从上级领导和工作同事那里学到大量新知，而且参考众多国内外有关战略规划的资料，撰写出多篇有关如何制定和实施人才战略的文章，获得了最有用、最鲜活的知识和技能。比如，当有人问起"什么是战略"的时候，我不是背诵国内外关于战略的各种定义，而是回答"战略像条龙"，点明战略是一个系统，有一套它自己的体系。"所谓制定战略就是画条龙。"既然战略像条龙，那么它就会有龙头，有龙眼，有龙身，有龙爪，有龙鳞，有龙尾。为什么这样讲呢？因为唯有这样讲，才能使人对战略规划的文本构成有一个总体启蒙。这是先画出一个大致的轮廓：画龙不能有龙无云，战略背景就是云；画龙不能有龙无睛，指导思想就是睛；画龙不能有龙无身，战略阶段就是龙身；画龙不能有龙无爪，工程项目就是爪；画龙不能没有鳞，保障措施就是鳞；画龙不能没有尾，监督检查就是尾。这样一讲，战略的不同组成部分、各项功能以及重点所在就清楚明晰了。

关于人才战略的研究成果集中反映在我所著的《人才战略论》一书中。我说，参加这项研究、从事这项工作是我一生中最幸运、最重要的事。

三

人才学研究发展到今天，正面临着一场深刻的划时代的巨大变革。信息革命、生物革命对人才学研究的冲击正在到来。机遇在哪里；风口又在哪；如何抓住……不少对人才学研究感兴趣的年轻人以及人才实际工作者发出这样的提问。我认为，有五个方面的趋势正迎面而来，应该予以特别关注，它们是：一体化趋势、生态化趋势、数据化趋势、集群化趋势和人本化趋势。谁人见事早，动手快，想得深，谁就容易实现学术研究或实际工作新的突破。

从学术角度讲，一体化最早来源于生物学，其本质是"通过部分的结合，出现全新的性质"。所谓人才发展一体化，就是在人才工作中要从"多方一体"角度而不仅仅是从"本身一己"角度来思考谋划发展。国内的长三角、珠三角人才一体化走在前面，京津冀人才一体化正在加速追赶。世界上一体化做得最好的是欧盟。欧盟的经验告诉人们如下。第一，人才一体化必须从经济一体化做起，没有经济一体化，只是抓人才一体化是不可能奏效的。第二，人才一体化必须有包容的胸怀，因为区域间存在着较大的差异。欧盟内部，不同国家之间工资水平有十倍的差距，京津冀三地就人才贡献率而言也存在五倍左右的差距。发展较快的区域要下决心、想办法帮助发展较慢的区域。第三，一体化的结果是多方受益，共同发展。一体化的障碍是近视、偏见和关卡。矛盾的协调处理是对有关各方的考验。其中，领导者的眼界与胸怀又是最为关键的。同时，对于已经出现的一体化成果，需要及时用制度去硬化、去巩固。

生态化趋势是要关注在人才工作中如何构建支持创新创业的生态环境。大自然诸多物种的发展有个生态问题，人类社会各级各类人才的发展也有生态问题。而且，后者可以从前者发展规律中获得不少有益的启示。美国学者从生态角度研究硅谷，认为硅谷的成功具有典型意义。硅谷奇迹靠的究竟是什么？一种观点认为，硅谷的成功就在于它是个"热带雨林"。热带雨林内部运行机制有四个：主体多元，性质各异；互联互补，平等制衡；新陈代谢，优胜劣汰；鼓励实验，包容失败。

学者们进一步发现，与热带雨林相似能够产生繁多物种的地方世界上还有两个，一个是珊瑚岛礁，另一个是沼泽湿地。将这三者综合观察思考，可以发现，生物创新繁多之地均有一种"液态网络"存在。于是，"液态网络"又成为各个人才特区追求的建设前景。从人类自组织发展动力学来看，存在一种能够解释如上现象的 CDE 模型。C 代表容器，D 代表异质化，E 代表交换。容器可以是实验室、咖啡屋、集会场所，总之要有一个空间；异质化是指参与者应具备不同的性质，异质互补，可以是创新者、创业者、创投者、企业家；交换是指要交流、碰撞、互鉴、互促。"渊深而鱼生之，山深而兽往之。"好的生态化环境，总能够超越差的生态环境而成为众多人才的集聚之地、创新成功之地。

数据化趋势是要学会利用大数据发现规律，找到能够解决各类人才难题的方法。中共中央《关于深化人才发展体制机制改革的意见》指出，要"充分运用云计算和大数据等技术，为用人主体和人才提供高效便捷服务"。可以把大数据理解为一个巨大的资料库。这个资料库能够在我们要求的合理的时间内，提取出有用的数据与资讯来帮助企业家和各级决策者观察形势、找到问题、进行决策。首先，大数据能够帮助我们找到合适的人才。这种人才寻找活动好像利用一个功能巨大的雷达对准全世界的人才，谁最合适，尽收眼底。其次，大数据能够帮助我们配置人才，能把不同等级与能力的人才配置到最能使其发挥作用的地方。再次，大数据能够帮助我们评价人才，这种评价是多个维度、立体多面的，从而推动人才知识价值的回归。

集群化趋势是思考如何通过人才集群的发展促进产业集群的发展，继而实现二者的有机融合。人才集群出现的现象古已有之。人才学将之称为"人才成团""人才成链""人才群起"。为什么单个人才不容易成长呢？例如，单株的茶苗长不好，一丛一丛地栽种下去才容易成长。这里面存在一种同声相应、同气相求的共生效应。现代世界不少国家都存在产业集群与人才集群相互促进的现象。再例如，美国加州有依托葡萄酒产业的人才集群，意大利有依托瓷砖产业的人才集群，中国北方白沟有依托箱包产业的人才集群，宁波有依托皮草产业的人才集群，等等。集群效应有利于信息快速传播，有利于降低交易成本，有利于形成高昂士气，有利于信息碰撞出现创意火花，有利于互相借鉴、减少失误。北大教授周其仁在考察了以色列这个创新国度后，认为创新的发生，必须依靠相当的人才密度。有人才但是人才数量太少，也无济于事。世界各国的产业及人才集群从外部看似乎相差不大，实质上核心差距在创新研发与文化性质上。只有在这两个点上集中发力，才能追赶和超越世界先进水平。

  人本化趋势是把马克思主义的人本思想体现在对人才能力价值的肯定上，促进人的全面发展。以人为本就是以实现人的全面发展为目标，让发展的成果惠及全体人民。但是，现行人才管理制度里尚有不少没有把人的发展放在根本地位的做法，必须加以突破。近一段时期各地陆续出台了一系列人才新政，创新点都在谋求进一步解放人才生产力上。职称制度是各类人才离不开的一项聘用制度。但是，长期以来，过分偏向学术类人才，不适当地轻视了其他不同类型人才。表现在高等学校，就是书教得再好，没有论文也评不上教授。其实，就大学的功能而论，不仅需要把科研搞好，也需要把书教好。对于多数大学而言，把书教好更加重要。今后，科研类教师走论文晋升道路；教学类教师走教书晋升之路；社会服务类教师走服务晋升之路。要各奔其路，各得其所。原来的职称制度在总体设计上有一个缺陷，如果选择了小学教师这种职业，一辈子不可能成为高级职称的获得者。这就从根本上堵死了这一类从业者的业务晋升之路。改革后，以人为本，为在小学教育领域的有为者，开拓了职业发展空间，激发了广大小学教师的进取之心，获得了"成就感"。人才学研究者应该积极关注现实问题，进行理论解释和制度创新，可以大有作为。

劳动关系

学科综述

2022 年劳动关系学科回顾与展望

冯喜良　苏建宁　邱　玥[*]

【内容摘要】党的二十大报告指出，要"健全劳动法律法规，完善劳动关系协商协调机制，完善劳动者权益保障制度，加强灵活就业和新就业形态劳动者权益保障"。这为劳动关系学科的理论和实践发展擘画了方向蓝图，提供了基本遵循。本报告全面梳理了 2022 年劳动关系学科领域的最新理论和政策成果，分析研究了下一步劳动关系发展动向。回顾 2022 年，劳动关系学科领域研究主要集中在理论研究、政策实践以及新就业形态背景下劳动关系新发展等方面，并重点关注了习近平总书记关于构建和谐劳动关系的重要论述、新就业形态中劳动关系认定、工会体系发展和完善、新就业形态下的集体谈判与协商、劳动争议预防与处理以及农民工等特殊人群就业与权益保障问题。在构建中国特色和谐劳动关系的指导下，劳动关系学科将聚焦共同富裕、新就业形态劳动者权益保护等重点问题，推动劳动关系学科的纵深发展。

【关键词】劳动关系；新就业形态；共同富裕；学科发展；权益保障；协商协调

一　综述

劳动关系是一种劳动者与劳动力使用者以及相关组织为实现劳动过程所构成的基本社会关系。劳动关系学科以劳动过程中的劳动关系为研究对象，是研究劳动关系存在和运行的一般规律的学科。劳动关系是社会系统中的一个子系统，其基本研究内容主要包括劳动关系系统的外部经济政治以及社会环境、构成劳动关系的各方主体、劳动关系的运行协调、劳资矛盾处理等。劳动关系作为一个复杂的社会关系，其研究涉及经济、政治、社会等多种学科知识，是以经济学、社会学、法学、管理学等学科理论与方法为基础的交叉学科。劳动关系专业归属于工商管理一级学科，是劳动科学专业群中的基础性专业学科。中国实施市场化改革

---

[*] 冯喜良，首都经济贸易大学教授，劳动经济学院院长、博士生导师；研究领域：劳动经济学、劳动关系。苏建宁，首都经济贸易大学劳动经济学院博士研究生。邱玥，首都经济贸易大学劳动经济学院博士研究生。

以来，劳动关系已成为影响经济发展和社会稳定最为突出的问题，特别是中国加入 WTO 以后，劳动关系与劳工问题具有了国际性的特点。①为建立一个和谐稳定的劳动关系，以保证社会协调和经济发展，中国的劳动关系学科逐步被社会各界所重视并迅速发展起来。在高等教育层面，2005 年我国正式设立了劳动关系大学本科专业，2012 年部分高等院校设立了劳动关系硕士和博士学位点，进一步壮大了劳动关系专业人才的培养力量，也大大推动了中国劳动关系学科的快速发展。

中国特色和谐劳动关系构建成为主旋律。随着我国市场机制不断完善，劳动关系中的利益群体逐步分化，在借鉴市场机制国家劳动关系发展经验教训的基础上，构建中国特色和谐劳动关系势在必行，这也是建设社会主义和谐社会的重要基础，是解决劳动关系领域突出问题的迫切需要。党的十八大以来，和谐成为我国劳动关系领域的主旋律，中国特色和谐劳动关系体制机制框架基本确立，劳动关系协调机制和劳动标准逐步完善，深化构建和谐劳动关系综合试验区建设和综合配套改革试点取得积极进展，企业工资分配制度改革不断深化。②2015 年党中央、国务院印发的《关于构建和谐劳动关系的意见》使中国特色和谐劳动关系有了更加丰富的内涵，也为新时代中国劳动关系的发展指明了方向。近年来，中国劳动关系领域在保障职工各项权益、完善协商协调机制、推动企业与职工共商共建共享等方面取得了积极成效，为促进经济高质量发展和社会和谐稳定发挥了重要作用。

回顾 2022 年，和谐的劳动关系呈现社会综合治理的温情底色。人力资源和社会保障部门持续推进和谐劳动关系建设，全力推进中国特色和谐劳动关系高质量发展。劳动关系学科围绕构建中国特色和谐劳动关系这一核心主题，在以共同富裕理念为基础的理论研究、政策制度建设、劳动关系协调机制、劳动争议预防处理、农民工以及新就业形态劳动者等重点群体劳动权益保障方面进行了诸多探索。基于此，本报告旨在反映 2022 年中国劳动关系的发展情况，全面展示中国劳动关系领域的研究成果，考察劳动关系未来发展动向，从而推动和谐劳动关系的建设，促进该学科相关机构和学人的发展。

二 劳动关系 2022 年总体发展情况

党的十八大以来，和谐成为我国劳动关系领域的主旋律，成为人社、工会等部门持续推进劳动关系工作的总基调。③构建和谐劳动关系，不仅是建设社会主义和谐社会的重要组

---

① 常凯主编：《劳动关系学》，中国劳动和社会保障出版社 2005 年版。
② 王永：《唱响和谐劳动关系的主旋律——党的十八大以来我国和谐劳动关系工作综述》，《中国劳动保障报》2022 年 10 月 1 日。
③ 王永：《唱响和谐劳动关系的主旋律——党的十八大以来我国和谐劳动关系工作综述》，《中国劳动保障报》2022 年 10 月 1 日。

成，也是解决当前劳动关系领域突出问题的迫切需要。① 党的二十大报告指出，要"健全劳动法律法规，完善劳动关系协商协调机制，完善劳动者权益保障制度，加强灵活就业和新就业形态劳动者权益保障"。这不仅为劳动关系的理论研究提供了方向指引，也为劳动关系的政策实践提供了重要遵循。2022年，劳动关系学科在理论研究、政策实践以及新就业形态背景下劳动关系新发展等方面进行了全面系统研究。

（一）劳动关系学科理论研究

党的二十大报告提出要"以中国式现代化推进中华民族伟大复兴"。2022年，劳动关系各专家学者聚焦"中国式现代化"时代背景下的新命题，形成了系列重要成果，推动了劳动关系学科纵深迭代发展。

实现共同富裕，是推动中国式现代化的题中之意。而构建和谐劳动关系又是实现共同富裕过程中的重要内容。一些研究认为，扎实推进实现共同富裕，必须深刻理解构建和谐劳动关系的重要意义。共同富裕从字面上可拆解为"富裕"和"共同"两层意思，其中"富裕"是目标，"共同"是方式，和谐劳资关系的根本导向就是实现共享发展与共同富裕。在新的时代背景下，应按照"劳动者不断提升自身素质—提高劳动生产率—企业提高收入利润—劳动者提高收入"的逻辑链条，实现两者的"双赢"，这是实现共同富裕的必由之路。② 习近平总书记强调，在扎实推进共同富裕中要大力发挥公有制经济在促进共同富裕中的重要作用，同时要促进非公有制经济健康发展、非公有制经济人士健康成长。③ 对此，部分学者解析了非公经济对共同富裕的影响机制，进一步探讨了员工持股计划对集体劳动力的塑造，以及打造劳动与资本间的利益共享、良性互促关系的重要作用。④ 诚然，在解析共同富裕内涵、实现共同富裕路径过程中，不仅要重视物质财富的共建共享，还应关注精神层面的充实富足，反映在劳动关系上看，就需要实现自由劳动、和谐劳动以及体面劳动。在劳动过程中如果没有给予劳动者尊严，则劳动很可能作为一种异化的产物，将真实的劳动价值掩盖。⑤ 由此可见，让广大劳动者享受共同富裕红利，不仅要有物质层面上的获得感，还要有精神层面的荣誉感。在此基础上，还需进一步以劳动者的身份本位

---

① 刑泽宇：《和谐交响 奏新时代强音——2022年劳动关系工作述评》，《中国劳动保障报》2022年12月23日。
② 黄文义、黄益清：《社会主义生产目的视角下我国劳资关系研究》，《三明学院学报》2022年第4期。
③ 习近平：《扎实推动共同富裕》，《求是》2021年第20期。
④ 马艳、冯璐、宋欣洋：《我国非公经济对共同富裕影响作用的理论分析》，《经济纵横》2022年第5期。
⑤ 李斌雄、杜泓锐：《劳动正义：精神生活共同富裕的价值支撑》，《湖北大学学报（哲学社会科学版）》2022年第6期。

推进共同富裕，其中最为重要的是从宪法层面上进行一体塑造"社会主义劳动者"概念，整合当前分割化的人事关系中的劳动者、劳动关系中的劳动者、雇佣关系中的劳动者、劳务派遣中的劳动者以及自雇劳动者等多个看似相近、实则权益水平参差不齐的概念，将不同类型和领域劳动者都纳入法律保护范围，体现劳动者主人翁价值地位。①

　　推进共同富裕与新时代工会建设任务紧密相连。一些研究认为，劳动是共同富裕的基础，而广大劳动者对美好生活的向往进一步体现了共同富裕本质，因此共同富裕与工会工作在目标上有深度内在契合性，并分别从价值导向、动力源泉、内涵范畴、物质基础、重点对象、人才支撑、基础保障等多个方面就两者的紧密关系进行了论述。针对工会目前在维护劳动者权益和促进企业发展中所发挥的作用，有的学者认为工会仅能保障员工的底线型权益，对职工权益的提升效果并不明显，而有的学者却基于文本分析和干预效应模型，根据最低工资不断上涨的事实，得出了工会组织经不断的改革优化后，其职能已由底线型转变为增长型。② 从推动企业发展视角看，一些研究将工会作用发挥与人力资源管理实践相结合，研究发现两者的优势互补可有效提升职工的角色感知和工作积极性，如人力资源部门的在岗培训与工会组织的劳动竞赛有机结合，可多维度提升员工技能，改善员工的能力认知，促进更多工作重塑行为。③

　　新时代背景下如何直面工会的问题挑战，进而探索未来的发展路径，成为许多学者的研究焦点。从运行机制上看，有的学者剖析了中国工会区别于西方发达国家工会的产生背景、发展历程以及作用功能，阐述了中国工会参与国家治理的委托代理、双向嵌入特有机制。④ 在此制度逻辑下，有的学者进一步基于扎根理论方法，梳理出了中国工会在改革过程中的社会治理、员工服务以及企业管理三重逻辑，指出中国工会囿于制度惯性的约束，导致了其逻辑演变滞后于外部变化。⑤ 从改革方向上看，很多研究⑥以《工会法》的修订解读为切入，阐述了其重要时代意义，并指引了下一阶段工会的改革方向。在这一过程中，一些学者重点

---

　　① 陈明辉：《以劳动者为本位——关于共同富裕的一条思考路径》，《法治社会》2022 年第 3 期。
　　② 靳卫东、陈菲菲、崔亚东：《中国工会的维权职能：底线型还是增长型》，《经济问题》2022 年第 9 期。
　　③ 胡恩华、张文林：《人力资源管理实践和工会实践耦合对工作重塑的影响——基于认知—情感系统理论》，《安徽大学学报（哲学社会科学版）》2022 年第 2 期。
　　④ 李杏果：《中国工会参与国家治理的内在逻辑与实现路径》，《理论月刊》2022 年第 2 期。
　　⑤ 查萱琪、胡恩华、单红梅等：《基于制度逻辑视角的中国工会改革路径分析研究》，《管理学报》2022 年第 1 期。
　　⑥ 如闻效仪《工会法修改是中国特色社会主义工会发展道路的里程碑》，《工友》2022 年第 3 期；姜颖《工会法修改的背景及过程》，《工友》2022 年第 3 期；杨思斌《推动工会工作高质量发展的重要法治保障——〈工会法〉修改解读》，《中国劳动关系学院学报》2022 年第 3 期；沈建峰《工会法修改，适应时代劳动关系变革的重要调整》，《工友》2022 年第 1 期。

关注了工会组织如何更好维护新就业形态劳动者合法权益问题。新就业形态是出题者，工会组织是答题者。[1] 而当前工会组织在实际工作中却存在组织新就业形态劳动者渠道有限、工作方式不清晰、处于被动局面等问题，下一步应从推进集体协商、共决劳动标准、畅通发声渠道等方面进行改革优化。[2]

  党的二十大报告中强调，要完善劳动关系协商协调机制。集体协商作为畅通劳动关系协调机制、构建和谐劳动关系的重要举措，也是劳动关系学科很多学者长期关注的领域。部分研究关注了头部企业与特定行业的集体协商问题，如针对互联网头部企业普遍存在的因"产业多、地域广、规模大、结构复杂"特征导致的集体协商中代表选举难、协商协调难、集中开会难、职代会务实难等问题，通过一一有针对性的设计，较好地开创了互联网头部企业的集体协商模式；针对快递行业集体协商中存在的协商不深入、法律不明确等问题，从提升集体协商政治性、先进性、群众性、权威性、专业性等方面入手，保障了集体协商质量水平。特别的，针对新形势下外卖小哥、网约车司机等新就业形态劳动者组织难、维权难和谈判难等问题，部分研究从政府公共服务视角做了理论和政策分析，如政府要转变角色，应从新就业形态劳动者与平台企业集体协商的动员者和组织者，转变成为监督者和仲裁者；如可以通过购买专家咨询服务方式，全面介入集体协商的前中后期。[3]

  劳动者的休息休假和工时问题近年来也成为理论和实践研究中的热点。因工作时间过长、休息休假随意占用导致的过度劳动问题，对劳动者、企业和经济社会发展产生了系列涟漪化影响。一些学者研究了过劳对婚姻稳定[4]、代际冲击[5]、农民工劳动力供给[6]、员工反生产行为[7]以及和谐劳动关系[8]的诸多影响。究其原因，过劳的产生一方面是由劳动法相关规定在企业微观层面落实不足、监督困难造成的，另一方面也存在企业滥用现行特殊工时制中

---

[1] 李雄：《工会组织在新就业形态中的现状、问题及对策》，《理论月刊》2022年第10期。

[2] 唐鑛、郑琪：《新就业形态中的劳动者权益维护与工会工作模式选择》，《学术研究》2022年第5期。

[3] 谢天长：《新就业形态集体协商中政府作用的优化》，《福建技术师范学院学报》2022年第4期；谢天长：《新就业形态集体协商中的政府角色及其作用》，《宁德师范学院学报（哲学社会科学版）》2022年第4期。

[4] 官倩楠、朱志胜：《过度劳动与婚姻稳定——来自中国家庭追踪调查的经验证据》，《人口与经济》2022年第5期。

[5] 官倩楠、朱志胜：《过度劳动的代际冲击：基于新人力资本理论框架的经验证据》，《河南社会科学》2022年第9期。

[6] 汪伟、崔亚东：《流动性约束与农民工劳动供给——兼论农民工过度劳动现象》，《财经研究》2022年第12期。

[7] 李佳雪：《过度劳动对企业员工反生产行为的影响》，《中国市场》2022年第31期。

[8] 黎红霞：《过度劳动对劳动关系的影响及对策——基于企业视角分析》，《中国集体经济》2022年第4期。

的不定时工时制与综合计算工时工作制的情况，以此来达到规避或豁免劳动者加班费用目的。特别是在疫情防控时，很多劳动者由公司集中办公转为居家办公，进一步模糊了工作、生活间的平衡界限，导致了"隐蔽性"加班和过劳的产生。一些学者关注到了由此而来的职业保障问题，如远程办公中产生的工伤认定模糊不清、劳动关系识别困难、远程劳动者职业病认定等[1]，也有的学者研究了远程工作对员工创新行为和企业创新产出的影响[2]。

（二）劳动关系学科政策研究

2022年，劳动关系领域理论层面成果丰硕、实践层面政策频出，理论和实践成果的互学互鉴，进一步织牢织密了劳动关系学科体系。从大的背景来看，2022年国内外经济下行压力加大、新冠疫情的冲击影响以及部分产业的转型升级，都给构建和谐劳动关系带来了巨大挑战。在这一过程中，相关部门迎难而上、步履铿锵，稳定了和谐劳动关系大局，继续奏响了劳动关系和谐乐章。[3]

1. 和谐劳动关系构建相关政策

人力资源和社会保障部针对劳动关系领域中的和谐示范点建设、协商协调、仲裁诉讼衔接、农民工工资拖欠、就业歧视等问题，出台了系列文件。如表1所示。

表1　　　　　　　　　　　2022年劳动关系领域出台的系列政策

主题	出台时间	文件名称	主要内容
和谐劳动关系	2022年5月25日	人力资源和社会保障部 中华全国总工会 中国企业联合会/中国企业家协会 中华全国工商业联合会 关于开展2022年全国和谐劳动关系创建示范活动的通知	➢目的：通过认定示范企业、工业园区，充分展现构建中国特色和谐劳动关系取得的重要成就，大力弘扬企业自觉践行社会责任的新时代精神，厚植企业关心关爱职工、职工爱岗爱企的和谐文化底蕴，更好发挥先进典型的示范引领作用 ➢规模：全国和谐劳动关系创建示范企业350家，全国和谐劳动关系创建示范工业园区50个

---

[1] 周若涵：《远程工作人员职业伤害保障问题探究》，《工会理论研究（上海工会管理职业学院学报）》2022年第3期。
[2] 王辉、肖宇婷：《远程工作对员工创新行为的"双刃剑"效应》，《软科学》2022年第6期。
[3] 王永：《和谐劳动关系建设步履铿锵》，《中国劳动保障报》2022年1月19日。

续表

主题	出台时间	文件名称	主要内容
劳动调解仲裁	2022年1月19日	最高人民法院办公厅 人力资源和社会保障部办公厅关于建立劳动人事争议"总对总"在线诉调对接机制的通知	➢目的：落实最高人民法院与人力资源和社会保障部等部门联合印发的《关于进一步加强劳动人事争议调解仲裁完善多元处理机制的意见》（人社部发〔2017〕26号）等文件要求，进一步加强劳动人事争议调解和诉讼衔接工作，增强劳动人事争议多元化解的质效 ➢举措：建立"总对总"在线诉调对接机制；划分高院和人力部门分工，如高院负责调解平台的研发、运维、宣传等工作，人力部门负责调解仲裁系统与之对接并建立相关人员管理制度；进一步明确了在线诉调的对接工作流程和沟通会商机制
	2022年2月28日	人力资源和社会保障部 最高人民法院关于劳动人事争议仲裁与诉讼衔接有关问题的意见（一）	➢目的：进一步落实《人力资源和社会保障部最高人民法院关于加强劳动人事争议仲裁与诉讼衔接机制建设的意见》（人社部发〔2017〕70号），完善劳动人事争议仲裁与诉讼衔接有关问题
	2022年4月22日	人力资源和社会保障部办公厅 中华全国总工会办公厅 中国企业联合会办公室 中华全国工商业联合会办公厅关于表扬2021年度工作突出基层劳动人事争议调解组织的通报	➢目的：总结落实《关于印发〈劳动关系"和谐同行"能力提升三年行动计划〉的通知》（人社部发〔2020〕64号）推进以来的系列成果，鼓励先进、宣传榜样 ➢规模：106家基层调解组织

续表

主题	出台时间	文件名称	主要内容
劳动调解仲裁	2022年11月16日	人力资源和社会保障部 中央政法委 最高人民法院 工业和信息化部 司法部 财政部 中华全国总工会 中华全国工商业联合会 中国企业联合会/中国企业家协会关于进一步加强劳动人事争议协商调解工作的意见	➢目的：落实党中央、国务院关于"防范化解重大风险""坚持把非诉讼纠纷解决机制挺在前面"的重要决策部署，进一步强化劳动人事争议源头治理，加强劳动人事争议协商调解工作 ➢举措：加强源头治理（强化预防指导、健全风险监测预警，排查化解隐患）；强化协商和解（建立内部协商机制，协助开展协商，强化和解协议效力）；做实多元和解（推进基层组织建设、建立市县服务站，加强规范化建设；发挥各类组织特色优势）；健全联动工作体系（健全与人民调解、行政调解、司法调解的联动，参与社会矛盾调处中心建设，强化调解、仲裁、诉讼衔接）；提升服务能力（加强队伍建设，加强智慧协商建设，保障经费，落实责任）
劳动调解仲裁	2022年12月7日	人力资源和社会保障部办公厅 共青团中央办公厅关于建立青年仲裁员志愿者联系企业活动常态化长效化工作机制的通知	➢目的：落实"我为群众办实事"实践活动常态化长效化工作要求，进一步引领带动广大青年仲裁员参与志愿服务，服务人民群众特别是青年群体更稳定就业，建立青年仲裁员志愿者联系企业活动常态化长效化工作机制 ➢举措：推进志愿者队伍建设；建立联系企业名册；拓展志愿服务内容；强化志愿服务管理；完善激励保障机制；加强协调联动；做好总结宣传

劳动关系

续表

主题	出台时间	文件名称	主要内容
劳动保障监察	2022年3月28日	国务院根治拖欠农民工工资工作领导小组办公室关于印发《2021年度保障农民工工资支付工作考核细则》的通知	➢目的：根据《国务院办公厅关于印发保障农民工工资支付工作考核办法的通知》（国办发〔2017〕96号）有关规定，对各地2021年到2022年保障农民工工资支付情况进行工作考核
	2022年6月24日	人力资源和社会保障部办公厅关于阶段性缓缴农民工工资保证金有关事项的紧急通知	➢目的：疫情防控阶段，更好统筹疫情防控和经济社会发展，进一步加力支持纾困稳岗
	2022年8月1日	人力资源和社会保障部 国家卫生健康委关于坚决打击对新冠肺炎康复者就业歧视的紧急通知	➢目的：着力解决部分企业对新冠肺炎康复者实施就业歧视问题，依法保障新冠肺炎康复者平等就业权益
	2022年8月16日	人力资源和社会保障部 最高人民法院关于加强行政司法联动保障新冠肺炎康复者等劳动者平等就业权利的通知	➢目的：加强行政司法协调联动，进一步保障新冠肺炎康复者等劳动者平等就业权利 ➢举措：严格禁止歧视新冠肺炎康复者等劳动者；加大招聘活动监管力度；加强就业歧视案件审理工作；完善人力部门和法院等协调配合机制
工资支付保障	2022年7月29日	人力资源和社会保障部办公厅关于国有企业新设企业或机构增人增资有关政策规定意见的函	➢目的：落实《国务院关于改革国有企业工资决定机制的意见》（国发〔2018〕16号），进一步明确关于新设企业或机构等情况可以合理增加工资总额的有关规定
	2022年9月5日	人力资源和社会保障部办公厅关于2022年国有企业招聘高校毕业生增人增资有关意见的函	➢目的：贯彻落实党中央、国务院关于稳就业的有关要求，鼓励和支持国有企业2022年扩大高校毕业生招聘规模 ➢举措：2022年可给予一次性增人增资，核增部分据实计入工资总额并作为下一年度工资总额预算基数

资料来源：人力资源和社会保障部官网，由作者整理。

上述12个文件分别从不同方面反映了2022年人力、工会、工商联等劳动关系主体部门聚焦和谐劳动关系建设中的新老问题，通过进一步完善体制机制，捋顺跨部门工作关系，夯实基层治理基础，因时因势调整政策，保障了劳动关系的整体和谐稳定，取得了显著成效。[①] 这一点也可从表2数据中进一步体现出来。

表2　　　　　　　　　2017—2021年劳动争议案件结案和处理数量

类型	2021年	2020年	2019年	2018年	2017年	5年平均增幅	2021年较2020年同比
劳动争议案件结案数（件）	1256162	1100681	1068413	884223	790448	11.78%	14.13%
仲裁调解劳动争议案件处理数（件）	703373	599797	552584	458353	390278	16.04%	17.27%
仲裁裁决劳动争议案件处理数（件）	471819	430863	430309	357666	336073	8.08%	9.51%
案外调解劳动争议案件数（件）	320621	255328	242479	214288	208491	10.76%	25.57%

资料来源：国家统计局编《中国统计年鉴2022》，中国统计出版社2022年版。

总体上看，2017—2021年无论是劳动争议案件结案数，还是仲裁调解劳动争议案件处理数、仲裁裁决劳动争议案件处理数以及案外调解劳动争议案件数均呈现总量上升的趋势，其中有3项增幅超过了10%。如图1所示。

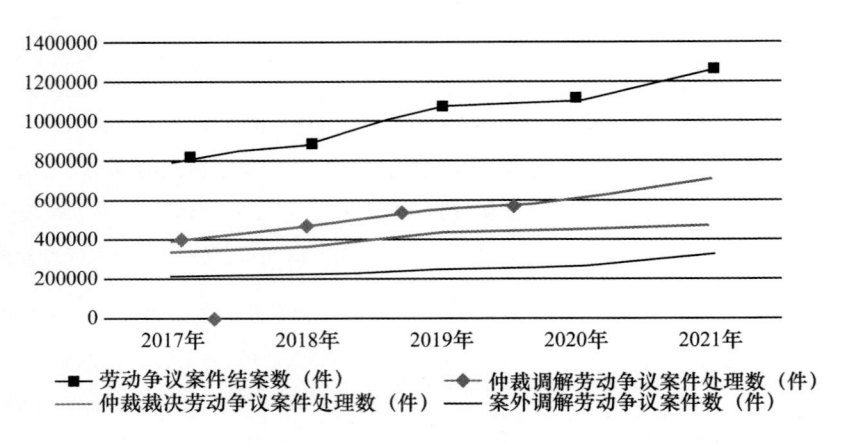

图1　2017—2021年劳动争议案件结案和处理数量趋势

资料来源：国家统计局编《中国统计年鉴2022》，中国统计出版社2022年版。

---

① 国家统计局网站，https://data.stats.gov.cn/easyquery.htm? cn = C01，2023年1月31日。

习近平总书记强调"坚持把非公诉讼纠纷解决机制挺在前面""坚持和发展新时代的'枫桥经验'"。从数据上看，2017—2021年仲裁调解劳动争议案件处理数和案外调解劳动争议案件数的平均增幅均要高于最终的仲裁裁决劳动争议案件处理数的增幅，有力证明了近年来各级人社部门通过重心下沉、服务前移，切实把各类劳动关系争议问题解决在前端、消除在萌芽，不仅节约了大量司法资源，还有效防止了各类争议的扩大升级。特别是在2021年，仲裁调解劳动争议案件处理数、案外调解劳动争议案件数比2020年增长了17.27%、25.57%，这与2021年人社部持续加强劳动人事争议协商调解工作密切相关，如开展了"法治人社 志愿青春"活动，累计组织1500多名青年劳动人事争议专员为1.4万家企业提供了政策宣导、普法宣传、劳动争议预防和协商调解等有针对性服务，促进了劳动争议案件处理的质效双升。

此外，表3的数据也可从侧面进一步反映近年来劳动者维权意识和企业依法依规用工意识的不断提升。

表3　　　　　　　　2017—2021年劳动争议案件胜诉情况　　　　　　单位：件,%

类型	2021年	2020年	2019年	2018年	2017年	5年平均增幅	2021年较2020年同比
用人单位胜诉的劳动争议案件处理数	127910	112053	112747	93823	89928	8.45	14.15
劳动者胜诉的劳动争议案件处理数	341245	310819	314097	276642	259898	6.26	9.79
双方部分胜诉的劳动争议案件处理数	787007	677809	641569	513758	440622	15.72	16.11

资料来源：国家统计局编《中国统计年鉴2022》，中国统计出版社2022年版。

从表3中可以看出，2017—2021年双方部分胜诉劳动争议案件数量快速提升，图2更加清晰地显示了这一变化趋势。和谐劳动关系的建设是劳动者和用人单位共同努力的结果，随着企业合法用工和劳动者依法维权水平的不断提高，我国和谐劳动关系建设朝着规范化、法治化的方向快速前进。

2. 工会建设发展

2022年，各级工会组织认真履行维权服务职责，不断推进自身改革创新，启动了"转作风、解难题、促发展、保稳定"等系列专项行动，在新就业形态劳动者权益维护、女职工权益保障、基层工会组织建设等方面出台了系列举措（如表4所示），取得了重要成效。

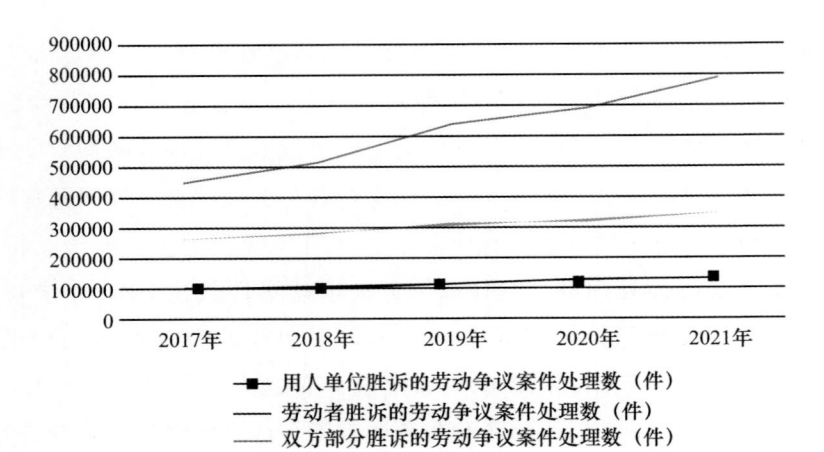

图 2　2017—2021 劳动争议案件胜诉情况分析

表 4　　　　　　　　　　2022 年中华全国总工会出台的系列政策

出台时间	文件名称	主要内容
2022 年 4 月 25 日	中华全国总工会关于加强新时代工会女职工工作的意见	➤目的：为更好地传承发扬党的工运事业和妇女事业光荣传统，主动适应新形势新任务，积极回应女职工新需求新期盼，推动新时代工会女职工工作高质量发展 ➤举措：聚焦基本职责，实现工会女职工工作水平新提升；夯实组织基础，激发工会女职工组织新活力；创新工作方式，拓宽工会女职工工作新路径；强化组织实施
2022 年 7 月 7 日	中华全国总工会办公厅关于进一步规范全民健身等相关工会经费使用管理的通知	➤目的：规范职责履行中工会经费的使用管理 ➤举措：合理运用经费，在推动全民健身、巩固脱贫攻坚成果和乡村振兴建设、服务困难行业等方面加大帮扶力度
2022 年 7 月 7 日	中华全国总工会办公厅关于印发《加大工会经费投入　助力疫情防控与经济社会发展的若干措施》的通知	➤目的：加大工会经费投入，助力疫情防控与经济社会发展 ➤举措：在全总层面加大重点工作落实、改革补助经费方式、调增温暖经费预算、新增新就业形态关爱资金；在省市县层面设立疫情防控专项资金、加大消费帮扶力度、支持小微企业等

续表

出台时间	文件名称	主要内容
2022年8月17日	中华全国总工会办公厅关于印发《"县级工会加强年"专项工作方案》的通知	➢目的：总结县级工会改革创新经验，推动各级工会领导机关进一步加强对县级工会的领导，充分调动县级工会积极性主动性创造性 ➢举措：对口联系，实现上级工会对2800多个县级工会对口联系全覆盖；每年赴对口县级工会调研不少于1次；列出问题清单，提出具体解决方案
2022年8月26日	中华全国总工会办公厅关于印发《全总"县级工会加强年"专项工作专班组成及工作规则》的通知	➢目的：进一步推动"县级工会加强年"专项工作方案落实
2022年11月24日	关于深入推进"兜底建"工作的指导意见	➢目的：主要面向货车司机、网约车司机、快递员、外卖配送员等新就业形态劳动者，最大限度把新就业形态劳动者组织到工会中来 ➢举措：夯实工会基础；畅通入会渠道，大力推行网上入会、扫码入会等；广泛动员；推动"会、站、家"一体建设；推动平台企业健全民主管理制度等

资料来源：中华全国总工会官网，内容经过整理。

从上述文件中可知，加强工会基层组织建设，积极吸纳新就业形态劳动者入会，已成为2022年工会工作的重要内容。从表5相关数据中可知，在2017—2021年，工会基层组织数、全国已建工会组织的基层单位的会员人数、工会专职工作人员人数呈现出连年下降趋势，特别是2021年工会基层组织数较2020年下降了10.58%。分析其内在可能原因，一方面是工会持续推动对内改革，压缩非必要人员机构造成的；另一方面也反映了工会对劳动者的吸引力减弱，大量劳动者游离于工会组织之外的现实。工会的改革正当其时。

表5　　　　　　　　　　2017—2021年工会发展情况　　　　　单位：万个，万人，%

类型	2021年	2020年	2019年	2018年	2017年	5年内平均变化	2021年与2020年同比
工会基层组织数	221.4	247.6	261.1	273.1	280.9	-4.24	-10.58
全国已建工会组织的基层单位的会员人数	25491.8	27189.8	28317.8	29476.5	30311.2	-3.18	-6.24
工会专职工作人员人数	82.9	90.2	95.4	102.2	108.9	-4.78	-8.09

资料来源：国家统计局编《中国统计年鉴2022》，中国统计出版社2022年版。

3. 其他劳动关系政策实践

很多地方针对人社部、中华全国总工会的相关政策精神，结合本地实际，创新性地出台诸多推动地方劳动关系和谐发展的政策举措。湖南省结合全国和谐劳动关系示范基地的创建活动，一方面对应选树了省内劳动关系和谐企业和工业园区，另一方面多措并举给予了多重正向激励，如给予税收、就业、工伤保险费率浮动、信用激励以及各类评优评先等一揽子优惠措施。① 此外，为进一步扩大和谐劳动企业的典型示范作用，2022年10—11月，人社部等多部门联合启动了"创建神州行，和谐传心声"的全国和谐劳动关系创建示范企业巡回演讲活动。② 2022年7月，国家协调劳动关系三方办公室启动和谐劳动关系创建系列征集活动，受到了各地协调劳动关系三方机制、广大和谐劳动关系创建企业与工业园区以及关心支持劳动关系工作的单位与个人的积极响应、踊跃参与，收到了良好效果。③

此外，随着国内外市场需求日益多元、嬗变，弹性化生产方式逐渐受到企业的欢迎。新时代背景下，劳动者的工作—生活界限也不断模糊化、交融化，更多劳动者期望能拥有更加灵活自主、具有弹性的工作模式。弹性生产与弹性工作需求在实践中紧密结合起来。目前在我国劳动法律体系之中，与弹性生产或工作相对应的是特殊工时制度。

1994年，原劳动部正式下发的《关于企业实行不定时工作制和综合计算工时工作制的审批办法》（劳部发〔1994〕503号，以下简称503号文件），是首个对特殊工时的申报范围和条件进行明确规定的文件。自503号文件实施以来，一定程度上满足了中央与地方各类企业弹性化用工的实际需求，助力了经济社会的快速发展。表6为2015—2021年各级人社部门审批的实行特殊工时制度的企业数和涉及职工数。

表6　　　　　2015—2021年实行特殊工时制度的审批企业数和涉及职工数审批　单位：万户，万人

序号	年份	审批企业数	涉及职工数
1	2021	7.8	1400
2	2020	9.4	1500
3	2019	8.4	1480
4	2018	8.3	1300
5	2017	14.5	1320

---

① 《湖南建立劳动关系和谐企业正向激励机制》，《湖南日报》2022年6月10日。
② 刑泽宇：《和谐交响 奏新时代强音——2022年劳动关系工作述评》，《中国劳动保障报》2022年12月23日。
③ 《"我的和谐创建故事"主题征文获奖作品暨"温暖和谐瞬间"短视频、和谐创建宣传口号评选》，国家协调劳动关系三方会议办公室，2022年12月10日，http：//www.mohrss.gov.cn/SYrlzyhshbzb/ztzl/xs-dhxldgx/gzjl/202212/t20221208_491413.html。

续表

序号	年份	审批企业数	涉及职工数
6	2016	8.2	1432
7	2015	7.2	1560

资料来源：2015—2021 年度《人力资源和社会保障事业发展统计公报》。

从表 6 中的数据可以看出，2015—2021 年经我国各级人社部门审批实行特殊工时制度的企业和涉及职工，总量上虽有小波动，但整体上呈现平稳趋势。如上所述，面对日益旺盛的企业弹性生产和员工弹性工作需求，特殊工时制度的审批规模却一直保持了相对稳定。分析其内在原因，与当前由特殊工时制度引发的劳动争议息息相关。由于相关部门监管手段单一且覆盖性不足，致使企业在获得特殊工时制度审批后，近似于拿到了部分"豁免权"，因此劳动者超时加班和过度劳动的情况经常发生。当前网上热议的"996"话题，即与一些互联网头部企业将员工岗位设定为特殊工时制——不定时工作制有直接关系，导致员工在申请加班赔偿时不能得到法律上的相关支持。以"特殊工时"为关键字，在中国裁判文书网上以"案件事实"为检索条件进行搜索，可初步看出近年来因特殊工时制引发的各类案件数量，如图 3 所示。

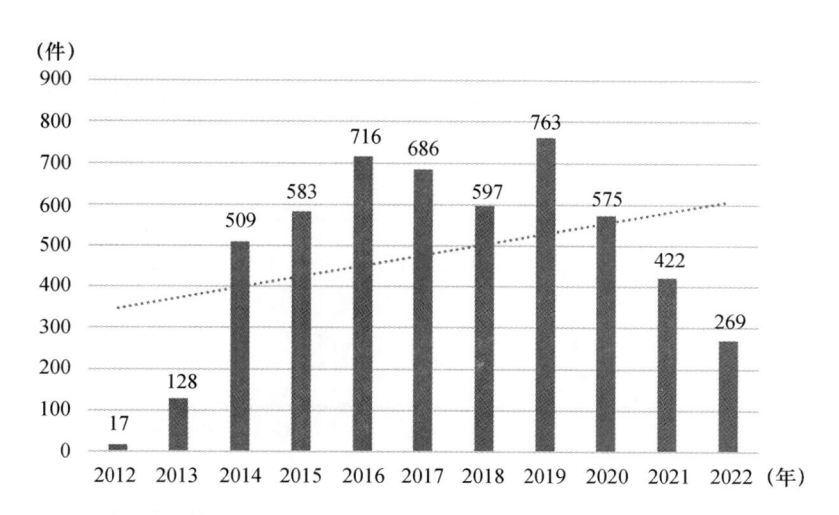

图 3 以"特殊工时"为关键字（检索条件为"案件事实"）2012—2022 年的案件数情况

资料来源：由中国裁判文书网的数据整理得出。

为推动特殊工时制度审批管理制度改革，在有效满足企业需求和劳动者对非标准化工时需求的同时，又能很好兼顾劳动者的相关权益，人社部在深圳等地开展了特殊工时管理综合改革试点工作。其间，首都经济贸易大学课题组深度参与了深圳坪山区的特殊工时改革试点，在走访 40 余家企业和全程跟踪 3 家试点企业的基础上，课题组分析提出了"审批 + 报备"制的特殊工时改革管理模式。如表 7 所示。

表 7　　　　　　　　　　　　特殊工时制度审批管理优化思路

类型	主要特征	优点	缺点	风险点	改进点
审批制	"强"事前审批	从源头上减少了劳动争议发生	降低了企业的用工弹性	信息不对称风险	弱化政府行政管理，强化企业内部合意
审批制	"弱"事后监管	减少了过多行政资源投入	易形成落地监管真空	劳动争议风险	加大随机监管、定期检查力度
报备制	"弱"事前审批	提高行政效率，增强了企业用工自主性	缺少现行法律支撑，易造成泥沙俱下	行政合规风险	分级分类管理，建立"管/放清单"
报备制	"强"事后监管	有效避免了企业违规操作与劳工利益被侵害	提高行政监管成本与资源投入	监管疏漏风险	提高事后监管的科学性、精准性
审批 + 报备制	"适度"事前审批	兼顾源头管控与审批效率	—	—	依据"503 号文件固定目录 + 劳企合意灵活目录"建立报备清单，依据"风险程度 + 监管难度"建立审批清单
审批 + 报备制	"科学"事后监管	兼顾资源投入与监管效果	—	—	建立特殊工时信息化系统，通过与企业考勤系统的时时对接，实现科学监管、动态监管

资料来源：由作者整理。

（三）新就业形态下劳动关系新发展

1. 理论和政策梳理

2015 年，党的十八届五中全会公报中首次提及了"新就业形态"这一政策性概念。①

---

① 李营辉：《被算法裹挟的"裸奔人"：新就业形态下网约工群体劳动权益调查》，《中国青年研究》2022 年第 7 期。

党的二十大报告提出"完善促进创业带动就业的保障制度，支持和规范发展新就业形态。"近年来，关于新就业形态的相关讨论在劳动关系领域一直是热点、重点和难点。

称之为热点，因为新就业形态是随着共享经济、平台经济的蓬勃发展应运而生的，它区别于传统工场制的用工方式，在工作时间、工作地点、工作内容和方式上都非常灵活自由。新就业形态改变了劳动关系的要素，促进了劳动岗位解构、劳动空间脱域、劳动时间的弹性化、管理平台化等，所以将之称为经济形态转变下的新就业模式，① 其主要代表为外卖员、网约车司机等新兴平台职业。据相关数据显示，我国目前从事灵活就业的人数已超2亿人，其中大多是平台经济就业者，平台用工成为我国稳就业的重要力量。②

称之为重点，因为当前尚未建立健全针对新就业形态劳动者的保障体系，众多新就业形态劳动者仍然暴露在权益的"真空"之中。有研究显示，在对127名新就业形态劳动者的随机调查中，仅有15.7%的人通过平台缴纳社保，近70%的人成了被算法裹挟的"裸奔人"。③ 有学者进一步指出，新就业形态中劳动者权益缺失问题的长期存在，不仅会让广大劳动者饱受职业伤害"近忧"，将来还会面临技能提升、职业规划以及养老、医疗等"远虑"难题。④ 凡此新就业形态中暴露出的诸多问题，已成为劳动关系和社会保障学科领域研究的重中之重。

称之为难点，因为我国的社会保障体系往往与劳动关系性质刚性捆绑在一起。针对新就业形态中的大多平台从业者，其属于何种用工性质，至今学术界尚未达成共识⑤。在这一过程中形成了劳动关系说、劳务关系说、新型劳动关系说、第三类劳动者说、合作关系说等诸多观点，目前仍有很多学者从劳动法学、劳动社会学等专业背景出发，阐述此类用工属于何种类型。探讨新就业形态中的平台劳动者与平台企业之间是否属于劳动关系，其背后的实质为劳动者权益保障责任划分问题。平台企业一方面通过算法的隐秘控制确保劳动者有最大限度产出，另一方面又通过去劳动关系化不断降低用工风险与成本，试图最大程度上免除对劳动者的保障责任。

---

① 杜连峰：《新就业形态下和谐劳动关系治理：挑战、框架与变革》，《河南社会科学》2022年第2期。
② 《我国灵活就业人数已超2亿 平台经济快速发展》，中国日报网，2022年11月23日，https://baijiahao.baidu.com/s?id=1750247818826507251&wfr=spider&for=pc。
③ 李莹辉：《被算法裹挟的"裸奔人"：新就业形态下网约工群体劳动权益调查》，《中国青年研究》2022年第7期。
④ 毛艾琳：《新就业形态劳动者权益保障问题研究——基于平台责任的理论思考》，《长白学刊》2022年第1期。
⑤ 杨思斌：《加强灵活就业和新就业形态劳动者权益保障》，《行政管理改革》2022年第12期；彭伟华、侯仁勇：《新就业形态下网络平台就业协同治理研究》，《理论学刊》2022年第5期；王维：《着力加强新就业形态劳动者的权益保护》，《人大研究》2022年第7期。

如何全面看待新就业形态的未来发展趋势，党的二十大报告给出了核心答案，即"支持"和"规范"。所谓支持，即应该看到新就业形态发展对促进就业、推动经济社会发展的积极作用。有学者论证了推动新就业形态的健康发展有利于共同富裕的实现，并基于马克思的就业理论和共同富裕思想，对新就业形态促进共同富裕的内在机理、实现路径进行了探析[1]。所谓规范，正如《中国共享经济发展报告（2022）》[2]所指出的，加强平台从业人员的权益保障已成为我国引导和规范平台经济健康发展的重要内容。从劳动关系视角看，如何能够权责对等划分平台责任，让劳动者享有更高水平的权益保障，部分学者分别从风险转移模式、薪酬设计以及公共服务等多视角给出了相关见解。如有学者[3]从风险完全和不完全转移两个层面对平台责任划分进行了探讨，分析了完全和不完全转移的各自利弊，认为应从客观事实出发，将风险不完全转移纳入现有的平台责任划分中；有学者[4]认为应以全面薪酬理论为基础，在平台薪酬设计中包含经济性薪酬和非经济性薪酬两个部分，让劳动者与平台企业共享收益成果；有学者[5]认为我国目前针对新就业形态的公共服务，存在认识不充分、政策抓手缺失等问题，建议各级公共服务机构应将新就业形态全面纳入自身服务范围，为广大新兴劳动者提供包括就业统计与指导、技能培训以及相关就业创业优惠在内的支持服务。

不容否认的是，造成平台企业"屠龙勇士终成恶龙"的困局，其中既有政府监管不到位、相关法律不健全，也有社会层面"有色眼镜"就业歧视，还有劳动者自身意识不足等多维度原因。[6]鉴于政府在构建中国特色社会主义劳动关系中所发挥的主导作用，推动新就业形态的健康发展，还需政府从顶层设计层面予以相应规制。

2022年3月1日，国家互联网信息办公室出台的《互联网信息服务算法推荐管理规定》正式施行。该规定针对平台企业对劳动者算法控制问题，明确提出"算法推荐服务提供者向劳动者提供工作调度服务的，应当保护劳动者取得劳动报酬、休息休假等合法权益，建立

---

[1] 朱萌萌、林子华：《新就业形态促进共同富裕的路径考察与对策——基于马克思就业理论与共富思想》，《当代经济管理》2022年第9期；张俊桥、杜佳潞：《新经济、新业态下和谐劳动关系构建探究》，《就业与保障》2022年第11期。

[2] 《中国共享经济发展报告（2022）》，国家信息中心，2022年2月22日，http://www.sic.gov.cn/News/557/11278.htm.

[3] 毛艾琳：《新就业形态劳动者权益保障问题研究——基于平台责任的理论思考》，《长白学刊》2022年第1期。

[4] 杨旭华、刘姗、张健等：《新就业形态下平台企业薪酬体系建构与设计》，《商业经济研究》2022年第5期。

[5] 张成刚、辛茜莉：《让政府、平台、劳动者三方共赢——以公共就业服务融合新就业形态为视角》，《行政管理改革》2022年第2期。

[6] 刘彪：《如何突围"共同富裕"背景下的平台经济困局》，《中国经济评论》2022年第4期；彭伟华、侯仁勇：《新就业形态下网络平台就业协同治理研究》，《理论学刊》2022年第5期。

完善平台订单分配、报酬构成及支付、工作时间、奖惩等相关算法"①，这为各级工会组织开展新就业形态的集体协商提供了另一重要依据。2022年8月，上海市总工会推动美团（上海）建立职工代表大会制度，并重点针对外卖送餐员群体，召开美团（上海）职工代表大会（联合）会议。10—11月，上海及北京工会组织外卖骑手分别与饿了么、美团两大平台企业就劳动者的劳动条件进行集体恳谈。②

2. 不完全符合确立劳动关系情形的讨论

自2021年人社部等8部委下发《关于维护新就业形态劳动者劳动保障权益的指导意见》（以下简称《意见》）以来，很多研究聚焦《意见》中提出的"不完全符合确立劳动关系情形"（以下简称"不完全劳动关系"）开展了长时间讨论。一些学者认为不完全劳动关系的划分标志着劳动"三分法"时代的来临，也有学者认为不完全劳动关系是一种"新型劳动关系"，③该概念的提出主要是为劳动者相应权益保障提供政策依据，即符合不完全劳动关系的劳动者也应享受到社会保险、公平就业和休息休假等权利。④大多学者认为不完全劳动关系提法存在模糊性，既与劳动合同的调整对象相区别，又与私法协议的适用情境存在差异，从严格意义上来看，该提法显示出了新就业形态劳动者不符合现有劳动关系界定的情形，但并未与劳动关系完全割裂。

对于如何判定不完全劳动关系，应从哪些维度上进行筛选与甄别，有学者认为还需从司法实践中进一步总结和明确评判标准。⑤基于此，2022年11月首都经济贸易大学课题组聚焦不完全劳动关系在司法实践中的具体应用，对中国裁判文书网中的相关判例做了梳理研究。课题组以"不完全符合确立劳动关系情形"为关键词在中国裁判文书网上进行关键词搜索，共查找出13个案件。其中二审裁决6篇，一审裁决7篇。从申诉依据视角看，在原/被告的申诉依据中，有8个案件提及并引用了《意见》部分内容；从判决结果上看，有3个案件法院虽然在裁判结果中使用了"不完全符合确立劳动关系情形"结论，但未注明其引用出处。分析该13个案件，可得出以下初步结论。

---

① 《互联网信息服务算法推荐管理规定》，国家互联网信息办公室，http://www.gov.cn/zhengce/2022-11/26/content_5728941.htm。

② 《2022年构建和谐劳动关系大事记》，中国劳动和社会保障科学研究院官方公众号，2023年1月22日。

③ 《"不完全符合确立劳动关系情形"的性质及法律适用探讨》，人民资讯，2022年1月17日，https://baijiahao.baidu.com/s?id=1722158334914168078&wfr=spider&for=pc。

④ 杜连峰：《新就业形态下和谐劳动关系治理：挑战、框架与变革》，《河南社会科学》2022年第2期。

⑤ 谢鹏鑫、屈萌、冯娇娇等：《新时代我国劳动关系的研究综述与展望：基于劳动关系主体的视角》，《中国人力资源开发》2022年第4期。

一是从作用效力上看，无论是申诉方（很多是企业一方）还是法院，大多是将"不完全符合确立劳动关系情形"与"不存在劳动关系或事实劳动关系"对等看待的，即"不完全等于没有劳动关系"。特别是个别企业在引用《意见》时，歪曲了"不完全符合确立劳动关系情形"的法规本意，认为自己与劳动者已经签订了书面协议（合作/承揽）协议，虽然存在劳动管理情形，但是属于"不完全符合确立劳动关系情形"，直接将其默认等同为"不存在劳动关系或事实劳动关系"情形。

二是从裁决依据上看，法院在审理案件中几乎没有将《意见》作为裁决依据的，更多仍是依照劳动法与劳动合同法，以及原劳动部关于判定劳动关系的几个核心要素。但个别法院在作出裁决时，虽未提及《意见》内容，却在判决结果中直接引入了"不完全符合确立劳动关系情形"的说法。如在青海省西宁市中级人民法院审理马建英、马翠莲等劳动争议民事案件[（2021）青01民终2353号]中，法院最终给出了"因此综合全案事实、证据来看，本案不完全符合确立劳动关系情形，难以认定梦妍公司与马春军之间成立劳动关系"[1]的结论。

三是从适用案件上看，上海静安人民法院在审理向儒恒与上海市闸北区魔尚服装店劳动合同纠纷、上海瀚园足部保健有限公司与吕美乐确认劳动关系纠纷2个案件中，将"不完全符合确立劳动关系情形"应用于服务店与店员劳动关系争议[2]、足疗店与采耳师之间的劳动争议[3]之中；只有青海省西宁市中级人民法院在上述马建英、马翠莲等劳动争议案件中将"不完全符合确立劳动关系情形"应用于新就业形态领域，即外卖员配送的案件之中。

总体上看，部分法院对是否判定为"不完全属于劳动关系情形"较为谨慎。在当前缺乏大量司法案例的情况下，将不完全劳动关系应用于新就业形态，进而得出不完全劳动关系的判定依据变得较为困难。下一步有待人社部门和最高法出台相关司法解释或给出相关指导案例。

三 劳动关系学科的关键问题

（一）习近平总书记关于构建和谐劳动关系的重要论述

习近平总书记指出"劳动关系是最基本的社会关系之一。要最大限度增加和谐因素、最大限度减少不和谐因素，构建和发展和谐劳动关系，促进社会和谐"[4]。贯彻落实习近平

---

[1] 详见《马建英马翠莲等劳动争议民事二审民事判决书》，（2021）青01民终2353号。
[2] 详见《向儒恒与上海市闸北区魔尚服装店劳动合同纠纷民事一审判决书》，（2021）沪0106民初31898号。
[3] 详见《上海瀚园足部保健有限公司与吕美乐确认劳动关系纠纷民事一审案件民事判决书》，（2021）沪0106民初40628号。
[4] 《习近平在庆祝"五一"国际劳动节大会上的讲话》，新华网，2015年4月28日，http://www.xinhuanet.com/politics/2015-04/28/c_1115120734.htm.

总书记关于构建和谐劳动关系的系列重要论述,持续推动和谐劳动关系向前向深发展,是劳动关系理论和实务界每一位参与者、奉献者和贡献者的使命担当。

2022年10月,党的二十大报告中明确提出"健全劳动法律法规,完善劳动关系协商协调机制,完善劳动者权益保障制度,加强灵活就业和新就业形态劳动者权益保障""完善促进创业带动就业的保障制度,支持和规范发展新就业形态",清晰勾勒了下一阶段劳动关系的研究重点与发展方向。这其中既包括了劳动法制建设,也有集体协商和争议调解,既包含了劳动者权益维护,又提到了新就业形态的健康有序发展,有效涵盖了当下劳动关系学科领域研究中的热重点问题。

特别的,整个报告中有3处提到"新就业"这个关键词。其中,1处针对新就业形态发展,1处针对新就业劳动者权益保障,1处具体内容为"加强新经济组织、新社会组织、新就业群体党的建设",分别对应了"新就业"的发展方向、关键问题和组织保障问题。由此看出,聚焦"新就业"带来的系列劳动关系新发展,将是下一步劳动关系研究的发力点。马克思主义唯物辩证法告诉我们,理论指导实践、实践反作用于理论。围绕新就业形态下的劳动者权益保护、工会组织建设等议题,人社、工会等部门已出台系列政策文件进行落实,未来需紧跟各项政策的落地执行情况,总结其成绩、检视其问题,并将其上升至理论层面加以研究探讨。两者的相互结合,才能推动中国特色和谐劳动关系的建立和完善。

(二)新就业形态中劳动关系认定

随着互联网技术发展以及大数据、人工智能等先进技术的广泛应用[1],各种新就业形态涌入劳动力市场,为更多劳动者创造了大量灵活就业机会,打开了就业新空间[2]。与传统就业形态不同,新就业形态是"伴随着互联网技术进步与大众消费升级出现的、去劳动关系化的就业模式以及偏离传统正规就业并借助信息技术升级的灵活就业模式"[3]。然而,我国对劳动者权益保护的现行法律主要以劳动关系为基础,灵活就业和新就业形态突破了我国劳动法律法规政策的调整范围,使得部分劳动者游离在"正规劳动关系"及其法定保障范围之外[4],这就导致需要进一步明确灵活就业劳动者与企业之间的权责关系,并对我国劳动法律体系提出了新的要求。

为了更好呈现2022年我国灵活就业领域的研究重点,本报告运用CiteSpace软件对相关

---

[1] 杨思斌:《加强灵活就业和新就业形态劳动者权益保障》,《行政管理改革》2022年第12期。
[2] 戚聿东、丁述磊、刘翠花:《数字经济时代新职业发展与新型劳动关系的构建》,《改革》2021年第9期。
[3] 张成刚:《就业发展的未来趋势:新就业形态的概念及影响分析》,《中国人力资源开发》2016年第19期。
[4] 杨思斌:《加强灵活就业和新就业形态劳动者权益保障》,《行政管理改革》2022年第12期。

文献进行可视化分析，所运用的论文数据来源于中国知网学术期刊库，以"灵活就业"和"新就业形态"为主题，将时间范围限定在 2022 年，将期刊来源类别定位 CSSCI 期刊，通过剔除会议类、转载类、访谈类等非研究性文献，共筛选出 100 篇文献。在关键词频方面，"新就业形态"（25 次）、"灵活就业"（20 次）、"数字经济"（14 次）、"灵活就业从业人员"（7 次）、"平台用工"（7 次）是出现频次最高的五个关键词。在关键词的中介中心性方面，"劳动关系"、"平台用工"、"社会保障"、"灵活就业"和"新就业形态"的中介中心性分别为 0.72、0.62、0.45、0.39 和 0.38，是 2022 年灵活就业和新就业形态主题研究中的关键节点，其他大部分关键词都存在共现关系（见表 8）。

表 8　　2022 年灵活就业和新就业形态主题文献的关键词频次与中介中心性分析

关键词	频次	中介中心性	关键词	频次	中介中心性
新就业形态	25	0.38	社会保障	5	0.45
灵活就业	20	0.39	劳动关系	5	0.72
数字经济	14	0.22	共同富裕	5	0.14
灵活就业人员	7	0.26	平台经济	5	0.37
平台用工	7	0.62	高质量发展	4	0.08
零工经济	6	1.21	算法	3	0.05
劳动权益保障	6	0.05	职业伤害	3	0.14

为了进一步了解灵活就业和新就业形态主题相关研究的重点，在关键词共现分析的基础上，运用 CiteSpace 软件进一步进行关键词聚类分析，以对研究热点进行高度概括。根据图 4 所示，以 2022 年所筛选出的 100 篇灵活就业和新就业形态主题研究的文献为基础，对关键词进行聚类分析，共形成了 #0 共同富裕、#1 零工经济、#2 灵活就业、#3 权益保障、#4 算法、#5 灵活就业人员、#6 协同治理、#7 数字经济、#8 劳动关系、#9 职业伤害 10 个核心聚类群，得到灵活就业和新就业形态领域研究的关键词聚类图谱。

灵活就业和新就业形态领域的研究主要围绕这些核心聚类群展开，各核心聚类下又含有不同的节点（见表 9），核心聚类群与其下的各个节点大体勾勒出了灵活就业和新就业形态领域的研究轮廓。其中，在聚类标签 #0 共同富裕中的"新业态""新就业"节点，聚类标签 #1 零工经济中的"社会保障""社会保险"节点，聚类标签 #2 灵活就业中的"正规就业""互联网使用"节点，聚类标签 #3 权益保障中的"非正规就业""法律地位""新业态用工"节点，聚类标签 #5 灵活就业人员中的"基本养老保险"节点，聚类标签 #6 协同治理中的"劳动关系'三分法'"节点，聚类标签 #7 数字经济中的"数字劳动"节点，聚类标签 #8 劳动关系中的"劳动法""劳动保护"节点，聚类标签 #9 职业伤害中的"新业态

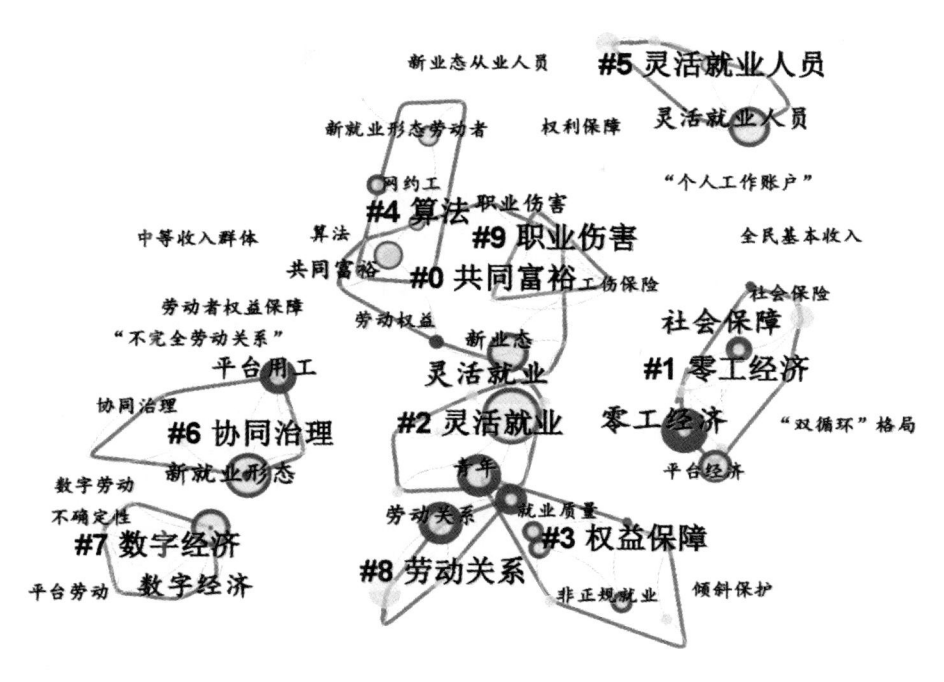

图 4　2022 年灵活就业和新就业形态主题研究关键词聚类图谱

从业人员""类雇员"节点，都涉及了灵活就业和新就业形态劳动者中劳动关系认定相关的研究内容。可见，在灵活就业方式不断丰富、新就业形态快速发展的背景下，如何更好地界定灵活就业劳动者的劳动关系，挖掘其与传统正规就业以及其他非正规就业的异同，成为当前社会各界广受关注的重要问题。

表 9　2022 年灵活就业和新就业形态主题文献关键词聚类节点

序号	聚类标签	紧密度	所含节点（按频次多少排序）
#0	共同富裕	0.942	新业态、新就业、中等收入群体、改革
#1	零工经济	0.945	社会保障、社会保险、平台经济、收入分配、缴费基数
#2	灵活就业	1	正规就业、政策量化评价、互联网使用、前沿趋势
#3	权益保障	0.914	非正规就业、倾斜保护、法律地位、新业态用工
#4	算法	0.838	劳动者、劳动权益、平台工人、互联网平台
#5	灵活就业人员	1	基本养老保险、基本公共服务均等化、经济下行压力、公平感
#6	协同治理	1	劳动者权益保障、职业技能培训、劳动关系"三分法"、职业伤害保险
#7	数字经济	0.967	数字劳动、新冠疫情、规模估算、就业创造效应
#8	劳动关系	0.857	共享经济、劳动法、劳动保护、新型职业伤害保障机制
#9	职业伤害	0.973	权利保障、新业态从业人员、类雇员、数字劳动

自20世纪70年代，灵活就业就在经济较发达的国家发展起来，这些国家制定了相对完善的就业政策和保障措施。我国以往对于劳动关系的认定主要通过两方面依据：一是外在劳动合同；二是在无合同情况下，根据2005年颁布的《关于确立劳动关系有关事项的通知》中关于劳动关系成立的条件。在新经济模式的冲击下，以标准要件判断劳动关系已经难以满足数字时代的发展需要。至今，我国对劳动者劳动关系的认定主要有以下三个发展阶段。

第一阶段（2018年以前）为试行阶段，在各类平台型就业类型出现的早期实行初步管理。在这一阶段，各地方在中央发布的政策和文件的基础上，提出了应用于本地区平台用工管理的实施细则，然而由于对平台与劳动者之间的关系认识并不清晰，难以达成共识，因此大多沿袭了《关于确立劳动关系有关事项的通知》中的相关规定和原则，以避免在合法性方面产生分歧。

第二阶段（2018—2021）为探索阶段，根据我国数字经济以及平台型就业人员的发展现状，中央和地方积极探索劳动法律和政策的改革方向。这一时期所发布的政策文件主要提出完善新就业形态劳动用工的保障措施，以促进新经济与新就业形态同步发展，并探索灵活就业群体劳动保障的适用法律。各地方也积极探寻划分平台型就业人员用工关系的依据和标准，以更好地实现对该类群体的管理以及劳动者的权益保护。

第三阶段（2021年至今）为转型阶段，关于平台就业人员的认定标准，法律和政策也开始讨论"两分法"和"三分法"的适用性问题。2022年1月和9月，人力资源和社会保障部两次牵头召开平台企业用工行政指导会，督促头部平台企业落实《意见》等政策，依法规范用工。2022年2月，中华全国总工会发布了新就业形态劳动者劳动关系确认争议十大典型案例，指导广大新就业形态劳动者增强法治意识、依法理性维权，引导企业规范用工、履行劳动者权益保障责任。表10列举了2015—2022年，我国劳动者劳动关系认定相关政策文件。

表10　　　　　　　　　　　劳动者劳动关系认定相关政策文件

时间	政策文件	主要内容
2015年10月	网络预约出租汽车经营服务管理暂行办法（征求意见稿）	第十八条内容体现我国曾尝试将平台型灵活就业者纳入劳动关系管理范畴，但为了平衡灵活就业者的权益以及平台经济的发展，在正式的规定文件中对该条目作出了一定的调整
2016年7月	网络预约出租汽车经营服务管理暂行办法	针对网约车司机劳动关系的判定提供法律依据，其规定内容中延续了劳动法律制度中对劳动合同书面形式的强制规范，因此需根据具体情境判定平台公司与注册司机之间的关系，即若双方签订了书面劳动合同则认定二者之间为劳动关系，否则不能认定二者存在劳动关系

续表

时间	政策文件	主要内容
2017年11月	网络餐饮服务食品安全监督管理办法	规定了第三方平台、餐饮服务提供者和送餐人员的权利和义务，网络餐饮服务平台需要对送餐人员履行明确管理规范、提供培训、保障安全等义务，然而未提及送餐人员的劳动关系认定问题
2018年9月	关于发展数字经济稳定并扩大就业的指导意见	按照审慎包容监管、增强劳动力市场灵活性的要求，不断完善新就业形态下的劳动用工政策，以维护劳动者合法权益
2019年8月	关于促进平台经济规范健康发展的指导意见	强调完善平台企业用工和灵活就业等从业人员的社保政策，推动从社会保障层面维护灵活就业群体的人身安全和合法权益
2020年7月	关于支持多渠道灵活就业的意见	制定了平台就业劳动保障政策，且进一步明确互联网平台企业在劳动者权益保护方面的责任，引导互联网平台企业、关联企业与劳动者协商确定劳动报酬、休息休假、职业安全保障等事项，以及产业（行业、地方）工会与行业协会或行业企业代表协商制定行业劳动定额标准、工时标准、奖惩办法等行业规范
2021年7月	关于维护新就业形态劳动者劳动保障权益的指导意见	规定"符合确立劳动关系情形的，企业应当依法与劳动者订立劳动合同；不完全符合确立劳动关系情形但企业对劳动者进行劳动管理的，指导企业与劳动者订立书面协议，合理确定企业与劳动者的权利义务"
2021年12月	关于推动平台经济规范健康持续发展的若干意见	提出"完善新就业形态劳动者与平台企业、用工合作企业之间的劳动关系认定标准，探索明确不完全符合确立劳动关系情形的认定标准，合理确定企业与劳动者的权利义务"
2022年12月	关于为稳定就业提供司法服务和保障的意见	明确依法规范新就业形态用工，提出了涉新就业形态司法裁决中确认劳动关系的考量因素

资料来源：人力资源和社会保障部官网、北大法宝，由作者整理。

从政策制定的发展趋势上看，首先，针对劳动关系的界定问题，我国政策制定者主要基于从属性来辨别其真实用工关系。由于目前对平台用工认识和理解尚未达成共识，因此难以用严谨的政策语言将其作为第三类调整对象。普遍观点认为，虽然劳动者工作有一定的自主性，但受平台的算法和劳动规则管理，因此不能简单把不完全劳动关系等同于民事关系。劳动者作为长期沿用的法律概念，必然是劳动关系一方的当事人，因此企业一旦对劳动者进行管理，无论其从属性强弱，都必然归属于某种类型的劳动关系，应当受到劳动法的调整和规范。现有较多研究认为，不完全劳动关系作为数字化时代下一种特殊的用工关系，其应适用劳动法的法律原则及部分制度规定，企业方需与劳动者协商订立书面协议，并合理规定双方的权利和义务。

（三）工会体系发展和完善

党的二十大报告强调，"深化工会、共青团、妇联等群团组织改革和建设，有效发挥桥梁纽带作用"。在我国从中央到地方的各级工会都紧密嵌入国家治理体系中，许多企业工会负责人进入管理层或由管理者兼任，因此工会需要协调处理劳动关系中各方主体的诉求。[①] 根据国家统计局2022年发布的数据，截至2020年底，我国工会有247.6万个基层组织，2.7亿会员，占城镇就业人员的57.9%，占非农就业人员的47.1%，在规模上成为世界上最大的工会。明晰工会的维权职能类型有助于加强工会的职能定位，从而帮助工会在劳资矛盾的调节中发挥更大的作用。[②]

为了更好呈现2017—2022年我国工会领域的研究重点，本报告运用CiteSpace软件对相关文献进行可视化分析，所运用的论文数据来源于中国知网学术期刊数据库，以"工会"为主题检索词，将时间范围限定在2017—2022年，将期刊来源类别定位CSSCI期刊，通过剔除会议类、转载类、访谈类等非研究性文献，共筛选出242篇文献。在关键词频方面，"工会"（53次）、"劳动关系"（21次）、"农民工"（11次）、"劳资关系"（10次）、"集体协商"（9次）是出现频次最高的五个关键词。在关键词的中介中心性方面，"工会"、"劳动关系"、"劳资关系"、"集体协商"和"农民工"的中介中心性分别为0.44、0.17、0.11、0.06和0.05，是2017—2022年工会主题研究中的关键节点，其他大部分关键词都存在共现关系（见图5、表11）。

[①] 孙兆阳、张博：《中国工会对劳动者权益的影响机制探究——基于CLDS 2012—2016年数据的分析》，《社会发展研究》2022年第4期。

[②] 靳卫东、陈菲菲、崔亚东：《中国工会的维权职能：底线型还是增长型》，《经济问题》2022年第9期。

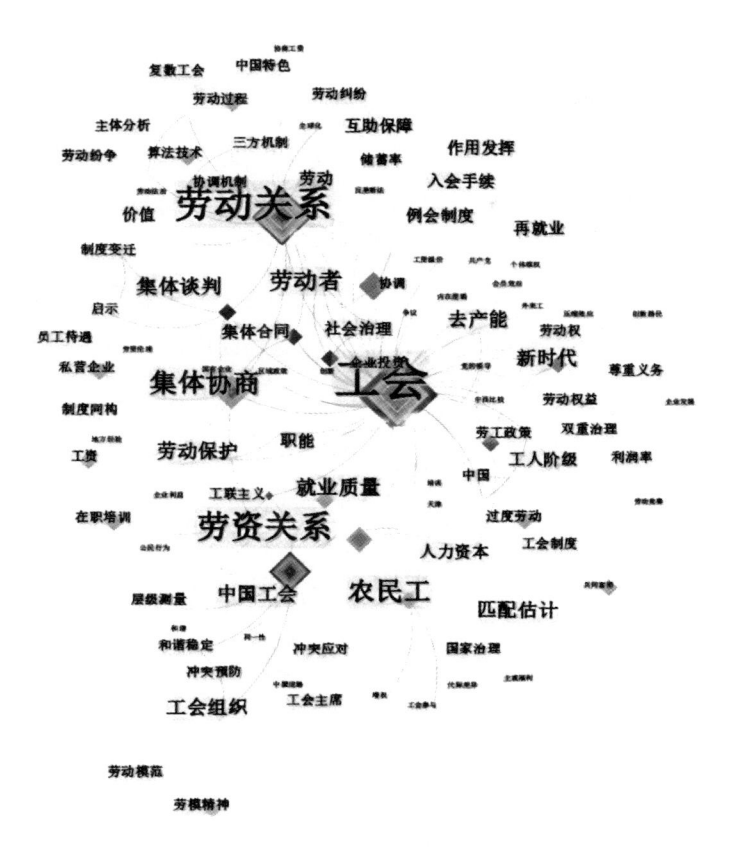

图 5 2017—2022 年工会主题研究关键词分布图谱

表 11   2017—2022 年工会主题文献的关键词频次与中介中心性分析

关键词	频次	中介中心性	关键词	频次	中介中心性
工会	53	0.44	劳动法	4	0.00
劳动关系	21	0.17	企业工会	3	0.00
农民工	11	0.05	劳动权益	3	0.01
劳资关系	10	0.11	社会治理	3	0.00
集体协商	9	0.06	中国工会	3	0.02
工会改革	8	0.00	工人阶级	3	0.01
工会实践	7	0.00	劳动保护	3	0.02
就业质量	5	0.00	工会组织	3	0.02
劳动者	4	0.01	协调机制	2	0.00

为了进一步了解工会主题相关研究的重点，在关键词共现分析的基础上，运用 CiteSpace 软件进一步进行关键词聚类分析，以对研究热点进行高度概括。根据图 6 所示，以 2017—2022 年所筛选出的 242 篇工会主题研究的文献为基础，对关键词进行聚类分析，共形成了

#0 劳动关系、#1 劳资关系、#2 主体分析、#3 集体协商、#6 劳动者和 #7 劳动保护等 6 个核心聚类群，得到工会领域研究的关键词聚类（见表 12）。从现有关于工会主题的研究来看，学术界主要探讨工会对劳动者利益的保护和提升作用。其中，在当前新就业形态下，部分学者提议发挥工会职能来维护灵活就业劳动者的基本权益。闻效仪（2020）指出我国某地区开展的工会改革为"上代下"模式，即在不同阶段以建设社区工会、协助工会直选和源头治理劳资纠纷的形式开展改革，不断增强工会与工人的直接联系。[1] 靳卫东等（2022）认为应当推行"自下而上"的工会组建模式，以进一步强化工会的维权职能。[2] 孙兆阳、张博（2022）指出工会对劳动者权益影响存在差异性，工会对劳动者权力和利益维护应当采用差异化策略，以应对政府要求和社会诉求。[3]

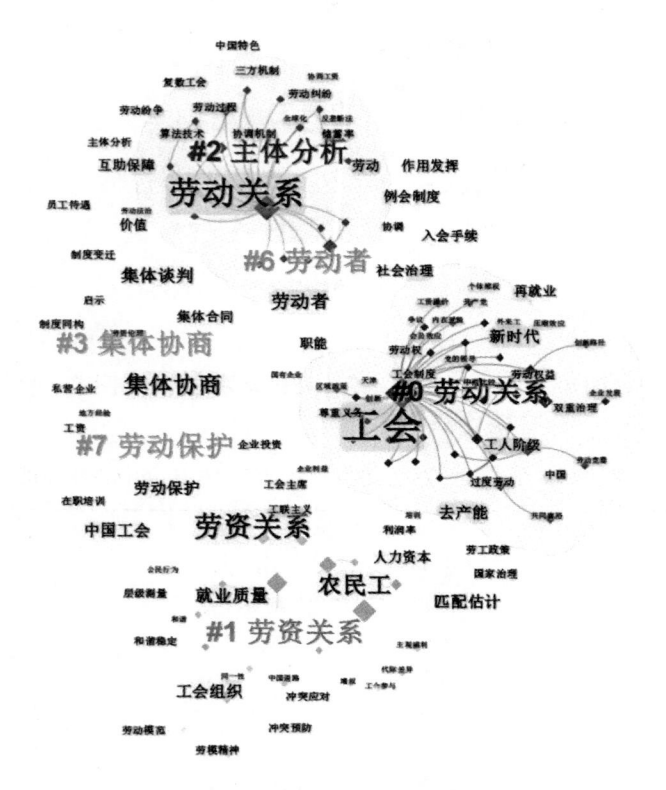

图 6 2017—2022 年工会主题研究关键词聚类图谱

---

[1] 闻效仪：《"上代下"：工会改革逻辑与多样化类型》，《社会学评论》2020 年第 5 期。
[2] 靳卫东、陈菲菲、崔亚东：《中国工会的维权职能：底线型还是增长型》，《经济问题》2022 年第 9 期。
[3] 孙兆阳、张博：《中国工会对劳动者权益的影响机制探究——基于 CLDS 2012—2016 年数据的分析》，《社会发展研究》2022 年第 4 期。

表12　　　　　　　2022年灵活就业和新就业形态主题文献关键词聚类节点

序号	聚类标签	紧密度	所含节点（按频次多少排序）
#0	劳动关系	1	工资溢价、共同富裕、过度劳动、工作时间
#1	劳资关系	0.946	就业质量、工会组织、和谐稳定、政策引导
#2	主体分析	0.942	三方机制、集体谈判权、劳动纷争、失业预期
#3	集体协商	0.947	制度同构、集体劳动合同、私营企业、制度变迁
#6	劳动者	0.960	市场经济、职能、价值、劳动
#7	劳动保护	0.986	技能短缺、在职培训、长期劳动合同、企业投资

2021年12月24日，第十三届全国人大常委会第三十二次会议审议通过了《关于修改〈中华人民共和国工会法〉的决定》，增加了完善职工入会权利相关规定。2022年1月1日起，《中华人民共和国工会法》（2021年修正）正式施行。修改后的工会法突出坚持党的领导、完善工会法和工会工作指导思想、拓展工会的基本职责、落实党中央对工会改革的新要求、体现党中央对产业工人队伍建设改革的新要求，特别是明确了新就业形态劳动者参加和组织工会的权利，拓宽了维权和服务范围，有力维护了新就业形态劳动者权益。

（四）新就业形态下的集体谈判与协商

平台及数字经济的蓬勃发展在创造收入和带来就业机会的同时，使得游离于传统劳动法所调整的新业态从业者大量涌现。① 在以往集体谈判与协商研究的基础上，部分学者将其与新就业形态下的劳动者权益保障相结合，并意识到可以通过完善集体谈判和协商机制来赋予新就业形态劳动者维护自身权益的能力。

为了更好呈现2017—2022年来我国集体谈判与协商的研究重点，本报告运用CiteSpace软件对相关文献进行可视化分析，所运用的论文数据来源于中国知网学术期刊数据库，以"集体谈判"和"集体协商"为主题，将时间范围限定在2017—2022年，将期刊来源类别定位CSSCI期刊，通过剔除会议类、转载类、访谈类等非研究性文献，共筛选出150篇文献。关键词分布如图7所示。在关键词频方面，"劳动关系"（22次）、"集体协商"（20次）、"工会"（13次）、"劳资关系"（10次）、"集体谈判"（8次）、"劳动力市场"（7次）是出现频次最高的六个关键词。在关键词的中介中心性方面，"劳动关系"、"集体协商"、"平台经济"、"工会组织"、"集体谈判"和"新就业形态"的中介中心性分别为0.49、0.41、0.20、0.13、0.12和0.10，是2017—2022年集体谈判与协商主题研究中的关

---

① 葛家欣：《新业态从业者集体劳权的实现路径——以集体劳动法和反垄断法的协调为视角》，《理论月刊》2022年第8期。

图 7　2017—2022 年集体谈判与协商主题研究关键词图谱

键节点，其他大部分关键词都存在共现关系（见表 13）。

表 13　2017—2022 年集体谈判与协商主题文献的关键词频次与中介中心性分析

关键词	频次	中介中心性	关键词	频次	中介中心性
劳动关系	22	0.49	新就业形态	4	0.10
集体协商	20	0.41	集体劳动关系	3	0.04
工会	13	0.04	劳动者	3	0.01
劳资关系	10	0.04	仲裁	3	0.03
集体谈判	8	0.12	农民工	3	0.05
劳动力市场	7	0.01	从属性	3	0.06
劳动法	6	0.09	劳动关系治理	3	0.00
和谐劳动关系	4	0.08	工会组织	3	0.13
平台经济	4	0.20	全球化	3	0.01

劳动关系

在以往研究的基础上，劳动关系学术理论界在2022年主要从"不完全劳动关系"探讨、新就业形态劳动者权益保障、和谐劳动关系构建、平台算法规制等角度，对集体谈判和协商的理论和实践问题开展了讨论。根据前文对2022年灵活就业和新就业形态领域研究的聚类分析（见表9），在聚类标签#1零工经济中的"社会保障""社会保险""收入分配"节点，聚类标签#3权益保障中的"非正规就业""法律地位""新业态用工"节点，聚类标签#4算法中的"劳动权益""平台工人"节点，聚类标签#5灵活就业人员中的"基本养老保险""基本公共服务均等化""公平感"节点，聚类标签#6协同治理中的"劳动者权益保障""职业技能培训""职业伤害保险"节点，聚类标签#7数字经济中的"数字劳动"节点，聚类标签#8劳动关系中的"劳动法""劳动保护""新型职业伤害保障机制"节点，聚类标签#9职业伤害中的"权利保障""新业态从业人员"节点，都涉及了集体谈判和协商所关注的重要内容。由此可反映出在新就业形态下，通过集体谈判和协商来维护劳动者的权益，加强劳动者在劳资双方博弈过程中的话语权，是当前劳动关系学科领域关注的重点问题。葛家欣（2022）从集体劳动法和反垄断法的视角分析了新业态从业者集体劳权的实现路径，提议在赋予从业人员集体劳权的同时，从反垄断法的角度来思考如何消除其集体行为所带来的反竞争隐忧。[①] 谢增毅（2022）引入其他国家关于新业态就业人员集体谈判和协商权利的做法，认为我国可在立法中明确平台工人有权加入和组织工会，开展集体协商。[②] 丁守海、夏璋煦（2022）在其关于数字经济下灵活就业的规制问题研究中指出，要真正实现通过集体协商保障权益需要注意两个方面的问题，一是集体协商的效率，二是头部企业参与协商的积极性。[③]

2021年，从中央到地方都出台了一系列新业态从业人员保障的政策措施（见表14），并鼓励新业态从业人员通过组建行业工会、区域工会或其他工会形式来与用工主体进行集体协商和谈判。例如，市场监管总局等七部门联合印发《关于落实网络餐饮平台责任切实维护外卖送餐员权益的指导意见》、北京市就业工作领导小组发布《关于促进新就业形态健康发展的若干措施》、南京市人社局等部门发布《关于规范新就业形态下餐饮网约配送员劳动用工的指导意见（试行）》、杭州市人社局等部门发布《关于部分特定人员参加工伤保险办法（试行）》等（见表14）。在相关政策出台之后，全国各地分别针对当地新就业形态发展态势，积极落实集体谈判和协商机制。

[①] 葛家欣：《新业态从业者集体劳权的实现路径——以集体劳动法和反垄断法的协调为视角》，《理论月刊》2022年第8期。
[②] 谢增毅：《平台用工劳动权益保护的立法进路》，《中外法学》2022年第1期。
[③] 丁守海、夏璋煦：《数字经济下灵活就业的规制问题研究》，《理论探索》2022年第1期。

表 14   2021 年出台的新就业形态下集体谈判与协商相关政策文件

时间	政策文件	主要内容
2021 年 4 月	关于规范新就业形态下餐饮网约配送员劳动用工的指导意见（试行）	"配送合作商"或其劳务派遣单位为建立劳动关系的"全日制骑手"和"劳务派遣骑手"依法参加社会保险，与之协商确定劳动报酬、休息休假、职业安全保障等事项；与建立非全日制用工关系的"非全日制骑手"协商确定劳动报酬、作息时间、职业安全保障等事项
2021 年 7 月	关于维护新就业形态劳动者劳动保障权益的指导意见	加快推动成立行业工会，并与平台企业建立沟通协商机制、维护从业人员的劳动权益
2021 年 7 月	关于落实网络餐饮平台责任切实维护外卖送餐员权益的指导意见	建立健全餐饮外卖送餐员权益保障工作协调机制，加强组织实施，强化风险评估，有效化解矛盾，落实网络餐饮平台主体责任和社会责任，保障外卖送餐员合法权益，坚决维护社会稳定
2021 年 9 月	关于推进新就业形态劳动者入会工作的若干意见（试行）	"对于不完全符合劳动关系的从业者，可以加入工作或居住地的乡镇（街道）、开发区（工业园区）、村（社区）工会或区域性行业性工会联合会、联合工会等"
2021 年 9 月	关于促进新就业形态健康发展的若干措施	支持行业协会、工会等组织协商制定企业保障劳动权益的行业规范和劳动者职业规范，签订行业性集体合同或协议，加强行业监管，维护劳动者合法权益

资料来源：人力资源和社会保障部官网、北大法宝，由作者整理。

（五）劳动争议预防与处理

劳动争议问题一直是贯穿企业和员工关系调整的重要方面，劳动争议的发生意味着企业利益需求与员工保障诉求存在不匹配性，从而引发二者间的利益纠纷。劳动关系的稳定与劳动力市场的活力、社会秩序的稳定以及人民生活的保障息息相关，重视劳动争议问题的预防和协调是实现经济社会持续稳定发展的重要议题。

为了更好呈现 2017—2022 年来我国劳动争议的研究重点，本报告运用 CiteSpace 软件对相关文献进行可视化分析，所运用的论文数据来源于中国知网学术期刊数据库，以"劳动争议"为主题检索词，将时间范围限定在 2017—2022 年，将期刊来源类别定位 CSSCI 期刊，通过剔除会议类、转载类、访谈类等非研究性文献，共筛选出 223 篇文献。在关键词频方面，"劳动关系"（25 次）、"劳动争议"（20 次）、"劳动法"（11 次）、"工会"（9 次）、"劳动合同法"（9 次）、"劳资关系"（5 次）是出现频次最高的六个关键词。在关键词的中介中心性方面，"劳动关系"、"劳动法"、"劳动争议"、"工会"、"劳动合同法"和"劳资关系"的中介中心性分别为 0.22、0.16、0.12、0.07、0.03 和 0.03，是 2017—2022 年劳动争议主题研究中的关键节点（见表 15）。

表 15　　2017—2022 年劳动争议主题文献的关键词频次与中介中心性分析

关键词	频次	中介中心性	关键词	频次	中介中心性
劳动关系	25	0.22	劳动合同	3	0.00
劳动争议	20	0.12	利益平衡	3	0.02
劳动法	11	0.16	准司法性	2	0.00
工会	9	0.07	大数据	2	0.00
劳动合同法	9	0.03	集体劳动关系	2	0.01
劳资关系	5	0.03	司法救济	2	0.00
劳资纠纷	4	0.00	权利保障	2	0.00
劳动法典	4	0.02	法律规制	2	0.00
劳动争议调解	3	0.00	政府	2	0.00

为了进一步了解劳动争议主题相关研究的重点，在关键词共现分析的基础上，运用 CiteSpace 软件进一步进行关键词聚类分析，以对研究热点进行高度概括。根据图 8 所示，以 2017—2022 年所筛选出的 223 篇劳动争议主题研究的文献为基础，对关键词进行聚类分析，共形成了 #0 劳动关系、#1 劳动争议、#2 劳动法、#3 劳资关系、#4 劳动合同法、#5 工会改革、#6 准官僚组织、#7 法典编纂 8 个核心聚类群（见表 16），得到劳动争议领域研究的关键词聚类图谱。对于受疫情影响而导致的劳动争议领域出现的新情况新问题，专家学者积极探寻疫情下预防和妥善处理劳动纠纷的策略。常凯、张菁（2020）[1] 指出，疫情之下实现复工复产中的劳资利益平衡，需积极发挥协调劳动关系三方机制作用；周静等（2021）[2] 提出要灵活运用协商机制，积极预防和化解劳资矛盾；高京燕（2022）[3] 提出，在疫情时代，工会要在积极履行维护职工合法权益的基本职责中发挥独特作用，从而预防和化解劳资矛盾。

---

[1] 常凯、张菁：《三方责任共担，共渡疫情难关》，《工人日报》2020 年 4 月 27 日。
[2] 周静、文菲斐、杨永贵：《疫情对企业和谐劳动关系的双刃剑效应——基于资源保存理论的微观视角》，《山东工会论坛》2021 年第 1 期。
[3] 高京燕：《疫情时代和谐劳动关系的构建：挑战与应对》，《河南社会科学》2022 年第 6 期。

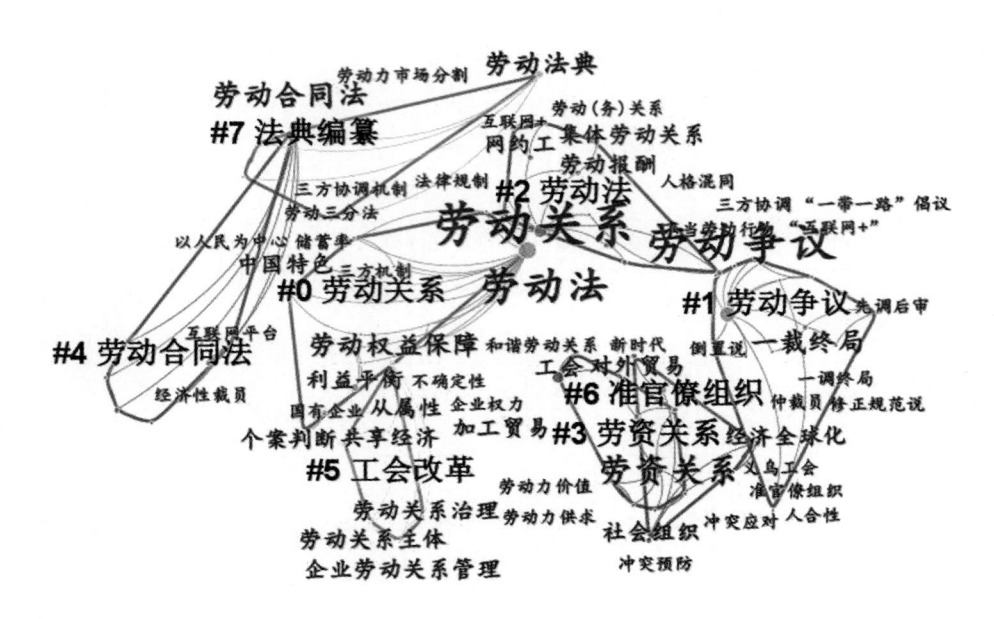

图8　2017—2022年劳动争议主题研究关键词聚类图谱

表16　2017—2022年劳动争议主题文献关键词聚类节点

序号	聚类标签	紧密度	所含节点（按频次多少排序）
#0	劳动关系	1	利益平衡、劳动纠纷、国有企业、劳动争议
#1	劳动争议	1	一裁终局、劳动关系、劳动争议仲裁法、仲裁员
#2	劳动法	0.967	风险防范、劳动争议裁判、不当劳动行为、法律规制
#3	劳资关系	0.892	对外贸易、福利支出、劳动力供求、冲突预防
#4	劳动合同法	0.969	一年雇佣规则、雇佣自由、股票期权、经济性裁员
#5	工会改革	0.981	企业劳动关系管理、劳动权益保障、劳动关系主体、新时代
#6	准官僚组织	0.929	自主性、社会组织、工会维权、义乌工会
#7	法典编纂	0.952	体系化、劳动法典、劳动关系、劳动争议

自新冠疫情发生以来，灵活就业以从业门槛低、包容性强、覆盖广、形式活的特点，为就业困难群体提供了就业机会，并且对疫情期间缓解就业压力起到了重要作用。然而，新就业形态下，灵活就业方式存在就业质量差、保障水平低的劣势，这使得较多就业群体面临较大的就业波动和失业风险。从现有政策来看，疫情期间各级政府和人社部门以我国劳动法的地域性特征为基础，所制定的劳动政策一定程度上有效缓解了疫情对劳资关系的冲击。[①] 然而，综观各级政府和人社部门制定的临时性劳动政策（见表17），由于其重

---

① 高京燕：《疫情时代和谐劳动关系的构建：挑战与应对》，《河南社会科学》2022年第6期。

点关注稳就业的问题，部分临时性政策更加倾向于对劳动者平等就业、收入报酬、返岗复工等多项权益的保障，而缺乏对企业在特殊疫情时期生产经营困难的考虑。

表17　　　　　　　　疫情背景下劳动争议预防与处理相关政策文件

时间	政策文件	主要内容
2020年1月	关于妥善处理新型冠状病毒感染的肺炎疫情防控期间劳动关系问题的通知	对新型冠状病毒感染的肺炎患者、疑似病人、密切接触者在其隔离治疗期间或医学观察期间以及因政府实施隔离措施或采取其他紧急措施导致不能提供正常劳动的企业职工，企业应当支付职工在此期间的工作报酬，并不得依据劳动合同法第四十条、四十一条与职工解除劳动合同
2020年3月	国务院办公厅关于应对新冠肺炎疫情影响强化稳就业举措的实施意见	引导劳动者有序求职就业，及时收集发布用工信息，加强输出地和输入地信息对接，鼓励低风险地区农民工尽快返岗复工
2022年8月	关于加强行政司法联动保障新冠肺炎康复者等劳动者平等就业权利的通知	聚焦对包括新冠肺炎康复者在内的劳动者就业歧视问题，集中对劳动力市场开展专项清理整顿，有力维护了各类劳动者平等就业权益
2022年11月	关于进一步加强劳动人事争议协商调解工作的意见	进一步健全党委领导、政府负责、人力资源和社会保障部门牵头和有关部门参与、司法保障、科技支撑的劳动人事争议多元处理机制，充分发挥协商调解在劳动人事争议处理中的前端性、基础性作用

资料来源：人力资源和社会保障部官网、北大法宝，由作者整理。

（六）重点人群权益保障

1. 农民工群体

在中国这样一个农业人口占比很高的国家，农民的就业问题，尤其是失地农民的就业安置必须引起重视。目前国家出台了一系列失地农民就业安置的政策，包括货币安置、就业保障安置、就业培训安置等。但随着近年来我国城市化进程的加快以及失地农民再就业需求的多元化，现行的安置政策已经不太适应当前的情况，同时在政策的落实过程中也存在诸多问题，例如失地农民再就业的安置政策与相关安置措施不健全、失地农民的保险保障水平低，以及再就业培训不足、培训方式单一等。[①]

2022年1月1日，人力资源和社会保障部发布的《拖欠农民工工资失信联合惩戒对象名

---

① 李国选、于莉：《失地农民再就业的政策支持研究》，《中国市场》2020年第29期。

单管理暂行办法》（以下简称《暂行办法》）正式施行。《暂行办法》是贯彻落实党中央、国务院决策部署，实施《保障农民工工资支付条例》的重大举措，有利于进一步提升劳动保障监察执法效能，加大恶意欠薪惩戒力度，营造守法诚信的劳动用工环境。同年，各级人力资源和社会保障部门将 1055 户严重欠薪单位列入拖欠农民工工资失信联合惩戒对象名单，推送至信用信息共享平台，在招投标、融资贷款、市场准入等方面依法依规实施联合惩戒；同时，积极推进信用修复，将自我纠错、积极整改欠薪行为的用人单位依规移出名单，进一步优化营商环境。

从当前的农民就业创业相关政策来看，大致可以将其分为供给型政策、需求型政策以及环境型政策，分别从推动、拉动以及保障农民就业创业三方面来助力农民的就业和创业。但总体上看，仍然存在基层政府执行力不够、供给型政策工具没有充分发挥作用、农民就业创业政策体系不完善、目标定位不准确以及需求型政策工具严重匮乏、培育市场主体力度不够等问题。[1]

2. 女性劳动者群体

我国重视对女性就业平等权的保护，但保护力度较弱，政策落实程度较低。在我国女性就业权的平等受到法律的保护，目前涉及女性就业权平等保护的法律规范主要包括两个方面的内容：一是禁止性别歧视、保障女性就业机会平等的具体规定；二是对就业女性的特别保护措施，如女性生育期的职业保障以及月经期、怀孕期、生产期和哺乳期中的劳动禁忌等。这在一定程度上保护了我国女性就业群体的就业平等权，但我国女性就业群体就业平等权的保护还存在较大的不足，现行的政策尚不能有力保护女性就业机会的平等，且就业女性的特别保护措施也没有落实到位。[2] 另外，协调工作和家庭构成的困难一直被认为是造成女性就业率低的一个重要因素[3]，尤其在目前我国生育政策全面放开背景下，女性就业平等的问题更加凸显。国际上既有研究大多认可女性就业和生育的关系总体上是冲突型关系，认为生育会降低女性的劳动参与率和劳动时间[4]、会限制女性的职业类型选择，[5] 究其原因，主要是产后女性就业保障机制不完善，再生育会导致产后女性群体重返职场过程中招致更多歧视。这从生育政策全面放开后，女性生育意愿仍然不高、我国生育率仍未达到预期的现状中也可以得到判断。

---

[1] 李晓晨、李胜超：《政策工具视角下的农民就业创业政策研究——基于 2004—2018 年的文本量化分析》，《青岛科技大学学报（社会科学版）》2019 年第 2 期。

[2] 郭延军：《我国女性就业权平等保护制度反思》，《法商研究》2013 年第 2 期。

[3] Selwaness I, Krafft C., "The Dynamics of Family Formation and Women's Work: What Facilitates and Hinders Female Employment in the Middle East and North Africa?" *Population Research and Policy Review*, 2020: 1 - 55.

[4] Angrist, Joshua & Evans William., "Children and Their Parents' Labor Supply: Evidence from Exogenous Variation in Family Size", *The American Economic Review*, 1998, 88 (33): 450 - 477.

[5] Mandel, Hadas., "Rethinking the paradox: Tradeoffs in Work - Family Policy and Patterns of Gender Inequality. Community", *Work & Family*, 2011, 14 (2): 159 - 176.

2022年10月30日，中华人民共和国第十三届全国人民代表大会常务委员会第三十七次会议修订通过《中华人民共和国妇女权益保障法》，自2023年1月1日起施行。该法禁止用人单位在招录、招聘中以性别为由拒绝录用、聘用妇女或者差别化地提高对妇女录用、聘用标准，并列举了五种性别歧视行为；禁止用人单位限制妇女晋职晋级评聘专业技术职称和职务，并将招聘、录取、晋职、晋级、评聘专业技术职称和职务、培训、辞退等过程中的性别歧视行为纳入劳动保障监察范围。该法进一步为妇女创造公平就业环境提供了有力法治保障。

我国女性就业保障政策大体可以分为命令控制型政策、自愿型政策、经济激励型政策，分别以政府通过强制力约束直接作用、市场通过经济刺激间接作用，以及社区等第三方力量通过非权力、非经济手段间接作用三种方式保障了女性就业权利，但仍然存在政策资源运用重复、更关注性别间的形式平等、女性就业保障政策内容覆盖面狭窄、偏重权威型工具的延续且政策工具组合单一等问题，需要进一步引起重视。

3. 大学生就业群体

大学生就业是社会就业的重要组成部分，其成为社会关注热点既有外部社会环境的影响，也有鲜明的时代特征的影响。[①] 近年来高校毕业生人数呈现逐年攀升的趋势，就业压力凸显。[②] 随着大学生就业问题的不断显现，我国出台了一系列促进大学生就业的积极政策。[③] 根据政策文本内容进行分类，大学生就业政策主要由总政策（指导方针和基本原则）、具体政策（工作程序、纪律、各项具体规定以及各种地方政策）和特殊政策（特殊群体的就业政策）三部分构成。[④] 这些政策的实施在拓宽大学生就业渠道、调整就业流向、强化就业指导服务等方面取得了良好成效，但是同时存在对就业质量问题关注不够、执行过程中的协同性不够以及保障机制不健全等问题。[⑤] 另外，从大学生就业政策的政策网络来看，其政策网络结构形态属于主导型模式，政府在其中处于主导地位，协同网络中其他主体共同发挥政策网络的功能，解决政策问题。但目前我国大学生就业政策还存在主体之间缺乏沟通互动、政策在执行上缺乏配套实施机制以及政策主体难以较好地适应环境等问题。

我国大学生就业政策可以被划分为供给型政策、需求型政策以及环境型政策，分别从增强大学生就业意愿与能力、开拓并稳定大学生就业市场、为就业活动提供有利的政策环境三个方面促进了大学生的就业。但目前政策工具体系还不够完善，供给型政策工具中资金投入

---

① Zhang S., "The Employment of University Students Currently: Transformation of External Social Environment and Reasonable Employment Choices", *The Science Education Article Collects*, 2019.
② 冯喜良、邱玥：《高校毕业生的灵活就业选择倾向——基于人力资本匹配和职业心理需求视角的发现》，《中国人口科学》2022年第6期。
③ 葛怿昕：《国家就业政策对大学生就业的影响分析》，《科教文汇（上旬刊）》2020年第19期。
④ 万茗：《当前我国大学生就业政策述评》，《黑龙江高教研究》2008年第5期。
⑤ 刘万振、姜星海：《我国大学生就业政策研究综述》，《中国大学生就业》2019年第24期。

力度不够，人力资源管理各环节政策力度不均衡，尤其是人才使用环节受重视程度不够，政策工具与人力资源管理环节间匹配性不足。①

针对上述农民工、女性劳动者以及大学生等群体的就业问题，已有成果从各个不同方面对其就业风险治理政策进行了相关研究。已有研究成果包括：（1）从政策实施效果以及政策工具等不同角度对不同就业风险群体治理政策进行梳理、总结；（2）从政策制定、政策执行过程以及政策效应等方面对政策体系以及政策实施效果进行评估。总体上来说，上述研究在以下几个方面还存在进一步扩展和探索的空间：（1）关于就业风险治理政策的梳理以及评价，学者主要从不同的角度进行各有侧重的梳理评价，并没有对就业风险治理政策进行完整的、系统化的研究，需要进一步系统地对我国总体就业风险治理的状况（包括就业风险治理中采取的措施、取得的效果、面临的困境及其成因）、政策在适应性与有效性方面的不足等方面进行研究，从而明确未来政策调整与改革的思路。（2）关于就业风险治理政策体系的梳理，学者主要从政策工具的视角进行研究，缺乏以就业风险治理形成的不同层级政策群的视角进行研究，需要进一步从宏观战略、中观战术以及微观执行层面梳理、构建就业风险多维治理体系，并提出相关实现路径。

四　劳动关系 2023 年趋势与展望

中国劳动关系学科及其相关研究是在我国实行改革开放，不断完善市场机制的社会变革下快速发展起来的，其发展趋势与时代背景息息相关。

共同富裕理念将推动新时代中国特色和谐劳动关系持续发展。习近平新时代中国特色社会主义思想强调坚持以人民为中心的发展理念，走共同富裕道路，这些思想为新时代构建中国特色和谐劳动关系指明了方向。2023 年中国劳动关系领域将深入贯彻党的二十大精神，全面落实党中央、国务院关于构建和谐劳动关系的重要决策部署，以促进企业发展、维护职工权益为目标，坚持稳中求进的工作总基调，推动企业贯彻落实劳动保障法律法规、完善劳动关系协商协调机制、健全劳动者权益保障制度、促进和谐文化建设。推动企业和职工协商共事、机制共建、效益共创、利益共享，打造企业与职工的利益共同体、事业共同体、命运共同体，使规范有序、公正合理、互利共赢、和谐稳定的劳动关系进一步形成，为构建中国特色和谐劳动关系奠定坚实基础。②

---

① 葛蕾蕾、方诗禹、杨帆：《政策工具视角下的高校毕业生就业政策文本量化分析》，《国家行政学院学报》2018 年第 6 期。

② 《人力资源和社会保障部 中华全国总工会 中国企业联合会/中国企业家协会 中华全国工商业联合会关于推进新时代和谐劳动关系创建活动的意见》，2023 年 1 月 3 日，http：//www.mohrss.gov.cn/SYrlzyhshbzb/laodongguanxi_/zcwj/laodongguanxixiediao/202301/t20230103_492711.html。

不断完善重点群体劳动者权益保障体制机制。近年来，随着数字经济蓬勃发展，新就业形态劳动者规模持续壮大，外卖员、配送员、网约车司机等为方便人民生产生活、促进社会和谐发挥了重要作用。推动和谐劳动关系建设，必须切实维护好新就业形态劳动者劳动保障权益。针对新就业形态劳动者权益保障所面临的新情况新问题，2021年7月国家印发了《关于维护新就业形态劳动者劳动保障权益的指导意见》，创新和完善了新就业形态劳动者权益保障制度机制，意见明确提出要"完善休息制度，推动行业明确劳动定员定额标准，科学确定劳动者工作量和劳动强度"等。在灵活雇佣持续发展的社会背景下，科学确定劳动标准，进一步落实新就业形态劳动者权益保障部署将是2023年劳动关系的重要工作之一。同时，根治拖欠农民工工资的体制机制将会继续被重视和改进。习近平总书记指出："要坚持社会公平正义，排除阻碍劳动者参与发展、分享发展成果的障碍，努力让劳动者实现体面劳动、全面发展。"2022年1月，《拖欠农民工工资失信联合惩戒对象名单管理暂行办法》开始施行。在全国范围开展2022年度集中整治拖欠农民工工资问题专项行动的基础上，2023年将继续深化根治欠薪，保障农民工合法劳动权益工作将会进一步加强。

2023年，上述劳动关系的重点发展趋势将成为中国劳动关系领域相关研究的重要基础。适应市场机制运行的中国劳动关系学科虽然发展时日较短，但随着中国特色社会主义市场经济体制的不断完善，定会得到长足发展。第一，健全中国劳动关系学科的理论、方法体系框架。只有具备一个比较科学的理论框架和研究方法，劳动关系研究才能够更加系统、深入和规范，才能够发现和把握劳动关系发展和运行的规律。建立劳动关系学科的直接目的，是要为政府的劳工政策制定提供理论支持。劳动关系学科在政府劳工政策的制定中发挥了非常重要的作用，这种作用包括对劳动关系性质、目的和趋向的理论分析，也包括对政府劳工政策的评论和建议。劳动关系学科作为一种科学，具有公正性和客观性的特点。以劳动关系学科为政府劳工政策的基础，可以促使政府的劳工政策制定更加理性化。因此，适合中国经济社会发展需求、科学系统的劳动关系学科理论及方法体系是中国劳动关系学科发展的重要基础。第二，加大劳动关系专业人才培养。劳动关系学科的另一目的是培养大批的劳动关系专业人才。从现实中国的劳动关系管理和矛盾处理来看，我国急需大批的劳动关系专业人才。人才需求的单位包括政府劳动行政部门、工会组织和非政府组织，但最大量的需要这种专业人才的还是企业。凡是有劳动关系管理的部门和单位，都需要劳动关系专业人才。劳动关系专业人才必须接受专业的系统训练，这当中包括劳动关系的管理和处理的理念、理论、方法、能力、知识、操作等多方面的训练。第三，重视具有国际视野的本土化专业队伍建设。中国劳动关系改革实践不仅为劳动关系学科提供了丰富的研究课题，也为全球劳动关系的发展提供了宝贵经验。在借鉴市场化国家劳动关系协调经验教训的基础上，我国需要培养一支植根中国并具有国际视野的专业队伍，为建设新时代中国特色劳动关系学科和专业人才培养贡献力量。

最佳论文

一 2022年劳动关系最佳中文论文

(一) TOP 50 榜单

劳动关系最佳中文论文 TOP 10 榜单,2022 年

总榜序	论文	刊物复合影响因子	月均引用	专家投票	月均下载	综合得分
1	平台用工劳动权益保护的立法进路 谢增毅 (2022),《中外法学》,第 1 期,第 104—123 页	11.571	2.917	2	408.7	0.8514
2	数字经济时代平台用工的劳动保护和劳动关系治理 王伟进、王天玉、冯文猛 (2022),《行政管理改革》,第 2 期,第 52—60 页	3.707	1.727	4	385.4	0.6126
3	作为劳动基准的个人信息保护 王倩 (2022),《中外法学》,第 1 期,第 183—201 页	11.571	1.583	3	226.2	0.5848
4	平台经济下的劳动就业和收入分配:变化趋势与政策应对 李力行、周广肃 (2022),《国际经济评论》,第 2 期,第 46—59+5 页	5.981	1.091	4	316.6	0.4898
5	互联网"零工经济"就业群体的劳动权益保障研究 潘旦 (2022),《浙江社会科学》,第 4 期,第 89—95+159 页	2.419	0.889	5	292.0	0.4522
6	平台经济下数字零工的劳动权益保障研究 闫慧慧、杨小勇 (2022),《经济学家》,第 5 期,第 58—68 页	7.697	0.500	5	305.1	0.4215
7	数字时代劳动法的危机与用工关系法律调整的方法革新 沈建峰 (2022),《法制与社会发展》,第 2 期,第 119—135 页	7.115	0.636	4	234.8	0.3919
8	共享用工:"狭义借调"中的三方合同构成 田思路 (2022),《法学》,第 1 期,第 143—158 页	8.201	0.583	4	124.3	0.3711

续表

总榜序	论文	刊物复合影响因子	月均引用	专家投票	月均下载	综合得分
9	人工智能引发劳动关系变革：系统重构与治理框架　何勤、董晓雨、朱晓妹（2022），《中国人力资源开发》，第 1 期，第 134—148 页	4.035	0.333	5	216.3	0.3389
10	新时代我国劳动关系的研究综述与展望：基于劳动关系主体的视角　谢鹏鑫、屈萌、冯娇娇、杨付（2022），《中国人力资源开发》，第 4 期，第 96—109 页	4.035	0.333	4	392.1	0.3300

劳动关系最佳中文论文 TOP 11－50 榜单，2022 年

总榜序	论文	刊物复合影响因子	月均引用	专家投票	月均下载	综合得分
11	劳动保护、性别成本差异与性别就业差距　李磊、刘常青，《世界经济》，第 7 期，第 153—180 页	8.479	0.167	4	336.8	0.3255
12	焦虑的自由：灵活就业人员的弹性劳动、工作焦虑与生计理性——基于 2020 年长三角流动人口调查数据　汪华、唐晓琦、杨宏星（2022），《华南师范大学学报（社会科学版）》，第 6 期，第 99—113＋207 页	3.465	0.500	4	158.0	0.3178
13	论"劳动"与"休闲"及其之间的辩证关系——以现代社会中人本质的"异化"与"复归"为焦点　李哲罕（2022），《理论探讨》，第 4 期，第 134—139 页	3.406	0.333	5	85.0	0.3101
14	马克思主义视角下的当代国际分工理论：缺失、复归与融合　李直、刘越（2022），《政治经济学评论》，第 5 期，第 166—187 页	3.761	0.250	5	134.5	0.3049

续表

总榜序	论文	刊物复合影响因子	月均引用	专家投票	月均下载	综合得分
15	捆绑、分离抑或第三条道路：论劳动关系与社会保险的关系　沈建峰（2022），《法学评论》，第5期，第101—113页	8.46	0.250	4	103.1	0.3011
16	算法自动化决策中的女性劳动者权益保障　张凌寒（2022），《妇女研究论丛》，第1期，第52—61页	2.947	0.583	3	202.9	0.2983
17	基于生活逻辑的劳动教育独立性辩护——兼论劳动教育与德智体美四育的关系　班建武（2022），《思想理论教育》，第4期，第65—70页	5.222	0.444	3	221.7	0.2933
18	灵活就业体面化及其劳动关系问题　肖巍（2022），《人民论坛·学术前沿》，第8期，第44—51页	2.166	0.200	5	185.2	0.2894
19	基于事实契约理论的事实劳动关系重述　钱叶芳（2022），《法学》，第2期，第149—161页	8.201	0.182	4	122.5	0.2882
20	嵌入式治理：地方政府维护新业态劳动者权益的务实策略研究　李强、李一鸣（2022），《中国人力资源开发》，第10期，第76—88页	4.035	0.333	4	151.7	0.2875
21	工业智能化的政治经济学分析——基于"技术—劳动过程—劳资关系"三维作用机制　盖凯程、李孟杰，（2022），《财经科学》，第6期，第50—61页	5.819	0.143	5	53.6	0.2868
22	青年自雇型就业的脆弱性研究——以网约工为例　邹会聪、邓志强（2022），《中国青年研究》，第12期，第101—109页	3.803	0.000	5	296.0	0.2824
23	平台外包经营中的用工责任分配——基于"算法管理"的"相应责任"厘定　田野（2022），《政治与法律》，第8期，第16—32页	7.003	0.200	4	119.4	0.2807

续表

总榜序	论文	刊物复合影响因子	月均引用	专家投票	月均下载	综合得分
24	共享经济下灵活就业人员劳动权益保障机制研究 陈兵，赵青（2022），《兰州学刊》，第11期，第102—112页	2.301	0.000	4	570.5	0.2775
25	家庭劳动参与与高中生身心健康的倒U型关系——基于全国疫情期间高中在线学习状况调查数据的实证研究 郭丛斌、王天骄（2022），《清华大学教育研究》，第3期，第61—72页	3.005	0.143	5	136.0	0.2764
26	西方学者对数字经济时代资本主义劳资关系的研究述评 陈晓仪（2022），《经济学家》，第4期，第37—44页	7.697	0.111	4	150.3	0.2741
27	数字化平台企业网约工心理契约：内容、测量与服务绩效影响验证 何建华、高永端、常莉俊（2022），《商业经济与管理》，第3期，第5—15页	3.876	0.300	4	98.5	0.2698
28	数字平台中资本与劳动的多样化关系解构分析 赵秀丽、王生升、方敏（2022），《经济学家》，第10期，第24—32页	7.697	0.000	4	245.7	0.2681
29	狭义退休和广义退休：分立、转化与融合 林熙（2022），《社会保障评论》，第1期，第78—89页	5.614	0.083	5	19.8	0.2668
30	最低工资制度、劳动合同期限与企业用工形式 王欢欢、胡冬敏、张际（2022），《经济学（季刊）》，第4期，第1125—1146页	8.173	0.000	4	170.7	0.2591
31	劳动关系变化、劳动者需求与社会保险制度改革 封进（2022），《社会保障评论》，第5期，第66—78页	5.614	0.000	5	72.1	0.2589
32	新就业形态中的劳动者权益维护与工会工作模式选择 唐鑛、郑琪（2022），《学术研究》，第5期，第82—89+178页	1.622	0.250	4	148.0	0.2482

续表

总榜序	论文	刊物复合影响因子	月均引用	专家投票	月均下载	综合得分
33	劳动法典中的个人信息保护　吴文芳（2022），《北方法学》，第6期，第44—48页	3.377	0.000	5	107.3	0.2452
34	两个世界与双重身份——数字经济时代的平台劳动过程与劳动关系　陈龙（2022），《社会学研究》，第6期，第81—100+228页	7.960	0.000	4	102.0	0.2450
35	论超龄劳动者工伤救济的路径　李康（2022），《法律适用》，第11期，第163—172页	3.681	0.000	4	310.5	0.2438
36	从"发展中规范"到"规范中发展"：互联网平台用工治理的演进过程与机制　雷晓天、柴静（2022），《中国人力资源开发》，第5期，第6—24页	4.035	0.125	4	145.5	0.2435
37	国家治理视野下的劳动法典编纂　叶静漪、李少文（2022），《行政法学研究》，第5期，第18—28页	8.655	0.000	4	58.5	0.2435
38	从"一重劳动关系"到"双重劳动关系"：共享用工规制路径的重构　范围（2022），《环球法律评论》，第4期，第129—145页	8.787	0.111	3	128.0	0.2398
39	我国灵活就业统计研究——基于2021年劳动力调查数据　贾毓慧（2022），《调研世界》，第10期，第3—11页	2.478	0.333	3	166.7	0.2363
40	劳动保护与私营企业出口　熊瑞祥、万倩（2022），《经济学（季刊）》，第4期，第1259—1278页	8.173	0.111	3	133.1	0.2353
41	情感劳动理论的贡献、局限与拓展——引入关系向度理论的分析　张杨波（2022），《中国社会科学评价》，第3期，第32—41+157—158页	1.304	0	5	154.0	0.2350

续表

总榜序	论文	刊物复合影响因子	月均引用	专家投票	月均下载	综合得分
42	网约车司机的劳动者地位探析——以与传统出租车司机比较为视角 周宝妹（2022），《中国社会科学院大学学报》，第3期，第67—81＋130—131页	1.982	0.000	5	107.4	0.2328
43	工会组织在新就业形态中的现状、问题及对策 李雄（2022），《理论月刊》，第10期，第129—138页	1.957	0	3	147.7	0.2283
44	劳资冲突对员工离职倾向的影响机理——一个有调节的中介模型 唐雪梅、赖胜强（2022），《财经论丛》，第7期，第102—112页	4.091	0.000	4	190.0	0.2262
45	劳动合同法之法律性质与体系归属——兼谈《劳动合同法》与《民法典》之协调、互动 郑晓珊（2022），《清华法学》，第3期，第149—164页	9.235	0.000	3	143.7	0.2237
46	劳动合同、保险覆盖与家庭金融市场参与——基于微观调查数据的实证分析 吴卫星、王睿、赵梦露（2022），《财经问题研究》，第4期，第83—91页	3.883	0.222	3	139.9	0.2212
47	我国零工劳动者权益保护的困境与出路 武辉芳、谷永超（2022），《北京社会科学》，第9期，第85—91页	1.617	0.250	2	400.5	0.2128
48	劳动纠纷与预防性储蓄——基于体制内外异质性视角 马鑫（2022），《当代经济科学》，第5期，第84—97页	5.426	0.000	4	47.1	0.2128
49	能动治理与社会纽带：政府治理劳动关系试点中的策略选择 孟泉、闫妍（2022），《中国人力资源开发》，第5期，第25—42页	4.035	0.250	3	50.9	0.2125
50	平台用工算法规制的劳动法进路 田野（2022），《当代法学》，第5期，第133—144页	7.828	0	3	143.3	0.2112

（二）TOP 50 内容概览

第 1 名

平台用工劳动权益保护的立法进路

谢增毅（2022），《中外法学》，第 1 期，第 104—123 页

【内容概览】

1. 问题/议题

平台用工劳动权益保护的立法进路。

2. 结论

该文主要探讨了数字劳动力平台的发展和影响。通过对全球数字劳动力市场的现状进行分析，可以看到数字劳动力平台在全球范围内得到了迅速发展。数字平台对劳动力市场的影响主要体现在以下几个方面：一是改变了传统的雇佣关系，使得工作更加灵活；二是提高了就业机会和收入水平，但也存在一些不稳定性和不确定性；三是加剧了社会不平等现象，使得一些人更容易受到剥削。未来数字化劳动力的发展趋势包括以下几个方面：一是数字化技术将继续推动数字劳动力市场的发展；二是政府需要采取措施来保护数字化劳动者的权益；三是数字化劳动力需要更好地组织起来争取自己的权益；四是数字化技术将进一步改变传统产业结构和就业形态。总之，数字化劳动力平台在全球范围内得到了迅速发展，并且对传统雇佣关系、就业机会、收入水平以及社会不平等等方面都产生了深刻影响。未来数字化劳动力的发展趋势将继续受到数字化技术的推动，政府和数字化劳动力本身也需要采取措施来保护数字化劳动者的权益。

3. 论证

我国互联网平台工人数量多达数千万，且增长迅速。平台工人面临身份不明确、工作时间长、收入不稳定、职业伤害保障缺失、算法运行不合理等突出问题。由于平台用工的特殊性，现有劳动法及其司法实践难以为平台工人提供有效保护。近年来，越来越多的国家，包括美国、法国、意大利等对平台工人进行了专门立法。我国有必要出台平台工人权益保护专门立法。平台工人权益保护立法的基本思路是确保符合"劳动者"标准的工人得到劳动法保护，并为一般平台工人提供基本劳动权益保障。立法应通过劳动关系举证责任转移规则，使平台工人身份得到正确归类。平台工人的基本权益内容应根据所有工人应享有的基本权益、平台用工的灵活性以及平台主要依靠算法运行的特点而设计，应赋予平台工人平等就业、职业安全卫

生、工资、工时、加入工会和集体协商等方面的权利，以及与算法相关的权利。

4. 作者自评和他评

他评。截至2023年2月28日，中国知网数据显示，该文被下载4913次，被引35次。

该文研究观点获得黄龙、程睿文、胡磊等的认同。例如，更多劳动法学者的研究更加聚焦劳动者权益的诸多方面，如劳动关系的界定的三分法问题、社会保险权益问题、劳动工时问题、算法取中问题等。这些研究为我国新就业形态劳动者权益保障体系的完善提供了诸多方面的分析与参考。[①] 又如，从属性是区分民事合同与劳动合同的关键依据，其早已成为理论界与实务界的共识。在网络平台用工背景下，判断是否存在劳动关系、是否需要倾斜保护，传统的从属性理论仍有适用空间，在无法实现从属性"有"或"无"一刀切的情形下，或许可以试着从强弱的角度出发探讨新就业形态下网络主播所处法律地位，进而探究其权益保障的法理逻辑。[②] 再如，对"不完全劳动关系"的法律适用存在"不改变现有法律分类，而是通过调整完善原有劳动法律机制来解决新的问题"，"出台平台工人权益保护专门立法"，"建立'类雇员法'"等不同观点，而且关于"不完全劳动关系"的专门性理论研究尚不多见。[③]

【作者简介】

谢增毅：中国社会科学院法学研究所研究员。

第2名

数字经济时代平台用工的劳动保护和劳动关系治理

王伟进、王天玉、冯文猛（2022），《行政管理改革》，第2期，第52—60页

【内容概览】

1. 问题/议题

数字经济时代平台用工的劳动保护和劳动关系治理。

2. 结论

该文章认为平台用工存在劳动保护不足的问题，主要原因是平台在劳动关系中处于事实

---

① 黄龙：《新就业形态劳动者参加和组织工会权利与路径研究》，《中国人力资源开发》2022年第12期。
② 程睿文：《数字化时代算法潜在的社会风险及其应对》，《社会科学动态》2022年第10期。
③ 胡磊：《"不完全劳动关系"的生成机理、运行特点与治理取向》，《经济纵横》2022年第10期。

上的绝对优势地位，以及平台用工法治建设的滞后。为了解决这一问题，文章提出了一些建议和思路。首先，应该完善数字时代的劳动法规，规范平台权利，保障劳动者尤其是零工权益。其次，应该建立行业劳动基准协商机制，促进平台与从业人员之间健康和谐劳动关系的构建。同时，要适应数字化转型趋势尽快构建新型职业伤害保障制度，保障平台用工尤其是平台灵活就业人员的正当权益。

总体而言，该文章认为在数字经济时代下，规范平台用工行为、加强平台用工社会保护已经迫在眉睫。政策思路应从鼓励和观察转向规范和引导，在注重鼓励转向积极规范和引导的思路下实现经济效益和社会效益的最大化。同时，在现有劳动二分法框架下增加新的劳动类型，将以外卖送餐骑手为代表的劳动方式不同于劳动关系下员工的平台灵活从业者界定为"类雇员"，将其纳入劳动保护范围，扩大劳动法对所有劳动类型的覆盖，从而建立起"民法—类雇员法—劳动法"的劳动保护法律框架。这些措施可以有效地解决平台用工存在的劳动保护不足问题，促进平台经济健康发展。此外，文章还提出了加强适应数字时代劳动关系发展需要的法治建设的建议，包括完善数字时代的劳动法规、建立行业劳动基准协商机制、规范平台权力等。这些措施可以帮助构建平台与从业人员之间健康和谐的劳动关系，促进平台经济健康发展。

总之，在数字经济时代下，平台用工存在一系列问题，需要政策制定者和社会各界共同努力来解决。通过加强适应数字时代劳动关系发展需要的法治建设、规范平台用工行为、加强平台用工社会保护等措施，可以有效地解决这些问题，并促进平台经济健康发展。

3. 论证

当前平台经济构成我国重要的新经济形态，平台用工日益成为重要的新就业形态。应看到，平台经济从业人员普遍工作时间长、工作强度大、社会保障体系发展滞后，平台用工存在对劳动者社会保护不足的问题。平台在劳动关系中处于事实上的绝对优势地位，以及平台用工法治建设的滞后，是平台用工劳动保护不足的两个重要原因。对平台用工应按照顺势而为、促进健康发展的思路，从注重鼓励转向积极规范和引导，实现经济效益和社会效益的最大化。当务之急是加强适应数字时代劳动关系发展需要的法治建设、建立行业劳动基准协商机制、规范平台权力，促进平台与从业人员之间健康和谐劳动关系的构建。同时，要适应数字化转型趋势尽快构建新型职业伤害保障制度，保障平台用工尤其是灵活就业人员的正当权益。

4. 作者自评和他评

他评。截至 2023 年 2 月 28 日，中国知网数据显示，该文被下载 4279 次，被引 19 次。

该文章研究观点获得李启平、张宏如、娄宇、雷晓天、柴静等的认同。例如，平台企业凭借资本和信息优势形成的垄断，在劳动关系中处于事实上的优势地位，对劳动保护形成技术性障碍；同时，平台用工法治建设滞后，低技能劳动力与平台企业在劳动合同谈判过程中很难做到平等协商。[1] 又如未来可以总结相关的经验，将商业意外事故险确定为一项新就业形态从业人员专属的强制保险制度，通过政府财政补贴、个人所得税抵扣等方式扩大保险的综合收益，让专属保险的待遇与工伤保险持平，切实解决从业者的职业"后顾之忧"。[2] 再如政府对新业态的包容态度、企业追求利润最大化的目标和原子化从业者就业的现实需求，共同造成了平台从业者劳动权益保障的缺位。平台劳动者处于"灵活失衡"和"保障不足"的不利局面，而我国平台用工法治建设严重滞后。[3]

【作者简介】

王伟进：国务院发展研究中心公共管理与人力资源研究所公共管理研究室副主任、副研究员。

王天玉：中国社会科学院法学研究所社会法研究室副主任、副研究员。

冯文猛：国务院发展研究中心社会发展研究部第二研究室主任、研究员。

第 3 名

作为劳动基准的个人信息保护

王倩（2022），《中外法学》，第 1 期，第 183—201 页

【内容概览】

1. 问题/议题

作为劳动基准的个人信息保护。

2. 结论

该文对劳动者个人信息保护问题进行了深入分析，指出了劳动者个人信息保护存在的特殊性和面临的挑战。文章认为，仅遵循私法路径不足以保护个人信息，还需要配备公权力保障，因此劳动基准法应该对一般规则进行调整。同时，文章还提到了南京市环卫管理部门给部分环卫工人佩戴智能手环监控工作状况的案例，并指出这种做法存在问题。总体来说，该文对劳动者个人信息保护问题进行了深入探讨，并提出了相应的解决方案和建议。

---

[1] 李启平、张宏如：《新技术—经济范式下就业量质协调发展的挑战及对策研究》，《湘潭大学学报（哲学社会科学版）》2022 年第 5 期。

[2] 娄宇：《新业态从业人员专属保险的法理探微与制度构建》，《保险研究》2022 年第 6 期。

[3] 雷晓天、柴静：《从"发展中规范"到"规范中发展"：互联网平台用工治理的演进过程与机制》，《中国人力资源开发》2022 年第 5 期。

该文提出了以下解决方案和建议。(1) 劳动基准法应该对一般规则进行调整，包括限制知情同意规则的适用、满足人力资源管理的正当需求、修改删除权、可携带权和自动化决策条款、协调主管机构、救济方式和法律责任等。(2) 在劳动关系中仅遵循私法路径不足以保护个人信息，还需要配备公权力保障，劳动基准法的双重保护机制也契合了这一需求。(3) 对于工作场所的视频监控等典型的应用场景，还应该通过配套文件来规制。(4) 针对南京市环卫管理部门给部分环卫工人佩戴智能手环监控工作状况的案例，文章认为这种做法存在问题，并指出需要更好地平衡用人单位与劳动者之间的利益关系，确保个人信息不被滥用或泄露。

3. 论证

劳动者的个人信息保护问题存在特殊之处，具体表现为资强劳弱和人格从属性背景下知情同意规则的失灵、工作数字化后劳动者有被透视和被操控的风险、有组织生产的合作关系中个人信息处理的需要，因此不能完全适用《个人信息保护法》的一般规则。劳动基准法已经被纳入立法规划，在其中就劳动者个人信息保护作专门规定，这是对数字时代人权保护新挑战的回应，对于其他劳动基准的实现也有重要意义。在劳动关系中仅遵循私法路径不足以保护个人信息，还需要配备公权力保障，劳动基准法的双重保护机制也契合了这一需求。作为劳动关系中保护个人信息的特别法，劳动基准法的相应条款应该考虑如何对一般规则进行调整，包括限制知情同意规则的适用，满足人力资源管理的正当需求，修改删除权、可携带权和自动化决策条款，协调主管机构、救济方式和法律责任。由于"必需"是一个语境依赖型概念，将来还应该通过配套文件来规制工作场所的视频监控等典型的应用场景。

4. 作者自评和他评

他评。截至 2023 年 2 月 28 日，中国知网数据显示，该文被下载 2741 次，被引 19 次。

该文研究观点获得吴文芳、杨勤法、程圆圆、丁晓东等的认同。例如，如今，劳动者个人信息保护不仅直接关乎劳动者数字人权保障，还关系到其他劳动基准能否实现。尤其是在劳动基准法已经被纳入十三届全国人大常委会立法规划的契机下，应抓住时机以基准化的方式划定劳动者信息权益的底线。[①] 又如，劳动关系的特殊性决定了纯粹的私法规范无法有效地解决劳动场景下的信息流转与保护问题，劳动法应当予以回应。有学者提出，劳动基准法已经被纳入十三届全国人大常委会立法规划，可以考虑在其中就劳动者个人信息保护作专门规定。[②] 再如，我国《民法典》第 2 条规定："民法调整平等主体的自然人、法人和非法人组织之间的人身关系和财产关系。"第 4 条规定："民事主体在民事活动中的法律地位一律平等。"

[①] 吴文芳：《劳动法典中的个人信息保护》，《北方法学》2022 年第 6 期。

[②] 杨勤法、程圆圆：《劳动者个人信息权益保护的法律困境与对策》，《中国人力资源开发》2022 年第 6 期。

这就使个人信息保护法的制度设计与传统私法存在较大区别。在消费者保护、劳动者保护的法律制度中，私法中嵌入了很多公法因素，以实现法律的倾斜保护。在个人信息保护的法律制度中，这种倾斜保护特征更为明显。[1]

【作者简介】

王倩：同济大学法学院副教授。

第 4 名

平台经济下的劳动就业和收入分配：变化趋势与政策应对

李力行、周广肃（2022），《国际经济评论》，第 2 期，第 46—59 + 5 页

【内容概览】

1. 问题/议题

平台经济下的劳动就业和收入分配：变化趋势与政策应对。

2. 结论

总体来看，伴随平台经济的发展所出现的劳动就业和收入分配方面的挑战，是技术进步带来的全球性劳动力市场结构性变革的必然结果。针对这些新的变化趋势，在制度调整和配套保障方面提出如下政策建议。

第一，完善平台企业监管体系、倡导企业承担社会责任，逐步建立相关行业协会和零工工会，担负起行业自律、劳动者权益协商，以及教育引导消费者的积极作用。

第二，调整现有的劳动法律制度，对劳动者权益保护体系和社会保障体系进行相应改革，开辟新的服务模式，在顺应技术进步带来的变革、不增加经济运行成本的同时，保护好零工劳动者的权益。

第三，在鼓励技术进步的同时，加大一般意义上的收入分配调节手段的力度，如完善弱势群体的保障体系、加快户籍制度改革提升劳动要素的流动性、通过土地制度改革提升农民财产性收入、加大公共教育投入力度以提升低收入群体的人力资本水平、完善资本相关的税收制度避免税收出现累退性等。

3. 论证

平台经济促使工作性质出现了从线下到线上、从固定到灵活、从单一到多元等方面的转

---

[1] 丁晓东：《个人信息公私法融合保护的多维解读》，《法治研究》2022 年第 5 期。

变，使得依赖平台从事零工工作的新就业形态劳动者占比上升，在全球范围内引发了劳动力市场的结构性变革。分析表明，数字技术的进步，促进了生产工序的分解、分包以及相关经济主体承担的工作任务的重新组合，引发了生产活动去公司化、去组织化的趋势，使得传统的雇员工作被零工等新就业形态所取代，导致劳资关系发生了重要变化。该文建议以去公司化、将保险保障与劳动关系解绑的思路解决劳动者权益保障问题，积极探索新的服务模式，建立起适用于平台经济发展的劳动者权益保护网，适应技术进步的变革。在鼓励平台经济创新发展的同时，应完善弱势群体的保障体系，加大一般意义上的收入分配调节手段的力度，让发展的红利惠及受损群体。

4. 作者自评和他评

他评。截至 2023 年 2 月 28 日，中国知网数据显示，该文被下载 3488 次，被引 12 次。该文研究观点获得杨伟国、吴邦正、余文涛、杜博涵、王延川、吴海燕等的认同。例如，平台经济因为设备创新、产品创新和模式创新，可以产生"净岗位创造效应"，劳动者不仅在线下，在线上也能工作，工作的时间也更加灵活。[1] 又如，人力资本结构方面，在平台经济背景下，一方面平台型企业吸引了许多技能水平较低的人员从事外卖、快递等服务类工作，一些原有的制造业生产工人也转而进入了服务业部门，人员的跨行业转移造成制造业一般生产人员的供给减少或增速放缓。[2] 再如，《新就业形态劳动者权益保障法》与《劳动法》属于特别法与一般法关系，在前者无规定或者规定不明时，可以补充适用后者的相关规定。这样可以实现平台经济中劳动法的升级优化，更好地适应时代发展。就如有学者所言的，我国劳动法制的发展方向，应该与国际发展趋势同向而行，即要扩大而非缩小劳动法的保护对象。[3]

【作者简介】

李力行：北京大学国家发展研究院教授。

周广肃：中国人民大学劳动人事学院副教授。电子邮箱：zhouguangsu@ruc.edu.cn。

---

[1] 杨伟国、吴邦正：《平台经济对就业结构的影响》，《中国人口科学》2022 年第 4 期。

[2] 余文涛、杜博涵：《电商平台应用与制造业企业全要素生产率——来自 A 股上市公司的经验证据》，载《中国经济学》第 2 辑，社会科学文献出版社 2022 年版。

[3] 王延川、吴海燕：《数字劳务平台就业者权益保障体系构建》，《陕西师范大学学报（哲学社会科学版）》2022 年第 4 期。

第 5 名

互联网"零工经济"就业群体的劳动权益保障研究

潘旦（2022），《浙江社会科学》，第 4 期，第 89—95 + 159 页

【内容概览】

1. 问题/议题

互联网"零工经济"就业群体的劳动权益保障研究。

2. 结论

互联网"零工经济"就业群体在劳动权益保障方面存在立法滞后、社会保障制度不完善、劳资关系失衡以及平台企业社会责任感缺失等问题。为了解决这些问题，政府应该加强立法建设和完善社会保障制度，企业应该平衡劳资关系并提高平台企业的社会责任感和公共服务意识，零工群体应该加强集体合作维权、组建行业组织以及设置职业互助金等方面的工作。只有三方协同合作实现零工劳动权益保障的实质性突破，才能促进互联网"零工经济"的健康发展，助力我国经济新业态。

3. 论证

零工经济劳动领域存在立法滞后、社保体系不健全、劳资关系不平衡、企业社会责任感缺失等现象，导致零工经济就业群体在劳动时长管理、劳动收入分配、劳动信息获取、劳动社会保障等方面均处于弱权状态。增进互联网"零工经济"就业群体劳动权益，政府应在零工行业的法律规划、社保福利、行业监管等方面加强顶层制度设计，企业应在入职资格、评价监管、社保福利、数据安全等方面规范治理机制，零工群体应在集体合作维权、组建行业组织、设置职业互助金等方面有所作为。三方协同合作实现零工劳动权益保障的实质性突破，从而促进互联网零工经济的健康发展，助力我国经济新业态。

4. 作者自评和他评

他评。截至 2023 年 2 月 28 日，中国知网数据显示，该文被下载 2646 次，被引 8 次。

该文研究观点获得严宇珺、龚晓莺、李永国、韩烨等的认同。例如，通过对已有关于零工经济的文献进行研究发现，其关注点大多集中于零工经济的"去技能化"、零工经济的劳动权益保障、零工经济的税收治理、零工经济对劳动关系的重塑等方面，主要从社会学、管理学角度开展研究，较少从马克思主义政治经济学视角对零工经济及零工经济条件下资本与

劳动的关系进行分析。① 又如，所谓零工经济，不仅包含传统的小时工，还包括外卖骑手、网约车、快递员、兼职等行业。伴随中国平台经济的迅速崛起，零工经济因门槛低、灵活性强等优势日渐繁荣。② 再如，从业者在多个平台企业同时工作的，可根据其在不同平台企业的工作量、工作时长、劳务收入比例等信息公平分摊平台企业缴费责任；或基于国际劳工组织对于劳工关系的"三方机制"，由政府、主要用工方之一、灵活就业者三方共同承担未参保人员的社会保障相关义务。③

【作者简介】

潘旦：博士，浙江财经大学马克思主义学院教授。

第 6 名

平台经济下数字零工的劳动权益保障研究

闫慧慧、杨小勇（2022），《经济学家》，第 5 期，第 58—68 页

【内容概览】

1. 问题/议题

平台经济下数字零工的劳动权益保障研究。

2. 结论

该文旨在探讨数字零工在平台经济下的劳动权益保障问题。通过对数字零工的概念范畴和就业形态进行辨析和界定，该文指出数字零工与传统零工有着很大的不同，他们能够独立自主地决定工作时间、地点和方式，以一种"自我雇佣"的形式进入劳动力市场。然而，数字化浪潮对平台经济的推动作用也加剧了对数字零工剩余价值的压榨，引发了数字零工职业保障不足、收入分配不公、"泰罗制"管理和职业晋升不畅等劳动权益保障问题。为了解决这些问题，该文提出了一些建议。首先，应明确数字零工的法律身份，并健全配套职业保障制度。其次，应加强对平台企业无序扩张的反垄断监管力度，并打破数字零工职业发展的天花板。此外，还应在建立职业风险有效防范化解机制等方面进行多重讨论。总之，在全面开启建设社会主义现代化强国之际，为构建和谐劳动关系，落实共享发展理念，推动新时代共同富裕，人们应该重视数字零工的劳动权益保障问题，并

---

① 严宇珺、龚晓莺：《零工经济劳动自由剥夺的实质及应对》，《北京社会科学》2022 年第 12 期。
② 李永国：《技能型社会建设助推共同富裕：逻辑、困境与路径》，《职业技术教育》2022 年第 16 期。
③ 韩烨：《网约工职业伤害保障的制度构建》，《吉林大学社会科学学报》2022 年第 3 期。

采取有效措施加以解决。只有这样，才能够更好地促进数字经济的发展和劳动力市场的高效管理。

3. 论证

灵活就业是数字经济背景下的新型就业方式，如何加强数字零工等灵活就业人员的劳动权益保障已成为亟待解决的问题。基于马克思主义政治经济学视角对数字零工进行概念辨析与界定可以发现，平台企业和数字零工的劳动关系具有特殊性，这一特殊性体现在资本从生产、分配、劳动强度和劳动时间方面加剧了对数字零工剩余价值的压榨，引发了数字零工职业保障不足、收入分配不公、"泰罗制"管理和职业晋升不畅等劳动权益保障问题。在全面开启建设社会主义现代化强国之际，为构建和谐劳动关系，落实共享发展理念，推动新时代共同富裕，应明确数字零工的法律身份，健全配套职业保障制度，加强对平台企业无序扩张的反垄断监管力度，并打破数字零工职业发展的天花板。

4. 作者自评和他评

他评。截至2023年2月28日，中国知网数据显示，该文被下载2476次，被引4次。

该文研究观点获得郝宇、王曰影等的认同。例如，闫慧慧和杨小勇基于马克思主义理论，分析了数字经济平台与数字零工之间的劳动关系，认为其区别于传统雇佣关系，在生产和分配层面更具特殊性。"在生产层面，'特殊'性表现为资本和劳动者共同提供生产资料"；"在分配层面，'特殊'性则体现在资本和劳动者按要素参与分配"。[①] 又如，闫慧慧和杨小勇（2022）总结数字零工面临的职业保障不足、收入分配不均、数字算法控制、晋升不畅与低社会认同等困境，并提出劳动权益保障的路径。[②]

【作者简介】

闫慧慧：同济大学马克思主义学院博士研究生。

杨小勇：同济大学马克思主义学院教授、博士生导师。

[①] 郝宇：《数字经济推动社会主义生产、生活、生态高质量发展：现实挑战、影响因素与政策设计》，《贵州省党校学报》2022年第6期。

[②] 王曰影：《零工经济视域下新型劳动关系探析》，《价格理论与实践》2022年第5期。

第 7 名

数字时代劳动法的危机与用工关系法律调整的方法革新

沈建峰（2022），《法制与社会发展》，第 2 期，第 119—135 页

【内容概览】

1. 问题/议题

数字时代劳动法的危机与用工关系法律调整的方法革新。

2. 结论

数字时代的用工关系应处于一种连续演进的、存在结合部位的用工关系法律调整的规范谱系中。这一谱系中的用工形式都属类型而不是概念。人们无法准确对其进行界定，只能通过描述及将其与序列中的典型形态或"里程碑"相比较来把握其内涵。所有希望严格而准确界定上述范畴的努力都无法得到最终完成，但认为这些范畴完全混沌而无法得到理性论证的观念没有看到类型思维本身的内在逻辑。为了应对当下对用工关系协调的需求，应首先完善用工关系谱系中作为"里程碑"的典型制度——典型雇佣合同（指向劳务关系）制度和典型劳动关系制度，使二者成为法律协调用工关系的工具箱，以此探究相关制度存在的本质，最终根据具体用工形式的实际进行规范的组合运用。其中，对于劳动关系，应以劳务关系为基础，组合适用关于劳动关系的规范；对于非标准劳动关系，应以劳动关系为基础，同时对相关规范进行除外适用。这种按照用工关系谱系的内在逻辑设计的用工关系协调制度可以较好地满足对灵活与安全的诉求，也是我国用工关系法律调整现代革新的方向。

3. 论证

在数字时代，去劳动关系化加速，劳动法陷入功能和存续危机。为解决此问题，出现了四种不同的方案，但这些方案将导致劳动法的调整对象混沌化。要实现从混沌到有序，应引入类型思维。用工关系协调中出现的劳务关系、类劳动关系、非标准劳动关系、劳动关系等属于类型而不是概念。应通过对常素的评价确定这些范畴，应将它们置于用工关系法律调整的规范谱系中，并通过将它们与谱系中的典型形态（或曰"里程碑"）相比较来确定它们的具体内涵。对于用工关系调整的法律适用，应采用评价式、分解式以及探究事物本质与立法目的式的规范适用方法。在我国，为了实现数字时代用工关系协调中的灵活与安全，应首先完善上述用工关系法律调整的规范谱系中作为"里程碑"的关于典型雇佣关系的法律规则。在此基础上，按照类型思维，通过组合适用关于典型雇佣关系的法律规则和关于典型劳动关系的法律规则，使各种用工关系更贴合当事人之间的利益状况，更符合社会公正的要求。

4. 作者自评和他评

他评。截至 2023 年 2 月 28 日，中国知网数据显示，该文被下载 2604 次，被引 7 次。

该文研究观点获得邹俊怡、王延川、吴海燕、姜晓雯等的认同。例如，沈建峰教授指出，不完全劳动关系是类型而非概念，概念在于区分，给出"是或者不是"；类型在于联通，适应于多样化现实的"或多或少"。[①] 又如，青岛市中级人民法院发布的《新业态用工纠纷审判白皮书》数据显示，2016—2018 年青岛全市两级法院受理的 94 件新业态用工纠纷案件（包括外卖、网约车及快递 3 类）中，与平台签订劳动合同的只占 3%，未签订劳动合同的占 76%。[②] 再如，平台劳动力提供者多不被认可是与平台建立了劳动关系的人群，平台为降低用工成本多进行灵活用工，平台只为这类群体缴纳部分社会保险。如果不认定这类劳动关系，这类用工人群是无法获取完整的社会保险利益的。[③]

【作者简介】

沈建峰：中央财经大学教授、博士生导师。

第 8 名

共享用工："狭义借调"中的三方合同构成

田思路（2022），《法学》，第 1 期，第 143—158 页

【内容概览】

1. 问题/议题

共享用工："狭义借调"中的三方合同构成。

2. 结论

该文主要探讨了共享用工中的三方合同构成问题。共享用工是多元化用工体制的重要组成部分，涉及劳动者、用人单位（借出单位）、用工单位（借入单位）三方合同关系，与"借调"和"劳务派遣"在形式上相类似，但又存在诸多不同。该文从三方合同性质出发，重新认识劳动力与生产资料相结合产生劳动关系理论、使用从属关系（人的从属性）理论及雇主指挥管理权构成理论，探讨了共享用工与借调、劳务派遣具有不同的法律属性，共享

---

① 邹俊怡：《劳动三分法下第三类劳动者法律属性的比较研究》，《武汉交通职业学院学报》2022 年第 3 期。

② 王延川、吴海燕：《数字劳务平台就业者权益保障体系构建》，《陕西师范大学学报（哲学社会科学版）》2022 年第 4 期。

③ 姜晓雯：《生育支持政策背景下生育保险制度的完善》，硕士学位论文，广西师范大学，2022 年。

员工只与用人单位具有一重劳动关系，一般不与用工单位具有默示或双重的劳动关系。同时，该文也提出了共享用工的实施条件和防范伪装的共享用工等违法行为的方法。综上所述，在实践中应当根据实际情况选择适当的用工方式，并严格遵守相关法律法规。对于共享用工这种新型形式，在使用时需要注意以下几点：首先，必须达成双方合意，并需具备生产经营的必要性、人选确定的合理性及合同变更的合法性等条件；其次，需要通过严格履行劳动合同变更程序、明确两个企业之间的法律责任与管理权限来防范伪装的共享用工等违法行为；最后，共享用工中的雇主责任主要由用人单位承担，用工单位可以行使用人单位让渡的部分指挥命令权，并基于部分使用从属性单独承担或与用人单位共同承担一定的雇主责任。因此，在实践中，用工单位应当加强对共享员工的管理和监督，确保其合法用工，并及时履行相关法律义务。同时，政府也应当加强对共享用工的监管和规范，完善相关法律法规，为企业提供更加稳定、可靠的用工环境。总之，共享用工是多元化用工体制的重要组成部分，在实践中需要根据实际情况选择适当的用工方式，并严格遵守相关法律法规，以确保劳动者权益得到有效保障，同时促进企业健康发展。

3. 论证

"共享用工"是多元化用工体制的重要组成部分，涉及劳动者、用人单位（借出单位）、用工单位（借入单位）三方合同关系，与"借调"和"劳务派遣"在形式上相类似，但又存在诸多不同。从概念的内涵上分析，我国的"共享用工"属于"狭义借调"。三方合同的法律构成诸学说大多以传统的劳资两元主体结构为理论前提，无法有效解释当前多元复杂的劳动合同关系，故而需要从三方合同性质出发，重新认识劳动力与生产资料相结合产生劳动关系理论、使用从属关系（人的从属性）理论及雇主指挥管理权构成理论。在三方合同关系中，共享用工与借调、劳务派遣具有不同的法律属性，共享员工只与用人单位具有一重劳动关系，一般不与用工单位具有默示或双重的劳动关系。共享用工中的雇主责任主要由用人单位承担，用工单位可以行使用人单位让渡的部分指挥命令权，并基于部分使用从属性单独承担或与用人单位共同承担一定的雇主责任。共享用工的实施要由劳资双方达成合意，且需具备生产经营的必要性、人选确定的合理性及合同变更的合法性等条件，并通过严格履行劳动合同变更程序、明确两个企业之间的法律责任与管理权限来防范伪装的共享用工等违法行为。

4. 作者自评和他评

他评。截至2023年2月28日，中国知网数据显示，该文被下载1491次，被引7次。

该文研究观点获得汪异超、范围、陈玥等的认同。例如，共享用工模式下原单位与劳动者建立的是一重劳动关系，劳动者的雇主责任完全由原单位承担，不存在劳动派遣关系中的两个雇主约定承担替代责任的空间，2020年人社部办公厅《关于做好共享用工指导和服务的通知》

中规定"将劳动者安排到缺工企业工作，不改变原企业与劳动者之间的劳动关系"，也确认了一重劳动关系的法理基础。① 又如，通过不断压缩用人单位单方调职的弹性空间，防止用人单位滥用权利、侵害劳动者权益。日本的"在籍出向"也被认为存在双重劳动关系，只是各雇主具体承担的义务存有差异。② 再如，事实上，劳动合同的中止贯穿了"共享用工"的整个过程。之所以不把劳动合同中止的概念单独拿出来探讨其合法性，是因为在借调劳动的情况下，通常把"借调"作为一个整体来对待，而借调劳动关系的司法地位也早已获得国际司法的普遍承认，所以没有必要单独讨论劳动合同中止的合法性。相比之下双重劳动关系就不然，不仅没有得到明确的认可而且还尚存诸多争议，因此需要单独对其合法与否进行相应的论证。③

【作者简介】
田思路：华东政法大学经济法学院教授。

第 9 名

人工智能引发劳动关系变革：系统重构与治理框架

何勤、董晓雨、朱晓妹（2022），《中国人力资源开发》，第 1 期，第 134—148 页

【内容概览】

1. 问题/议题

人工智能引发劳动关系变革：系统重构与治理框架。

2. 结论

该文通过理论逻辑推演，提出了以"保护算法控制下的弱势劳动者"为基本逻辑、以"可信赖的 AI 与体面的劳动"为目标的治理框架，为有效应对人工智能引发的劳动关系变革提供新的治理思路。在此框架下，该文提出了政府、行业和企业三个层面的治理策略。在政府层面，该文建议政府应该促进劳资双方力量动态平衡，实施全面的"劳动安全性"措施，并进行"全谱系"的劳动保障政策设计。在行业层面，该文建议行业应根据行业"异质性"制定劳动标准。在企业层面，该文建议企业应实行基于"人性"的底层逻辑进行管理变革。总而

---

① 汪昇超：《制造类企业共享用工模式的法律风险及防范》，《法制博览》2022 年第 32 期。
② 范围：《从"一重劳动关系"到"双重劳动关系"：共享用工规制路径的重构》，《环球法律评论》2022 年第 4 期。
③ 陈玥：《论"共享用工"的劳动法规制》，硕士学位论文，华中师范大学，2022 年。

言之，该文认为人工智能技术对劳动关系产生了深刻影响，并提出了一套完整的治理框架和策略。这些策略旨在超越传统劳动关系治理的"路径依赖"，为有效应对人工智能引发的劳动关系变革提供新的思路。同时，该文也指出，人工智能技术应用对社会造成的不确定性增加，相关的立法需要不断被完善与补充。因此，未来需要进一步研究和探索如何在人工智能技术的发展中实现劳动关系的和谐稳定。

3. 论证

随着人工智能技术的快速发展，人工智能迅速融入各产业以及企业管理的各个领域，给劳动力市场带来了新挑战，冲击了传统的劳动关系，引发劳动关系变革。但目前学界对于人工智能技术进步对劳动关系的影响研究缺乏系统化的理论分析和治理思路。该文依据机器行为学与劳动关系系统理论，将人机动态演变关系与传统劳动关系系统理论融合，通过理论逻辑推演，对人工智能赋能及人工智能合作阶段下的劳动关系系统进行重构，并提出以"保护算法控制下的弱势劳动者"为基本逻辑、以"可信赖的 AI 与体面的劳动"为目标的治理框架，分别从政府促进劳资双方力量动态平衡、实施全面的"劳动安全性"措施、进行"全谱系"的劳动保障政策设计，行业根据行业"异质性"制定劳动标准，企业实行基于"人性"的底层逻辑进行管理变革三个层面提出治理框架和策略，旨在超越传统劳动关系治理的"路径依赖"，为有效应对人工智能引发的劳动关系变革提供新的治理思路。

4. 作者自评和他评

他评。截至 2023 年 2 月 28 日，中国知网数据显示，该文被下载 2596 次，被引 4 次。

该文研究观点获得刘泽双、韩金、王一帆、程宏燕、周双玥、罗文豪、霍伟伟、赵宜萱、王震等的认同。例如，如何使员工适应一个无感情的合作伙伴是一大挑战，大部分员工无法从原有的组织存在形式中转变过来，与智能机器配合不够密切。[①] 又如，从社会学视角来看，研究包括劳动过程与劳动关系的变革、人的发展、劳动解放、社会伦理等一系列在理论与现实层面的深入探讨。[②] 再如，何勤等分析了上述变化对于劳动关系系统的重构，并探索性地提出了人工智能下劳动关系治理框架。不过，受人工智能技术快速发展的影响，劳动形式、雇佣形式、劳动者身份认定等基本问题仍处于不断演化之中，这也意味着人工智能背景下的劳动关系研究仍旧会持续面临新的现实情境与问题。[③]

[①] 刘泽双、韩金、王一帆：《智能制造人机协作运行功能标准模型研究》，《科技进步与对策》2022年第20期。

[②] 程宏燕、周双玥：《"智能劳动力"的劳动效应：性质、表现和展望》，《上饶师范学院学报》2022年第4期。

[③] 罗文豪、霍伟伟、赵宜萱、王震：《人工智能驱动的组织与人力资源管理变革：实践洞察与研究方向》，《中国人力资源开发》2022年第1期。

【作者简介】

何勤：首都经济贸易大学劳动经济学院教授、博士生导师。
董晓雨：北京联合大学管理学院。
朱晓妹：北京联合大学管理学院。

第 10 名

新时代我国劳动关系的研究综述与展望：基于劳动关系主体的视角

谢鹏鑫、屈萌、冯娇娇、杨付（2022），《中国人力资源开发》，第 4 期，第 96—109 页

【内容概览】

1. 问题/议题

新时代我国劳动关系的研究综述与展望：基于劳动关系主体的视角。

2. 结论

该文主要是对新时代我国劳动关系的研究综述与展望。通过对已有研究进行梳理和总结，该文提出了未来劳动关系研究应该关注哪些方向，并且提出了一些具体的建议和思路。在新时代背景下，我国劳动关系面临许多新问题和老问题的叠加。学术界围绕这些问题开展了一系列研究。从劳动关系主体的视角出发，该文回顾了新时代围绕劳动者、工会、雇主和政府的研究，并将其归纳为弱势劳动者的权益保障、工会改革实践与新就业形态下的维权路径、企业多样化的劳动关系管理策略、政府劳动关系治理方式等方面。该文认为未来劳动关系研究应该关注数字经济背景下的劳动者权益保障与争议处理机制、不同层级工会改革与工会工作机制创新、不同类型企业构建和谐劳动关系的策略及其影响、集体劳动关系柔性协调机制与平台劳动关系多元治理等方面。同时，未来研究也需要注重实践应用，将研究成果转化为实际政策和管理措施，促进劳动关系的健康发展。总而言之，该文为人们提供了一个全面而深入的视角来审视新时代我国劳动关系的现状和未来发展趋势。希望这篇文章能够引起更多人对于劳动关系领域的重视，并且为相关领域的学者、政策制定者、企业家等提供有益的参考和借鉴。同时，该文也提醒人们，劳动关系是一个复杂而敏感的领域，需要各方共同努力来推进其健康发展：政府应该加强监管和引导，企业应该注重员工权益保障和合理分配，工会应该积极履行职责，劳动者也应该增强自我保护意识。

3. 论证

党的十八大以来，中国特色社会主义进入新时代。新时代社会经济形势的变化对劳动关

系的发展产生了深刻的影响，一些老问题和新问题叠加显现。学术界围绕新时代劳动关系领域尚未解决的老问题和亟待解决的新问题开展了一系列研究。该文基于劳动关系主体的视角，回顾了新时代围绕劳动者、工会、雇主和政府的研究，将其归纳为弱势劳动者的权益保障、工会改革实践与新就业形态下的维权路径、企业多样化的劳动关系管理策略、政府劳动关系治理方式等方面。在对已有研究进行述评的基础上，该文提出了未来劳动关系研究应关注数字经济背景下的劳动者权益保障与争议处理机制、不同层级工会改革与工会工作机制创新、不同类型企业构建和谐劳动关系的策略及其影响、集体劳动关系柔性协调机制与平台劳动关系多元治理等。

4. 作者自评和他评

他评。截至 2023 年 2 月 28 日，中国知网数据显示，该文被下载 3553 次，被引 3 次。

该文研究观点获得胡斌红等的认同。例如，随迁是解决留守儿童问题的关键所在，子女随迁可以提高子女的身体健康水平、心理健康水平及学业成绩，并且可以降低农民工的心理成本，实现农民工的家庭化迁移。[①]

【作者简介】

谢鹏鑫：西南财经大学公共管理学院管理学博士、副教授、硕士生导师，劳动经济研究所副所长。电子邮箱：xiepx@swufe.edu.cn。

屈萌：西南财经大学公共管理学院硕士研究生。

冯娇娇：中南财经政法大学工商管理学院副教授、硕士生导师。

杨付：西南财经大学工商管理学院教授、博士生导师，西南财经大学人力资源管理研究所所长，中国劳动经济学会职业开发与管理分会理事。

第 11 名

劳动保护、性别成本差异与性别就业差距

李磊、刘常青（2022），《世界经济》，第 7 期，第 153—180 页

【内容概览】

1. 问题/议题

劳动保护、性别成本差异与性别就业差距。

[①] 胡斌红：《农民工就业质量对子女随迁的影响研究：基于中国流动人口动态监测调查数据的实证分析》，《中国人力资源开发》2022 年第 7 期。

2. 结论

该文以《劳动合同法》的出台为切入点，说明了劳动保护引致性别雇佣成本差异，进而导致女性就业份额下降的理论机制。在此基础上，该文利用《劳动合同法》在地区间差异化的作用效果构建广义双重差分模型进行检验。结果显示，在排除了女性劳动参与率下降、国际金融危机冲击、产业结构变动以及再分配效应等多个替代性解释后，《劳动合同法》出台依旧对制造业女性就业份额下降具有显著解释力，约使其下降了 3.5 个百分点。该文发现由《劳动合同法》导致的性别雇佣成本变化是《劳动合同法》影响制造业女性就业份额的主要渠道，其他渠道不成立。在此基础上，该文利用微观企业数据进一步检验了性别就业差距扩大的后果。基于计划生育政策构建的工具变量检验发现，女性就业份额下降给企业生产率造成了负面影响，但却降低了企业用工成本，并显著提高了企业引进包括质量控制设备等在内的生产技术设备的概率。

3. 论证

2007 年后，中国制造业女性就业份额持续下降，性别就业差距逐渐加大。该文从劳动保护这一视角给出了解释。分析表明，《劳动合同法》出台后，书面合同订立等劳动保护措施的加强令企业雇用女性的相对成本上升，进而导致制造业女性就业份额下降。通过构建广义双重差分模型，该文发现《劳动合同法》出台使得样本期内制造业女性就业份额下降了约 3.5 个百分点，该结果在排除了女性劳动参与率下降、国际金融危机冲击、产业结构调整等多个替代性解释后依旧成立。并且《劳动合同法》对制造业女性就业份额的负向冲击在法律制度环境不同的地区均存在。最后，该文基于世界银行中国企业调查数据进一步考察了性别就业差距扩大的后果，发现女性就业份额下降导致企业劳动生产率下降，降低了企业用工成本并提高了企业引进技术设备的概率。该文的发现拓展了《劳动合同法》影响的研究视角，对于更好地理解中国就业结构变化，落实男女平等的基本国策具有重要意义。

4. 作者自评和他评

他评。截至 2023 年 2 月 28 日，中国知网数据显示，该文被下载 2021 次，被引 1 次。

该文研究观点获得王良成的认同。例如，现有关于员工就业的研究，主要从劳动保护、减税降费、贸易政策等宏观层面进行研究，为数不多的微观层面研究则从创新、技术投资、会计政策等企业层面考察对员工就业的影响，缺乏从公司内部控制视角进行考察。①

【作者简介】

李磊：中山大学国际金融学院。电子邮箱：lilei66@ mail. sysu. edu. cn.

刘常青：华中科技大学经济学院。电子邮箱：lcq_ecq@163. com.

---

① 王良成：《内部控制与员工就业》，《厦门大学学报（哲学社会科学版）》2022 年第 6 期。

第 12 名

焦虑的自由：灵活就业人员的弹性劳动、工作焦虑与生计理性——基于 2020 年长三角流动人口调查数据

汪华、唐晓琦、杨宏星（2022），《华南师范大学学报（社会科学版）》，第 6 期，第 99—113 + 207 页

【内容概览】

1. 问题/议题

焦虑的自由：灵活就业人员的弹性劳动、工作焦虑与生计理性。

2. 结论

该文基于长三角流动人口调查数据，探讨了灵活就业人员的弹性劳动、工作焦虑和生计理性。研究发现，灵活就业人员的工作状态和传统就业人员有很大不同，他们更容易受到经济波动和市场变化的影响，也更容易面临失业风险。此外，灵活就业人员普遍存在较高的工作焦虑和生计压力，这与他们缺乏稳定收入、社会保障和职业发展机会有关。因此，政府应该加强对灵活就业人员的保护和支持，建立健全社会保障体系、提供职业培训和技能提升的机会，并鼓励企业为灵活就业人员提供更多稳定的工作机会。同时，个体灵活就业者也应该注重自身职业规划和能力提升，增强自身竞争力。总之，在新时代背景下，要实现全面发展、共同繁荣，必须关注并解决好灵活就业人员所面临的问题。

3. 论证

随着互联网技术的广泛应用，包括平台经济在内的各种更具灵活性的就业形式应运而生，工作在"空间"和"时间"两个维度上都呈现迥异于传统劳动组织方式的独特性。弹性劳动时代的确让灵活就业人员的劳动更自由、更具弹性；但正是这种"弹性"，也让劳动者的生计与境遇更具不确定性。表面上的"自由"，背后隐含深刻的焦虑。基于作者团队在长三角地区的调研数据，通过对灵活就业者焦虑感影响因素的多元回归分析发现：当下的灵活就业者在获得"自由"的同时也存在极大的焦虑感，而且这种焦虑感显著地高于正规就业人员；那些体现"弹性"与"自由"的劳动特征，恰恰是对灵活就业者的焦虑感具有显著影响的因素；在相当多的灵活就业者的内心深处还隐藏着对一份稳定的、可预期的工作的追求；基于养家糊口的生计理性依然是这一就业群体的行动逻辑。这是当前包括零工经济的新业态的最大的现实。

4. 作者自评和他评

他评。截至 2023 年 2 月 28 日，中国知网数据显示，该文被下载 316 次，被引 0 次。

【作者简介】
汪华：华东理工大学社会与公共管理学院。
唐晓琦：华东理工大学社会与公共管理学院。
杨宏星：华东理工大学社会与公共管理学院。

第 13 名

论"劳动"与"休闲"及其之间的辩证关系
——以现代社会中人本质的"异化"与"复归"为焦点

李哲罕（2022），《理论探讨》，第 4 期，第 134—139 页

【内容概览】

1. 问题/议题

论"劳动"与"休闲"及其之间的辩证关系——以现代社会中人本质的"异化"与"复归"为焦点。

2. 结论

认识到将"劳动"和"休闲"这些人类实践活动作为"外在的""异化的"是非常不可取的，应该将二者及其辩证关系理解为人类的自由活动。为了保障在现代社会中"劳动"和"休闲"中人本质"异化"的"复归"，需要对既有社会的结构性问题进行重要、根本性的变革，让人的"劳动"和"休闲"最终都可以作为人类自由活动来理解和实践。实现社会物质生产只是全人类获得自由与解放的前提条件或手段，而本身并非终极目标。该文最后指出，中国特色社会主义的制度优势有利于实现"劳动"和"休闲"中人本质"异化"的"复归"。

3. 论证

将"休闲"视为"人本质的恢复"这样的狭隘理解与实践，就像将"劳动"作为"人本质的损耗"这般的狭隘理解与实践一样，是关乎现代社会中人本质"异化"的关键。相较以往理论中对"劳动"的重视，"休闲"并未得到足够的重视。不同于上述对"劳动"与"休闲"的狭隘理解，唯有借助马克思主义的分析，方才可以充分认识到"劳动"与"休闲"这两个范畴所具有的内涵丰富性，以及二者之间对立统一的辩证关系。以此为基础，人们可以进而试想如何实现现代社会中人本质"异化"的"复归"。换言之，唯有通过围绕"劳动"与"休闲"所进行的马克思主义的批判性分析，方才可以得出对既有社会结构性问题的规范性主张。

4. 作者自评和他评

他评。截至 2023 年 2 月 28 日，中国知网数据显示，该文被下载 510 次，被引 1 次。

该文研究观点获得王浩斌、杨思齐的认同。他们认为，马克思、恩格斯基于唯物史观的内在逻辑为破除分工压制、实现人的解放找到了现实途径。充分解放意味着人在开展实践、投身劳动抑或处于休闲状态时，都能依据自身积极自主性、主观能动性作出选择、承担责任。[①]

【作者简介】

李哲罕：浙江大学哲学学院博士生导师，主要研究政治哲学、外国哲学、马克思主义哲学、观念史、政治学理论、法学理论和社会学理论。

第 14 名

马克思主义视角下的当代国际分工理论：缺失、复归与融合

李直、刘越（2022），《政治经济学评论》，第 5 期，第 166—187 页

【内容概览】

1. 问题/议题

马克思主义视角下的当代国际分工理论：缺失、复归与融合。

2. 结论

该文讨论了当代国际分工理论的现状和问题，并提出了需要复归与融合的地方。作者认为，现有的国际分工理论忽视了资本与劳动关系，只聚焦于点对点的资本不对等关系的分析，同时彻底忽视了对具体劳动过程的分析。因此，未来需要将马克思主义经济学在地方性劳动过程特征和全球范围内资本间权力分化原因两方面进行充分融合与剖析。此外，作者指出国际分工现象背后是全球劳动创造剩余价值与积累能力差异化的资本分配剩余价值的统一，表现为社会分工在国家间的分布以及全球生产网络和地方性生产网络的辩证关系。当前全球资本主义生产方式变革带来新的国际分工现象，需要理论对其加以解释。综上所述，该文认为未来需要将马克思主义经济学在两个方面进行充分融合与剖析，并指出当前国际分工理论存在缺失问题。这一缺失导致现有理论只聚焦于点对点的资本不对等关系的分析，同时彻底忽视了对具体劳动过程的分析。因此，未来需要进行更加深入详细的探索，以更好地解释国际分工现象。

3. 论证

国际分工是资本积累过程中，资本—劳动关系与资本—资本关系矛盾运动的结果。随着

---

① 王浩斌、杨思齐：《马克思意识形态思想的人学维度及其逻辑理路》，《兵团党校学报》2022 年第 5 期。

资本主义生产方式的变迁，全球分工格局不断演化，但是相应理论的发展却逐渐缺失了马克思的基本思想。基于马克思主义的新国际劳动分工理论（NIDL）讨论发达国家资本转移的原因，但未涉及资本积累能力差异化问题。脱胎于世界体系理论的全球商品链（GCC）与全球价值链（GVC）理论则完全忽视资本—劳动关系，只描述企业间不对等关系的现象，彻底与其马克思主义传统割裂。全球生产网络（GPN）理论虽复归了资本—劳动关系分析，深入讨论地方性的劳动过程，但也没能充分衔接劳动过程与资本积累，更遑论分析其对国际分工现象的影响。该文指出，调节资本概念对资本再生产条件的分析可以有效地补充资本之间权力分化的分析，而马克思主义国际劳动分工的分析应当充分融合地方性因素塑造的劳动过程、基于地方性再生产条件形成的资本差异化积累能力，以及两者间的辩证关系。

4. 作者自评和他评

他评。截至2023年2月28日，中国知网数据显示，该文被下载538次，被引1次。

【作者简介】

李直：中国人民大学经济学院讲师，全国中国特色社会主义政治经济学研究中心研究员。

刘越：中国人民大学经济学院博士研究生。

第15名

捆绑、分离抑或第三条道路：论劳动关系与社会保险的关系

沈建峰（2022），《法学评论》，第5期，第101—113页

【内容概览】

1. 问题/议题

基于特定理由可以出现有劳动关系没有社会保险或者没有劳动关系却有社会保险的状况，这也即二者关系的第三条道路。

2. 结论

劳动关系和社会保险是解决工业时代社会问题的两种不同思路，同时二者也采取不同的技术方法。不论是从历史发展还是从二者的制度逻辑来看，二者在功能上都存在择一使用、次第结合、平行结合三种关系形态，在结构上通过劳动关系相互勾连，这是二者关系最基本和核心的状态。从发展的角度来看，二者之间关系出现两种新现象。其一，社会保险对劳动关系存在功能替代，但这种功能替代有其限度，市场经济条件下仍应坚持劳动关系解决社会

问题的功能优先地位。其二，劳动关系与社会保险关系的分离，但这种分离并不能根本改变社会保险以劳动关系为前提的格局，在坚持社会保险基本制度设计要求的前提下，所有分离都应当是例外，通过特殊论证才可以建立。据此，劳动关系和社会保险的关系不再是最传统的紧密捆绑，也不是激进的彻底分离，而是第三条道路：社会保险以劳动关系为前提是原则，但可以通过特别论证建立不以劳动关系为前提的社会保险，或者有劳动关系但无社会保险的二者关系形态。

3. 论证

劳动关系和社会保险是解决工业时代劳动领域社会问题的两种不同思路，二者分别采取私法和公法两种不同技术方法，在功能上存在择一使用、次第结合、平行结合三种关系形态，在结构上通过劳动关系相关勾连。在制度发展过程中，基于社会保险的社会和平功能、社会国家思想等原因，出现了社会保险对劳动关系的功能替代趋势，但这种功能替代有其限度，市场经济条件下仍应坚持劳动关系解决社会问题的功能优先地位。在当下以新业态发展等为特点的劳动世界，二者应不再紧密捆绑，但也不能彻底分离，坚持社会保险应以具有共同社会风险和缴费能力的社会群体为制度设计前提这一要求，则社会保险原则上仍应以劳动关系为前提，同时基于特定理由可以出现有劳动关系没有社会保险或者没有劳动关系却有社会保险的状况，这也即二者关系的第三条道路。

4. 作者自评和他评

他评。截至2023年2月28日，中国知网数据显示，该文被下载724次，被引2次。

该文研究观点获得吴义东、王先柱、黄龙的认同。例如，诚如沈建峰教授所言："劳动关系和社会保险的关系不再是最传统的紧密捆绑，也不是激进的彻底分离，而是第三条道路：社会保险以劳动关系为前提是原则，但可以通过特别论证建立不以劳动关系为前提的社会保险，或者有劳动关系但无社会保险的二者关系形态。"如此，对二者关系作出一般与特殊、原则与例外相结合而不是非此即彼的抉择，是顺应历史与现实需求的、兼顾稳定与灵活需要的处置思路和方案选择，这应该成为劳动法法典化处置劳动关系和社会保险之相互关系的基本遵循和方法论原则。[1] 又如，司法案例中，双方虽未签订劳动合同，以新就业形态劳动者提供的劳动构成平台企业的业务组成部分为由，判定新就业形态劳动者给第三人造成损害时平台企业应承担一定的责任。[2]

【作者简介】

沈建峰：中央财经大学法学院教授。

---

[1] 吴义东、王先柱：《共同富裕视角下住房公积金制度的改革思路——逻辑解释、问题剖析与政策优化》，《浙江工商大学学报》2022年第5期。

[2] 黄龙：《新就业形态劳动者参加和组织工会权利与路径研究》，《中国人力资源开发》2022年第12期。

第 16 名

算法自动化决策中的女性劳动者权益保障

张凌寒（2022），《妇女研究论丛》，第 1 期，第 52—61 页

【内容概览】

1. 问题/议题

算法自动化决策中的女性劳动者权益保障。

2. 结论

该文的结论是，算法自动化决策在职场中可能嵌入性别偏见，造成难以觉察的性别歧视后果。为了保障女性劳动者的权益，需要扩大传统劳动法关于性别平等制度的适用，并具体化算法自动化决策规制的相关制度。此外，还应积极构建性别平等的算法伦理，建设覆盖算法生命周期的性别平等制度，并发展针对算法性别偏见的审计与评估制度。文章通过分析国内外职场算法性别歧视案例，探讨了算法在数字经济时代就业劳动市场不同阶段发挥的重要作用。文章指出，在网络劳动中，性别歧视并不以正式的障碍或公开的排斥形式出现。除非一种算法的设计方式明确确定女性收入低于男性，在大多数情况下算法自动化决策造成性别歧视属于间接歧视。然而，雇主有诸多理由来证明间接歧视是合理的，原因是报酬与工作量和工作表现相关。算法自动化中性别因素影响劳动者评定并非直接因果关系，算法自动化只具有相关性。因此，除非原告能够拿出事实证明算法自动化造成的间接性别歧视是真实存在的，否则难以启动职场性别歧视的救济。综上所述，文章认为算法自动化决策对职场性别平等具有重要影响，需要加强制度建设和伦理规范，以保障女性劳动者的权益。文章提出了具体的建议，包括扩大传统劳动法关于性别平等制度的适用，建立覆盖算法生命周期的性别平等制度，发展针对算法性别偏见的审计与评估制度等。这些措施可以帮助减少算法自动化决策中的性别歧视，并保障女性劳动者在职场中的权益。总而言之，该文通过分析算法自动化决策对职场性别平等的影响，提出了应对算法自动化决策带来的职场性别歧视的建议。这些建议不仅有利于保障女性劳动者在职场中的权益，也有利于推进数字经济时代就业劳动市场的公正和平等。

3. 论证

算法自动化决策在招聘、任务分配、劳动评估甚至解雇决策中发挥着日益重要的作用，但其对于职场性别平等影响的研究尚未展开。该文尝试通过对国内外职场算法性别歧视案例的分析，探讨算法在数字经济时代就业劳动市场不同阶段发挥的重要作用，分析算法自动化决策可能嵌入既有的性别偏见，成为隐藏性别歧视的分配手段，并且造成难以觉察的性别歧

视后果。应对算法自动化决策带来的职场性别歧视，应扩大传统劳动法关于性别平等制度的适用，并具体化算法自动化决策规制的相关制度。此外，还应积极构建性别平等的算法伦理，建设覆盖算法生命周期的性别平等制度，并发展针对算法性别偏见的审计与评估制度，通过制度设计和社会支持系统促进数字经济时代的职场性别平等。

4. 作者自评和他评

他评。截至 2023 年 2 月 28 日，中国知网数据显示，该文被下载 2435 次，被引 7 次。

该文研究观点获得徐晓月、杨勤法、程圆圆、张欣、宋雨鑫等的认同。从保护新业态从业者个人信息的视域看，知情同意规则难以在资强劳弱的劳动场景下发挥应有的作用。随着算法自动化决策在劳动领域的应用，算法的弊端也逐渐显现，如算法会作出带有性别偏见的决策。[1] 实践中，大量的纠纷往往发生在劳动合同缔结后，用人单位通过规章制度、工作守则等文件安装监控设备和追踪软件，或者直接要求劳动者佩戴可穿戴设备等。[2] 例如，《个人信息保护法》第 5 条、第 6 条规定的合法、正当、必要和诚信原则以及最小化要求，第 24 条第 1 款规定的决策透明要求和结果公平、公正要求。这些条文对个人信息控制者避免使用可能引致性别歧视的参数作为算法决策模型设计的义务的确提供了规则基础。[3]

【作者简介】

张凌寒：北京科技大学文法学院副教授、硕士生导师，主要研究民商法、网络法。

第 17 名

基于生活逻辑的劳动教育独立性辩护
——兼论劳动教育与德智体美四育的关系

班建武（2022），《思想理论教育》，第 4 期，第 65—70 页

【内容概览】

1. 问题/议题

基于生活逻辑的劳动教育独立性辩护——兼论劳动教育与德智体美四育的关系。

---

[1] 徐晓月：《算法自动化决策中"同意"的异化与修正——以保护新业态从业者的个人信息为视角》，《中国劳动关系学院学报》2022 年第 4 期。

[2] 杨勤法、程圆圆：《劳动者个人信息权益保护的法律困境与对策》，《中国人力资源开发》2022 年第 6 期。

[3] 张欣、宋雨鑫：《人工智能时代算法性别歧视的类型界分与公平治理》，《妇女研究论丛》2022 年第 3 期。

2. 结论

劳动教育具备成为独立一育的学理基础，并且能够在逻辑上与德智体美四育并列，与其他四育一起构成我国全面发展教育方针的有机内容。虽然有些学者认为劳动教育不能与德智体美四育并列，但这种观点基于对人的素质结构的身心二元划分，忽略了人的生活是须臾离不开物质创造活动的事实。创意物化的对象化实践应构成每个人的基本素质之一，而劳动教育则是培养人的对象化实践意识和能力的教育活动。这是德智体美四育所不能完成的教育任务。因此，劳动教育在逻辑上能够与德智体美四育并列，并且具备独立一育的学理基础。此外，文章还指出，在我国今天，当独生子女的教育成为一个现实问题时，劳动教育在培养青少年的独立自主、自力更生、勤俭节约等方面具有特殊作用和地位。因此，在全面发展教育中，劳动教育应该作为独立一育与德智体美四育并列，共同构成全面发展教育的有机内容。

3. 论证

劳动教育虽然在政策和实践层面已经受到高度重视，但对于劳动教育在逻辑上是否与德智体美四育并列，是否能够构成独立一育，在学界并未取得一致性认识。认为劳动教育在逻辑上不能与德智体美四育并列的学者，其基本的立论基础在于对人的素质结构的身心二元划分。但是，人的素质结构并不是脱离具体生活的抽象存在。回到生活去思考人的素质结构，不难发现人的生活是须臾离不开物质创造活动的。创意物化的对象化实践应构成每个人的基本素质之一，而劳动教育则是培养人的对象化实践意识和能力的教育活动。这是德智体美四育所不能完成的教育任务。劳动教育由于其教育目标的特殊性而获得了与德智体美四育在逻辑上并列的学理基础，与其他四育一起构成我国全面发展教育方针的有机内容。

4. 作者自评和他评

他评。截至2023年2月28日，中国知网数据显示，该文被下载1995次，被引4次。

该文研究观点获得王瑞德、张慧等的认同。已有劳动教育概念的界定呈现出四种取向。其中，目标取向着力确定劳动教育要达成的目标。如认为劳动教育是"以提升学生劳动素养的方式促进学生全面发展的教育活动"；或认为劳动教育是"培养人的对象化实践意识和能力的教育活动"；等等。[1] 劳动教育具有培养人的对象化实践意识和能力的特征，因而具有教育的相对独立性，是一种专业性教育，需要有专门的人才对其进行教学与研究。[2]

【作者简介】

班建武：北京师范大学公民与道德教育研究中心教授、博士生导师。

---

[1] 王瑞德：《方法论劳动教育和目的论劳动教育的内涵及辩证关系》，《北京教育学院学报》2022年第6期。

[2] 张慧：《技能型社会建设背景下高职院校劳动教育推进路径研究》，《职教通讯》2022年第8期。

第 18 名

灵活就业体面化及其劳动关系问题

肖巍（2022），《人民论坛·学术前沿》，第 8 期，第 44—51 页

【内容概览】

1. 问题/议题

灵活就业体面化及其劳动关系问题。

2. 结论

该文主要探讨了灵活就业的体面化及其劳动关系问题。随着"互联网+"新业态的快速发展，灵活就业已成为一种趋势，创造了大量新的就业机会，但也带来了许多新问题。该文认为，作为对所有劳动的尊重，体面劳动需要有就业、权利、保护和对话方面的支持。因此，促进灵活就业的体面化必须落实体面劳动的四大支柱：就业、权利、保护和对话。

在解决灵活就业劳动关系中的身份问题方面，该文提出了一些建议。首先，应该明确灵活就业劳动者的身份，并合理确定企业与劳动者的权利义务；其次，在规范用工方面，应该明确劳动者权益保障责任；最后，在制度改进方面，应该落实公平就业制度，消除就业歧视，并健全最低工资和支付保障制度。

政府应该完善支持灵活就业的用工安全和社会保障条件。具体而言，在用工安全方面，政府应该加强灵活就业服务，并开展新就业形态职业伤害保障试点；在社会保障方面，政府应该分类施策，明确禁止平台将最严算法作为考核要求，遏制"以罚代管"，形成包括就业制度、劳动报酬、休息休假制度、劳动安全、社会保险、职业伤害、规则算法等在内的政策体系。

3. 论证

作为对所有劳动的尊重，体面劳动需要有就业、权利、保护和对话方面的支持。随着"互联网+"新业态的日益活跃，灵活就业已成为一种趋势，并表现出一些新特征。灵活就业依托网络平台提供了许多新产品、新服务，创造了大量新的就业机会，但促进灵活就业的体面化也不得不面对传统标准劳动关系的一些"盲区"，包括如何确定灵活就业劳动者的身份，其身份决定了劳动关系的主体地位及权利诉求；劳动关系的从属性问题，有关劳动的倾斜性保护如何适用于灵活就业劳动者；特别是灵活就业的安全性问题，劳动者获得劳动保护的安全感，不但要有理论上、立法上的证明，还必须在实践中不断探

索改革，在调整劳动关系适用性的同时，更要把注意力放在促进灵活就业体面化必须落实体面劳动的四大支柱上。

4. 作者自评和他评

他评。截至 2023 年 2 月 28 日，中国知网数据显示，该文被下载 926 次，被引 1 次。

该文研究观点获得王群的认同。还有学者认为新业态从业者权益保护重心应放在支持减少失业和创造就业机会的宏观经济政策上，制定相关行业技术和工时标准、工资指导、监督奖惩方式等行业规范上。[①]

【作者简介】

肖巍：复旦大学马克思主义学院教授，博导。主要研究马克思主义方法论、发展问题、人权问题、意识形态问题。

第 19 名

基于事实契约理论的事实劳动关系重述

钱叶芳（2022），《中南财经政法大学法学院》，第 2 期，第 149—161 页

【内容概览】

1. 问题/议题

基于事实契约理论的事实劳动关系重述。

2. 结论

该文的结论是，事实劳动关系作为一种产生于劳动争议处理实践中的法学概念，其理论依据是事实契约理论。在我国劳动法领域，历史原因导致形式事实劳动关系被普遍认为是欠缺书面形式的劳动关系，这给劳动者权益保护带来了普遍和深远的损害。然而，根据事实契约理论，事实劳动关系是指无有效之劳动契约而提供从属劳动所形成的劳动关系。因此，在有关身份的领域中，传统契约理论无法替代事实契约理论。

该文认为，在合意因欠缺生效要件而被认定无效之场合，事实契约理论为这类"被否定"的用工行为提供了"被承认"的新的理论框架和立法技术。同时，该文也指出了我国《劳动合同法》在处理欠缺实质要件的劳动合同时存在保护不足、保护过度及违背传统契约法形式理性等问题。因此，需要进一步反思和调整相关立法。

---

① 王群：《数智时代新业态劳动者权益保护之反思》，《青海社会科学》2022 年第 6 期。

最后，该文提出了重新界定事实劳动关系的建议，即将在劳动法理论和实践中形成通说的欠缺书面形式的劳动关系称为"形式事实劳动关系"，将承载事实劳动关系本相和应然运作机理的概念称为"实质事实劳动关系"。这一建议旨在更好地保护劳动者权益，同时也有利于劳动合同立法的科学性和未来调整的方向。因此，该文认为重新界定事实劳动关系是必要的，以更好地反映实际用工关系的本质和运作机理，并为相关立法提供更加科学、合理的依据。

3. 论证

出于历史的原因，我国劳动法领域形成的关于"事实劳动关系是欠缺书面形式的劳动关系"之通说给劳动者权益保护带来了普遍和深远的损害，其理论依据被认为是德国学者豪普特教授提出的事实契约理论。实际上，根据事实契约理论，事实劳动关系是指无有效之劳动契约而提供从属劳动所形成的劳动关系。该理论虽遭激烈批评，但在有关身份的领域不可被传统契约理论所替代。在合意因欠缺生效要件而被认定无效之场合，事实契约理论为这类"被否定"的用工行为提供了"被承认"的新的理论框架和立法技术。我国《劳动合同法》对无效劳动合同的劳动者一方以民法式保护为原则，以劳动法式保护为例外，存在保护不足、保护过度及违背传统契约法形式理性等问题，需做进一步的反思与调整。

4. 作者自评和他评

他评。截至 2023 年 2 月 28 日，中国知网数据显示，该文被下载 1361 次，被引 2 次。

该文研究观点获得李晓钰、赵丽花的认同。随着社会发展和医疗技术的进步，我国国民的预期寿命在不断增长，劳动人口的结构也呈现老龄化的趋势，超龄劳动者群体在劳动者中的占比不断增长。超龄劳动者群体进入劳动力市场已成为一种不可回避的用工现象，但由于政策和法律的落后，相比一般意义上的职工群体因工受伤可申请工伤保险，超龄劳动者群体却在工作过程中遭受工伤时因未与工作单位建立劳动合同等情况无法认定劳动关系，从而导致因工受伤无法申请工伤认定，由此引发的用工争议不胜枚举。[①]

【作者简介】

钱叶芳：中南财经政法大学法学院教授。

---

① 赵丽花：《超龄劳动者工伤认定法律问题研究——以〈（2010）行他字第10号答复〉为例》，硕士学位论文，延边大学，2022 年。

第 20 名

嵌入式治理：地方政府维护新业态劳动者权益的务实策略研究

李强、李一鸣（2022），《中国人力资源开发》，第 10 期，第 76—88 页

【内容概览】

1. 问题/议题

嵌入式治理：地方政府维护新业态劳动者权益的务实策略研究。

2. 结论

该文试图以"嵌入式治理"的概念解释这一问题。一是结构位置上的嵌入性。其一，在新的用工模式下，既有劳动法律体系的悬置，针对新就业形态的劳动法律处于卢曼（2013）意义上的未分化、未专门化的状态。政府从而失去了法律明晰的授权和系列工具，被束缚了手脚，这是当前平台劳动权益困境的一个重要原因。其二，出于劳动者的诉请或者社会稳定的目标，新就业形态中已然发生的争议为政府干预创造了窗口，在这个意义上，政府进入新就业形态的途径也是"嵌入的"。二是嵌入性下政府能动性的发挥。其一是通过文化符号的嵌入性实现权益救济。"人民利益"的政治文化、"劳动权益"的法律文化和"生存第一"的道义文化成为政府调解中施压、说理的重要工具；而在司法裁决中，法律提供的各类关系模式也被变通、整合使用，最终达到权益救济的目标。其二，利益救济与责任的配置，是嵌入"劳动力供应链"的。在具体调解中，平台与外包商的关系成为政府施压的借力方式，在治理目标上，外包商构成了平衡"促进就业""劳动保护"的中间点，而最终政府干预的压力，进一步通过"供应链"传导到各个利益相关方之间。很显然，嵌入性治理的模式也有着明显的不足。对于劳动者而言，权益保障水平不高，很多利益侵害实在难以得到充分救济，平台、外包商乃至保险商都可能存在责任逃避的问题。对政府来说，长期"缺乏抓手"、依靠自身能动性的方式还存在持续性的问题，当行政或司法资源紧张时，劳动者权益救济可能就不够理想了。于劳动关系法治化的目标而言，虽然通过嵌入式的治理能够实现一定目标，但各种变通式的救济并不利于相应主体树立规则意识，形成稳定的规则。最后，这种治理模式还有赖于市场中供应链各个主体的谈判关系，很明显，缺乏谈判能力的主体在市场机制下最终可能会承担更多的不对等责任和成本。

3. 论证

该文利用案例研究与司法判决数据，探讨了长期以来政府介入新就业形态用工关系、实

施劳动保护的基本模式。文章试图通过嵌入性的概念，将结构性因素与策略选择的微观分析整合起来。结构上，嵌入性描述了新就业形态下劳动法律悬置、政府失去授权的状态，也概括了政府通过已然发生的争议介入劳动保护的途径。具体治理中，政府通过嵌入文化符号于劳动力供应链之中，发挥能动性，实现基本权益救济的目标。总体上，这种模式仍有"抓手不足"和保障不足的困境。最后，文章提出了相应政策建议。

4. 作者自评和他评

他评。截至 2023 年 2 月 28 日，中国知网数据显示，该文被下载 455 次，被引 1 次。

【作者简介】

李强：河南大学哲学与公共管理学院。

李一鸣：河南大学哲学与公共管理学院。

第 21 名

工业智能化的政治经济学分析——基于"技术—劳动过程—劳资关系"三维作用机制

盖凯程、李孟杰（2022），《财经科学》，第 6 期，第 50—61 页

【内容概览】

1. 问题/议题

工业智能化的政治经济学分析——基于"技术—劳动过程—劳资关系"三维作用机制。

2. 结论

该文通过分析工业智能化对资本主义劳动过程的重塑，探讨了智能化生产的社会形式即生产关系属性。文章认为，智能化生产继承和发展了机器的技术逻辑，但并未消除劳动异化，资本对劳动的控制越来越隐蔽和高效。以资本主义劳动过程为限度的劳资关系呈现以下新特征：从事简单劳动的低技能工人将变成"无用阶级"，资本家有动力对工人进行人力资本投资，劳资之间的收入差距呈现扩大趋势。

文章指出，新技术只有在超越了资本主义应用的狭隘界限后才能成为人自由全面发展的手段。因此，人们需要在实践中不断探索和创新，在智能化生产中注重人文关怀和社会责任，推进科技与人文相结合、以人为本的发展模式。

总而言之，该文认为工业智能化是第三次工业革命带来的生产力跃升，并且对前几次工业革命造成了新突破和新裂变。然而，在智能化生产条件下的资本主义劳动过程呈现有别于传统工业经济劳动过程具体样态的新特点，需要人们关注和应对。

3. 论证

该文借由马克思分析资本主义机器大工业所生发出来的"技术—劳动过程—劳资关系"三维作用机制，探讨了智能化生产的社会形式即生产关系属性。经智能化技术重塑的资本主义劳动过程的新特点主要体现在：智能化生产继承和发展了机器的技术逻辑，生产系统的智能化和柔性化并未消除劳动异化，资本对劳动的控制越来越隐蔽和高效。以资本主义劳动过程为限度的劳资关系呈现以下新特征：从事简单劳动的低技能工人将变成"无用阶级"，资本家有动力对工人进行人力资本投资，劳资之间的收入差距呈现扩大趋势。新技术只有在超越了资本主义应用的狭隘界限后才能成为人自由全面发展的手段。

4. 作者自评和他评

他评。截至2023年2月28日，中国知网数据显示，该文被下载375次，被引1次。

该文研究观点获得戚聿东、徐凯歌的认同。世界各国纷纷意识到制造业生产方式和发展模式正在发生深刻变革，陆续对智能制造展开战略部署，意图依靠智能制造在新一轮工业革命中抢占先机。[1]

【作者简介】

盖凯程：西南财经大学经济学院，教授。电子邮箱：gaikc@swufe.edu.cn。

李孟杰：西南财经大学经济学院，博士生。电子邮箱：1152158958@qq.com。

第22名

青年自雇型就业的脆弱性研究——以网约工为例

邹会聪、邓志强（2022），《中国青年研究》，第12期，第101—109页

【内容概览】

1. 问题/议题

青年自雇型就业的脆弱性研究——以网约工为例。

2. 结论

该文主要研究了青年自雇型就业的脆弱性，以网约工为例进行分析。通过就业机会、就业能力和就业服务三个维度，探究了青年自雇型就业脆弱性的生成和消解路径。

研究发现，网约工作为互联网时代青年自雇型就业的典型群体，在发展过程中已经呈现

---

[1] 戚聿东、徐凯歌：《新时代十年我国智能制造发展的成就、经验与展望》，《财经科学》2022年第12期。

明显的就业脆弱性。具体表现在以下几个方面：一是工作收入困局，酬劳标准偏低，劳动收入明显低配于劳动付出；二是工作任期不稳定，缺乏长期稳定的职业保障；三是工作强度大，劳动时间长、负荷重；四是工作风险高，缺乏有效保障措施。

针对这些问题，该文提出了一些消解路径。首先，在就业机会方面，应该加强政策引导和监管力度，提高网约工的收入水平和职业保障程度。其次，在就业能力方面，应该加强培训和技能提升，并建立完善的评价体系。最后，在就业服务方面，应该加强对网约工的服务和保障，提高其就业质量和生活品质。

总而言之，该文通过对网约工的研究，探究了青年自雇型就业的脆弱性及其消解路径。希望这些研究成果能够为政府、企业和个人提供一些有益的启示和帮助，促进青年自雇型就业的健康发展，提高其就业质量和生活品质，实现更加充分、更高质量的就业。同时，也希望能够引起社会各界对青年自雇型就业的关注和重视，为其提供更好的政策支持和服务保障。

3. 论证

自雇型就业是实现青年就业的重要方式，就业脆弱性是影响青年就业质量的关键因素，网约工是互联网时代青年自雇型就业的典型形态。该文以网约工的就业模式为例，分析青年自雇型就业的典型形态。以网约工就业困局为例，基于就业机会、就业能力和就业服务的维度，探究青年自雇型就业脆弱性的生成。以网约工的就业支持为例，探究青年自雇型就业脆弱性的消解路径。

4. 作者自评和他评

他评。截至 2023 年 2 月 28 日，中国知网数据显示，该文被下载 296 次，被引 0 次。

【作者简介】

邹会聪：湖南师范大学博士研究生，湖南涉外经济学院副教授。

邓志强：中共湖南省委党校青年与社会建设教研部副主任，副教授。

第 23 名

平台外包经营中的用工责任分配
——基于"算法管理"的"相应责任"厘定

田野（2022），《政治与法律》，第 8 期，第 16—32 页

【内容概览】

1. 问题/议题

平台外包经营中的用工责任分配——基于"算法管理"的"相应责任"厘定。

2. 结论

在平台外包经营中，平台企业和外包企业应该共同承担用工责任。在算法管理下，平台企业对从业者仍保有一定程度的控制，因此应该负担相应的补充责任。具体来说，外包企业对从业者进行直接的劳动管理，应负首要的用工责任；而平台企业则应根据实际行使的算法管理权大小来确定相应的补充责任范围。此外，在外包合作协议中约定用工责任分配时，不能对抗从业者，但在平台企业和外包企业内部有效。最后，该文指出平台外包用工关系认定是一个难点，需要根据具体法律关系来决定责任分配，并以算法管理为中心构建法律关系框架。总而言之，在平台外包经营中，各方主体需要共同承担用工责任，并且需要根据实际情况灵活调整责任分配方式。

3. 论证

《关于维护新就业形态劳动者劳动保障权益的指导意见》规定平台企业对从业者遭受的损害负"相应责任"，对此存在不同的解读。"算法管理"是数智时代平台用工新业态的核心特质，对"相应责任"的定位应以算法管理为中心，以劳动三分法为法律关系架构。围绕算法管理权及其配置，平台企业和外包企业之间结成一个相互协作的用工共同体，应依据角色分工共同负担用工责任。其中，外包企业对从业者进行直接的劳动管理，应负首要的用工责任；平台企业基于算法管理对从业者仍保有一定程度的控制，大概率成立不完全劳动关系，应负与之相应的补充责任。补充责任的具体范围，则应以平台企业实际行使的算法管理权的大小为边界。外包合作协议中对用工责任分配的约定不能对抗从业者，但在平台企业和外包企业内部有效。平台企业对外包企业原则上享有追偿权。

4. 作者自评和他评

他评。截至 2023 年 2 月 28 日，中国知网数据显示，该文被下载 597 次，被引 1 次。

该文研究观点获得李强、徐兴荣、刘凤杰的认同。此外，外包引发的法律或治理问题也开始进入学者的视野，如田野从劳动法理的角度探讨了外包商所应承担的用工责任。[1]

【作者简介】

田野：天津大学法学院教授、博士生导师。

---

[1] 李强、徐兴荣、刘凤杰：《网约配送平台外包式用工关系及其形成：基于平台企业策略选择的视角》，《社会发展研究》2022 年第 4 期。

第 24 名

共享经济下灵活就业人员劳动权益保障机制研究

陈兵、赵青（2022），《兰州学刊》，第 11 期，第 102—112 页

【内容概览】

1. 问题/议题

共享经济下灵活就业人员劳动权益保障机制研究。

2. 结论

该文的结论是，共享经济下的服务平台就业人员劳动权益保障机制需要建立在平台企业、用工企业和个人用工三者之间的合作基础上，形成一种多元化的维权模式。具体而言，服务平台应当承担起签约履约管理责任，建立健全的用工合同和劳动关系，并加强对用工企业的监管；用工企业应当落实好自身的法律责任，确保为平台就业人员提供合法、稳定、安全的劳动环境；个人用工则需要通过加强自身维权意识和能力，积极参与到维权活动中来。此外，监管机关也应当加强对服务平台和用工企业的监管力度，及时发现和处理违法违规行为。总而言之，在共享经济快速发展的背景下，服务平台就业人员劳动权益保障问题已经成为一个亟待解决的社会问题。只有通过各方面力量的共同努力，才能够建立起一个健康、公正、可持续发展的共享经济生态系统。

3. 论证

随着共享经济与灵活就业的发展，出现了专门为共享经济平台与平台就业人员提供证照代办、身份核验、业务分包、收入结算等综合性服务的"服务平台"。在服务平台场景下，平台就业人员的劳动权益保障又呈现一些特有的新问题，突出体现在：企业用户借服务平台掩盖劳动关系、"多角用工"模式导致确定维权对象困难以及"劳动管理"的认定缺乏明确标准。作为保障服务平台就业人员劳动权益的对策，需要服务平台落实签约履约管理责任，监管机关整备用工关系认定指南，行业协会、工会乃至科研机构、主流媒体等社会各界共同参与，共建平台领域健康良好的用工秩序。

4. 作者自评和他评

他评。截至 2023 年 2 月 28 日，中国知网数据显示，该文被下载 1141 次，被引 0 次。

【作者简介】

陈兵：法学博士，南开大学法学院教授、博士生导师，南开大学竞争法研究中心主任。

赵青：法学博士，南开大学法学院助理研究员，南开大学竞争法研究中心。

第 25 名

家庭劳动参与与高中生身心健康的倒 U 型关系
——基于全国疫情期间高中在线学习状况调查数据的实证研究

郭丛斌、王天骄（2022），《清华大学教育研究》，第 3 期，第 61—72 页

【内容概览】

1. 问题/议题

家庭劳动参与与高中生身心健康的倒 U 型关系——基于全国疫情期间高中在线学习状况调查数据的实证研究。

2. 结论

该研究采用全国疫情期间高中在线学习状况调查数据，在控制影响高中生身心健康的个人特征、个人家庭背景以及个人行为特征因素的情况下，分别利用独立样本 T 检验、逐步 OLS 回归、分群组 OLS 回归以及分位数回归分析探讨了疫情期间我国高中生的身心健康水平、家庭劳动参与状况以及家庭劳动参与对高中生身心健康的影响，得出如下研究结论。

第一，高中生的家庭劳动参与频率显著影响了其疫情期间的身心健康水平，并呈现倒 U 型关系。具体而言，在控制学生个人特征、家庭背景、行为特征变量的情况下，高中生的家庭劳动频率对其身心健康水平的影响呈现倒 U 型的特点，而家庭劳动时长对其身心健康水平则具有显著的正面影响。在模型中同时纳入家庭劳动频率和时长变量的情况下，只有家庭劳动参与频率与高中生的身心健康水平呈现显著的倒 U 型关系，转折点出现在约 4.42 天/周，而家庭劳动参与时长变量的系数则不再显著。这一结论说明，从高中生身心健康发展的视角来看，家庭劳动参与的频率比时长更加重要。若能将家庭劳动参与融入高中生的日常生活当中，保证每周有 4~5 天参与家庭劳动比片面追求劳动时间和强度更有利于高中生的身心健康发展，过度高频的家庭劳动反而可能有损于学生发展。这意味着，人们应该更加辩证地认识家庭劳动参与对高中生身心健康的影响。从计量经济学的角度而言，具有 U 型关系的模型可以拆解为一个自变量和因变量呈线性正相关的潜函数与一个自变量和因变量呈指数型负相关的潜函数的相加。家庭劳动对学生身心健康水平的影响无疑也存在着正反两面，一方面高中生参与家庭劳动可能会通过劳动本身产生的幸福感、缓解高强度学习带来的精神压力、提高亲子关系融洽程度等路径提高其身心健康水平，另一方面过度繁重的家庭劳动又会对个人的身心健康产生负担。所以，当两种效应结合在一起就形成了家庭劳动参与度和学生身心健康水平的倒 U 型关系。

第二，家庭劳动参与对高中生身心健康的影响机制在不同性别间基本相同，但女生通过

家庭劳动参与的获益比男生更大且倒 U 型拐点的阈值更高。这一方面可能是由于在中国传统文化的导向下，女生往往从儿童时期就会受到家庭劳动教育的培养，从而更加擅长和适应参与到家庭劳动当中。另一方面，从家庭劳动分配的角度，男生可能会被更多地分配劳动强度更大、劳动难度更高的家庭劳动任务，使得家庭劳动参与的负面作用部分在男生群体中效应更强。此外，更大的群组间差异发生在城乡高中生组别之间。与城镇高中生群体不同，回归结果显示家庭劳动参与对农村高中生身心健康水平的正向影响并不显著。这很可能是由于生活在农村环境下的学生会更多地参与耕种、饲养、采集等农业工作性劳动实践，所以家庭劳动的作用不再突出。相较而言，生活在城镇中的高中生在疫情期间并没有更多的其他劳动机会，所以家庭劳动参与的价值可能难以被其他劳动实践所替代。

第三，分位数回归结果显示，家庭劳动参与主要能够提高身心健康指数处于中低水平的高中生身心健康水平，且家庭劳动参与频率和时长的回归系数与身心健康指数的分位数点呈现负相关关系。这可能是由于身心健康水平在朋辈中出类拔萃的高中生一方面自身已经积累了良好的身心健康基础，通过外部干预不易改变其身心健康状态。另一方面，身心健康水平较高的学生往往在居住环境、学习资源、活动参与等方面都更具优势，这些资源可能对家庭劳动参与的效果具有部分替代作用，使得这部分高中生的身心健康发展与家庭劳动参与的关系不再显著。由此可见，家庭劳动参与对高中生而言不仅是单纯的体力劳动，更具有重要的教育价值，但以教育为目的的家庭劳动参与实践也需要科学有序开展。

3. 论证

针对当下备受注目的劳动教育实践及其面临的价值危机和实践困境，该研究基于北京大学教育学院大数据中心在疫情期间开展的全国疫情期间高中在线学习状况调查数据，探讨了疫情期间家庭劳动参与的频率和时长与高中生身心健康水平的关系。研究发现：高中生的个人特征、家庭社会经济地位、行为特征都会显著影响其家庭劳动参与度。对高中生身心健康的影响方面，整体而言家庭劳动参与的频率与高中生身心健康水平呈现倒 U 型关系，男生出现拐点的阈值比女生更低，且农村学生的家庭劳动参与与身心健康水平的关系并不显著。进一步，分位数回归分析发现身心健康水平越低的高中生在家庭劳动参与中的获益越高。综上，研究表明家庭劳动参与本身具有高度的教育价值，但在开展过程中也需要因地制宜、因材施教。

4. 作者自评和他评

他评。截至 2023 年 2 月 28 日，中国知网数据显示，该文被下载 952 次，被引 1 次。

【作者简介】

郭丛斌：北京大学教育经济研究所研究员，主要研究教育经济学。

王天骄：北京大学教育学院博士研究生，主要研究教育经济学。

第 26 名

西方学者对数字经济时代资本主义劳资关系的研究述评

陈晓仪（2022），《经济学家》，第 4 期，第 37—44 页

【内容概览】

1. 问题/议题

西方学者对数字经济时代资本主义劳资关系的研究述评。

2. 结论

该文主要探讨了西方学者对数字经济时代下资本主义劳资关系的研究，着重分析了数字技术和资本的紧密交织和并存发展，以及马克思对劳资关系的原初理论思考。通过对西方学者的研究进行梳理和总结，该文得出以下结论。

首先，数字经济时代下资本主义劳资关系呈现新样态，数字技术对劳动与资本关系产生了深刻影响。其次，西方学者强调了资本在模糊劳逸界限之后的生产，这种生产对劳动者权益造成了一定程度的损害。最后，作者认为，在数字经济时代下，马克思主义仍然具有重要意义，并提出应该注重结合马克思主义来分析数字资本主义的发展事实，在合理扬弃西方既有研究的基础上找寻中国特色社会主义劳资关系的理论生长点。

总而言之，该文认为，在数字经济时代下，西方学者对于数字化背景下的劳资关系新样态进行了深入探讨，并提出了一些新颖观点和思路。同时，该文也强调了马克思主义在分析数字资本主义的发展事实中的重要性，为后续研究提供了有益启示。

3. 论证

数字经济时代，资本在大数据、云计算等技术的"催化"下产生对劳动剥削的深度遮蔽效果。为充分理解资本主义劳资关系的对抗本质，西方学者基于技术发展视角，揭示资本对劳动"依赖加强"与"控制加深"的趋向；根据自由时间和数字化生产空间的拓展，分析资本剥削的方式变化；在此基础上整体评估资本主义制度演进与技术发展的内在张力，提出"数字共产主义"和"无摩擦资本主义"等矛盾消解思路。西方学者在关注马克思主义的同时尝试不同流派的理论融合，但在马克思主义具体理论的运用上尚存"工具性"指向。后续研究应注重结合马克思主义来分析数字资本主义的发展事实，在合理扬弃西方既有研究成果的基础上找寻中国特色社会主义劳资关系的理论生长点。

4. 作者自评和他评

他评。截至 2023 年 2 月 28 日，中国知网数据显示，该文被下载 1375 次，被引 1 次。

该文研究观点获得冯明宇的认同。数据商品的生产过程实现了对劳动力再生产过程的吸纳，通过挤占自由时间使资本主义剥削在数字时代发生扩大化。[①]

【作者简介】

陈晓仪：北京大学马克思主义学院博士研究生。

第27名

数字化平台企业网约工心理契约：内容、测量与服务绩效影响验证

何建华、高永端、常莉俊（2022），《商业经济与管理》，第3期，第5—15页

【内容概览】

1. 问题/议题

数字化平台企业网约工心理契约：内容、测量与服务绩效影响验证。

2. 结论

该文通过研究得出以下结论：网约工心理契约的内容包含平台责任和网约工责任，以此开发了网约工责任量表和平台责任量表。两个分量表的结构均为典型的单一维度，这一结果有悖于传统心理契约理论的发展趋势。以服务绩效量表作为心理契约量表的效标关联效度，分析结果表明平台责任和网约工责任与效标显著正相关，回归分析证明心理契约对服务绩效具有预测作用。

此外，该研究也存在一些局限性。一是网约工样本仅选取了比较有代表性的网约车司机和网约配送员，未来可以进一步拓展到从事网络直播、网络培训、网约家政等工作的其他网约工群体。二是未来在本研究基础上，可以开展网约工心理契约的前因变量和结果变量研究，还可以将数字化平台企业用户纳入其中，进行多方心理契约内容与测量的探索性研究。

3. 论证

传统企业员工的心理契约研究日益丰富，数字化平台企业网约工心理契约的内容和测量尚处于探索阶段。结合现实需求和研究缺口，以心理契约理论为基础，运用质性研究方法探索网约工心理契约的内容，在此基础上开发并检验网约工心理契约量表。以珠三角地区网约工为被试回收3组数据，通过项目分析、探索性因素分析和验证性因素分析等方法，获得由平台责任和网约工责任共同构成的网约工心理契约概念模型以及具有良好信效度的测量量

[①] 冯明宇：《马克思技术批判思想视域中的数字资本主义研究》，硕士学位论文，华中师范大学，2022年。

表。有别于传统组织，平台企业网约工的心理契约呈现单维度的交易型心理契约特征。实证研究进一步发现，网约工心理契约正向影响服务绩效，表明心理契约是影响网约工态度和行为的重要变量。平台企业、网约工、政府和其他利益相关者必须重视网约工心理契约的认知和管理。

4. 作者自评和他评

他评。截至 2023 年 2 月 28 日，中国知网数据显示，该文被下载 985 次，被引 3 次。

该文研究观点获得刘俊卿、贺文晓等的认同。目前，企业对于互联网技术（Internet Technology，IT）领域投入预算较少，专业管理人员和专业设备匮乏，在一定程度上限制了企业信息化的发展。[①]

【作者简介】

何建华：教授，管理学博士，主要研究人力资源管理。

高永端：讲师，博士研究生，主要研究人力资源管理。

常莉俊：讲师，应用心理学博士，主要研究心理学。

第 28 名

数字平台中资本与劳动的多样化关系解构分析

赵秀丽、王生升、方敏（2022），《经济学家》，第 10 期，第 24—32 页

【内容概览】

1. 问题/议题

数字平台中资本与劳动的多样化关系解构分析。

2. 结论

该文的结论是数字平台中资本与劳动关系的多样化和复杂化，需要进行深入的研究和分析。数字平台作为一个新兴的经济形态，其发展对于就业、劳动关系、社会经济等方面都产生了深远的影响。数字平台上不同群体之间存在多种不同形式的资本与劳动关系，包括资本雇佣劳动的劳资关系、数字平台资本对参与者的无偿利用关系、数字平台资本同创意劳动者的合作关系以及数字平台资本同广大网民的社会劳动的关系等。这些不同形式的关系在数字平台上交织在一起，构成了一个复杂而多样化的网络。

---

① 刘俊卿、贺文晓：《基于 SaaS 模式的企业信息化服务平台设计》，《信息与电脑（理论版）》2022 年第 13 期。

此外，数字平台上不同类型的劳动也呈现多样化和分工化趋势。从高技能创意群体到低技能群体，从自由职业者到众包和外包群体，这些不同类型的劳动者在数字平台上都有着各自独特的特点和发展趋势。其中，自由职业者和众包群体具有较高程度的自主性和灵活性，而外包群体则更加依赖于数字平台。数字平台的发展对于这些劳动类型的发展和就业形态产生了深远的影响。

因此，该文提出了一些政策建议，包括加强数字平台资本与劳动关系的监管、促进数字平台上不同类型劳动者的职业发展和提高其收入水平、加强数字技术应用能力培养等。这些政策建议旨在促进数字平台的可持续发展，同时保障劳动者的权益和利益。总而言之，该文认为数字平台中资本与劳动关系的多样化和复杂化是数字经济发展的一个重要方面，需要进行深入研究和分析。只有加强监管、促进职业发展和提高收入水平等措施的实施，才能够实现数字平台的可持续发展，并为数字经济的健康发展提供更好的保障。

3. 论证

数字平台是资本与劳动多样化关系的典型与集中地，它在交通、餐饮、在线服务、住宿、流通等经济活动各领域的应用与蓬勃发展，带动了一批以自由职业者为主体的创意群体、灵活就业的零工群体、众包和外包群体以及产消工作者等多种数字劳动类型的兴起，甚至广大网络用户都以"受众劳动"和"无偿劳动"被纳入数字平台上的新型劳动之中。数字平台中多种劳动类型的形成和发展，一方面增强了高技能者的劳动主体性和自主性，另一方面也让更多低技能的在线外包群体增强了对数字平台的依附性，同时也为创意群体提供了施展才能的空间。数字平台上的不同群体同数字平台资本之间通过多种方式联结在一起，形成了多样化的资本与劳动的关系。基于此，该文对数字平台中所嵌入的各种关系进行一般性剖析，在此基础上厘清几点认识，并提出政策建议。

4. 作者自评和他评

他评。截至2023年2月28日，中国知网数据显示，该文被下载737次，被引0次。

【作者简介】

赵秀丽：福建师范大学经济学院教授。

王生升：南开大学马克思主义学院教授、博士生导师。

方敏：北京大学经济学院教授、博士生导师。

第 29 名

狭义退休和广义退休：分立、转化与融合

林熙（2022），《社会保障评论》，第 1 期，第 78—89 页

【内容概览】

1. 问题/议题

狭义退休和广义退休：分立、转化与融合。

2. 结论

该文探讨了工业国家退休制度的历史演变，梳理了狭义退休和广义退休转化融合的演变趋势。文章认为，退休作为多系统耦合形成的社会制度，其形态直接受到不同劳动形态下的劳动关系结构和不同保障理念下的社会保障制度的交互影响。在福利国家转型、正规劳动关系开始松散、非正规劳动逐步增加、多元化老年收入保障机制广泛建立等因素的影响下，退休从狭义走向广义。同时，受老龄化、全球化、信息化驱动的生产方式转型和劳动关系结构深度转型的影响，狭义退休和广义退休的转化与融合使退休进一步走向多元化，表现为灵活退休机制的探索。

文章认为，处理退休建构转型过程中经济契约、政治契约、社会契约的耦合关系是难点所在。因此，在推行退休改革时需要考虑到不同国家之间存在巨大差异，并且需要根据本国实际情况制定相应的政策。文章提出，未来退休制度的发展趋势是多元化、灵活化和个性化的，需要建立更加灵活的退休机制，以适应不同人群的需求。同时，需要加强社会保障体系建设，提高老年人的生活质量，提升他们的幸福感。

3. 论证

工业社会以来的退休，是老年收入保障体系与劳动关系的结构耦合下，劳动者以年老为标志退出生产活动的社会系统。伴随养老金制度与劳动关系结构的交互演变，工业国家的退休在其历史进程中呈现正规劳动关系下的狭义退休、非正规劳动关系下的广义退休、正规和非正规劳动关系交织下的多元退休三种形态。狭义退休是工业国家在福利国家体制下正规劳动关系结构与公共养老金共同作用下使达到特定年龄的劳动者解除劳动合约的社会建构。随着福利国家转型，正规劳动关系开始松散、非正规劳动逐步增加、多元化老年收入保障机制广泛建立，使退休从狭义走向广义。受老龄化、全球化、信息化驱动的生产方式转型和劳动关系结构深度转型的影响，狭义退休和广义退休的转化与融合使退休进一步走向多元化，表现为退休的非标准化和灵活退休机制的探索。退休的建构和转型是多系统演化的结果，处理

退休建构转型过程中经济契约、政治契约、社会契约的耦合关系是难点所在。

4. 作者自评和他评

他评。截至 2023 年 2 月 28 日，中国知网数据显示，该文被下载 237 次，被引 1 次。

该文研究观点获得郭林的认同。有研究在老龄化、全球化、信息化驱动的生产方式转型和劳动关系结构深度转型等背景下，对退休年龄的概念进行了系统理论阐释。该研究认为，退休在历史进程中呈现正规劳动关系下的狭义退休、非正规劳动关系下的广义退休、正规和非正规劳动关系交织下的多元退休这三种形态。[①]

【作者简介】

林熙：四川大学公共管理学院劳动与社会保障系副教授，主要研究退休制度、养老保险。

第 30 名

最低工资制度、劳动合同期限与企业用工形式

王欢欢、胡冬敏、张际（2022），《经济学（季刊）》，
第 4 期，第 1125—1146 页

【内容概览】

1. 问题/议题

最低工资制度、劳动合同期限与企业用工形式。

2. 结论

近两年发生的新冠疫情使得灵活就业方式一度成为社会热点话题。受疫情影响，不少企业出现了经营问题，高额的用工成本导致资金周转困难。特别是对于劳动密集型的中小企业，劳动报酬支出压力大，使企业濒临破产。当企业面临不确定性时，如何调整用工形式，成为企业决策的一个重要方面。然而，在已有文献中，有关企业用工形式的研究依然较少。

通过构建理论模型和实证分析，该文研究了最低工资上涨以及最低工资制度的强化对于用工形式和用工结构的影响。结果发现，最低工资的上涨使得用工形式趋于短期化，最低工资制度的强化加剧了这种短期化的趋势。进一步分析还发现，这种用工形式短期化的现象在

[①] 郭林：《持续推进中国特色社会保障理论与政策研究——中国社会保障研究动态（2022 年）》，《社会保障评论》2023 年第 1 期。

低技能群体中更加严重。其理论机制在于，随着企业用工成本的上升，企业更可能与职工建立短期的劳动关系，以规避生产不确定带来的风险。

用工形式的短期化是企业应对风险的一种手段，就业方式的灵活化也是适应当下人们对待劳动的一种方式。这使得企业生产更具弹性，抵御市场风险能力更强；企业提供了灵活的就业方式，使更多人进入就业市场，或者原来职场人有更多的就业形式选择，给就业人员增加了效用。但是，人们仍需警惕，用工形式短期化引起的就业碎片化、隐性失业等问题。因此，在完善最低工资制度、保护低收入者权益、促进分配更加公平的同时，需采取措施规范企业的用工形式，防止企业用工短期化带来的潜在弊端。

另外，在一定程度上，该文的研究也是对我国《劳动合同法》劳动合同期限制度实施成效的评估。尽管《劳动合同法》将长期工（不定期合同）作为主流价值取向，然而，由于法律规则本身的漏洞、我国特殊的劳动市场背景及劳动执法水平所限，这一立法目标并未有效实现。因而，在未来劳动相关立法的修改中，应将《劳动法》和《劳动合同法》综合考虑，统筹最低工资这一劳动保障制度和劳动合同期限这一影响雇佣灵活性的制度，保持劳动法律适当的"安全性"和"灵活性"，并增强其社会保障的功能。

3. 论证

通过构建可检验的理论模型以及严谨的实证分析，该文研究了最低工资制度强化对企业用工决策中选择劳动合同期限并调整内部用工结构的影响及其内在作用机制。该文发现，工资水平的上涨降低了企业雇用长期工的概率，提高了企业雇用临时工的概率，从而导致了企业用工形式的短期化。工资制度的变化进一步加强了这种效应。进一步研究表明，企业雇用更多的退休返聘职工、更多发放不固定工资、职工更频繁地更换工作是其中的内在作用机制。该文还发现，低收入群体的就业形式受到更大的影响。政府在制定最低工资时，应权衡其在劳动收入保障上的积极效果及其对企业用工形式短期化影响的潜在弊端。

4. 作者自评和他评

他评。截至 2023 年 2 月 28 日，中国知网数据显示，该文被下载 1568 次，被引 0 次。

【作者简介】

王欢欢：华东师范大学法学院教授，博士生导师。

胡冬敏：复旦大学经济学院、复旦大学世界经济研究所博士研究生。

张际：清华大学五道口金融学院副教授。

第 31 名

劳动关系变化、劳动者需求与社会保险制度改革

封进（2022），《社会保障评论》，第 5 期，第 66—78 页

【内容概览】

1. 问题/议题

劳动关系变化、劳动者需求与社会保险制度改革。

2. 结论

该文主要探讨了新就业形态下的劳动关系变化和社会保险制度改革。在新就业形态下，应该采取更加灵活和差异化的社会保险制度来满足不同类型劳动者对于社会保障方面的需求和诉求。同时，在明确企业责任的基础上，给予劳动者选择就业身份的权利，完善不完全符合确立劳动关系的劳动者工伤保险安排，促进在转换劳动关系类型时的社会保险待遇衔接，建设多支柱、保障公平的具有中国特色的社会保险制度等措施也是非常必要和重要的。这些建议可以帮助解决新就业形态下的社会保障问题，提高劳动者的福利水平和生活质量，同时也有利于促进经济发展和社会稳定。因此，政府和企业应该共同努力，加强对新就业形态下的劳动关系和社会保险制度的研究和探索，积极推进相关改革措施的落实和实施。

3. 论证

随着就业形态日益多样化，传统的社会保险安排难以满足需求。我国已在探讨将劳动者分为符合确立劳动关系的、不完全符合确立劳动关系的和自由职业者三类，社会保险制度也需相应改革。该文回顾了过去 40 多年我国劳动关系变化的逻辑及其对社保改革的推动，指出新就业形态的特征给社保制度带来的挑战。在此基础上，论证了新就业形态劳动者对社保需求的差异性及对多维度劳动者权益的诉求。该文提出了就业形态多样化下社保改革的四点建议，即在明确企业责任的基础上，给予劳动者选择就业身份的权利；完善不完全符合确立劳动关系的劳动者工伤保险安排；促进在转换劳动关系类型时的社会保险待遇衔接；建设多支柱、保障公平的具有中国特色的社会保险制度。

4. 作者自评和他评

他评。截至 2023 年 2 月 28 日，中国知网数据显示，该文被下载 577 次，被引 0 次。

【作者简介】

封进：复旦大学经济学院教授、博士生导师，主要研究社会保障、人口与劳动经济学。

第 32 名

新就业形态中的劳动者权益维护与工会工作模式选择

唐鑛、郑琪（2022），《学术研究》，第 5 期，第 82—89 + 178 页

【内容概览】

1. 问题/议题

新就业形态中的劳动者权益维护与工会工作模式选择。

2. 结论

该文主要探讨了新经济下的新就业形态和工会的作用，提出了工会在维护新就业形态劳动者权益方面存在的困难和需要加强的地方，并提出了相应的建议。文章认为，新经济的迅速发展带来了劳动就业领域的新形势，传统的雇佣模式发生了变化，出现了如网约外卖员、网约车司机等依附于平台就业的新就业形态人员。这些人员在劳动条件、劳动保障等方面远未得到现有制度的保护，因此工会作为劳动者利益的代表需要高度关注这一特殊群体的权益保障问题。

文章提出了三个建议：加强对新经济与新就业形态的理论和实践研究；注重自身组织结构和管理能力的提升；推进工会维权和维稳相统一的目标。文章还介绍了深圳市和广州市总工会的经验，深圳市尝试建立了劳动争议监测后台，把劳动争议的发生和处理流程都纳入平台，实现流程可视化；广州市则采用"工会购买服务"的模式推动改革，通过购买社会化服务来推进工会工作的社会化运作，发挥工会枢纽型社会组织作用。这些经验可以为其他地区的工会提供参考和借鉴。

综上所述，该文认为，新经济下的新就业形态给工会带来了新的挑战和机遇。工会需要加强自身组织结构和管理能力的提升，注重推进工会维权和维稳相统一的目标，并借鉴其他地区的经验来更好地适应新形势下的劳动就业领域。

3. 论证

新经济的迅速发展带来了劳动就业领域的新形势，传统的雇佣模式发生了变化，出现了如网约外卖员、网约车司机等依附于平台就业的新就业形态人员。工会作为劳动者利益的代表，高度关注这一特殊群体的权益保障问题。该文基于对新就业形态工作特征变化的分析，提出当前工会面临三方面工作难度：第一，工会组织劳动者的渠道受阻，工会组织难度加大；第二，工会对于自身定位和维护新就业形态劳动者权益的工作方式不清晰；第三，工会在新形势下处理争议中处于相对被动地位。该文在广东省深圳市和广州市总工会的经验基础

上，进一步分析了当前工会针对新就业形态劳动者维权工作的不足，并提出相应的改进建议，为构建工会的工作思路和工作模式提供参考和借鉴。

4. 作者自评和他评

他评。截至 2023 年 2 月 28 日，中国知网数据显示，该文被下载 1184 次，被引 2 次。

该文研究观点获得王群、黄龙的认同。工会在维护新就业形态劳动者权益中面临着一些困境，例如工会组织效率下降、工作方式和内容不清晰。[①] 工会组织劳动者的渠道受阻，工会在新形势下处理争议中处于相对被动地位等问题，需要具有针对性的策略破解难题。[②]

【作者简介】

唐鑛：中国人民大学劳动人事学院教授。

郑琪：中国人民大学博士研究生。

第 33 名

劳动法典中的个人信息保护

吴文芳（2022），《北方法学》，第 6 期，第 44—48 页

【内容概览】

1. 问题/议题

劳动法典中的个人信息保护。

2. 结论

该文的结论是，劳动法典中的个人信息保护是未来劳动法典编纂中的一项重要制度，其与劳动法典的契合程度、规范路径与保护机制宜进行系统性思考与设计。个人信息保护规范进入劳动法典存在三条规范路径，即劳动私法、劳动公法和集体协议。在实现劳动者个人信息保护上，三条路径各有优劣。该文认为，在立法选择上宜采用以劳动公法为主、劳动私法与集体协议为辅的三条规范路径协同互补的保护机制。此外，该文还提出了将个人信息保护列入集体协议可协商范围，并对相关原则进一步具体化的建议。

3. 论证

该文通过对我国现有立法情况和国际经验进行分析，提出了关于个人信息保护在劳动法

[①] 王群：《数智时代新业态劳动者权益保护之反思》，《青海社会科学》2022 年第 6 期。

[②] 黄龙：《新就业形态劳动者参加和组织工会权利与路径研究》，《中国人力资源开发》2022 年第 12 期。

典中应该采取何种规范路径和保护机制的建议。同时，该文也指出了当前我国在个人信息保护方面存在的问题和挑战，并提出了相应解决方案。该文对于未来我国劳动法典编纂中个人信息保护制度的设计和实施具有一定的参考价值。

4. 作者自评和他评

他评。截至 2023 年 2 月 28 日，中国知网数据显示，该文被下载 751 次，被引 0 次。

【作者简介】

吴文芳：上海财经大学法学院教授，博士生导师。

第 34 名

两个世界与双重身份——数字经济时代的平台劳动过程与劳动关系

陈龙（2022），《社会学研究》，第 6 期，第 81—100 + 228 页

【内容概览】

1. 问题/议题

两个世界与双重身份——数字经济时代的平台劳动过程与劳动关系。

2. 结论

该文主要探讨数字经济时代下平台劳动过程与劳动关系的双重身份。通过对外卖骑手的实证研究，该文发现骑手在数字世界中扮演着数据生产者的角色，而在现实世界中则是货物运输者。这种双重身份导致了骑手在平台劳动过程中面临诸多问题，例如劳动身份、劳动类型、劳动工具、劳动对象和劳动价值等方面的不确定性。

该文进一步提出了"新劳动二重性"的概念，即将马克思的劳动价值理论从现实世界拓展到数字世界，并分析具体劳动映射到数字世界的数字劳动及其价值。同时，该文认为平台非典型从业者与平台之间构成的是劳动关系而非简单的服务关系或类似雇佣关系。这一结论有利于保障平台非典型从业者的权益和利益。

最后，该文强调了对平台劳动过程与劳动关系研究的重要性。通过对电动车和平台软件两个方面进行分析，该文认为研究平台非典型从业者的劳动过程和劳动关系，有助于更好地理解数字经济时代下的平台劳动现象，为保障平台非典型从业者的权益和利益提供理论支持。

3. 论证

该文以外卖骑手的劳动为例，先从劳动过程入手揭示数字经济时代骑手身处的两个世界以及由此带来的双重身份、两重劳动与双重价值，即"新劳动二重性"；然后以此为基础进

入劳动关系的分析，从"生产资料所有权决定从属性"的理论视角指出，从数字世界的数据生产而非现实世界的货物运输来看，骑手与平台之间构成劳动而非劳务关系。该文旨在表明，平台劳动的劳动过程与劳动关系研究紧密相关，在被遮蔽的劳动过程中隐藏着劳动关系的真相。

4. 作者自评和他评

他评。截至 2023 年 2 月 28 日，中国知网数据显示，该文被下载 714 次，被引 0 次。

【作者简介】

陈龙：中国农业大学人文与发展学院副教授，主要研究数字经济与平台劳动管理、平台劳动关系与劳动权益保障、不稳定工作与青年就业。电子邮箱：longc_cau@cau.edu.cn。

第 35 名

论超龄劳动者工伤救济的路径

李康（2022），《法律适用》，第 11 期，第 163—172 页

【内容概览】

1. 问题/议题

论超龄劳动者工伤救济的路径。

2. 结论

该文主要探讨了超龄劳动者工伤救济的路径和现状。通过对法学界对超龄用工关系性质的不同看法、全国各地高级人民法院近五年来涉及超龄劳动者工伤救济的判决以及从学理角度探讨工伤保险与劳动关系脱钩的可能性等方面进行分析，得出以下结论。

首先，根据现行劳动立法，超龄用工关系是劳务关系而非劳动关系。其次，我国劳动法在相关问题上存在表达与实践的背离。最后，从学理角度探讨工伤保险与劳动关系脱钩的可能性，并结合部分地区开展的超龄从业人员参加工伤保险的试点工作，提出了一些建议。

此外，该文还介绍了一些司法解释和政策文件，并对一些常见问题进行了解答。例如，该文指出，在当前社会保险体制下，用人单位原则上无法给超龄劳动者办理工伤保险；但是一些省份已经出台了相应政策将超龄劳动者等不具有明确劳动关系的人员纳入工伤保险的保护范围。另外，该文还介绍了一些司法实践中经常出现的问题，例如社保部门通常会作出不予认定或不予受理的决定，在申请人提起行政诉讼后，法院会撤销社保部门的决定，令其重

新进行工伤认定。

综上所述,该文旨在为超龄劳动者工伤救济问题提供一些思路和建议。作者认为,实现劳动关系与工伤保险之间的适度松绑,将超龄劳动者纳入工伤保险的覆盖范围,才能从根本上解决问题。此外,政府和用人单位也应该加强对超龄劳动者的保护和关注,提高其待遇和福利水平。最后,该文还指出了一些需要进一步研究和探讨的问题,例如如何平衡用人单位和超龄劳动者的利益、如何完善工伤认定制度等等。总之,该文对于超龄劳动者工伤救济问题进行了深入探讨,并提出了一些有价值的思路和建议。虽然目前仍存在一些争议和困难,但相信在各方共同努力下,这个问题最终会得到妥善解决。

3. 论证

超龄劳动者是指超过法定退休年龄后继续从事劳动的人员。由于超龄用工关系的特殊性,如何对遭受工伤的超龄劳动者进行救济,在劳动法的理论和实务中争议颇多。目前,我国司法实践的主流做法是允许未享有养老保险待遇的超龄劳动者申请工伤认定,由用人单位参照工伤保险待遇进行赔偿。该做法实现了对超龄劳动者的倾斜保护,但只是将工伤风险单方面地转嫁给用人单位,并未真正化解超龄工伤救济的困境。笔者认为,实现劳动关系与工伤保险之间的适度松绑,将超龄劳动者纳入工伤保险的覆盖范围,才能从根本上解决问题。目前,我国部分地区正在开展超龄工伤保险制度的试点工作,这开辟了超龄工伤救济的新路径,对于保障超龄劳动者的合法权益,分散企业的用工风险具有重要的意义。

4. 作者自评和他评

他评。截至 2023 年 2 月 28 日,中国知网数据显示,该文被下载 536 次,被引 0 次。

【作者简介】

李康:中国人民大学法学院 2019 级博士研究生。

第 36 名

从"发展中规范"到"规范中发展":互联网平台用工治理的演进过程与机制

雷晓天、柴静(2022),《中国人力资源开发》,第 5 期,第 6—24 页

【内容概览】

1. 问题/议题

从"发展中规范"到"规范中发展":互联网平台用工治理的演进过程与机制。

2. 结论

该文主要探讨了互联网平台用工治理的演进过程与机制。通过分析社会环境、治理逻辑、治理策略和政策工具之间的动态关系，深入剖析平台用工治理的形态。该文认为对平台用工进行有效治理离不开政策工具的科学选择。平台用工治理中政策工具的选择应兼顾不同行为主体的目标诉求，契合平台用工治理策略的动态性，还应注意法律类、经济类、信息类、技能类等各类型政策工具的综合运用。未来有关平台用工治理的研究亟待丰富，需要进一步探讨中央与地方层面的治理手段与政策工具之间的区别，以及平台用工治理是否呈现区域性特征等问题。该文提供了一种整体性的解释框架，有助于打开平台用工治理演进过程和内在机制的黑箱。

3. 论证

互联网平台用工的治理问题是当前政府治理的焦点，对其进行研究对于促进平台经济的健康发展具有重要意义。我国对平台用工的治理经历了从"探索"到"发展中规范"，再到"规范中发展"的演进过程。该文构建了"社会环境—治理逻辑—治理策略—政策工具"的分析框架，对平台用工治理的演化过程和机制进行深入剖析。研究发现，社会环境的演变会影响治理逻辑的切换，进而影响治理策略的选择；治理策略的演进会影响政策工具的选择与执行；政策的更新与迭代会进一步影响平台用工所面临的社会环境发展轨迹。社会环境、治理逻辑、治理策略和政策工具之间的动态关系形塑着平台用工治理的形态。

4. 作者自评和他评

他评。截至2023年2月28日，中国知网数据显示，该文被下载1164次，被引1次。

该文研究观点获得李强、李一鸣的认同。在微观分析中，策略选择往往被作为分析框架。但与宏观研究叙事的讨论不同，对于微观实践的分析往往对结构性因素关注不足。政府行为成为其约束、资源和目标的结果，但其所处的结构仿佛是一成不变的。[①]

【作者简介】

雷晓天：首都经济贸易大学劳动经济学院讲师，主要研究集体谈判、职业安全与健康、国际比较劳动关系、劳工政策。电子邮箱：leixiaotian1118@163.com.

柴静：中国人民大学劳动人事学院博士研究生。

[①] 李强、李一鸣：《嵌入式治理：地方政府维护新业态劳动者权益的务实策略研究》，《中国人力资源开发》2022年第10期。

第 37 名

国家治理视野下的劳动法典编纂

叶静漪、李少文（2022），《行政法学研究》，第 5 期，第 18—28 页

【内容概览】

1. 问题/议题

国家治理视野下的劳动法典编纂。

2. 结论

劳动法典的编纂对于法治建设和高质量发展至关重要。该文指出了当前我国劳动立法领域存在的问题，并提出了加快改革的必要性。在新时代下，编纂劳动法典可以解决这些问题，促进法治建设和高质量发展。同时，该文还强调了社会主义根本制度和法律的社会主义根本属性对我国法治建设方向的决定性作用。

因此，该文认为编纂一部具有时代特征、符合新发展理念、体现公平正义、保障合法权益的劳动法典，对于推进我国法治建设和实现高质量发展具有重要意义。

3. 论证

劳动法与国家经济社会发展所处的阶段以及中国共产党的经济社会政策紧密相关。在新时代社会主要矛盾背景下，劳动立法领域加快改革，关键是编纂一部符合时代要求的劳动法典。目前，我国劳动领域法律规范虽然有体系化特征，但仍存在很大不足，编纂法典可以一次性解决法律体系存在的问题，促进法治建设，并保障高质量发展。新时代劳动法典应坚持贯彻新发展理念，以共享发展为基本原则，以人民为中心、以权利为中心，贯彻治理逻辑。这将是一部共享型劳动法典。它吸纳以公平正义为核心的新时代劳动理念，创建具有共建共治共享特征的劳动关系，从而更加有效地保护劳动者合法权益、构建和谐稳定劳动关系，在发展中实现社会公平正义。劳动法典将是中国特色社会主义法治建设的标志性成果。

4. 作者自评和他评

他评。截至 2023 年 2 月 28 日，中国知网数据显示，该文被下载 468 次，被引 0 次。

【作者简介】

叶静漪：北京大学法学院教授。

李少文：中共中央党校（国家行政学院）政法教研部副教授。

第 38 名

从"一重劳动关系"到"双重劳动关系"：
共享用工规制路径的重构

范围（2022），《环球法律评论》，第 4 期，第 129—145 页

【内容概览】

1. 问题/议题

从"一重劳动关系"到"双重劳动关系"：共享用工规制路径的重构。

2. 结论

该文的结论是，当前我国对共享用工的"一重劳动关系"规制路径存在问题，导致实践中劳动者权益保障不足。为了体现共享用工的本质特征，兼顾劳动者保护和弹性用工的需要，应基于"双重劳动关系"的路径重构共享用工的规制体系。具体而言，应将多个主体相互间的多重关系纳入劳动法，并对原单位与缺工单位的义务进行适当整合，以此重构共享用工的劳动关系结构。这样做可以更好地保护共享员工的权益，同时也有利于推进我国劳动法律制度与时俱进、适应新经济形态发展的需要。该文提出了一个新思路和新方向，对于推进我国共享经济和劳动法律制度改革具有一定参考价值。

3. 论证

该文主要通过对共享用工的本质特征和传统"一重劳动关系"规制路径的分析，提出了双重劳动关系路径下的共享用工规制体系重构方案。

首先，该文指出共享用工是共享经济理念下产生的一种新型用工形态，各国对其认识和法律定位存在差异。在我国相关法律规范中，仅规定共享员工与原单位维持劳动关系，而将员工与其他主体之间的关系排除在劳动法之外，这导致实践中共享员工权益可能受到侵害。

其次，该文分析了传统"一重劳动关系"规制路径无法适用于共享用工的原因，并提出了双重劳动关系路径下的规制体系，认为其可以更好地保障共享员工权益，并且实现弹性用工需求。

最后，该文指出双重劳动关系路径下的规制体系可以更好地体现劳动法的基本价值和制度原理，并符合我国现代化建设和社会发展的需要。

4. 作者自评和他评

他评。截至 2023 年 2 月 28 日，中国知网数据显示，该文被下载 1195 次，被引 1 次。

该文研究观点获得孔凡斌的认同。"共享用工的一重劳动关系规制，背离劳动关系认定理论，忽视劳动者保护价值。"历史地看，雇佣关系从来不是一成不变的，而是随着生产力

的提高，因应经济社会变化所作出的相应认知调整。[①]

【作者简介】

范围：首都经济贸易大学劳动经济学院教授。

第39名

我国灵活就业统计研究——基于2021年劳动力调查数据

贾毓慧（2022），《调研世界》，第10期，第3—11页

【内容概览】

1. 问题/议题

我国灵活就业统计研究——基于2021年劳动力调查数据。

2. 结论

该文的结论是，灵活就业本质上是劳动关系不规范的非正规就业，劳动合同是规范劳动关系最重要的手段。根据劳动合同判断是否是灵活就业，可与其他就业类型准确区别，进而根据就业人口特征、地域分布、经济结构、技术条件、就业质量等进行细分类统计，与其他类型就业进行分析比较。该文认为应全面理解、解读灵活就业，以灵活就业为切入点强化就业质量监测，努力构建灵活就业人员的社会保护网。同时，在统计分类上，可增加技术条件或平台就业等交叉变量，细化灵活就业分类。在利用就业大数据方面，由于灵活就业多是临时性、非连续性工作，实际从业人数波动大，需注意把握就业统计标准，提高数据的准确性。总而言之，在当前经济形势下，加强对灵活就业的监测和保障具有重要意义。

3. 论证

该文从就业统计角度出发，全面深入地分析了我国灵活就业现状及其相关概念定义。在论证灵活就业的定义和特点方面，该文认为灵活就业本质上是一种劳动关系不规范的非正规就业，劳动合同是规范劳动关系最重要的手段。同时，该文指出，相对于正规就业，灵活就业的用工方式多种多样，在国际上呈现蓬勃发展态势，在我国也有新型灵活就业岗位的涌现。这些新型灵活就业模式从业人员大多没有归属单位，没有劳动合同。

在论证如何监测和分析灵活就业方面，该文指出，应该增加技术条件或平台就业等交叉变量，细化灵活就业分类，并注意把握就业统计标准，提高数据的准确性。此外，通过对灵

[①] 孔凡斌：《劳动法应明确肯定多重劳动关系》，《武汉交通职业学院学报》2022年第4期。

活就业人员分类统计分析可以准确聚焦重点人群及其问题，并以此为切入点强化监测和分析工作。

最后，在论证如何构建灵活就业人员的社会保护网方面，该文建议应全面理解、解读灵活就业，并以灵活就业为切入点强化就业质量监测，努力构建灵活就业人员的社会保护网。该文认为，灵活就业人员的社会保护应该包括医疗保险、养老保险、失业保险等多种形式，并应该根据不同类型的灵活就业人员特点和需求进行分类设计。

4. 作者自评和他评

他评。截至 2023 年 2 月 28 日，中国知网数据显示，该文被下载 500 次，被引 1 次。

该文研究观点获得张冰子、李恒森、柯洋华的认同，认为灵活就业本质上是劳动关系不规范的非正规就业。[①]

【作者简介】

贾毓慧：1988 年毕业于中国人民大学人口学系，获人口学专业学士学位，现为国家统计局高级统计师，主要研究人口和就业统计研究。

第 40 名

劳动保护与私营企业出口

熊瑞祥、万倩（2022），《经济学（季刊）》，第 4 期，第 1259—1278 页

【内容概览】

1. 问题/议题

劳动保护与私营企业出口之间的关系。

2. 结论

长期以来，我国依靠劳动力成本的比较优势实现了出口的快速增长，进而为我国经济的持续高速增长作出了重要贡献。然而，《劳动合同法》的实施在较大程度上提升了我国劳动力成本，这将对企业出口，尤其是劳动密集型的私营企业的出口带来不利的影响。对此，该文利用多个微观数据库和双重差分方法研究了《劳动合同法》对私营企业出口的影响，有助于人们更加全面地认识劳动保护的经济成本，并有助于制定最佳的劳动保护政策。该文估计结果显示：企业所在地级市对《劳动合同法》的实施强度每提高 1 个

---

① 张冰子、李恒森、柯洋华：《保障和赋能并重，促进灵活就业人员高质量就业》，《重庆理工大学学报（社会科学版）》2022 年第 12 期。

标准差，会使得私营企业的出口概率与出口额分别下降约 2.7 个百分点与 16%。最低工资较高地区、劳动密集程度较高的企业受到《劳动合同法》的负向影响更大。此外，《劳动合同法》的实施是通过降低私营企业的生产率与长期雇佣员工数量两条机制对出口行为产生不利影响的。

需要特别说明的是，该文发现劳动保护给私营企业的出口带来了显著的负向影响，并不意味着不应该加强法治建设与保护劳动者的应有权利。相反，我国应积极保护劳动者——尤其是低技能与受教育程度较低劳动者——的合法劳动权益。上述发现只是启发人们，在积极保护劳动者权益时，为兼顾增长与劳动者福利，政府需要制定一些补充政策，例如，给企业尤其是劳动密集型企业减税降费，给中小企业尤其是中小私营企业提供贷款优惠缓解其融资约束，以对冲《劳动合同法》所带来的劳动力成本上升，以促进企业从中国制造向中国创造转型。

3. 论证

该文通过多个微观数据库和双重差分方法研究了《劳动合同法》及其实施强度对中国私营企业出口的影响。研究结果表明，劳动保护显著地降低了私营企业的生产率与长期雇用员工数量，从而对企业出口带来不利影响。文章通过实证分析，提供了有力的数据支持和理论解释，说明了劳动保护对私营企业出口的负面影响。同时，文章也指出，这并不意味着人们不应该加强法治建设和保护劳动者的权利。相反，人们应该积极保护劳动者的权益，并在保护劳动者福利与促进增长之间作出合适的权衡取舍。因此，该文论证了《劳动合同法》对私营企业出口的负面影响，并提供了一些政策建议以缓解这种影响。

4. 作者自评和他评

他评。截至 2023 年 2 月 28 日，中国知网数据显示，该文被下载 1202 次，被引 1 次。

该文研究观点获得刘长庚、谷阳、张磊、吴雄认同。与此同时，借鉴熊瑞祥和万倩的做法，进一步检验融资约束对企业雇佣规模的影响，汇报了经营性净现金流（lncash）对企业雇佣规模的影响，系数显著为正，意味着经营性净现金流与企业雇佣规模呈正向关系，经营性净现金流越大，意味着企业面临的融资约束越小，企业更容易获取资金，以满足企业雇佣劳动力、支付其他支出的需要。[①]

【作者简介】

熊瑞祥：湖南师范大学商学院博士生导师。

万倩：暨南大学经济与社会研究院博士研究生。

---

① 刘长庚、谷阳、张磊、吴雄：《增值税留抵退税政策的就业促进效应》，《财政研究》2022 年第 9 期。

第41名

情感劳动理论的贡献、局限与拓展——引入关系向度理论的分析

张杨波（2022），《中国社会科学评价》，第3期，第32—41+157—158页

【内容概览】

1. 问题/议题

情感劳动理论的贡献、局限与拓展——引入关系向度理论的分析。

2. 结论

该文按照资方、劳动者与客户三方关系将情感劳动研究分为三条脉络，在呈现三类研究内容的同时指出其存在的不足，明确提出从历史视角重读霍克希尔德的情感劳动理论，通过理论反思与现实观照来获得相应的理论启示。文章借鉴瑞泽尔的超理论框架呈现情感劳动理论的生成过程，接着分别从情感系统的转变和两类情感劳动的运作过程两个层面来呈现霍氏观点。文章指出该理论推动了劳动社会学和情感社会学的发展，但在情感劳动的社会后果与劳客互动方面存在局限，最后提出从关系向度视角来拓展情感劳动研究图景。

与既有文献相比，该文有两个学术创新点。其一，全面呈现霍克希尔德情感劳动理论的核心观点。与以往很多理论引介做法不同，该文采用超理论分析框架和文本还原相结合，既揭示了该理论生成的社会历史过程，又展示了其主要观点。这可以帮助人们重新认识很多既有的西方理论。其二，以情感劳动理论研究为例，从反思理论预设提出中西方理论对话的新方式。文章指出不仅要反对那种直接用西方理论裁减中国经验的轻率做法，也要拒斥用中国经验来直接反驳西方理论的武断做法，因为每个理论都有它相应的社会历史背景、适用条件和解释边界。该文的研究立场是返回情感劳动理论产生的历史场景，不仅要知悉理论，而且要明了理论的前提预设，同时以中国经验为据与国外理论开展建设性对话。

需要指出的是，该文在回顾霍氏情感劳动理论的基础上，借鉴关系向度理论来拓展研究格局，但是仍有一些需要思考的话题。一是客户类型能否在理论上做进一步的提炼？人们既然可以区分情感劳动类型，为何不能区分客户类型？二是专业性与自主性在情感劳动中到底是什么关系？行业门槛高强调专业性，劳动者据此可以获得专业自主性，那么影响专业性的因素有哪些呢？这些问题还有待做进一步探索。

3. 论证

情感劳动理论是学界研究服务行业的重要分析视角。霍克希尔德从情感系统的转变和情

感劳动的运作过程为人们呈现了主要理论观点。该理论推动了劳动社会学和情感社会学的发展，但是在情感劳动的社会后果与劳客互动等方面仍存在不足，而关系向度理论可以弥补这些不足。关系向度理论揭示出西方情感劳动理论的前提预设是以松散关系为人际交往的起点，这种社会更强调个人权利与意愿，反而忽略了关系的影响，然而，以固定关系为人际交往起点的中国社会则更凸显关系的重要性。不同行业中的劳客关系可以用三种关系类型来作说明。

4. 作者自评和他评

他评。截至 2023 年 2 月 28 日，中国知网数据显示，该文被下载 616 次，被引 0 次。

【作者简介】

张杨波：武汉大学社会学院教授。

第 42 名

网约车司机的劳动者地位探析——以与传统出租车司机比较为视角

周宝妹（2022），《中国社会科学院大学学报》，
第 3 期，第 67—81 + 130—131 页

【内容概览】

1. 问题/议题

网约车司机的劳动者地位探析——以与传统出租车司机比较为视角。

2. 结论

该文的结论是，网约车司机应被认定为劳动者，并与平台企业建立劳动关系。虽然网约车司机与传统出租车司机在工作模式上存在差异，但两者都属于出租车经营者，因此应该享有相同的劳动权益。同时，法律应该承认网约车司机的灵活性和特殊性，并通过非标准工时、特殊社会保险等制度安排来保护他们的权益。对于无法建立劳动关系的网约车司机，则可以通过特殊立法来保护其权益。

该文还指出了平台企业与司机之间的劳动关系和传统出租车企业与司机之间关系的重要区别在于生产资料的来源。在网约车经营中，平台企业作为车辆所有人可以招聘司机并提供预约服务，也可以由个人所有人提供营运车辆。因此，平台企业面对自带营运车辆这一生产资料的劳动者，并没有提供运营车辆这一生产资料成为否定其和司机之间劳动关系的理由。

总而言之，该文认为网约车司机应该被视为劳动者，并享有相应的权益和保护。这一结论对于网约车行业的发展和司机权益的保护具有重要意义。

3. 论证

该文主要通过比较网约车司机和传统出租车司机的劳动地位，探讨网约车司机与平台企业之间的关系，并提出了保护网约车司机权益的建议。文章指出，虽然网约车平台企业在经营模式上与传统出租车企业存在差异，但在本质上两者同属于出租车经营者。因此，比照传统出租车司机和企业之间的关系，网约车司机和平台企业之间的关系应当以劳动关系为一般，并通过非标准工时、特殊的社会保险等制度安排，保护包括网约车司机在内的出租车司机的权益。文章还指出，在法律实践中，法院虽然承认平台企业对网约车司机有一定的控制力，但认为网约车司机具有自主性，并未形成稳定、持续、管理与被管理的紧密关联程度。

4. 作者自评和他评

他评。截至2023年2月28日，中国知网数据显示，该文被下载1074次，被引0次。

【作者简介】

周宝妹：法学博士，中国社会科学院大学法学院教授。

第43名

工会组织在新就业形态中的现状、问题及对策

李雄（2022），《理论月刊》，第10期，第129—138页

【内容概览】

1. 问题/议题

工会组织在新就业形态中的现状、问题及对策。

2. 结论

工会组织在新就业形态中的作用非常重要。新就业形态劳动者劳动权益保障是全社会普遍关注的一个重大理论和实践问题。从集体劳动权的角度增强新就业形态劳动者"议价能力"，加强工会组织建设，是一个重要突破口。同时，对新就业形态中的工会组织，要置于新时代中国特色劳动关系发展和治理这一宏大背景中全面考察和把握。为了更好地适应新就业形态、更好地维权和服务、更好地助推国家治理现代化，工会组织需要在价值导向上加强政治引领，在统筹协调上厘清两个基本关系，在具体工作上破解两大难题。具体来说，一方面，工会组织要加强对平台企业的宣传和引导；另一方面，针对现有规定对新就业形态劳动者入会形成的法律障碍，在新《工会法》基础上，强化最高人民法

院司法解释、典型案例等对平台企业进行指导。总而言之，通过实现工会组织的理论创新、制度创新和实践创新，工会组织可以更好地适应新就业形态，更好地维权和服务，更好地助推国家治理现代化。这需要工会组织在坚持自上而下和党政推动的基础上，重视对平台企业与新就业形态劳动者的宣传和引导，突出工会组织对于平台企业和新就业形态劳动者的切实意义、平台企业承担的企业社会责任、组建工会的法律责任和听党话、跟党走的政治责任等。只有解决好了基层对工会组织的思想认识问题，才能最大限度地激发基层劳动者参与工会组织的自觉性、创新性与实效性。因此，工会组织需要在新就业形态中高质量开展工作，实现工会组织的理论创新、制度创新和实践创新，为更好地适应新就业形态、更好地维权和服务、更好地助推国家治理现代化提供理论准备、制度支撑和实践经验。

3. 论证

新就业形态劳动者劳动权益保障是全社会普遍关注的一个重大理论和实践问题。从集体劳动权的角度增强新就业形态劳动者"议价能力"，加强工会组织建设，是一个重要突破口。同时，对新就业形态中的工会组织，要置于新时代中国特色劳动关系发展和治理这一宏大背景中全面考察和把握。新就业形态是出题者，工会组织是答题者。工会组织要在新就业形态中高质量开展工作，就要实现工会组织的理论创新、制度创新和实践创新。工会组织需要在价值导向上加强政治引领，在统筹协调上厘清两个基本关系，在具体工作上破解两大难题，为工会组织更好地适应新就业形态、更好地维权和服务、更好地助推国家治理现代化提供理论准备、制度支撑和实践经验。

4. 作者自评和他评

他评。截至 2023 年 2 月 28 日，中国知网数据显示，该文被下载 443 次，被引 2 次。

该文研究观点获得黄龙的认同。其一，"自上而下"的政策型入会路径，即地方总工会通过出台推动新就业形态劳动者建会入会的政策，从更加细化程序的角度推动地方头部平台企业作为重点，以平台企业建会来带动新就业形态劳动者入会。其二，依托地方工会系统的"服务型"入会路径。[①]

【作者简介】

李雄：法学博士，西南政法大学经济法学院教授。

[①] 黄龙：《新就业形态劳动者参加和组织工会权利与路径研究》，《中国人力资源开发》2022 年第 12 期。

第44名

劳资冲突对员工离职倾向的影响机理——一个有调节的中介模型

唐雪梅、赖胜强（2022），《财经论丛》，第7期，第102—112页

【内容概览】

1. 问题/议题

劳资冲突对员工离职倾向的影响机理——一个有调节的中介模型。

2. 结论

该文通过对某工业园区企业员工的问卷调查和情境实验，探究了劳资冲突对员工离职倾向的影响机理，并分析了企业采取情感和功能修复策略与劳资冲突类型适配对离职倾向的调节作用。研究结果表明，劳资冲突会引发员工负向情绪，进而导致员工离职倾向增加。同时，个体负向情绪和组织信任在劳资冲突和离职倾向之间起到中介作用。此外，不同类型的劳资冲突对离职倾向的影响也存在差异，其中情感型劳资冲突对离职倾向的影响更为显著。

针对这些发现，该文指出，企业应该采取适当的情感和功能修复策略来缓解员工负向情绪、降低员工离职倾向。具体来说，情感修复策略可以通过共情方式表达出对员工负向情绪的关注和真诚，并积极应对事态；而功能修复策略则可以通过补偿、惩罚等实质性利益来弥补员工损失，向员工表达出企业积极努力修复的意图。此外，不同类型的劳资冲突需要采取不同的修复策略，以达到最佳效果。

总而言之，该文研究结果对于企业管理者和人力资源从业者具有一定的启示作用，可以帮助他们更好地理解和应对劳资冲突对员工离职倾向的影响，从而提高员工的工作满意度和组织忠诚度，促进企业的可持续发展。同时，该文也为相关学者提供了一定的理论参考和研究思路，可以进一步深入探究劳资冲突对员工离职倾向的影响机理，并探索更加有效的修复策略。

3. 论证

我国企业劳资冲突逐渐进入高发期，员工在经历劳资冲突后可能采取逃离行为。该文基于情感事件理论，从个人情绪认知视角出发，通过情境实验分析个体负向情绪和组织信任在劳资冲突和离职倾向之间的作用机制，并在此基础上探究企业采取的情感和功能修复策略与劳资冲突类型的适配对离职倾向的调节作用。研究证实在工具型劳资冲突中，功能策略的修复效果优于情感策略的效果，而在情感型劳资冲突中，两种策略的效果无显著差异。

4. 作者自评和他评

他评。截至2023年2月28日，中国知网数据显示，该文被下载1140次，被引0次。

【作者简介】
唐雪梅：西南政法大学新闻传播学院教授，博士。
赖胜强：重庆理工大学管理学院教授，博士。

第 45 名

劳动合同法之法律性质与体系归属
——兼谈《劳动合同法》与《民法典》之协调、互动

郑晓珊（2022），《清华法学》，第 3 期，第 149—164 页

【内容概览】

1. 问题/议题

劳动合同法之法律性质与体系归属——兼谈《劳动合同法》与《民法典》之协调、互动。

2. 结论

该文的结论是，劳动合同法实际上是劳资关系和合同法理的融合产物，兼具"公法—政策"和"私法—契约"两种元素传承。在两者互动中，形成了"社会法—劳动法—劳动合同法"和"民法（合同法）—劳动合同法"两条不同的体系归属进路。这两条进路各有分工、侧重，并且可互补互足，形成共生格局。目前，仅以劳动法为单边依托的我国亟须修复后一进路，在《民法典》有意留白的情况下，通过《劳动合同法》之完善，引入民法兜底，重塑其双重体系布局及两法（有限）联动。在实际运用中，则需先依具体问题的性质，清晰界分两法作用的范围与方式：若属契约结构下的一般性漏洞，应可交由民法路径为妥善弥补；若属期限、解雇等典型政策性权衡事项，则必须充分尊重劳动法的特殊性，通过劳资博弈谋求出路。绝不能简单套用民法体系而擅动劳资政策布局。以期在两法之界分与平衡中，实现体系融通与平稳过渡。

3. 论证

该文主要通过深入挖掘《劳动合同法》的法律性质和要素组成，探讨了其双重要素和复合性格，并在历史和现实的背景下，分析了不同要素主导的体系格局以及重构双重体系及其分工互动。文章认为《劳动合同法》实为劳资关系与合同法理融合而生，兼具公法和私法两种元素传承，并在两者互动中衍生出两条不同的体系归属进路。同时，文章还提出了在实际运用中需要清晰界分两法作用的范围与方式的建议。通过这些论证，文章深入剖析了《劳动合同法》的本质和特点，并提出了解决实际问题的建议，为读者提供了有益的思考和启示。

4. 作者自评和他评

他评。截至 2023 年 2 月 28 日，中国知网数据显示，该文被下载 1449 次，被引 0 次。

【作者简介】

郑晓珊：暨南大学法学院副教授，法学博士。

第 46 名

劳动合同、保险覆盖与家庭金融市场参与
——基于微观调查数据的实证分析

吴卫星、王睿、赵梦露（2022），《财经问题研究》，第 4 期，第 83—91 页

【内容概览】

1. 问题/议题

劳动合同、保险覆盖与家庭金融市场参与——基于微观调查数据的实证分析。

2. 结论

该文主要研究了中国家庭金融状况和幸福感之间的关系，并提出了一些政策建议。通过对 2017 年中国家庭金融调查数据的分析，研究发现，家庭收入、教育程度、职业和地区等因素对家庭财务状况和幸福感有显著影响。此外，该文还探讨了家庭财务管理行为与幸福感之间的关系，并发现合理的财务规划和理性消费可以提高家庭幸福感。

基于以上结论，该文提出了一些政策建议。首先，应该加强教育投入，提高人民群众的教育水平；其次，应该加强就业机会的创造，促进经济发展；最后，应该加强金融知识普及工作，帮助人们更好地管理自己的财务。

总之，该文通过对中国家庭金融调查数据的分析和研究，揭示了家庭收入、教育程度、职业和地区等因素对家庭财务状况和幸福感的影响，并提出了一些政策建议，为促进中国家庭金融稳定和幸福感提升提供了有益的参考。

3. 论证

充分就业是宏观经济政策的重要目标之一。从微观层面来说，签订长期劳动合同能使居民获得稳定的收入和福利保障，从而可能对家庭投资决策产生影响。该文使用 2017 年中国家庭金融调查数据（CHFS）和 2018 年中国家庭追踪调查数据（CFPS），利用 Probit 模型，研究了劳动合同以及不同类型的劳动合同对家庭金融市场参与的影响。结果发现，长期劳动合同能够显著促进家庭金融市场参与。机制分析表明，拥有长期劳动合同的居民保险覆盖较高，使得居民在养老、医疗、失业、工伤和生育等方面的保障更加充分，从而降低家庭的背

景风险，促进家庭金融市场参与。异质性分析发现，长期劳动合同显著促进了低学历家庭和城镇家庭的金融市场参与，同时促进了高收入家庭和低收入家庭金融市场参与。该文的分析为保险市场差异化发展提供了理论依据。

4. 作者自评和他评

他评。截至 2023 年 2 月 28 日，中国知网数据显示，该文被下载 1259 次，被引 2 次。

该文研究观点获得陈媛媛、王海宁、张乐水、侯冠宇、胡宁宁、熊金武的认同。改革开放后流动人口规模迅速扩大，具有较高人力资本的个体更倾向于流入城市，受雇于企业或事业单位并签订劳动合同，使其能够获得稳定的工资收入和劳动保障。[1] 不同于传统金融发展，数字普惠金融突破了传统金融与微观主体之间的时空局限，改善微观家庭面临的融资约束问题，提升了家庭使用金融资源与服务的便捷程度。[2]

【作者简介】

吴卫星：教授，博士，博士生导师，教育部长江学者特聘教授，主要研究家庭金融和消费金融。电子邮箱：wxwu@ uibe. edu. cn。

王睿：博士研究生，主要研究家庭金融。电子邮箱：201800210063@ uibe. edu. cn。

赵梦露：硕士研究生，主要研究家庭金融和金融科技。电子邮箱：202020311117 @ uibe. edu. cn。

第 47 名

我国零工劳动者权益保护的困境与出路

武辉芳、谷永超（2022），《北京社会科学》，第 9 期，第 85—91 页

【内容概览】

1. 问题/议题

我国零工劳动者权益保护的困境与出路。

2. 结论

该文探讨了我国零工劳动者权益保护的困境与出路。作者认为，零工经济的发展打破了

---

[1] 陈媛媛、王海宁、张乐水：《童年土地产权改革经历与社会养老保险参与——以家庭联产承包责任制为例》，《华东理工大学学报（社会科学版）》2022 年第 5 期。

[2] 侯冠宇、胡宁宁、熊金武：《数字普惠金融对家庭风险金融资产配置行为的影响研究》，《湖南社会科学》2022 年第 4 期。

传统的雇佣模式，使得零工劳动者由"被雇用"转变为"自雇用"，这给他们提供了更大的选择空间、更多的就业机会和收入的增加等便利。然而，用工模式的转变也导致从属性劳动关系与独立性劳务关系之间的界限日益模糊，平台企业与零工劳动者之间的用工关系的法律属性难以确定。这就给零工劳动者的劳动权益保护带来了新问题。

作者提出了改变固有的劳动关系认定进路，灵活解释"从属性"的含义，适度从宽认定劳动关系，将缺少人格从属性但具有经济从属性的零工劳动者视为中间类型劳动者，并将其纳入法律保护范围内。此外，作者还建议将工作时间作为排除劳动关系要素，并在司法实践中采取相应措施。

综上所述，该文认为我国应当改变现有的劳动关系认定模式，适度从宽认定劳动关系，以更好地保护零工劳动者的权益。同时，也需要在司法实践中采取相应措施，如将工作时间作为排除劳动关系要素等。这些措施有望为我国零工经济的健康发展提供更好的保障。

3. 论证

该文主要通过分析零工经济下的用工模式和劳动关系的变化，以及现有法律对于零工劳动者权益保护的不足之处，提出了改变劳动关系认定进路的建议。文章指出，零工经济下的用工形式打破了传统的雇佣模式，使得零工劳动者由"被雇用"转变为"自雇用"，这导致了从属性劳动关系与独立性劳务关系之间的界限日益模糊。同时，现有法律对于中间类型劳动者缺乏保护，给他们带来了新问题。因此，作者认为应该灵活解释"从属性"的含义，适度从宽认定劳动关系，并将缺少人格从属性但具有经济从属性的零工劳动者视为中间类型劳动者。这样可以更好地平衡灵活用工和劳动者权益保护之间的关系。

4. 作者自评和他评

他评。截至 2023 年 2 月 28 日，中国知网数据显示，该文被下载 1602 次，被引 1 次。

该文研究观点获得严宇珺、龚晓莺的认同。通过对已有关于零工经济的文献进行研究发现，其关注点大多集中于零工经济的"去技能化"、零工经济的劳动权益保障、零工经济的税收治理、零工经济对劳动关系的重塑等方面，主要从社会学、管理学角度展开研究，较少从马克思主义政治经济学视角对零工经济及零工经济条件下资本与劳动的关系进行分析[1]。

【作者简介】

武辉芳：河南大学商学院讲师。

谷永超：河南大学法学院副教授。

---

[1] 严宇珺、龚晓莺：《零工经济劳动自由剥夺的实质及应对》，《北京社会科学》2022 年第 12 期。

第 48 名

劳动纠纷与预防性储蓄——基于体制内外异质性视角

马鑫（2022），《当代经济科学》，第 5 期，第 84—97 页

【内容概览】

1. 问题/议题

劳动纠纷与预防性储蓄——基于体制内外异质性视角。

2. 结论

该文主要得到如下结论。第一，当地劳动纠纷情况对家庭储蓄率有显著的正向影响，而家庭中在体制内工作人员的比例可以显著地负向调节这一影响，这一结论在考虑了内生性问题和进行了一系列稳健性检验后仍然成立。第二，劳动纠纷对家庭储蓄率的影响以及家庭体制内工作人员比例的调节作用是通过改变家庭消费支出而非收入来实现的，体现了预防性储蓄的特征。第三，在企业设立工会比例比较高的地区，劳动纠纷对家庭储蓄率的正向影响更强，且家庭中在体制内工作人员比例的负向调节作用更弱。第四，户主年龄越小，劳动纠纷对家庭储蓄率的正向影响越强；少儿抚养比例较低和老人抚养比例较高时，劳动纠纷对家庭储蓄的正向影响更强。第五，在受国有企业下岗潮影响较大的地区，劳动纠纷对家庭储蓄率的正向影响程度更强，表明这些地区的民众对于失业风险更敏感，更偏好体制内工作。

刺激内需、降低储蓄率需要降低劳动者的失业预期，而改善劳动关系、减少劳动纠纷是一条可行的途径。其核心在于企业用工规范化，让员工能够形成稳定的职业前景预期。在出生人口下降、人口老龄化加速、社会抚养压力增大的背景下，降低劳动者的失业预期、改善工作条件、调整劳资关系显得颇为迫切。社会各界应以《关于构建和谐劳动关系的意见》为指导标准，严格执行落实保护劳动者权益的法律法规，努力调整社会中不利于构建和谐劳动关系的因素。相关机构应考虑简化劳动纠纷处理流程、缩短处理周期、降低劳动者维权成本。工会应切实发挥代表劳动者发声、保护劳动者权益的作用，对下岗失业员工应做好补助、保障和培训的工作。

3. 论证

基于中国家庭追踪调查（CFPS）数据，研究所在地劳动纠纷情况对家庭储蓄的影响，以及体制内外就业的异质性效应。用民事案件数、劳动仲裁案件数、百度搜索指数等作为代理变量，结果均表明当地劳动纠纷情况显著正向影响家庭储蓄率。家庭中在体制内单位工作人员的比例越高，这一影响越弱。进一步研究发现，上述过程是通过影响家庭支出而非收入实现的。异质性分析表明，户主年龄越小、当地企业成立工会的比例越高、受国企下岗潮影

响越大，劳动纠纷对家庭储蓄率的正向影响越强。基于此，刺激内需、降低储蓄率需要降低劳动者的失业预期，而改善劳动关系、减少劳动纠纷是可行的途径。

4. 作者自评和他评

他评。截至 2023 年 2 月 28 日，中国知网数据显示，该文被下载 377 次，被引 0 次。

【作者简介】

马鑫：北京大学光华管理学院博士研究生，研究方向为区域经济学与发展经济学。电子邮箱：m.x@pku.edu.cn.

第 49 名

能动治理与社会纽带：政府治理劳动关系试点中的策略选择

孟泉、闫妍（2022），《中国人力资源开发》，第 5 期，第 25—42 页

【内容概览】

1. 问题/议题

能动治理与社会纽带：政府治理劳动关系试点中的策略选择。

2. 结论

该文通过对我国政府治理劳动关系的研究，发现不同地区政府在劳动关系治理策略选择和治理效果上存在差异。这些差异主要受到地方政府的制度安排、经济发展模式、产业结构等因素的影响。同时，该文还探讨了政府与企业之间的社会化纽带作用，认为政府应该在劳动关系治理中扮演更加积极的角色，促进企业与员工之间的合作和沟通。

该文的理论价值在于提出了一种新的视角来研究政府治理劳动关系问题，并且通过实证研究揭示了不同地区政府在劳动关系治理中存在的差异性。这对于深入了解我国政府治理体系和劳动关系问题具有重要意义。

从实践意义上来看，该文提出了一些有益的建议。例如，地方政府应该根据本地具体情况制定相应的劳动关系治理策略，并且加强与企业之间的沟通和协调。此外，政府还应该加强对企业劳动关系管理能力和法律意识的培训，提高企业自我管理和自我调解的能力。这些建议有助于促进中国劳动关系的和谐发展，提高企业的竞争力和员工的福利水平。

3. 论证

政府如何治理劳动关系是我国劳动关系问题研究的核心议题。随着政府治理能力的不断提升，试点经验在我国劳动关系政策产出和未来规划中发挥的作用越来越重要，但是不同地

区政府在具体治理策略选择和治理效果上存在较大差异。立足 G 省和谐劳动关系综合试验区试点的已有经验，该文发现同一省内的四个试点地区政府的劳动关系治理策略选择各有不同，这不仅取决于政府治理策略符合政策的程度，以及与企业需求的契合度，更取决于地方主责决策者的作用和社会组织在政府与企业之间的纽带作用。通过对这些因素的挖掘，该文分析了试点场景下，不同地方政府策略选择的决策机制，并进一步提出在场景化下对政府治理行为的考察的理论价值与实践意义，即为策略选择理论提供本土化的延伸，为我国试点经验对劳动政策的传播提供现实参照。

4. 作者自评和他评

他评。截至 2023 年 2 月 28 日，中国知网数据显示，该文被下载 407 次，被引 2 次。

该文研究观点获得李强、李一鸣、邹颖的认同。在微观分析中，策略选择往往被作为分析框架。但与宏观研究叙事的讨论不同，对于微观实践的分析往往对结构性因素关注不足。[①] 文章认为，当前我国劳动争议处理在各地方都涌现了不同类型的争议解决的探索性经验，特别是自 2016 年以来，人社部先后发展了 11 个和谐劳动关系综合试验区。这些试验区对于治理劳动关系，特别是如何预防和解决劳动争议提供了更多的机制和经验。[②]

【作者简介】

孟泉：中国劳动关系学院劳动关系与人力资源学院副教授，主要研究劳动关系政府治理、劳动争议的预防与处理、工会改革、劳动关系基础理论、平台经济与灵活用工。

闫妍：武汉理工大学管理学院。

第 50 名

平台用工算法规制的劳动法进路

田野（2022），《当代法学》，2022 年第 36 卷第 5 期，第 133—144 页

【内容概览】

1. 问题/议题

平台用工算法规制的劳动法进路。

[①] 李强、李一鸣：《嵌入式治理：地方政府维护新业态劳动者权益的务实策略研究》，《中国人力资源开发》2022 年第 10 期。

[②] 邹颖：《参与式治理视角下的劳动争议多元协同解决机制研究：以 A 区劳动争议处理机制创新为例》，《中国人力资源开发》2022 年第 10 期。

2. 结论

该文主要介绍了平台用工算法规制的劳动法进路。平台用工算法的使用导致了劳动者权益保障遭遇困境，因此需要从内容合法和程序合法两个方面确保负责任的算法制定。同时，运用集体协商机制实现劳资算法共治，以劳动基准为约束厘定算法的合理边界。文章还提到，算法从属性作为平台用工法律关系定性的核心标准，可以帮助规制平台用工算法，保障劳动者权益。文章指出，平台用工算法规制需要多方合作，包括政府、企业、工会、学者等，共同推进平台用工算法规制的进程。文章的结论是，平台用工算法规制需要多方合作，以确保劳动者权益得到保障，同时也需要从法律、政策、技术等多个方面进行规制，以实现平台用工算法的合理、公正、透明。

3. 论证

该文的论证过程主要分为三个部分。首先，文章介绍了平台用工算法的使用导致了劳动者权益保障遭遇困境，需要从内容合法和程序合法两个方面确保负责任的算法制定。其次，文章提出了运用集体协商机制实现劳资算法共治，以劳动基准为约束厘定算法的合理边界。最后，文章指出，算法从属性作为平台用工法律关系定性的核心标准，可以帮助规制平台用工算法，保障劳动者权益。在这三个部分的论证过程中，文章引用了相关的法律法规、学术研究和案例分析，以支持自己的观点。同时，文章还提出了多方合作的思路，包括政府、企业、工会、学者等，共同推进平台用工算法规制的进程。

4. 作者自评和他评

他评。截至 2023 年 2 月 28 日，中国知网数据显示，该文被下载 1146 次，被引 0 次。

【作者简介】

田野：天津大学法学院教授，博士生导师。

（三）TOP 51–100 榜单

劳动关系最佳中文论文 TOP 51–100 榜单，2022 年

总榜序	论文	刊物复合影响因子	月均引用	专家投票	月均下载	综合得分
51	以党的二十大精神引领中国特色和谐劳动关系建设　刘向兵（2022），《中国人口科学》，第 6 期，第 14—20 页	6.043	0.000	4	5.0	0.2108
52	组织型平台从业者劳动法保护之价值判断　董文军（2022），《法学家》，第 6 期，第 72—86 + 193 页	9.121	0.000	3	67.4	0.2092
53	论劳动法视角下的混合合同　李帛霖（2022），《南大法学》，第 1 期，第 121—139 页	2.181	0.083	4	68.5	0.2049
54	算法机器与资本控制：劳动过程理论视域下的平台劳资关系与资本积累　徐景一（2022），《社会主义研究》，第 3 期，第 32—39 页	3.479	0.000	4	97.2	0.2043
55	加强灵活就业和新就业形态劳动者权益保障　杨思斌（2022），《行政管理改革》，第 12 期，第 12—19 页	3.707	0.000	4	85.0	0.2042
56	"不完全劳动关系"的生成机理、运行特点与治理取向　胡磊（2022），《经济纵横》，第 10 期，第 8—18 页	5.135	0.000	3	236.0	0.2036
57	自雇型平台经济从业者的辨识及其权益保障研究　王茜（2022），《中国社会科学院大学学报》，第 3 期，第 82—97 + 131 页	1.982	0.100	4	48.1	0.2029
58	新业态从业青年劳动权益保护的法理及路径探析　王群、陈诗鎏（2022），《中国青年社会科学》，第 4 期，第 125—132 页	2.878	0.000	4	99.2	0.1993
59	疫情时代和谐劳动关系的构建：挑战与应对　高京燕（2022），《河南社会科学》，第 6 期，第 118—124 页	2.703	0.143	3	166.6	0.1991

续表

总榜序	论文	刊物复合影响因子	月均引用	专家投票	月均下载	综合得分
60	新型劳动关系中的个别协议及其影响研究　王红芳、王坤（2022），《经济问题》，第12期，第25—36页	5.538	0.000	3	180.0	0.1973
61	灵活用工综合服务新业态发展面临的法律风险及对策探析　陈兵（2022），《上海大学学报（社会科学版）》，第3期，第17—37页	3.093	0.000	4	69.3	0.1960
62	中国共产党的劳动政策变迁与经验启示　梁伟军、章书玉（2022），《中南民族大学学报（人文社会科学版）》，第10期，第1—11＋181页	2.462	0.000	4	101.0	0.1960
63	新业态职业伤害保障制度的理论基础与制度构建　王增文、陈耀锋（2022），《西安财经大学学报》，第2期，第74—83页	3.321	0.273	2	186.8	0.1949
64	国外数字经济对社会保障制度影响的研究述评　陈斌（2022），《国外社会科学》，第4期，第124—136＋199页	2.532	0.167	3	119.0	0.1940
65	我国非全日制用工规制的困境及对策——以灵活用工为视角　李志锴（2022），《社会科学家》，第4期，第113—119页	1.588	0.000	4	130.2	0.1934
66	劳动合同对农民工城市融入的影响——基于农民工个体调查数据的实证分析　王珊娜、赵明霏（2022），《调研世界》，第5期，第62—71页	2.478	0.000	4	63.6	0.1895
67	工业机器人应用、劳动保护与异质性技能劳动力就业　明娟、胡嘉琪（2022），《人口与经济》，第4期，第106—121页	4.798	0.000	3	172.7	0.1894
68	新业态从业者集体劳权的实现路径——以集体劳动法和反垄断法的协调为视角　葛家欣（2022），《理论月刊》，第8期，第116—126页	1.957	0.000	4	86.8	0.1890

续表

总榜序	论文	刊物复合影响因子	月均引用	专家投票	月均下载	综合得分
69	空间生产：劳资关系的数字变革　唐松（2022），《理论月刊》，第10期，第65—72页	1.957	0.000	4	83.3	0.1883
70	论劳动正义及其对共同富裕的价值支撑　毛勒堂（2022），《上海师范大学学报（哲学社会科学版）》，第5期，第26—34页	1.766	0.000	4	85.1	0.1870
71	平台劳动者研究述评：回顾与展望　魏海涛、李国卉（2022），《社会学评论》，第6期，第59—81页	2.860	0.000	4	29.6	0.1869
72	从属性劳动概念的法律化、解释与启示　粟瑜（2022），《东南学术》，第3期，第237—245页	2.329	0.200	3	47.4	0.1864
73	平台经济下劳动关系认定的经济现实标准探究——基于英国优步判例的思考　朱萌（2022），《财贸研究》，第4期，第15—24页	3.923	0.111	3	60.1	0.1846
74	论社会主义核心价值观融入劳动争议裁判的路径与方法——以核心价值观入宪为背景　沈建峰（2022），《苏州大学学报（法学版）》，第1期，第22—33页	2.097	0.167	3	63.6	0.1804
75	我国平台从业者劳动权益保障困境及完善路径　于汇（2022），《中国青年社会科学》，第4期，第117—124页	2.878	0.111	3	87.1	0.1801
76	论中国特色协调劳动关系三方机制的特征及其改革路向　杨成湘（2022），《社会科学辑刊》，第4期，第136—145页	1.819	0.000	4	40.8	0.1796
77	劳动雇佣关系中互惠的触发机制和影响因素探究——基于礼物交换实验结果的分析　武志伟、殷明（2022），《中央财经大学学报》，第11期，第89—101页	5.468	0.000	3	78.5	0.1787

续表

总榜序	论文	刊物复合影响因子	月均引用	专家投票	月均下载	综合得分
78	我国远程劳动工时制度适用困境及因应　陈斌彬、徐璐（2022），《华侨大学学报（哲学社会科学版）》，第6期，第110—120页	1.514	0.000	4	48.0	0.1782
79	后《民法典》时代雇佣合同与劳动合同的立法选择　战东升（2022），《政治与法律》，第9期，第146—159页	7.003	0.000	2	222.0	0.1777
80	《民法典》时代下雇佣劳动法律体系之重整　郑晓珊（2022），《暨南学报（哲学社会科学版）》，第3期，第90—106页	2.201	0.100	3	117.0	0.1770
81	重释"劳动价值论"与"劳动所有权论"的关系问题——基于马克思政治经济学批判的视野　郗戈（2022），《马克思主义理论学科研究》，第5期，第57—66页	2.158	0.125	3	86.1	0.1763
82	参与式治理视角下的劳动争议多元协同解决机制研究：以A区劳动争议处理机制创新为例　邹颖（2022），《中国人力资源开发》，第10期，第89—98页	4.035	0.000	3	135.7	0.1761
83	劳动过程变迁视角下劳资关系的演变与最新发展　赵秀丽（2022），《当代经济研究》，第5期，第79—88页	2.345	0.125	3	64.5	0.1742
84	对以资本为基础的生产方式的科学认识——马克思《1857—1858年经济学手稿》的再研究　张一兵（2022），《中州学刊》，第3期，第117—130+2页	2.433	0.100	3	82.9	0.1731
85	论我国社会主义协作劳动制度的完善　蒋德海（2022），《学术界》，第2期，第43—53页	1.522	0.000	4	15.1	0.1724

续表

总榜序	论文	刊物复合影响因子	月均引用	专家投票	月均下载	综合得分
86	劳动者"集体停工"的法治化解释与出路——基于集体劳动法与个体劳动法的双重视角　李干(2022),《交大法学》,第 5 期,第 138—153 页	4.957	0.000	3	54.6	0.1699
87	数字经济背景下湖北省新就业形态高质量发展对策研究　杨希、李波、赵喜洋(2022),《湖北社会科学》,第 4 期,第 57—64 页	1.497	0.111	3	91.9	0.1686
88	新就业形态下和谐劳动关系治理:挑战、框架与变革　杜连峰(2022),《河南社会科学》,第 2 期,第 115—124 页	2.703	0.182	2	163.3	0.1665
89	我国《劳动法典》编纂若干基本问题的初步思考　王全兴(2022),《北方法学》,第 6 期,第 5—14 页	3.377	0.000	3	99.6	0.1638
90	平台是不是雇主——化解平台劳动悖论的新思维　许可(2022),《文化纵横》,第 1 期,第 87—96 页	1.925	0.083	3	48.3	0.1590
91	灵活用工"泛平台化"突围:基于从业者社会保险权益保障的视角　杨复卫(2022),《理论月刊》,第 10 期,第 139—150 页	1.957	0.000	3	141.3	0.1586
92	劳动法法典化的三重困境　冯彦君(2022),《北方法学》,第 6 期,第 15—21 页	3.377	0.000	3	58.4	0.1566
93	劳动的法典:雇佣合同进入《劳动法典》的论据与体系　沈建峰(2022),《北方法学》,第 6 期,第 30—38 页	3.377	0.000	3	48.9	0.1549
94	求职成本、个体追求与网约工的职业选择　刘杰、邹英(2022),《济南大学学报(社会科学版)》,第 6 期,第 135—145 页	1.619	0	3	133.5	0.1542

续表

总榜序	论文	刊物复合影响因子	月均引用	专家投票	月均下载	综合得分
95	平台经济从业者的类型化和社会保险问题研究 陈诚诚（2022），《北方法学》，第7期，第115—125页	2.732	0.000	3	75.7	0.1539
96	劳动法典的体例结构：国际经验及其启示 谢增毅（2022），《北方法学》，第6期，第22—29页	3.377	0.000	3	40.0	0.1533
97	中国劳动法学的宪法观：成形、嬗变与展望 阎天（2022），《学术月刊》，第2期，第103—112页	2.850	0.000	3	65.9	0.1532
98	数字劳务平台就业者权益保障体系构建 王延川、吴海燕（2022），《陕西师范大学学报（哲学社会科学版）》，第4期，第155—166页	2.069	0.000	3	78.6	0.1485
99	零工经济劳动自由剥夺的实质及应对 严宇珺、龚晓莺（2022），《北京社会科学》，第12期，71—79页	1.617	0.000	3	99.0	0.1481
100	论劳动法强制性规范之识别 孙国平、冯紫榆（2022），《河北法学》，第10期，第15—39页	3.936	0.000	2	199.0	0.1464

二 2022年劳动关系最佳英文论文

（一）TOP 10 榜单

劳动关系最佳英文论文 TOP 10 榜单，2022年

总榜序	论文	刊物复合影响因子	月均引用	综合得分
1	Employment protection deregulation and labor shares in advanced economies Ciminelli, G., Duval, R., & Furceri, D. (2022). *Review of Economics and Statistics*, 104 (6), 1174–1190	6.481	35.500	0.6535

续表

总榜序	论文	刊物复合影响因子	月均引用	综合得分
2	Algorithmic management and collective bargaining　De Stefano, V., & Taes, S. (2022). *Transfer-European Review of Labour and Research*, 10242589221141055	1.408	30.000	0.5162
3	COVID-19, frontline hotel employees' perceived job insecurity and emotional exhaustion: Does trade union support matter?　Vo-Thanh, T., Vu, T. V., Nguyen, N. P., Nguyen, D. V., Zaman, M., & Chi, H. (2022). *Journal of Sustainable Tourism*, 30(6), 1159–1176	9.470	7.857	0.2124
4	The German model of industrial relations: Balancing flexibility and collective action　Jäger, S., Noy, S., & Schoefer, B. (2022). *Journal of Economic Perspectives*, 36(4), 53–80	9.944	5.500	0.1767
5	Danish flexicurity: Rights and duties　Kreiner, C. T., & Svarer, M. (2022). *Journal of Economic Perspectives*, 36(4), 81–102	9.944	4.500	0.1598
6	Labor monopsony and the limits of the law　Naidu, S., & Posner, E. A. (2022). *Journal of Human Resources*, 57(S), S284–S323	5.784	4.222	0.1188
7	Facts and fantasies about wage setting and collective bargaining　Bhuller, M., Moene, K. O., Mogstad, M., & Vestad, O. L. (2022). *Journal of Economic Perspectives*, 36(4), 29–52	9.944	2.000	0.1176
8	Variable work schedules, unit-level turnover, and performance before and during the COVID-19 pandemic　Chung, H. (2022). *Journal of Applied Psychology*, 107(4), 515	11.802	1.000	0.1169
9	What does codetermination do?　Jäger, S., Noy, S., & Schoefer, B. (2022). *ILR Review*, 75(4), 857–890	3.573	4.667	0.1070
10	The German model of industrial relations: Balancing flexibility and collective action　Jäger, S., Noy, S., & Schoefer, B. (2022). *Journal of Economic Perspectives*, 36(4), 53–80	9.944	1.111	0.1025

（二）TOP 10 内容概览

第 1 名

放松就业保护和发达经济体的劳动力份额

Employment protection deregulation and labor shares in advanced economies, Ciminelli, G., Duval, R., & Furceri, D. (2022). *Review of Economics and Statistics*, 104 (6), 1174–1190

【内容概览】

1. 问题/议题

文章评估了 1970—2013 年 26 个发达经济体样本中放松就业保护对劳动力份额的影响。

2. 结论

放松管制对具有以下特征的行业影响更大：(i) 定期调整劳动力的"自然"倾向更高；(ii) 资本和劳动力之间的替代弹性更低。放松管制对劳动份额有很大的负面影响，在发达经济体中，约有十分之一的份额下降。

3. 论证

该文利用新构建的正规合同就业保护立法重大改革的数据集，评估了 1970—2013 年 26 个发达经济体样本中放松就业保护的影响。运用局部预测法，在国家和国家—行业层面估计劳动力份额对改革事件的动态反应。

4. 作者自评和他评

他评。截至 2023 年 3 月 31 日，该文被引 71 次。

受到的相关评价要点如下。其一，Sotiria Theodoropoulou 等人[1]认为，劳动生产率增长和可持续工资增长的脱钩与劳动力讨价还价能力的降低有关，在过去的几十年里，劳动力市场放松管制的政策促成了这种脱钩。其二，该文研究结论，放松工作保护对劳动收入占比产生了显著的负面影响，在 1970 年之后 26 个发达经济体的样本中，劳动收入占比下降的原因约为十分之一获得 Walter Paternesi Meloni 和 A. Stirati[2]的认同。

---

[1] Theodoropoulou S. Recovery, resilience and growth regimes under overlapping EU conditionalities: the case of Greece [J]. Comparative European Politics, 2022, 20 (2): 201–219.

[2] Paternesi Meloni W, Stirati A. The decoupling between labour compensation and productivity in high-income countries: Why is the nexus broken? [J]. British Journal of Industrial Relations, 2022.

【作者简介】

Gabriele Ciminelli：国际货币基金组织。

Romain Duval：阿姆斯特丹大学。

Davide Furceri：丁伯根研究所。

第 2 名

算法管理和集体谈判

Algorithmic management and collective bargaining, De Stefano, V., & Taes, S. (2022). *Transfer-European Review of Labour and Research*, 10242589221141055

【内容概览】

1. 问题/议题

该文讨论在工作领域引入算法管理和人工智能所带来的挑战。重点是新的管理技术对基本权利和原则，如非歧视、结社自由和隐私权带来的风险。

2. 结论

第一，集体谈判是应对这些挑战的最合适的监管工具，而目前欧盟的立法倡议并没有充分认识到集体谈判在这一领域的作用。第二，文章描绘了目前欧洲各国工会运动为治理算法管理所采取的举措。

3. 论证

首先论证了算法管理的应用：一是可以作为追踪和监视工人的工具，这些跟踪工具远远超出了平台工作的范围；二是可以作为跟踪工人身体健康和精神状态的工具；三是可以作为对工人进行决策的工具。其次论证了算法管理的风险，这些系统对工作条件和劳工权利构成的风险，包括歧视、对隐私的严重侵犯、对工会的破坏，以及职业健康和安全的危害。鉴于这些制度对工作和生活的许多方面的影响，对这些风险的适当反应不应局限于个人权利方面，而应旨在限制雇主的管理特权，因为这些制度增强了这些特权。最后，论证了欧洲各国工会运动为治理算法管理所采取的举措。

4. 作者自评和他评

他评。截至 2023 年 1 月 31 日，该文被引 30 次。

受到的相关评价要点如下。其一，M. Nilsen 等[1]在论述数字劳工平台时引用该文观点——算法管理是平台区别于传统公司的一个特点，广泛的工作监测和潜在的偏见嵌入自动化决策系统中，大量的工作监测和潜在的偏见导致了工作压力，并掩盖了平台的责任。其二，V. Doellgast[2]认为，在欧盟层面，2016 年的《通用数据保护条例》（GDPR）是现有最重要的工具，GDPR 承认集体协议对于"处理数据权利和管理算法决策"很重要。

【作者简介】

Valerio De Stefano：约克大学。

Simon Taes：比利时鲁汶大学劳工法研究所。

第 3 名

COVID-19，酒店一线员工对工作不安全感和情绪疲惫的看法：工会支持是否重要？

COVID-19, frontline hotel employees' perceived job insecurity and emotional exhaustion: Does trade union support matter? Vo-Thanh, T., Vu, T. V., Nguyen, N. P., Nguyen, D. V., Zaman, M., & Chi, H. (2022). *Journal of Sustainable Tourism*, 30 (6), 1159-1176

【内容概览】

1. 问题/议题

研究有关工会支持（TUS）在缓和 COVID-19 感知健康风险（PHRCV19）对一线酒店员工（FHEs）工作不安全感（PJI）和情绪衰竭（EE）的影响。

2. 结论

第一，工会支持直接降低了工作不安全感；第二，COVID-19 感知健康风险对工作不安全感和情绪衰竭有积极影响；第三，工作不安全感对情绪衰竭有积极影响；同时，工作不安全感部分地调解了 COVID-19 感知健康风险和情绪衰竭的关系。然而，工会支持对感知健康风险对工作不安全感的影响以及对情绪衰竭的影响的调节作用并不显著。

---

[1] Nilsen M., Kongsvik T., Antonsen S. Taming proteus: Challenges for risk regulation of powerful digital labor platforms [J]. International Journal of Environmental Research and Public Health, 2022, 19 (10): 6196.

[2] Doellgast V. Strengthening social regulation in the digital economy: Comparative findings from the ICT industry [J]. Labour and Industry, 2022: 1-17.

3. 论证

在资源保护和社会交换理论以及工作需求—资源模型的视角下，采用了一种解释性的顺序混合方法设计。通过对 291 名一线酒店员工的两波段调查收集的定量数据，使用 SmartPLS 对假设进行了检验，然后对 16 次深度访谈进行了分析，以深入了解定量研究的结果，并确定在 COVID – 19 期间增强员工复原力的正确方法。

4. 作者自评和他评

他评。截至 2023 年 1 月 31 日，该文被引 55 次。

受到的相关评价要点如下。其一，Chiara Ghislieri 等[1]在文献回顾中引用该文观点，认为该研究针对特定部门进行，在酒店领域确定对满意度、工作参与和绩效评估的影响，但也确定了干预措施和政策，包括工会的作用。其二，Duy Van Nguyen 和 P. H. Nguyen[2]引用该文对 COVID – 19 影响的内容，认为 COVID – 19 的暴发对经济和社会活动以及人们的健康产生了负面影响。

【作者简介】

Tan Vo-Thanha：法国拉罗谢尔 Excelia Group，CERIIM & CEREGE（EA 1722）市场营销系。E-mail：vothanht@ excelia-group. com.

Hsinkuang Chib：南华大学企业管理系。

Nguyen Phong Nguyend：胡志明市经济大学会计学院。

Duy Van Nguyene：QA 全球有限公司。

Mustafeed Zamanf：诺曼底商学院梅蒂斯实验室市场营销系。

Hsinkuang Chib：南华大学企业管理系。

---

[1] Ghislieri C., Dolce V., Sanseverino D., et al. Might insecurity and use of ICT enhance internet addiction and exhaust people? A study in two European countries during emergency remote working [J]. Computers in Human Behavior, 2022, 126：107010.

[2] Van Nguyen D., Nguyen P. H. Social media and COVID – 19 vaccination hesitancy：Mediating role of the COVID – 19 vaccine perception [J]. Heliyon, 2022, 8（9）：e10575.

第4名

德国的劳资关系模式：平衡灵活性和集体行动

The German model of industrial relations: Balancing flexibility and collective action, Jäger, S., Noy, S., & Schoefer, B. (2022). *Journal of Economic Perspectives*, 36(4), 53–80

【内容概览】

1. 问题/议题

对劳资关系的"德国模式"进行概述，关注该模式的两个支柱：部门的集体谈判和公司层面的共同决定。

2. 结论

相较于美国，德国将集体谈判外包给部门层面，导致了更高的覆盖率和避免了公司层面的分配冲突。相较于其他欧洲国家，德国使雇主很容易避免覆盖面或使用灵活性条款来向下偏离集体协议。德国制度的更大灵活性可能会降低失业率，但也可能会削弱谈判的覆盖面和增加不平等。同时，通过工人委员会代表和工作委员会的公司层面的共同决定，在雇主和工人之间创造了合作对话。由于工人代表的投票份额较少，董事会代表的直接影响不大，但拥有一系列实质性权力的劳资协议会的影响可能更大。总的来说，德国模式突出了提高效率的灵活性和提高公平性的集体行动之间的矛盾。

3. 论证

首先论述了行业性集体谈判，德国的劳动力市场是由大规模的集体谈判协议形成的，这些协议通常在行业—地区层面上进行谈判。其次论述了集体谈判的结构、内容和覆盖范围：集体谈判的结构包括谈判方（工会、雇主协会和公司）；集体协议的内容包括工资和薪金协议、长期的框架协议和总括协议；集体协议的覆盖范围，工会和雇主协会之间的谈判协议覆盖所有属于签署雇主协会的公司。最后论述了对劳动力市场表现的影响。

4. 作者自评和他评

他评。截至2023年1月31日，该文被引11次。

受到的相关评价要点如下。其一，Adrian Chadi 和 L. Goerke[①] 认为，德国的劳资关系体系通常被认为是基于以下两个特点，首先，集体谈判，主要是在行业层面，决定了工资和整

[①] Chadi A., Goerke L. Seeking shelter in times of crisis? Unemployment, perceived job insecurity and trade union membership [J]. Economica, 2023.

体工作条件；其次，工作委员会，工作委员会构成了工厂一级的共同决策机构，他们可以在私营企业中选举产生。其二，Ihsaan Bassier[①]认为自20世纪80年代初，种族隔离制度对黑人工人加入工会的限制被大幅废除以来，谈判委员会可能一直是南非劳动力市场的核心制度特征。今天，南非有39个法律上认可的私营部门谈判委员会，每个委员会覆盖一个特定的行业—区域，体制安排类似于斯堪的纳维亚和欧洲大陆的大部分地区。

【作者简介】

Simon Jäger：麻省理工学院经济学副教授。E-mail：sjaeger@ mit. edu.

Shakked Noy：麻省理工学院经济学博士研究生。E-mail：snoy@ mit. edu.

Benjamin Schoefer：加州大学伯克利分校经济学副教授。E-mail：schoefer@ berkeley. edu.

第5名

丹麦的灵活保障：权利和义务

Danish flexicurity：Rights and duties, Kreiner, C. T., & Svarer, M. (2022). *Journal of Economic Perspectives*, 36 (4), 81 – 102

【内容概览】

1. 问题/议题

描述并评估丹麦的灵活保障。

2. 结论

灵活保障本身，即企业灵活的雇用和解雇规则与工人的高收入保障相结合，是不足以取得成功的。灵活保障政策还需要包括全面的积极劳动力市场计划（ALMPs），并强制要求领取失业补偿金的人参加。

3. 论证

首先回顾了显示ALMPs如何能够减轻与高收入保障相关的逆向选择和道德风险问题的理论。其次回顾了正在进行的丹麦政策评估中关于ALMPs有效性的经验证据，其中包括对随机实验的系统使用。最后讨论了弹性保障是否适合应对全球化、自动化和移民带来的挑战，以及美国（或其他国家）在采用弹性保障政策时将面临的权衡。

4. 作者自评和他评

他评。截至2023年1月31日，该文被引9次。

---

① Bassier I. Collective bargaining and spillovers in local labor markets [J]. CEP Discussion Papers，2022.

受到的相关评价要点如下。其一，Carlo Ludovico Cordasco 和 N. Gowen[1]在论述现有的新古典自由主义经济自由案例时引用该文，认为在经济上更自由的制度中，工人通常会感到更安全。可以说，最有效地驾驭这些权衡的制度是丹麦的"灵活保障"模式，该模式将灵活的劳动力市场与慷慨的福利国家以及积极的劳动力市场政策相结合，这些政策既支持失业者进行再培训，又迫使他们在有工作时寻求工作。其二，Anders Humlum 等[2]认为，丹麦以其福利国家和灵活保障模式而闻名。简而言之，政府免费提供医疗保健和教育，公司可以相对轻松地雇用和解雇员工，政府的慷慨转账支持了优秀的个人，收入支持要求个人坚持一套广泛的积极的劳动力市场政策。

【作者简介】

Claus Thustrup Kreiner：丹麦哥本哈根大学经济学教授，经济行为与不平等中心（CEBI）主任，德国慕尼黑 CESifo 网络的公共经济学领域主任，英国伦敦经济政策研究中心的研究员。E-mail：ctk@ econ. ku. dk。

Michael Svarer：丹麦奥胡斯大学经济学教授，德国波恩 IZA 劳动经济研究所研究员。E-mail：msvarer@ econ. au. dk。

第 6 名

劳工垄断和法律的局限性

Labor monopsony and the limits of the law, Naidu, S., & Posner, E. A. （2022）. *Journal of Human Resources*, 57（S），S284 – S323

【内容概览】

1. 问题/议题

分析劳动力市场的垄断现象和法律的局限性。

2. 结论

该文对反垄断的首要地位进行了限定，认为相当程度的劳动力市场权力是"摩擦性的"，也就是说，没有人为的进入障碍或就业的过度集中。如果在自由放任的条件下，垄断是普遍存在的，那么反托拉斯在补救方面可能只发挥部分作用，还需要其他法律和政策工具来干预劳动力市场。

---

[1] Cordasco C. L., Cowen N. Market participation, self-respect, and risk tolerance [J]. Journal of Business Ethics, 2023：1 – 12.

[2] Humlum A., Munch J. R., Jorgensen P. Changing tracks：Human capital investment after loss of ability [J]. University of Chicago, Becker Friedman Institute for Economics Working Paper, 2023（2023 – 30）.

3. 论证

首先，论述劳动力市场与商品市场的区别。设置垄断性竞争的模型，分析劳动力市场中的垄断性竞争的证据。其次，解释了反托拉斯法的含义。最后，梳理了面向单一劳动力市场的法律和政策工具清单，讨论各种类型的劳动力市场法规和其他可以（或确实）解决由单一劳动力市场引起的工资抑制问题的法律。

4. 作者自评和他评

他评。截至2023年1月31日，该文被引38次。

受到的相关评价要点如下。其一，David Card[①]认为一个平均的劳动力市场的HHI值约为4300——相当于2.3个同等规模的招聘公司，这个数字低到可能会引起人们对并购对劳动力结果影响的担忧。其二，A. Sokolova和T. Sorensen[②]认同该文对市场力量的分解，市场力量分解为寡头竞争和垄断竞争的组成部分。

【作者简介】

Suresh Naidu：哥伦比亚大学国际与公共事务和经济学副教授，主要研究发展经济学、劳动经济学、政治经济学。E-mail：sn2430@ columbia. edu.

Eric A. Posner1：芝加哥大学教授，主要研究反托拉斯法、金融监管、国家法和宪法。E-mail：eposner@ uchicago. edu.

第7名

关于工资制定和集体谈判的事实和幻想

Facts and fantasies about wage setting and collective bargaining, Bhuller, M., Moene, K. O., Mogstad, M., & Vestad, O. L. (2022). *Journal of Economic Perspectives*, 36 (4), 29 - 52

【内容概览】

1. 问题/议题

讨论OECD国家集体谈判制度的突出特点。

2. 结论

集体谈判不是确定工资的唯一方式。先进国家之间的工资集体谈判制度存在本质的区

---

① Card D. Who set your wage？[J]. American Economic Review, 2022, 112 (4): 1075 - 90.

② Sokolova A., Sorensen T. Monopsony in labor markets: A meta-analysis [J]. ILR Review, 2021, 74 (1): 27 - 55.

别。人均 GDP 水平相当的国家，在相同的国际市场上竞争，在谈判制度和工资结构方面可能有很大的不同。即使是拥有相同比例的工会工人（"工会密度"）或拥有相同比例的就业条件被集体协议覆盖的工人（"谈判范围"）的经济体，其工资谈判也会有很大不同。

3. 论证

首先讨论工资制定的做法。各国的工资制定实践的分类法可以围绕两个重要的维度来组织：一是工会密度和谈判范围的水平；二是纵向和横向协调的程度。其次讨论集体谈判结构的影响。再次讨论小型开放经济体中出口主导的两级议价方式。最后用挪威案例中的经验进行说明。

4. 作者自评和他评

他评。截至 2023 年 1 月 31 日，该文被引 8 次。

受到的相关评价要点如下。其一，Zoe B. Cullen 等[1]认为，工人必须在一开始就有个人的讨价还价能力，以使透明度影响再谈判。在许多劳动力市场上，工人在集体协议下进行谈判。其二，Antoine Bertheau 等[2]认为，该文指出，欧洲的"部门"谈判水平范围很广。丹麦可以被归类为"某些部门"，而不是"部门"谈判水平。

【作者简介】

Manudeep Bhuller：奥斯陆大学经济学副教授。E-mail：manudeep. bhuller@ econ. uio. no.

Karl Ove Moene：奥斯陆大学经济学教授。E-mail：k. o. moene@ econ. uio. no.

Magne Mogstad：芝加哥大学经济学教授。E-mail：magne. mogstad@ gmail. com.

Ola L. Vestad：高级研究员。E-mail：olv@ ssb. no.

第 8 名

在 COVID - 19 大流行之前和期间，可变的工作时间表、单位级别的人员流动和绩效

Variable work schedules, unit-level turnover, and performance before and during the COVID - 19 pandemic, Chung, H. (2022). *Journal of Applied Psychology*, 107（4），515

【内容概览】

1. 问题/议题

可变工作时间表（VWS）的使用是否以及如何影响一个组织的离职率和单位的财务

---

[1] Cullen Z. B. Is pay tansparency good？[R]. National Bureau of Economic Research，2023.

[2] Bertheau A.，Kudlyak M.，Larsen B.，et al. Why firms lay off workers instead of cutting wages：Evidence from matched survey-administrative data [J]. Available at SSRN 4267332，2022.

业绩。

2. 结论

第一，更多地使用可变工作时间表会导致更高的离职率，而且这种影响在 COVID – 19 大流行期间更加明显。第二，管理者对可变工作时间表的依赖不仅会降低财务绩效水平，而且会降低 COVID – 19 大流行期间的绩效恢复——单位级别的营业额是中介机制。

3. 论证

该文提出以下假设。假设 1：在单位层面，工作计划的变化性与单位层面的人员流失率正相关。假设 2：在单位层面上，工作时间表的变化与单位层面的人员流动之间的关系在 COVID – 19 大流行期间与大流行前相比更积极。假设 3a：在单位层面，单位层面的人员流动将与单位绩效水平呈负相关；假设 3b：在单位层面，单位层面的人员流动将部分地调解工作安排的可变性和单位绩效水平之间的负相关关系；假设 3c：在 COVID – 19 大流行期间，工作计划的变化通过单位层面的人员流动对单位绩效水平的间接影响将比大流行前更加消极。假设 4a：在单位层面上，单位层面的营业额将与 COVID – 19 大流行期间单位业绩的恢复（增长）呈负相关；假设 4b：在单位层面，单位层面的人员流动将部分调解工作安排的变化与 COVID – 19 大流行期间单位业绩的恢复（增长）之间的负面关系。该文利用美国一家连锁快餐店的 1678 个单位在 COVID – 19 大流行的不同阶段（2019 年 10 月至 2020 年 12 月）的数据，预测了一个离散事件——COVID – 19 的暴发前后各工作单位的绩效趋势。文章试用层次线性模型（HLM）检验与绩效水平有关的假设；使用不连续增长曲线模型测试 COVID – 19 大流行的不同阶段的单位业绩的时间轨迹。

4. 作者自评和他评

他评。截至 2023 年 1 月 31 日，该文被引 9 次。

受到的相关评价要点如下。其一，L. K. Ladelsky 和 T. W. Lee[1]认为该文的研究主题丰富了员工离职领域的研究内容。其二，Guan Y. 等[2]引用了该文对新型冠状病毒影响的论述——新型冠状病毒使得全球商业环境充满了不确定性，许多人不得不面对无法预测的需求波动、监管变化、供应链中断和业务停顿。

【作者简介】

Hyesook Chung：康奈尔大学人力资源管理系。E-mail：hc329@ cornell. edu.

---

[1] Ladelsky L. K., Lee T. W. Effect of risky decision-making and job satisfaction on turnover intention and turnover behavior among information technology employees [J]. International Journal of Organizational Analysis, 2022 (ahead-of-print).

[2] Guan Y., Wang Y., Zhang J., et al. Overcome social anxiety disorder and develop visionary leadership in uncertain environments: The important role of psychological resilience [J]. Frontiers in psychology, 2022, 13.

第 9 名

劳资协同经营制度有什么作用？

What does codetermination do? Jäger, S., Noy, S., & Schoefer, B. (2022). *ILR Review*, 75 (4), 857–890

【内容概览】

1. 问题/议题

对劳资协同经营制度进行全面概述。

2. 结论

劳资协同经营制度对工人和公司的结果没有影响或影响不大，但对生产力、工资和工作稳定性有适度的积极影响。

3. 论证

第一，提出了新的国家层面的一般均衡事件研究，对 20 世纪 60 年代和 21 世纪初之间的共同决策改革进行分析，发现对总体经济结果或劳资关系的质量没有影响。对该制度的有限影响提出了三种解释。发现现有的共同决策法很少向工人传达权力。第二，有共同决定法的国家有很高的非正式工人声音的基线水平。第三，劳资协同经营制度可能与其他劳动力市场机构相互作用，如工会代表和集体谈判。第四，讨论了对美国最近的劳资协同经营制度提案的影响。

4. 作者自评和他评

他评。截至 2023 年 1 月 31 日，该文被引 42 次。

受到的相关评价要点如下。其一，Julie Battilana 等[1]对劳资协同经营制度的模式进行论述，一些劳资共同经营制度的模式还要求雇员通过"车间代表法"或"工作委员会"参与公司的日常管理，这使得工人能够在公司层面的决定中权衡工作条件、招聘等方面的决定。其二，T. Christiano[2]认为劳资协同经营制度不仅与公司生产力的适度提高有关系，还与工作条件的适当改善有关系。

【作者简介】

Simon Jäger：麻省理工学院经济系。E-mail：sjaeger@mit.edu。

---

[1] Battilana J., Yen J., Ferreras I., et al. Democratizing work: Redistributing power in organizations for a democratic and sustainable future [J]. Organization Theory, 2022, 3 (1): 26317877221084714.

[2] Christiano T. Why does worker participation matter?: Three considerations in favour of worker participation in corporate governance [M] //Wealth and Power. Routledge, 2022: 127–144.

Benjamin Schoefer：加州大学伯克利分校经济系。E-mail：schoefer@ berkeley. edu.

Shakked Noy：麻省理工学院剑桥分校。E-mail：shakked. noy@ gmail. com.

第 10 名

德国劳资关系模式：平衡灵活性与集体行动

The German model of industrial relations：Balancing flexibility and collective action，Jäger, S., Noy, S., &Schoefer, B. (2022). *Journal of Economic Perspectives*, 36 (4), 53—80

【内容概览】

1. 问题/议题

该文研究劳资关系的"德国模式"。

2. 结论

劳资关系的"德国模式"凸显了提高效率的灵活性与促进公平的集体行动之间的矛盾。

3. 论证

该文将重点放在劳资关系的"德国模式"的两大支柱上：部门集体谈判和企业层面的共同决策。与美国相比，德国将集体谈判外包给部门层面，从而扩大了覆盖面，避免与企业层面的分配冲突。德国制度的更大灵活性可能会降低失业率，但也可能加剧不平等。与此同时，通过工人委员会代表和劳资联合委员会进行的公司层面的共同决策制在雇主和工人之间创造了合作对话。由于工人委员会代表的投票权只占少数，董事会代表制的直接影响很小，但拥有一系列实质性权力的劳资联合委员会的影响可能更大。

4. 作者自评和他评

他评。截至 2023 年 1 月 31 日，该文被引 10 次。

【作者简介】

Simon Jäger：麻省理工学院经济系，副教授。E-mail：sjaeger@ mit. edu.

Shakked Noy：麻省理工学院经济系，博士研究生。

Benjamin Schoefer：加州大学伯克利分校经济系，副教授。E-mail：schoefer@ berkeley. edu.

（三）TOP 11 – 100 榜单

劳动关系最佳英文论文 TOP 11 – 100 榜单，2022 年

总榜序	论文	刊物复合影响因子	月均引用	综合得分
11	Features of disciplinary measures in the labor legislation of foreign countries　Shoislomova, S. （2022）. *International journal of business diplomacy and economy*, 1 （4）, 58 – 61	8.457	1.850	0.1020
12	Towards privatized social and employment protections in the platform economy? Evidence from the UK courier sector　Rolf, S., O'Reilly, J., & Meryon, M. （2022）. *Research Policy*, 51 （5）, 104492	9.473	1.286	0.1014
13	Foreign practice of use of mediation on collective labor disputes　Ibratova, F. （2022）. *American Journal of Social and Humanitarian Research*, 3 （10）, 57 – 62	8.700	1.083	0.0912
14	Foreign practice of use of mediation on collective labor disputes　Ibratova, F. （2022）. *American Journal of Social and Humanitarian Research*, 3 （10）, 57 – 62	8.700	1.000	0.0898
15	Labor clauses in trade agreements：Hidden protectionism?　Càrrere, C., Olarreaga, M., & Raess, D. （2022）. *Review of international organizations*, 1 – 31	7.833	1.375	0.0886
16	Improving the professional culture of civil servants as an important factor in the development of civil society.　Ollaberganovna, E. Y. （2022）. *American Journal of Social and Humanitarian Research*, 3 （8）, 153 – 160	8.700	0.923	0.0885
17	The importance of the cluster method of production in agriculture.　Xalmatjanova, G., & Sadikova, F. （2022）. *Texas Journal of Agriculture and Biological Sciences*, 5, 10 – 13	6.792	1.625	0.0837
18	Platform scams：Brazilian workers' experiences of dishonest and uncertain algorithmic management　Grohmann, R., Pereira, G., Guerra, A., Abilio, L. C., Moreschi, B., & Jurno, A. （2022）. *New Media & Society*, 24 （7）, 1611 – 1631	5.310	2.167	0.0799

续表

总榜序	论文	刊物复合影响因子	月均引用	综合得分
19	**Labor unions and American poverty.** VanHeuvelen, T., & Brady, D. (2022). *ILR Review*, 75 (4), 891 – 917	3.573	3.000	0.0788
20	**Recent trends in labor productivity** Salimova, G., Ableeva, A., Galimova, A., Bakirova, R., Lubova, T., Sharafutdinov, A., & Araslanbaev, I. (2022). *Employee Relations: The International Journal*, 44 (4), 785 – 802	2.688	3.222	0.0748
21	**Labor mobility in a monetary union.** Hauser, D., & Seneca, M. (2022). *Journal of International Economics*, 137, 103600	3.712	2.667	0.0744
22	**Labor legislation of the republic of belarusuzbekistan: A new stage of development.** Vaxdatovna, B. X. (2022). *Academicia Globe: Inderscience Research*, 3 (4), 1 – 9	7.425	0.444	0.0693
23	**Labor market policy and subjective well-being during the great recession.** Morgan, R., & O'Connor, K. J. (2022). *Journal of Happiness Studies*, 23 (2), 391 – 422	4.087	2.125	0.0685
24	**Digital unionism as a renewal strategy? Social media use by trade union confederations** Carneiro, B., & Costa, H. A. (2022). *Journal of Industrial Relations*, 64 (1), 26 – 51	3.189	2.583	0.0684
25	**The COVID – 19 economic shutdown and the future of flexible workplace practices in the South Bay region of Los Angeles County** Prager, F., Rhoads, M., & Martínez, J. N. (2022). *Transport Policy*, 125, 241 – 255	6.173	1.000	0.0677
26	**The role of emotion labor in English language teacher identity construction: An activity theory perspective** Nazari, M., & Karimpour, S. (2022). *System*, 107, 102811	4.518	1.833	0.0673
27	**Labor relations conflict in China: An analysis of conflict measure, conflict solution and conflict outcomes** Xi, M., Zhou, L., Zhang, X., & Zhao, S. (2022). *The International Journal of Human Resource Management*, 33 (17), 3414 – 3450	6.026	1.000	0.0664

续表

总榜序	论文	刊物复合影响因子	月均引用	综合得分
28	Returns in the labor market: A nuanced view of penalties at the intersection of race and gender in the US Paul, M., Zaw, K., & Darity, W. (2022). *Feminist Economics*, 28 (2), 1–31	2.821	2.600	0.0655
29	Effects of union certification on workplace-safety enforcement: Regression-discontinuity evidence. Sojourner, A., & Yang, J. (2022). *ILR Review*, 75 (2), 373–401	3.573	2.200	0.0653
30	Legal regulation of part-time work in labor relations Abdullaeva, D. (2022). *European International Journal of Multidisciplinary Research and Management Studies*, 2 (04), 5–12	5.986	0.889	0.0642
31	Investment incentives and the relative demand for skilled labor: Evidence from accelerated depreciation policies in China Zhao, L., & Fang, H. (2022). *China Economic Review*, 73, 101786	4.744	1.429	0.0625
32	Organized labor and inventory stockpiling Hamm, S. J., Jung, B., Lee, W. J., & Yang, D. G. (2022). *Accounting Review*, 97 (2), 241–266	5.182	1.100	0.0608
33	Global labor value chains, commodification, and the socioecological structure of severe exploitation: A case study of the Thai seafood sector. Clark, T. P., & Longo, S. B. (2022). *The Journal of Peasant Studies*, 49 (3), 652–676	4.959	1.125	0.0592
34	How decent work affects affective commitment among Chinese employees: The roles of psychological safety and labor relations climate. Huang, W., Shen, J., & Yuan, C. (2022). *Journal of Career Assessment*, 30 (1), 157–180	3.500	1.833	0.0585
35	Platformed professionalization: Labor, assets, and earning a livelihood through Airbnb Bosma, J. R. (2022). *Environment and Planning A: Economy and Space*, 54 (4), 595–610	3.790	1.667	0.0582
36	Modeling a flexible staff scheduling problem in the Era of COVID-19. Guerriero, F., & Guido, R. (2022). *Optimization Letters*, 16 (4), 1259–1279	1.529	2.833	0.0581

续表

总榜序	论文	刊物复合影响因子	月均引用	综合得分
37	In medio stat victus: Labor demand effects of an increase in the retirement age. Boeri, T., Garibaldi, P., & Moen, E. R. (2022). *Journal of Population Economics*, 35 (2), 519–556	4.700	1.182	0.0579
38	The politics of stashing wealth: The decline of labor power and the global rise in corporate savings. Redeker, N. (2022). *Journal of Politics*, 84 (2), 975–991	3.277	1.778	0.0556
39	Exporting firms' factor and product-quality adjustments in response to employment protection legislation: Evidence from China. Li, G., Egger, P. H., Li, J., & Wu, H. (2022). *China Economic Review*, 73, 101801	4.744	1.000	0.0552
40	Movement-oriented labor organizations in an authoritarian regime: The case of China. Hui, E. S. I. (2022). *Human Relations*, 75 (7), 1354–1382	5.658	0.417	0.0534
41	The effect of the COVID-19 pandemic on the labor markets of the visegrad countries. Zieliński, M. (2022). *Sustainability*, 14 (12), 7386	3.889	1.143	0.0502
42	No separate spheres: The contingent reproduction of living labor in Southern Africa. O'Laughlin, B. (2022). *Review of International Political Economy*, 29 (6), 1827–1846	4.146	1.000	0.0500
43	Labor protection, information disclosure and analyst forecasts: Evidence from China's Labor Contract Law. Zheng, X., Yang, Y., & Shen, Y. (2022). *China Journal of Accounting Research*, 15 (3), 100251	3.405	1.250	0.0478
44	Research on the influence of labor contract on the urban integration of migrant workers: Empirical analysis based on China's micro data. Zhao, C., & Tang, M. (2022). *International Journal of Environmental Research and Public Health*, 19 (18), 11604	4.614	0.500	0.0457
45	Implications of socioeconomic change for agrarian land and labour relations in rural Ghana. Dzanku, F. M., & Tsikata, D. (2022). *Journal of Rural Studies*, 94, 385–398	5.157	0.200	0.0453

续表

总榜序	论文	刊物复合影响因子	月均引用	综合得分
46	Evaluating labour market flexibility using the TOPSIS method: Sustainable industrial relations. Galik, A., Bąk, M., Bałandynowicz-Panfil, K., & Cirella, G. T. (2022). Sustainability, 14 (1), 526	3.889	0.833	0.0450
47	Addressing gender inequity in sport through women's invisible labor. Sveinson, K., Taylor, E., Keaton, A. C., Burton, L., Pegoraro, A., & Toffoletti, K. (2022). Journal of Sport Management, 36 (3), 240–250	3.909	0.800	0.0446
48	Translocal precarity: Labor and social reproduction in Cambodia. Green, W. N., & Estes, J. (2022). Annals of the American Association of Geographers, 112 (6), 1726–1740	3.982	0.700	0.0435
49	Bricolage in labor organizing practices: Spanish and Italian migrant activists in Berlin. Castellani, S., & Roca, B. (2022). Journal of Industrial Relations, 64 (1), 77–100	3.189	1.000	0.0417
50	Decent work and innovative work behaviour: Mediating roles of work engagement, intrinsic motivation and job self-efficacy. Xu, Y., Liu, D., & Tang, D. S. (2022). Creativity and Innovation Management, 31 (1), 49–63	3.644	0.750	0.0414
51	Features of the labor law of the european union. Makhamatov, M. (2022). American Journal of Political Science Law and Criminology, 4 (01), 80–85	4.503	0.250	0.0405
52	Who bears the burden of a pandemic? COVID–19 and the transfer of risk to digital platform workers. Tubaro, P., & Casilli, A. A. (2022). American Behavioral Scientist, 00027642211066027	2.531	1.250	0.0401
53	Accounting for absences and ambiguities in the freelancing labour relation. Worth, N., & Karaagac, E. A. (2022). Tijdschrift voor economische en sociale geografie, 113 (1), 96–108	4.194	0.364	0.0397

续表

总榜序	论文	刊物复合影响因子	月均引用	综合得分
54	Collective regulation and the future of work in the digital economy: Insights from comparative employment relations. Doellgast, V., & Wagner, I. (2022). *Journal of Industrial Relations*, 64(3), 438–460	3.189	0.875	0.0395
55	The impact of uncertainty-fear against COVID-19 on corporate social responsibility and labor practices issues. Kholaif, M. M. N. H. K., & Ming, X. (2022). *International Journal of Emerging Markets*	3.422	0.700	0.0386
56	Representing solo self-employed workers: The strengthening of relations between traditional and new collective actors in industrial relations. Mezihorak, P., Murgia, A., Borghi, P., & Mondon-Navazo, M. (2022). *Work, Employment and Society*, 09500170211061227	4.249	0.083	0.0354
57	The effect of labor flexibility on financial performance in Korea: The moderating effect of labor relations climate. Choe, H., Kim, Y., & Moon, S. (2022). *Sustainability*, 14(4), 2121	3.889	0.182	0.0339
58	Impact of union practices on labor relations in China: Institutional trust as a moderator. Li, Y., Dai, Z., & Hu, X. (2022). *Frontiers in Psychology*, 13	4.232	0.000	0.0339
59	Climate change and industrial relations: Reflections on an emerging field. Flanagan, F., & Goods, C. (2022). *Journal of Industrial Relations*, 64(4), 479–498	3.189	0.500	0.0332
60	COVID-normal workplaces: Should working from home be a "collective flexibility"? Williamson, S., & Pearce, A. (2022). *Journal of Industrial Relations*, 64(3), 461–473	3.189	0.429	0.0320
61	Human resource labor dispatch model using an improved genetic algorithm Feng, Q., Su, X., & Li, Q. (2022). *Soft Computing*, 26(20), 10665–10676	3.732	0.125	0.0316

续表

总榜序	论文	刊物复合影响因子	月均引用	综合得分
62	Collective bargaining levels, employment and wage inequality in Spain. Ramos, R., Sanromá, E., & Simón, H. (2022). *Journal of Policy Modeling*, 44 (2), 375–395	2.727	0.600	0.0309
63	Service robots for affective labor: A sociology of labor perspective. Dobrosovestnova, A., Hannibal, G., & Reinboth, T. (2022). *AI & society*, 37 (2), 487–499	0.47	1.667	0.0292
64	Labor market volatility, gender, and trade preferences. Brutger, R., & Guisinger, A. (2022). *Journal of Experimental Political Science*, 9 (2), 189–202	1.497	1.125	0.0290
65	Algorithmic domination in the gig economy. Muldoon, J., & Raekstad, P. (2022). *European Journal of Political Theory*, 14748851221082078	0.977	1.364	0.0285
66	Conflicting imperatives? Ethnonationalism and neoliberalism in industrial relations. Preminger, J., & Bondy, A. S. (2022). *ILR Review*, 00197939221145117	3.573	0.000	0.0281
67	Unions and collective bargaining in Australia in 2021. Gavin, M. (2022). *Journal of Industrial Relations*, 64 (3), 362–379	3.189	0.143	0.0272
68	Membership in employers' associations and collective bargaining coverage in Germany. Jirjahn, U. (2022). *Economic and Industrial Democracy*, 0143831X221092484	1.913	0.750	0.0263
69	Productive linkages in a segmented economy: The role of services in the export performance of German manufacturing. Herrero, D., & Rial, A. (2022). *Economic Systems Research*, 1–28	2.081	0.583	0.0249
70	Job retention schemes in Europe during the COVID-19 pandemic-different shapes and sizes and the role of collective bargaining. Müller, T., Schulten, T., & Drahokoupil, J. (2022). *Transfer: European Review of Labour and Research*, 28 (2), 247–265	1.408	0.889	0.0242

续表

总榜序	论文	刊物复合影响因子	月均引用	综合得分
71	**Collective labor relations and juridification：A marriage proposal.** Bondy, A. S., & Preminger, J. (2022). *Economic and Industrial Democracy*, 43 (3), 1260 – 1280	1.913	0.600	0.0237
72	**Greening work：Labor market policies for the environment.** Bohnenberger, K. (2022). *Empirica*, 49 (2), 347 – 368	1.024	0.917	0.0213
73	**Neoliberalism and precarious work in nursing in the COVID – 19 pandemic：Repercussions on mental health.** Rezio, L. D. A., de Oliveira, E., Queiroz, A. M., Sousa, A. R. D., Zerbetto, S. R., Marcheti, P. M., … & Nóbrega, M. D. P. S. (2022). *Revista da Escola de Enfermagem da USP*, 56	1.123	0.833	0.0208
74	**The industrial relations chameleon：collective bargaining in the facility management business.** Godino, Alejandro, and Oscar Molina. (2022) *Employee Relations*, 44 (7), 1 – 18	2.688	0.000	0.0204
75	**Ideas and power in employment relations studies.** Carstensen, M. B., Ibsen, C. L., & Schmidt, V. A. (2022). *Industrial Relations：A Journal of Economy and Society*, 61 (1), 3 – 21	1.833	0.417	0.0199
76	**Employers' views on flexible employment contracts for younger workers：Benefits, downsides and societal outlook.** Rouvroye, L., van Dalen, H. P., Henkens, K., & Schippers, J. J. (2022). *Economic and Industrial Democracy*, 43 (4), 1934 – 1957	1.913	0.333	0.0192
77	**Delivering the goods? German industrial relations institutions during the COVID – 19 crisis.** Behrens, M., & Pekarek, A. (2022). *Industrial Relations：A Journal of Economy and Society*	1.833	0.333	0.0185
78	**The post-COVID – 19 era, fourth industrial revolution, and new globalization：Restructured labor relations and organizational adaptation.** Koutroukis, T., Chatzinikolaou, D., Vlados, C., & Pistikou, V. (2022). *Societies*, 12 (6), 187	0.356	1.000	0.0169

续表

总榜序	论文	刊物复合影响因子	月均引用	综合得分
79	Employee involvement and participation as a function of labor relations and human resource management: Evidence from greek subsidiaries of multinational companies in the pharmaceutical industry. Triantafillidou, E., & Koutroukis, T. (2022). *Administrative Sciences*, 12 (1), 41	0.610	0.800	0.0157
80	Making sense of (mis) matched frames of reference: A dynamic cognitive theory of (in) stability in HR practices: A dialogue. Cobb, J. A. (2022). *Industrial Relations: A Journal of Economy and Society*, 61 (3), 319–323	1.833	0.167	0.0157
81	Economic security & the regulation of gig work in California: From AB5 to Proposition 22. Dubal, V. B. (2022). *European Labour Law Journal*, 13 (1), 51–65	0.74	0.667	0.0146
82	Dualisation and part-time work in France, Germany and the UK: Accounting for within and between country differences in precarious work. Rubery, J., Grimshaw, D., Méhaut, P., & Weinkopf, C. (2022). *European Journal of Industrial Relations*, 09596801221120468	1.968	0.000	0.0141
83	Negotiation of psycho-social risks of remote working: An enterprise-level comparison in Italy and France. Seghezzi, F. (2022). *European Journal of Industrial Relations*, 09596801221122998	1.968	0.000	0.0141
84	On the concept of the reserve army of labor in ruy mauro marini. Felix, G. (2022). *Latin American Perspectives*, 49 (1), 75–90	1.047	0.333	0.0117
85	Work emancipation and human creativity: The wage-for-Life alternative. Hanon, I. (2022). *Science & Society*, 86 (2), 204–224	1.233	0.222	0.0114
86	Precarious migrants in a sharing economy ∣ The rise of platformed governance in China: Migration, technology, and Integration. Sun, P. (2022). *International Journal of Communication*, 16, 19	1.637	0.000	0.0112

续表

总榜序	论文	刊物复合影响因子	月均引用	综合得分
87	"Compañerismo": Care and power in affective Labor relations. Chan, C., & Fernández-Ossandón, R. (2022). *Critical Sociology*, 08969205221100268	1.611	0.000	0.0110
88	The country-of-origin and country-of-operations effect on organised labour in multinational companies-exploring the role of labour relations models. Pološki Vokič, N., & Klindžič, M. (2022). *Transfer: European Review of Labour and Research*, 10242589221119022	1.408	0.000	0.0092
89	Construction and coordination mechanism of college students' employment and labor relations in the Internet + environment. Zuo, B., Gao J. (2022). *International Journal of Emerging Technologies in Learning*, 17 (19), 135 – 149	0.632	0.333	0.0080
90	International principles and standards of labor law as a basis for improving labor legislation of Ukraine. Danylova, M. V., Denega, O. P., Danylov, M. O., Dzhura, K. J., & Derevyanko, A. I. (2022). *Indian Journal of Labour Economics*, 1 – 16	1.265	0.000	0.0079
91	How effective is private dispute resolution? Evidence from Ireland. Roche, W. K. (2022). *Industrial Law Journal*, dwac018	1.025	0.000	0.0058
92	Paying attention to each other. An essay on the transnational intersections of industrial economy, subjectivity, and governance in East Germany's social-psychological training. Lehmbrock, V. (2022). *Journal of the History of the Behavioral Sciences*, PMID: 35716365	0.667	0.143	0.0051
93	Industrial relations, social dialogue and pacification of public sector unions in Zambia: Rethinking trade union strategies. Madimutsa, C. (2022). *Journal of Asian and African Studies*, 00219096221090640	0.882	0.000	0.0046

续表

总榜序	论文	刊物复合影响因子	月均引用	综合得分
94	Culture lag in Chinese labour relations: Managers' perceptions and behaviour towards workplace trade unions (2009–2014). Zhu, J. S., & Zhu, C. J. (2022). *Labor History*, 63 (1), 24–36	0.632	0.083	0.0038
95	"Revolution in the coalfields": Industrial relations in wartime south Wales, 1939–45. Gooberman, L. (2022). *Labor History*, 63 (1), 55–72	0.632	0.083	0.0038
96	Gendered labor relations in colonial and post-colonial Eritrea. Fusari, V. (2022). *African Economic History*, 50 (1), 43–66	0.500	0.000	0.0013
97	Balancing subsistence agriculture and self-employment in small businesses: Continuity and change in women's labor and labor relations in Mozambique, 1800–2000. da Silva, F. R. (2022). *African Economic History*, 50 (1), 118–151	0.500	0.000	0.0013
98	The "global collaboratory on the history of labour relations": Putting women's labor and labor relations in Sub-Saharan Africa in a global context. Hofmeester, K. (2022). *African Economic History*, 50 (1), 12–42	0.500	0.000	0.0013
99	Women's labor relations in Sub-Saharan Africa and the global south compared. Hofmeester, K., Pallaver, K., & da Silva, F. R. (2022). *African Economic History*, 50 (1), 152–170	0.500	0.000	0.0013
100	Optimal fiscal policy in a model with reciprocity in labor relations: The case of Bulgaria Vasilev, A. (2022). *Journal of Economic and Administrative Sciences*, (ahead-of-print)	0.450	0.000	0.0008

主要图书

一 2022年劳动关系主要中文图书

1. 阎天：《知向谁边——法律与政策之间的劳动关系》，中国民主法制出版社，2022年1月。

2. 詹宇波：《工资议价、工会与企业创新》，上海人民出版社，2022年1月。

3. 张勇敏、郭颖华：《共享经济背景下网络平台契约劳动的法律规制研究》，浙江大学出版社，2022年1月。

4. 乔健主编：《中国劳动关系报告（2021—2022）》，社会科学文献出版社，2022年1月。

5. ［英］杰米·K. 麦卡伦：《过劳悲歌：996正在毁掉美国梦》，涂伟译，中国工人出版社，2022年2月。

6. 肖锐主编：《劳动争议案例研究与实务》，中山大学出版社，2022年4月。

7. 孙璪：《新科技革命视域下劳动关系治理现代化研究》，光明日报出版社，2022年6月。

8. 佟新主编：《数字劳动：自由与牢笼》，中国工人出版社，2022年6月。

9. 邵彦敏、郭喜武：《中国劳动关系发展研究报告2020》，学习出版社，2022年7月。

10. 傅德印主编：《中国劳动关系研究2021（英文版）》，经济科学出版社，2022年8月。

二 2022年劳动关系主要英文图书

Larrowe C. P. (2022). *Shape-up and hiring hall: A comparison of hiring methods and labor relations on the New York and Seattle waterfronts.* Univ of California Press.

Galenson, Walter (2022). *Labor in developing economies.* Univ of California Press.

Altenried, M. (2022). *The digital factory: The human labor of automation.* University of Chicago Press.

Dall, C. W. H. (2022). *The college, the market, and the court or, woman's relation to education, labor and law.* DigiCat.

Foster, J. C. (Ed.). (2022). *American labor in the Southwest: The first one hundred years.* University of Arizona Press.

Jarrett, K. (2022). *Digital labor.* John Wiley & Sons.

Dall, C. H. (2022). *Woman's right to labor*. BoD-Books on Demand.

Scott, A. J. (2022). *Metropolis: From the division of labor to urban form*. Univ of California Press.

Vogelaar, A. E., & Dasgupta, P. (2022). *Reimagining labor for a sustainable future*. Taylor & Francis.

Zhan, J. V. (2022). *China's contained resource curse: How minerals shape state capital labor relations*. Cambridge University Press.

Fischer-Daly, M. M. (2023). *International trade, labor relations, and bargaining power: International strawberry commodity networks*. Taylor & Francis.

Duval, M. R. A., Ji, Y., Li, L., Oikonomou, M., Pizzinelli, C., Shibata, M. I., ... & Tavares, M. M. (2022). *Labor market tightness in advanced economies*. International Monetary Fund.

Chung, H. (2022). *The flexibility paradox: Why flexible working leads to (self-) exploitation*. Policy Press.

Malik, A. (Ed.). (2022). *Strategic human resource management and employment relations: An international perspective*. Springer Nature.

Bernstein, I. (2022). *The New Deal collective bargaining policy*. Univ of California Press.

Johnston, T. L. (2022). *Collective bargaining in Sweden: A study of the labour market and its institutions* (Vol. 13). Taylor & Francis.

主要课题

2022 年劳动关系国家社会科学基金年度项目立项名单

	课题全称	批准号	首席专家	责任单位
1	数字社会共同富裕的劳动法促进机制研究	22BFX121	熊　晖	西南政法大学
2	新就业形态集体劳动关系协调机制研究	22BFX122	谢天长	福建工程学院
3	数字经济时代劳动法法典化证成及技术路径研究	22BFX124	汪　敏	华中科技大学
4	重大公共危机下我国劳动关系治理模式与应急调处策略研究	22BGL205	谢玉华	湖南大学

主要学人

任扶善与劳动关系学科发展

冯喜良　范　围[*]

任扶善教授毕生致力于新中国劳动科学的创立和发展，创建劳动经济学科、培育了劳动科学人才，在劳动经济学和劳动法学领域取得了丰硕的研究成果，并将这些成果转化为劳动立法。任扶善教授（1915年5月4日至2022年12月13日），1934年考入清华大学，后转入社会学系就读了三年。1938年从西南联大毕业后在重庆从事社会统计工作。1944年，他受聘国际劳工局中国分局秘书，先在重庆，后迁上海。1949年9月之后先后在辅仁大学社会学系劳动组、中央财经学院劳动专修科和中国人民大学劳动专修科工作。1955年来到首都经济贸易大学前身——北京劳动干部学校任教，历任讲师、副教授、教授，并任劳动经济系副系主任、系主任，主持系教学行政工作，为我国第一个劳动科学教研基地的建设奠定了坚实的基础，是我国劳动经济学专业的创始人和奠基人之一。[①]

任扶善教授先后担任中国劳动学会高级顾问、中国劳动法学研究会名誉理事、中华全国总工会法律顾问委员会特邀顾问、北京市劳动学会顾问，北京市第八届人大代表。1983年起享受国务院特殊津贴。

一　学科贡献

第一，新中国劳动经济以及劳动人事管理学科的奠基者。任扶善教授参与、领导了新中国第一个系统的劳动经济学课程的讲授、第一个劳动经济专业的开设以及第一个劳动经济教学科研机构的创立，为新中国的劳动人事管理奠定了基础；并且在动荡年代，为学科的延续和保留作出了突出贡献。1955年，在参考苏联经验的基础上，北京劳动干部学校设立了劳动工资、劳动保护和锅炉检验三个班，学生都是来自全国各地劳动部门和产业部门的在职干

---

[*] 本文经首都经贸大学劳动经济学院党委书记冯博、院长冯喜良审核。文中相关历史资料经过任扶善教授的学生陈宇教授、李福田教授的审校。北京大学法学院长聘副教授阎天对本文的撰写提供了宝贵意见。特表示感谢。

[①] 参见李福田《劳经学界泰斗 后辈人士楷模——任扶善教授九十华诞庆祝会隆重举行》，《中国人力资源开发》2005年第6期。

部，其中，劳动工资班开设了"劳动经济学""劳动法"等课程，这是新中国第一个系统讲授的劳动经济学课程。1957年1月，他与劳动经济专业以及劳动保护专业的师生在中南海怀仁堂受到了毛泽东、刘少奇、陈云、邓小平等党和国家领导人的亲切接见。① 1958年，原劳动部采纳了任扶善教授的建议，将北京劳动干部学校升格为北京劳动学院，下设劳动经济系和劳动保护系，他被任命为劳动经济系副主任。这是新中国第一个劳动科学的教学科研基地，并且在其成立之后10年中，它都是我国唯一的劳动经济系，是20世纪60年代我国劳动经济专门人才的唯一的培养基地。② 20世纪60年代初，由于劳动部根据高教部的意见决定北京劳动学院"下马"，1961年北京劳动学院停止招生，学院及其学科发展面临生死存亡的挑战。1963年，国家物资总局（后改物资部）根据刘少奇同志的指示，要办一所培养"识货工程师"的高等学校。受领导委托，他参与了北京劳动学院的转隶协商工作。他提出了保留劳动经济系和劳动保护系的建议，因此，劳动部同意把学院交给国家物资总局接办，设立物资管理系，同时保留劳动经济、劳动保护两系继续为劳动部门培养干部。为涵括上述所有专业，他关于学校更名为北京经济学院的建议被采纳，劳动经济专业从1963年暑期开始恢复招生，直至1969年北京经济学院停办。1974年，北京市决定重新建立北京经济学院，劳动经济专业得以恢复，并实现了多层次、多形式的办学，1979年开始在全国招收劳动经济专业硕士研究生。③

第二，新中国劳动科学人才的培育者。任扶善教授培育了大量的从事劳动人事管理的人才。他有着执着敬业的情怀。在备课时精心打磨，力求做到观点正确、材料充实、结构严谨；在讲课时注重语言技巧和授课方式，力求做到语言清晰、速度适中、板书端正，使学生能够理解和接受。他还根据学生的代际特征，在持续地与学生互动中，不断发现他们的关注点，不断地打磨修正自己的授课内容。他心怀"国之大者"，把教书育人作为自己的首要任务，并为此贡献出毕生的心力。20世纪50年代末至60年代，他参与大量全国各地的劳动人事管理干部的培训、劳动经济专业本科学生的培养工作，为新中国培养了一大批劳动人事管理干部。学校恢复后，他作为硕士生导师，培养了我国第一批劳动经济专业硕士研究生。其多数成为我国劳动行政部门、企业事业单位以及高等学校的骨干力量，在各自的岗位上取得了优异的成绩。

第三，中国劳动科学知识体系的贡献者。20世纪50年代，劳动经济相关课程设立以

---

① 参见李福田《中国人力资源开发50年辉煌历程》，《中国人力资源开发》1999年第10期。
② 参见陆占奇《任扶善——一生献给劳动学科的百岁老人》，《中国人力资源社会保障》2015年第5期。
③ 参见李福田《劳经学界泰斗 后辈人士楷模——任扶善教授九十华诞庆祝会隆重举行》，《中国人力资源开发》2005年第6期。

来，任扶善教授和同事们始终非常注重专业课教材和学科知识体系的建设，在借鉴苏联经验的基础上，开始油印、自编《劳动经济学》《劳动法学》教材，最早尝试构建新中国的劳动经济学和劳动法学的知识体系和教材体系。为了适应改革开放后的社会经济实际以及教学需要，北京经济学院恢复后，他和同事们开始了新教材的编写工作，1982年，完成了《劳动经济学》《劳动法讲义（试用教材）》编写工作，其中，《劳动经济学》由吉林人民出版社于1983年正式出版，是我国第一部公开出版的劳动经济学教材，不仅供校内教学使用，而且在全国发行，供各地劳动干部学校和培训班使用。《劳动法讲义（试用教材）》不仅在校内教学使用，而且被多个地方劳动局翻印，作为培训劳动人事管理干部的教材。他参与编写并担任副主编的《劳动法学》由群众出版社出版，这部教材是我国第一部由司法部组织统一编写的法学院校通用教材，其内容包括劳动法的起源和发展全过程，以及各类型国家劳动法的实况和特征，是一部具有创新性质的劳动法学专著。

任扶善教授是我国劳动科学领域最早的一批具有国际视野的学者，最早开始进行劳动科学领域域外经验的介绍和本土化的工作。新中国成立以前，任老在国际劳工局中国分局（上海）工作时，就开始公开发表文章介绍国际劳工组织以及世界工运的情况，在1945年出版了《世界工会大会的经过》，1947年出版了《世界工运的两种潮流》。[1] 新中国成立后，1957年，任老翻译了苏联学者的《编纂全联盟劳动立法的理论问题》，介绍苏联的相关研究。20世纪80年代，我国改革开放走向深入，劳动科学的知识体系面临更新，任老发表多篇文章介绍国际劳工组织及其相关公约、建议书、域外国家的劳动立法，于1985年发表了《当前世界各国劳动立法的概况及其发展趋势》，1986年发表了《国际劳工组织与中国》《发展中国家近年来的劳动状况》《国际劳动统计标准选编（一）》，1987年发表了《略论国际劳动立法的性质和作用》《国际劳动统计标准选编（五）》，1988年翻译发表了《苏维埃劳动立法的基本发展阶段和完善问题》。[2] 1991年，中国劳动出版社出版了他的专著《世界劳动立法》。1996年，他翻译的《越南劳动法典》由中国工人出版社出版。1989年和2005年，先后发表了《劳动经济与劳动法文集》及其续编。任扶善教授关注中国问题、坚持中

---

[1] 参见任扶善《世界工会大会的经过》，《社会工作通讯》1945年第5期。参见任扶善《国际劳工局与新国际机构之关系》，《社会工作通讯》1945年第6期。参见任扶善《世界工运的两种潮流》，《社会工作通讯》1947年第8期。

[2] 参见任扶善《当前世界各国劳动立法的概况及其发展趋势》，《中国工运》1985年第3期。参见任扶善《国际劳工组织与中国》，《中国劳动科学》1986年第3期。参见任扶善《发展中国家近年来的劳动状况》，《劳动与人事》1986年第1期。参见任扶善《国际劳动统计标准选编（一）》，《劳动与人事》1986年第2期。参见任扶善《略论国际劳动立法的性质和作用》，《中国工运学院党报》1987年第3期。参见任扶善《国际劳动统计标准选编（五）》，《劳动与人事》1987年第1期。参见任扶善译《苏维埃劳动立法的基本发展阶段和完善问题》，《环球法律评论》1988年第3期。

国立场，毕生都在践行立足中国大地进行劳动科学研究。在抗日战争期间，他对战时的劳动问题进行了广泛的研究，包括战时技工、工时、工资以及女工等问题[①]，于1940年出版了《战时技工缺乏的对策》，1941年出版了《战时农工问题》《论利用女工》《战时的工资问题》，1942年出版了《工时问题与增加生产》。

改革开放之后，随着市场经济和法治建设的发展，任老对按照经济规律确定劳动工资、企业经济责任制的完善以及1982年宪法对于劳动者权益保障等问题进行了研究，于1981年发表了《劳动工资工作必须按照经济规律办事》《关于企业推行经济责任制的几个问题》，1983年发表了《新宪法对劳动者权利和利益的保障》。20世纪80年代末90年代初，我国开始大规模的劳动立法，完善劳动法制。我国劳动法律制度起步较晚，域外的劳动立法经验相对丰富，任扶善教授从国际视角开展了较多域外劳动立法经验的研究。同时，他对劳动合同、劳动争议以及女职工劳动保护等立法进行了研究，于1986年发表了《从劳动法学的角度来理解劳动合同的概念和作用》，1987年发表了《略论我国劳动争议的性质及其处理程序》，1988年发表了《论女职工劳动保护立法及其意义》。他较早在国内倡导普遍实行劳动合同制，后被立法所采纳。

任扶善教授为建设我国劳动科学知识体系作出了意义重大的贡献，在理论和实践方面均取得了重要成就，推动了我国劳动学科的建立、劳动研究的本土化、劳动法律制度的建设与完善，以及学科整体的发展。

第四，新中国劳动立法的参与者。任扶善教授是新中国劳动法学的主要创建者之一。20世纪50年代，他翻译引进了很多苏联劳动立法及其研究成果，参与新中国成立初期苏联劳动法学范式的学习借鉴。改革开放之后，他根据社会经济发展的新形势，又充分发挥自己的优势，翻译解释域外国家劳动立法以及国际劳工组织的相关公约，引入新知、推动改革。

任老多次参与劳动立法工作，为完善劳动法治建设作出了突出贡献。20世纪50年代，当时的劳动部根据党中央的指示成立了一个工作小组，进行起草劳动法的准备工作，他参与了起草小组的相关工作，后因整风"反右"和"大跃进"的干扰，起草工作暂停。1978年，当时的国家劳动总局根据邓小平同志关于抓紧制定劳动法的指示重启劳动法的起草工作，他作为全总的法律顾问参与了劳动法起草工作。此后的10多年，他多次参与草案的研讨，直至1994年第八届全国人大常委会第八次会议审议通过《劳动法》。他于1994年发表了《〈劳动法〉关于劳动合同制度的规定》。尽管那时他已经退休，但仍然关心劳动法的制定，继续进行着相关研究。他在2000年发表了《新中国劳动立法的发展》，并在2004年发

[①] 参见任扶善《战时技工缺乏的对策》，《新经济》1940年第4卷第10期。参见任扶善《论利用女工》，《新经济》1941年第5卷第12期。参见任扶善《战时的工资问题》，《新经济》1941年第6卷第10期。参见任扶善《工时问题与增加生产》，《新经济》1942年第7卷第6期。

表了《关于完善我国劳动立法的几点建议——纪念〈中华人民共和国劳动法〉公布十周年》。

二 学人学术生涯的经验

任扶善教授作为最长寿的劳动科学学者,在他漫长的学术生涯中取得丰硕的学术成果,概括起来,他的治学经验如下。

第一,多学科的交叉融合。劳动科学属于交叉学科,涉及经济学、社会法学、法学和管理学等多学科。任扶善教授的学术生涯刚好契合了劳动科学的多学科交叉性,他在清华大学学习社会学,由此进入劳动科学,随后在国际劳工局工作,开始关注国际劳动立法;新中国成立后在首都经济贸易大学劳动经济系工作,又开始了劳动经济学相关问题的研究,最终多学科融会贯通,集大成于一身。

第二,兼具国内、国际的学术视野。任扶善教授作为本土成长的学者,除了关注国内问题,还具有宽广的国际视野。他做了大量的国际劳工组织、苏联等国际学术研究和立法的介绍工作,丰富了我国劳动科学研究以及立法资料。与此同时,他又拥有敏锐的中国问题意识,始终能够把握不同时代的我国劳动科学研究的焦点。

第三,矢志不渝的劳动情怀。任扶善教授一生跌宕起伏,其间也遭受挫折,但他始终保持对劳动科学的热爱。1978年北京经济学院恢复,此时他已经过了花甲之年,但仍然坚持科研和教学,并且成就了自己职业生涯的高峰。退休之后,仍然笔耕不辍,先后出版了《九旬文集》和《百岁文集》。

任扶善教授一生致力于劳动科学的研究和教学工作,对劳动人民有着深深的情怀、对劳动问题有着深刻的认知、对劳动科学有着无尽的期待。劳动科学的发展成就与任老的辛勤努力密不可分,他严谨治学、为人师表的品德值得我们永远学习。任老用自己一生的感悟,期望劳动科学的学人以及莘莘学子能够热爱劳动、投身劳动、尊重劳动,在劳动中塑造自己的品格、锻炼自己的能力。

劳动与社会保障

学科综述

2022年劳动与社会保障学科回顾与展望*

郭 磊 胡雨薇**

【内容摘要】党的二十大报告将"多层次社会保障体系更加健全"作为全面建设社会主义现代化国家开局起步关键时期的主要目标任务，将社会保障作为促进共同富裕的基础性分配制度。本文全面展示了中国劳动与社会保障领域的研究成果，考察劳动与社会保障未来发展动向。2022年，劳动与社会保障学科领域的研究主要集中在社会保障理论研究、劳动与就业保障政策研究、社会保险研究和社会福利与社会救助研究等方面，重点关注了习近平总书记关于社会保障事业发展的重要论述、共同富裕视角下的社会保障发展、个人养老金制度体系的建设、灵活就业和新就业形态劳动者的权益保障、长期护理保险制度发展以及退役军人服务保障事业高质量发展等关键问题。在以人民为中心发展思想的指导下，未来我国劳动与社会保障学科发展要与全面建成中国特色社会保障体系相适应，推进共同富裕取得新成效。

【关键词】社会保险；就业保障；社会救助；社会福利；共同富裕；学科发展

一　综述

从社会发展与变迁的视角来聚焦我国劳动与社会保障领域的热点问题，是坚持和发展中国特色社会主义的重要条件，也是马克思主义时代化的必然要求。社会主义市场经济深入发展需要纠正各种"市场失灵"，社会转型需要协调各类的矛盾与冲突，在这种背景下，劳动与社会保障专业应运而生。劳动与社会保障学科隶属公共管理一级学科，是劳动科学专业群中的基础性专业学科。劳动与社会保障以民生福祉为核心，以劳动者保障为重点，适应传统劳动人事管理体制变革以及现代民生保障事业发展的实践需求，是在我国社会发展进入复杂

---

* 基金项目：中国社会科学院大学新文科建设支持计划重大项目"积极老龄化背景下数字技术推动养老服务高质量发展研究"（校20220066）。
** 郭磊，博士，中国社会科学院大学政府管理学院副教授、硕士生导师，社会保障系执行主任，国家治理现代化和社会组织研究中心副主任，主要研究社会保障、收入分配。胡雨薇，中国社会科学院大学政府管理学院硕士研究生，主要研究社会保障。

转型期并积极建构社会主义和谐社会的背景下兴起的一门新兴交叉学科。该学科以管理学、经济学、社会学等学科理论与方法为基础，同时借鉴了西方国家社会保障的理论与实践经验，结合我国社会发展的状况，探讨国家通过立法并依法采取强制手段对国民收入进行再分配，对暂时或永久失去劳动能力及出于各种原因造成生活困难的社会成员提供基本生活保障的这一一般性过程与具体问题。此外，该学科还具有显著的实践性、应用性与政策性的特点，即通过探索社会保障政策对于分散个人生老病死的风险或者降低个人陷入贫困的风险的作用，以保证劳动力再生产、社会安定和经济有序进行。

中国人力资源管理发展至今，劳动与社会保障学科专业研究队伍不断壮大，社会保障理论指导实践、服务改革的能力不断提高，中国特色社会保障理论体系、学术体系、话语体系正在形成，涌现了大量的劳动与社会保障相关理论和中国实践经验。当今世界面临百年未有之大变局，中国特色社会主义进入新时代，这要求我们要着眼于满足人民对美好生活的向往，扎根新时代中国特色社会主义伟大实践，对新时代劳动与社会保障相关理论进行进一步的探索和构建，总结劳动与社会保障领域的相关实践经验和规律，努力把中国劳动与社会保障学科建成充分体现中国特色、中国风格、中国气派的具有世界影响力的高水平学科。[1]

基于此，本文旨在反映2022年国内劳动与社会保障的发展情况，全面展示中国劳动与社会保障领域的研究成果，考察劳动与社会保障未来发展动向，促进该学科相关机构和学人的发展，充分满足该学科一线学者和政策决策者等主流读者的需求。

二、劳动与社会保障学科2022年总体发展情况

党的十八大以来，我国劳动与社会保障学科建设进入了新的发展阶段。在统筹推进"五位一体"总体布局、协调推进"四个全面"战略布局，全面建成小康社会步入决胜期的大背景下，劳动与社会保障事业发展步伐也在加快，劳动与社会保障学科建设进入繁荣发展期。[2] 2022年，劳动与社会保障学科领域的研究主要集中在社会保障理论研究、劳动与就业保障政策研究、社会保险研究和社会救助与社会福利研究等方面。

（一）社会保障理论研究

党的二十大报告指出，社会保障体系是人民生活的安全网和社会运行的稳定器，要健全

---

[1] 郑功成：《中国社会保障学科建设：回顾与展望》，http://theory.people.com.cn/n1/2018/0813/c40531-30224200.html，2022年12月22日。

[2] 郑功成：《中国社会保障学科建设：回顾与展望》，http://theory.people.com.cn/n1/2018/0813/c40531-30224200.html，2022年12月22日。

覆盖全民、统筹城乡、公平统一、安全规范、可持续的多层次社会保障体系。2022年，劳动与社会保障学科领域一些重大理论与政策问题受到空前关注，各种观点纷呈，著述丰富，一大批研究成果被立法与改革方案吸收。

党的二十大报告明确指出，中国式现代化是全体人民共同富裕的现代化，共同富裕是中国特色社会主义的本质要求，也是一个长期的历史过程。一部分研究重点探讨了社会保障与共同富裕的逻辑关系。发展社会保障是走向共同富裕的必由之路，高质量社会保障体系在价值理念、构建内容、参与主体与覆盖对象方面与共同富裕存在多维一致性，指向的都是让全体人民共享国家发展成果。高质量社会保障具有公平、可持续、统一规范、系统协调、包容共享、法治化等特质，全面回应了共同富裕对"富裕"和"共享"的要求，在生产、分配、交换、消费等环节有力推动共同富裕目标的实现，形成了高质量社会保障与共同富裕共同发展的理论逻辑和事实逻辑。①② 具体而言，社会保险、社会救助、社会福利和补充性保障对共同富裕的实现分别发挥支撑性、兜底性、提升性及促进性作用。③

然而，就我国社会保障体系发展实际来看，目前共同富裕目标下的社会保障体系建设仍存在多层次发展不充分、对经济发展适应性不足、制度统筹层次不高、社会保险体系基本保障功能不明晰、社会救助体系不完善，以及社会福利与补充保障发展滞后，再分配功能较弱等问题。未来以共同富裕为目标引领的高质量社会保障体系建设应以健全优化社会保障体系结构、改进社会保障制度设计、创新社会保障运行机制、提升社会保险统筹层次、完善兜底性社会救助制度、补齐社会福利制度短板、发展补充性保障项目等为重点路径，形成改革的整体合力，强化基础性支撑，提升再分配效能，提升供给效率。④⑤⑥

还有许多研究关注了中国特色社会保障制度建设。在百余年的实践历程中，社会保障制度作为中国共产党改造中国社会的制度手段之一，不仅呈现某种与西方社会保障制度一样的发展规律，更具有马克思主义的本质特征与发展规律，即不断变革束缚人的社会关系，逐步

---

① 白维军：《以高质量社会保障助推共同富裕：逻辑关联、现实难题与关键路径》，《人民论坛·学术前沿》2022年第16期。
② 郑功成：《共同富裕与社会保障的逻辑关系及福利中国建设实践》，《社会保障评论》2022年第1期。
③ 刘欢、向运华：《基于共同富裕的社会保障体系改革：内在机理、存在问题及实践路径》，《社会保障研究》2022年第4期。
④ 刘欢、向运华：《基于共同富裕的社会保障体系改革：内在机理、存在问题及实践路径》，《社会保障研究》2022年第4期。
⑤ 郑功成、何文炯、童星、王杰秀、丁建定、胡秋明、李春根、鲁全、席恒：《社会保障促进共同富裕：理论与实践——学术观点综述》，《西北大学学报（哲学社会科学版）》2022年第4期。
⑥ 杨穗、赵小漫：《走向共同富裕：中国社会保障再分配的实践、成效与启示》，《管理世界》2022年第11期。

实现人的全面发展。部分研究从关系变革、制度演进与人的发展这三大关键词来解读中国共产党百年社会保障制度实践。①②③ 总体来说，在政治、经济、文化、社会等诸要素的综合作用下，在历史与文化、时代与现实、制度与体制、风险与回应等逻辑的影响下，中国特色社会保障道路逐渐形成。保障内容从局部迈向全面，覆盖范围从少数迈向全民，制度形式从分割迈向整合，管理体制从分散迈向统筹，待遇水平从较低迈向适度，责任分担从包办迈向共担，形成了鲜明的本土性特色。主要体现在逐步满足人民群众日益增长的多样化社会保障需求，注重公平共享与互助共济，充分体现人民性和社会主义制度优势，注重协调推进与城乡统筹发展，重视发挥集体、社区的作用，强调发挥家庭保障的基础性作用等方面。④⑤⑥

（二）劳动与就业保障政策研究

自新冠疫情暴发以来，我国就业市场的就业总量与就业结构受到显著冲击。一方面，疫情降低了企业投资与居民消费水平，影响了劳动力总需求。同时，由于传染病危机以及防控政策，劳动力要素流动受阻碍，劳动力总供给变化明显，导致就业市场的供求失衡，自愿失业、摩擦性失业现象增加，就业总量受到冲击。⑦⑧ 另一方面，人口老龄化加速，低成本劳动力短缺⑨，工资持续提高使结构性失业现象更为严重⑩，加剧了劳动力市场失衡⑪。

2022年是新冠疫情暴发以来的第三年，我国的疫情防控工作也进入了全链条精准防控的"动态清零"阶段，劳动力就业也随之出现了一系列新问题，如就业观念转变慢、求职模式不适应等。在这种情况下，党中央、国务院高度重视就业工作，及时作出一系列重要决

---

① 龙玉其、王延中：《新时代中国特色社会保障道路的经验与特征》，《当代中国史研究》2022年第2期。
② 张永峰、陈诚：《社会保障制度实施效果再评价》，《西安财经大学学报》2022年第5期。
③ 贾玉娇：《中国共产党百年社会保障制度实践的本质研究》，《社会保障评论》2022年第2期。
④ 龙玉其、王延中：《新时代中国特色社会保障道路：经验、特征与形成逻辑》，《中共中央党校（国家行政学院）学报》2021年第6期。
⑤ 丁建定：《论社会保障制度功能认识的发展及其实践意义——西方社会观点、马克思主义学说与中国话语体系》，《社会保障评论》2022年第4期。
⑥ 张熠：《社会保障模式与改革：一个基于"不可能三角"理论的分析》，《社会保障评论》2022年第3期。
⑦ 郑联盛、范云朋、胡滨、崔琦：《公共卫生危机对就业和工资的总量与结构影响》，《财贸经济》2021年第4期。
⑧ 陈斯洁、郭磊、任韬：《如何在新冠肺炎疫情尚未结束背景下促进青年就业——以广东省为例》，《广东青年研究》2022年第1期。
⑨ 郑联盛、范云朋、胡滨、崔琦：《公共卫生危机对就业和工资的总量与结构影响》，《财贸经济》2021年第4期。
⑩ 蔡昉：《关于中国人口及相关问题的若干认识误区》，《国际经济评论》2010年第6期。
⑪ 席恒：《全球新冠肺炎疫情、超级老龄化、新型就业三重挑战下的中国社会保障》，《社会保障评论》2022年第1期。

策部署，人社部联合多部门针对高校毕业生、农民工和就业困难人员这三类重点群体出台了多项政策（见表1），取得了良好的实施效果。

表1　　　　　　　　　2022年人社部针对重点群体就业相关政策出台情况

群体	时间	文件	主要内容
高校毕业生	2022年3月1日	人力资源和社会保障部办公厅关于开展"公共就业服务进校园"活动的通知	为深入贯彻党中央、国务院关于高校毕业生就业工作的决策部署，进一步提升毕业生就业服务质量，促进其顺利就业，人力资源和社会保障部决定启动开展"公共就业服务进校园"活动，以政策宣传进校园、招聘服务进校园、就业指导进校园、创业服务进校园、职业培训进校园、困难帮扶进校园为重点任务
	2022年3月15日	人力资源和社会保障部　教育部　科学技术部　工业和信息化部等十部门关于实施百万就业见习岗位募集计划的通知	为深入贯彻党中央、国务院关于高校毕业生等青年就业的决策部署，人力资源和社会保障部、教育部等十部门决定2022年启动实施百万就业见习岗位募集计划，进一步推进就业见习工作，帮助高校毕业生等青年提升就业能力。以开通服务专区、规范岗位要求、抓好岗位募集、搭建对接平台、强化组织实施、优化政策服务为主要工作举措，提供补贴支持、税费支持和激励推动等支持政策
	2022年6月7日	人力资源和社会保障部办公厅财政部办公厅关于做好2022年高校毕业生"三支一扶"计划实施工作的通知	为贯彻落实党中央、国务院关于进一步引导鼓励高校毕业生到基层工作的决策部署，2022年继续选拔招募高校毕业生到基层从事"三支一扶"服务。具体要求充分认识实施"三支一扶"计划的重要意义、优化选拔招募结构、持续强化培养使用、提升服务保障水平、做好日常管理服务、促进服务期满流动

续表

群体	时间	文件	主要内容
高校毕业生	2022年6月10日	人力资源和社会保障部办公厅关于开展2022年离校未就业高校毕业生服务攻坚行动的通知	为进一步做好离校未就业高校毕业生就业促进工作，在全国集中开展离校未就业高校毕业生服务攻坚行动，以实名服务为支撑，强化政策落实、权益维护、困难帮扶，为有就业意愿的未就业毕业生和失业青年提供针对性服务，确保工作不断档、服务不断线，确保高校毕业生等青年就业局势总体稳定。主要措施有提早衔接未就业毕业生实名信息、集中开展公共就业服务公开行动、健全完善实名帮扶机制、高频举办公共就业服务专项活动、大力推进政策快办助力就业行动、协调推动公共部门岗位加快落地、组织实施困难毕业生就业结对帮扶、持续强化毕业生就业权益保障、组织开展"平凡岗位 精彩人生"典型宣传活动等
	2022年6月12日	人力资源和社会保障部办公厅 教育部办公厅 民政部办公厅关于做好高校毕业生城乡基层就业岗位发布工作的通知	为深入贯彻党中央、国务院关于高校毕业生就业工作的决策部署，广泛开发城乡基层就业岗位，积极拓展高校毕业生就业空间，确保高校毕业生就业形势总体稳定，结合实施乡村振兴战略、加强基层治理体系和治理能力现代化建设，多渠道、多形式、多领域归集发布一批适合高校毕业生就业的城乡基层岗位，推动拓宽高校毕业生就业空间、助力毕业生成长成才与完善基层社会管理治理和服务水平互促共进。以广开基层就业门路、规范岗位招聘流程、落实相关扶持政策、强化跟踪服务保障为重点任务

续表

群体	时间	文件	主要内容
高校毕业生	2022年6月21日	人力资源和社会保障部 教育部 财政部关于推进企业吸纳就业社会保险补贴"直补快办"助力稳岗扩就业的通知	为加大就业政策实施力度,推动政策速享尽享,助力用人单位稳定岗位、扩大就业,实施企业吸纳就业社会保险补贴政策"直补快办"行动,要求明确工作要求、加快全程网上经办、推行"直补快办"模式、优化审核经办流程、防范资金管理风险、加大组织实施力度
高校毕业生	2022年11月29日	人力资源和社会保障部办公厅关于开展2022年全国人力资源市场高校毕业生就业服务周活动的通知	为深入贯彻党的二十大精神,落实党中央、国务院稳就业保就业决策部署,充分发挥市场在人力资源配置中的决定性作用,积极促进高校毕业生等重点群体高质量充分就业,人力资源和社会保障部决定开展2022年全国人力资源市场高校毕业生就业服务周活动。具体活动内容为精准开展大规模线上招聘、集中组织直播带岗宣讲、优化就业指导和职业体验、创新线上测评和考试服务、有序组织人力资源服务进校园、稳妥举办线下招聘活动。
农民工	2022年11月16日	人力资源和社会保障部 国家发展改革委 财政部 农业农村部 国家乡村振兴局关于进一步支持农民工就业创业的实施意见	为深入贯彻党的二十大精神,落实党中央、国务院关于高效统筹疫情防控和经济社会发展决策部署,多措并举稳增长稳就业,进一步支持农民工及脱贫人口就业创业,提出如下意见:支持稳定农民工就业岗位;引导农民工有序外出务工;促进农民工就近就业创业;强化农民工就业服务保障;实施防止返贫就业攻坚行动

续表

群体	时间	文件	主要内容
农民工	2022年11月23日	人力资源和社会保障部办公厅 国家发展改革委办公厅 国家乡村振兴局综合司关于进一步推进东西部人社协作的通知	为贯彻党中央、国务院关于深化东西部协作的决策部署，切实发挥人社部门在东西部协作中的作用，要进一步健全东西部人社协作体制机制，创新协作方式，强化服务保障，提升协作效率，构建集劳务协作、品牌打造、技能培训、技工院校建设、人才交流于一体的东西部人社协作新格局，扎实巩固拓展人社脱贫攻坚成果，助力全面推进乡村振兴。主要工作任务有创新协作方式、健全东西部劳务协作机制、着力发展劳务品牌、促进就业帮扶车间稳固发展、大力实施以工代赈、加强技工教育培训协作交流、强化人才协作和智力支持、持续深化东西部协作考核评价
就业困难人员	2022年6月22日	人力资源和社会保障部 民政部 财政部 住房和城乡建设部 国家市场监管总局关于加强零工市场建设 完善求职招聘服务的意见	"打零工"对促进大龄和困难人员就业增收具有重要作用。为深入贯彻落实党中央、国务院决策部署，支持多渠道灵活就业，更好地促进大龄和困难等零工人员实现就业，现提出以下意见：强化零工市场信息服务、强化零工快速对接服务、强化就业创业培训服务、强化困难零工帮扶服务、完善零工市场秩序维护、完善服务场地设施支撑、完善信息化应用支撑、扩大零工服务多元化供给、开展零工市场动态监测、加大组织实施力度

续表

群体	时间	文件	主要内容
就业困难人员	2022年7月19日	人力资源和社会保障部 民政部 中国残联关于开展就业援助"暖心活动"的通知	做好困难人员就业援助，关系群众冷暖，关系民生底线。为贯彻党中央、国务院稳就业保就业决策部署，服务保民生、兜底线、救急难，人力资源和社会保障部、民政部、中国残联决定在全国范围内组织开展就业援助"暖心活动"，集中为就业困难人员送岗位、送服务、送政策、送温暖，帮扶一批困难人员就业。主要措施有健全援助工作台账、收集援助岗位信息、制定分类援助计划、组织系列送岗活动、加快援助政策落实、强化基本生活保障

资料来源：笔者根据相关政策整理。

做好高校毕业生就业工作，事关毕业生个人前途，事关毕业生家庭幸福，事关国家长远发展。2022年我国高校毕业生群体人数再创新高（见图1），为此，人社部出台了七项政策文件，通过推进政策宣传进校园、招聘服务进校园、就业指导进校园、创业服务进校园、职业培训进校园、困难帮扶进校园，精准开展大规模线上招聘，集中组织直播带岗宣讲，优化就业指导和职业体验，有序组织人力资源服务进校园，稳妥举办线下招聘活动。通过提供补贴支持、税费支持、激励推动就业见习岗位募集。通过多渠道、多形式、多领域归集发布适合高校毕业生就业的城乡基层岗位，推动拓宽高校毕业生就业空间。同时，为有就业意愿的未就业毕业生和失业青年提供针对性服务，确保工作不断档、服务不断线，确保高校毕业生等青年就业局势总体稳定。系列政策举措充分满足了毕业生多层次、全方位、精准化服务需求，为促进毕业生及早实现就业创业、更好保障改善民生提供了强有力的支撑。

促进农民工及脱贫人口就业创业，是保持就业大局稳定的重要支撑，是巩固拓展脱贫攻坚成果同乡村振兴有效衔接的关键举措。对于农民工群体，2022年人社部出台了两项政策文件，强调要支持稳定农民工就业岗位、引导农民工有序外出务工、促进农民工就近就业创业、强化农民工就业服务保障、实施防止返贫就业攻坚行动。

做好困难人员就业援助，关系群众冷暖，关系民生底线。2022年，我国就业困难人员就业人数稳步增长（见图2）。对于就业困难群体，2022年人社部出台了两项政策文件。一

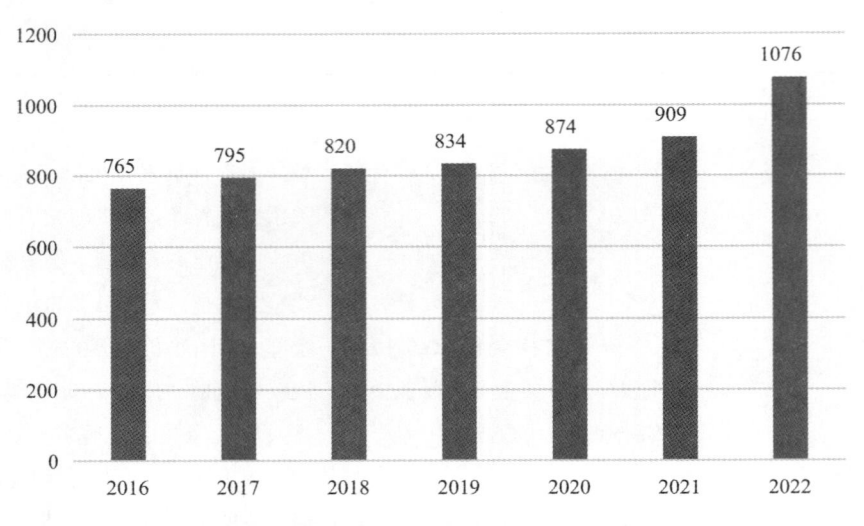

图1 2016—2022年中国高校毕业生人数变化趋势（万人）

资料来源：教育部官网统计数据。

方面强调要加强零工市场建设，强化零工市场信息服务、零工快速对接服务、困难零工帮扶服务，完善零工市场秩序维护、服务场地设施支撑、信息化应用支撑，扩大零工服务多元化供给，开展零工市场动态监测，加大组织实施力度。另一方面要开展就业援助"暖心活动"，健全援助工作台账，收集援助岗位信息，制定分类援助计划，组织系列送岗活动，加快援助政策落实，强化基本生活保障。通过保民生、兜底线、救急难的服务，集中为就业困难人员送岗位、送服务、送政策、送温暖，帮扶一批困难人员就业。

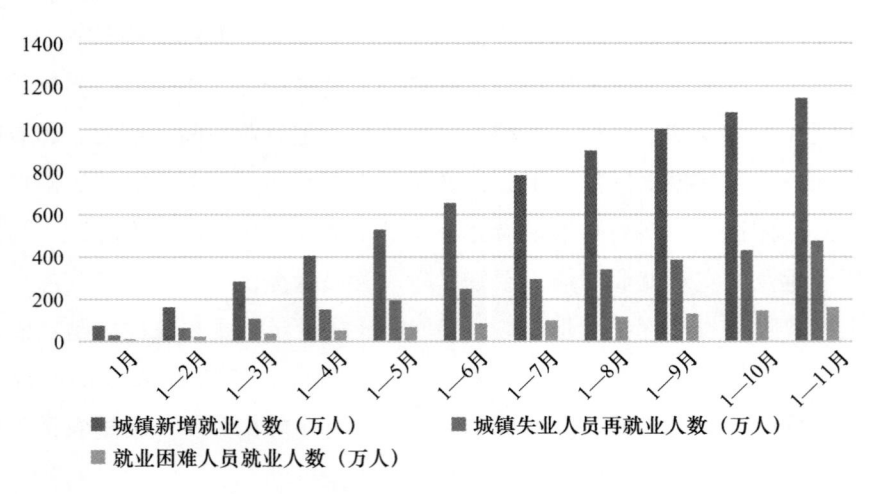

图2 2022年1—11月累计城镇新增就业人数、城镇失业人员再就业人数、就业困难人员就业人数

资料来源：人社部官网2022年人力资源和社会保障统计数据。

（三）社会保险研究

1. 养老保险

党的二十大报告强调，完善基本养老保险全国统筹制度，发展多层次、多支柱养老保险体系。2022年，劳动与社会保障学科在养老保险领域的研究也主要聚焦于这两点。

在推进基本养老保险全国统筹方面，《中华人民共和国国民经济和社会发展第十四个五年规划和2035年远景目标纲要》提出要"实现基本养老保险全国统筹"。2022年2月人力资源和社会保障部举行新闻发布会，明确表示从2022年1月开始实施养老保险全国统筹，标志着养老保险全国统筹政策正式落地。[①] 养老保险全国统筹是国家将不同区域、不同个体和单位的养老资源进行统一分配，以互助共济的方式消除全体国民退休期基本生活需求风险。[②③] 具体而言，是在全国范围内统一参保缴费、待遇调整等政策，建立全国统一的信息系统和经办服务管理体系，统一基金收支管理制度。[④⑤⑥]

养老保险全国统筹可以从根本上推动我国养老保险制度更加统一规范。中央和地方政府支出责任分担机制更加明确和压实了地方政府的支出责任。养老保险政策、基金管理、经办服务、信息系统等的统一管理，以及中央财政对养老保险的补助力度保持稳定性和连续性，对均衡地区间养老负担、提升养老保障能力稳定性和促进劳动者跨地区流动等起到有力的推动作用，对保障和改善民生、提升老年人的安全感和幸福感将起到极大促进作用。[⑦⑧⑨]

在对养老保险全国统筹进一步的改革探索中，学者强调未来要重点关注地方财政对养老保险投入的"长效"机制与"长期"机制的关系、地方财政负担与深挖养老保险制度潜力

[①] 曾益、邓智宇：《社保征收体制改革对养老保险财政负担的影响——基于国地税合并背景的实证分析》，《社会保障研究》2022年第4期。

[②] 许航敏：《国家治理视域下的基本养老保险全国统筹改革》，《地方财政研究》2022年第4期。

[③] 吴万宗、邓智宇、曾益、张心洁：《养老保险全国统筹的新阶段：全国统筹调剂制度能降低财政负担吗？》，《上海财经大学学报》2022年第6期。

[④] 曾益、姚金、毛恩荣：《提高基本养老保险参保率对财政责任的影响：从制度全覆盖走向法定人群全覆盖》，《财政研究》2022年第2期。

[⑤] 曾益、姚金：《降低养老保险缴费率："一举两得"抑或"得不偿失"？——基于缴费遵从度与基金可持续的视角》，《南方经济》2022年第1期。

[⑥] 郭磊、胡雨薇、Taejin Han、Dariusz Stańko：《积累型养老金计划的"费用"比较》，《中国社会保障》2021年第5期。

[⑦] 许航敏：《国家治理视域下的基本养老保险全国统筹改革》，《地方财政研究》2022年第4期。

[⑧] 杨再贵、许鼎：《"十四五"规划新政与城乡居民基本养老保险财政负担》，《华中师范大学学报（人文社会科学版）》2022年第6期。

[⑨] 寇明风：《养老保险全国统筹改革多重意蕴》，《地方财政研究》2022年第4期。

的关系以及部分积累制与现收现付制的关系。①② 同时，要继续深化理论研究，聚焦提升共济效应，做好养老保险运行精算③④，完善基本养老保险制度全国统筹所需的政策、管理、财务和技术等其他配套措施⑤⑥⑦。

在多层次、多支柱养老保险体系建设与发展方面，《中华人民共和国国民经济和社会发展第十四个五年规划和2035年远景目标纲要》首次明确提出"发展多层次、多支柱养老保险体系"。2022年4月21日，国务院办公厅发布《关于推动个人养老金发展的意见》，正式全面推动个人养老金制度的落地实施，至此养老金三支柱体系全面建成。⑧ 本文运用 CiteSpace 软件进行可视化分析，所运用的论文数据来源于中国知网的学术期刊库，以"多层次""多支柱""养老"为主题，将时间范围限定在2013—2022年，将期刊来源类别限定为CSSCI期刊，通过剔除会议类、转载类、访谈类等非研究性文献，共筛选出386篇文献。对所筛选文献进行关键词共现分析，以直观了解多层次、多支柱养老保险体系建设与发展领域的研究重点。在关键词频次方面，"养老保险"（36次）、"养老服务"（27次）、"老龄化"（14次）、"养老金"（12次）、"社会保障"（12次）和"企业年金"（12次）是出现频次最高的六个关键词。在关键词的中介中心性方面，"养老服务"、"老龄化"、"养老保险"和"老年人"的中介中心性分别为0.45、0.42、0.22和0.16，均大于0.1，是多层次、多支柱养老保险体系建设与发展主题研究中的关键节点，与其他大部分关键词都存在共现关系（见表2）。

表2 2013—2022年多层次、多支柱养老保险体系建设与发展主题文献的频次与中介中心性分析

关键词	频次	中介中心性	关键词	频次	中介中心性
养老保险	36	0.22	养老保障	11	0.05
养老服务	27	0.45	医养结合	11	0.04
老龄化	14	0.42	个人账户	7	0.01

---

① 郑秉文：《职工基本养老保险全国统筹的实现路径与制度目标》，《中国人口科学》2022年第2期。
② 王朝才、李天舒：《统筹层级对养老保险基金缺口的影响》，《中南财经政法大学学报》2022年第6期。
③ 许航敏：《国家治理视域下的基本养老保险全国统筹改革》，《地方财政研究》2022年第4期。
④ 刘明慧、王婷、齐海鹏：《养老保险全国统筹央地支出责任分担的制度逻辑与推进路径》，《地方财政研究》2022年第4期。
⑤ 刘德浩、崔文婕：《职工养老保险全国统筹的理论逻辑与实现路径》，《北京航空航天大学学报（社会科学版）》2022年第2期。
⑥ 毛婷：《养老保险全国统筹的基础养老金计发办法设计》，《江西财经大学学报》2022年第4期。
⑦ 曾益、杨悦、姚金：《养老保险全国统筹：经办服务"垂直管理"抑或"属地管理"？——基于基金可持续视角》，《保险研究》2022年第3期。
⑧ 陆颖：《养老金三支柱体系的替代率与收入再分配效应："两全其美"抑或"顾此失彼"》，《财政科学》2022年第8期。

续表

关键词	频次	中介中心性	关键词	频次	中介中心性
企业年金	12	0.12	老年人	6	0.16
养老金	12	0.07	税收优惠	6	0.13
社会保障	12	0.02	第三支柱	6	0.02
养老模式	11	0.07	共同富裕	6	0.01

资料来源：笔者整理。

研究表明，发展并规范多层次、多支柱养老保险体系可以显著提高养老保险总替代率水平，对提升退休人员生活保障水平具有重要现实意义。[1][2] 同时，由于不同支柱养老金功能定位的异质性，多层次、多支柱养老保险体系可以有效提升养老金体系的内部支撑力，分散风险，进而增强养老保险制度的可持续性。[3] 我国多层次、多支柱养老保险体系主要包含三个层次，第一支柱为基本养老保险，具体包括城镇职工基本养老保险和城乡居民基本养老保险，第二支柱主要包括企业年金和职业年金，第三支柱为个人储蓄型养老金，此外还有社会保障基金作为国家储备金（见表3）。然而，就我国目前多层次、多支柱养老保险体系发展实际来看，仍存在部分问题，如基本养老保险制度"一枝独大"[4]；机关事业单位与企业职工养老保险收入差距较大[5]，第二支柱养老保险有待改革完善[6]；个人账户"空账"运行，公共养老保障基金支付压力较大；[7] 数字经济的发展对传统养老保险制度的制度模式和运行机制尤其是缴费机制、保障方式和服务机制带来了新的挑战[8]；等等。为此，学者们提出要立足于新时代我国经济社会发展的新趋势和新特点以及共同富裕目标的要求，以创新思维引领多层次养老保障体系顶层设计思路[9][10]；做好科学的顶层设计，结合我国发展实际，明确

---

[1] 张子彧、陈友华：《个人视角下养老保险基金收支平衡研究》，《现代经济探讨》2022年第8期。
[2] 陆颖：《养老金三支柱体系的替代率与收入再分配效应："两全其美"抑或"顾此失彼"》，《财政科学》2022年第8期。
[3] 陆颖：《养老金三支柱体系的替代率与收入再分配效应："两全其美"抑或"顾此失彼"》，《财政科学》2022年第8期。
[4] 穆怀中：《从"金字塔"到"橄榄型"：新三支柱养老保障制度的设计与优化》，《社会科学》2022年第1期。
[5] 郭磊、刘卉：《系统论视阈下我国高校教师薪酬体系的挑战与发展》，《北京教育（高教）》2022年第10期。
[6] 郭磊：《高校教师收入分配：工资和养老保险的协调与互动》，东北财经大学出版社2021年版。
[7] 成新轩、冯潇：《共同富裕目标下我国多支柱养老保障体系研究》，《理论探讨》2022年第4期。
[8] 林义：《我国多层次养老保障体系优化与服务拓展》，《社会保障评论》2022年第5期。
[9] 穆怀中：《从"金字塔"到"橄榄型"：新三支柱养老保障制度的设计与优化》，《社会科学》2022年第1期。
[10] 林义：《我国多层次养老保障体系优化与服务拓展》，《社会保障评论》2022年第5期。

养老保险三大支柱结构类型为以第一、第三支柱为重心的"哑铃"型三支柱体系[1][2];优化转轨成本和激励机制,提升我国多层次、多支柱养老保险体系的抗风险能力[3][4]。

表3　　　　　　　　　　2021年我国三支柱养老金体系构成

类别	构成		资金来源	参与人数（万人）	累计结余（万亿元）
第一支柱	基本养老保险	城镇职工基本养老保险	单位缴纳比例为16%，个人为8%	48074	5.3
		城乡居民基本养老保险	由个人缴费、集体补助、政府补贴等构成	54797	1.1
第二支柱	企业年金		企业缴费不超过职工工资总额的8%，企业和职工个人缴费合计不超过12%	2875	2.7
	职业年金		单位缴费比例为本单位工资总额的8%，个人缴费比例为本人缴费工资的4%	—	—
第三支柱	个人储蓄型养老金		个人自愿参与	—	—
国家储备金	社会保障基金		由中央财政预算拨款、国有资本划转、基金投资收益和以国务院批准的其他方式筹集的资金构成	—	4.8

资料来源：国家统计局、人力资源和社会保障部、全国社会保障理事基金会。

---

[1] 陆颖：《养老金三支柱体系的替代率与收入再分配效应："两全其美"抑或"顾此失彼"》，《财政科学》2022年第8期。
[2] 石晨曦：《延迟退休、人口抚养比及养老保险基金可持续性》，《当代经济管理》2022年第6期。
[3] 穆怀中：《从"金字塔"到"橄榄型"：新三支柱养老保障制度的设计与优化》，《社会科学》2022年第1期。
[4] 朱小玉、施文凯：《人口老龄化背景下完善我国第三支柱养老保险税收政策的建议》，《国际税收》2022年第6期。

2. 医疗保险

坚持以人民为中心的发展思想，把人民健康放在优先发展的战略位置，是党高度重视的一项工作。2022年，国务院办公厅发布《"十四五"国民健康规划》，为"十四五"期间全面推进健康中国建设提供了依据。我国坚持从以治病为中心向以人民健康为中心转变，推动基本医疗卫生制度作为公共产品向全民提供，持续深化医疗、医保、医药"三医"联动，补短板、强基层、建机制，用较短时间建立起世界上规模最大的基本医疗卫生保障网，将健康扶贫作为打赢脱贫攻坚战的关键举措，全民健康助力全面小康。

推进医养结合是优化老年健康和养老服务供给的重要举措，是积极应对人口老龄化、增强老年人获得感和满意度的重要途径。2022年7月，国家卫健委、发展改革委、教育部等11部门印发《关于进一步推进医养结合发展的指导意见》，强调要从发展居家社区医养结合服务、推动机构深入开展医养结合服务、优化服务衔接、完善支持政策、多渠道引才育才五个方面着力破解难点堵点问题，促进医养结合发展，不断满足老年人健康和养老服务需求。[1]

2022年，许多学者的研究聚焦于我国的医养结合服务。医养结合，即实现医疗护理和养老服务的多维度有机结合，打破医疗资源供给与养老服务需求的分离状态，为老年人提供精准、及时、有效的"医—养—康—护"服务，满足老年人对养老和健康的双重需求，实现"有病疗养，无病养老"的养老模式创新。[2][3][4] 医养结合涉及个人、家庭、社区、机构等多元化主体，协同性治理与整合治理是实现医养结合供给主体善治的路径走向[5][6][7]，具体来看，要以需求为导向，构建养老服务与医疗资源的多维度协同与动态调整机制[8]，政府层面应优化部门职能，医养机构层面要健全质量保障体系，市场层面应加强社会责任，社区层

---

[1] 丁丽曼、傅利平、谢宇：《医养结合运行的影响因素及其机制——基于多案例的比较分析》，《中国行政管理》2022年第2期。

[2] 高鹏、杨翠迎：《我国医养结合服务模式实践逻辑与协同路径分析：基于"全国医养结合典型案例"的扎根理论研究》，《兰州学刊》2022年第8期。

[3] 韩烨、冀然：《消费水平、就医关注与养老模式偏好——论医养结合制约因素的破解》，《兰州学刊》2022年第6期。

[4] 孔舒：《构建新时代中国特色医养结合模式初探》，《人民论坛》2022年第8期。

[5] 唐健、何涛：《从"碎片化供给"到"协同性治理"：利益相关者理论视域下社区"医养结合"供给主体善治的逻辑重塑》，《云南民族大学学报（哲学社会科学版）》2022年第5期。

[6] 涂爱仙：《组织、政策和资源：三维透视医养结合服务供给碎片化》，《云南大学学报（社会科学版）》2022年第4期。

[7] 刘智勇、陈雅露：《推进医养结合发展的困局及其化解对策》，《中国行政管理》2022年第4期。

[8] 申喜连、王玲：《医养结合何以助力健康扶贫？——基于青海省H州G县的实践》，《湖北民族大学学报（哲学社会科学版）》2022年第1期。

面要提升医养结合供需匹配度，个人及家庭层面要丰富家庭养老内容，推动形成多元主体协同共建大格局①②③④。

除此之外，还有学者关注了我国的多层次医疗保障体系建设。健全以基本医疗保险为主体、其他多种形式为补充的多层次医疗保障体系，是我国实现"健康中国"战略的主要途径和核心环节，构建多层次医疗保障体系已经成为我国政策基本目标及理论与实践的共识。目前，我国已基本搭建完成了由基本医疗保险、大病保险、医疗救助以及商业健康保险共同构成的多层次医疗保障体系。商业健康保险作为医保的重要补充，近年来快速发展。相关数据显示，2021年全国商业健康保险保费收入8803.6亿元，同比增长7.7%。⑤然而，在新时代追求共同富裕的背景下，人民全方位全周期的健康需要不断提升，医疗保障也面临着从基本多层向多元多层发展的新要求和新任务⑥⑦，亟待促进多层次横向与纵向的协同融合，扩展多层次的长度与宽度，引导多层医疗保障从治疗端向预防、康复和护理延伸，推进多层医保与公共卫生、医疗服务、医药四位一体发展⑧⑨。

在医保救助方面，2021年，全国医疗救助支出619.90亿元，资助参加基本医疗保险8816万人次，实施门诊和住院救助10126万人次（见图3），全国次均住院救助、门诊救助分别为1074元、88元。2021年，中央财政安排医疗救助补助资金302亿元，比上年增长16.2%。2021年，全国纳入监测范围农村低收入人口参保率稳定在99%以上。各项医保综合帮扶政策惠及农村低收入人口就医1.23亿人次，减轻农村低收入人口医疗费用负担

---

① 高鹏、杨翠迎：《我国医养结合服务模式实践逻辑与协同路径分析：基于"全国医养结合典型案例"的扎根理论研究》，《兰州学刊》2022年第8期。
② 孔舒：《构建新时代中国特色医养结合模式初探》，《人民论坛》2022年第8期。
③ 刘二鹏、韩天阔、乐章：《县域统筹视角下农村多层次养老服务体系建设研究》，《农业经济问题》2022年第7期。
④ 唐健、何涛：《从"碎片化供给"到"协同性治理"：利益相关者理论视域下社区"医养结合"供给主体善治的逻辑重塑》，《云南民族大学学报（哲学社会科学版）》2022年第5期。
⑤ 银保监会：2021年健康保险保费收入8803.6亿元，同比增长7.7%，《中国证券报》，2022年3月17日，https://finance.eastmoney.com/a/202203172314046182.html.
⑥ 黄国武：《中国多层次医疗保障发展思辨：基本多层向多元多层转型》，《社会保障评论》2022年第4期。
⑦ 袁成、于雪：《多层次医疗保障体系改善我国家庭金融脆弱性的效果评估》，《东南大学学报（哲学社会科学版）》2022年第3期。
⑧ 黄国武：《中国多层次医疗保障发展思辨：基本多层向多元多层转型》，《社会保障评论》2022年第4期。
⑨ 朱铭来、仝洋、周佳卉、陈召林：《多层次医疗保障体系评估——基于复合维度的发展指数测算》，《保险研究》2022年第10期。

1224.1 亿元。① 在全面覆盖的基础上，有关部门指导各地探索建立防范化解因病返贫致贫的长效机制，实现动态监测，及时预警，精准帮扶。

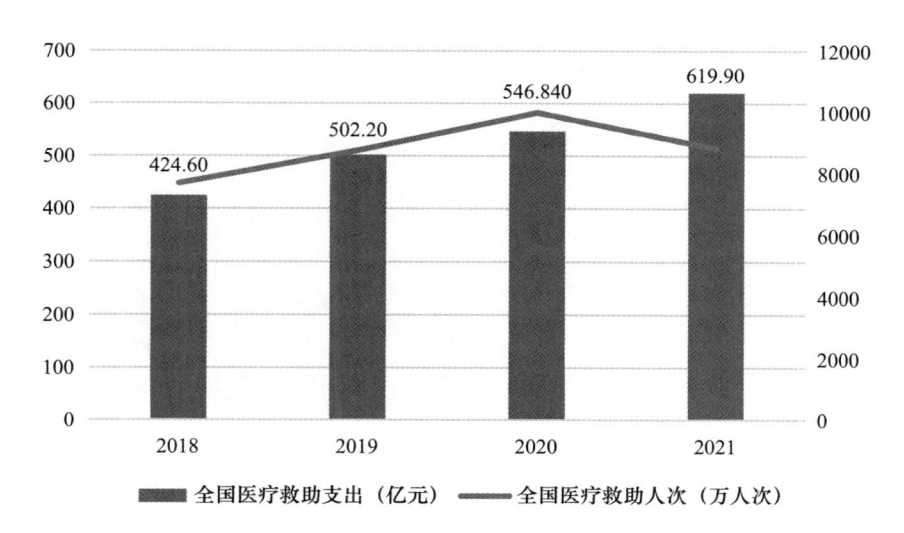

图3　2018—2021 年我国医疗救助资金支出及救助人次

资料来源：2018—2021 年《全国基本医疗保障事业发展统计公报》。

（四）社会救助与社会福利研究

1. 社会救助研究

社会救助事关困难群众基本生活和衣食冷暖，是保障基本民生、促进社会公平、维护社会稳定的兜底性、基础性制度安排。② 截至 2021 年末，全国城市最低生活保障对象 737.8 万人，其中 60 周岁及以上老年人 139.5 万人；全国城市最低生活保障平均标准为每人每月 711 元，比上年增长 5%。全国农村最低生活保障对象 3474.5 万人（见图 4），其中 60 周岁及以上老年人 1284.7 万人；全国农村最低生活保障平均标准为每人每年 6362 元，比上年增长 6.7%。全国城市特困人员救助供养 32.8 万人，其中 60 周岁及以上老年人 21.6 万人；全国农村特困人员救助供养 437.3 万人，其中 60 周岁及以上老年人 353.2 万人。③ 在 2012—2020 年，我国年度贫困人口数量逐年递减，贫困县数量大幅下降，贫困地区农村居

---

① 《2021 年全国医疗保障事业发展统计公报》，http：//www.nhsa.gov.cn：8000/art/2022/6/8/art_7_8276.html，2022 年 12 月 25 日。
② 任铃：《中国共产党人民至上社会救助理念的历程、成效和启示》，《内蒙古社会科学》2022 年第 4 期。
③ 《2021 年度国家老龄事业发展公报》，2022 年 10 月 26 日，http：//www.gov.cn/xinwen/2022-10/26/content_5721786.htm。

民人均可支配收入稳步增长（见图5、图6和图7），我国社会救助工作成效显著。

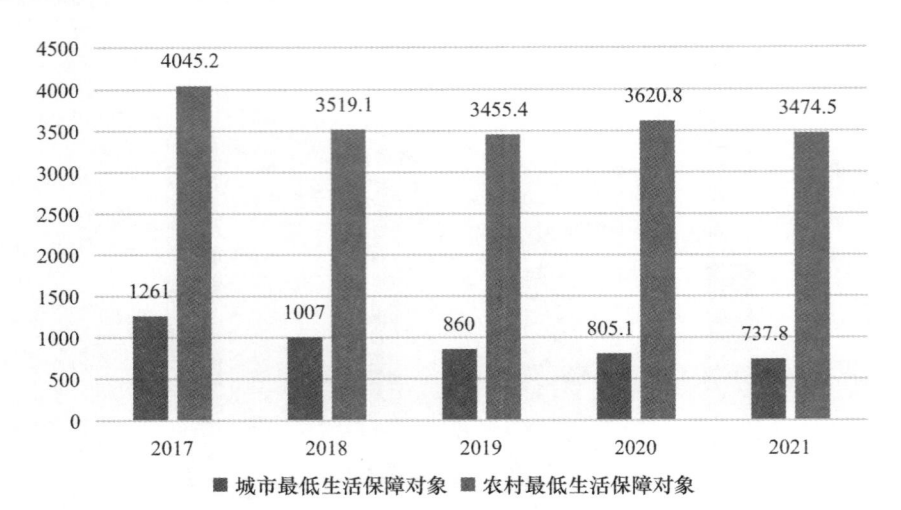

图4 2017—2021年我国最低生活保障对象数量变化情况（单位：万人）

资料来源：国家统计局官网。

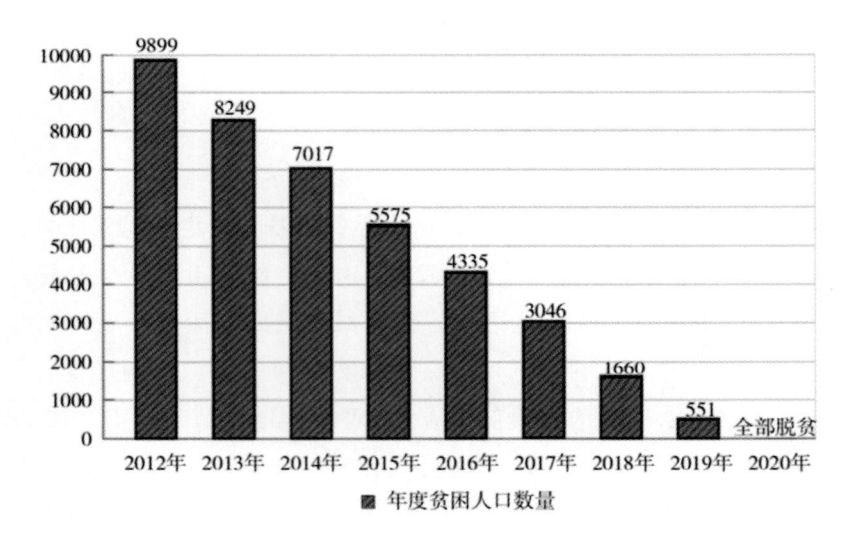

图5 脱贫攻坚战以来中国农村贫困人口变化情况（单位：万人）

资料来源：《人口减贫的中国实践》白皮书。

党的二十大报告强调，要"健全分层分类的社会救助体系"。2022年，民政部等部门联合发布《关于开展特殊困难老年人探访关爱服务的指导意见》《关于进一步做好最低生活保障等社会救助兜底保障工作的通知》，进一步筑牢了困难群体的兜底保障机制。当前，我国脱贫攻坚已经取得全面胜利，绝对贫困已得到整体性消除，我国迈入了全面建设社会主义现

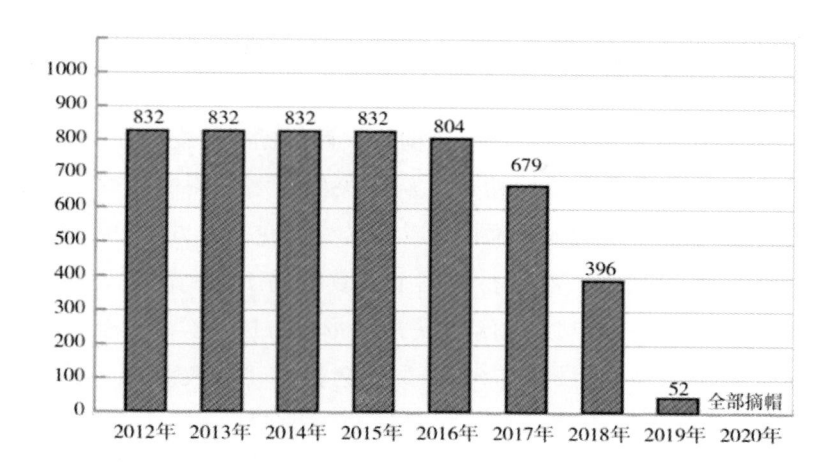

图6 脱贫攻坚战以来贫困县数量（单位：个）

资料来源：《人口减贫的中国实践》白皮书。

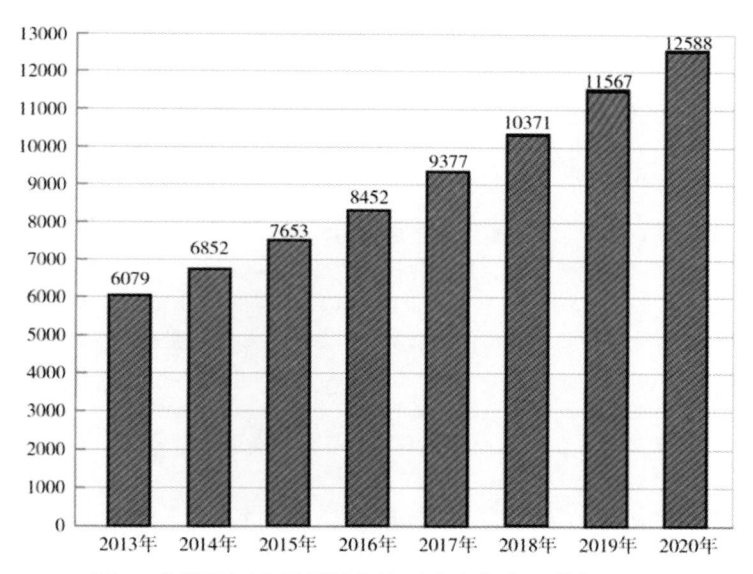

图7 贫困地区农村居民人均可支配收入（单位：元）

资料来源：《人口减贫的中国实践》白皮书。

代化国家的新发展阶段，贫困治理从摆脱绝对贫困迈入解决相对贫困的新阶段。在追求共同富裕的背景下，服务于全面建成小康社会的传统生存型社会救助必然要适应新形势需要，向现代发展型社会救助转变，这不仅有助于解决社会救助理论和实践中的诸多问题，从根本上提高贫困人口的生活能力，而且可以助力共同富裕，使人民共享政治、经济、社会、文化、生态等多方面的发展成果。①②③

基于共同富裕的目标追求，我国贫困治理转型进入相对贫困治理阶段，社会救助逐渐转为发展型，在困难对象识别标准上由单一维度向多维评价标准转变，在救助对象需求满足上由单纯济贫向多元助困转变④，在救助功能上从解决生存型贫困向兼具满足发展型需求转变，在救助驱动上以增加外生动力向增强内生动力转变，在救助方式上由单一性物质救助向综合性物质+服务救助发展转变，在运行机制上从政策性工具制度完善向提升治理效能转变⑤，更加强调积极预防，重视个性化和精神需求，形成分层分类的社会救助体系⑥⑦⑧。

为此，应以追求共同富裕为目标导向，提升社会救助"增权赋能"的能力，以促进人的全面发展与社会全面进步为价值目标，提升社会救助制度对受助者内生动力的增促能力。⑨⑩⑪⑫以需求为导向，构建解决相对贫困长效机制，建立生活型服务救助机制、照护型服务救助机制和支持型服务救助机制，筑牢巩固减贫成果的长期动力，激活传统救助模式的新活力，构筑持续减贫新动力。⑬⑭强化多元主体协同，推进社会力量全域介入社会救助，将社会救助治理由"共治"转向"善治"。⑮⑯

2. 社会福利研究

社会福利既是改善民生的重要制度安排，又是实现共同富裕必不可少的途径。在经历了

---

① 余少祥：《发展型社会救助：理论框架与制度建构》，《浙江学刊》2022年第3期。
② 韩克庆、郑林如、秦嘉：《健全分类分层的社会救助体系问题研究》，《学术研究》2022年第10期。
③ 张浩淼：《以高质量社会救助制度筑牢共同富裕底板》，《学术研究》2022年第9期。
④ 张浩淼：《共同富裕背景下社会救助体系创新——基于成都市的实践经验》，《兰州学刊》2022年第6期。
⑤ 陈业宏、郭云：《新发展阶段社会救助的目标转向与改进》，《贵州财经大学学报》2022年第6期。
⑥ 杨立雄：《从兜底保障到分配正义：面向共同富裕的社会救助改革研究》，《社会保障评论》2022年第4期。
⑦ 余少祥：《发展型社会救助：理论框架与制度建构》，《浙江学刊》2022年第3期。
⑧ 王健：《论发展型社会救助制度中的强制工作措施——以欧洲国家的经验为镜鉴》，《交大法学》2022年第4期。
⑨ 陈业宏、郭云：《新发展阶段社会救助的目标转向与改进》，《贵州财经大学学报》2022年第6期。
⑩ 任铃：《中国共产党人民至上社会救助理念的历程、成效和启示》，《内蒙古社会科学》2022年第4期。
⑪ 余少祥：《发展型社会救助：理论框架与制度建构》，《浙江学刊》2022年第3期。
⑫ 关信平：《完善我国社会救助制度的多层瞄准机制》，《内蒙古社会科学》2022年第2期。
⑬ 陈业宏、郭云：《新发展阶段社会救助的目标转向与改进》，《贵州财经大学学报》2022年第6期。
⑭ 张浩淼：《共同富裕背景下社会救助体系创新——基于成都市的实践经验》，《兰州学刊》2022年第6期。
⑮ 张浩淼：《共同富裕背景下社会救助体系创新——基于成都市的实践经验》，《兰州学刊》2022年第6期。
⑯ 何振锋：《资产型社会救助供给方式研究》，《宁夏社会科学》2022年第4期。

总体小康水平、全面建设小康社会、全面建成小康社会的历史性跨越后，中国站在世界百年未有之大变局和中华民族实现伟大复兴战略全局的历史新起点上，推动共同富裕进入新的阶段，也对社会福利更好适应中国特色社会主义现代化建设提出了新的要求。[1][2][3] 社会福利与共同富裕关联密切，一方面，福利资源和公共服务的充分供给本身就是共同富裕的体现；另一方面，社会福利是实现共同富裕的重要手段。[4] 在实现共同富裕的过程中，不仅需要重视初次分配领域存在的结构性问题，更要重视政府在社会成员收入再分配过程中的重要调节作用，充分利用和发挥社会福利的收入再分配机制，助力共同富裕目标的顺利实现。[5][6][7]

基于此，应着眼于进一步完善适度普惠型的社会福利制度，从公平与效率、生存与发展、稳定与调节、传统与现代等维度合理确定目标。[8] 在公平维度，以促进社会公平为主要的评价标准以及最根本的目标，随着社会生产力的不断提升而与时俱进地发展，为同一类型的人提供一致的权利与待遇，竭尽全力缩小不同类型人群之间的待遇差别，使这种差别控制在可承受范围内。在效率维度，通过提高福利资源的利用率和福利需求的满足率，使福利制度在激励人的全面发展和促进经济社会发展方面的作用得到极致发挥。在生存维度，在保障社会成员的基本生存保障的需求前提之下，使全体公民都可享有医疗卫生保障、能够接受基本的教育、能够保障一定面积的住房，能够正常地参与社会生活。在发展维度，基于中长期战略眼光，突出以人为本，强调对社会风险采取积极、主动的"上游干预"措施。注重提升社会福利的收益，通过医疗卫生和教育使人力资本含量得以提升，增强弱势群体的社会生存能力。[9][10][11] 在稳定维度，要保护各阶层、群体的合法权益，实现各阶层、群体的基本的福

---

[1] 翟绍果：《福利共享与全民共富：走向福利中国的百年实践与经验价值》，《社会保障评论》2022年第3期。

[2] 陈友华、孙永健：《中国福利制度建设：本质、问题与老龄化应对》，《江海学刊》2022年第6期。

[3] 王卓、常进锋：《福利多元主义视角下第三次分配的现实困境与治理路径》，《中州学刊》2022年第9期。

[4] 于建琳、宣朝庆：《论社会福利理念的衍生与制度化》，《社会建设》2022年第3期。

[5] 葛忠明、林子昂：《适度普惠还是适度积极？——论共同富裕背景下福利政策的发展》，《南通大学学报（社会科学版）》2022年第6期。

[6] 宋洋：《老龄化社会福利治理的政府责任建构》，《新视野》2022年第6期。

[7] 卫小将：《中国社会福利发展的动因与机理》，《吉林大学社会科学学报》2022年第5期。

[8] 熊贵彬：《由走失老人引起的农村养老保障分析——基于发展型社会福利理论和日本经验》，《云南民族大学学报（哲学社会科学版）》2022年第4期。

[9] 刘继同：《美好生活需要满足与现代社会需要理论体系——现代社会福利制度化目标与原理》，《南开学报（哲学社会科学版）》2022年第4期。

[10] 刘继同：《中国"社会福利共识"的社会建构与现代社会主义福利国家制度目标》，《学术月刊》2022年第6期。

[11] 熊竞：《城市福利治理的社区逻辑：基于社会福利事业与社区建设关联的视角》，《城市发展研究》2022年第4期。

利诉求，同时整体考虑影响社会稳定的各方面因素。在传统与现代维度，要将现代社会福利与传统社会福利特征合理有效融合，实现社会福利制度的创新。①②③④

三 劳动与社会保障学科的关键问题

2022年，劳动与社会保障领域理论研究和实践运用面临的热点问题和关键议题主要包括：习近平总书记关于社会保障事业发展的重要论述、共同富裕视角下的社会保障发展、个人养老金制度体系的建设、灵活就业和新就业形态劳动者的权益保障、长期护理保险制度发展以及退役军人服务保障事业高质量发展等。围绕这些问题学者们进行了丰富的讨论，政府也出台了相关政策支持。

（一）习近平总书记关于社会保障事业发展的重要论述

2022年4月，习近平总书记在《求是》发表的重要文章《促进我国社会保障事业高质量发展、可持续发展》，全面论述了我国社会保障体系建设与高质量发展、可持续发展的理念、目标与行动方案，为全面建成中国特色的社会保障制度提供了强大的理论指引。

社会保障是保障和改善民生、维护社会公平、增进人民福祉的基本制度保障，是促进经济社会发展、实现广大人民群众共享改革发展成果的重要制度安排，发挥着民生保障安全网、收入分配调节器、经济运行减震器的作用，是治国安邦的大问题。中国共产党历来高度重视民生改善和社会保障，把社会保障作为改善人民生活的基础民生工程，稳步推进社会保障体系建设。党的十八大以来，党中央把社会保障体系建设置于更加突出的位置，推动我国社会保障体系建设进入快车道。目前，我国以社会保险为主体，包括社会救助、社会福利、社会优抚等制度在内，功能完备的社会保障体系基本建成，基本医疗保险覆盖13.6亿人，基本养老保险覆盖近10亿人，是世界上规模最大的社会保障体系。

习近平总书记指出，在充分肯定成绩的同时，也要看到随着我国社会主要矛盾发生变化以及城镇化、人口老龄化、就业方式多样化加快发展，我国社会保障体系仍存在与时代发展变化不相适应之处，主要表现在制度整合没有完全到位，制度之间转移衔接不够通畅；部分农民工、灵活就业人员、新业态就业人员等人群没有纳入社会保障，存在"漏保""脱保""断保"的情况；政府主导并负责管理的基本保障"一枝独大"，而市场主体和社会力量承

---

① 张军：《我国适度普惠型社会福利制度构建的目标选择》，《学术探索》2022年第2期。
② 李艳艳、侯泽楠：《福利多元主义视角下残障人士托养服务社会支持体系完善研究——以吉林省为例》，《吉林大学社会科学学报》2022年第6期。
③ 魏旭、周伊敏：《流动性监管、系统性风险与社会福利——一个理论分析框架》，《经济学（季刊）》2022年第5期。
④ 孟天广：《福利制度的过程治理：再分配、政府质量与政治信任》，《行政论坛》2022年第1期。

担的补充保障发育不够；社会保障统筹层次有待提高，平衡地区收支矛盾压力较大；城乡、区域、群体之间待遇差异不尽合理；社会保障公共服务能力同人民群众的需求还存在一定差距；一些地方社保基金存在"穿底"风险。对这些不足，必须高度重视并切实加以解决。要加大再分配力度，强化互助共济功能，把更多人纳入社会保障体系，为广大人民群众提供更可靠更充分的保障，不断满足人民群众多层次多样化需求，完善覆盖全民、统筹城乡、公平统一、可持续的多层次社会保障体系，进一步织密社会保障安全网。

为更好解决上述问题，习近平总书记从以下几个方面作了强调。一是要建设中国特色社会保障体系，坚持发挥中国共产党领导和我国社会主义制度的政治优势，坚持人民至上与共同富裕，坚持制度引领、与时俱进和实事求是，把增进民生福祉、促进社会公平作为发展社会保障事业的根本出发点和落脚点。二是要科学谋划"十四五"乃至更长时期社会保障事业，在统筹推进"五位一体"总体布局、协调推进"四个全面"战略布局中思考和谋划社会保障事业发展，适应人的全面发展和全体人民共同富裕的进程。三是要深化社会保障制度改革，提高统筹谋划和协调推进能力，确保各项改革形成整体合力，强化问题导向，不断推进改革；要加快发展多层次、多支柱养老保险体系，推动社会保险省级统筹，把农村社会救助纳入乡村振兴战略统筹谋划，健全农民工、灵活就业人员、新业态就业人员参加社会保险制度，健全退役军人保障制度，健全老年人关爱服务体系，完善帮扶残疾人、孤儿等社会福利制度。四是要推进社会保障法治化，在法制轨道上推动社会保障事业健康发展，要加强社会保障立法工作，依法健全社会保障基金监管体系，严厉打击欺诈骗保、套保或挪用贪占各类社会保障资金的违法行为。五是要加强社会保障精细化管理，完善五级社会保障管理体系和服务网络，完善社会保险关系登记和转移接续的措施，健全社会救助、社会福利对象精准认定机制，完善全国统一的社会保险公共服务平台，提升社会保障治理效能。六是要发挥好社会保障在助力疫情防控、稳定经济社会发展秩序中的作用，根据形势好转变化，稳妥退出减免社保缴费等阶段性纾困政策，同时总结完善我国社会保障针对突发重大风险的应急响应机制。最后，习近平总书记特别强调，要注意坚持制度的统一性和规范性。社会保障体系建设要坚持国家顶层设计，各地区务必树立大局意识，做到全国一盘棋，要增强制度的刚性约束，加强对制度运行的管理监督。

（二）共同富裕视角下的社会保障发展

共同富裕是中国特色社会主义的本质要求，中国式现代化是全体人民共同富裕的现代化。党的二十大报告对以共同富裕为基本特征的中国式现代化和健全社会保障体系作出了完整阐述，为我国社会保障制度的准确定位和加快健全社会保障体系提供了基本遵循与行动指南。

为更好呈现2022年我国共同富裕主题领域的研究重点，本文运用CiteSpace软件对相关文献进行可视化分析，所运用的论文数据来源于中国知网的学术期刊库，以"共同富裕"为主题，将时间范围限定在2022年，将期刊来源类别限定为CSSCI期刊，通过剔除会议类、转载类、访谈类等非研究性文献，共筛选出1676篇文献。对所筛选文献进行关键词共现分析，以直观了解共同富裕领域的研究重点。在关键词频次方面，"共同富裕"（1026次）、"乡村振兴"（131次）、"收入分配"（61次）、"新时代"（52次）和"数字经济"（37次）是出现频次最高的五个关键词。在关键词的中介中心性方面，"共同富裕"、"脱贫攻坚"、"收入分配"、"乡村振兴"和"三次分配"的中介中心性分别为0.50、0.43、0.42、0.40和0.38，是共同富裕主题研究中的关键节点，与其他大部分关键词都存在共现关系（见表4）。

表4 2022年共同富裕主题文献的频次与中介中心性分析

关键词	频次	中介中心性	关键词	频次	中介中心性
共同富裕	1026	0.50	收入差距	20	0.05
乡村振兴	131	0.40	社会主义	19	0.00
收入分配	61	0.42	理论逻辑	18	0.02
新时代	52	0.02	实现路径	17	0.00
数字经济	37	0.03	精神生活	16	0.02
相对贫困	26	0.02	三次分配	15	0.38
脱贫攻坚	24	0.43	社会保障	14	0.02

为了进一步了解共同富裕主题相关研究的重点，在关键词共现分析的基础上，运用CiteSpace软件进一步进行关键词聚类分析，以对研究热点进行高度概括。如图8所示，以所筛选出的2022年1676篇共同富裕主题研究的文献为基础，利用LLR算法对关键词进行聚类分析，共形成了#0 市场经济、#1 共同富裕、#2 教育公平、#3 效率、#4 历史经验、#5 共享发展、#6 双循环、#7 历史逻辑、#8 乡村振兴、#9 精准扶贫、#10 区域差距、#11 文化产业、#12 实现途径、#13 贫困治理、#14 生产关系、#15 价值实现和#16 价值引领17个核心聚类群，得到共同富裕领域研究的关键词聚类图谱。共同富裕领域的研究主要围绕这些核心聚类群展开，各核心聚类下又含有不同的节点（见表5），核心聚类群与其下的各个节点大体勾勒出了共同富裕领域的研究轮廓。

图8 2022年共同富裕主题研究关键词聚类图谱

表5　　　　　　　　　　　2022年共同富裕主题文献关键词聚类节点

序号	聚类标签	紧密度	所含节点（按频次多少排序）
#0	市场经济	0.961	市场经济；社会主义；初次分配；大历史观；内在逻辑
#1	共同富裕	1	共同富裕；收入分配；新时代；收入差距；民营经济
#2	教育公平	0.923	教育公平；人力资本；数字经济；数字素养；中介效益
#3	效率	0.977	效率；价值；有为政府；有效市场；公平
#4	历史经验	0.93	历史经验；总体性；理论内涵；科学内涵；生成逻辑
#5	共享发展	0.959	共享发展；按劳分配；赠与税；税制结构；数字劳动
#6	双循环	0.975	双循环；城镇化；浙江省；元治理；浙江
#7	历史逻辑	1	历史逻辑；理论逻辑；实践逻辑；实践路径；价值意蕴
#8	乡村振兴	0.901	乡村振兴；脱贫攻坚；乡村治理；乡村建设；有效衔接
#9	精准扶贫	0.966	精准扶贫；习近平；当代价值；反贫困；时代课题
#10	区域差距	1	区域差距；马克思；平均主义；城乡差距；区域经济
#11	文化产业	0.88	文化产业；社会政策；路径；民族地区；文旅融合
#12	实现途径	0.946	实现途径；理论创新；自我革命；新道路；生态文明
#13	贫困治理	1	贫困治理；城市化；农民；相对贫困；绝对贫困
#14	生产关系	1	生产关系；民生福祉；社会建设；中国智慧；民生保障
#15	价值实现	1	价值实现；生态产品；绿色发展；基本逻辑；绿色金融
#16	价值引领	0.978	价值引领；全面推进；路径选择；本质要求；养老服务

其中，在聚类标签#1 共同富裕中的"收入分配""收入差距"节点，聚类标签#3 效率中的"有为政府""公平"节点，聚类标签#5 共享发展中的"共享发展""税制结构"节点，聚类标签#10 区域差距中的"城乡差距"节点，聚类标签#14 生产关系中的"民生福祉""民生保障"节点，以及聚类标签#16 价值引领中的"养老服务"节点都涉及了劳动与社会保障学科领域的研究内容。

2022 年，劳动与社会保障学术理论界从高质量发展、区域协调发展、社会公平正义、收入分配、发展结构转变、公共服务均等化等角度，对共同富裕的理论和实践问题进行了广泛研究，认为共同富裕具有两层密不可分的含义——富裕和共享，富裕是高水平富裕，共享是高度共享；共同富裕是全体人民共同富裕，但不是无差别、均等化的富裕；共同富裕既包括物质上的富裕，也包括精神上的富足；实现共同富裕是一个长期过程，需要全体人民共同努力、克服各种艰难险阻。学术理论界还就将社会保障作为实现共同富裕的方式进行了充分探讨，如构建初次分配、再分配、第三次分配协调配套的制度体系，完善生产要素市场，发挥税收和转移支付的调节作用，建立更加完善的收入分配秩序和规范财富积累机制；缩小收入差距[1]，扩大中等收入人群规模和提高低收入人群的收入。共同富裕是一个新课题，仍有不少问题有待深入研究。在新时代下，如何推进共同富裕视角下的社会保障高质量发展，如何形成发展与共享互相促进、互相强化的关系仍需要进行深入探讨。[2]

（三）个人养老金制度的体系建设

党的二十大报告指出，要发展多层次、多支柱养老保险体系。在共同富裕为目标引领下，我国多层次、多支柱养老保险体系建设应在覆盖范围上具有公平性，在保障水平上具有层次性。回顾相关政策，2022 年 4 月，《国务院办公厅关于推动个人养老金发展的意见》印发，第三支柱个人养老金为第二支柱覆盖范围之外的群体提供了全新的保障思路，推动发展适合中国国情、政府政策支持、个人自愿参加、市场化运营的个人养老金，与基本养老保险、企业（职业）年金相衔接，实现养老保险补充功能，有助于满足人民群众日益增长的多样化养老保障需求，健全多层次、多支柱养老保险体系。2022 年 11 月，人力资源和社会保障部、财政部、国家税务总局、银保监会、证监会联合印发《个人养老金实施办法》，并公布个人养老金先行城市（地区），标志着我国第三支柱个人养老金进入了全新的发展阶段（见表 6）。

---

[1] 郭磊：《内部协调与外部平衡：高校教师收入分配的优化路径》，《重庆高教研究》2022 年第 3 期。
[2] 詹国辉、戴祥玉：《新时代共同富裕：多重逻辑意蕴、现实难题与实现路径》，《云南大学学报（社会科学版）》2022 年第 6 期。

表6　　2022年个人养老金相关政策文件情况

时间	政策文件	主要内容
2022年4月11日	国务院办公厅关于推动个人养老金发展的意见	为推进多层次、多支柱养老保险体系建设，促进养老保险制度可持续发展，满足人民群众日益增长的多样化养老保险需要，推动发展适合中国国情、政府政策支持、个人自愿参加、市场化运营的个人养老金，与基本养老保险、企业（职业）年金相衔接，实现养老保险补充功能，协调发展其他个人商业养老金融业务，健全多层次、多支柱养老保险体系。《意见》明确了个人养老金的参加范围、制度模式、缴费水平、税收政策、个人养老金投资、个人养老金领取、信息平台、运营和监管、组织领导相关内容
2022年11月4日	个人养老金投资公开募集证券投资基金业务管理暂行规定	为推进多层次、多支柱养老保险体系建设，规范个人养老金投资公开募集证券投资基金业务的相关活动，保护投资人合法权益，制定本规定。《规定》明确了个人养老金投资公开募集证券投资基金业务的基本要求、产品管理、销售管理、基金行业平台、监督管理等相关内容
2022年11月4日	个人养老金实施办法	为贯彻落实《国务院办公厅关于推动个人养老金发展的意见》（国办发〔2022〕7号），加强个人养老金业务管理，规范个人养老金运作流程，制定本实施办法。《办法》明确了个人养老金的参加流程、信息报送和管理、个人养老金资金账户管理、个人养老金机构与产品管理、信息披露和监督管理相关内容。
2022年11月25日	人力资源和社会保障部办公厅 财政部办公厅 国家税务总局办公厅关于公布个人养老金先行城市（地区）的通知	为贯彻落实《国务院办公厅关于推动个人养老金发展的意见》（国办发〔2022〕7号），在各省（自治区、直辖市）申报的基础上，经研究，确定公布个人养老金先行城市（地区）名单。各省（自治区、直辖市）人力资源和社会保障厅（局）会同财政厅（局）、税务局等相关部门，统筹做好本地区先行城市（地区）个人养老金宣传和落地实施各项工作，及时发现并妥善处理先行工作中遇到的情况和问题，总结先行经验，为个人养老金全面落地实施打好基础

资料来源：笔者根据相关政策整理。

第三支柱个人养老金制度体系的建设与我国共同富裕的发展目标具有内在的逻辑一致性，有助于推进我国共同富裕的探索与实践。以共同富裕为目标引领，多层次、多支柱养老保险体系建设有两个方面的主要内涵：一是在覆盖范围上具有公平性，广泛惠及不同代际、不同地区、不同职业特征等方面的人口；二是在保障水平上具有层次性，在基本养老保障的基础上，为各类人群提供参与更高层次养老保障的选项。具体来看，个人养老金覆盖广泛，主体丰富，以共建共享迈向共同富裕，实现富裕的共享。一方面，第三支柱个人养老金扩大了高层次养老保障的覆盖范围，为不同就业类型、不同收入水平的人群提供了平等的参与机会，与共同富裕的共享发展理念高度契合。另一方面，作为一种改善性的养老保障制度，第三支柱个人养老金为灵活就业人员等广大新兴就业群体提供了获得更高水平养老保障的机会，缩小了不同就业类型群体在参与权利上的差异性和不公平性。同时，第三支柱个人养老金的多主体广泛参与的发展模式符合共同富裕"共建共享"的发展理念。

　　除此之外，第三支柱个人养老金建设有利于优化保障结构，推动投资与消费，提升发展质量，实现共享的富裕。一方面，第三支柱个人养老金完善了我国多层次、多支柱养老保障体系建设，有助于满足人民日益增长的养老保障需要，与共同富裕追求高质量发展的内涵高度契合。另一方面，第三支柱个人养老金还对投资和消费具有推动作用，可以有效拉动我国经济增长，推动社会整体迈向富裕水平，为共同富裕的实现奠定坚实基础。[1][2]

　　对于个人养老金制度的体系建设，学者们也展开了广泛的探讨。部分学者明确阐述了个人养老金的内涵与属性。首先，个人养老金覆盖范围与就业形态无关。第三支柱个人养老金的目标群体广泛，是不受劳动关系、收入来源等因素影响的养老保险金融工具，为第二支柱覆盖范围之外的群体建立了一个长期的储蓄机制，是其实现退休后平滑消费的有效补充手段。[3] 其次，个人养老金具有完全私有产权属性。每位参保人都有专属的养老账户，可自由选择开户机构并对资产配置和投资作出决定，个人对于账户资产具有所有权。[4][5] 最后，个人养老金属于长期资金。个人养老金账户中的资产属于以增值为目的的个人长期储蓄，在退

---

[1] 高和荣、陈凤娟：《个人养老金制度的实施、挑战与优化》，《西北大学学报（哲学社会科学版）》2022年第6期。

[2] 孙守纪、王国军：《共同富裕与新就业形态下第三支柱个人养老金高质量发展》，《中国特色社会主义研究》2022年第3期。

[3] 郑秉文：《养老金三支柱理论嬗变与第三支柱模式选择》，《华中科技大学学报（社会科学版）》2022年第2期。

[4] 施文凯、董克用：《中国多支柱养老金体系结构改革问题研究》，《宏观经济研究》2022年第11期。

[5] 郑秉文：《养老金三支柱理论嬗变与第三支柱模式选择》，《华中科技大学学报（社会科学版）》2022年第2期。

休前不可随意用于消费,是投资者终生收入烫平的纵向共济资金。①②③④

  部分学者讨论了第三支柱个人养老金的定位。《国务院办公厅关于推动个人养老金发展的意见》明确第三支柱个人养老金是由个人发起,与第一、第二支柱平行且独立运行的养老金制度,与基本养老保险、企业(职业)年金相衔接,实现养老保险补充功能。相关研究由此出发对其功能定位展开探讨,指出在覆盖范围上,第三支柱要超越第二支柱,广泛包含"正规就业+灵活就业+退休人员+非就业等特殊群体",将我国养老保障体系逐步建设成为"中间小、两头大"的哑铃型结构,以有效应对第一支柱替代率下降的风险,缓解养老金领域发展不平衡问题。⑤

  还有一些研究着眼于个人养老金在金融领域的定位,指出第三支柱个人养老金属于长期养老金投资,有利于推动投资养老理念的形成,通过长期养老规划形成一定规模后,有助于国家金融结构的优化,进一步完善我国资本市场。⑥ 在此基础上,一部分学者进一步讨论了第三支柱个人养老金的管理与发展。比如聚焦于我国第三支柱的潜在规模,目前测算第三支柱缺口的方式主要可归纳为三类,通过国际对标预测我国未来发展趋势、预测第三支柱渗透率及每月缴费规模以及通过估计当前居民总储蓄规模或总资产规模未来向养老金融产品转移的比例。⑦

  此外,一些研究对于个人养老金的管理进行了展望。发展个人养老金,需要重点关注制度强制性、制度间替代性、家庭资产管理偏好或金融素养以及制度弹性等制度要素,当制度激励措施效果显著,各类养老金制度之间替代性较弱,居民家庭金融素养普遍较高,制度弹性灵活,参与者拥有充分选择权时,才能形成合力,推动个人养老金高质量发展。同时,统筹管理的账户平台不可或缺,统一的账户管理体系可以有效避免行业平台分散管理带来

---

① 刘同洲:《促进个人养老金发展的税收政策研究——基于美国个人养老金(IRA)的经验与启示》,《税务研究》2022年第9期。
② 姚景淳、朱海扬、丁崇泰:《经济发展、老龄化与政府债务累积的加速效应》,《经济理论与经济管理》2022年第8期。
③ 郑秉文:《养老金三支柱理论嬗变与第三支柱模式选择》,《华中科技大学学报(社会科学版)》2022年第2期。
④ 罗浩、周延:《第三支柱个人养老金对养老金替代率的影响研究》,《中央财经大学学报》2022年第11期。
⑤ 郑秉文:《养老金三支柱理论嬗变与第三支柱模式选择》,《华中科技大学学报(社会科学版)》2022年第2期。
⑥ 姚景淳、朱海扬、丁崇泰:《经济发展、老龄化与政府债务累积的加速效应》,《经济理论与经济管理》2022年第8期。
⑦ 刘方涛、郭小楠、张蕊、邱明月:《基于需求角度的个人养老金潜在规模测算》,《保险研究》2022年第1期。

"碎片化"问题，降低账户管理成本。[1][2][3]

（四）灵活就业和新就业形态劳动者的权益保障

依托互联网、大数据、人工智能、算法等新技术兴起的数字劳务平台新就业形态凭借就业门槛低、形式灵活多样、容纳性强的特点成为促就业、惠民生的重要手段，受到国家的高度重视和肯定，国家也多次出台政策文件予以支持。[4][5][6] 随着新冠疫情所带来的不确定性，灵活就业者和各类新就业形态劳动者数量持续增加，成为近年来劳动力市场上的重要组成部分，呈现蓬勃发展的态势。灵活就业和各类新就业形态成为劳动者就业增收的重要途径，对于疫情背景下全面强化稳就业举措，落实保居民就业任务具有重要意义。[7][8][9] 灵活就业和新就业形态既能够让企业"降本增效"，也能够让劳动者的谋生活动更加灵活自主，让交易变得更加顺畅，似乎代表了经济和就业的未来。[10] 但同时也带来了许多新问题，由于平台的用工形式和新就业形态劳动者的就业方式相对灵活，企业用工主体构成和关系复杂，企业用工形式和分配方式多样化，大量新就业形态劳动者难以与企业直接确认劳动关系，难以被简单纳入我国现行劳动法律调整，[11] 对于就业服务和社会保障也提出了新的要求[12]。

为更好呈现灵活就业和新就业形态劳动者主题领域的研究重点，本文运用 CiteSpace 软件对相关文献进行可视化分析，所运用的论文数据来源于中国知网的学术期刊库，以"灵活就业"和"新就业形态"为主题，将时间范围限定在 2013—2022 年，将期刊来源类别限定为 CSSCI 期刊，通过剔除会议类、转载类、访谈类等非研究性文献，共筛选出 351 篇文

---

[1] 房连泉：《个人养老金公共管理平台的国际经验与政策启示》，《华中科技大学学报（社会科学版）》2022 年第 2 期。

[2] 张盈华：《第三支柱个人养老金发展的制度要素：基于国际比较的分析》，《华中科技大学学报（社会科学版）》2022 年第 2 期。

[3] 赵恒、周延、岳莹聪：《税优型第三支柱养老金建设的经济效应》，《保险研究》2022 年第 9 期。

[4] 王延川、吴海燕：《数字劳务平台就业者权益保障体系构建》，《陕西师范大学学报（哲学社会科学版）》2022 年第 4 期。

[5] 黎淑秀、黄瑾：《新兴灵活就业群体的就业状况与发展研究——以青年独立演员为例》，《中国青年社会科学》2022 年第 4 期。

[6] 丁守海、夏璋煦：《新经济下灵活就业的内涵变迁与规制原则》，《江海学刊》2022 年第 1 期。

[7] 陈兵、赵青：《共享经济下灵活就业人员劳动权益保障机制研究》，《兰州学刊》2022 年第 11 期。

[8] 房连泉、毛冰雪：《人工智能时代社会保障制度的变革路径——基于就业市场新形态的研究综述》，《北京工业大学学报（社会科学版）》2022 年第 6 期。

[9] 王伟进、王天玉、冯文猛：《数字经济时代平台用工的劳动保护和劳动关系治理》，《行政管理改革》2022 年第 2 期。

[10] 王行坤：《灵活化还是不稳定化？——以零工经济为中心的考察》，《上海文化》2022 年第 2 期。

[11] 王利军、涂永前：《论灵活就业人员社会保障制度的完善》，《广东社会科学》2022 年第 6 期。

[12] 肖巍：《灵活就业体面化及其劳动关系问题》，《人民论坛·学术前沿》2022 年第 8 期。

献。对所筛选文献进行关键词共现分析，以直观了解该领域的研究重点。在关键词频次方面，"灵活就业"（58次）、"劳动关系"（26次）、"数字经济"（25次）、"养老保险"（15次）、"共享经济"（14次）和"新业态"（14次）是出现频次最高的六个关键词。在关键词的中介中心性方面，"社会保险"、"灵活就业"、"共享经济"和"养老保险"的中介中心性分别为0.38、0.37、0.18和0.17，是灵活就业和新就业形态劳动者主题研究中的关键节点，与其他大部分关键词都存在共现关系（见表7）。

表7　2013—2022年灵活就业和新就业形态劳动者主题文献的频次与中介中心性分析

关键词	频次	中介中心性	关键词	频次	中介中心性
灵活就业	58	0.37	就业	10	0.16
劳动关系	26	0.14	零工经济	10	0.10
数字经济	25	0.07	平台经济	9	0.08
养老保险	15	0.17	平台用工	9	0.03
共享经济	14	0.18	社会保障	9	0.01
新业态	14	0.08	劳动法	7	0.03
社会保险	13	0.38	工伤保险	6	0.07

为了进一步了解灵活就业和新就业形态劳动者主题相关研究的重点，在关键词共现分析的基础上，运用CiteSpace软件进一步进行关键词聚类分析，以对研究热点进行高度概括。如图9所示，以所筛选出的2013—2022年351篇灵活就业和新就业形态劳动者主题研究的文献为基础上，利用LLR算法对关键词进行聚类分析，共形成了#0灵活就业、#1零工经济、#2养老保险、#3劳动关系、#4共享经济、#5就业、#6灵活用工、#7新业态、#9劳动合同、#10人才需求和#12层次体系11个核心聚类群，得到灵活就业和新就业形态劳动者领域研究的关键词聚类图谱。灵活就业和新就业形态劳动者领域的研究主要围绕这些核心聚类群展开，各核心聚类下又含有不同的节点（见表8），核心聚类群与其下的各个节点大体勾勒出了灵活就业和新就业形态劳动者领域的研究轮廓。其中，在聚类标签#0灵活就业中的"就业质量""劳动规制"节点，聚类标签#1零工经济中的"倾斜保护""权益保障""收入分配"节点，聚类标签#2养老保险中的"养老保险""社会保障""城乡居保"节点，聚类标签#3劳动关系中的"劳动关系""工伤保险""职业伤害""权利保障"节点，聚类标签#5就业中的"社会保险"节点，聚类标签#6灵活用工中的"劳动权益"节点，聚类标签#7新业态中的"职业伤害保障""责任"节点，聚类标签#9劳动合同中的"劳动合同""城镇职工养老保险"节点，聚类标签#12层次体系中的"医疗保险"节点，都涉及了

灵活就业和新就业形态劳动者权益保障相关的研究内容。可见，在新就业形态快速发展的背景下，如何保障新就业形态劳动者的劳动权益正成为一个备受关注的重大理论和实践问题。①②

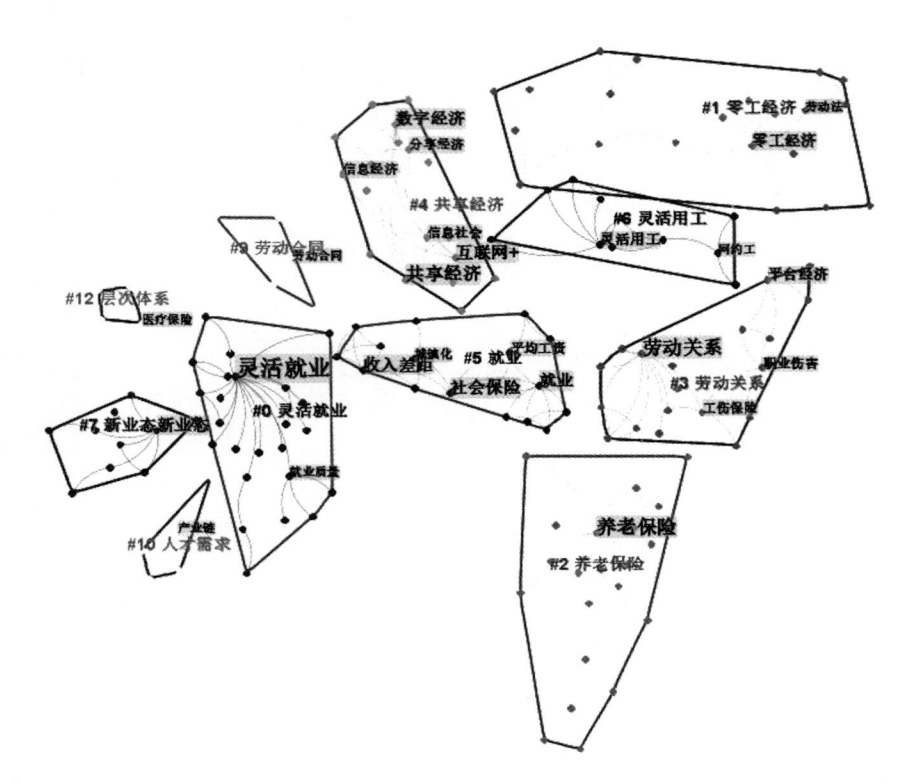

图9　2013—2022年灵活就业和新就业形态劳动者主题研究关键词聚类图谱

表8　　　　　2013—2022年灵活就业和新就业形态劳动者主题文献关键词聚类节点

序号	聚类标签	紧密度	所含节点（按频次多少排序）
#0	灵活就业	0.945	灵活就业；就业质量；新时代；劳动规制；女性就业
#1	零工经济	0.981	零工经济；倾斜保护；权益保障；收入分配；不稳定化
#2	养老保险	0.943	养老保险；社会保障；城乡居民；流动人口；新经济
#3	劳动关系	0.989	劳动关系；工伤保险；职业伤害；制度设计；权利保障
#4	共享经济	0.96	共享经济；新就业形态；数字经济；国际比较；协同治理

---

① 李雄：《工会组织在新就业形态中的现状、问题及对策》，《理论月刊》2022年第10期。
② 李光红、高海虹：《新就业形态劳动者劳动权益保障规制体系的构建研究——基于山东省的分析研究》，《济南大学学报（社会科学版）》2022年第6期。

续表

序号	聚类标签	紧密度	所含节点（按频次多少排序）
#5	就业	0.977	就业；平均工资；城镇化；收入差距；社会保险
#6	灵活用工	0.93	灵活用工；劳动权益；三叶草组织；机器换人；人机共生
#7	新业态	0.972	新业态；青年；职业伤害保障；责任；工业革命
#9	劳动合同	1	劳动合同；农民工；正规就业；城镇职工养老保险；技能培训
#10	人才需求	0.971	人才需求；产业链；大学生；产业基础；产业工人
#12	层次体系	0.987	层次体系；医疗保险；内容体系；结构体系；灵活就业

具体来看，就业形态的转变改变了传统雇佣模式下的劳动关系，新业态从业者的雇佣关系更加模糊，劳资双方的法律关系发生了变化，现行劳动关系认定标准难以准确界定从业者身份，无法适用最低工资、社会保险等劳动保护政策[①]，进而直接导致就业的不稳定性增加，间接增加劳动争议纠纷，还会进一步导致劳动不公正、不平等加剧[②][③][④]。

为此，党的二十大报告指出，"健全劳动法律法规，完善劳动关系协商协调机制，完善劳动者权益保障制度，加强灵活就业和新就业形态劳动者权益保障"。近年来，各地大力探索推进灵活就业市场建设，强化灵活就业人员和新就业形态劳动者的就业服务，取得了积极进展。

从相关政策出发，2022 年 6 月，《人力资源和社会保障部 民政部 财政部 住房和城乡建设部 国家市场监管总局关于加强零工市场建设 完善求职招聘服务的意见》发布，相关部门通过推出强化零工市场信息服务、强化零工快速对接服务、强化就业创业培训服务、强化困难零工帮扶服务、完善零工市场秩序维护、完善服务场地设施支撑、完善信息化应用支撑、扩大零工服务多元化供给、开展零工市场动态监测、加大组织实施力度等措施，支持多渠道灵活就业。未来应立足长远，重点关注灵活就业和新就业形态劳动者的权益保障问题。一方面，应探索劳动用工新规范，保障新业态从业者合法权益，顺应多样化用工趋势，创建

---

① 汪润泉、张雨慧：《就业"去雇主化"对社会保险基金平衡的挑战及应对——兼论新业态下的社会保险制度改革》，《南方金融》2022 年第 1 期。
② 王延川、吴海燕：《数字劳务平台就业者权益保障体系构建》，《陕西师范大学学报（哲学社会科学版）》2022 年第 4 期。
③ 潘旦：《互联网"零工经济"就业群体的劳动权益保障研究》，《浙江社会科学》2022 年第 4 期。
④ 杜连峰：《新就业形态下和谐劳动关系治理：挑战、框架与变革》，《河南社会科学》2022 年第 2 期。

"共享共责"劳动关系。①②③ 同时,可探索采取特别立法的模式,在《关于维护新就业形态劳动者劳动保障权益的指导意见》和各地具体实施意见或办法的基础上,将各地好的经验做法及时转化为法律,制定"新就业形态劳动者权益保障法",以让符合"劳动者"标准的就业者获得劳动法的全部保护为宗旨,明确劳动基准条款,厘清双方的权利义务,明确就业者的具体权益内容,加大对平台逃避用工责任的处罚力度,平衡双方利益,让平台承担更多的管理者责任,切实保护新就业形态劳动者的权益,促进新就业形态的健康发展。④ 另一方面,应针对劳动者就业形态的变化,对社会保险制度进行相应的变革。可根据风险差异,以风险性质和共同风险群体为依据重塑社会保险体系,通过弱化劳动关系、解除劳动合同与社会保险的绑定关系,分类推进各类型就业人员的参保。⑤ 还应利用"互联网+"大数据,改进社会保险的缴费基数、比例、年限及缴费方式,完善相关社会保障项目的衔接转续、异地结算等规制。⑥ 与此同时,还应在新就业形态中高质量推进工会建设,加大对新就业形态的理论和实践研究力度,对新就业形态中的各项工作"对症下药",用好互联网技术推进新就业形态中的工会建设,重视对新就业形态劳动者的职业建设更加重视自身维权和服务能力建设。⑦⑧⑨

(五) 长期护理保险制度发展

第七次人口普查数据显示,我国60岁以上的老龄人口为2.64亿人,占全国总人口的18.7%,远超国际公认的老龄化社会标准,⑩ 随着社会老龄化的加剧,我国失能失智老人的数量不断攀升,对生活照料护理的需求会大量增加,失能老年人护理问题日渐突出,凸显了

---

① 杨希、李波、赵喜洋:《数字经济背景下湖北省新就业形态高质量发展对策研究》,《湖北社会科学》2022年第4期。
② 薛惠元、万诗雨:《灵活就业人员参加城乡居民基本养老保险兜底措施研究》,《保险研究》2022年第2期。
③ 张成刚、辛茜莉:《让政府、平台、劳动者三方共赢——以公共就业服务融合新就业形态为视角》,《行政管理改革》2022年第2期。
④ 王延川、吴海燕:《数字劳务平台就业者权益保障体系构建》,《陕西师范大学学报(哲学社会科学版)》2022年第4期。
⑤ 汪润泉、张雨慧:《就业"去雇主化"对社会保险基金平衡的挑战及应对——兼论新业态下的社会保险制度改革》,《南方金融》2022年第1期。
⑥ 肖巍:《灵活就业体面化及其劳动关系问题》,《人民论坛·学术前沿》2022年第8期。
⑦ 李雄:《工会组织在新就业形态中的现状、问题及对策》,《理论月刊》2022年第10期。
⑧ 彭伟华、侯仁勇:《新就业形态下网络平台就业协同治理研究》,《理论学刊》2022年第5期。
⑨ 唐镳、郑琪:《新就业形态中的劳动者权益维护与工会工作模式选择》,《学术研究》2022年第5期。
⑩ 吴光芸、刘潞、李嘉薇:《政策创新扩散视阈下长期护理保险制度的时空演进》,《江西社会科学》2022年第4期。

我国建立长期护理保险制度的紧迫性和必要性。[1][2] 长期护理保险是为失能老年人的基本生活照料和与之密切相关的医疗护理提供服务或费用补偿的一种社会保险制度安排。长期护理保险政策于21世纪初引入我国,并获得政府的高度重视。政府制定了一系列政策促进长期护理保险的发展。[3]

2016年6月,人力资源和社会保障部办公厅印发的《关于开展长期护理保险制度试点的指导意见》首次提出开展长期护理保险制度试点工作的原则性要求,明确了河北省承德市、吉林省长春市等15个城市作为首批试点城市,这标志着长期护理保险制度在我国的正式实施。此后,该项制度也在全国人大会议中被多次提及,引发广泛关注。国家医疗保障局于2020年5月发布《关于扩大长期护理保险制度试点的指导意见(征求意见稿)》,提出要扩大长期护理保险试点范围。同年9月,国家医保局会同财政部印发的《关于扩大长期护理保险制度试点的指导意见》提出,将长期护理保险制度的试点城市数量增加到49个,加快了长期护理保险制度在我国的扩散。[4] 截至2021年末,49个试点城市长期护理保险参保人数14460.7万人,享受待遇人数108.7万人。长期护理保险基金收入260.6亿元,支出168.4亿元。长期护理保险定点服务机构6819个,护理服务人员30.2万人。[5]

2022年1月,全国医疗保障工作会议强调要"稳步推进长期护理保险制度试点"。同年7月,国家医疗保障局相关领导在赴江苏省南通市调研长期护理保险制度试点工作时,强调要加大长期护理保险制度试点探索力度,围绕制度标准化、服务规范化、管理社会化、人员专业化,继续做好做细试点工作,总结形成可复制、可推广的经验,协同促进长期照护服务体系建设和养老产业加快发展。7月,《关于进一步推进医养结合发展的指导意见》印发,强调要"稳步推进长期护理保险制度试点,适应失能老年人基本护理保障需求"(见表9)。10月,党的二十大顺利召开,党的二十大报告指出,要"促进多层次医疗保障有序衔接,完善大病保险和医疗救助制度,落实异地就医结算,建立长期护理保险制度,积极发展商业医疗保险",再一次强调了发展与完善长期护理保险制度的重要性。2022年11月,国家医疗保障局党组印发《关于认真学习宣传贯彻党的二十大精神的通知》,就深入学习宣传贯彻

---

[1] 鲁晓明、孙喆:《我国长期护理保险制度的构建》,《江汉论坛》2022年第3期。
[2] 戴卫东、汪倩格、朱儒城、林雯洁:《长期护理保险试点政策的特征、问题与路径优化——基于两批29个国家试点城市政策的比较分析》,《中国软科学》2022年第10期。
[3] 李运华、姜腊:《地方长期护理保险试点政策分析——基于政策工具视角》,《云南民族大学学报(哲学社会科学版)》2022年第1期。
[4] 吴光芸、刘潞、李嘉薇:《政策创新扩散视阈下长期护理保险制度的时空演进》,《江西社会科学》2022年第4期。
[5] 《2021年度国家老龄事业发展公报》,http://www.gov.cn/xinwen/2022-10/26/content_5721786.htm,2022年12月26日。

党的二十大精神作出部署安排，明确将"建立长期护理保险制度"作为工作重点。社会长期护理保险制度的探索和建立，将是我国未来在人口老龄化形势下社会政策领域的重要议题。①

表9　　　　　　　　　　　　长期护理保险相关政策文件情况

时间	政策文件	主要内容
2016年7月8日	人力资源和社会保障部办公厅关于开展长期护理保险制度试点的指导意见	探索建立长期护理保险制度，是应对人口老龄化、促进社会经济发展的战略举措，是实现共享发展改革成果的重大民生工程，是健全社会保障体系的重要制度安排。根据党的十八届五中全会精神和"十三五"规划纲要任务部署，就开展长期护理保险制度试点，在指导思想和原则、目标和任务、基本政策、管理服务、配套措施、组织实施等方面提出意见
2020年9月10日	医保局 财政部关于扩大长期护理保险制度试点的指导意见	近年来，部分地区积极开展长期护理保险制度试点，在制度框架、政策标准、运行机制、管理办法等方面进行了有益探索，取得初步成效。为贯彻落实党中央、国务院关于扩大长期护理保险制度试点的决策部署，进一步深入推进试点工作，经国务院同意，在总体要求、基本政策、管理服务、组织实施方面提出意见
2022年7月18日	关于进一步推进医养结合发展的指导意见	各地各相关部门坚持以习近平新时代中国特色社会主义思想为指导，认真贯彻落实党中央、国务院决策部署，进一步完善政策措施，着力破解难点堵点问题，促进医养结合发展，不断满足老年人健康和养老服务需求。经国务院同意，在发展居家社区医养结合服务、推动机构深入开展医养结合服务、优化服务衔接、完善支持政策、多渠道引才育才、强化服务监管等方面提出意见。其中，在保险支持政策部分明确"稳步推进长期护理保险制度试点，适应失能老年人基本护理保障需求"

资料来源：笔者根据相关政策整理。

然而，就我国目前试点发展实际来看，长期护理保险制度发展仍存在一些问题，具体体

---

① 唐金成、李莹莹：《长期护理保险赋能农村养老问题研究》，《南方金融》2022年第3期。

现在以下几个方面。一是长期护理保险定位不清,未能处理好长期护理保险与其他社会保险的关系。长期护理保险性质不明确,基本层次长期护理保险的独立险种地位不清晰。①② 二是长期护理保险筹资机制不合理。一方面过度依赖医疗保险基金,用人单位筹资责任缺失,且国家筹资责任不明确。③ 另一方面,长期护理保险基金的筹集主要是从医疗基金中代扣、划拨,基于这种认识,理论上可以不将长期护理保险当作独立险种,故而在长期护理保险待遇给付时,存在机构护理、居家护理界限模糊的问题。④ 三是制度试点覆盖范围宽窄不一。保障对象多经历了从只保障重度失能老人到向中度失能和高龄老人扩围的过程。⑤ 如何在筹资高度依赖医疗保险制度的情况下,实现制度的独立性和可持续性发展,尤其是在"减费降税"的大背景下,能够在未来实现独立筹资或者从医疗保险中持续获得筹资来源具有高度的不确定性,或将成为我国社会长期护理保险独立建制的最大障碍。⑥

为此,应进一步完善长期护理保险制度设计。在宏观层面,加强顶层设计,明确长护保障制度的属性及边界,建立多层次、多元化的长护保障制度,并使之与我国社会经济发展相适应。⑦⑧⑨ 同时,加快长期护理保险试点进程,扩大长期护理保险的覆盖范围。⑩⑪ 在微观层面,长期护理保险制度应遵循全覆盖、保基本、可持续的原则,在参保范围上,从公平的角度来看,应当在全社会范围内统一实施,避免出现城乡分割和职业差异。⑫ 在资金筹集上,应形成独立的资金筹集渠道,由个人、企业和国家三方分担,明确筹资机关定位及其规则制定权限,缴费方式可以参照城乡居民基本养老保险和城乡居民基本医疗保险,按年缴费

---

① 鲁晓明、孙喆:《我国长期护理保险制度的构建》,《江汉论坛》2022年第3期。
② 吴光芸、刘潞、李嘉薇:《政策创新扩散视阈下长期护理保险制度的时空演进》,《江西社会科学》2022年第4期。
③ 鲁晓明、孙喆:《我国长期护理保险制度的构建》,《江汉论坛》2022年第3期。
④ 孟佳娃、胡静波:《长期护理保险待遇给付问题研究》,《人民论坛》2022年第7期。
⑤ 李元、唐冰开、李晨:《老年长期照护保险费率的影响因素——基于日本数据的实证分析》,《税务与经济》2022年第3期。
⑥ 刘芳:《德国社会长期护理保险制度的起源、动因及其启示》,《社会建设》2022年第5期。
⑦ 严妮:《OECD国家长期护理保障制度模式的比较与借鉴》,《社会保障研究》2022年第1期。
⑧ 舒展、韩昱:《长期护理保险对失能老人家庭代际支持的影响研究》,《人口与发展》2022年第4期。
⑨ 陈凯、赵娜、焦阳:《职工长期护理保险筹资责任分担动态调整机制研究——以青岛市为例》,《运筹与管理》2022年第3期。
⑩ 李礼、路苗苗:《长期护理保险对中老年人生活满意度的影响——基于CHARLS数据的实证分析》,《南方人口》2022年第5期。
⑪ 冯善伟:《我国15岁以上残疾人失能状况及其纳入长期护理保险制度的政策建议》,《人口与发展》2022年第5期。
⑫ 文太林:《中国长期护理需求测算与财政保障》,《江西财经大学学报》2022年第2期。

和固定金额，同时创建并优化筹资激励机制。①② 在保障水平上，长期护理保险应坚持保障适度的原则。在保障对象上，应从保障中度失能和重度失能老人开始，再逐步扩展到轻度失能老人以及工具性日常生活活动不能自理的老年群体。同时，探索建立长期护理救助制度为贫困的失能老人"兜底线"。一方面，按照应保尽保、精准救助原则，将政策聚焦于经济困难和生活不能自理的"双困"老人，以家庭经济困难程度和老年人失能水平为评定标准，将各类老年补助政策进行科学合理的整合，建立统一、规范、精准、高效的长期护理救助制度。另一方面，适当提高护理救助水平。③④

与此同时，完善的养老服务体系是为失能老年人提供基本生活照料和医疗护理的另一重要思路，近年来受到党中央的高度重视。中共中央、国务院印发《关于全面推进乡村振兴加快农业农村现代化的意见》，国务院印发《"十四五"推进农业农村现代化规划》，对完善农村养老服务网络、推动农村养老服务设施建设等作出部署。国家发展改革委、民政部、国家卫生健康委联合印发《"十四五"积极应对人口老龄化工程和托育建设实施方案》，安排中央预算内投资支持养老服务体系建设。国家发展改革委会同相关部门，综合运用地方政府专项债券、养老产业专项债券、普惠养老专项再贷款等金融工具，拓宽养老领域资金投入渠道，引导和带动地方政府投资和扩大社会投资，支持养老服务设施建设和运营，不断扩大养老服务有效供给。财政部、民政部下达中央专项彩票公益金11亿元，支持42个地区开展居家和社区基本养老服务提升行动项目。住房和城乡建设部、国家发展改革委、民政部指导各地结合城镇老旧小区改造、完整社区建设等工作，推动新建居住区按标准要求同步配套建设养老服务设施，补齐既有居住区养老服务设施短板。同时，民政部发布《养老机构老年人健康档案管理规范》《养老机构老年人跌倒预防基本规范》《养老机构服务标准体系建设指南》《养老机构老年人生活照料操作规范》《养老机构老年人营养状况评价和监测服务规范》等12项行业标准，进一步加强养老机构服务质量监管。民政部、国家市场监管总局联合印发《关于强化养老服务领域食品安全管理的意见》，强化养老服务领域食品安全管理。民政部、住房和城乡建设部、国家市场监管总局联合印发《关于推进养老机构"双随机、一公开"监管的指导意见》，积极推进养老机构的常态化监管工作。

我国养老服务供给能力不断增强，养老服务安全质量水平逐步提升。截至2021年末，

---

① 何平：《论我国长期照护保险法律制度之构建》，《法商研究》2022年第4期。
② 李丹萍、夏佳怡、钱林义、罗勉：《跨代连结型长期护理保险最优决策研究》，《保险研究》2022年第5期。
③ 文太林：《中国长期护理需求测算与财政保障》，《江西财经大学学报》2022年第2期。
④ 邢梓琳、杨立雄：《混合福利经济视角下的中国老年长期照护服务体系建构——基于德日韩三国实践经验比较》，《行政管理改革》2022年第5期。

全国共有各类养老服务机构和设施 35.8 万个，养老服务床位 815.9 万张。其中，全国共有注册登记的养老机构 4.0 万个，比上年增长 4.7%；床位 503.6 万张，比上年增长 3.1%；社区养老服务机构和设施 31.8 万个，共有床位 312.3 万张。全国 31 个省（区、市）设市城市新建居住区配建养老服务设施达标率为 62%，比上年提高约 16 个百分点。全国新开工改造城镇老旧小区 5.56 万个、惠及居民 965 万户，增设养老、助残等各类社区服务设施 1.4 万个，351 万 60 周岁及以上老年人已享受公租房保障。[①]

（六）退役军人服务保障事业高质量发展

2022 年，中共中央办公厅、国务院办公厅、中央军委办公厅发布《"十四五"退役军人服务和保障规划》并建立专门的残疾退役军人与优抚对象医疗保障制度，退役军人事务部等部门印发《残疾退役军人医疗保障办法》和《优抚对象医疗保障办法》（见表 10），不仅为"十四五"期间推进退役军人保障提供了行动依据，也为切实解除残疾退役军人与优抚对象的疾病医疗后顾之忧提供了有效的制度保障。

《"十四五"退役军人服务和保障规划》是新中国成立以来退役军人事务领域首部国家级专项规划，意义重大，对做好"十四五"时期退役军人工作作出重大战略部署。该规划充分体现了以习近平同志为核心的党中央对退役军人工作的高度重视，体现了退役军人工作在服务强国强军事业中肩负的重大责任，必将引领和推动退役军人工作实现新跨越。"十四五"时期，我国将开启全面建设社会主义现代化国家新征程，稳步推进国防和军队现代化新"三步走"战略，对退役军人工作一体谋划、一体部署、一体推进提出了新的更高要求。《"十四五"退役军人服务和保障规划》紧紧围绕适应新发展阶段、贯彻新发展理念、构建新发展格局，坚持以高质量发展为主题，将问题导向与目标导向相统一、放眼长远与立足当下相贯通、全面规划与突出重点相协调，明确提出建强"三个体系"、坚持"五个原则"、确立"六项目标"，在思维理念、体制机制、实践举措、目标任务等方面进行系统设计，从八个方面确定了 84 项工作任务，逐一制定推进落实的路线图、时间表和责任链，涵盖了退役军人工作的方方面面。

当前和今后一个时期，在《"十四五"退役军人服务和保障规划》指导下开展退役军人服务保障工作，全面加强组织领导，充分发挥特有优势，着力夯实发展根基，统筹推进重点任务、倾力打造过硬队伍，推动我国退役军人服务保障事业实现高质量发展，牵引带动"十四五"时期退役军人工作在新征程上实现新跨越，切实将新时代党的退役军人工作有机融入强国梦强军梦新征程。

---

① 《2021 年度国家老龄事业发展公报》，http://www.gov.cn/xinwen/2022-10/26/content_5721786.htm，2022 年 12 月 26 日。

表 10　　　　　　　　　　退役军人服务保障事业相关政策文件情况

时间	政策文件	主要内容
2022 年 1 月 5 日	残疾退役军人医疗保障办法	《办法》规定坚持待遇与贡献匹配、普惠与优待叠加原则，残疾退役军人按规定参加基本医疗保险并享受相应待遇，符合条件的困难残疾退役军人按规定享受医疗救助，切实保障残疾退役军人的医疗待遇
2022 年 2 月 20 日	"十四五"退役军人服务和保障规划	做好退役军人工作是我们党一以贯之的优良传统。《规划》提出"十四五"时期退役军人工作的六项目标，即政治引领作用充分发挥、安置就业质量全面提高、抚恤优待制度更加健全、合法权益得到有力维护、服务保障能力明显提升、尊崇尊重氛围不断浓厚。《规划》部署了完善退役军人事务管理体系；强化退役军人思想政治引领；深化退役军人安置制度改革；全面促进退役军人就业创业；积极提升军休服务管理水平；健全抚恤优待保障制度；深入推进英雄烈士褒扬纪念；充分发挥双拥工作政治优势八个方面的重点任务
2022 年 6 月 16 日	《优抚对象医疗保障办法》	《办法》规定坚持待遇与贡献匹配、普惠与优待叠加原则，优抚对象按规定参加基本医疗保险并享受相应的医疗救助、医疗补助和医疗优待，保障优抚对象医疗待遇，切实解决优抚对象医疗困难问题

资料来源：笔者根据相关政策整理。

四　劳动与社会保障 2023 年趋势与展望

中国劳动与社会保障领域的相关研究自改革开放以来兴起，与时代发展紧密相连，这一基本特征不仅贯穿着其自身发展的过程，也影响着相关学术研究的开展和深入，在经济社会转型期表现得更加充分。

新时代为劳动与社会保障学科的发展提供了有利大背景。习近平新时代中国特色社会主义思想强调坚持以人民为中心的发展思想，走共同富裕道路，把改善人民生活、增进人民福祉作为出发点和落脚点，把人民对美好生活的向往作为奋斗目标，这些重要思想为劳动与社会保障发展指明了正确方向。党的二十大报告将"多层次社会保障体系更加健全"作为全面建设社会主义现代化国家开局起步关键时期的主要目标任务，将社会保障作为促进共同富裕的基础性分配制度，有利于增强均衡性和可及性，增进民生福祉，提高人民生活品质。[1][2][3] 同时，社会保障体系作为人民生活的安全网和社会运行的稳定器，对于解决好人民群众急难愁盼问题意义重大，健全覆盖全民、统筹城乡、公平统一、安全规范、可持续的多层次社会保障体系，有助于健全基本公共服务体系，提高公共服务水平，实现好、维护好、发展好最广大人民的根本利益，扎实推进共同富裕。[4] 伴随中国特色社会保障体系日益健全、全民福利水平不断提升，中国劳动与社会保障事业必将实现空前发展。国家发展与增进民生福祉的现实需要，决定了中国劳动与社会保障学科具有广阔发展前景。[5][6][7]

目前我国劳动与社会保障学科在高等教育界与社会科学理论界已占有一席之地，但与世界一流的高水平学科相比，还有前进的空间。在中国特色社会主义新时代，要全方位推进劳动与社会保障学科发展，应着重解决如下问题。一是明确学科性质，完善专业知识体系。我国社会保障以公平正义共享为基石，以互助共济为基本原则，走的是政府主导、社会化、多层次的发展道路，致力于为全体人民提供基本生存与发展保障。这一制度特质决定了劳动与社会保障学科的鲜明价值取向是促进全民共享和增进全民福祉，进而需要构筑起具备人文关怀的专业知识体系。二是重视本土化专业队伍建设。我国社会保障改革实践不仅提出了人类社会保障史上最丰富的研究课题，而且为全球社会保障改革与发展提供了宝贵经验。在我国劳动与社会保障学科发展中，特别需要培养一支植根中国、了解中国并具有国际视野的学者队伍，及时总结中国经验、解决中国问题并为建设中国特色劳动与社会保障体系作出理论贡献。三是明确专业培养目标，摆脱依附于其他专业的地位，以专业价值观与知识体系来培养专业的劳动与社会保障工作者。

劳动与社会保障学科发展要与全面建成中国特色社会保障体系相适应，担负起为国家服务和为世界贡献中国智慧的双重任务。在以人民为中心发展思想的指导下，我国已经建成了世界上规模最大的社会保障体系，在极大程度上充实了人民群众的获得感、幸福感和安全

---

[1] 李正图、徐子健：《中国特色共同富裕实践：制度保障、精神动力与科学理论》，《经济纵横》2022年第4期。
[2] 韩文龙、唐湘：《三次分配促进共同富裕的重要作用与实践进路》，《经济纵横》2022年第4期。
[3] 焦长权、董磊明：《迈向共同富裕之路：社会建设与民生支出的崛起》，《中国社会科学》2022年第6期。
[4] 宋晓梧、王义桅、张怡恬、岳经纶、李春根、金维刚、席恒、丁元竹、申曙光、林义：《"共同富裕与社会保障治理"笔谈》，《社会保障评论》2022年第3期。
[5] 孙威、白利鹏：《"共同富裕"的认识演进与实现路径》，《海南大学学报（人文社会科学版）》2022年第6期。
[6] 张旭、乔涵：《中国共产党人共同富裕思想发展的历程与实践》，《山东社会科学》2022年第4期。
[7] 金红磊：《高质量社会保障体系推进共同富裕：多维一致性与实现路径》，《社会主义研究》2022年第1期。

感，推进共同富裕取得新成效。基于此，劳动与社会保障学科未来必将会展现更加广阔的发展前景，广大专家学者在扎实调查、充分了解国情的基础上，要解决好中国的社会保障问题，探索中国特色劳动与社会保障学科发展道路。①②

---

① 郑功成：《中国社会保障学科建设：回顾与展望》，http://theory.people.com.cn/n1/2018/0813/c40531-30224200.html，2022年12月22日。
② 赖志杰、李春根、方群：《论社会保障学的课程思政价值与实践路径》，《社会保障研究》2022年第2期。

最佳论文

一 2022年劳动与社会保障最佳中文论文

（一）TOP 50 榜单

劳动与社会保障最佳中文论文 TOP 10 榜单，2022 年

总榜序	论文	刊物复合影响因子	月均引用	专家投票	月均下载	综合得分
1	社会保障、包容性增长与居民消费升级 章成、洪铮（2022），《人口与发展》，第1期，第103—116+58页	3.971	1.083	4	222.9	0.9948
2	养老金三支柱理论嬗变与第三支柱模式选择 郑秉文（2022），《华中科技大学学报（社会科学版）》，第2期，第20—37页	3.474	1.200	4	300.3	0.8845
3	迈向共同富裕之路：社会建设与民生支出的崛起 焦长权、董磊明（2022），《中国社会科学》，第6期，第139—160+207—208页	12.368	1.000	3	429.0	0.8242
4	共同富裕与社会保障的逻辑关系及福利中国建设实践 郑功成（2022），《社会保障评论》，第1期，第3—22页	5.614	0.667	4	203.8	0.5703
5	基本医疗保险对居民幸福感的影响——基于可行能力理论的分析框架 褚雷、邢占军（2022），《南京社会科学》，第2期，第42—50页	2.978	0.545	4	263.8	0.5447
6	农村社会养老保险与家庭相对贫困长效治理——基于隔代照顾的视角 于新亮、严晓欢、上官熠文、于文广（2022），《中国农村观察》，第1期，第146—165页	8.833	0.333	3	275.3	0.5059
7	基于共同富裕的社会保障体系改革：内在机理、存在问题及实践路径 刘欢、向运华（2022），《社会保障研究》，第4期，第45—59页	4.540	0.250	2	902.0	0.4762

续表

总榜序	论文	刊物复合影响因子	月均引用	专家投票	月均下载	综合得分
8	我国长期护理保险制度的构建　鲁晓明、孙喆（2022），《江汉论坛》，第3期，第108—115页	1.392	0.400	4	274.1	0.4484
9	职工基本养老保险全国统筹的实现路径与制度目标　郑秉文（2022），《中国人口科学》，第2期，第2—16+126页	6.043	0.500	3	254.5	0.4470
10	高质量社会保障体系推进共同富裕：多维一致性与实现路径　金红磊（2022），《社会主义研究》，第1期，第91—96页	3.479	0.364	2	255.4	0.4465

劳动与社会保障最佳中文论文 TOP 11–50 榜单，2022 年

总榜序	论文	刊物复合影响因子	月均引用	专家投票	月均下载	综合得分
11	基本医疗保险制度对农村中老年居民生活质量的影响研究　王正文、尹红莉、崔靖茹（2022），《中国软科学》，第2期，第74—84页	7.316	0.455	4	192.6	0.4385
12	养老保障对老年人就业的影响：基于中国老年社会追踪调查数据的实证研究　赵一凡、易定红、赵依兰（2022），《中国人力资源开发》，第3期，第115—128页	4.035	0.300	3	279.0	0.4152
13	医疗保险可以提升农民工消费水平吗？——基于市民化意愿视角　周佳璇、赵少锋（2022），《消费经济》，第2期，第74—85页	4.359	0.500	1	178.0	0.4133
14	党的十八大以来我国社会保障事业的成就与经验　刘晓梅、曹鸣远、李歆、刘冰冰（2022），《管理世界》，第7期，第37—49页	22.328	0.167	3	426.2	0.4063

续表

总榜序	论文	刊物复合影响因子	月均引用	专家投票	月均下载	综合得分
15	医疗保险对农村中老年人精神健康的影响——基于CHARLS数据的实证分析 李亚青、王子龙、向彦霖（2022），《财经科学》，第1期，第87—100页	5.819	0.500	2	133.5	0.4016
16	大病保险对中老年居民医疗利用及健康的影响——基于CHARLS数据的实证检验 许新鹏、顾海（2022），《人口与发展》，第1期，第16—29页	3.971	0.300	2	263.0	0.3986
17	社会保障支出对就业的影响：效应与机制——基于人口老龄化视角的门槛效应分析 宋佳莹、高传胜（2022），《兰州学刊》，第2期，第147—160页	2.301	0.417	4	174.0	0.3940
18	第三支柱个人养老金发展的制度要素：基于国际比较的分析 张盈华（2022），《华中科技大学学报（社会科学版）》，第2期，第48—57页	3.474	0.300	3	250.2	0.3832
19	基本养老保险全国统筹：挑战、目标与阶段性改革建议 朱小玉、施文凯（2022），《中州学刊》，第1期，第92—98页	2.433	0.417	3	164.5	0.3829
20	社会养老保障水平与农地流转市场发育——基于数量和质量的双重视角 钱文荣、洪甘霖、郑淋议（2022），《农业经济问题》，第8期，第4—18页	8.399	0.600	2	147.2	0.3745
21	中国退休制度设计：基于激励、保险和再分配效应的研究 张熠、张书博、陶旭辉（2022），《管理世界》，第7期，第90—108页	23.328	0.167	3	362.8	0.3719
22	住房公积金与家庭金融资产配置——来自中国家庭金融调查（CHFS）的证据 周华东、李艺、高玲玲（2022），《系统工程理论与实践》，第6期，第1560—1578页	3.778	0.444	2	178.1	0.3648

续表

总榜序	论文	刊物复合影响因子	月均引用	专家投票	月均下载	综合得分
23	社会监督与企业社保缴费——来自社会保险监督试点的证据 赵仁杰、唐珏、张家凯、冯晨（2022），《管理世界》，第7期，第170—184页	21.328	0.000	2	499.0	0.3632
24	人口老龄化、养老保险制度设计与收入不平等的动态演化 汪伟、靳文惠（2022），《世界经济》，第2期，第137—161页	8.479	0.182	3	238.5	0.3589
25	建设适应共同富裕的社会保障制度 何文炯（2022），《社会保障评论》，第1期，第23—34页	5.614	0.333	2	162.3	0.3526
26	政策的漂移、转化和重叠——中国失业保险结余形成机制研究 刘军强（2022），《管理世界》，第6期，第101—117页	21.328	0.000	1	409.7	0.3503
27	社保缴费与企业管理数字化 夏常源、毛谢恩、余海宗（2022），《会计研究》，第1期，第96—113页	8.061	0.167	3	213.8	0.3435
28	长期护理保险赋能农村养老问题研究 唐金成、李莹莹（2022），《南方金融》，第3期，第63—76页	4.950	0.375	0	200.6	0.3355
29	走向共同富裕：中国社会保障再分配的实践、成效与启示 杨穗、赵小漫（2022），《管理世界》，第11期，第43—56页	21.328	0.000	2	1312.0	0.3254
30	捆绑、分离抑或第三条道路：论劳动关系与社会保险的关系 沈建峰（2022），《法学评论》，第5期，第101—113页	8.460	0.500	3	181.0	0.3235
31	中国医疗保险制度"适老化"改革：国际经验与政策因应 阳义南、梁上聪（2022），《西安财经大学学报》，第1期，第108—118页	3.321	0.167	3	211.8	0.3199

续表

总榜序	论文	刊物复合影响因子	月均引用	专家投票	月均下载	综合得分
32	基本养老保险、人情消费与农村居民风险感知——基于正式制度与非正式制度视角的比较分析　蒲晓红、王雅、赵海堂（2022），《经济社会体制比较》，第1期，第105—116页	3.721	0.333	2	140.8	0.3179
33	灵活就业人员参加城乡居民基本养老保险兜底措施研究　薛惠元、万诗雨（2022），《保险研究》，第2期，第79—98页	4.208	0.364	4	137.5	0.3171
34	研究型审计的探索与实践——以社会保险基金审计为例　文华宜、庄作钦、刘鸿儒、孙小鸿（2022），《审计研究》，第1期，第25—31页	7.120	0.167	2	193.2	0.3140
35	基本医疗保险制度变迁与国民获得感提升　贾洪波（2022），《社会科学辑刊》，第3期，第39—49+2页	1.819	0.250	3	259.9	0.3076
36	降低住房公积金缴费率有助于稳定就业吗？　唐珏（2022），《经济学（季刊）》，第3期，第977—996页	8.173	0.250	3	224.8	0.3071
37	两保合一对医疗费用的影响：基于单一支付者制度的视角　赖毅、李玲、陈秋霖（2022），《管理世界》，第7期，第147—165页	23.328	0.000	2	392.7	0.3069
38	社会保障促进共同富裕：理论与实践——学术观点综述　郑功成、何文炯、童星、王杰秀、丁建定、胡秋明、李春根、鲁全、席恒（2022），《西北大学学报（哲学社会科学版）》，第4期，第35—42页	3.557	0.000	2	498.3	0.2836
39	房地产税征收方案设计：收入分配效应及福利效应　赵艾凤、李云婷、张天仪（2022），《财经理论与实践》第2期，第91—98页	4.008	0.200	2	192.1	0.2762

续表

总榜序	论文	刊物复合影响因子	月均引用	专家投票	月均下载	综合得分
40	零工经济对城镇职工基本养老保险的冲击——基于对基金收支平衡的模拟计算 张国英、林伟珅、孙中伟（2022），《安徽师范大学学报（人文社会科学版）》，第1期，第96—107页	1.537	0.417	2	80.7	0.2759
41	中国医疗保险管理体制变革研究：府际关系的视角 鲁全（2022），《中国行政管理》，第2期，第77—82页	6.058	0.182	2	173.8	0.2753
42	医疗保险、社会资本与健康水平 曹跃群、马原、付小鹏（2022），《统计与决策》，第3期，第146—151页	3.034	0.250	3	141.6	0.2741
43	公共协商：企业参与农村社会福利供给的路径探索与共同富裕——基于吉林省白山市某案例的实证研究 杨轶华、祁晓民（2022），《北京行政学院学报》，第2期，第110—121页	2.742	0.300	1	139.9	0.2671
44	基本医疗服务与基本医疗保险制度相协同的法治化路径 单飞跃、祝沁磊（2022），《财经理论与实践》，第2期，第147—153页	4.008	0.400	3	79.7	0.2611
45	老年人对政府养老责任的认知及影响因素研究——基于中国综合社会调查的实证分析 凌文豪、郝一潼（2022），《社会保障研究》，第1期，第14—25页	4.540	0.111	2	240.1	0.2587
46	共同富裕目标背景下的商业保险、数字经济与人民幸福感：来自住户调查数据的经验证据 张凌霜、易行健、杨碧云（2022），《金融经济学研究》，第1期，第42—60页	6.859	0.083	2	182.4	0.2580
47	美国医疗保险改革的经验与启示 许闲、周源、余安琪（2022），《复旦学报（社会科学版）》，第1期，第156—164页	1.632	0.083	2	199.5	0.2556

续表

总榜序	论文	刊物复合影响因子	月均引用	专家投票	月均下载	综合得分
48	人口老龄化背景下完善我国第三支柱养老保险税收政策的建议 朱小玉、施文凯（2022），《国际税收》，第 6 期，第 25—36 页	2.728	0.286	3	192.4	0.2546
49	残疾人社会保障策略优化：弥合收入支持与就业融入的结构性张力 肖日葵、郝玉玲（2022），《南京社会科学》，第 2 期，第 71—79 页	2.978	0.182	1	161.9	0.2481
50	风险与应对：新冠肺炎疫情中我国减缓企业社会保障缴费的政策评估 韩克庆（2022），《社会保障研究》，第 1 期，第 61—68 页	4.540	0.222	3	162.6	0.2428

（二）TOP 50 内容概览

第 1 名

社会保障、包容性增长与居民消费升级

章成、洪铮（2022），《人口与发展》，第 1 期，第 103—116 + 58 页

【内容概览】

1. 问题/议题

社会保障、包容性增长与居民消费升级。

2. 结论

研究发现如下。(1) 社会保障能释放居民消费潜力，优化居民消费结构，特别是对欠发达地区和农村居民的作用更为明显，因此社会保障有利于实现包容性增长。养老保险对居民消费倾向有显著的促进作用，而医疗保险和政府补助的正向作用相对不足，但各类社会保障均有利于居民消费升级。(2) 随着分位点向上移动，社会保障对居民消费升级的影响减小或不显著，但能显著降低恩格尔系数，且对低分位居民消费升级有显著的正向作用，表明社会保障有利于较低层次居民消费结构升级，具有包容性作用。(3) 社会保障对居民消费

的影响存在区域异质性，2014年社会保障改革的政策冲击进一步降低了恩格尔系数，增加了发展型和享受型消费支出，且对中西部地区的作用大于对东部地区，表明社会保障对区域协调发展有积极作用，能促进中国的包容性增长。

3. 论证

包容性增长是经济发展的最终目标，社会保障制度的不断完善，在消除贫困和促进居民消费方面发挥着重要作用，是包容性增长的有效手段。基于2010—2018年CFPS数据，以生命周期理论为基础构建理论模型，运用面板分位数、反事实估计、PSM-DID等方法探究社会保障对居民消费升级的影响。研究发现不同类型社会保障对居民消费的影响存在异质性，相较于医疗保险和政府补助，养老保险对增加居民消费倾向有积极作用，各类社会保障均有利于居民消费结构由食品支出向发展型或享受型消费升级，且对农村居民和低收入群体消费结构升级有更显著的正向作用，表明社会保障促进了中国的包容性增长。

4. 作者自评和他评

他评。截至2023年2月28日，中国知网数据显示，该文被下载2675次，被引13次。

该文研究观点获得安超、王杰秀、高嘉诚、刘钥、徐巧玲等的认同。社会保障不断健全，减少老年消费后顾之忧，稳定养老服务就业"基本盘"。我国基本建成多层次社会保障体系，促进了居民消费结构从生存型向发展型转变，并对低收入群体的消费结构升级发挥了积极作用。[1] 而我国尚未建立起完善的社会保障体系通常被认为是造成居民家庭作出预防性储蓄决策的一大原因。[2] 此外，是否具有养老保险也是影响消费水平的一个重要因素。例如，章成和洪铮指出各类社会保障均有利于居民消费结构由食品支出向发展型或享受型消费升级，并且社会保障对农村居民和低收入群体消费结构升级的影响更大。[3]

【作者简介】

章成：南开大学经济学院，博士生，主要研究制度与经济增长。

洪铮：江西财经大学经济学院，博士生，主要研究消费经济。

---

[1] 安超、王杰秀：《老年照护人才队伍建设：在新机遇中寻求新突破》，《社会政策研究》2022年第1期。

[2] 高嘉诚、刘钥：《商业医疗保险对城乡家庭消费的影响研究——来自CGSS数据的证据》，《中国劳动》2022年第3期。

[3] 徐巧玲：《城乡劳动者就业质量与休闲消费不平等》，《消费经济》2022年第4期。

第 2 名

养老金三支柱理论嬗变与第三支柱模式选择

郑秉文（2022），《华中科技大学学报（社会科学版）》，
第 2 期，第 20—37 页

【内容概览】

1. 问题/议题

养老金三支柱理论嬗变与第三支柱模式选择。

2. 结论

21 世纪以来发达国家养老金制度改革的积极探索，如新西兰和加拿大为多数人建立的可替代模式第三支柱和哑铃型三支柱养老金制度的出现，是对世界银行提出的三支柱理论的重要实践，是过去 20 年来世界社会保障史的制度创新，是该文提出可替代模式第三支柱和哑铃型三支柱养老金制度的命题的主要依据。中国养老保险制度的发展阶段正处于定型和发育的过程之中，具有一定的"后发优势"，应在总结借鉴发达国家为多数人建立的可替代模式第三支柱及其哑铃型三支柱养老金的最佳实践的基础上进行制度创新，构建一个具有中国特色、符合中国国情、浸润中国传统历史文化的多层次多支柱养老保险体系。

第一，根据养老金三支柱理论的政策史溯源与回顾显示，不同国际组织对第三支柱的功能定位存在争议。这些争议主要源自所处的环境和地位的不同，看问题的角度不同，于是对三支柱结构得出金字塔型与哑铃型两种不同的理解，进而对第三支柱的功能定位得出"附加模式"和"可替代模式"的两种针锋相对的定义。

第二，对第三支柱养老金不同的理解和定位导致世界各国第三支柱的发展模式呈现"发散趋势"，而不是"收敛趋势"。三支柱养老金建设呈金字塔型的国家似短期内难有起色，改革呈现一定难度，而呈哑铃型三支柱的国家虽然为数不多，但已初露端倪。随着自动加入机制的不断引入，世界上还会陆续出现一些可替代模式第三支柱养老金制度。

第三，对第三支柱养老金的模式选择，取决于多重因素的复杂结果。第三支柱模式的选择既受到人口结构发展趋势与财政状况等外部条件的影响，也受到是否存在零支柱、第一支柱财务可持续性、第二支柱是否发育成熟等制度环境的制约，同时还与人们对养老金制度的认知和主观价值判断有关。

第四，发达国家第三支柱的最佳实践说明，国际组织间对三支柱理论和第三支柱功能定位的争议是有意义的，养老金制度发展的多样性与多元化是有根据的。尽管这些可替代模式第三支柱和哑铃型三支柱在实际运行中各自存在一定问题，但作为制度创新，这些发达国家

毕竟迈出了第一步。

第五，中国第三支柱可选模式只能是可替代模式，采用附加模式是行不通的，正在进行的个税递延型商业养老保险试点已经给出答案，这是习近平新时代中国特色社会主义道路所决定的，是推进国家治理体系和治理能力现代化的需要，是促进实现共同富裕的需要，是中国人口老龄化和养老保险制度发展的需要，同时，也是第三支柱养老金制度自我可持续发展的需要。

第六，中国构建可替代模式第三支柱具有必要性、急迫性与可行性。首先，人口老龄化将导致老年赡养率快速提高，第一支柱养老金替代率未来面临趋势性的下降压力，只有可替代模式第三支柱才能发挥补偿的功能。其次，灵活就业群体占比具有扩大趋势，在第二支柱无能为力的情况下急需第三支柱替补上去。最后，中国的储蓄率发展趋势和中等收入群体的不断扩大既是发展第三支柱个人养老金的基础，也是第三支柱巨大的潜在需求。

第七，中国破解目前试点的金字塔型僵持状态需要一个科学的顶层设计。中国GDP总量世界排名第二，是名副其实的GDP大国，但有了GDP未必能有养老金，有了银行储蓄率也难以变成养老金，养老金来自"养老金制度"，只有建立起科学的养老金制度才能"生产"出养老金，仅靠钱是"砸"不出养老金来的。第二支柱18年的发展历史说明，构建第三支柱是走向养老金大国的一个历史性机会。

3. 论证

针对第三支柱个人税收递延型商业养老保险试点效果远不尽如人意的现状，该文在对养老金三支柱理论和政策史进行溯源与回顾的基础上，着重考察三支柱理论的嬗变过程以及不同国际组织对第三支柱功能定位的争议，并对世界各国第三支柱的发展现状进行鸟瞰。通过对典型案例国家第三支柱最佳实践的分析，笔者提出第三支柱"附加模式"和"可替代模式"两种模式选择，由此存在金字塔型和哑铃型三支柱结构的命题。该文认为，人口老龄化将导致中国第一支柱养老金替代率面临趋势性下降的压力，灵活就业人员规模庞大将导致二元劳动力市场特征日益突出，储蓄率在世界各国名列前茅且中等收入群体不断扩大。面对这三个基本国情，第二支柱养老金远不如第三支柱有优势，且第三支柱选择"可替代模式"是必要的、急迫的、可行的，重要的是，只有这个选择才能实现第三支柱的"自救"。

4. 作者自评和他评

他评。截至2023年2月28日，中国知网数据显示，该文被下载3003次，被引12次。

该文研究观点获得谭林、黄星刚、罗浩、周延、施文凯、董克用的认同。在我国人口老龄化不断加剧的背景下，基本养老金支付压力加大，给共同富裕带来不利影响。[①] 郑秉文认

---

① 谭林、黄星刚：《银行业保险业支持促进共同富裕的路径构想——中国银保监会博士后科研工作站第三届学术研讨会综述》，《金融监管研究》2022年第5期。

为在第一支柱养老金替代率逐年走低的形势下，我国养老金体系应从负债型向资产型转变，从现收现付制向基金累积制过渡，应扩大第三支柱个人养老金比例从而扩大养老金资产规模，实施市场化投资策略。① 世界银行1994年发布《防止老龄危机：保护老年人及促进增长的政策》，在对各国养老金制度进行总结归纳的基础上，首次提出了三支柱养老金理论，其核心是构建起政府管理的强制性公共养老金、私人管理的强制性职业养老金以及自愿性职业养老金或个人储蓄计划。之后，世界银行在2005年发布的《21世纪的老年收入保障：养老金制度改革国际比较》中，将三支柱拓展至五支柱，增加了国家税收支持的非缴费型的零支柱养老金和家庭互助等非正式制度安排的第四支柱。但整体来看，对各国政府、国际组织和学术界产生巨大影响的仍是三支柱概念。②

【作者简介】

郑秉文：辽宁大学资深教授，中国社会科学院大学政府管理学院教授。

第3名

迈向共同富裕之路：社会建设与民生支出的崛起

焦长权、董磊明（2022），《中国社会科学》，第6期，
第139—160 + 207—208页

【内容概览】

1. 问题/议题

迈向共同富裕之路：社会建设与民生支出的崛起。

2. 结论

2000年以来，中国经历了一个与西方工业化国家20世纪60—80年代相似的民生保障建设的"黄金时代"。目前，中国建成了世界上规模最大的社会保障和住房保障体系，义务教育普及程度达到世界高收入国家平均水平，主要健康指标总体上优于中高收入国家平均水平。中国已明显跨过了"低福利"国家的门槛，民生支出占GDP的比重已接近发达国家1980年前后的水平，成为公共支出的绝对主体。中央政府在民生保障方面发挥的作用也日益显著，中国正在构建一个多层级政府共同负责的新型民生保障体制。

---

① 罗浩、周延：《第三支柱个人养老金对养老金替代率的影响研究》，《中央财经大学学报》2022年第11期。

② 施文凯、董克用：《中国多支柱养老金体系结构改革问题研究》，《宏观经济研究》2022年第11期。

3. 论证

中央和地方间财政关系。第一，专项转移支付中的民生支出。地方财政支出的重要来源是中央专项转移支付，民生支出正是其主要组成部分。中央对地方专项转移支付主要集中在教育、医疗卫生、社会保障等民生领域和三农支出等薄弱地带。第二，一般性转移支付对地方民生支出的兜底。在财政预算管理上，一般性转移支付主要按照"因素法"直接测算给地方政府，一般会提前下达，由地方政府纳入地方公共预算统筹安排。第三，养老保险基金的中央调剂和全国统筹。2018年开始，中央出台基本养老保险基金中央调剂制度。2020年，全国调剂基金总规模达7400亿元。2022年，我国已正式实行职工基本养老保险基金的全国统筹，不同地区的均衡力度将显著扩大。

迈向新发展阶段的民生保障。作为一个广土众民的大国，中国面临发展不平衡不充分问题，这给民生保障体制带来诸多挑战，最典型的表现为如何处理好以下三大关系。第一，中央与地方。当前，民生支出占GDP比重已达20%左右，其中大部分正是以财政转移支付形式预算支出的，这对中央与地方、东部与中西部间的财政关系提出了很大挑战。第二，正规就业与非正规就业。中国虽然建成了世界上规模最大的社会保障体系，为非正规就业人员提供基本养老医疗保障，但正规就业和非正规就业人员在保障水平方面却存在较大差异。第三，经济事务与民生支出。当前，中国同时面临民生支出和经济事务支出双重压力。实际上也是经济发展和民生保障的双重压力。一些中西部地区的基层政府，甚至还面临行政运转的支出压力，这就是"保运转、保民生、保增长"的财政逻辑。

4. 作者自评和他评

他评。截至2023年2月28日，中国知网数据显示，该文被下载3003次，被引7次。

该文研究观点获得金炜玲、张润君等的认同。2000年以来，中国经历了民生保障建设的"黄金时代"，在教育普及、住房保障、社会保障等方面取得重大成就，但如何平衡城乡民生保障的差距、促进基本公共服务均等化，仍对共同富裕的实现构成严峻挑战。[①] 我国在改革开放前期，由于片面追求经济增长，各级政府对公共服务的投入和供给严重不足，地方政府的社会管理和公共服务职能不断弱化，大部分农村居民、贫困群体、灵活就业人员和广大农民工基本上被排除在公共服务的覆盖范围之外。随着农村家庭联产责任制的实施，我国城乡差距、区域差距、群际差距逐渐拉开，社会发展与经济发展之间呈现一定程度的错位与失衡。进入20世纪90年代，随着原农村合作医疗体制的基本瓦解，农村教育也主要通过向

[①] 金炜玲：《理解生活富裕：农民的感知与需求》，《中国农业大学学报（社会科学版）》2022年第4期。

农民筹资筹劳的方式维持，农民负担日益加重，农村民生保障体系陷入困境。[1]

【作者简介】

焦长权：北京大学马克思主义学院助理教授。

董磊明：北京师范大学社会学院教授。

第 4 名

共同富裕与社会保障的逻辑关系及福利中国建设实践

郑功成（2022），《社会保障评论》，第 1 期，第 3—22 页

【内容概览】

1. 问题/议题

共同富裕与社会保障的逻辑关系及福利中国建设实践。

2. 结论

该文探讨了共同富裕与社会保障的逻辑关系，以及福利中国建设实践。通过分析共同富裕与社会保障的内在联系，该文认为社会保障是实现共享发展、走向共同富裕的基本途径与制度保障，它构成了福利中国的有效制度支撑。同时，该文强调了建设高质量社会保障制度的重要性，并指出这是落实共享发展理念、扎实推动共同富裕的具体体现。

3. 论证

共同富裕是社会主义的本质要求和中国式现代化的重要特征，也是中国共产党人孜孜以求的理想社会目标，其实质是在公有制为基础的条件下，通过不断完善的共享机制达到全体人民共享国家发展成果的理想境界，进而真正建成公平惠及世代人民并实现人的自由而全面发展的福利中国，而社会保障正是实现共享发展、走向共同富裕的基本途径与制度保障，它构成了福利中国的有效制度支撑。在扎实推进共同富裕的历史进程中，特别需要正确把握共同富裕与社会保障的逻辑关系，摒弃福利污名化，在广泛吸取中外既往实践经验的基础上，以高质量的社会保障制度实现更高境界的共享发展，并以此维系与中国特色社会主义相适应、超越资本主义福利国家局限的福利中国行稳致远。

4. 作者自评和他评

他评。截至 2023 年 2 月 28 日，中国知网数据显示，该文被下载 2445 次，被引 8 次。

---

[1] 张润君：《公共服务体系现代化：政府、社会和市场》，《西北师范大学学报（社会科学版）》2022 年第 6 期。

该文研究观点获得杨方方、王广辉等的认同。社会保障溯源可以从源头上减少焦虑，从根本上提升社会安全感，能够传达国家认同，提升保障对象的社会地位，能为其他制度的健康运行提供支撑，从而推进社会经济文明、政治文明、道德文明等的全面发展。① 但在我国目前已经实现了小康社会，并以实现共同富裕为目标的社会发展阶段上，社会保障制度的目的应该是确保每个人都能分享经济社会发展产生的共同富裕的成果。②

【作者简介】

郑功成：中国人民大学中国社会保障研究中心教授，中国社会保障学会会长，主要研究社会保障理论与政策。

第 5 名

基本医疗保险对居民幸福感的影响
——基于可行能力理论的分析框架

褚雷、邢占军（2022），《南京社会科学》，第 2 期，第 42—50 页

【内容概览】

1. 问题/议题

基本医疗保险对居民幸福感的影响，基于可行能力理论的分析框架。

2. 结论

结果显示，基本医疗保险对于提升居民幸福感具有显著的正向影响，参保居民的基本医疗保险需求满足度评价越高，其幸福感提升越明显；社会参与、社会信任和休闲参与三个功能性活动要素，在基本医疗保险影响居民幸福感的过程中发挥了部分中介作用。

3. 论证

基本医疗保险和功能性活动对居民幸福感均有正向影响（假设 H1、假设 H2），且基本医疗保险的优化能够有效促进居民功能性活动的改善（假设 H3），并能够通过功能性活动的转化而有力提升居民幸福感（假设 H4）。

数据收集：基于山东省居民问卷调查数据的研究设计。鉴于现有社会统计数据中未能选取到用于测量功能性活动相关维度的合适变量，该文采用分层随机抽样在山东省东部、中部和西部四个县级市抽取样本，开展实地问卷调查，共发放问卷 1450 份，回收有效问卷 1340

---

① 杨方方：《风险流转下弱势群体的共同富裕之路》，《学术研究》2022 年第 9 期。
② 王广辉：《我国"老龄法治"的宪法基础分析》，《南通大学学报（社会科学版）》2022 年第 5 期。

份，问卷回收率92.4%。

变量测量。为保证测量工具的信效度，该文所使用的调查问卷主要选自现有成熟的量表，根据研究主题的需要进行一定的组合构建，均采用六点计分法进行问卷设计。因变量是幸福感，采用《中国居民主观幸福感量表简本》（SWBS－CC20）对居民幸福感进行操作化测量，量表包含知足充裕等10个维度。自变量为基本医疗保险和功能性活动。基本医疗保险根据研究需要并借鉴已有研究做法，综合测量基本医疗保险的政策实施状况，包括可及性、需求满足度、公平度和改善度四个要素。

基本医疗保险影响居民幸福感的实证分析结果。借助 AMOS 软件对研究假设进行检验，得到主效应的结构方程模型结果。结果表明，基本医疗保险对居民幸福感有显著正向影响，功能性活动的各要素对居民幸福感也有显著正向影响。假设 H1、假设 H2 成立。基本医疗保险有利于改善居民的功能性活动，而功能性活动的提升又会显著提高居民幸福感，因而基本医疗保险通过功能性活动的中介作用对居民幸福感产生了一定的正面影响，且根据标准化路径系数分析，三个要素的中介效应都为不完全或部分中介效应。由此说明在解释基本医疗保险对居民幸福感的影响时，必须重视功能性活动所起到的重要"中介作用"。

4. 作者自评和他评

他评。截至2023年2月28日，中国知网数据显示，该文被下载2902次，被引6次。

该文研究观点获得龙莹、王健、罗志涛、文琬等的认同。褚雷等基于可行能力理论的分析框架研究基本医疗保险对居民幸福感的影响，发现基本医疗保险能够显著提升居民幸福感，参保户对基本医疗保险的评价越高，则其幸福感提升越明显。[1] 褚雷和邢占军基于可行能力来研究基本医疗保险对居民幸福感的影响，将可行能力中的功能性活动作为中介变量，研究发现可行能力中的三个维度在基本医疗保险对居民幸福感影响的过程中起到部分中介作用。[2] 受教育程度、是否就业、户口类型、居住方式和是否拥有养老保障都对生活满意度没有显著影响。而参加医疗保险可以显著增加受访者的生活满意度，家庭年收入越高生活满意度越高。[3]

【作者简介】

褚雷：山东大学生活质量与公共政策研究中心研究员。

邢占军：山东大学政治学与公共管理学院教授、博士生导师。

---

[1] 龙莹、王健：《参加医疗保险对公众安全感的影响——基于 CGSS 2017 数据的实证分析》，《福建农林大学学报（哲学社会科学版）》2022年第4期。

[2] 罗志涛：《可行能力对农户秸秆离田行为的影响研究——以鄂豫两省为例》，硕士学位论文，华中农业大学，2022年。

[3] 文琬：《长期护理保险对中年参保群体主观幸福感的影响：基于 CHARLS 四期面板数据的实证研究》，硕士学位论文，南开大学，2022年。

第6名

农村社会养老保险与家庭相对贫困长效治理
——基于隔代照顾的视角

于新亮、严晓欢、上官熠文、于文广（2022），《中国农村观察》，
第1期，第146—165页

【内容概览】

1. 问题/议题

农村社会养老保险与家庭相对贫困长效治理，基于隔代照顾的视角。

2. 结论

该文发现：第一，中国农村家庭相对贫困发生率逐年降低，但2018年仍高达17.24%；第二，农村社会养老保险能够显著降低家庭相对贫困的发生概率，该结论在更换被解释变量、更换解释变量、控制宏观因素影响、更换回归模型、利用工具变量法和断点回归法克服内生性后依然稳健；第三，老年人领取养老金显著增加了隔代照顾，进而显著增加家庭对儿童的健康投资和教育投资，并提高年轻父母外出务工概率，最终降低家庭相对贫困发生率；第四，家庭连续领取养老金的时间越长，农村社会养老保险的减贫效果越明显，但是由于领取的养老金金额较小，家庭陷入相对贫困时间越久，农村社会养老保险的减贫效果越弱。

3. 论证

在利用中国家庭动态追踪调查（CFPS）数据，运用AF多维贫困测量方法测度农村家庭相对贫困基础上，该文使用双固定效应模型、离散选择模型、工具变量法、断点回归法和多重中介效应模型等方法研究农村社会养老保险对家庭相对贫困的政策效果及作用机制。研究结果表明，农村社会养老保险显著降低了家庭相对贫困发生率，幅度约为2.38个百分点；从隔代照顾视角，老年人领取养老金能够增加家庭对儿童的健康和教育投资以及家庭劳动力供给，从而缓解家庭相对贫困；农村社会养老保险的领取时间越长，减贫效果越好，但囿于保障水平，对深度相对贫困的作用有限。

4. 作者自评和他评

他评。截至2023年2月28日，中国知网数据显示，该文被下载3304次，被引4次。该文研究观点获得王杰、蔡志坚、吉星、王大哲、朱红根、钱龙、杨晶、刘振杰、邓悦、刘姜涛等的认同。按照于新亮等的研究，把连续两期及以上陷入相对贫困状态定义为深

度相对贫困，分别估计数字素养对连续两期、连续三期处于相对贫困状态的农村居民的影响[1]。国内学者提供了较为丰富的研究视角，包括财政支出、非农就业、养老保险、医疗保险等[2]。于新亮等的做法，按照被调查样本所在的6个县级单位和老年人年龄段（90岁以下、90岁及以上）将样本划分为不同群组，在此基础上计算各个群组享受民生托底政策的农村失能老人占各群组老年人总数的比例，得到政策享受率变量数据。[3]

【作者简介】

于新亮：山东财经大学保险学院副院长、教授、博士生导师。

严晓欢：山东财经大学保险学院硕士研究生。

上官熠文：同济大学经济管理学院博士研究生。

于文广：山东财经大学保险学院副院长。

第7名

基于共同富裕的社会保障体系改革：内在机理、存在问题及实践路径

刘欢、向运华（2022），《社会保障研究》，第4期，第45—59页

【内容概览】

1. 问题/议题

探讨共同富裕视角下的社会保障体系改革的内在机理、存在问题及实践路径。

2. 结论

研究表明，健全的社会保障体系整体合力推动共同富裕，有助于提升共同富裕的张力。具体而言，社会保险、社会救助、社会福利和补充保障对共同富裕的实现分别发挥支撑性、兜底性、提升性及促进性作用。同时，共同富裕的社会保障体系发展仍存在多层次发展不充分、制度统筹层次不高、社会救助体系不完善，以及社会福利与补充保障发展滞后等问题。基于此，共同富裕的社会保障体系改革应以提升社会保险统筹层次、完善兜底性社会救助制度、补齐社会福利制度短板及发展补充性保障项目等为重点路径。

---

[1] 王杰、蔡志坚、吉星：《数字素养、农民创业与相对贫困缓解》，《电子政务》2022年第8期。

[2] 王大哲、朱红根、钱龙：《基本公共服务均等化能缓解农民工相对贫困吗？》，《中国农村经济》2022年第8期。

[3] 杨晶、刘振杰、邓悦、刘姜涛：《民生托底政策能使农村失能老人家庭照护投入增加吗？——对中国农村三项主要民生保障政策效应的考察》，《中国农村观察》2022年第6期。

3. 论证

内在机理：健全的社会保障体系有助于提升共同富裕的张力。第一，社会保障制度体系整体合力推动共同富裕。健全的社会保障制度体系正是建立在保障项目设置的完备性基础上，突出保障项目的多层次性及协同性特征，由此形成制度间、项目间的整体合力，实现收入转移，调整收入分配结构，推动共同富裕的发展。第二，社会保险制度体系支撑共同富裕。从当前中国社会保险制度实践来看，社会保险制度为弱势群体提供基本生活保障，能够通过"互助共济"功能有效化解弱势群体的社会化风险，通过齐全的项目设计满足弱势群体的不同风险保障需求，从而为实现共同富裕发挥支撑作用。第三，社会救助制度体系兜底共同富裕。中国社会救助制度经过多年发展，形成了一套以"兜底"保障为核心理念的多层次社会救助体系，为调节收入分配、缩小收入差距、实现共同富裕奠定了坚实基础。

存在的问题：共同富裕的社会保障体系改革方向与空间。第一，社会保障体系多层次性发展不充分，对经济发展适应性不足。第二，社会保险体系基本保障功能不明晰，化解社会风险能力有限。第三，社会救助体系尚不完善，制度建设亟须加强。第四，普惠性社会福利体系建设滞后，再分配功能较弱。第五，补充性保障满足多元化需求的功能亟待提升。

实践路径：共同富裕的社会保障体系改革方式。第一，健全社会保障体系结构，形成改革的整体合力。第二，稳步提升社会保险统筹层次，强化基础性支撑。第三，完善兜底性社会救助制度，增强其反贫困作用。第四，补齐社会福利制度短板，提升再分配效能。第五，促进补充性保障项目发展，提升供给效率。

4. 作者自评和他评

他评。截至 2023 年 2 月 28 日，中国知网数据显示，该文被下载 3068 次，被引 1 次。

该文研究观点获得程明、方青的认同。关于共同富裕的既有研究主要聚焦于其理论渊源、伦理内涵与实现路径等方面。也有学者从数字普惠金融、数字经济、农村集体经济、社会保障体系、企业社会责任、基本公共服务均等化、乡村振兴等不同学科视角探讨实现共同富裕的促进机制与实践路径。乡村有效治理是国家治理体系和治理能力现代化战略目标的有机组成部分。[1]

【作者简介】

刘欢：浙江财经大学公共管理学院，管理学博士学位，浙江财经大学劳动与社会保障专业讲师，硕士生导师。

向运华：武汉大学社会保障研究中心，武汉大学政治与公共管理学院院长、教授、博士生导师。

---

[1] 程明、方青：《乡村有效治理驱动共同富裕：价值意蕴、内在逻辑与实践进路》，《重庆理工大学学报（社会科学版）》2022 年第 12 期。

第 8 名

我国长期护理保险制度的构建

鲁晓明、孙喆（2022），《江汉论坛》，第 3 期，第 108—115 页

【内容概览】

1. 问题/议题

我国长期护理保险制度的构建。

2. 结论

该文主要探讨了我国长期护理保险制度的构建问题，提出了一系列建议和方案。首先，该文认为长期护理保险应该以社会保险为主、商业保险为辅的方式进行构建，以满足多元化需求。其次，该文强调了主导机构的重要性，认为应该以人力资源和社会保障部门为推行社会性长期护理保险的主导机构。此外，该文还提出了长期护理保险资金筹集机制的问题，并建议除了投保人和用人单位缴费外，还可以通过财政拨款、福利彩票公益金等方式进行资金筹集。最后，该文还就商业性长期护理保险的设计和监管等问题提出了具体建议。

综上所述，该文认为我国长期护理保险制度应该在明确主导机构、多元化资金筹集机制等方面进行改革和完善。这样可以更好地满足老年人失能后的基本生活需求，并促进民生福祉的实现。同时，在商业性长期护理保险方面也需要加强监管和规范，确保其合法合规运营。总之，该文提供了一些有益的思路和建议，为我国长期护理保险制度的改革和发展提供了参考。

3. 论证

我国长期护理保险制度设计应明确主导机构，在合理定位长期护理保险性质的基础上，围绕资金筹集机制等核心内容构建。为满足多元化需求，我国应构建以社会保险为主，商业保险为辅的长期护理保险体系；从功能匹配及利于统筹推进计，应以人力资源和社会保障部门为推行社会性长期护理保险的主导机构；长期护理保险资金应由投保人与用人单位缴费、财政拨款、福利彩票公益金等构成。从长期来看，医疗保险基金不宜作为长期护理保险资金来源。商业性长期护理保险的设计，宜交由商业保险公司自主进行，国家机关承担监管之责。

4. 作者自评和他评

他评。截至 2023 年 2 月 28 日，中国知网数据显示，该文被下载 2741 次，被引 4 次。该文研究观点获得周吴平、杨树涵、穆楠、简伟研、刘嘉敏等的认同。随着人口老龄化

进程的推进，慢性病疾病负担增加，构建完善的长期护理、延续护理、康复护理服务体系，有助于缓解医疗服务体系压力。① 鲁晓明和孙喆认为应加快建设以社会保险为主，商业保险为辅的长期护理保险体系。②

【作者简介】

鲁晓明：广东财经大学法治与经济研究所研究员，广东财经大学法学院教授。

孙喆：广东财经大学法学院硕士研究生。

第9名

职工基本养老保险全国统筹的实现路径与制度目标

郑秉文（2022），《中国人口科学》，第2期，第2—16+126页

【内容概览】

1. 问题/议题

职工基本养老保险全国统筹的实现路径与制度目标。

2. 结论

该文的结论是，长期以来，中国的养老保险统筹层次一直较低，未能实现省级和全国统筹。直到2019年才具备实现省级统筹的客观条件，实施的是统收统支意义上的省级统筹；全国统筹方案的本质是全国统筹调剂制度，相当于延续和更新了2018年实施的中央调剂制度，是全国统筹的初级阶段。文章认为，实现统收统支意义上的全国统筹将是一个长期的"动态过程"。在这个过程中存在地方财政对养老保险投入的"长效"机制与"长期"机制的关系、地方财政负担与深挖养老保险制度潜力的关系、部分积累制与现收现付制的关系，以及统筹层次低产生的影响与历史作用。文章认为，在当前情况下，全国范围内实行资金调剂制度符合实际情况，并且可以逐步推进到更高层次和更广范围内。但要想真正实现全国范围内养老保险资金流动和管理方式上的完全一致，则需要一个长期的过程。

3. 论证

养老保险提高统筹层次的阶段性发展。第一，从制度建立到全国统筹的5个阶段：第一阶段为1986—1997年，是县市统筹层次与养老保险制度架构的"双形成"阶段；第二阶段

---

① 周吴平、杨树涵、穆楠、简伟研：《中国卫生人力配置公平性变化趋势分析》，《北京大学学报（医学版）》2022年第3期。

② 刘嘉敏：《我国长期护理保险运行效率研究》，硕士学位论文，安徽财经大学，2022年。

为1998—2006年，是首次实施省级统筹与养老保险制度结构微调的优化阶段；第三阶段为2007—2016年，是再次实施省级统筹与覆盖面快速扩大的发展阶段；第四阶段为2017—2020年，是第三、第四次实施省级统筹与实现全国统筹的准备阶段；第五阶段为2021年以来，正式启动全国统筹进程的新阶段。第二，首次实施省级统筹：提出"三统一"标准。"三统一"是指各省、自治区、直辖市范围须建立统一的企业缴费率、统一的基金管理调度机制、统一的省级垂直经办机构，并规定在1998年底之前完成。第三，再次实施省级统筹：提出"六统一"标准。与"三统一"相比，"六统一"将"统一管理和调度使用基金"调整为"统一预算管理"，增加了"统一制度和政策"与"统一的经办业务流程"。标志着提高统筹层次进入第三阶段。

作为过渡期的养老保险省级统筹全面实现。第一，全面实现省级统筹：全国统筹的过渡期。第二，第三次实施省级统筹：重申"六统一"标准。第三，第四次实施省级统筹：升级为"七统一"标准。第四，实施中央调剂制度：达到预期效果。

全国统筹调剂制度存在三个值得讨论的问题。第一，地方财政对养老保险投入的"长效"机制与"长期"机制的关系。第二，地方财政负担与深挖养老保险制度潜力的关系。第三，部分积累制与现收现付制的关系。

4. 作者自评和他评

他评。截至2023年2月28日，中国知网数据显示，该文被下载2036次，被引4次。

该文研究观点获得赵翀骅、宋亚轩、王朝才、李天舒等的认同。统一大市场建设和养老保险全国统筹的推进在全国一盘棋、统一政策方面具有一致性。这就要求推进建设统一标准的养老保险全国统筹体系，进一步消除养老保险区域差异，加快制度改革。[①] 自1986年养老保险制度设立以来，我国养老保险统筹经历了县市统筹和省级统筹两个阶段，其中省级统筹改革时间最长，过程曲折。1998年国务院28号文件作出了在全国实施省级统筹的决定，养老保险省级统筹正式开始实施，各省内部逐步实现养老保险资金互济，化解省内基金失衡风险，减轻全省财政负担。省级统筹先后经历了"三统一""六统一""新六统一""七统一"四个阶段，直到2020年底才全面实现省级统筹目标，向全国统筹迈进。[②]

【作者简介】

郑秉文：中国社会科学院大学政府管理学院特聘教授。

[①] 赵翀骅、宋亚轩：《养老保险全国统筹与统一大市场建设的内在耦合机理与实践进路》，《党政干部学刊》2022年第10期。

[②] 王朝才、李天舒：《统筹层级对养老保险基金缺口的影响》，《中南财经政法大学学报》2022年第6期。

第 10 名

高质量社会保障体系推进共同富裕：多维一致性与实现路径

金红磊（2022），《社会主义研究》，第 1 期，第 91—96 页

【内容概览】

1. 问题/议题

高质量社会保障体系推进共同富裕：多维一致性与实现路径。

2. 结论

为了实现共同富裕和推进高质量社会保障体系建设，需要从以下几个方面入手。

首先，在价值理念上，应坚持以人民为中心的发展思想，将人民群众的利益放在首位，以满足人民日益增长的美好生活需要为出发点和落脚点。其次，在构建内容上，应注重提升社会保障制度的覆盖面和深度，并加强不同层级、不同领域之间的协调配合。再次，在参与主体上，应加强政府、企业、个人和社会组织等多元主体之间的合作与协调。最后，在覆盖对象上，应注重解决特定群体（如老年人、儿童、残疾人等）的保障问题，同时加强对低收入群体和弱势群体的保障。

总而言之，建设高质量社会保障体系是实现共同富裕的重要途径和制度保障。只有不断完善社会保障制度，才能更好地促进共同富裕的实现，让每个人都能够分享改革发展成果，实现人的全面发展。同时，要注重提高社会保障体系的质量和效率，加强管理和监督，确保社会保障制度的公平性、可持续性和适应性。只有这样，才能够更好地推进共同富裕和高质量社会保障体系建设，为实现中华民族伟大复兴的中国梦作出更大的贡献。

3. 论证

社会保障制度是保障和改善民生、促进经济社会发展、实现共建共享改革发展成果的重要制度安排。实现共同富裕是促进高质量社会保障体系建设的价值目标，促进社会保障高质量发展是实现共同富裕的重要行动途径和制度保障。高质量社会保障体系与推进共同富裕具有多维一致性，主要体现在价值理念维度、构建内容维度、参与主体维度、覆盖对象维度等方面。新时代应以推进共同富裕为根本指向，增强社会保障体系对经济社会发展的适应性，全面实现包含制度质量、体系质量、服务质量、管理质量和发展质量为主要内容的高质量社会保障体系的建构与完善，助推共同富裕发展进程。

4. 作者自评和他评

他评。截至 2023 年 2 月 28 日，中国知网数据显示，该文被下载 2809 次，被引 4 次。

该文研究观点获得彭玮、梁静、杨立雄、刘欢、向运华等的认同。金红磊认为，实现共同富裕是促进高质量社会保障体系建设的价值目标，促进社会保障高质量发展是实现共同富裕的重要行动途径和制度保障。高质量社会保障体系与推进共同富裕具有多维一致性，主要体现在价值理念维度、构建内容维度、参与主体维度、覆盖对象维度等方面。① 而更多的学者则在研究面向共同富裕的社会保障改革时提及社会救助改革。有鉴于此，该文基于实现共同富裕这一战略目标，分析现行社会救助面临的挑战和未来改革方向。② 社会保障是全民共享社会发展成果的基本途径，承担着再分配的重要角色，对实现共同富裕发挥着基础性支撑作用。社会保障体系改革对推动共同富裕有着重要意义，健全的、高质量的社会保障体系建设与共同富裕发展在价值理念、参与主体及覆盖对象等方面具有多维一致性。③

【作者简介】

金红磊：中央民族大学管理学院副教授，管理学博士，公共管理系主任，硕士生导师，主要研究社会保障与社会治理。

第 11 名

基本医疗保险制度对农村中老年居民生活质量的影响研究

王正文、尹红莉、崔靖茹（2022），《中国软科学》，第 2 期，第 74—84 页

【内容概览】

1. 问题/议题

基本医疗保险制度对农村中老年居民生活质量的影响研究。

2. 结论

（1）从总体来看，基本医疗保险提高了农村中老年居民综合生活质量。根据调查对象健康异质性和收入异质性分类发现，基本医疗保险对高收入水平的参保者的生活质量提升效果显著，但对低收入者有负向影响；基本医疗保险显著提高健康状况较差者的综合生活质量，但对身体健康状况较好的参保者的效果不明显。

（2）通过将综合生活质量分解成客观生活质量和生活满意度发现，基本医疗保险能显

---

① 彭玮、梁静：《共同富裕问题研究综述》，《社会科学动态》2022 年第 7 期。
② 杨立雄：《从兜底保障到分配正义：面向共同富裕的社会救助改革研究》，《社会保障评论》2022 年第 4 期。
③ 刘欢、向运华：《基于共同富裕的社会保障体系改革：内在机理、存在问题及实践路径》，《社会保障研究》2022 年第 4 期。

著提高参保者客观生活质量，但对生活满意度产生了负向影响。

（3）基本医疗保险通过增加参保者的劳动供给、健康水平和家庭收入水平来提高参保者的生活质量，但基本医疗保险减轻医疗经济负担的作用并不明显。

（4）城镇居民医疗保险和新农合整合为城乡居民医疗保险后，缴费档次和报销水平都相应提高，提高农村中老年居民生活质量效果更好。

3. 论证

为评估基本医疗保险制度的政策效果，基于2011—2018年中国健康与养老追踪调查数据，采用固定效应模型和Heckman两步法模型，以农村45岁及以上的中老年居民为研究对象，从综合生活质量角度进行实证分析。研究结果显示，基本医疗保险能显著提高综合生活质量，但存在参保者异质性差异。具体而言，基本医疗保险对高收入水平者的生活质量起到了更积极的作用，改善健康状况较差的居民生活质量效果更明显。最后对比新农合制度和城乡居民医疗保险制度，发现城乡居民医保提高生活质量作用更大。根据实证分析，对基本医疗保险制度提出相关的政策建议。

4. 作者自评和他评

他评。截至2023年2月28日，中国知网数据显示，该文被下载2119次，被引5次。

该文研究观点获得刘远风、徐小玉、徐佳靖、王晨等的认同。有研究发现医疗保险与民众获得感之间存在相关性。基本医疗保险既能通过提高居民综合生活质量，还可以通过一定程度上缩小收入差距提高居民公平感，从而提升获得感。[1] 王正文等在研究基本医疗保险对于农村中老年人生活质量的影响时，将抑郁状况和生活满意度作为主观生活质量的指标之一，运用主成分分析法构成了生活质量综合评价指标。发现了家庭收入是基本医疗保险提升农村地区中老年人群综合生活质量的中介因素。[2] 王正文等对农村45岁及以上的人群进行研究，发现基本医疗保险能有效促进居民幸福感，但存在异质性，基本医疗保险对于高收入、健康状况更好的居民作用更明显。[3]

【作者简介】

王正文：武汉大学经济与管理学院副教授、武汉大学宁波国家保险发展研究院研究员，博士，主要研究保险经济学与风险管理。

---

[1] 刘远风、徐小玉：《医疗保险提高灵活就业人员的获得感了吗？——基于CHFS 2017数据》，《湖南农业大学学报（社会科学版）》2022年第6期。

[2] 徐佳靖：《基本医疗保险对农村中老年人抑郁评分的影响——基于CTPS数据的实证分析》，硕士学位论文，武汉大学，2022年。

[3] 王晨：《社会医疗保险对居民幸福感的影响机制及效果研究》，硕士学位论文，西南财经大学，2022年。

尹红莉：武汉大学经济与管理学院硕士研究生。
崔靖茹：武汉大学经济与管理学院博士研究生。

第 12 名

养老保障对老年人就业的影响：基于中国老年社会追踪调查数据的实证研究

赵一凡、易定红、赵依兰（2022），《中国人力资源开发》，
第 3 期，第 115—128 页

【内容概览】

1. 问题/议题

养老保障对老年人就业的影响：基于中国老年社会追踪调查数据的实证研究。

2. 结论

研究结果发现老年人享有至少一项养老保障会降低其就业的概率，但影响较为有限，而不同类别养老保障与就业的影响关系存在差异。享有企业职工基本养老保险的老年人就业概率会显著降低，而享有城乡居民基本养老保险的老年人会提高其就业概率。将核心自变量替换为养老金收入的对数时，这一结果仍然稳健。进一步进行异质性分析，发现 70 岁及以上的老年人、生活在东部地区和城市地区的老年人享有养老保障会显著降低其就业概率，这主要与其自身收入水平、日常消费支出需求等因素有关。最后，我们发现老年人的心理感受在养老保障对就业的影响中发挥了一定调节作用，即老年人领取养老金可以在一定程度上提高对社会的认同感，认为自己依然能够为社会奉献力量，增加就业的概率，进而减弱养老保障对于就业的抑制作用。

随着我国老年人口比重不断上升，人口老龄化问题日益严峻，未来可能会产生劳动力供给进一步短缺的现象。当前延迟退休政策已经逐步展开，进一步挖掘老年劳动力资源，焕发"银发劳动者"的"第二次人口红利"是一个趋势，这能够有效运用具有专业技能的老年劳动力的特殊人力资本，推动经济体有效运行。与此同时，为保障老年人的生活水平，我国养老金水平也在不断提高，2020 年城镇企业和机关事业单位职工退休人员养老金迎来 16 连涨。该文研究发现较高的养老保险金会在一定程度上抑制老年人群体的就业概率，同时在不同群体间存在差异。因此，该文认为在保障老年人基本生活福祉的基础上，可以适当发挥养老金对于服务社会的激励机制，同时适当结合延迟退休政策的施行，鼓励具有特殊技能禀赋和专业知识的老年人积极参与社会经济活动，缓解人口老龄化背景下劳动力短缺的问题。老

年人为社会作出贡献的同时，也在一定程度上缓解了国家在养老金上的财政压力。对于诸如经济发展相对较为落后的中西部地区和乡村地区，养老保障对于老年人就业的影响并不显著。对此，政府可以进一步适当提高该部分人群的养老金待遇，切实保障老年人退休后的生活福祉。

3. 论证

人口老龄化时代，养老保障制度设计和老年人就业问题是需要关注的焦点。基于2016年中国老年社会追踪调查数据，采用Probit模型分析养老保障对老年人就业的影响。政策启示是适当完善养老金发放机制，在保障老年人生活福祉的同时，合理运用老年人力资本，促进积极老龄化战略的实施。

4. 作者自评和他评

他评。截至2023年2月28日，中国知网数据显示，该文被下载2790次，被引3次。

该文研究观点获得丛金洲、吴瑞君、代国威、樊景超、胡林、孙东栋的认同。我国关于老年再就业研究更多的是单一的影响因素研究，例如人口社会学特征有年龄、性别、户口类型等，人力资本特征有健康状况、受教育程度、专业技能等，退休前职业因素有退休前单位性质、退休前工资、退休前职位等，社会保障因素有养老保险类别、养老金收入、医疗保险参与等，家庭因素有配偶健康、配偶退休与否、子代经济支持、子女态度、家庭照料等。①中国作为番茄全球产量的第一贡献者，温室种植番茄因高产和可全年稳定供应的优势在过去的几十年里迅速且广泛发展。传统番茄采摘依靠人工，不仅效率低，而且人工成本占比超过生产利润的44.5%；此外，人口老龄化趋势导致番茄采摘作业越来越缺乏劳动力。② 赵一凡等认为养老保障制度设计在人口老龄化的过程中需要特别关注。③

【作者简介】

赵一凡：中国人民大学劳动人事学院博士研究生。电子邮箱：zhaoyifan@ ruc. edu. cn。

易定红：中国人民大学劳动人事学院教授、博士生导师，毕业于中国人民大学经济学院，经济学博士。

赵依兰：中国人民大学劳动人事学院硕士研究生。

---

① 丛金洲、吴瑞君：《退休老年人再就业的实现机制——基于马斯洛需求层次理论的实证分析》，《西北人口》2022年第6期。

② 代国威、樊景超、胡林：《采用天气增强与八度卷积改进YOLOv5的番茄检测模型构建》，《山东农业科学》2022年第11期。

③ 孙东栋：《XH保险公司养老保险产品营销策略研究》，硕士学位论文，青岛科技大学，2022年。

第 13 名

医疗保险可以提升农民工消费水平吗？——基于市民化意愿视角

周佳璇、赵少锋（2022），《消费经济》，第 2 期，第 74—85 页

【内容概览】

1. 问题/议题

医疗保险可以提升农民工消费水平吗？基于市民化意愿视角。

2. 结论

研究发现，参加城镇职工医保等高水平医疗保险可以使农民工消费显著提升近两成。进一步从市民化意愿视角对医疗保险影响消费的作用机制进行分析发现，医疗保险可能通过影响农民工在流入城市的市民化意愿进而作用于其消费行为。分组回归结果显示，农民工医疗保险参保地以及医疗保险水平均会对医疗保险的消费效应产生异质性影响。

3. 论证

农民工消费水平的提升对于促进中国国内经济大循环进而推动双循环新发展格局构建具有重要意义。文章基于 2016 年北京市流动人口动态监测调查数据，采用处理效应模型和倾向得分匹配等方法考察医疗保险对北京市农民工消费水平的影响。研究发现：参加"新农合"等低水平医疗保险不利于农民工消费需求的扩大；相反，被城镇职工医疗保险等高水平医疗保险覆盖可以显著促进其消费。且随着医疗保险水平的提升，农民工的消费潜力得到有效释放，上述结果是稳健的。进一步的，从农民工群体人口流动特征出发探讨医疗保险影响消费的作用机理，发现该群体是否愿意实现市民身份转变是医疗保险促进消费的重要途径。异质性分析表明，医疗保险的消费效应对于不同医疗保险参保地以及不同医疗保险保障水平的群体存在差异化影响。最后，该文从有效扩大农民工在流入地的城镇医疗保险覆盖面、全力提升其市民化意愿等方面提出政策建议，以充分释放该群体消费潜力，助益中国经济快速健康发展。

4. 作者自评和他评

他评。截至 2023 年 2 月 28 日，中国知网数据显示，该文被下载 1780 次，被引 5 次。

该文研究观点获得朱健、李子芳、高嘉诚、刘钥、李许卡等的认同。通过受教育程度、政治面貌、单位性质、家庭人均月收入控制预期收入及现有收入对消费的影响；通过社会医疗保障控制预防性储蓄动机对消费的影响。[①] 完善的社会保障体系可以降低居民家庭可能面

[①] 朱健、李子芳：《市民化方式对农业转移人口消费需求的影响研究》，《财经理论与实践》2022 年第 3 期。

临的一系列不确定性，对预防性储蓄产生挤出效应，促进居民家庭消费。[①] 周佳璇、赵少锋基于对北京市农民工医疗保险参保情况的研究发现，相较于低水平医疗保险（新农合），参加高水平医疗保险（城镇职工医疗保险）更能有效促进农民工消费，且伴随参加医疗保险水平的提升，农民工的消费也呈现稳步提升。[②]

【作者简介】

周佳璇：中央财经大学保险学院博士研究生。

赵少锋：中国民航科学技术研究院研究实习员。

第 14 名

党的十八大以来我国社会保障事业的成就与经验

刘晓梅、曹鸣远、李歆、刘冰冰（2022），《管理世界》，
第 7 期，第 37—49 页

【内容概览】

1. 问题/议题

党的十八大以来我国社会保障事业的成就与经验。

2. 结论

该文主要介绍了党的十八大以来我国社会保障事业的发展历程和成就，同时也指出了存在的不足和未来的发展方向。文章认为，我国社会保障体系建设取得了显著成就，形成了以社会保险为主体包含社会救助、社会福利和社会优抚制度在内功能完备的体系结构，建立了世界上规模最大的社会保障体系，保障了人们的基本生活，为实现第一个百年奋斗目标奠定了群众基础。

总而言之，该文认为我国社会保障事业是促进民生改善和增进人民福祉的基本保障制度，在未来需要继续加大对社会保障事业的改革力度，构建高质量、可持续发展的社会保障体系，从而最大限度发挥社会保障事业改善民生、促进社会公平正义的社会稳定器功能。这也是实现全面建设社会主义现代化国家和实现中华民族伟大复兴的必要条件之一。

---

① 高嘉诚、刘钥：《商业医疗保险对城乡家庭消费的影响研究——来自 CGSS 数据的证据》，《中国劳动》2022 年第 3 期。

② 李许卡：《河南省城市高质量发展的现状、问题及实现路径》，《南都学坛》2022 年第 5 期。

3. 论证

党的十八大以来我国对民生问题高度重视。社会保障作为保障和改善民生、增进人民福祉的基本保障制度，对社会经济发展与民生保障起到至关重要的促进作用。自此构建高质量、可持续发展的社会保障体系已成为扎实推进我国共同富裕的保障基础。2012年至今，我国从社会保险、社会救助等多个方面对社会保障体系进行一体化、全方位的调整与改革，实现了保障人群和待遇水平的稳步提升，社会保障在脱贫攻坚中兜底扶贫效果显著，服务保障功能日益完备。社会保障发展所取得的成就证明了坚持党的正确领导、完善社会保障立法、构建多层次社会保障体系、扎实推进脱贫攻坚的正确性。然而在肯定我国社会保障发展成果的同时，也应清楚意识到我国社会保障事业发展仍有不足之处。因此，该文基于系统集成目标，建议可通过提升社会保障法治化水平、补齐多层次社会保障体系发展短板、推进精细化管理与服务、加强返贫预防等途径来推动我国社会保障事业的高质量发展，巩固民生保障水平。

4. 作者自评和他评

他评。截至2023年2月28日，中国知网数据显示，该文被下载2557次，被引1次。

该文研究观点获得李海舰、朱兰、孙博文的认同。效率与公平是发展中面临的永恒问题，二者相互制约、相互促进。建设公平社会，一要打破根据户籍、社会身份提供公共服务的"旧框框"，构建以"国民身份"为原则的公共服务新体系，实现区域间基本公共服务均等化。深化户籍制度改革，健全农业转移人口市民化机制，落实农民工与城镇职工同工同酬制度。完善农村土地、集体产权、宅基地使用权等要素分配机制，增加农民财产性收入。健全覆盖全民、统筹城乡、可持续的多层次社会保障体系，完善全国统一的社会保障公共服务平台。①

【作者简介】

刘晓梅：东北财经大学公共管理学院教授、博士生导师。

曹鸣远：东北财经大学公共管理学院硕士研究生。

李歆：东北财经大学公共管理学院博士研究生。

刘冰冰：东北财经大学公共管理学院博士研究生。

---

① 李海舰、朱兰、孙博文：《新发展格局：从经济领域到非经济领域——加速启动"五位一体"新发展格局的构建》，《数量经济技术经济研究》2022年第10期。

第 15 名

医疗保险对农村中老年人精神健康的影响
——基于 CHARLS 数据的实证分析

李亚青、王子龙、向彦霖（2022），《财经科学》，第 1 期，第 87—100 页

【内容概览】

1. 问题/议题

医疗保险对农村中老年人精神健康的影响，基于 CHARLS 数据的实证分析。

2. 结论

研究发现，医疗保险显著降低了农村中老年人的精神抑郁程度，也显著提高了他们的认知健康水平。分样本回归结果表明，医疗保险对认知健康的正向影响不存在明显的性别、年龄和收入水平差异，但对精神抑郁的缓解效应显著体现在男性、60 岁及以上的老年组和低收入群体，对女性、中年组和中高收入群体精神抑郁的影响并不显著。此外，相较于居住城镇者而言，居住在农村的中老年人因为医疗保险而显著促进了精神健康。分位数回归和更换被解释变量的回归结果显示，该研究的结果具有稳健性。进一步的机制分析表明，医疗保险主要是通过促进农村中老年人的身体健康、提升其安全预期和生活满意度来提升其精神健康水平的。

3. 论证

在"优先发展农业农村"的新时代，要实现全民健康，需要重点关注农村居民的健康问题。基于 CHARLS 数据，该文以精神抑郁和认知健康为被解释变量实证分析了医疗保险对农村中老年人精神健康的影响。研究发现如下。（1）医疗保险对农村中老年人特别是弱势群体的精神健康有显著的促进作用，且显著体现在男性、60 岁及以上老人和低收入群体。居住在农村的中老年人比居住在城镇的更显著受益于医疗保险。（2）分位数回归和更换被解释变量回归验证了结果的稳健性。（3）机制分析表明，医疗保险通过提高农村中老年人的安全预期和生活满意度来提升其精神健康水平。为此，应进一步扩大医疗保险的参保覆盖面，增进制度公平以提升农村居民的安全预期，并加大农村财政投入和加强健康教育，打破农村精神卫生服务"供需双冷"的困境，从根本上提升农村居民的精神健康水平。

4. 作者自评和他评

他评。截至 2023 年 2 月 28 日，中国知网数据显示，该文被下载 1602 次，被引 6 次。

该文研究观点获得胡艳雪、徐佳靖、范坤义等的认同。CHARLS 数据调查项目是由北京大学国家发展研究院主持、北京大学中国社会科学调查中心执行的，具有全国代表性的随机

抽样调查。调查范围覆盖了不包括西藏在内的中国各省份的所有县级单位。[①] 李亚青等以精神抑郁和认知健康作为心理健康的代理变量，发现医疗保险对于除了通过促进医疗服务利用和提升健康水平来降低抑郁评分外，还可能通过对农村中老年人的安全预期和生活满意度提高来提升精神健康。[②] 老年人的心理健康指标抑郁情绪和认知功能为连续变量，将两个健康指标转化为二分变量再次进行匹配，抑郁情绪得分大于10分的赋值1，代表老年人抑郁，否则，赋值为0；认知功能得分大于17分的赋值为1，代表无认知障碍，认知状况良好，否则，赋值为0。[③]

【作者简介】

李亚青：广东财经大学金融学院副教授。电子邮箱：liyaqing@gdufe.edu.cn.

王子龙：广东财经大学经济学院。电子邮箱：w.zilong@qq.com.

向彦霖：广东财经大学经济学院。电子邮箱：751558103@qq.com.

第16名

大病保险对中老年居民医疗利用及健康的影响
——基于CHARLS数据的实证检验

许新鹏、顾海（2022），《人口与发展》，第1期，第16—29页

【内容概览】

1. 问题/议题

大病保险对中老年居民医疗利用及健康的影响，基于CHARLS数据的实证检验。

2. 结论

研究表明：大病保险制度实施能够显著促进中老年居民住院医疗服务及健康，增加中老年居民住院概率1.03个百分点，提高住院次数0.022次，提高住院总费用10.4%，总体健康水平提高0.023个单位；制度实施主要促进了农村和中等收入群体的住院医疗服务利用和健康水平的改善，对低收入人群住院医疗服务影响有限，且对城镇居民和高收入群体的影响

[①] 胡艳雪：《基于社区居家老年人能力特征的养老服务推荐研究》，硕士学位论文，山东建筑大学，2022年。

[②] 徐佳靖：《基本医疗保险对农村中老年人抑郁评分的影响——基于CFPS的实证分析》，硕士学位论文，武汉大学，2022年。

[③] 范坤义：《社区居家养老服务使用对老年人多维度健康的影响》，硕士学位论文，大连理工大学，2022年。

并不显著；作用机制分析显示大病保险制度实施通过提高居民医疗服务利用进而起到改善其健康水平的作用。研究表明大病保险制度对中老年居民的住院服务利用和健康起到积极作用，但对于低收入群体的效应仍有待进一步改善。

3. 论证

该文主要采用中国健康与养老追踪调查（China Health and Retirement Longitudinal Study，CHARLS）进行分析。

变量选择。被解释变量：在研究医疗服务利用时，该研究采用以下个体住院层面的指标来衡量患者的医疗服务利用——（1）个体最近一年是否住院，该变量为二值虚拟变量，取值为 0 表示最近一年未住院，取值为 1 表示最近一年存在住院行为；（2）最近一年住院总次数；（3）最近一年住院总费用，该费用包括个体自付部分及医疗保险支付部分，为了保证不同年份费用可比，对该指标按照各省医疗保健价格指数进行调整。解释变量：该研究主要考察的是大病保险制度实施对城乡中老年居民医疗服务利用和健康水平的影响，因此解释变量为大病保险是否实施的虚拟变量。

实证研究结果显示，大病保险实施能够在一定程度上增加居民住院医疗服务可及性，在居民住院医疗服务利用方面起到正向促进作用，与预期相符；大病保险能够显著改善城乡中老年居民的健康水平。稳健性检验结果显示，面板数据固定效应模型估计结果与基准回归结果相比无显著差异，固定效应估计结果中是否住院、住院次数和住院费用三个回归模型的系数比基准回归略大，但各系数仍然显著，表明基准模型估计结果的稳健性。

4. 作者自评和他评

他评。截至 2023 年 2 月 28 日，中国知网数据显示，该文被下载 2630 次，被引 3 次。

该文研究观点获得杨婷婷、王玉珠的认同。许新鹏和顾海分别从城乡和收入两个视角出发考察大病保险制度的实施效应，认为大病保险制度的实施对改善中老年居民健康呈现出积极影响。[1] 根据已有文献研究并结合 2015 年与 2018 年 CHARLS 数据可获得性，对于门诊费用的衡量，该研究选用 CHARLS 问卷中"ED006W4：过去一个月去门诊看病的总费用大概是多少？（包括自付和报销费用的总花费）"和"ED007 其中自付费用多少钱？"等两变量分别代表"门诊总费用"和"门诊自付费用"变量。[2]

【作者简介】

许新鹏：南京医科大学公共卫生学院讲师，主要研究健康经济学，卫生政策研究。

顾海：南京大学政府管理学院教授，主要研究健康经济与管理。

---

[1] 杨婷婷：《中国城镇居民潜在健康需求的统计测度研究》，硕士学位论文，河南大学，2022 年。

[2] 王玉珠：《家庭医生签约服务对老年人医疗费用的影响研究——基于 2015 年第 2018 年 CHARLS 数据》，硕士学位论文，北京协和医学院，2022 年。

第 17 名

社会保障支出对就业的影响：效应与机制
——基于人口老龄化视角的门槛效应分析

宋佳莹、高传胜（2022），《兰州学刊》，第 2 期，第 147—160 页

【内容概览】

1. 问题/议题

社会保障支出对就业的影响，即效应与机制，基于人口老龄化视角的门槛效应分析。

2. 结论

该文是基于全国 31 个省级面板数据的实证研究，在人口老龄化视角下分析社会保障支出对中国就业的影响效应与机制。主要结论有如下几点。第一，基于全样本回归模型表明，社会保障支出的提升推动就业率的增长，人口老龄化则抑制就业。但在不同区域存在异质性，表现为在经济发达地区，社会保障支出对就业具有抑制作用，人口老龄化反而对就业具有促进作用；在经济欠发达地区，社会保障支出促进就业发展，老龄化阻碍就业水平的提升；在东部、中部、西部地区的分析中，社会保障支出系数均为正，且东部地区社会保障支出对就业发展正向促进作用最大，西部地区经济发展相对较为落后，相比其他地区社会保障支出能力仍需提高，对就业促进作用较弱；人口老龄化系数均为负，在三大区域中老龄化通过减少劳动力进而抑制就业水平的提升，但西部地区的边际负效应最大。第二，社会保障支出与人口老龄化协同效应分析表明，两者的交互作用在社会保障支出影响就业的过程中产生负向调节效应，使社会保障支出的正效应边际递减。第三，社会保障支出、人口老龄化与就业之间亦呈现非线性关系，均表现为"倒 U 型"。非线性效应主要表现为存在门槛效应，人口老龄化视角下，当人口老龄化跨越双重门槛值时，社会保障支出对就业的边际正效应逐渐递减。主要表现为人口老龄化加重，加大社会保障支出的财政负担，抑制就业水平的提升。

3. 论证

人口老龄化的加深对社会保障支出及就业形成了不可忽视的压力。文章基于中国 31 个省级面板数据，研究人口老龄化视角下社会保障支出对就业的影响机制。结果发现如下。社会保障支出促进就业，而人口老龄化所造成的"人口红利"趋于消失则直接表现为抑制就业。且其存在区域异质性，东部地区的社会保障支出对就业的正向促进作用最大，西部地区促进作用最小；然而对于经济发达地区，社会保障支出对就业产生负效应。此外，社会保障支出与人口老龄化亦通过协同机制对就业进一步产生影响，即人口老龄化促使社会保障支出对就业的正效应边际递减；且社会保障支出对就业的影响呈现"倒 U 型"，而中国正处于"倒 U 型"顶点的左侧。但这一过程存在门槛条件，当人口老龄化程度加深并跨越双重门槛

值时，社会保障支出对就业的正效应逐渐减弱。

4. 作者自评和他评

他评。截至 2023 年 2 月 28 日，中国知网数据显示，该文被下载 2088 次，被引 5 次。

该文研究观点获得段慧芹、赵为民、吕婉莹、陈曦雨等的认同。工资性个人所得税是构成我国个人所得税收入的主要部分，经过分项收入回归分析结果，能够得出人口老龄化对工资性个人所得税收入存在显著的负向影响，这一影响主要是通过减少劳动供给数量来实现的。[1] 首先，扩大社会保障覆盖面，让社会保障资金充分发挥作用；其次，严格控制部分地区社会保障支出规模；再次，健全社会保障资金管理体系，从技术和管理层面提高社会保障支出效率；最后，因地制宜制定社会保障政策。[2] 当前学术界针对人口老龄化的测度，大多数学者采用单一变量来衡量，如国外学者倾向于使用剩余预期寿命、前瞻年龄或 50 岁以上人口与 20 岁至 49 岁人口的比例进行评价，而国内学者大多在测度人口老龄化时使用的是老年人口系数或者老年人口抚养比来进行衡量。[3]

【作者简介】

宋佳莹：南京大学政府管理学院博士生。

高传胜：南京大学政府管理学院教授、博士生导师，国家高端智库建设培育单位"长江产业经济研究院"特约研究员。

第 18 名

第三支柱个人养老金发展的制度要素：基于国际比较的分析

张盈华（2022），《华中科技大学学报（社会科学版）》，
第 2 期，第 48—57 页

【内容概览】

1. 问题/议题

第三支柱个人养老金发展的制度要素：基于国际比较的分析。

2. 结论

个人养老金作为公共养老金的重要补充，是老年收入保障的重要制度安排。从研究分析

---

[1] 段慧芹、赵为民：《人口老龄化对个人所得税收入的冲击效应与传导机制》，《税收经济研究》2022 年第 5 期。
[2] 吕婉莹：《吉林省社会保障财政支出与效率研究》，硕士学位论文，吉林财经大学，2022 年。
[3] 陈曦雨：《人口老龄化对科技创新的影响》，硕士学位论文，重庆工商大学，2022 年。

来看，不同国家个人养老金的发展环境有明显差别。

制度强制性和激励性可促进提高参与率，但制度间替代性会削弱其效力。实行强制参与的国家，个人养老金与职业年金的参与率较高，但养老金资产占GDP的比重差异大。例如芬兰与丹麦相差4倍之多，这与公共养老金的"挤出"有很大关系，芬兰老年收入中公共转移占比是丹麦的近1.8倍。在两组国家中，第二组国家制度间替代性显著高于第一组国家，例如德国公共转移占老年收入的70.6%，在发展第三支柱时引入政府补助措施，但仍受到公共养老金的"挤出"。制度间替代性削弱了制度强制性和激励措施的效力。

居民家庭的资产管理偏好和制度弹性是个人养老金发展出现差异性的重要因素。与第二组国家相比，第一组国家的家庭金融资产构成中"货币型"资产占比较低，"信托型"资产占比明显较高，金融素养越高，资产管理越主动，金融文化基础越好，对个人养老金的接受度也就越高。美国、加拿大采取自愿参与原则，其制度间替代性相对弱，金融文化基础好，养老金资产是重要的国民经济构成；日本也采取自愿参与原则，制度间替代性不高，但居民家庭资产管理保守，持有的"货币型"资产占家庭金融资产的55%以上，是加拿大和美国的2.6~4.7倍，个人养老金发展的金融文化基础相对薄弱。

制度弹性对增强制度吸引力不可或缺。制度弹性设计充分尊重消费者选择权。新西兰采取自动加入、自由退出机制，并将覆盖面扩大到未成年人，参与机制灵活；设置多档缴费，吸引不同收入群体参与；提供多个投资选择，满足不同风险偏好参与者的需求。加拿大和美国实行EET和TEE等多种税优形式，参与者可选择在缴费环节或领取环节享受税优，满足不同参与者的激励需求；美国以个人账户衔接为纽带，将第二支柱和第三支柱打通，将养老金"锁定"终身，不因离职或变换养老金计划而"断缴"，形成第二、第三支柱联动效力。新西兰、加拿大等国对个人养老金账户"提前支取"作了限制性规定和返还要求，提高资金使用效率，打消参与者对流动性损失的顾虑。智利对个人养老金进行改革，从单一机构运营转向多家机构运营，单一养老金产品转向多种养老金产品，增强了制度吸引力。

从这些国家的经验看，个人养老金发展既要有政策措施的推动，也要有生态环境的培育，在制度强制性、制度间替代性、家庭资产管理偏好、制度弹性等方面，选择多个制度要素并举，并有所侧重，才能形成合力。

3. 论证

我国第三支柱个人养老金发展迟缓，税优激励和税收递延型个人商业养老保险的产品设计不足固然是原因，但在对OECD成员国私人养老金制度进行分类研究后发现，制度强制性或激励性、制度之间替代性、家庭资产管理偏好、制度弹性是区分各国个人养老金参与率差异的重要制度要素。有鉴于此，该文对完善我国第三支柱个人养老金制度提出四点建议：提升个人养老金在民生保障中的地位，引入自动加入和政府补助激励机制，改善税优政策和账户管理方式，增进供给主体多元化与养老金产品多样性。

4. 作者自评和他评

他评。截至 2023 年 2 月 28 日，中国知网数据显示，该文被下载 2502 次，被引 3 次。

该文研究观点获得范洪敏、刘畅、穆怀中、徐晶、李丽丽的认同。强化养老服务金融监管，充分调动金融机构的积极性，提供优质的养老金融产品和服务。同时应采取针对性措施有效解决替代率、参与率、经营模式、监管等关键问题，包括探索政府补助和自动加入机制，鼓励更多流动人口、农民工、灵活就业人员等人群参保。① 同时应采取针对性措施有效解决替代率、参与率、经营模式、监管等关键问题，包括探索政府补助和自动加入机制，鼓励更多流动人口、农民工、灵活就业人员等人群参保。② 为推进多层次的养老保险体系建设，我国第三支柱个人养老金制度于 2022 年 11 月落地。除了将个人养老金制度改革纳入国家重大改革内容外，更多利好个人养老金产品发展及投资的政策也在加紧酝酿。中国人民银行、银保监会、证监会等金融监管机构相继发布不同个人养老金产品试点通知，符合规定的银行理财、商业养老保险、养老基金等金融产品有望成为第三支柱产品。此外，鼓励养老金投资增配权益性资产和另类资产政策也将适时出台。伴随养老金融对内外开放政策的落地，我国个人养老金市场将迎来新一轮扩容。③

【作者简介】

张盈华：中国社会科学院社会发展战略研究院副研究员，中国社会科学院世界社保研究中心执行研究员。

第 19 名

基本养老保险全国统筹：挑战、目标与阶段性改革建议

朱小玉、施文凯（2022），《中州学刊》，第 1 期，第 92—98 页

【内容概览】

1. 问题/议题

基本养老保险全国统筹：挑战、目标与阶段性改革建议。

---

① 范洪敏、刘畅、穆怀中：《第三支柱个人养老金账户缴费率、替代率研究》，《新金融》2022 年第 7 期。
② 范洪敏、徐晶、穆怀中：《挤入抑或替代：家庭养老、社会养老对个人养老影响研究》，《西北人口》2022 年第 6 期。
③ 李丽丽：《第三支柱个人养老金：美国、新西兰、加拿大三国的发展经验与启示》，《国际金融》2022 年第 11 期。

2. 结论

该文的结论是，实现基本养老保险全国统筹是我国基本养老保险制度改革的重要目标。为了实现这一目标，需要以实现统一性、提高互济性、促进公平性和保障可持续性为基本目标，坚持"全国一盘棋"的系统性思维，分阶段推进改革。在"十四五"时期，应从中央调剂制度过渡到以收支平衡为目标的中央差额缴拨制度，并优化管理体制，强化激励约束。同时，在此基础上逐步将基本养老保险推进到全国统筹的高级阶段。具体来说，需要从基金运行和管理制度两方面搭建起基本养老保险全国统筹的基本框架，完善全面预算、责任分担和激励约束等关键机制，同时防范因此可能带来的风险。

3. 论证

基本养老保险全国统筹面临的旧约束与新挑战。第一，基本养老保险全国统筹需要突破的旧约束，一是依法合规征缴任重道远；二是制度内部参数漏损依然存在；三是区域间基金收支不平衡加剧。第二，当前基本养老保险全国统筹面临的新挑战，一是疫情加速基金收支不平衡；二是灵活就业冲击参保缴费；三是宏观经济运行不确定性增加。

基本养老保险全国统筹的核心任务与"三步走"方案。第一，当前基本养老保险全国统筹的核心任务，一是实现统一性，建立全国统一的要素市场；二是提高互济性，抵御老龄化的长期系统性风险；三是促进公平性，平衡人口流动带来的基金盈亏；四是保障可持续性，提升基金监管和投资运行的效率。第二，基本养老保险全国统筹的"三步走"方案，第一步：以中央调剂制度开启跨地区盈缺调配；第二步：以中央差额缴拨制度推动区域收支平衡；第三步：逐步将基本养老保险推进到统收统支的全国统筹的高级阶段。

"十四五"时期基本养老保险全国统筹改革的基本框架与关键机制。第一，构建现阶段基本养老保险全国统筹基本框架，一是在基金运行方面再造资金流动的"收、支、管、补"流程；二是在管理制度方面提升"七统一"的内部统一性和外部协调性。第二，完善基本养老保险管理的关键机制，一是以提高预见性、准确性、完整性和科学性完善全面预算机制；二是以事权匹配、财力匹配、分类管理为原则构建责任分担机制；三是以夯实责任、科学评价、严格考核为目标建立激励约束机制。

基本养老保险全国统筹的风险预判与未来展望。第一，推进基本养老保险全国统筹需重视的风险，包括地方风险向中央集中、基金风险向财政转移、市场压力向征缴传导、待遇攀比向待遇调整施压。第二，基本养老保险全国统筹第三阶段展望与建议。一是提高统筹层次是不可动摇的发展方向；二是增强"双属性公平"是制度的核心内在要求；三是垂直的财政预算和税费征缴是基本的财力保障；四是统一而高效的信息服务平台是制度运行的基石。

4. 作者自评和他评

他评。截至2023年2月28日，中国知网数据显示，该文被下载1974次，被引5次。

该文研究观点获得彭琪雯、许海东、刘明慧、王婷、齐海鹏、边恕、王子龙等的认同。近些年，我国的养老保险基金虽然每年都有一定结余，但在不同地方存在显著的差距，主要是因为我国各区域的发展不平衡，导致经济与社会发展水平出现一定的差距。[1] 以回应各地养老保险资源需求为着眼点，从宏观层次提升养老保险基金收支的有效性。[2] 个人领取养老金待遇条件的调整。在人口老龄化背景下，我国劳动力供给将出现越发明显的短缺情况，因此，提高男女法定退休年龄，既能对冲社保降费等对养老金支付产生的压力，又能有效增加劳动力供给。[3]

【作者简介】

朱小玉：中国财政科学研究院社会发展研究中心助理研究员，管理学博士。

施文凯：中国财政科学研究院社会发展研究中心助理研究员，管理学博士。

第 20 名

社会养老保障水平与农地流转市场发育
——基于数量和质量的双重视角

钱文荣、洪甘霖、郑淋议（2022），《农业经济问题》，第 8 期，第 4—18 页

【内容概览】

1. 问题/议题

基于数量和质量的双重视角，检验了农户社会养老保障水平对农地流转市场发育的影响。

2. 结论

研究发现，中青年人的社会养老保障水平提高总体上并不会促进农地流转市场的发育，但在面临较小规模的农地流转时会起显著的促进作用；而对于老年农户来说，社会养老保障水平的提升确实能对农地流转市场发育起到显著的促进作用。

---

[1] 彭琪雯、许海东：《人口老龄化背景下中外养老保险制度的比较与启示》，《安徽农业大学学报（社会科学版）》2022 年第 3 期。

[2] 刘明慧、王婷、齐海鹏：《养老保险全国统筹央地支出责任分担的制度逻辑与推进路径》，《地方财政研究》2022 年第 4 期。

[3] 边恕、王子龙：《基本养老保险全国统筹：政策内涵、制度衔接与央地关系》，《地方财政研究》2022 年第 4 期。

3. 论证

核心假说：社会养老保障水平的提高有助于农地流转在数量和质量双重维度上得到提升。推论1：当农户的农地流转规模较小时，进一步提升其保障水平会促使农地流转在数量和质量上得到提升，促进农地流转市场的发育。

推论2：当农户的农地流转规模较大时，进一步提升其保障水平不会促使农地流转在数量和质量上得到提升。

变量选择。第一，因变量。该文主要使用以下两种方式具体衡量农地流转市场的发育，一是以农地流转占比为代表的数量视角，二是以农地流转年限为代表的质量视角。该文还设置了"农地是否全部转出"这一二分变量以及"长期转出的农地占比"和"全部转出的流转年限"两个连续变量。第二，核心自变量。该文设置的两个自变量分别为"平均缴费对数"和"平均收入对数"，前者代表了中青年农户的缴费水平，后者则是老年农户的收入水平。

实证结果。基本回归结果显示社会养老保障水平对农地流转数量与质量的影响至少在中青年农户层面的作用是较为复杂的，其中的收入机制究竟在何种社会养老保障水平上能够影响农地流转还不得而知，需要对模型进一步处理再做分析。分位数回归结果显示所有在低分位点上的估计系数都通过了1%的显著性水平检验且方向为正，证明了该文提出的推论1。在高分位点上，除涉及农地是否全部流转的估计系数外，其余估计系数均不显著，部分证明了该文提出的推论2。

4. 作者自评和他评

他评。截至2023年2月28日，中国知网数据显示，该文被下载736次，被引3次。

该文研究观点获得田媛、高延雷、马桂方、郑军、王真以及李思颖的认同。"土地资本方面，承包地面积、耕地细碎化程度、耕地质量和地块区位等对农地交易市场化具有显著影响。土地承包面积越大，农户土地转出规模越小。"① "J_t+1为集体经济收入水平。"② "发现新型农村社会养老保险能够促进60岁以上老年农户的耕地转出。"③

【作者简介】

钱文荣：浙江大学中国农村发展研究院院长。

洪甘霖：浙江大学中国农村发展研究院博士研究生。

郑淋议：浙江大学中国农村发展研究院博士研究生。

---

① 田媛、高延雷、马桂方：《产权稳定对农地交易市场化的影响——基于CRHPS数据的实证分析》，《中南大学学报（社会科学版）》2022年第6期。

② 郑军、王真：《乡村振兴视角下商业养老保险对土地流转影响研究》，《财经理论与实践》2022年第5期。

③ 李思颖：《生计资本、生计策略对农户土地流转影响研究——基于辽宁省数据分析》，硕士学位论文，沈阳农业大学，2022年。

第 21 名

中国退休制度设计：基于激励、保险和再分配效应的研究

张熠、张书博、陶旭辉（2022），《管理世界》，第 7 期，第 90—108 页

【内容概览】

1. 问题/议题

中国退休制度设计：基于激励、保险和再分配效应的研究。

2. 结论

理论模型和实证模拟论证发现：对外生不可控因素导致的退休行为仍应当采用完全灵活退休制度以实现保险功能；目前"一刀切"的法定强制退休制度虽然具有激励效应，但由于老年人劳动意愿和能力的异质性，已经造成了福利损失，有必要加强弹性设计；从再分配效应来看，随着退休年龄延迟，应提高提前退休期间的待遇水平以防止劳动力市场弱势群体利益受损；当前最具价值的改革是引入延迟退休待遇，即允许劳动者一边从事正式工作，一边领取部分养老金。

3. 论证

通过一个简约的内生退休模型，该文研究发现我国退休制度设计关键问题是合理设定"四个要素"，一是法定退休年龄或者说目标退休年龄，二是在目标年龄正常退休者的养老保险待遇水平，三是针对提前退休者在未达到法定退休年龄时的社会保障待遇水平，以下简称"提前退休待遇"，四是针对延迟退休者在超过法定退休年龄后，但未实际退休时的社会保障待遇水平。正确处理退休制度产生的"三个效应"，即"激励效应"、"保险效应"和"再分配效应"；在制度设计与改革中把握好关键的"两个原则"，在效率方面"激励效应"和"保险效应"的平衡。在此基础上结合实际数据，该文通过模型和模拟方法定量论证了我国退休制度设计以及未来改革调整中具体可操作的完善建议。

该文首先重点说明退休制度设计的理论分析框架、关键的"两个原则"，并演示"三个效应"，即激励效应、保险效应和再分配效应的来源；其次在模型分析部分，先通过一个简明而机制清晰的代表人模型，演示激励效应和保险效应，从效率角度分析各种退休政策的福利效果，然后再引入异质性冲击，建立异质性模型，从而可以分析再分配效应；再次对模型进行校准和政策模拟，分析不同退休政策的影响和作用机制；最后予以讨论和总结。

4. 作者自评和他评

他评。截至 2023 年 2 月 28 日，中国知网数据显示，该文被下载 1277 次，被引 1 次。

该文研究观点获得胡畔、董克的认同。一是赋权老年人就业自由，保障老年人就业权益。加快出台 A 省老年人权益保障条例，反对就业年龄歧视、保障老年人就业同工同酬等，切实保障老年人参与社会劳动的权益。为再就业老年人提供工伤、养老保险等，保障老年人合法权益的同时，降低企业雇用老年人的风险，消除企业顾虑。二是改革退休制度，已有研究证明，当前最具意义的改革是引入延迟退休待遇。[①]

【作者简介】

张熠：经济学博士，上海财经大学公共经济与管理学院教授、博士生导师、院长助理、社会保障与社会政策系主任。

张书博：首都经济贸易大学劳动经济学院讲师。

陶旭辉：上海财经大学公共经济与管理学院博士研究生。

第 22 名

住房公积金与家庭金融资产配置
——来自中国家庭金融调查（CHFS）的证据

周华东、李艺、高玲玲（2022），《系统工程理论与实践》，
第 6 期，第 1560—1578 页

【内容概览】

1. 问题/议题

住房公积金与家庭金融资产配置，来自中国家庭金融调查（CHFS）的证据。

2. 结论

第一，住房公积金显著影响家庭持有风险金融资产的概率及比重，拥有住房公积金的家庭持有风险资产的概率和比重均显著高于未拥有住房公积金的家庭。第二，住房公积金通过两种渠道影响家庭金融资产配置：其一，融资渠道，公积金贷款为家庭提供了低成本融资，间接为居民投资风险金融资产提供了资金；其二，储蓄渠道，公积金制度降低了居民预防性储蓄水平，使居民将部分安全资产向风险资产转移，以获得更为可观的收益。

3. 论证

变量选择。该文使用的被解释变量为家庭风险金融资产配置。该文的核心解释变量是与

[①] 胡畔、董克：《老龄化背景下老年人力资源开发路径研究——以 A 省为例》，《池州学院学报》2022 年第 5 期。

公积金制度相关的变量，由于公积金制度的内涵丰富，该文基于问卷设计将公积金制度内涵细分为两个维度：其一，参与广度，即家庭中至少有一人缴纳了公积金，用于该文主回归分析；其二，参与活跃度，使用家庭是否提取或使用了部分公积金来表示，用于稳健性检验。控制变量主要包括家庭成员特征变量、家庭基本经济状况变量和地区特征变量。

回归结果显示，第一，缴存公积金会提升家庭参与股票市场和金融市场的概率；第二，缴存公积金会显著提高家庭持有风险金融资产的比重。通过核心解释变量"家庭是否缴存公积金"重新定义为"户主是否缴存公积金"，以检验户主是否缴存公积金对家庭资产配置行为的影响。基本回归结果一致，进一步表明结果是稳健的。

采用逐步法检验中介效应，结果显示中介变量公积金贷款显著促进了家庭风险金融市场的参与及风险资产的持有比重，且在加入中介变量后，家庭是否缴纳公积金对家庭风险金融市场的参与及风险资产的持有比重的影响略有下降，表明该中介效应的存在。

4. 作者自评和他评

他评。截至 2023 年 2 月 28 日，中国知网数据显示，该文被下载 1603 次，被引 4 次。

该文研究观点获得段忠东、吴文慧、吴义东、王先柱、易瑨等的认同。该文进一步检验位于不同的地理区域和不同金融发展水平地区的家庭，其参与住房公积金对风险金融资产组合有效性的影响异质性。该文借鉴周华东等的做法，采用 2018 年中国各省（自治区、直辖市）的数字普惠金融指数衡量家庭所处地区的金融发展水平，设定了"金融发展高水平地区"和"金融发展低水平地区"两个虚拟变量。① 概括而言主要包括"工资说""福利说""负担说"等。显然，这些观点一方面存在明显分歧甚至意见相左，另一方面依然不够深入。② 周华东等实证发现拥有住房公积金的家庭持有风险资产的概率和比重均显著高于未拥有住房公积金家庭，通过融资和储蓄渠道影响家庭金融资产配置。③

【作者简介】

周华东：副教授，博士，主要研究城市与房地产经济。电子邮箱：hdzhou@ hfut. edu. cn。

李艺：硕士研究生，主要研究区域经济。电子邮箱：1579103010@ qq. com。

高玲玲：博士，主要研究区域经济、公司金融。电子邮箱：lgao@ hfut. edu. cn。

---

① 段忠东、吴文慧：《住房公积金对城市家庭投资组合有效性的影响研究》，《上海金融》2022 年第 8 期。

② 吴义东、王先柱：《共同富裕视角下住房公积金制度的改革思路——逻辑解释、问题剖析与政策优化》，《浙江工商大学学报》2022 年第 5 期。

③ 易瑨：《工作单位类型、投资风险偏好与家庭风险资产投资》，硕士学位论文，华中师范大学，2022 年。

第 23 名

社会监督与企业社保缴费——来自社会保险监督试点的证据

赵仁杰、唐珏、张家凯、冯晨（2022），《管理世界》，
第 7 期，第 170—184 页

【内容概览】

1. 问题/议题

社会监督与企业社保缴费的关系，来自社会保险监督试点的证据。

2. 结论

该研究发现：社会监督能有效提升企业社保实际缴费率和参保率，且中央试点的政策效应要大于地方试点。异质性分析表明社会监督主要提高了由税务部门征收以及民营、小微型企业的社保缴费合规性，对非民营企业和大中型企业的影响较小。进一步研究发现社会监督能够改善政府对企业社保缴费信息的获取能力和约束地方弹性征管行为，提高参保企业实际缴费基数和促进未参保企业参保。该文研究表明，即使在税务部门全责征收社保的情况下，构建有效的外部监督机制仍有助于规范企业社保缴费行为。这为提升社保基金收入安全和进一步下调法定缴费率提供了政策空间，也为从社会监督体系建设角度提高政府治理能力提供了政策启示。

3. 论证

变量选择。第一，被解释变量：企业社保缴费水平，分别用企业社会保险实际缴费率、是否参保两个变量度量。第二，核心解释变量：社会保险基金社会监督制度。在基准回归中，不区分试点政策是由人社部确定还是地方自发试点，如果城市实施了社会保险社会监督试点，则在当年及以后年份赋值为 1，反之则为 0。在后续的稳健性检验中，根据政策试点的发起方和政策试点的内容差异等对变量进一步赋值。第三，控制变量：包括企业的资产负债率、企业年龄、资产规模的对数值和人均工资水平、地区层面的 60 岁及以上人口占比、人均 GDP、第二产业占比、财政收支缺口、职工基本养老保险法定缴费率等。

基本结果及稳健性检验。第一，基本实证结果显示，社会监督能够显著提高企业社保实际缴费率，改善企业缴费水平，社会监督试点会显著提高企业社会保险参保率，因此实施社会监督在总体上能够提升企业社会保险实际缴费率和参保概率，社会监督有助于改善企业社保缴费合规性。第二，稳健型检验，一是平行趋势假设结果表明随着社会监督试点政策的实施，社会监督对企业社保实际缴费率和参保率的正向影响会逐渐显现；二是采用连续存续企

业的平衡面板数据进行稳健性检验，结果表明社会监督政策提高试点地区企业社保缴费率和参保率的结论仍然成立；三是在对政策内生性的讨论得出政策实施前的社会经济变量和企业社保平均缴费水平未对是否实施社会监督试点产生显著影响。

4. 作者自评和他评

他评。截至 2023 年 2 月 28 日，中国知网数据显示，该文被下载 2994 次，被引 0 次。

【作者简介】

赵仁杰：西北大学经济管理学院经济学系副教授，经济学博士学位，主要研究公共经济学和中国特色社会主义政治经济学。

唐珏：上海财经大学公共经济与管理学院副教授，主要研究社会保障经济学、劳动经济学。电子邮箱：tangjue@ mail. shufe. edu. cn。

张家凯：纽约城市大学经济系。

冯晨：西安交通大学经济与金融学院助理教授，主要研究发展经济学与公共经济学。

第 24 名

人口老龄化、养老保险制度设计与收入不平等的动态演化

汪伟、靳文惠（2022），《世界经济》，第 2 期，第 137—161 页

【内容概览】

1. 问题/议题

人口老龄化、养老保险制度设计与收入不平等的动态演化。

2. 结论

该文主要研究结论如下。（1）当生育外生时，养老保险统筹账户养老金计发办法可以激励低收入群体投入更多子代教育，从而缩小子代人力资本差距并降低代内收入不平等；当生育内生时，由于还存在生育"数量—质量"互替机制，不同收入群体的生育数量具有差异，代内收入不平等的演化方向将变得不再清晰。（2）当生育外生时，预期寿命延长会通过养老保险制度降低代内收入不平等并提高代际收入不平等，生育率下降则会通过养老保险制度降低代内收入不平等且对代际收入不平等的影响不确定；当生育内生时，预期寿命延长通过养老保险制度对代内和代际收入不平等的影响都是模糊的。（3）数值模拟显示，在人口老龄化冲击下，养老保险制度对总体收入分配的正向调节作用被弱化，总体收入不平等的下降趋势甚至可能被逆转。

3. 论证

模型构建。该文将个体一生分为少年期、成年期及老年期三个阶段，构建三期世代交叠模型。模型假定经济系统是封闭的完全竞争市场经济，个体以自身效用最大化为目的进行决策，企业生产追求利润最大化，政府在养老保险体系中需要确保养老保险统筹账户基金的收支平衡。

模型求解与分析。第一，人口老龄化和养老保险制度对代内收入不平等的影响。一是分析养老保险统筹账户缩小基础养老金收入差距，二是分析养老保险统筹账户降低子代的代内收入不平等，三是分析人口老龄化对养老保险代内收入分配效应的影响。

数值模拟。根据已有文献研究，三期世代交叠模型的每期长度为25—30年。考虑个体寿命有不断延长趋势，该文将每期长度设为30年。数值模拟部分采用基尼系数衡量收入不平等程度。

4. 作者自评和他评

他评。截至2023年2月28日，中国知网数据显示，该文被下载2623次，被引2次。

该文研究观点获得刘丰、罗浩、周延的认同。汪伟、靳文惠从代际的视角发现，预期寿命延长对代内和代际收入不平等的影响具有不确定性。[①] 养老保险制度作为社会保险制度的重要组成部分，具有调节收入再分配的基本功能。[②]

【作者简介】

汪伟：上海财经大学公共经济与管理学院教授，上海市金融信息技术研究重点实验室。电子邮箱：wangwei2@mail.shufe.edu.cn.

靳文惠：上海财经大学公共经济与管理学院。电子邮箱：aizaixihe@163.com.

第25名

建设适应共同富裕的社会保障制度

何文炯（2022），《社会保障评论》，第1期，第23—34页

【内容概览】

1. 问题/议题

建设适应共同富裕的社会保障制度。

[①] 刘丰：《预期寿命延长有助于降低收入不平等吗？——人力资本视角的影响机制考察与实证》，《上海经济研究》2022年第11期。

[②] 罗浩、周延：《养老保险降费对消费不平等的影响》，《消费经济》2022年第5期。

2. 结论

改革开放以来，我国社会保障制度改革和建设取得了伟大成就，但从共同富裕的视角看，还存在诸多缺陷，因而要深化社会保障制度改革，以适应共同富裕的进程。具体而言，社会保障制度要实现三个"增强"：增强反贫困功能，增强收入再分配功能，增强对经济社会发展的适应性。据此，现阶段的重点是：优化社会保障项目体系和层次结构，改进社会保障制度和政策设计，完善社会保障制度运行的管理体制和运行机制。

3. 论证

社会保障制度是实现共同富裕的重要基础。第一，社会保障是满足国民基本需要的基础性制度安排。国家通过完善社会保障制度，为低收入群体提供有针对性的基本风险保障，实现了"两不愁三保障"，为消除绝对贫困、取得脱贫攻坚战的全面胜利作出了重要贡献。第二，社会保障是实行国民收入再分配的重要途径。由于社会保障项目众多并惠及全体社会成员，其不仅能够满足社会成员的基本需要，而且能够促进社会发展成果共享，因而有效的社会保障制度能够对共同富裕作出重要的贡献。第三，多层次社会保障体系有益于普遍富裕基础上的差别富裕。与共同富裕在普遍富裕基础上实现差别富裕的道理相同，社会成员所获得的风险保障也是有差异的，这种多层次社会保障体系的建立与完善在本质上与共同富裕目标的实现相契合。

现行社会保障制度与共同富裕不相适应的主要表现。第一，现行社会保障制度对改善全社会收入分配状况的贡献不够。第二，现行社会保障制度对改善全社会收入分配状况的贡献不够。第三，社会保障政策不统一导致国民权益差异且不利于区域均衡发展。

基于共同富裕的社会保障制度深化改革思路。第一，增强社会保障制度的反贫困功能。第二，增强社会保障制度的再分配功能。第三，增强社会保障体系对经济社会发展的适应性。

现阶段社会保障制度深化改革的重点，第一，完善社会保障项目体系和层次结构。第二，优化社会保障制度和政策设计。第三，完善社会保障管理体制和运行机制。

4. 作者自评和他评

他评。截至2023年2月28日，中国知网数据显示，该文被下载1947次，被引4次。

该文研究观点获得顾昕、惠文、胡宏伟、王红波、杨立雄等的认同。健全再分配调节机制是完善分配制度的重要内容，社会保障是再分配的重要手段，也是扎实推进共同富裕的基础性制度安排。从新时代推进全体人民共同富裕的实践要求来看，社会保障进入高质量发展阶段，关键问题之一是强化其再分配功能，使之成为更加公平的社会风险分摊制度。[1] "富

---

[1] 顾昕、惠文：《共同富裕视域下全民医保的再分配效应研究》，《财经问题研究》2022年第12期。

裕"和"共享"是共同富裕的两个要点。因此，促进共同富裕要求重特大疾病医疗保险和救助制度既要发挥传统反贫困的功能，为实现"富裕"奠定经济基础，又要致力于改善医疗保障待遇利用的不平衡、不充分状态，为"共享"创造条件。① 有鉴于此，该文基于实现共同富裕这一战略目标，分析现行社会救助面临的挑战和未来改革方向。②

【作者简介】

何文炯：浙江大学民生保障与公共治理研究中心主任，中国社会保障学会副会长，主要研究社会保障理论与政策。

第 26 名

政策的漂移、转化和重叠——中国失业保险结余形成机制研究

刘军强（2022），《管理世界》，第 6 期，第 101—117 页

【内容概览】

1. 问题/议题

政策的漂移、转化和重叠，中国失业保险结余形成机制研究。

2. 结论

该文的结论是，失业保险基金结余率过高和领取率过低的问题源于政策漂移、转化和重叠等多种因素。具体来说，失业保险制度在实施过程中存在范围限制、失业金标准过低、参保率偏低、待遇发放环节限制等问题，导致资金流入多而流出少，基金难以充分转化为保障而是沉淀下来。此外，失业保险与财政就业补助资金、低保制度之间存在重叠，资金重复配置也加剧了基金结余的问题。

为了解决这些问题，该文提出了一些对策建议。首先，应该扩大失业保险的覆盖范围和提高失业金标准；其次，应该加强对参保率和领取率的监管，并简化待遇发放程序；最后，应该优化社会保障制度之间的协调机制，避免资金重复配置。

总而言之，该文通过对失业保险基金结余形成机制进行深入分析，提出了一系列解决方案。这些方案有望改善中国社会政策的利用率和风险再分配机制，并进一步提高失业保险对

---

① 胡宏伟、王红波：《完善重特大疾病医疗保险和救助制度的路径探讨》，《中国医疗保险》2022 年第 8 期。

② 杨立雄：《从兜底保障到分配正义：面向共同富裕的社会救助改革研究》，《社会保障评论》2022 年第 4 期。

失业者的保障作用和加强对抗经济周期的功能。

3. 论证

失业保险基金为缓和疫情带来的就业压力作出了很大贡献,但其结余率过高、领取率过低却属历史痼疾,说明其运行效率仍有改善空间。该文分析了基金结余形成机制:(1)政策漂移,即支出范围限制以及过低的失业金标准导致资金流入多而流出少,基金难以充分转化为保障而是沉淀下来;(2)政策转化,即失业保险参保率偏低且待遇发放环节因基金安全考虑而限制较多;(3)政策重叠,即失业保险与财政就业补助资金、低保制度之间存在重叠,资金重复配置。根本上,失业保险与劳动力市场等宏观结构脱嵌导致"高险低保、高保低险"的错配。该研究有助于理解中国社会政策的利用率和风险再分配机制,进而改善失业保险对失业者的保障作用和对抗经济周期的功能。

4. 作者自评和他评

他评。截至2023年2月28日,中国知网数据显示,该文被下载582次,被引0次。

【作者简介】

刘军强:清华大学社会学系长聘教授、博士生导师。电子邮箱:liujunqiang@ tsinghua. edu. cn.

第27名

社保缴费与企业管理数字化

夏常源、毛谢恩、余海宗(2022),《会计研究》,第1期,第96—113页

【内容概览】

1. 问题/议题

社保缴费与企业管理数字化。

2. 结论

该文以2008—2019年我国A股制造业上市公司的大样本实证发现,无论是在经济意义还是在统计意义上,社保缴费都会显著提升企业的管理数字化水平。作用机制检验结果表明,这一影响是人力成本机制和人力资本机制共同作用的结果,但相较于吸引和激励高技能劳动力以拓展管理数字化应用场景和效果,替代重复性工作劳动力的人力成本机制对社保缴费提升企业管理数字化的解释力度更强。考虑到社保缴费对企业管理数字化的影响可能因企业性质的不同而出现差异,该文区分异质性企业展开了进一步检验。结果显示,相较于对人

力成本相对不敏感的非劳动密集型企业、承担稳定就业目标的国有企业、生命阶段处于成熟期的企业以及向客户转嫁成本能力较强的低客户集中度企业，社保缴费对企业管理数字化的作用在劳动密集型企业、以盈利为首要目标的民营企业、成长期企业以及高客户集中度企业中更为明显。最后，比较分析社保缴费和其他劳动力成本对企业管理数字化的作用差异发现，社保缴费除了人力成本机制外还可通过优化员工激励契约的人力资本机制，对企业管理数字化发挥更加明显的提升作用。

3. 论证

该文以2008—2019年我国A股制造业上市公司为样本，考察社保缴费如何影响企业管理数字化。研究发现，企业为其雇员多缴纳1%的社会保险，其管理数字化投入相应增加约0.33%。区分人力成本和人力资本作用机制发现，社保缴费提升管理数字化的逻辑主要在于替代重复性工作的劳动力，但吸引高技能劳动力以拓展管理数字化应用场景也发挥了部分中介作用。进一步分析表明，该作用因劳动密集型与否、是否以盈利为首要目标、所处不同生命周期阶段以及成本转嫁能力强弱而呈现明显差异。该文还发现不同于到手工资，社保缴费可通过优化员工激励契约影响企业管理数字化。该文既拓展了现有研究认识，也有助于政府及企业妥善应对社保缴费压力和数字化转型困境。

4. 作者自评和他评

他评。截至2023年2月28日，中国知网数据显示，该文被下载2565次，被引2次。

该文研究观点获得王靖懿、王暮涵的认同。具体地讲，参考吴非等、吴武清等和夏常源等的做法，该节采用从上市公司年报中手工整理的"软件支出"数据与营业收入的比值来衡量上市公司的信息化程度（ICT）。[①] 对于上述章节分析的宏观数据结果，可以明显地发现企业社保缴费率在2010—2018年与城镇就业增长率呈负相关关系，社保缴费率下降，城镇就业增长率上升，社保缴费率上升，则城镇就业增长率下降。[②]

【作者简介】

夏常源：西南财经大学中国金融研究院/会计学院副教授、博士生导师，研究方向为保险治理、风险管理与公司金融研究。电子邮箱：xiacy@swufe.edu.cn.

毛谢恩：西南财经大学中国金融研究院/会计学院。

余海宗：西南财经大学中国金融研究院/会计学院教授，博士生导师。

[①] 王靖懿：《上市公司业绩承诺契约设计及其有效性研究——基于并购双方委托代理冲突视角》，博士学位论文，西南财经大学，2022年。

[②] 王暮涵：《企业社会保险缴费对就业的影响——基于A股上市公司的研究》，硕士学位论文，河南大学，2022年。

第 28 名

长期护理保险赋能农村养老问题研究

唐金成、李莹莹（2022），《南方金融》，第 3 期，第 63—76 页

【内容概览】

1. 问题/议题

长期护理保险赋能农村养老问题研究。

2. 结论

该文的结论是，长期护理保险制度是完善农村养老服务的重要一环，对于解决农村地区高速老龄化及空心化现象带来的养老需求快速增长具有重要意义。长期护理保险可以赋能农村养老，有助于医疗资源进行更合理的配置，提高保障程度，有效补充农村养老。然而，在我国农村发展长期护理保险过程中存在需求具有隐蔽性、资金投入持续性不足、申请保险给付的困难较多、保险监管难度较大、商业性保险产品供给与配套服务不足等问题。因此，该文提出了以下政策建议：加强政策引导，挖掘农村居民隐性的保险需求；加快建立农村长期护理保险"农民＋政府＋社会"筹资模式；降低护理需求者资格审核门槛，提高评估效率；构建"村级护理中心＋村民互助小组＋医疗机构驻派村"的护理服务模式；加快搭建长期护理保险的监管闭环，降低逆向选择和道德风险；推动商业保险公司加快长期护理保险产品和服务创新。这些政策建议可以为我国农村养老问题的解决提供重要的参考和指导，促进农村地区社会保障事业的实施，提升人民的健康水平。

3. 论证

我国长期护理保险的发展现状与困境。第一，我国长期护理保险的发展现状。我国自 2015 年开始探索建立长护险制度，开展试点筹备工作。随着长护险试点不断推进，保障范围也正在向农村地区延伸。保险业在长护险试点中承担着重要角色，参与了超过 70 个城市的长护险制度试点，为 50 多万失能老人提供了长期护理服务。第二，我国长期护理保险的发展困境。一是农村长护险需求具有隐蔽性。原因是农村偏好家庭养老，保险意识不强；且农村居民收入水平低，购买力不强。二是长护险资金投入的持续性不足。三是农村居民申请保险给付的困难较多。四是农村长护险的监管难度大。五是商业长护险产品供给与配套服务不足。

国内外长期护理保险与养老协同发展的经验启示。第一，建立科学的筹资体系。第二，坚持"全民覆盖，保障适度"的运营原则。第三，加快完善科学的护理需求者评估体系。

长期护理保险赋能农村养老的政策建议。第一，加强政策引导，挖掘农村居民隐性长护险需求。第二，加快建立农村长护险"农民+政府+社会"筹资模式。第三，加快解决护理申请过程中的难点。第四，构建"村级护理中心+村民互助小组+医疗机构驻派村"的护理服务模式。第五，加快搭建长护险监管闭环。第六，推动商业保险公司加快长护险产品和服务创新。

4. 作者自评和他评

他评。截至 2023 年 2 月 28 日，中国知网数据显示，该文被下载 1065 次，被引 3 次。

该文研究观点获得唐金成、揭宗康、高亮的认同。重大传染病作为一种低频巨灾风险，投保人往往对其抱有侥幸心理。公共物品是巨灾保险的固有属性，政府的参与才能让其经营更具效率。同时，大多数人对传染病保险的认知还停留在健康保险层面，对未造成自身实际损失的巨灾缺乏关注。因此，有关部门应加大对预防重大传染病重要性的宣传，强调重大传染病巨灾保险对个人健康和社会稳定的重要意义，使居民对巨灾保险的性质和作用有充分了解，提升其主动投保意识。[①] 在乡村中增加老年人户外活动场所，并对户外活动器材进行翻新与修整。一些农村乡镇地区由于基础设施较为落后，老年人为了避免在户外活动时受伤，只能无奈放弃户外活动。因此，地方政府要加大资金投入，为老年人建设安全、环境优美的户外活动空间。[②]

【作者简介】

唐金成：广西大学经济学院教授。电子邮箱：ta16888@163.com.

李莹莹：广西大学经济学院硕士研究生。

第 29 名

走向共同富裕：中国社会保障再分配的实践、成效与启示

杨穗、赵小漫（2022），《管理世界》，第 11 期，第 43—56 页

【内容概览】

1. 问题/议题

走向共同富裕：中国社会保障再分配的实践、成效与启示。

---

① 唐金成、揭宗康：《我国重大传染病巨灾保险制度构建研究》，《南方金融》2022 年第 6 期。
② 高亮：《乡村振兴背景下农村养老方式探究》，《山东农业工程学院学报》2022 年第 10 期。

2. 结论

社会保障是促进社会成员共享国家发展成果、调节收入再分配的重要手段。党的十八大以来，中国基本建成覆盖全民、统筹城乡、功能完备的多层次社会保障体系，在决胜脱贫攻坚和全面建成小康社会中发挥了不可替代的作用。基于中国家庭收入调查（CHIP）2013年和2018年数据的研究表明，中国社会保障总体的再分配作用逐步增强，其中社会保障收入发挥缩小收入差距的作用，但社会保障支出，特别是医疗保险缴费扩大收入差距。对农村居民和农民工而言，社会保障的再分配作用有所增强；在东部地区，社会保障能够冲抵市场因素导致的收入差距扩大，但在中部和西部仍未实现。相比于高收入国家，中国社会保障的再分配作用仍有较大的提升空间。面向共同富裕，要进一步完善发展型、适应性和可持续的社会保障制度，突出社会保障旨在促进社会公平和共享发展成果的功能，着力缩小社会保障的城乡差距、地区差距和人群差距，规范社会保障体制机制建设并提升其治理效能。

3. 论证

实践：新时代中国社会保障的主要政策进展。第一，社会保障制度逐步完善，功能完备的社会保障体系基本建成。中国不断完善社会保障制度，基本建成功能完备的社会保障体系。首先，优化社会保险制度。其次，健全社会救助制度。最后，发展社会福利项目。第二，社会保障与精准扶贫有效结合，兜底减贫成效显著。首先，作为兜底减贫的重要环节，社会救助充分发挥了解决"两不愁、三保障"的兜底支持作用。其次，通过基本医疗保险、大病保险和医疗救助等多重医疗保障制度，实现"基本医疗有保障"的脱贫目标，帮助近1000万户因病致贫家庭精准脱贫，有效缓解了因病致贫问题。最后，实现贫困人口基本养老保险应保尽保、应发尽发。第三，社会保障覆盖面不断扩大，不同程度地惠及全民。首先，社会保险的覆盖范围稳步提高。其次，社会救助的针对性不断增强。最后，社会福利补贴人数逐步增加。第四，社会保障待遇不断提高，提升了全民共享国家发展成果的水平。国家财政对社会保障领域的投入不断加大，使得居民社会保障待遇水平不断提高，最低生活保障水平稳步提升。

成效：新时代中国社会保障的再分配作用评估。该文通过计算基尼系数在社会保障转移前后的变化，分析社会保障的再分配作用。该文使用中国家庭收入调查（China Household Income Project，CHIP）2013年和2018年的住户数据。社会保障再分配作用的实证结果显示，整体的再分配作用逐步增强，再分配作用的城乡差异有所缩小，再分配作用的地区差异依然存在。

启示：面向共同富裕的社会保障优化方向。第一，坚持在发展中保障和改善民生，完善发展型、适应性和可持续性的社会保障制度。第二，坚持社会保障制度的统一性与规范性，提升社会保障政策的包容性和公平性。第三，推进社会保障体制机制建设和法治化进程，提高社会保障的制度效力和治理效能。

4. 作者自评和他评

他评。截至 2023 年 2 月 28 日，中国知网数据显示，该文被下载 2624 次，被引 0 次。

【作者简介】

杨穗：中国社会科学院农村发展研究所、中国社会科学院大学应用经济学院副研究员，主要研究收入分配、贫困、劳动流动与社会保障。

赵小漫：浙江大学公共管理学院。

第 30 名

捆绑、分离抑或第三条道路：论劳动关系与社会保险的关系

沈建峰（2022），《法学评论》，第 5 期，第 101—113 页

【内容概览】

1. 问题/议题

基于特定理由可以出现有劳动关系没有社会保险或者没有劳动关系却有社会保险的状况，即二者关系的第三条道路。

2. 结论

劳动关系和社会保险是解决工业时代社会问题的两种不同思路，同时二者也采取不同的技术方法。不论是从历史发展还是从二者的制度逻辑来看，二者在功能上都存在择一使用、次第结合、平行结合三种关系形态，在结构上通过劳动关系相互勾连，这是二者关系最基本和核心的状态。从发展的角度来看，二者之间关系出现两种新现象：其一，社会保险对劳动关系存在功能替代，但这种功能替代有其限度，市场经济条件下仍应坚持劳动关系解决社会问题的功能优先地位；其二，劳动关系与社会保险关系的分离，但这种分离并不能根本改变社会保险以劳动关系为前提的格局，在坚持社会保险基本制度设计要求的前提下，所有分离都应当是例外，通过特殊论证才可以建立。据此，劳动关系和社会保险的关系不再是最传统的紧密捆绑，也不是激进的彻底分离，而是第三条道路：社会保险以劳动关系为前提是原则，但可以通过特别论证建立不以劳动关系为前提的社会保险，或者有劳动关系但无社会保险的二者关系形态。

3. 论证

社会保险的功能扩张及其对劳动法的功能替代。第一，社会保险的功能扩张趋势。在当

代，社会保险的功能扩张一直延续。以在我国备受争议的经济补偿为例，有学者提出我国建立的是"经济补偿广覆盖+高标准与失业保险窄覆盖+低标准的并列模式"，因此应对现行法进行"经济补偿缩范围+降标准以及失业保险扩范围+升标准的双向改革"；也有学者认为"完善失业保险制度之后，可以取消经济补偿金制度"。上述思路都是扩张社会保险中的失业保险替代劳动关系中的经济补偿。从其他国家的立法实践来看，也出现通过社会保险替代经济补偿的现象。第二，社会保险功能扩张的根源。其一，社会保险的社会和平功能。其二，父爱国家与福利国家（Sozialstaat，或称社会国家）的思想。第三，社会保险功能扩张的限度。社会保险对劳动关系扩张和功能替代的每一步都需要进行专门的社会政策、基本权利、法律体系的论证和平衡，替代是例外而不是原则。

社会保险关系对劳动关系的超越及其体现。第一，劳动关系与雇佣关系的概念分离。《社会保险法》关于参保义务人使用的术语向来是"职工"而不是"劳动者"，至少从术语上看，社会保险关系的立足点和劳动关系并不完全一致。这种术语的分离是劳动关系和社会保险分离的直接体现，也为这种分离提供了技术可能。第二，社会保险相对劳动关系的扩张与限缩。在雇工（职工）和劳动者概念分离的基础上，社会保险对劳动关系的制度超越从两个角度展开，即扩张与收缩，其中扩张是社会保险超越劳动关系的主要趋势。第三，自愿社会保险的引入。从目前各个国家和地区立法和理论来看，自愿社会保险主要适用于如下情况：首先，将更多弱者吸收进社会保险的适用范围；其次，当事人之间已经长期形成了共同社会风险群体，发生社会风险变化时不应轻易将其排除在社会保险之外，而应建立自愿社会保险；最后，其他社会政策目标。

4. 作者自评和他评

他评。截至2023年2月28日，中国知网数据显示，该文被下载724次，被引2次。

该文研究观点获得吴义东、王先柱、黄龙的认同。诚如沈建峰教授所言的："劳动关系和社会保险的关系不再是最传统的紧密捆绑，也不是激进的彻底分离，而是第三条道路：社会保险以劳动关系为前提是原则，但可以通过特别论证建立不以劳动关系为前提的社会保险，或者有劳动关系但无社会保险的二者关系形态。"如此，对二者关系作出一般与特殊、原则与例外相结合而不是非此即彼的抉择，是顺应历史与现实需求的、兼顾稳定与灵活需要的处置思路和方案选择，这应该成为劳动法法典化处置劳动关系和社会保险之相互关系的基本遵循和方法论原则。[①] 司法案例中，双方虽未签订劳动合同，依据新就业形态劳动者提供的劳动构成平台企业的业务组成部分为由，判定新就业形态劳动者给第三人造成损害时平台

---

① 吴义东、王先柱：《共同富裕视角下住房公积金制度的改革思路——逻辑解释、问题剖析与政策优化》，《浙江工商大学学报》2022年第5期。

企业应承担一定的责任。①

【作者简介】

沈建峰：中央财经大学法学院教授。

第 31 名

中国医疗保险制度"适老化"改革：国际经验与政策因应

阳义南、梁上聪（2022），《西安财经大学学报》，第 1 期，第 108—118 页

【内容概览】

1. 问题/议题

中国医疗保险制度"适老化"改革：国际经验与政策因应。

2. 结论

该文的结论是，中国的高龄者医疗保险制度改革已经取得了一定的成果，但仍然存在一些问题和挑战。改革的目标是提高老年人的医疗保障水平，减轻他们的经济负担，并促进医疗资源的合理配置。通过对各地区实施情况进行分析，该文发现，在改革初期，政府出资比例较高、参保人数较少、保障范围较窄等问题逐渐得到解决。同时，老年人对医疗服务的需求也得到了更好的满足。但是，在实施过程中还存在一些问题，如参保率不高、报销比例低、医疗服务质量不稳定等。因此，作者建议政府应该加强监管和管理，完善制度设计，并提高老年人对医疗保险制度的认知度和参与度。总而言之，该文认为中国高龄者医疗保险制度改革已经取得了一定成果，但仍需要进一步完善和推进。

3. 论证

快速老龄化、失能化将给中国医疗保险制度带来巨大挑战。在梳理中国医疗保险制度"为老"政策的基础上，指明中国医疗保险制度在保障水平、报销目录、筹资机制、保障形式、长期护理保险缺位等方面存在"不适老"症结。通过分析和借鉴美国、日本、德国、新加坡的独立型、板块型、联保型、储蓄型四种典型的老年人医疗保险模式，提出中国医疗保险制度应从更新老龄健康理念，建立相对独立或专门的老年人医保政策，建立多元筹资机制，推广长期护理保险等方面进行"适老化"升维，以促进其发挥健康保障、预防引导、健康管理等积极作用。

---

① 黄龙：《新就业形态劳动者参加和组织工会权利与路径研究》，《中国人力资源开发》2022 年第 12 期。

4. 作者自评和他评

他评。截至 2023 年 2 月 28 日，中国知网数据显示，该文被下载 2541 次，被引 2 次。

该文研究观点获得胡婉秋、朱盛显的认同。在我国现行的医疗保障中，用药、诊疗等是为保障全体国民的平均医疗需求，与老年人就医状况、医疗费用分布等不太匹配。[①] 目前只有少数几个试点城市开展了预防保健、康复保健和心理咨询服务，护理服务的数量非常有限。根据国际经验，预防保健、康复护理和心理咨询课程是发达国家长期护理保险服务清单的重要组成部分。[②]

【作者简介】

阳义南：湖南大学公共管理学院教授、博士，博士生导师，主要研究民生公共服务。

梁上聪：广东金融学院保险学院助教，硕士，主要研究社会保障、健康保险。

第 32 名

基本养老保险、人情消费与农村居民风险感知
——基于正式制度与非正式制度视角的比较分析

蒲晓红、王雅、赵海堂（2022），《经济社会体制比较》，第 1 期，第 105—116 页

【内容概览】

1. 问题/议题

基本养老保险、人情消费与农村居民风险感知，基于正式制度与非正式制度视角的比较分析。

2. 结论

该文基于"正式制度—非正式制度"视角，利用 CSS 2017 数据，运用 OLS 和 PSM 模型，比较分析基本养老保险和人情消费对农村居民风险感知的影响及其内在机制。研究结论如下。

第一，基本养老保险和人情消费均能显著降低农村居民的风险感知，但人情消费对风险感知的影响大于基本养老保险。需要说明的是，该文使用的是 2017 年数据，最近几年，无论是农村居民参加基本养老保险的比例还是待遇水平都有所提升。但不可否认的是，在短时间内仍然难以充分释放正式制度的功能。人情、面子、关系等传统文化秩序，依旧是中国农村居民价值判断和行为活动所遵循的重要规则与习惯。在物质资本和人力资本相对匮乏、社

[①] 胡婉秋：《失地老人的依赖状况及其影响因素研究》，硕士学位论文，西南财经大学，2022 年。

[②] 朱盛显：《我国长期护理保险制度发展研究》，硕士学位论文，辽宁大学，2022 年。

会保障制度建设不平衡不充分的农村地区，居民更倾向通过人情消费所构建的社会资本，来获取风险信息和提升抗风险能力，实现风险共担效应。

第二，政府信任在基本养老保险与风险感知之间起到了部分中介作用。政府信任扮演着基本养老保险对农村居民风险感知负向作用的联结纽带，公共政策所产生的信任效应成为风险感知削弱的关键性政治文化肇因。农村居民通过参加基本养老保险提升对政府的信任水平，进而提升对风险现状的积极评估，最终降低其风险感知。

第三，熟人信任在人情消费与风险感知之间起到了部分中介作用。"来而不往非礼也"的人情消费，缔造了一种融洽互助的人际关系，能够增强农村居民的熟人信任水平，而良好的信任不仅促使个体生成心理安全感，还丰富了社会关系网络，进一步强化抗风险能力。因此，人情消费的情感性功能成为影响风险感知的重要机制，即人情消费通过提升熟人信任而降低农村居民风险感知。

3. 论证

研究假设。假设1：基本养老保险能够显著降低农村居民的风险感知。假设2：人情消费能够显著降低农村居民的风险感知。假设3：人情消费对农村居民风险感知的影响大于基本养老保险。假设4：政府信任在基本养老保险与风险感知的负向关系中起着部分中介作用，即基本养老保险通过提升政府信任而降低农村居民风险感知。假设5：熟人信任在人情消费与风险感知的负向关系中起部分中介作用，即人情消费通过提升熟人信任而降低农村居民风险感知。

变量选取。第一，被解释变量为风险感知，该文主要探讨基本养老保险与人情消费对风险感知的影响，因此选取询问受访者对财产安全、人身安全、劳动安全不同风险类型的感知程度来测量风险感知变量。第二，解释变量为基本养老保险和人情消费。第三，中介变量为政府信任和熟人信任。第四，控制变量，参考以往研究成果，该文选取年龄、性别、婚姻、教育程度、收入对数、政治面貌、宗教信仰、主观阶层、生活满意度和互联网使用作为控制变量，纳入回归分析模型。

实证结果显示，参加基本养老保险能够显著降低农村居民的风险感知，故假设1证明成立；人情消费能够显著降低农村居民的风险感知，故假设2证明成立；人情消费对风险感知的影响大于基本养老保险，故假设3证明成立。逐步检验法和Sobel检验法均表明，政府信任的中介效应确实存在，即基本养老保险通过提升政府信任而降低农村居民风险感知，故假设4证明成立。逐步检验法和Sobel检验法均表明，熟人信任的中介效应确实存在，即人情消费通过提升熟人信任而降低农村居民风险感知，故假设5证明成立。

4. 作者自评和他评

他评。截至2023年2月28日，中国知网数据显示，该文被下载1690次，被引4次。

该文研究观点获得张琪、史光浩等的认同。在人类社会发展的很长时期，养老依靠的是家庭养老，是一种非正式的制度安排。[①] 从养老保险这种正式制度和人情消费这种非正式制度的视角来分析对农村居民风险感知的影响，发现人情消费和养老保险都对风险感知有影响，但是前者的影响要大于后者。[②]

【作者简介】

蒲晓红：四川大学公共管理学院教授、博士生导师。

王雅：四川大学公共管理学院博士研究生。

赵海堂：成都理工大学文法学院讲师。

第 33 名

灵活就业人员参加城乡居民基本养老保险兜底措施研究

薛惠元、万诗雨（2022），《保险研究》，第 2 期，第 79—98 页

【内容概览】

1. 问题/议题

灵活就业人员参加城乡居民基本养老保险兜底措施研究。

2. 结论

研究发现如下。第一，正常参加城乡居保的灵活就业人员兜底缴费标准处于当前城乡居保缴费标准的中等水平，且高于"职保＋居保"的兜底缴费标准。第二，整体而言，正常参加城乡居保的灵活就业人员存在兜底缴费负担，其中，农村低保兜底缴费负担相对于城市低保兜底缴费负担较轻，但农村低保兜底缴费负担系数的平均值为 0.73，农村低保兜底缴费标准仍占据了灵活就业人员个人消费剩余的大部分。第三，同等条件下，因为职保期间的个人缴费积累，"职保＋居保"人员的兜底缴费负担低于正常参加城乡居保的灵活就业人员的兜底缴费负担。选择"职保＋居保"的灵活就业人员，只有城市低收入家庭兜底缴费负担较重。第四，对于正常参加城乡居保并领取养老金的灵活就业人员，延长缴费年限能够降低其兜底缴费负担；对于"职保＋居保"的灵活就业人员，职保缴费档次、职保缴费年限以及转入城乡居保时职保个人缴费转移比例是影响城乡居保兜底缴费负担的重要因素。

[①] 张琪：《我国农村居民"新农保"参保行为的实证研究》，博士学位论文，山西财经大学，2022 年。

[②] 史光浩：《风险感知视角下农村养老服务需求研究——以 H 省 Z 镇为例》，硕士学位论文，吉林大学，2022 年。

3. 论证

该文首先根据实际参保情况将灵活就业人员分为不同种类，并着重研究了其中三类：无力负担基本养老保险缴费或缴费年限未满 15 年者；正常参加城乡居保者；职保断保后转入城乡居保者。然后通过确定城乡居保兜底的含义构建了针对不同类型灵活就业人员的兜底测量标准，分别是：有养老金即可、农村低保标准的养老金、城市低保标准的养老金和城市低收入家庭标准的养老金。根据该测量标准，该文构建精算模型测算了对应的城乡居保兜底缴费标准、兜底缴费负担及其影响因素，发现：正常参加城乡居保的灵活就业人员兜底缴费标准属于目前城乡居保缴费标准的中等水平，且高于职保断保后转入城乡居保者的兜底缴费标准；灵活就业人员存在兜底缴费负担，并且城市低保标准的缴费负担重于农村低保标准；缴费年限、职保缴费档次以及从职保转入城乡居保时的个人缴费转移是影响城乡居保兜底缴费负担的重要因素。建议：打破城乡居保的户籍限制；从职保转入城乡居保时，将划入统筹基金的个人缴费一并转移；建立适合不同兜底需求的多层次城乡居保兜底保障机制；加大政策宣传力度，提高灵活就业人员参保率并长期缴费。

4. 作者自评和他评

他评。截至 2023 年 2 月 28 日，中国知网数据显示，该文被下载 1513 次，被引 4 次。

该文研究观点获得张寅凯、张涛、崔靖文等的认同。中国目前的社会基本养老保险制度规定，具有职工参保后缴纳满 15 年者，在到达离退休年限时可按月提取赡养金的这一条款，所以造成了当前投保人员的年龄结构变化较大。[①] 当前，仍然有很多灵活就业人员脱离了社会保障的安全网，未来的生活很难得到保障。[②]

【作者简介】

薛惠元：武汉大学社会保障研究中心副主任、副教授、硕士生导师，主要研究社会保险精算。电子邮箱：xuehuiyuan198204@126.com.

万诗雨：武汉大学社会保障研究中心硕士研究生，主要研究社会保障理论与政策。

---

① 张涛：《灵活就业人员养老保险问题及应对措施》，《就业与保障》2022 年第 9 期。
② 崔靖文：《灵活就业人员参加基本养老保险的问题研究》，《就业与保障》2022 年第 9 期。

第34名

研究型审计的探索与实践——以社会保险基金审计为例

文华宜、庄作钦、刘鸿儒、孙小鸿（2022），《审计研究》，第1期，第25—31页

【内容概览】

1. 问题/议题

研究型审计的探索与实践，以社会保险基金审计为例。

2. 结论

该文以社会保险基金审计项目为例，探索了研究型审计的实践和探索。通过围绕资金主线，着眼宏观研究"国之大者"，立足长远研究前沿问题，坚持问题导向揭示风险隐患等方面，提升社会保障审计效能。该文的结论是，研究型审计是一种新的审计模式，相较于传统审计更加注重深入细致的研究和分析，更加注重问题导向和风险隐患揭示。在社会保障审计领域中，应该围绕资金主线，聚焦党中央关心、群众关注、社会关切的热点难点问题，将养老保险、医疗保险重大改革措施的贯彻落实作为着力点进行深入研究，并且应该精准发力，在调研、试审等方面抓住重点进行深入细致的研究。此外，在组织方式上也需要创新，在大数据分析等方面充分发挥技术优势。最终目标是提升社会保障审计的效能，为保障资金运行"精准、安全、高效"提供有力支持。

3. 论证

该文以社会保险基金审计项目为例，讨论研究型审计的探索与实践。在审计理念上探索向系统深入的研究型审计转变，围绕资金主线，着眼宏观研究"国之大者"，立足长远研究前沿问题，坚持问题导向揭示风险隐患；在审计内容上精准发力，通过调研、试审等深入细致研究审计对象；在审计组织上着力推进全国审计一盘棋，坚持统分结合、上下穿透，创新组织方式，加强过程指导和质量控制；在方式方法上充分发挥大数据审计的靶向和支撑作用，建立署省两级数据平台破除跨区域分析壁垒，紧盯问题特征和改革发展方向开展大数据分析；在结果运用上一体推进揭示问题、规范管理、深化改革，揭示主要问题和风险隐患，集思广益研究提出审计建议，促进完善治理机制。

4. 作者自评和他评

他评。截至2023年2月28日，中国知网数据显示，该文被下载2318次，被引2次。

该文研究观点获得方江花、孙玉军、王帆、徐灵源、姜波的认同。该文通过分析公立医院开展研究型审计所需的客观环境、主观需求以及技术支撑，选择对合同管理实施研究型审

计，揭示了合同管理中存在的各种短板与缺陷的表现形式，提出了进一步规范合同管理、防范廉政风险的路径与监管对策。公立医院合同管理现状不容乐观，合同的订立、合同的履行以及合同的日常管理方面均存在不同形式的短板，风险管理与内控建设亟须得到重视和加强。① 在审计实践中，国家审计需要组织财政部门、国有资产监管机构等开展联合审计，即国家审计与部门内部审计联合开展监督，以促进国有企业严格执行经济政策，项目组成员需要增加沟通交流，以了解政策实施现状及各监督部门的职责界定。②

【作者简介】

文华宜：审计署社会保障审计司。电子邮箱：13807107229@163.com.
庄作钦：审计署社会保障审计司。电子邮箱：zhxianzh2007@163.com.
刘鸿儒：审计署社会保障审计司。电子邮箱：liuhongru007@126.com.
孙小鸿：审计署社会保障审计司。电子邮箱：sxh800322@sina.com.

第 35 名

基本医疗保险制度变迁与国民获得感提升

贾洪波（2022），《社会科学辑刊》，第 3 期，第 39—49 + 2 页

【内容概览】

1. 问题/议题

基本医疗保险制度变迁与国民获得感提升。

2. 结论

研究结论：我国基本医疗保险制度变迁经历了制度创立、三项制度并行分立和三项制度整合三个阶段。基本医疗保险制度变迁类型囊括了诱致性变迁与强制性变迁，变迁路径沿着扩大覆盖面和提高待遇支付展开，变迁方向趋向制度整合，变迁速度呈现渐进性，变迁内容囊括结构性改革和参数性改革。基本医疗保险制度经过 20 多年的变迁，我国已经建立起了世界上规模最大、覆盖全民的基本医疗保险网络，同时基本医疗保险制度的报销比例持续提高。覆盖面扩大和报销比例持续提升二者共同作用，推动国民对基本医疗保险制度获得感稳

---

① 方江花、孙玉军：《研究型审计在医疗机构内部控制建设中的应用——以 SD 医院合同管理为例》，《会计师》2022 年第 6 期。
② 王帆、徐灵源、姜波：《国有企业改革政策落实跟踪审计研究》，《南宁师范大学学报（哲学社会科学版）》2022 年第 4 期。

步提升。这在一定程度上缓解了人民日益增长的美好生活需要和不平衡不充分的发展之间的矛盾，是我国基本医疗保险事业长足发展的表现。2010 年基本医疗保险制度基本实现全面覆盖后，国民对基本医疗保险制度获得感的提升主要得益于基本医疗保险制度报销比例的提升。《中国统计年鉴–2020》数据显示，2019 年个人现金卫生支出占卫生总费用的比重为 28.36%。基本医疗保险保基本的原则是二八原则。可见，我国还有必要进一步降低个人现金卫生支出占卫生总费用的比重，在目前政府卫生支出占卫生总费用比重基本稳定或略有下降的情况下，对进一步提高社会卫生支出占卫生总费用的比重提出了客观要求。进一步提升基本医疗保险基金支出占社会卫生支出的比例是提高社会卫生支出占卫生总费用比重的必要手段，当然也成为在基本实现全覆盖后提升国民对基本医疗保险制度获得感的重要手段。

3. 论证

自 1998 年以来，基本医疗保险制度经历了由制度创立阶段到三项制度并行分立阶段再到三项制度整合阶段的变迁过程。整个变迁过程呈现类型上诱致性变迁与强制性变迁并举、路径上沿着扩大覆盖面和提高待遇支付展开、方向上趋向制度整合、速度上渐进、内容上囊括结构性改革和参数性改革等特征。与此同时，1998—2019 年，由覆盖面和报销比例共同决定的可乘效用函数衡量的国民对基本医疗保险制度的获得感也稳步提升。这种提升主要依赖于基本医疗保险报销比例的进一步提高。因此，稳步提高基本医疗保险对实际医药费用的报销比例、逐步优化基本医疗保险筹资制度、联动改革医疗和医药制度来提升基本医疗保险对医药费用的报销比例，是进一步提升国民对基本医疗保险制度的获得感的重要举措。

4. 作者自评和他评

他评。截至 2023 年 2 月 28 日，中国知网数据显示，该文被下载 2079 次，被引 2 次。

该文研究观点获得张晓、倪樟男、孟雪晖、刘远风、徐小玉的认同。经过长期探索，我国的医疗保障制度转型任务基本完成，现已从计划经济时代的国家负责、单位包办、封闭运行且缺乏效率的社会医疗保险制度逐步转化为责任分担、合理保障、多层次的医疗保障制度，从而更好地维护人民健康。[①] 有研究发现医疗保险与民众获得感之间存在相关性，贾洪波认为医疗保险制度的获得感提升来源于医疗保险报销比例的提高。[②]

【作者简介】

贾洪波：北京航空航天大学社会保障研究中心教授，博士生导师。

[①] 张晓、倪樟男、孟雪晖：《城镇居民基本医疗保险满意度影响因素分析》，《中国初级卫生保健》2022 年第 10 期。

[②] 刘远风、徐小玉：《医疗保险提高灵活就业人员的获得感了吗？——基于 CHFS 2017 数据》，《湖南农业大学学报（社会科学版）》2022 年第 6 期。

第 36 名

降低住房公积金缴费率有助于稳定就业吗?

唐珏（2022），《经济学（季刊）》，第 3 期，第 977—996 页

【内容概览】

1. 问题/议题

降低住房公积金缴费率有助于稳定就业吗？

2. 结论

公积金作为"工资税"的一种，提高了企业用工成本和负担，对企业的发展也造成了负面影响。该文基于工业企业数据库，使用公积金缴费率在城市和时间维度上的差异作为识别策略，发现提高公积金缴费率，尽管会增加研发型企业雇员人数，但从总体上看仍然对就业造成了挤出，尤其低教育水平职工受此影响更大。此外，该文还观察到随着缴费率的提高（降低），企业利润率、固定资产存量、营业收入和增加值都会下降（上升）。这些结论表明，公积金降低了企业盈利能力，导致企业生产规模的收缩。因此，这就需要人们对公积金的政策后果有一个更加全面的认识。

住房公积金制度在建立之初，其政策目标是改善居民居住条件。然而，不容忽视的问题是，住房公积金主要是显著提高了中高收入职工的买房概率，并且造成了基尼系数的恶化。该文发现，公积金会对低教育水平职工和低技能职工的就业造成显著负面影响，而这些职工也往往是低收入职工。因此，在保持住房价格不变的前提下，降低住房公积金缴费率会在一定程度上削弱高收入者的买房能力，但能提高低收入者的就业概率，这是对已有制度的一种修正。不过，顾澄龙等发现，住房公积金会导致地区房价上涨。因此，从这一视角看，降低公积金缴费率也未必会对中高收入者的福利造成负面影响。

"稳就业"和"保就业"已成为政府当前的首要政策目标，该文发现降低公积金缴费率将会显著提升制造业企业的雇员人数，即有助于稳定就业政策目标的实现。2018 年，中国制造业从业人数为 21390 万人，依据该文估计的系数，降低公积金缴费率 1 个百分点，将会增加 61.389（21390×0.00287）万个就业岗位。若该文结论仅适用于规模以上工业企业，以 2013 年工业企业数据库就业总量 14519 万个作为基数，那么降低缴费率 1 个百分点，也将增加 41.669 万个就业岗位。

3. 论证

住房公积金是"工资税"的重要构成部分，该文考察其对就业的影响。虽然公积金有

助于研发型企业招聘更多的职工,但由于公积金会降低盈利能力,从而引发企业收缩生产规模,导致对企业雇佣人数的总效应为负。异质性分析发现,负向影响在融资约束强、低利润率等组别中显著存在,并且主要影响低教育水平职工和男性职工。该文还分别考察了缴费率提高和下调的影响,结果均发现缴费率和雇佣人数有负相关关系,这表明降低缴费率有助于稳定就业。

4. 作者自评和他评

他评。截至2023年2月28日,中国知网数据显示,该文被下载1798次,被引2次。

该文研究观点获得刘长庚、谷阳、张磊、吴雄、吴义东、王先柱的认同。资产负债率(lev),使用负债合计与总资产的比值衡量;资产收益率(roa),使用净利润与总资产的比值衡量;公司成长性(growth),使用公司销售收入增长率衡量;股权集中度(top1),使用第一大股东持股比率衡量;流动资产比率(liquid),使用流动资产与总资产的比值衡量;行业集中度(hhi),使用赫芬达尔指数衡量;经济发展水平(lngdp),使用省级层面人均GDP的对数值衡量。[①] 从根本上界定清楚住房公积金制度的属性定位尤为重要,这是回答好该制度"为了谁"以及"如何作为"等一系列科学问题的必要前提。然而,现阶段我国住房公积金制度的属性定位仍然不够明晰,不同利益主体基于不同视角给出了相关界定,概括而言主要包括"工资说""福利说""负担说"等。[②]

【作者简介】

唐珏:上海财经大学公共经济与管理学院副教授。电子邮箱:tlu8623@126.com.

第37名

两保合一对医疗费用的影响:基于单一支付者制度的视角

赖毅、李玲、陈秋霖(2022),《管理世界》,第7期,第147—165页

【内容概览】

1. 问题/议题

两保合一对医疗费用的影响,基于单一支付者制度的视角。

[①] 刘长庚、谷阳、张磊、吴雄:《增值税留抵退税政策的就业促进效应》,《财政研究》2022年第9期。
[②] 吴义东、王先柱:《共同富裕视角下住房公积金制度的改革思路——逻辑解释、问题剖析与政策优化》,《浙江工商大学学报》2022年第5期。

2. 结论

该文发现在 2015 年以前的"两保合一"使公立综合性医院收入降低，这主要是次均药品费用下降带来的，而医疗服务量无显著变化。这说明医保单一管理有利于提高医保的议价与监管能力，能更有效地控制药品费用的不合理增长。假如将该文结论推而广之，城职保与城乡居民保险合一在理论上是可行的，单一支付者制度在一定程度上可以通过抑制过度医疗来抵消居民正当医疗需求引致的费用增长，进而合理控制医疗费用增长。在地级市财政压力大时，可以增加过渡手段来控制短期费用增长，比如市级调剂金模式。

但该文也发现两保合并使病人的自付比例上升，居民的负担提高。为此，可能的解决办法应该是提高医保报销水平，使医保部门（当前的医保局）成为真正意义上的单一支付者，避免医院在医保与自费病人中做成本转移。同时，该文发现"两保合一"的控费效应是短期的，医院很快会适应新的控费制度，采取策略性行为。所以还需要有其他系统改革，使得居民、医疗服务提供方与医保三者的利益一致，激励相容，避免医生将改革带来的收入损失转嫁给患者。

该文发现医疗保险的市场集中度增加有利于提高对医院的议价能力，降低医疗费用。从 2009 年中共中央、国务院《关于深化医药卫生体制改革的意见》中提到的"积极探索建立医疗保险经办机构与医疗机构、药品供应商的谈判机制"，到 2020 年《关于深化医疗保障制度改革的意见》里面所提的"健全医疗保障经办机构与医疗机构之间协商谈判机制，促进医疗机构集体协商，科学制定总额预算"，医保议价能力扮演着越来越重要的角色，目前已经开始凸显威力。国家医保局推动了常态化的国家层面药品与耗材带量采购，通过买方市场势力，极大地降低了药品与耗材费用。而未来，各地市的医保还需要控制本地医院的过度诊疗行为，各地医保与本地医院的议价行为也将成为重要的研究议题。该文发现，市场份额高的医院受"两保合一"的影响更小，医疗供给方的市场势力对医疗服务价格有很大的影响。那么在目前地级市层面医保属于低垄断水平的情况下，医保局需要进一步提高医保的集中度，同时主动参与医联体支付方式改革，发挥战略性购买的作用，以应对老龄化慢病化与未来医院市场势力的提高。

3. 论证

该文利用 2009—2015 年全国公立医院财务报表数据，通过新农合与城居保合并发生的时间先后，来识别保险合并对医疗费用的影响。"两保合一"时，新农合与城居保的基金池合并，医保经办机构统一并成为地级市层面的单一管理者。该文发现"两保合一"使医保买方市场势力增强，赫芬达尔指数上升，进而医院收入下降 3.6%，次均医疗费用下降 2.9%，总诊疗量无显著变化，医院收入下降主要是次均药品费用下降带来的。若改革前地级市的赫芬达尔指数越小，则其买方市场势力增幅越大，控费效应越明显。而且对于市场份额更大的医院，"两保合一"的控费效应更小，这代表医保与医院的相对市场势力共同影响医疗费用。但该文也发现控费效果是短期的,而且病人自付费用占比提高,说明医院诱导了自费费用。

4. 作者自评和他评

他评。截至 2023 年 2 月 28 日,中国知网数据显示,该文被下载 2356 次,被引 0 次。

【作者简介】

赖毅:北京大学国家发展研究院博士研究生。

李玲:北京大学国家发展研究院经济学教授、北京大学健康发展研究中心主任。

陈秋霖:就职于中国社会科学院当代中国研究所、中国社会科学院大学应用经济学院,中国社会科学院健康业发展研究中心副主任、当代中国研究所科研办副主任,中国卫生经济学会理论与政策专委会副主委、中国卫生信息和医疗健康大数据学会互联网医疗标委会副主委、银川互联网+医疗健康协会名誉会长。

第 38 名

社会保障促进共同富裕:理论与实践——学术观点综述

郑功成、何文炯、童星、王杰秀、丁建定、胡秋明、李春根、鲁全、席恒(2022),《西北大学学报(哲学社会科学版)》,第 4 期,第 35—42 页

【内容概览】

1. 问题/议题

社会保障促进共同富裕:理论与实践。

2. 结论

该文总结了学者们对于共同富裕和社会保障的理论和实践观点。他们认为,共同富裕是社会主义的本质要求,也是中国式现代化的重要特征。而建立健全高质量、可持续的社会保障制度,则是走向共同富裕的关键性制度安排。在实践中,学者们提出了多项建议和措施,包括多层次、多支柱的养老保险体系、缩小城乡差距和地区差距等。同时,他们也指出了一些可能遇到的挑战,例如如何平衡不同地区之间的差异以及如何确保社会保障制度的可持续性等。总之,该文认为建立健全高质量、可持续的社会保障制度是实现共同富裕的关键。通过多层次、多支柱的养老保险体系以及缩小城乡差距和地区差距等措施,可以促进共同富裕。然而,在实际操作中可能会遇到一些挑战,需要不断探索解决方案以确保社会保障制度的可持续性和公平性。

3. 论证

共同富裕是社会主义的本质要求,是中国式现代化的重要特征。社会保障作为走向共同富裕的关键性制度安排,建立健全高质量、可持续的社会保障制度是我国以人民为中心发展

取向的最集中表现。与会学者分别从共同富裕与社会保障、全国统一大市场建设与社会保障制度深化改革、共同富裕的意涵评判与支撑体系、筑牢共同富裕底线、共同富裕的历史诠释、深化社保改革与推进共同富裕、多层次养老保险体系促进共同富裕的实践逻辑、社会保障扎实推动共同富裕的重要关系等方面围绕"社会保障促进共同富裕"的理论创新与实践路径进行了深入探讨。

4. 作者自评和他评

他评。截至2023年2月28日，中国知网数据显示，该文被下载2990次，被引0次。

【作者简介】

郑功成：中国人民大学中国社会保障研究中心教授、博士生导师，中国社会保障学会会长，主要研究社会保障理论与政策、民生发展与国家治理。

何文炯：浙江大学公共管理学院教授，主要研究民生保障。

童星：南京大学教授，主要研究社会学理论、社会风险与公共危机管理。

王杰秀：民政部政策研究中心主任、教授，主要研究社会政策、社区治理。

丁建定：华中科技大学社会学院教授、院长，主要研究社会保障制度、社会福利思想。

胡秋明：西南财经大学保险学院教授，主要研究养老保障理论与政策、养老金经济学。

李春根：江西财经大学财税与公共管理学院教授，主要研究公共经济与社会保障。

鲁全：中国人民大学劳动人事学院副教授，中国社会保障学会秘书长，主要研究社会保障管理、养老保险、社会政策过程。

席恒：西北大学教授，主要研究社会保障、公共经济学。

第 39 名

房地产税征收方案设计：收入分配效应及福利效应

赵艾凤、李云婷、张天仪（2022），《财经理论与实践》，
第 2 期，第 91—98 页

【内容概览】

1. 问题/议题

房地产税征收方案设计：收入分配效应及福利效应。

2. 结论

研究结果表明：房地产税采用"面积+价值"综合免税方式的收入分配效应和福利效应较优。其中，减免面积标准须随税率提升而增加，福利效应受到免税方式、免税标准、税率及

居民收入差距厌恶程度的综合影响。

3. 论证

研究方法。第一，MT指数。MT指数能够测算税收对居民收入差距的影响，公式如下：MT = $G_1 - G_2$。其中，G_1 和 G_2 分别表示城镇居民在征收房地产税前后的人均收入基尼系数。如果 MT 指数大于 0，表示房地产税能够缩小城镇居民收入差距；如果 MT 指数小于 0，表示房地产税不具有收入分配正效应。社会福利效应指数。借鉴已有研究构建社会福利效应指数，以探讨房地产税对城镇居民社会福利的影响。

房地产税不同征收方案的收入分配效应。第一，人均房产面积免税。合理的房地产税征收方案有助于缩小我国城镇居民间的收入差距。以上分析表明，若按人均房产面积进行免税，那么，房地产税税率应在 0.4%—0.6% 之间，且人均免税房产面积范围为 10—30 平方米，能够使房地产税的收入分配效应最显著。第二，人均房产价值免税。在人均房产价值免税方式下，房地产税的税率应设计为 0.4%—0.6%。此时，房地产税对收入差距的调节作用会随着免税价值的增加而下降。因此，人均房产价值减免标准不宜过高。第三，综合免税。房地产税实行综合免税优于单一的按人均房产面积免税和人均房产价值免税。随着税率的提高，如减免面积相应增加，房地产税的收入再分配功能才越有效，而人均房产价值免税标准的变化则对分配效应影响较小。

房地产税的社会福利效应。综合免税方式下房地产税社会福利效应的变化特点：第一，当免税标准和税率不变时，房地产税的福利效应指数 U 随收入差距厌恶指数 ε 的增加而提高；第二，在同样的免税标准和收入差距厌恶指数下，社会福利效应指数随房地产税税率的提高而小幅下降；第三，当税率和收入差距厌恶指数不变时，随着人均免税房产面积的增加，社会福利效应指数增加或减小，总体来说取决于 ε 的大小；第四，房地产税实施综合免税的福利效应指数大于单一的人均房产面积免税和人均房产价值免税。

4. 作者自评和他评

他评。截至 2023 年 2 月 28 日，中国知网数据显示，该文被下载 1921 次，被引 2 次。

该文研究观点获得朱碧莹、宋凤轩、路佳瑞的认同。共同富裕背景下，税收如何更好地发挥收入分配功能是当下学术研究的热点。税制设计在很大程度上影响税收收入分配职能的发挥。发挥好税收在三次分配中的作用，尤其是发挥好个人所得税、房地产税、遗产税等的调节作用。[1] 随着房地产市场与经济法的融合发展，房地产税改革迫在眉睫。在房产税改革过程中，税基确定既存的一系列固有问题在现行税收法律制度下被放大化，现行的房产税法

---

[1] 朱碧莹、宋凤轩：《我国税收现代化研究文献综述及研究展望——基于文献可视化的计量软件（CiteSpace）分析》，《经济论坛》2022 年第 7 期。

律制度已经无法涵盖房地产税税收征管的发展需要。法律的滞后性阻碍了房地产业的健康发展，在国家、地方的税收征管方面造成了困扰。同时，也造就了房产税法律制度无法合理规制房地产行业乱象横生的不良现象。在房地产行业规模日益剧增的情况下，购房者与开发商、房屋所有权人与房屋使用权人之间的矛盾日益突出。因此，在现有的房产税税制的基础上进一步完善房地产税立法中的税基确定具有理论及现实意义[①]。

【作者简介】

赵艾凤：博士，上海理工大学管理学院讲师，硕士生导师，主要研究财税改革与收入分配。

李云婷：上海理工大学管理学院。

张天仪：上海理工大学管理学院。

第40名

零工经济对城镇职工基本养老保险的冲击
——基于对基金收支平衡的模拟计算

张国英、林伟珂、孙中伟（2022），《安徽师范大学学报（人文社会科学版）》，第1期，第96—107页

【内容概览】

1. 问题/议题

零工经济对城镇职工基本养老保险的冲击，基于对基金收支平衡的模拟计算。

2. 结论

最终的测算结果表明，在城镇职工基本养老保险待遇支出不变的情况下，当缴费的人口数减少时，基金的年度收入也随之减少，从而导致基金年度结余的减少，且基金收入减少的幅度将大于结余减少的幅度。随着预期寿命的延长，未来退休人员的数量也会呈现持续增加的趋势，这也意味着基本养老保险的支出也将随之增加。而如果养老保险基金的收入呈现下降的趋势，则养老保险制度将不利于应对持续增加的养老保险支出。

3. 论证

互联网平台的持续扩张使零工经济这一用工形式迅速得以普及。但其临时性、碎片化的特点，对于现有的社会保障体系却会产生影响。以城镇职工基本养老保险基金的收支平衡问

---

① 路佳瑞：《我国房地产税税基确定的法律困境及破局研究》，硕士学位论文，内蒙古财经大学，2022年。

题为研究对象，构建精算模型，并对模型涉及的参数作出假设进行测算，以直观反映零工经济对现有社会保障体系的影响。研究表明，零工经济的用工方式会阻碍员工参与养老保险，从而使养老保险的收入与结余均减少，且结余的减少幅度大于收入减少幅度，不利于养老保险制度的可持续发展。基于此，建议灵活调整零工经济从业者的缴费基数，建立以公民身份为基础的社会保险体系，取消零工经济从业者参保的户籍限制。

4. 作者自评和他评

他评。截至 2023 年 2 月 28 日，中国知网数据显示，该文被下载 968 次，被引 5 次。

该文研究观点获得吴长艳、张可歆等的认同。张国英等以城镇职工养老保险金的收入和支出问题为研究对象，提出应该消除对零工从业者参与保险的户籍限制，建议构建出只要是我国公民就能参与的社会保险，保证养老保险的制度能够长期发展。[①] 张国英、林伟垌、孙中伟认为灵活就业人员参保率较低使养老保险的收入与结余均减少，这样并不利于养老保险制度的可持续发展。[②]

【作者简介】

张国英：副教授、硕士生导师，主要研究人口与社会保障。

林伟垌：硕士研究生，主要研究社会政策与社会保障。

孙中伟：教授、博士生导师，主要研究劳动与社会保障。

第 41 名

中国医疗保险管理体制变革研究：府际关系的视角

鲁全（2022），《中国行政管理》，第 2 期，第 77—82 页

【内容概览】

1. 问题/议题

中国医疗保险管理体制变革研究：府际关系的视角。

2. 结论

该文主要探讨了中国医疗保险管理体制的变革历程和特点，从府际关系的视角出发，分析

[①] 吴长艳：《贵州省 P 县城乡居民基本养老保险实施中的问题与对策研究》，硕士学位论文，贵州大学，2022 年。

[②] 张可歆：《四平地区灵活就业人员参加城镇职工基本养老保险问题研究》，硕士学位论文，吉林财经大学，2022 年。

了进一步深化医疗保险管理体制改革的关键举措。文章指出，中国医疗保险管理体制的政府主导特征决定了府际关系是理解其变迁和改革的重要视角。在历史上，我国计划经济时期的医疗保障制度是一种准全民基本健康服务制度，卫生部门长期作为医疗卫生事业的主管部门实行相对集中管理，基本不存在府际关系的问题。随着市场经济体制改革，我国的基本医疗保障制度经历了一个渐进发展的过程。最终，在2007年，我国选择了社会医疗保险的基本制度模式。

文章还指出，在未来，医疗保险统筹层次提高与行政机构纵向上职责同构的冲突将成为进一步优化医疗保险管理体制的关键议题。因此，在深化医疗保险管理体制改革方面需要采取以下措施：一是加强中央与地方政府之间的协调，明确各级政府的职责和权力；二是加强医疗保险管理体制的整合和重组，建立统一的医疗保险管理机构；三是加强医疗保险制度的监管和评估，确保医疗保险制度的公平性和可持续性。

3. 论证

中国医疗保险管理体制政府主导的特征决定了府际关系是理解其变迁和改革的重要视角。其中，横向部门间关系是医疗保障整体转型过程中管理体制分割的历史性因素；而统一基本医疗保险管理体制的改革过程则由于中央层级横向部门间分工的模糊导致了纵向上地方政府决策的困境，而最终仍需通过中央政府决策来解决。未来，医疗保险统筹层次提高与行政机构纵向上职责同构的冲突将成为进一步优化医疗保险管理体制的关键议题。

4. 作者自评和他评

他评。截至2023年2月28日，中国知网数据显示，该文被下载1912次，被引2次。

该文研究观点获得包沧才、陈清华、刘青、吴海波的认同。在未来的合作中，双方宜通过合作模式精细化创新、多元化目标激发保险公司潜力、引入社会资源助力保险产品创新、探索以"客户人群经营"为出发点的长期商业模式等手段进行合作升级，助力医疗保障事业发展。[1] 有文献从府际关系视角，刻画了我国社会医疗保险行政管理体系改革的三大发展方向：一是强化经办机构的纵向垂直管理，为提高医保统筹层次奠定基础；二是将原本作为地方行政机构"附属产品"的医保经办机构明确为独立承担责任的法人主体，将二者由传统的从属关系转变为监督关系；三是允许地方政府自行决定是否设置独立的医保行政部门，从而打破职责同构的诸多弊端。[2]

【作者简介】

鲁全：中国人民大学劳动人事学院副教授，中国社会保障学会秘书长。

---

[1] 包沧才：《市级医保引入保险公司参与合作现状分析》，《保险理论与实践》2022年第5期。
[2] 陈清华、刘青、吴海波：《我国医保欺诈研究现状及前景探索》，《中国医疗保险》2022年第10期。

第 42 名

医疗保险、社会资本与健康水平

曹跃群、马原、付小鹏（2022），《统计与决策》，第 3 期，第 146—151 页

【内容概览】

1. 问题/议题

医疗保险、社会资本与健康水平。

2. 结论

结果显示如下。第一，"新农合"对居民健康有着显著的正向作用，"城居保"起到了相反作用。第二，认知性社会资本对居民健康起着显著的、积极的作用，而结构性社会资本对居民健康状况起着显著的负向作用。第三，考虑到二者的交互效应时，认知性社会资本分别减缓了"新农合"和"城居保"对健康水平的促进和抑制作用，结构性社会资本抑制了"新农合"对健康水平产生的影响，同时也减缓了"城居保"对健康水平的消极影响。

3. 论证

中国经济发展的目标之一就是保障人民健康安全，实现这一目标必然要求从战略高度审视居民健康水平，把保障人民健康作为经济社会发展的基本优先目标。文章通过构建医疗保险、社会资本与健康水平的模型，采用 2010—2018 年 CFPS 五年的追踪数据，运用工具变量法，实证检验了医疗保险、社会资本与健康水平之间的相互关系。结果表明：医疗保险的参保类型会影响居民的健康水平，而在中国这样的传统型关系社会中，社会资本不仅对健康有着重要的影响，还可能加强或者减弱医疗保险对居民健康水平的影响。具体而言，"新农合"和认知性社会资本对居民健康有显著的正向作用，"城居保"和结构性社会资本对居民健康状况有显著的负向作用。进一步的，结构性社会资本对"新农合"产生正面影响起到了阻碍作用，却充当了"城居保"扩大负面影响的缓冲剂。

4. 作者自评和他评

他评。截至 2023 年 2 月 28 日，中国知网数据显示，该文被下载 1699 次，被引 3 次。

该文研究观点获得张心洁、罗英、杨婷婷、曾宪斌的认同。有少数学者从社会稳定和支持功能入手对社会资本与健康的关系展开研究，认为社会资本会通过工具性支持及情感性帮扶等方式对健康产生一定促进作用。[①] 曹跃群等研究发现居民医疗保险的参保类型对个人健

---

① 张心洁、罗英：《社会资本视域下农村大病患者内源防贫能力建设》，《华南农业大学学报（社会科学版）》2022 年第 4 期。

康水平具有显著作用。① 在健康方面，社会资本有助于个体提高自身健康水平以及获得高质量的生活。②

【作者简介】

曹跃群：教授，博士生导师，主要研究资本存量、公共经济与公共政策。

马原：硕士研究生，主要研究资本存量、公共经济与公共政策。

付小鹏：博士研究生，主要研究社会保障。

第43名

公共协商：企业参与农村社会福利供给的路径探索与共同富裕——基于吉林省白山市某案例的实证研究

杨轶华、祁晓民（2022），《北京行政学院学报》，第2期，第110—121页

【内容概览】

1. 问题/议题

公共协商：企业参与农村社会福利供给的路径探索与共同富裕，基于吉林省白山市某案例的实证研究。

2. 结论

研究发现，传统"单向参与"模式下企业参与农村福利供给面临福利供求结构失衡、参与方式阙如与行为失范等一系列困境，这些问题掣肘企业参与社会福利的功能释放。究其根源，企业以"工具性"为核心的功能定位的福利供给，忽略农民农村的社会、文化需求和经济利益，使农村福利发展陷入了悖论。实践表明，以"公共性"为核心的"公共协商"模式在满足农民基本需求、防控农村社会风险和促进农民生计发展等方面效果显著，这为企业参与农村福利改善、推动实现农民农村共同富裕提供了路径参考。

3. 论证

案例选择与传统"单向参与"模式分析。鉴于企业参与社会福利供给研究主题的特质，定量回归很难对其进行指标的有效替代，同时，其运行方式具有更多的不可控变量和复杂度，简单的数理模型难以进行翔实的探索，因此，该文选择定性案例研究的方法。在定性案

---

① 杨婷婷：《中国城镇居民潜在健康需求的统计测度研究》，硕士学位论文，河南大学，2022年。

② 曾宪斌：《人力资本、社会资本和政府转移支付对家庭多维相对贫困的影响及其机制研究》，硕士学位论文，汕头大学，2022年。

例研究中通常采用非概率抽样中的"目的性抽样",因此,该文选择圆满完成脱贫目标、进入小康行列的农村及对口参与福利供给的企业作为研究对象。该文以BMZ公司及接受福利供给的DS村作为案例样本,虽然企业前期也以慈善捐赠等传统方式提供福利供给,但企业单方面以经济效益为功能定位的福利供给模式,实际忽略了农村农民的社会文化需求和经济福利的运行机制与效益,导致了社会冲突和福利发展困境。

"公共协商"模式的实践探索。在"公共协商"模式下,白山市、区政府协调BMZ公司与街道办事处、DS村委会等几方签署了合作共建备忘录,成立了合作共建委员会,设置了办事机构——社区事务办公室。社区事务办公室日常工作是根据合作共建委员会决策,关注社区基本需求、社区风险(冲突)管控与农民生计发展支持三个方面。

"公共协商"模式的运行机制及对农民农村共同富裕的启示。从"公共协商"模式的内涵、发展过程和社会实践来看,其主要包括动力驱动、主体协同、利益分配、共识达成、参与保障和责任分担六个内在机制,且这些机制之间是相互影响、相互依存和相互制约的关系,为农民农村共同富裕的路径探索带来一定启示。

4. 作者自评和他评

他评。截至2023年2月28日,中国知网数据显示,该文被下载1399次,被引3次。

该文研究观点获得靳玉琼、张宇润、邹宝玲、彭素、刘欢、向运华的认同。杨轶华和祁晓民指出,共同富裕水平提高将改变农村居民公共福利供给模式与路径,农村居民可获得募集、捐赠、资助等公益活动所带来的额外收入。[1] 有研究指出,以调整利益分配格局为中心的收入分配结构优化是实现共同富裕的重要驱动力量,获得公平公正的利益是共同富裕的集中体现,是实现共同富裕的核心。[2] 补齐农村社会福利短板,促进社会福利均衡化发展。加大农村社会福利财政支持,通过新建改建、公办民营、民办公助、购置租赁等方式整合已有服务资源;强化面向农村老年人、残疾人、妇女、儿童等特殊困难群体的福利项目建设,推动农村基本公共服务均等化发展,缩小城乡社会福利待遇差距,促进农村居民共同富裕。[3]

【作者简介】

杨轶华:吉林大学哲学社会学院教授、博士生导师。

祁晓民:吉林大学哲学社会学院博士研究生。

---

[1] 靳玉琼、张宇润:《共同富裕视角下中国居民家庭代际收入流动性测度》,《企业经济》2022年第7期。

[2] 邹宝玲、彭素:《中国农村土地制度变迁、权能拓展与共同富裕》,《贵州师范大学学报(社会科学版)》2022年第4期。

[3] 刘欢、向运华:《基于共同富裕的社会保障体系改革:内在机理、存在问题及实践路径》,《社会保障研究》2022年第4期。

第 44 名

基本医疗服务与基本医疗保险制度相协同的法治化路径

单飞跃、祝沁磊（2022），《财经理论与实践》，第 2 期，第 147—153 页

【内容概览】

1. 问题/议题

基本医疗服务与基本医疗保险制度相协同的法治化路径。

2. 结论

我国基本医疗保险基金主要用于保障公民的基本医疗服务。基本医疗服务与基本医疗保险制度之间呈现法律法规不协同、参保人权益和医疗服务需求方权益保障脱节、基本医保标准和服务供给内容不统一、财政支持权力分散以及基本医保个人账户阻碍基本医疗服务发展的现实困境。要使基本医疗服务与基本医疗保险制度有效协同，应当制定"基本医疗保险实施条例"，实现制度之间相衔接。每年基本医疗服务供给内容应当经过人代会审议，从而保障参保人和服务需求方的知情权、参与权、决策权、监督权。中央政府应当上收基本医疗保险基金的筹资权，确保筹资标准的统一性，实现基本医疗服务供给的均衡性。要加大对基层医疗机构的财政支持力度，保障基本医疗服务供给的公平性。逐步取消基本医疗保险个人账户制度，发挥基本医疗保险基金共济互助作用。

3. 论证

基本医疗服务与基本医疗保险制度衔接的现实困境。第一，基本医疗服务与基本医疗保险制度缺乏协同性。第二，基本医疗服务需求方与基本医疗保险参保人合法权益保障脱节。第三，基本医疗服务保障的权益过于狭隘。第四，基本医疗保险基金财政事权分散化导致基本医疗服务地区差异化。第五，基本医保个人账户的存在阻碍基金统筹使用。

基本医疗服务与基本医疗保险制度有效衔接的法治路径。第一，完善现行基本医保制度，实现与基本医疗服务制度的协同性。第二，基本医疗服务"四本账"经人代会审议，保障参保人和服务需求方合法权益。第三，上收基本医疗保险基金筹资权，确保基金保障范围和服务涵盖范围一致性。第四，加大基本医疗服务补贴力度，推进基本医疗保险基金预算与一般公共预算衔接。第五，改革基本医保个人账户制度，回归保险互助共济的本质属性。

4. 作者自评和他评

他评。截至 2023 年 2 月 28 日，中国知网数据显示，该文被下载 797 次，被引 4 次。

该文研究观点获得于新亮、伊扬、张文瑞、韩琳琳、孙振宁、张斌、李冰、刘邦、张国川、汪选东等的认同。继续推进建立普通门诊费用共济保障制度，可从家庭成员之间共用账户起步。由于家庭成员间身体健康状况不同，身体健康状况较好成员的个人账户余额过多，

身体健康状况较差成员的个人账户余额消耗过快,所以将健康状况较好成员的个人账户余额转移给家庭中健康状况较差的成员可实现家庭内部统筹共济。① 探索了医保服务和信息技术融合的新途径,为医保政策落地提供一种新的建设思路。② 单飞跃、祝沁磊在研究中指出,医疗保障财政事权分散化是我国医疗服务不均衡、不公平的重要诱因,各地区医保方面的财政投入不同导致医疗服务也各不相同。③

【作者简介】

单飞跃:上海财经大学教授、博士生导师、法学博士,主要研究经济法学、经济宪政。

祝沁磊:上海财经大学法学院博士研究生,主要研究经济法学、社会法学。

第45名

老年人对政府养老责任的认知及影响因素研究
——基于中国综合社会调查的实证分析

凌文豪、郝一潼(2022),《社会保障研究》,第1期,第14—25页

【内容概览】

1. 问题/议题

老年人对政府养老责任的认知及影响因素研究,基于中国综合社会调查的实证分析。

2. 结论

该文利用CGSS 2017的数据,通过建立Logit模型,从社会态度、社会制度层面出发,考察老年人对政府养老责任认知的影响因素,主要研究结论如下。第一,老年人的社会公平态度显著影响老年人对政府的养老责任认知。从整体社会公平感知上来看,认为社会不公平的老年人会更加认同政府应对老年人的养老负责;从个人结果公平感知上来看,自评社会阶层较低的老年人更加认同政府应对老年人的养老负责。第二,参与基本社会养老保险显著增强老年人对政府的养老责任认知,且分样本回归结果表明,相较于参加城乡居民基本养老保险的老年人,参与城镇职工基本养老保险的老年人更加认同政府负责养老。第三,受教育水平显著影响老年人对政府的养老责任认知,受教育水平越高的老年人越认同由政府负责老年

---

① 于新亮、伊扬、张文瑞、韩琳琳:《职工基本医疗保险的收入再分配效应》,《保险研究》2022年第5期。

② 孙振宁、张斌、李冰、刘邦、张国川:《基于甘肃省医疗保障信息平台的手术医保结算模式设计》,《电子技术与软件工程》2022年第16期。

③ 汪选东:《县域综合医改研究——以江西省南昌县的试点为例》,硕士学位论文,江西财经大学,2022年。

人的养老。第四，城乡分布及地区分布均显著影响老年人对政府的养老责任认知，居住在东部地区或城市地区的老年人更加认同政府负责养老。

3. 论证

政府是我国承担养老责任的重要主体之一，分析老年人对政府养老责任的认知对优化养老政策具有重要意义。该文使用中国综合社会调查 2017 年的数据和 Logit 模型，从社会态度、社会制度层面出发，实证分析影响老年人对政府养老责任认知的重要因素。研究发现：受教育水平较高的老年人、居住在城市或东部地区的老年人更加期待政府履行养老职责；不认同社会公平、自评社会阶层较低的老年人认同政府应对养老负责；参加基本社会养老保险显著增强老年人对政府养老责任的认知，参加城镇职工基本养老保险的老年人相较于参加城乡居民基本养老保险的老年人更加认同政府负责养老。长远来看，老年人对政府养老责任的认知将日益增强。政府应切实保障老年人的养老权益，进一步优化养老资源配置，积极回应老年人对政府养老责任的期待。

4. 作者自评和他评

他评。截至 2023 年 2 月 28 日，中国知网数据显示，该文被下载 2161 次，被引 1 次。该文研究观点获得高天的认同。在居家养老服务中，政府具有制定居家养老服务管理规定、监督居家养老服务活动运行、补贴居家养老服务机构等责任。[①]

【作者简介】

凌文豪：法学博士，河南大学哲学与公共管理学院，博士生导师。

郝一潼：河南大学哲学与公共管理学院，硕士研究生。

第 46 名

共同富裕目标背景下的商业保险、数字经济与人民幸福感：来自住户调查数据的经验证据

张凌霜、易行健、杨碧云（2022），《金融经济学研究》，第 1 期，第 42—60 页

【内容概览】

1. 问题/议题

共同富裕目标背景下的商业保险、数字经济与人民幸福感：来自住户调查数据的经验

---

① 高天：《养老服务供给中的政府责任及实施路径研究——以武汉市为例》，硕士学位论文，武汉工程大学，2022 年。

证据。

2. 结论

该文主要结论有如下三点。第一，商业保险参与能够明显促进家庭幸福感的提升，且主要通过降低家庭未来可能面临的不确定性所带来的不利冲击来缓解预防性储蓄动机，促进消费进而提升家庭幸福感。第二，在异质性分析和调节效应分析部分，商业保险参与对幸福感的提升作用在农业户籍、低人力资本和社会资本以及社会保障水平较低的家庭中更为显著，而数字经济的发展可以强化商业保险对家庭幸福感的正向效应。第三，在内生性讨论和稳健性检验部分，该文通过采用工具变量估计方法来缓解可能存在的内生性问题，其所得结果与基准回归保持一致。进一步，该文通过更换核心解释变量、估计方法以及更换样本对基准回归结果进行了稳健性检验，结果依然支持商业保险参与能够显著提升家庭幸福感的结论。

3. 论证

基于共同富裕背景，以商业保险视角为切入点，采用2013—2017年中国家庭金融调查数据（CHFS），分析参与商业保险对提升居民家庭主观幸福感的影响效应，并讨论数字经济在其间的调节作用，结果表明：家庭商业保险参与能够显著提高居民家庭主观幸福感；其主要通过缓解不确定性所引致的预防性储蓄动机提高消费水平进而提升家庭主观幸福感，而数字经济的发展能够通过降低不确定性来增强这一效应；商业保险参与对家庭幸福感的提升作用在农业户籍、人力资本和社会资本水平较低以及社会保障水平较低的家庭中更为显著。

4. 作者自评和他评

他评。截至2023年2月28日，中国知网数据显示，该文被下载2189次，被引1次。

该文研究观点获得王晨的认同。张凌霜等通过对CHFS的面板数据进行实证研究，探讨数字经济在商业保险影响居民幸福感机制中的调节作用，发现数字经济的发展能降低未来不确定性从而促进居民消费，提升居民的幸福感。[1]

【作者简介】

张凌霜：广东外语外贸大学金融学院博士研究生，主要研究家庭金融和应用计量经济学。

易行健：广东金融学院金融与投资学院教授，广东外语外贸大学金融学院博士生导师，主要研究家庭金融、居民消费储蓄行为与应用计量经济学。

杨碧云：广东外语外贸大学金融学院教授，经济学博士，硕士生导师，主要研究金融学与国际经济学。

---

[1] 王晨：《社会医疗保险对居民幸福感的影响机制及效果研究》，硕士学位论文，西南财经大学，2022年。

第 47 名

美国医疗保险改革的经验与启示

许闲、周源、余安琪（2022），《复旦学报（社会科学版）》，
第 1 期，第 156—164 页

【内容概览】

1. 问题/议题

美国医疗保险改革的经验与启示。

2. 结论

该文探讨了美国医疗保险改革的历史、现状和未来发展趋势，并从中提取出对中国医疗保险制度改革的启示。文章指出，美国医疗保险改革经历了近百年的发展历程，其中包括罗斯福时期的"全民医保"议案、克林顿时期的"希拉里医改"以及奥巴马时期的"奥巴马医改"。这些改革里程碑都是在政治、经济和社会环境变化的背景下推进的，既有政府干预又有市场机制发挥作用。文章还分析了美国医疗保险制度建设与改革同美国的医疗市场、利益集团以及政治组织形式密切相关的情况，并指出这些联系对于中国医疗保险制度建设也具有借鉴意义。

文章最后提出，中国应当结合自身国情，在推动科技与医疗模式结合、绩效考核与支付方式进步等方面不断探索创新，构建符合中国特色的医疗保险制度。同时，需要加强政府监管和市场竞争，促进医疗资源的合理配置和医疗服务的质量提升。文章认为，中国医疗保险制度改革需要在政策、技术、管理等多个方面进行综合改革，以实现医疗服务的可获得性、质量和成本之间的平衡。

3. 论证

自富兰克林·罗斯福提出"全民医保"议案到拜登重启"奥巴马医改"，美国的医保改革已有近百年的历史。美国的医疗保险制度建设与改革同美国的医疗市场、利益集团以及政治组织形式都有密切的联系。百年美国医保改革是医疗进步、支付模式创新以及利益集团斗争妥协的综合结果，美国的医疗保险制度也是文明社会医保制度的重要模式之一。借鉴美国医保改革的经验，中国应当继续结合国情，推动科技与医疗模式的结合、绩效考核与支付方式的进步，构建符合中国特色的医疗保险制度。

4. 作者自评和他评

他评。截至 2023 年 2 月 28 日，中国知网数据显示，该文被下载 2394 次，被引 1 次。

该文研究观点获得李春峰、付少杰的认同。同时，基于美国新医疗体制，保险公司倾向

于接受"家庭医院"这种效率高、费用低的项目,这也为"家庭医院"扩大了服务受众。[①]

【作者简介】

许闲:复旦大学经济学院风险管理与保险学系主任,教授,博士生导师。

周源:复旦大学经济学院硕士研究生。

余安琪:复旦大学经济学院硕士研究生。

第 48 名

人口老龄化背景下完善我国第三支柱养老保险税收政策的建议

朱小玉、施文凯(2022),《国际税收》,第 6 期,第 25—36 页

【内容概览】

1. 问题/议题

人口老龄化背景下完善我国第三支柱养老保险税收政策的建议。

2. 结论

该文的结论是,中国正面临着"富"与"老"的竞赛,人口老龄化对养老保障制度形成了较大挑战。但经济的高速增长促进了整个社会的物质财富积累,为妥善解决养老问题创造了有利条件。构建中国特色的多层次、多支柱养老保险体系是当前养老保障制度建设的重点,将有利于实现主体责任分担的动态平衡。第三支柱养老保险体系的发展问题需要从制度自身发展规律、国情民力以及与其他机制集成协同的角度进行更深入分析,才能提出适宜可行的政策建议。该文建议未来应构建兼顾效率和公平的第三支柱养老保险税收政策体系,选择合理的税收优惠基本模式,划定与当前制度目标群体收入水平相匹配的税收优惠定额,并不断完善税收优惠参数设计。这些措施将有助于提高全社会可用于养老的财富资源丰富程度和全社会的老年抚养力,并让全体人民奔向"富"的步伐更健康、更整齐、更和谐,保障全体人民的福祉。

3. 论证

我国人口老龄化的趋势与挑战。第一,我国人口老龄化的趋势有其特殊性,表现为基数规模大、发展速度快、持续时间长。特殊的人口结构与特定的现代化发展阶段相交织,又为我国制定符合国情民情的老龄化应对方案增加了难度。当前,资金可持续问题已经成为我国养老保险制度的主要矛盾和最大风险。第二,在人口老龄化的挑战下,资金可持续问题已成

---

① 李春峰、付少杰:《美国"家庭医院"项目对中国"互联网+家庭病床"建设的启示》,《中国卫生质量管理》2022 年第 7 期。

为我国养老保险制度的主要矛盾和最大风险。在"十四五"时期，养老保险体系面临包括人口老龄化、新型城镇化、就业多样化在内的诸多挑战。整体而言，有三个颇具挑战的结构性矛盾：一是地区之间基本养老保险基金结余区域失衡的矛盾；二是人均寿命提高和退休年龄偏低的矛盾；三是多层次养老保险体系内部发展不均衡的矛盾。

完善我国第三支柱养老保险体系税收优惠政策的建议。第一，立足中国国情是解决中国民生问题的根本出发点。第三支柱养老保险体系建设需要深耕"中国土壤"，立足于中国特殊的文化土壤、物质土壤和机制土壤，深究制约多层次养老保险体系发展的国情、国力与国民因素。第二，如何在一个自愿参与的制度中激励更多的个体参与，是第三支柱个人养老保险制度发展的关键问题之一。通过给予参与者一定的税收优惠，可以激励居民动用薪酬所得进行个人养老投资储蓄，由此，相关税收优惠制度便应运而生。从国际上看，税收优惠政策是养老金体系相对成熟的国家在个人养老金发展过程中的通行措施。第三，完善我国第三支柱养老保险体系税收优惠政策的关键是要对公平与效率、制度成本和收益、普遍规律和特殊国情之间的各种关系进行权衡。

4. 作者自评和他评

他评。截至 2023 年 2 月 28 日，中国知网数据显示，该文被下载 1347 次，被引 2 次。

该文研究观点获得谢攀、王一宁等的认同。税收优惠政策是促进个人养老金发展的关键因素。借鉴个人养老金发展成效最为显著的美国在税收政策制定上的经验，我国应重点完善缴费环节和领取环节的税收优惠政策。在缴费环节应适时提高个人缴费税前扣除标准，并增加税收优惠模式，将扣除（缴费）标准与个人应纳税所得额相关联，界定不同扣除（缴费）类型所对应的应纳税所得额区间；在领取环节应将单一比例税率变更为个人所得税超额累进税率，但领取累计投资收益的税收优惠政策须与证券投资所得的税收优惠政策相一致，以提升民众参与积极性。2018 年 4 月，国内个人养老金开始在部分地区试点破冰。2022 年 4 月，国务院办公厅印发《关于推动个人养老金发展的意见》（国办发〔2022〕7 号），国内个人养老金制度正式起步。个人养老金属于第三支柱，采用完全的个人账户制，经市场化投资实现保值增值，通过税收等政策的鼓励，吸引人们进行养老储蓄。[①]

【作者简介】

朱小玉：中国财政科学研究院社会发展研究中心助理研究员。

施文凯：中国财政科学研究院助理研究员。

[①] 谢攀、王一宁：《基于文献计量的国内个人养老金研究进展》，《保险职业学院学报》2022 年第 5 期。

第 49 名

残疾人社会保障策略优化：弥合收入支持与就业融入的结构性张力

肖日葵、郝玉玲（2022），《南京社会科学》，第 2 期，第 71—79 页

【内容概览】

1. 问题/议题

残疾人社会保障策略优化：弥合收入支持与就业融入的结构性张力。

2. 结论

该文的结论是，ICF 是一个有用的工具，可以帮助人们更好地理解机能不全和健康之间的关系。ICF 提供了一种标准化的方法来描述和分类个体在生活中所面临的各种问题和障碍。通过使用 ICF，医疗保健专业人员、政策制定者和研究人员可以更好地了解患者或被调查者所面临的问题，并为他们提供更好的支持和治疗。

此外，该文还指出了一些有关技能不全和就业之间关系的重要事实。例如，残疾人群体在就业市场上面临很多挑战，但是通过采取一些特定措施，如提供适当的支持和培训机会，他们可以获得成功并为社会作出贡献。该文强调了 ICF 作为一个有用工具来帮助人们更好地理解机能不全和健康之间关系，并提供了一些有关残疾人群体就业问题的重要信息。

3. 论证

收入支持和就业融入是残疾人社会保障体系的两大重要内容。基于残疾 ICF 框架，将残疾人纳入低保发挥着收入支持功能，但对残疾人就业支持产生了一定的挤出效应。弥合收入支持和就业融入之间的结构性张力，可通过完善残疾测量方式与内容、加大残疾人人力资本投资、加强消除功能障碍和完善无障碍环境等来提升残疾人就业能力和就业水平，促进残疾人实现更高质量就业与社会融入。

4. 作者自评和他评

他评。截至 2023 年 2 月 28 日，中国知网数据显示，该文被下载 1781 次，被引 2 次。

该文研究观点获得汤夺先、杨秀飞、范修宇的认同。采用 ICF 模式完善残疾人的测量方式与内容，以及利用中国家庭收入调查（CHIP）数据分析政策颁布对残疾人收入的影响，估算残疾人家庭的额外成本，平衡收入支持与就业融入之间的矛盾，构建以职业技能培训为

导向的就业政策机制。[①] 在西方的高福利国家一般从广义上理解社会福利，但是在我国，社会福利行政制度的概念一般采取狭义上的理解，即我国的福利行政制度是指对弱势群体提供物资帮扶和特殊性质保障服务。其包含着国家对特殊群体进行的各种福利事业，主要是对老年人、儿童、残疾人提供的必要的物资与保障。[②]

【作者简介】

肖日葵：厦门大学台湾研究院副教授。

郝玉玲：厦门大学台湾研究院博士后。

第50名

风险与应对：新冠肺炎疫情中我国减缓企业社会保障缴费的政策评估

韩克庆（2022），《社会保障研究》，第1期，第61—68页

【内容概览】

1. 问题/议题

风险与应对：新冠疫情中我国减缓企业社会保障缴费的政策评估。

2. 结论

减缓企业社保缴费政策措施，除了具有减轻企业经营负担、帮助企业渡过难关的政策效果外，还具有提振经济活力、助力复工复产的刺激作用。同时，也应关注上述政策措施暴露出的问题，防范可能的负面影响。虽然阶段性减缓企业社保缴费政策已经告一段落，但是针对此类政策的评估和反思还在继续。与减缓企业社保缴费相关的讨论，至少包括以下政策议题。

第一，提高社会保障参保率。受种种因素制约，无论是就个人而言，还是就企业而言，我国的社会保障参保率尚没有实现百分之百全覆盖。现实的情形是，依法实际、足额、全员缴纳社保费，成为很多企业管理者忽视甚至想方设法逃避的责任。有些地方政府也把社保缴费当作制约地方经济发展的"羁绊"。加之参保基数和缴费比例规定模糊，导致缴费责任交叉不清，待遇支付困难，最终影响员工应有的社保权益。因此，无论是地方政府官员，还是

---

① 汤夺先、杨秀飞：《我国残疾人就业政策扩散研究：时间特征、空间布局与扩散机理》，《北京联合大学学报》2022年第3期。

② 范修宇：《社会保障视角下行政给付制度的完善研究》，硕士学位论文，东北林业大学，2022年。

企业管理者，都应遵守社会保障的法律法规，依法、合规、全员参加社会保障。这样，当社会风险突然降临时，社会保障就能够为企业构筑起坚实的"防火墙"，为员工的生命财产安全提供坚实的制度保护。

第二，合理降低企业社保缴费率。在现行社会保障制度中，一个有争议的看法是，中国社会保障缴费率过高。过高的社会保障缴费率，不仅会降低企业活力，带来高昂的用工成本，增加逃费、欠费等违法违规行为发生的可能性，而且会使各种变相降低名义缴费率的做法成为很多地方的现实选择。为此，国家出台相关文件，降低社会保障缴费率。虽然降低费率对企业来说是件好事，但也并非越低越好。尤其是对于养老保险和医疗保险来说，不可一味强调降低费率，因为降低费率往往意味着待遇水平的下降。同时，在降低社会保障费率的同时，增大政府的财政投入也是值得考虑的选项。

第三，夯实社会保障缴费基数。受统筹层次和征收方式等因素的影响，目前的企业缴费基数不尽统一。相对于费率来说，费基问题更加隐秘和复杂。就个人缴费基数而言，《中华人民共和国社会保险法》明确规定"职工应当按照国家规定的本人工资的比例缴纳基本养老保险费"。但实际操作中各地对如何确定工资收入的口径并不统一，因而需要进一步对此进行明确。就单位缴费基数而言，《中华人民共和国社会保险法》明确规定"用人单位应当按照国家规定的本单位职工工资总额的比例缴纳基本养老保险费"。但是，"本单位职工"是指所有职工还是参保职工，"工资总额"是按照全部职工个人缴费工资之和、参保职工个人工资收入之和、参保职工个人缴费工资之和、企业所得税工资薪金支出、个人所得税工资薪金支出计算，还是按照会计核算工资口径，各方理解不一。另外，现行制度对个人缴费基数按照60%托底和300%限高。随着职工个人收入水平差距拉大，这一规定的弊端也越来越明显：对收入水平较高的群体按照300%进行缴费限制后，个人社保费支出占比相对更少；而对收入水平较低的个人按照60%进行托底限定后，社保费支出占比相对更大。因此，从企业层面看，参保面广，企业缴费负担较重，企业报低个人缴费基数的意愿强烈；从个人层面看，制度激励机制不明显，个人多缴长缴的积极性不高。

第四，推进社会保险统一征收。目前国家已经出台了相关政策，要求社会保险征收主体逐步过渡到税务部门。这既涉及部门衔接问题，还涉及整个制度顶层设计的问题，会带来一些颠覆性影响，因而政府需要做好政策研判，并设置过渡期。社会保险费征收机构不统一，部门之间职责不清，严重影响了制度效能和未来发展。为此，一是要加快社会保险税务统一征收的工作进程，明确征收办法和税务部门职责，做好政策过渡与部门衔接。二是要使制度形成"税务征收—财政管理—社保使用—审计监督"的闭环，促进社会保险基金的良性运行。

3. 论证

该文以新冠疫情暴发后减缓企业社保缴费的应急反应为政策案例，对可能的企业社会保障缴费减免费用进行了数据测算，认为减缓企业社保缴费政策措施，除了具有减轻企业经营负担、帮助企业渡过难关的政策效果外，还具有提振经济活力、助力复工复产的刺激作用。同时，上述政策措施也暴露出一些问题。为此，应提高社会保障参保率，合理降低企业社保缴费率，夯实社会保障缴费基数，推进社会保险统一征收。长远来看，应着眼于国内风险与国际风险、应急响应与长效机制，将社会保障制度建设上升到与经济、政治、文化高度相关的福利体制高度，统筹经济发展和社会安全的关系，构建起更加有效的风险屏障。

4. 作者自评和他评

他评。截至2023年2月28日，中国知网数据显示，该文被下载1463次，被引2次。

该文研究观点获得王暮涵、邵丽丽的认同。造成上述结果的原因可能是东部地区为中国的人口净流入地区，大量的劳动力涌向东部地区，带动东部地区经济发展，依托我国大量价格低廉的劳动力，劳动密集产业应运而生，而近年来我国人均工资逐年上升，工人工资的上涨很容易侵蚀企业的利润，影响公司的经营成本，从而影响就业。中西部地区作为人口流出省份，劳动密集型产业远少于东部地区，受雇群体的工资上涨对于中西部地区影响较小，因此中西部地区上市企业的社保缴费对就业的负面影响较小。[①] 灵活用工在我国的发展脚步是迅速的，其模式也是纷繁复杂，加之我国的税收政策变化非常快，微观分析具有一定难度，该文迎难而上，将实务中灵活用工的模式风险结合多种案例、多个类型的企业和个人以微观视角进行分析，将社保、会计核算等问题纳入分析，当然也正因为该文特殊的研究视角，该文没有站在宏观层面为国家在灵活用工的税收监管上提出任何具有参考价值的建议，但在相关领域，对企业和个人都具有实践参考价值，对促进灵活用工行业守正创新，健康发展都具有实践价值。[②]

【作者简介】

韩克庆：中国社会科学院社会发展战略研究院研究员、中国社会科学院大学社会与民族学院教授，博士生导师，主要研究社会保障、社会政策、社会福利、社会发展与现代化。

[①] 王暮涵：《企业社会保险缴费对就业的影响——基于A股上市公司的研究》，硕士学位论文，河南大学，2022年。

[②] 邵丽丽：《灵活用工模式税务风险问题研究》，硕士学位论文，云南财经大学，2022年。

（三）TOP 51–100 榜单

劳动与社会保障最佳中文论文 TOP 51–100 榜单，2022 年

总榜序	论文	刊物复合影响因子	月均引用	专家投票	月均下载	综合得分
51	农民家庭禀赋、社会保障与三孩生育意愿——基于 2017 年中国综合社会调查数据的实证研究　于勇、喻明（2022），《南方人口》，第 2 期，第 70—80 页	2.443	0.000	1	292.7	0.2422
52	养老金并轨对劳动力流动的政策效果和作用机制研究　于新亮、张文瑞、郭文光、于文广（2022），《财经理论与实践》，第 1 期，第 43—50 页	4.008	0.333	4	75.9	0.2394
53	延迟退休、人口抚养比及养老保险基金可持续性　石晨曦（2022），《当代经济管理》，第 6 期，第 68—76 页	5.260	0.111	4	210.7	0.2347
54	社会保险征缴与企业创新行为：来自演化博弈模型的证据　曹越、胡文君、张文琪（2022），《湖南大学学报（社会科学版）》，第 2 期，第 51—63 页	2.276	0.300	2	107.4	0.2317
55	农村养老保险、代际支持与隔代抚育——基于断点回归设计的经验证据　杨瑞龙、任羽卓、王治喃（2022），《人口研究》，第 3 期，第 44—59 页	6.802	0.000	1	291.3	0.2305
56	基本医疗保险基金支出预测模型与实证　耿蕊、付晓光、王翾（2022），《统计与决策》，第 1 期，第 149—152 页	3.034	0.333	3	71.8	0.2300
57	社会保险降费政策对企业技术创新的影响　李秀玉、史亚雅、郝雯雯（2022），《科研管理》，第 4 期，第 192—200 页	5.270	0.222	3	144.3	0.2292

续表

总榜序	论文	刊物复合影响因子	月均引用	专家投票	月均下载	综合得分
58	人口老龄化对经济增长的影响及其机制分析——基于劳动力供给与社会保障支出视角 宋佳莹、高传胜（2022），《经济问题探索》，第11期，第1—18页	4.107	0.000	2	1208.5	0.2274
59	从"金字塔"到"橄榄型"：新三支柱养老保障制度的设计与优化 穆怀中（2022），《社会科学》，第1期，第82—93页	2.962	0.250	4	102.8	0.2261
60	代际支持、社会保障与农村居民养老方式选择——基于CHARLS数据的实证分析 尚青松、赵一夫（2022），《科学决策》，第2期，第68—79页	2.815	0.091	1	181.5	0.2241
61	就业"去雇主化"对社会保险基金平衡的挑战及应对——兼论新业态下的社会保险制度改革 汪润泉、张雨慧（2022），《南方金融》，第1期，第79—90页	4.950	0.182	2	119.9	0.2097
62	健康和收入不确定性、时域性特征与基本医疗保险幸福感 刘念、张兆强（2022），《宏观经济研究》，第3期，第116—137页	4.633	0.200	2	121.2	0.2064
63	社会保险缴费负担对企业人力资本结构的影响研究 马海涛、田影（2022），《财政科学》，第1期，第16—31页	1.236	0.250	2	90.8	0.2037
64	城乡医保统筹缓解农民工过度劳动了吗？ 李勇辉、刘南南、陈华帅、沈波澜（2022），《中国农村经济》，第7期，第124—144页	14.046	0.000	4	346.4	0.2016
65	缩小城乡收入差距哪种社保类型更有效？——基于财政社保与社会保险的比较分析 李华、祝秋思（2022），《北京工商大学学报（社会科学版）》，第2期，第99—113页	5.070	0.200	2	114.3	0.2013

续表

总榜序	论文	刊物复合影响因子	月均引用	专家投票	月均下载	综合得分
66	降低养老保险缴费率:"一举两得"抑或"得不偿失"?——基于缴费遵从度与基金可持续的视角　曾益、姚金（2022），《南方经济》，第1期，第19—34页	4.551	0.167	2	109.2	0.1994
67	全球新冠肺炎疫情、超级老龄化、新型就业三重挑战下的中国社会保障　席恒（2022），《社会保障评论》，第1期，第35—46页	5.614	0.000	2	166.3	0.1910
68	我国适度普惠型社会福利制度构建的目标选择　张军（2022），《学术探索》，第2期，第68—80页	0.909	0.182	3	112.0	0.1827
69	城乡养老保险统筹的农村家庭消费效应测度研究　乔晗、刘奥龙（2022），《统计与信息论坛》，第4期，第110—119页	3.045	0.222	2	104.1	0.1823
70	中国式现代化的关键:超越"资本至上陷阱"和"福利过度陷阱"　吴忠民（2022），《探索与争鸣》，第3期，第29—45+177页	2.725	0.100	4	154.1	0.1815
71	社会医疗保险制度的健康绩效及其区域异质性　何文（2022），《江西财经大学学报》，第1期，第87—97页	3.625	0.250	2	61.8	0.1788
72	企业所得税优惠对建立企业年金的影响实证分析——基于上市公司企业所得税实际税负压力的视角　董一欣、蓝相洁（2022），《财经论丛》，第3期，第26—36页	4.091	0.100	2	143.0	0.1763
73	社会福利、人才落户与区域创新绩效——对"抢人大战"的再审视　王欣亮、汪晓燕、刘飞（2022），《经济科学》，第3期，第65—78页	4.220	0.143	3	173.0	0.1759
74	基于基本医疗保险的城乡居民扶贫绩效分析　张瑜、徐海洋、王新军（2022），《经济与管理》，第3期，第23—29页	3.291	0.222	3	94.8	0.1748

续表

总榜序	论文	刊物复合影响因子	月均引用	专家投票	月均下载	综合得分
75	社会公平视域下法国养老金制度改革及其启示　马红鸽、韩亭利（2022），《社会保障研究》，第1期，第94—101页	4.540	0.200	1	84.6	0.1685
76	效率与公平统一的医疗保险水平——来自城乡居民医疗保险制度整合的证据　封进、陈昕欣、胡博（2022），《经济研究》，第6期，第154—172页	20.579	0.000	4	159.9	0.1680
77	医疗保险、市民化与农业转移人口消费　郝演苏、周佳璇、张建伟（2022），《经济社会体制比较》，第1期，第91—104页	3.721	0.167	2	85.9	0.1671
78	共同富裕背景下医疗保障的公平性：以职工医保为例　王震（2022），《经济学动态》，第3期，第56—70页	4.860	0.200	3	80.4	0.1656
79	论完善社会保险制度与实现新时代共同富裕　陈成文（2022），《社会科学家》，第1期，第34—41页	1.588	0.083	3	126.3	0.1656
80	预期寿命增长、个人账户支付缺口与养老金替代率　王增文、李晓琳（2022），《财政研究》，第3期，第113—128页	6.279	0.100	4	119.9	0.1624
81	从身份险到行为险：新业态从业人员职业伤害保障研究　王天玉（2022），《保险研究》，第6期，第115—127页	4.208	0.143	3	153.3	0.1617
82	社会保障助力构建农村反贫困长效机制研究　张建春、邓大松（2022），《社会保障研究》，第3期，第63—72页	4.540	0.167	2	153.5	0.1595
83	整合型社会保险能释放更多消费吗——基于居民医疗保险和养老保险的准实验研究　张开然、胡鑫怡（2022），《山西财经大学学报》，第7期，第56—71页	6.379	0.167	1	138.0	0.1582

续表

总榜序	论文	刊物复合影响因子	月均引用	专家投票	月均下载	综合得分
84	中国商业健康保险需求的影响因素及其差异——基于险种结构的实证分析　董海松（2022），《兰州学刊》，第9期，第42—55页	2.301	0.143	3	153.7	0.1535
85	福利制度视角下的社会权利及本土化反思　王梦怡、彭华民（2022），《理论月刊》，第1期，第97—105页	1.957	0.167	3	78.5	0.1501
86	"多轨制"养老金与家庭消费相对剥夺　李晓飞、臧旭恒（2022），《经济评论》，第4期，第130—147页	6.462	0.167	3	115.7	0.1448
87	数字经济对社会保障制度的影响研究进展　陈斌（2022），《保险研究》，第3期，第99—109页	4.208	0.100	3	109.2	0.1422
88	中国多层次医疗保障发展思辨：基本多层向多元多层转型　黄国武（2022），《社会保障评论》，第4期，第67—82页	5.614	0.167	3	113.2	0.1395
89	延迟退休年龄与财政养老支出优化效应　穆怀中（2022），《财政研究》，第5期，第96—110页	6.279	0.125	3	106.1	0.1391
90	农村社会保险对农民工生计决策异质性的影响研究——从外出务工到返乡创业　郭劲光、万家瑞（2022），《财经问题研究》，第6期，第91—100页	3.883	0.143	2	123.4	0.1388
91	美德两国基本养老保险待遇确定机制的经验与启示　施文凯、董克用（2022），《社会保障研究》，第4期，第89—98页	4.540	0.167	1	116.3	0.1367
92	从适度普惠走向全面普惠：中国儿童福利发展的必由之路　尹吉东（2022），《社会保障评论》，第2期，第122—143页	5.614	0.100	2	94.8	0.1337
93	网约工职业伤害保障的制度构建　韩烨（2022），《吉林大学社会科学学报》，第3期，第140—151+238页	2.898	0.125	4	115.4	0.1316

续表

总榜序	论文	刊物复合影响因子	月均引用	专家投票	月均下载	综合得分
94	基于需求角度的个人养老金潜在规模测算 刘方涛、郭小楠、张蕊、邱明月（2022），《保险研究》，第1期，第97—113页	4.208	0.083	4	88.8	0.1311
95	企业基本养老保险历史债务的大数据审计方法研究 邱玉慧、吕天阳、杨蕴毅（2022），《审计研究》，第1期，第25—31页	7.120	0.083	2	78.2	0.1311
96	新业态从业人员专属保险的法理探微与制度构建 娄宇（2022），《保险研究》，第6期，第100—114页	4.208	0.143	3	107.1	0.1286
97	社保压力对企业全要素生产率的影响研究——来自2011年《社会保险法》实施的证据 谭成雪、林秀丽（2022），《产业经济评论》，第1期，第137—151页	2.208	0.167	1	53.2	0.1201
98	城镇职工基本养老保险收支测算及影响因素分析 贺蕊莉、郭海彧（2022），财经问题研究2022年第3期，第83—91页	3.883	0.100	4	85.0	0.1160
99	企业养老保险缴费率、缴费基数与就业效应 邱志刚、苗萌、王子悦、杨真（2022），《经济理论与经济管理》，第5期，第95—111页	4.586	0.125	1	86.5	0.1154
100	多层次医疗保障体系改善我国家庭金融脆弱性的效果评估 袁成、于雪（2022），《东南大学学报（哲学社会科学版）》，第3期，第51—60+147页	1.925	0.125	3	98.6	0.1135

二 2022年劳动与社会保障最佳英文论文

(一) TOP 10 榜单

劳动与社会保障最佳英文论文 TOP 10 榜单,2022 年

总榜序	论文	刊物复合影响因子	月均引用	综合得分
1	Labor welfare in on-demand service platforms. Benjaafar, S., Ding, J. Y., Kong, G., & Taylor, T. (2022). *Manufacturing & Service Operations Management*, 24 (1), 110-124	7.103	12.727	0.6700
2	Social investment, redistribution or basic income? Exploring the association between automation risk and welfare state attitudes in Europe. Busemeyer, M. R., & Sahm, A. H. (2022). *Journal of Social Policy*, 51 (4), 751-770	2.654	6.667	0.3372
3	Socially irresponsible employment in emerging-market manufacturers. Distelhorst, G., & McGahan, A. (2022). *Organization Science*, 33 (6), 2135-2158	5.152	4.000	0.2379
4	The liquidity sensitivity of healthcare consumption: Evidence from social security payments. Gross, T., Layton, T. J., & Prinz, D. (2022). *American Economic Review-Insights*, 4 (2), 175-190	5.429	3.714	0.2274
5	The employment effects of the social security earnings test. Gelber, A., Jones, D., Sacks, D. W., & Song, J. (2022). *Journal of Human Resources*, 57 (2), 341-371	5.784	3.125	0.2033
6	Intergenerational altruism and retirement transfers evidence from the social security Notch. Mukherjee, A. (2022). *Journal of Human Resources*, 57 (5), 1466-1497	5.784	2.250	0.1621
7	Early social security claiming and old-age poverty evidence from the introduction of the social security early eligibility age. Engelhardt, G. V., Gruber, J., & Kumar, A. (2022). *Journal of Human Resources*, 57 (4), 1079-1106	5.784	1.833	0.1425
8	A social insurance perspective on pandemic fiscal policy: Implications for unemployment insurance and hazard pay. Romer, C. D., & Romer, D. H. (2022). *Journal of Economic Perspectives*, 36 (2), 3-28	9.944	0.875	0.1413

续表

总榜序	论文	刊物复合影响因子	月均引用	综合得分
9	Labor market transformation in the hospitality gig economy in a post pandemic era: Impacts of institutional governance. Lin, P. M., Peng, K. L., Wilson Au, W. C., & Baum, T. (2022). *International Journal of Contemporary Hospitality Management*, 35（4）1490－1510	9.321	1.000	0.1406
10	Sustainable development of urbanization: From the perspective of social security and social attitude for migration Yushi Zhang &Tianhang Jiang & Jun Sun &Zitian Fu 3 and Yanfeng Yu（2022）*Sustainability*, 14（17），10777	3.889	2.000	0.1303

（二）TOP 10 内容概览

第 1 名

按需服务平台的劳工福利

Labor welfare in on-demand service platforms, Benjaafar, S., Ding, J. Y., Kong, G., & Taylor, T. (2022). *Manufacturing & Service Operations Management*, 24（1），110－124

【内容概览】

1. 问题/议题

研究劳动力池规模的扩大是否真的会损害独立工人；哪种类型的工资底线规定更可取；消费者是否因实行工资底线而受到伤害。

2. 结论

第一，平均劳动力福利在劳动力库规模中先增加，然后减少。第二，就劳动力福利最大化而言，有效工资底线优于名义工资底线。与传统的观点相反，即消费者会受到有效工资底线的伤害（因为他们面临更高的价格，由于工资的上升压力，以及更长的延迟，由于代理人利用率的上升压力），消费者实际上是受益的。第三，监管者、劳工倡导者、平台管理者和代理人都会从了解创造和破坏劳工福利的力量中受益。

3. 论证

采用了一个平衡模型，说明了价格、工资、劳动力供应、客户延迟和需求之间的互动。

4. 作者自评和他评

他评。截至 2023 年 1 月 31 日，该文被引 140 次。

受到的相关评价要点如下。其一，Wang Hai 和 Yang H.[①] 对该文的研究内容、方法和研究结论进行引用，认为该文研究一个按需服务平台中的劳动福利，该平台依靠代理人决定是否工作和工作的多少。使用一个均衡模型解释了价格、工资、劳动力供应、客户延迟和需求之间的相互作用，研究得出劳动力池的大小可能对劳动力福利产生非单调性的影响，客户和工人都可能因实施有效的工资下限而受益。其二，Yan X. 等[②]对该文研究内容进行引用，指出该文研究供应商是否因劳动力池规模的扩大而受到损害，分析了最佳工资下限监管，以及消费者是否因实施工资下限而受到伤害。

【作者简介】

Saif Benjaafar：明尼苏达大学，教授，主要研究运筹学、经济学和公共政策。E-mail：saif@ umn. edu。

Jian-Ya Ding：清华大学自动化系。

Guangwen Kong：天普大学福克斯商业与管理学院，副教授，主要研究统计、操作和数据科学。E-mail：guangwen. kong@ temple. edu。

Terry Taylor：加州大学伯克利分校 HAAS 商学院。

第 2 名

社会投资、再分配或基本收入？探讨欧洲的自动化风险和福利国家态度之间的联系

Social investment, redistribution or basic income? Exploring the association between automation risk and welfare state attitudes in Europe, Busemeyer, M. R., & Sahm, A. H. （2022）. *Journal of Social Policy*, 51（4），751 – 770

【内容概览】

1. 问题/议题

研究技术变革对福利国家态度和偏好的影响。

---

① Wang H, Yang H. Ridesourcing systems: A framework and review [J]. Transportation Research Part B: Methodological, 2019, 129: 122 – 155.

② Yan X., Liu W., Shi V., et al. On-demand service platform operations management: a literature review and research agendas [J]. Modern Supply Chain Research and Applications, 2022.

2. 结论

第一，个人自动化风险与对再分配的支持呈正相关，但与对社会投资政策的支持呈负相关（部分取决于所使用的自动化风险的具体衡量标准），而与对基本收入的支持没有统计上的显著关联。第二，福利国家的总体规模对风险和偏好之间的微观层面的关联有调节作用。

3. 论证

采用了一个关于不同种类的社会政策的更广泛的视角。提出如下假设。假设1：个人自动化风险与支持再分配政策和广义的更慷慨的福利国家之间呈正相关。假设2：个人自动化风险与对社会投资就业政策的支持之间存在积极的联系，尽管这种联系不太强烈。假设3：个人自动化风险和对引入UBI的支持之间没有强烈的关联。通过使用欧洲社会调查的数据，使用随机间隔的多斜面模型（MLM）来分析数据。为了确保研究结果的无偏性，进行稳健性检验。对于前三个因变量，采用了逻辑回归，对于衡量"福利主义"的第四个变量，采用了简单的线性回归。

4. 作者自评和他评

他评。截至2023年1月31日，该文被引20次。

其一，Aina Gallego和T. Kurer[①]在论述技术变革的经济含义时引用该文的观点，自20世纪70年代以来，以及最近机器人和人工智能对一套基于计算机的技术的采用，再次引发了这场长达几个世纪的辩论。其二，David Weisstanner[②]认为，该文研究结论证明尽管意大利的两项研究发现客观自动化风险与UBI（政治团体以个人向所有成员支付的收入，没有经济状况测试或工作要求）支持之间存在联系，但这尚未在比较研究中得到证实。

【作者简介】

Marius R. Busemeyer：康斯坦茨大学政治学，教授。E-mail：Marius. Busemeyer@ uni-konstanz. de.

Alexander H. J. Sahm：康斯坦茨大学，研究生。E-mail：Alexander. Sahm @ uni-konstanz. de.

---

① Gallego A., Kurer T. Automation, digitalization, and artificial intelligence in the workplace: Implications for political behavior［J］. Annual Review of Political Science, 2022, 25: 463 – 484.

② Weisstanner D. COVID – 19 and welfare state support: The case of universal basic income［J］. Policy and Society, 2022, 41（1）: 96 – 110.

第3名

新兴市场制造商中不负责任的雇佣行为

Socially irresponsible employment in emerging-market manufacturers, Distelhorst, G., & McGahan, A. (2022). *Organization Science*, 33 (6), 2135 – 2158

【内容概览】

1. 问题/议题

研究社会上不负责任的雇佣行为是否与新兴市场国家的制造结果有系统地联系在一起。

2. 结论

在控制了企业规模、行业、产品结构、生产流程、东道国、目的地市场和买方组合的影响后，不负责任的社会雇佣行为仍与企业层面的制造结果有关。该理论和结果表明，跨国公司有机会通过鼓励其供应商过渡到依赖工人人力资本发展的价值创造体系，来改善全球价值链中的企业社会绩效。

3. 论证

根据强调经济相互依存关系的利益相关者理论，以及来自劳资关系和人力资源管理领域的见解，公司内部的工作条件是价值创造和价值占有的系统性方法的一个方面。一些制造商在有害做法的基础上运行"低路"系统；而另一些制造商则经营着"高路"系统，其中发展员工人力资本的需要阻止了对社会不负责任的雇佣行为。为了检验这一理论，通过分析48个新兴市场国家的4000多家出口导向型小型制造商的数据，对违反劳动法和制造业的结果进行大规模研究。

4. 作者自评和他评

他评。截至2023年1月31日，该文被引4次。

受到的相关评价要点如下。其一，J. Juliao-Rossi 等[1]在论述利益相关者的刻板印象与跨国企业的合法性优势时引用该文观点，利益相关者期望新兴市场跨国公司不遵守道德规则，这反过来又引发了这些跨国公司不尊重其利益的风险意识。其二，J. S. Hofstetter 等[2]研究认为由于全球价值链是连接非洲经济活动与世界体系的主要经济途径，作者认为全球价值链对

---

[1] Juliao-Rossi J., Losada-Otalora M., Católico-Segura D. F. MNEs' corporate governance disclosure: A strategic response to corrupt environments [J]. Corporate Governance: The International Journal of Business in Society, 2023, 23 (1): 72 – 108.

[2] Hofstetter J. S., McGahan A. M., Silverman B. S., et al. Sustainability and global value chains in Africa: Introduction to the Special Issue [J]. Africa Journal of Management, 2022, 8 (1): 1 – 14.

于解决经济发展挑战和培养非洲在国际交流中的比较优势至关重要。全球北方公司使用关于劳工和环境实践的明确的供应商行为准则来改善非洲供应商的工作条件、产品质量和环境影响，从而使这些供应商具有全球竞争力。

【作者简介】

Greg Distelhorst：多伦多大学劳资关系和人力资源中心，副教授，主要研究跨国企业和工人权利，以及当代中国的政治和政策。

Anita McGahan：多伦多大学罗特曼管理学院战略管理领域，教授。

第 4 名

医疗消费的流动性敏感性：来自社会保险支付的证据

The liquidity sensitivity of healthcare consumption: Evidence from social security payments, Gross, T., Layton, T. J., & Prinz, D（2022）. *American Economic Review-Insights*，4（2），175-190

【内容概览】

1. 问题/议题

检验一些消费者缺乏支付医疗护理所需的现金时选择推迟治疗和完全放弃治疗的可能性。

2. 结论

药品消费对流动性最敏感的受助者表现出的价格需求弹性是平均弹性的两倍，这表明更慷慨的保险既会使受助者重新选择处方的时间，也会使他们开始填补原本不会填补的处方。

3. 论证

作者提出了一个典型的模型，利用这一发现来质疑传统的将需求对价格的反应仅仅解释为无效率的道德风险。首先回顾社会保险支票如何分配；其次探讨每月社会保障支票的分配如何影响医疗保险覆盖的处方药购买，采用回归方法指定一个事件研究模型，评估社会保障支票在支票发放后五天内的影响，并且评估异质性效应；最后研究当这些消费者面临的共付额发生变化，从面临共付额的群体过渡到无共付额的群体或反之亦然时，会发生什么。

4. 作者自评和他评

他评。截至 2023 年 1 月 31 日，该文被引 26 次。

受到的相关评价要点如下。其一，A. Chandra 等[①]认为该文从收入的角度进行研究收入，表明在需求弹性之外，要对福利采取更完整的观点。其二，K. M. Ericson 和 J. R. Sydoner[②]认为，流动性限制会影响保险的占用率，以及保险合同中的利用率。

【作者简介】

Tal Gross：波士顿大学奎斯特罗姆商学院，副教授。E-mail：algross@ bu. edu.

Timothy Layton：哈佛大学医学院卫生保健政策系，副教授，主要研究健康保险市场经济学。E-mail：dprinz@ g. harvard. edu.

Daniel Prinz：国家经济研究局。E-mail：dprinz@ g. harvard. edu.

第 5 名

社会保障收入测试的就业影响

The employment effects of the social security earnings test. Gelber, A., Jones, D., Sacks, D. W., & Song, J. (2022). *Journal of Human Resources*, 57 (2), 341 – 371

【内容概览】

1. 问题/议题

研究社会保障年度收入测试（AET）对美国老年人就业决策的影响。

2. 结论

AET 每超过豁免金额两美元，就减少一美元的社会保障福利。预计将受到 AET 影响的人的就业率相对于预计不会受到 AET 影响的人大幅下降。点位估算表明，AET 将 63—64 岁美国人的就业率至少降低了 1.2 个百分点。

3. 论证

该文提出了一种新的策略，通过研究当一个人的收入高于 AET 豁免金额时，就业结果如何随着工作激励的变化而变化，来调查 AET 对就业率的影响。该文使用双重差分法，将使用滞后收益作为当期潜在收益的代理。为了支持使用滞后收入作为未来期望收入代理的有效性，在"安慰剂"年龄组中，期望收入保持稳定。方法依赖于两个关键假设。首先，作出"平行趋势"假设；其次，假设年龄 a 的收入是年龄 $a+t$ 的潜在收入的合理代表，条件

---

① Chandra A., Flack E., Obermeyer Z. The health costs of cost-sharing [R]. National Bureau of Economic Research, 2021.

② Ericson K. M., Sydnor J. R. Liquidity constraints and the value of insurance [R]. National Bureau of Economic Research, 2018.

是工作和在 AET 不生效的反事实情况下。该文使用的数据为与主受益人记录（MBR）相关联的限制访问的社会保障局总收益文件（MEF）来实施他们的评估策略。

4. 作者自评和他评

他评。截至 2023 年 1 月 31 日，该文被引 25 次。

Ian Burn 等[1]认为，由于个人误解了 RET，并认为他们被扣留的福利将永远丢失，取消 RET 可以鼓励增加老年工人的劳动力供应。

【作者简介】

Alexander Gelber：加州大学圣地亚哥分校高盛公共政策学院和国家经济研究局，副教授。E-mail：amgelber@ ucsd. edu.

Damon Jones：芝加哥大学哈里斯学院，副教授。

Daniel Sacks：印第安纳大学凯利学院，副教授。

Jae Song：社会保障局监察长办公室，经济学家。

第 6 名

来自社会保障等级的代际利他行为与退休转移证据

Intergenerational altruism and retirement transfers evidence from the social security notch, Mukherjee, A. (2022). *Journal of Human Resources*, 54 (4), 57 (5), 1466 – 1497

【内容概览】

1. 问题/议题

利用通胀指数错误导致的社会保障福利的变化，为代际转移中的利他偏好提供了新的证据。

2. 结论

研究表明纯利他主义得到了支持，因为额外获得社会保障福利的父母在生前将 15.4% 的福利通过遗嘱或赠予的形式转移给了子女，却没有得到子女任何额外的照顾或者其他回报；相反，随着父母社会保障福利的增加，子女减少了对父母的照顾。成年女性子女受到的影响似乎最大，因为她们既获得了父母的财产，又减少了对父母的照顾。

---

[1] Burn I., Button P., Figinski T. F., et al. Why retirement, Social Security, and age discrimination policies need to consider the intersectional experiences of older women [J]. Public Policy & Aging Report, 2020, 30 (3): 101 – 106.

3. 论证

数据来源：HRS，1992—2010 年。该文用于个人计算的福利公式来自 1977 年社会保障修正案中通过的工资指数化公式。PIA 是基本保险金额，MFB 是最大家庭福利。使用社会保障局提供的 ANYPIA 计算器的优点是，它考虑了所有可能对个人福利金额有影响的立法。

4. 作者自评和他评

他评。截至 2023 年 1 月 31 日，该文被引 9 次。

受到的相关评价要点如下。其一，Jesu's Bueren[①] 引用该文观点，利用社会保障福利的变化，很少支持交换动机转移。其二，DK Fetter 等[②]认为，社会保障增加了下游的货币转移和减少上游非货币转移。

【作者简介】

Anita Mukherjee：威斯康星大学麦迪逊分校威斯康星商学院，副教授。E-mail：anita.mukherjee@wisc.edu。

第 7 名

社会保障提前领取与老年贫困——从引入社会保障提前资格年龄看

Early social security claiming and old-age poverty evidence from the introduction of the social security early eligibility age，Engelhardt, G. V. , Gruber, J. , & Kumar, A. （2022）. *Journal of Human Resources*，57（4），1079-1106

【内容概览】

1. 问题/议题

通过追踪获得不同潜在领取年龄的男性出生队列，估计社会保障早期领取年龄对晚年老年人生活水平的影响。

2. 结论

根据社会保障局和 1968—2001 年 3 月当期人口调查的数据，从长期来看，EEA 的减少使平均申领年龄降低了 1.4 岁，这使男性为户主的退休家庭的社会保障收入平均下降了 1.5%，中位数下降了 3%。早期申领救济金人数的增加与总收入的减少有关，但只是在收入分配的底层。老年贫困和收入不平等也出现了大幅上升；早领救济金措施的引入使老年人

---

① Bueren J. Long-term care needs and savings in retirement［J］. Review of Economic Dynamics，2022.

② Fetter D. K. , Lockwood L. M. , Mohnen P. Long-Run Intergenerational Effects of Social Security［J］. 2022.

贫困率提高了约 1 个百分点。

3. 论证

该文数据分析的重点是出生于 1885 年至 1916 年的男性。每个队列的构建收益历史被输入 SSA 的 ANYPIA 福利计算器中，该计算器计算退休时的 PIA，给定出生日期、退休日期、收益历史。最后，社会保障局定期增加名义福利，以适应通货膨胀。

4. 作者自评和他评

他评。截至 2023 年 1 月 31 日，该文被引 11 次。

T. Morris[①] 认为，该文研究了 ERA 在美国的引入，允许个人选择提前（65 岁之前）以较低的费率领取福利，调查发现，男性户主家庭的老年贫困和不平等指标增加了 2%—3%。

【作者简介】

Gary V. Engelhardt：锡拉丘兹大学经济学系，教授，主要研究房地产市场和政策、税收、储蓄行为、养老金、社会保障和老龄化。E-mail：gvengelh@ maxwell. syr. edu.

Jonathan Gruber：麻省理工学院，福特经济学教授，主要研究行为经济学、卫生经济学、劳动经济学、公共经济学。E-mail：gruberj@ mit. edu.

Anil Kumar：达拉斯联邦储备银行。E-mail：Anil. Kumar@ dal. frb. org.

第 8 名

大流行财政政策的社会保险视角：对失业保险和危险津贴的影响

A social insurance perspective on pandemic fiscal policy: Implications for unemployment insurance and hazard pay, Romer, C. D., & Romer, D. H.（2022）. *Journal of Economic Perspectives*, 36（2）, 3 – 28

【内容概览】

1. 问题/议题

研究大流行期间的财政政策对失业保险和危险津贴的影响。

2. 结论

首先，作者所讨论的社会保险视角的影响，可能在未来任何公共卫生危机中产生更成功的财政政策。其次，美国和其他国家未来可能会面临与公共卫生危机有重要相似之处的更集

---

① Morris T. The unequal burden of retirement reform: Evidence from Australia［J］. Economic Inquiry, 2022, 60（2）: 592 – 619.

中的地区性衰退。它们还可能涉及对某些重要工作人员的高风险。最后，虽然大流行病的特点使社会保险视角在当前形势下至关重要，但它在更普通的经济低迷时期可能也有价值。大多数经济衰退对不同类型的工人的影响都是高度不平等的，而一般的刺激措施往往需要很长时间才能帮助一些工人重新就业。事实证明，在应对未来经济衰退时，既关注总需求管理又关注社会保险的财政对策可能更有效，而不管衰退的原因是什么。

3. 论证

首先从社会保险视角看财政政策，美国在 COVID－19 大流行期间实际采取或提议的失业保险和危险津贴政策表明，许多行动遵循了社会保险视角的建议，但也有一些没有这样做。关于社会保险对财政政策的影响，一个明显的问题是，它在 COVID－19 大流行之后是否可能有用。其次，论述总需求不足的可能性和刺激的必要性，大流行是对经济生产能力的破坏，因此很自然地将其描述为对总供给的冲击。最后论述大流行对失业保险的影响。

4. 作者自评和他评

他评。截至 2023 年 1 月 31 日，该文被引 7 次。

【作者简介】

Christina D. Romer：加州大学经济学系，教授，主要研究财政政策的效果、识别货币冲击、美国宏观经济政策的决定因素等。E-mail：cromer@ berkeley. edu.

David H. Romer：加州大学经济学系，教授，主要研究货币政策、经济增长、政治经济。E-mail：dromer@ berkeley. edu.

第 9 名

后大流行时代酒店零工经济中的劳动力市场转型：制度治理的影响

Labor market transformation in the hospitality gig economy in a post pandemic era：Impacts of institutional governance, Lin, P. M., Peng, K. L., Wilson Au, W. C., & Baum, T. (2022). *International Journal of Contemporary Hospitality Management*, 35 (4)：1490－1510

【内容概览】

1. 问题/议题

中国政府发布促进零工福利指导意见对劳动力市场转型的影响。

2. 结论

制度治理对 OCPs 的运营成本结构产生了负面影响，但维持了零工工人的福利。劳动力市场转型需要平衡共享经济中市场机制和制度治理的双重作用。

3. 论证

基于治理理论，使用焦点小组和德尔菲技术探讨了对 OCP 和零工工人的相关影响。

4. 作者自评和他评

他评。截至 2023 年 1 月 31 日，该文被引 0 次。

【作者简介】

Pearl M. C. Lin：香港理工大学酒店及旅游管理学院。

Kang-Lin Peng：澳门城市大学国际旅游与管理学院。

Wai Ching Wilson Au：香港理工大学酒店及旅游管理学院。

Tom Baum：英国斯特拉斯克、莱德大学斯特拉斯克莱德商学院；南非约翰内斯堡，奥克兰公园约翰内斯堡大学旅游与酒店学院。

第 10 名

城市化的可持续发展：基于社会保障与移民社会态度的视角

Sustainable development of urbanization: From the perspective of social security and social attitude for migration, Yushi Zhang &Tianhang Jiang & Jun Sun & Zitian Fu 3 and Yanfeng Yu (2022). *Sustainability*, 14 (17), 10777

【内容概览】

1. 问题/议题

研究社会保障对城乡人口迁移的影响，以及社会态度的中介作用。

2. 结论

第一，社会保障对农村人口向城镇迁移具有显著的正向影响。第二，公平感、幸福感和安全感的提升有利于提高农村人口的融入意愿和认同，促进城市化进程。因此，社会态度起着重要的中介作用。

3. 论证

该文提出两个研究假设。假设 1：社会保障对农业转移人口的公民权具有正向影响；假设 2：社会态度在社会保障与农业转移人口公民权之间起着重要的中介作用。被解释变量是农业转移人口的公民权；解释变量是社会保障；中介变量为社会态度，即个体对社会存在所持有的具有特定结构和相对稳定性的内在心理状态。基于中国综合社会调查（CGSS）2018 年的数据，通过构建二元 Logistic 模型和结构方程模型，并使用社会态度作为中介变量，分析了社会保障对农业转移人口公民身份的影响机制，以促进城市化的可持续发展。

4. 作者自评和他评

他评。截至 2023 年 1 月 31 日，该文被引 10 次。

受到的相关评价要点如下。其一，Wang Huan[①] 借鉴该研究所采用的数据来源，认为"CGSS 数据被广泛应用于科学研究、教育和政府活动中"。其二，Wang Xinman 等[②]在文献回顾中引用该文观点，认为城市化的可持续发展与乡村发展的相关研究中，相关研究主要集中在经济、环境因素与城市化的关系上，忽略了人为因素。

【作者简介】

Yushi Zhang：辽宁师范大学马克思主义学院。

Tianhang Jiang：大连工业大学管理学院。

Jun Sun：大连工业大学管理学院。

Zitian Fu：四川农业大学经济学院。

Yanfeng Yu：江西省农业科学院农业经济与信息研究所。

（三）TOP 11 – 100 榜单

劳动与社会保障最佳英文论文 TOP 11 – 100 榜单，2022 年

总榜序	论文	刊物复合影响因子	月均引用	综合得分
11	**Does social security policy matter for corporate social responsibility? Evidence from a quasi-natural experiment in China.** Lv, W., Ma, W., & Yang, X. （2022）. *Economic Modelling*, 116, 106008	3.875	2.000	0.1301
12	**Gender pension gaps in a private retirement accounts system：A dynamic model of household labor supply and savings.** Joubert, C., & Todd, P. E. （2022）. *Journal of Econometrics*	3.363	2.000	0.1247
13	**Gender and choice of pension product.** Larsen, L. S., Nielsson, U., & Rangvid, J. （2022）. *Finance research letters*, 47, 102692	9.846	0.429	0.1192

---

① Wang H. Knowledge or responsibility? The role of media use on citizens' willingness to pay for environment governance [J]. Sustainability, 2022, 14 (21): 14538.

② Wang X., Zhu R., Che B. Spatial optimization of tourist-oriented villages by space syntax based on population analysis [J]. Sustainability, 2022, 14 (18): 11260.

续表

总榜序	论文	刊物复合影响因子	月均引用	综合得分
14	Labor market institutions and the incidence of payroll taxation. Kim, J., Kim, S., & Koh, K. (2022). *Journal of Public Economics*, 209, 104646	8.262	0.625	0.1117
15	Who takes care of safety and health among young workers? Responsibilization of OSH in the platform economy. Nielsen, M. L., Laursen, C. S., & Dyreborg, J. (2022). *Safety science*, 149, 105674	6.392	1.000	0.1096
16	China's employment stabilization policies in response to the impact of the COVID-19 pandemic Haomiao Zhang (2022). *International Journal of Sociology and Social Policy*, 42 (3/4), 201-209	1.368	2.000	0.1036
17	Data-driven robust DEA models for measuring operational efficiency of endowment insurance system of different provinces in China. Qu, S., Feng, C., Jiang, S., Wei, J., & Xu, Y. (2022). *Sustainability*, 14 (16), 9954	3.889	1.400	0.1020
18	Widow, deserted, and destitute women allowances and rural female labor force participation in Bangladesh: Linking social protection to the Sustainable Development Goals. Murshed, M. (2022). *Journal of Public Affairs*, 22 (4), e2652	1.08	2.000	0.1006
19	Maternity benefits mandate and women's choice of work in Vietnam. Vu, K., & Glewwe, P. (2022). *World Development*, 158, 105964	6.678	0.667	0.0969
20	Social insurance premiums and corporate cash holdings: Evidence from social insurance law in China. Deng, L., Lai, S., Liu, S., & Pu, X. (2022). *Economic Modelling*, 114, 105944	3.875	1.250	0.0948
21	The affordable care act after a decade: Its impact on the labor market and the macro economy. Fang, H., & Krueger, D. (2022). *Annual Review of Economics*, 14, 453-494	5.97	0.750	0.0933

续表

总榜序	论文	刊物复合影响因子	月均引用	综合得分
22	Understanding migrant farmworkers' health and well-being during the global COVID-19 pandemic in Canada: Toward a transnational conceptualization of employment strain. International Vosko, L. F., Basok, T., Spring, C., Candiz, G., & George, G. (2022). Journal of Environmental Research and Public Health, 19 (14), 8574	4.614	1.000	0.0908
23	The effects of increasing the eligibility age for public pension on individual labor supply: Evidence from Japan. Nakazawa, N. (2022). Journal of Human Resources, 0421-11627R1	5.784	0.714	0.0897
24	Health insurance benefits as a labor market friction: Evidence from a quasi-experiment. Tsolmon, U., & Ariely, D. (2022). Strategic Management Journal, 43 (8), 1556-1574	7.815	0.167	0.0854
25	Land reallocation responses to China's New Rural Pension Scheme: Evidence from a regression discontinuity design. Shi, X. (2022). Journal of Rural Studies, 92, 35-49	5.157	0.750	0.0848
26	Do employee share owners face too much financial risk?. Kruse, D., Blasi, J., Weltmann, D., Kang, S., Kim, J. O., & Castellano, W. (2022). ILR Review, 75 (3), 716-740	3.573	1.091	0.0841
27	Where do shareholder gains in hedge fund activism come from? Evidence from employee pension plans. Agrawal, A., & Lim, Y. (2022). Journal of Financial and Quantitative Analysis, 57 (6), 2140-2176	4.337	0.917	0.0839
28	Do temporary workers experience additional employment and earnings risk after workplace injuries? Broten, N., Dworsky, M., & Powell, D. (2022). Journal of Public Economics, 209, 104628	8.262	0.000	0.0822
29	Re-examining female labor supply responses to the 1994 Australian pension reform. Morris, T. (2022). Review of Economics of the Household, 20 (2), 419-445	2.943	1.143	0.0799

续表

总榜序	论文	刊物复合影响因子	月均引用	综合得分
30	The effect of occupational health and safety on employee engagement with special reference to Ceylon Petroleum Corporation in Sri Lanka. Siriwardhana, M. G. M. D., & Kularathne, H. M. R. D. (2022). *International Journal of Advanced Multidisciplinary Research and Studies*, 3 (1), 477-490	3.481	1.000	0.0788
31	Environmental, social, and corporate governance activities with employee psychological well-being improvement. Piao, X., Xie, J., & Managi, S. (2022). *BMC Public Health*, 22 (1), 1-12	4.135	0.833	0.0779
32	Does occupational injury promote industrial robot applications? Yang, S., Liu, F., Lu, J., & He, X. (2022). *Technology in Society*, 70, 101998	6.879	0.200	0.0770
33	The impact of the Affordable Care Act Medicaid expansions on agricultural workers' health insurance coverage, medical care utilization, and labor supply. Kandilov, A. M., & Kandilov, I. T. (2022). *American Journal of Agricultural Economics*, 104 (3), 1026-1049	3.757	0.875	0.0758
34	Do stronger employment discrimination protections decrease reliance on Social Security Disability Insurance? Evidence from the US Social Security reforms. Button, P., Khan, M. R., & Penn, M. (2022). *Journal of the Economics of Ageing*, 22, 100370	1.899	1.286	0.0756
35	Investing in health capital: Does medical insurance matter?. Zhang, Y., Zhao, G., & Gu, H. (2022). *Research in International Business and Finance*, 61, 101661	6.143	0.333	0.0755
36	Social security and risk sharing: The role of economic mobility across generations. Cottle Hunt, E., & Caliendo, F. N. (2022). *International Tax and Public Finance*, 1-34	1.289	1.250	0.0674
37	Antecedent and employee well-being outcomes of perceived benefits schemes: a two-wave study. Xiao, Q., Cooke, F. L., Mavondo, F., & Bamber, G. J. (2022). *International Journal of Manpower*, 43 (5), 1166-1181	3.295	0.800	0.0674

续表

总榜序	论文	刊物复合影响因子	月均引用	综合得分
38	Access to healthcare and social protection among migrant workers in Thailand before and during COVID – 19 era: A qualitative study. Kunpeuk, W., Julchoo, S., Phaiyarom, M., Sinam, P., Pudpong, N., Loganathan, T., ⋯ & Suphanchaimat, R. (2022). *International Journal of Environmental Research and Public Health*, 19 (5), 3083	4.614	0.500	0.0672
39	Initiatives addressing precarious employment and its effects on workers' health and well-being: A systematic review. Gunn, V., Kreshpaj, B., Matilla-Santander, N., Vignola, E. F., Wegman, D. H., Hogstedt, C., ⋯ & Håkansta, C. (2022). *International Journal of Environmental Research and Public Health*, 19 (4), 2232	4.614	0.455	0.0651
40	Labor unemployment insurance and bank loans. Shen, Y. (2022). *Journal of Corporate Finance*, 76, 102254.	5.107	0.333	0.0646
41	Precarious employment and mental health across European welfare states: A gender perspective. Padrosa, E., Vanroelen, C., Muntaner, C., Benach, J., & Julià, M. (2022). *International Archives of Occupational and Environmental Health*, 95 (7), 1463 – 1480	2.851	0.818	0.0636
42	Investigating employment quality for population health and health equity: a perspective of power. Fujishiro, K., Ahonen, E. Q., & Winkler, M. (2022). *International Journal of Environmental Research and Public Health*, 19 (16), 9991	4.614	0.400	0.0625
43	Informal housing clearance, housing market, and labor supply. Yang, X., Dong, X., & Yi, C. (2022). *Labour Economics*, 78, 102199	1.893	1.000	0.0620
44	Labor market insurance policies in the XXI century. Boeri, T., & Cahuc, P. (2022). *Annual Review of Economics*	5.97	0.083	0.0619
45	Labor's capital and worker well-being: Do US pension funds benefit labor interests?. Liu, L., & Goldstein, A. (2022). *Social Forces*, 100 (3), 1080 – 1109	5.866	0.100	0.0616

续表

总榜序	论文	刊物复合影响因子	月均引用	综合得分
46	Unemployment insurance and opioid overdose mortality in the United States. Wu, P., & Evangelist, M. (2022). *Demography*, 59 (2), 485–509	4.222	0.444	0.0605
47	Understanding the aggregate effects of disability insurance. Kim, S., & Rhee, S. (2022). *Review of Economic Dynamics*, 46, 328–364	1.712	1.000	0.0601
48	Health-related selection into employment among the unemployed. Junna, L., Moustgaard, H., & Martikainen, P. (2022). *BMC Public Health*, 22 (1), 1–12	4.135	0.444	0.0595
49	The distributional impact of tax and benefit systems in five African countries. Gasior, K., Leventi, C., Noble, M., Wright, G., & Barnes, H. (2022). *International Journal of Sociology and Social Policy*, 42 (1/2), 92–105	1.368	1	0.0565
50	Social security and endogenous demographic change: Child support and retirement policies. Cipriani, G. P., & Fioroni, T. (2022). *Journal of Pension Economics & Finance*, 21 (3), 307–325	2.259	0.700	0.0518
51	Do active labor market policies for welfare recipients in Germany raise their regional outflow into work? Wapler, R., Wolf, K., & Wolff, J. (2022). *Journal of Policy Modeling*, 44 (3), 550–563	2.727	0.571	0.0506
52	What social supports are available to self-employed people when ill or injured? A comparative policy analysis of Canada and Australia. Khan, T. H., MacEachen, E., & Dunstan, D. (2022). *International journal of environmental research and public health*, 19 (9), 5310	4.614	0.125	0.0496
53	Neither employee nor contractor: A case study of employment relations between riders and platform-based food-delivery firms in Taiwan. Lee, B. Y. (2022). *Work Employment and Society*, 09500170221103147	4.249	0.200	0.0492

续表

总榜序	论文	刊物复合影响因子	月均引用	综合得分
54	Regulating the retirement age—Lessons from Nordic pension policy approaches. Von Nordheim, F., & Kvist, J. （2022）. *Regulation & Governance*	3.203	0.429	0.0489
55	The impact of social pension scheme on farm production in China: Evidence from the China Health and Retirement Longitudinal Survey. Xie, T., Xiong, C., Xu, Q., & Zhou, T. （2022）. *International Journal of Environmental Research and Public Health*, 19 （4）, 2292	4.614	0.091	0.0479
56	Reflections on the insurance participation of gig economy workers. Zhu, W. （2022）. *Frontiers in Economics and Management*, 3 （11）, 217–222	4.962	0.000	0.0473
57	Social security and risk sharing: A survey of four decades of economic analysis. Cottle Hunt, E., & Caliendo, F. N. （2022）. *Journal of Economic Surveys*, 36 （5）, 1591–1609	4.142	0.182	0.0472
58	Employee health and well-being after a crisis-re-imagining the role of workplace inclusion. Pal, I., Galinsky, E., & Kim, S. （2022）. *Community Work & Family*, 25 （1）, 30–62	1.41	0.750	0.0451
59	Workforce participation, ageing, and economic welfare: New empirical evidence on complex patterns across the European Union. Cristea, M. S., Pirtea, M. G., Suciu, M. C., & Noja, G. G. （2022）. *Complexity*, 2022, 1–13	2.121	0.583	0.0448
60	Analysis of China's population flow between urban and rural areas and the reform of public health old-age insurance system under the background of sustainable ecological environment. Guo, H., & Luo, Q. （2022）. *Journal of Environmental and Public Health*, 2022	2.791	0.429	0.0446
61	Sustainable development of China's maternity insurance system in the context of population policy changes: using a grounded theory approach. Zhang, X., Liu, X., Wang, Y., Zhou, L., & Cheng, X. （2022）. *Sustainability*, 14 （4）, 2138	3.889	0.182	0.0446

续表

总榜序	论文	刊物复合影响因子	月均引用	综合得分
62	Evolution of the rural social security system in a large country over 35 years: institutional transformation and the Chinese experience. Huo, X., & Lin, M. (2022). *China Agricultural Economic Review*, 14 (1), 1–16	4.265	0.083	0.0439
63	Spatial mismatch, different labor markets and precarious employment: the case of Hong Kong. Jin, S., Nie, T., Pun, N., & Xu, D. (2022). *Social Indicators Research*, 1–23	2.935	0.333	0.0416
64	Labor participation of retirement-aged workers: understanding the influencing mechanism of health status and social pension insurance participation. Yuan, B., Li, J., & Lan, J. (2022). *Journal of Occupational and Environmental Medicine*, 64 (2), e60–e69	2.306	0.455	0.0407
65	A framework for understanding how variation in health care service delivery affects work disability management. Sharpe, K., McGrail, K., Mustard, C., & McLeod, C. (2022). *Journal of occupational rehabilitation*, 32 (2), 215–224	3.134	0.182	0.0366
66	Insights into labor force participation among older adults: Evidence from the Longitudinal Ageing Study in India. Chattopadhyay, A., Khan, J., Bloom, D. E., Sinha, D., Nayak, I., Gupta, S., … & Perianayagam, A. (2022). *Journal of Population Ageing*, 15 (1), 39–59	1.868	0.455	0.0361
67	The optimal choice of delayed retirement policy in China. Wu, Y., Xu, C., & Yi, M. (2022). *Sustainability*, 14 (19), 12841	3.889	0.000	0.0360
68	Role of labor demand in the labor market effects of a pension reform. Geyer, J., Haan, P., Lorenz, S., Zwick, T., & Bruns, M. (2022). *Industrial Relations*, 61, 152–192	1.833	0.444	0.0352

续表

总榜序	论文	刊物复合影响因子	月均引用	综合得分
69	An international scoping review of rangers' precarious employment conditions. Anagnostou, M., Gunn, V., Nibbs, O., Muntaner, C., & Doberstein, B. (2022). *Environment Systems and Decisions*, 42 (4), 479–503	2.511	0.273	0.0343
70	Informality and pension reforms in Bolivia: The case of renta dignidad. Canelas, C., & Niño-Zarazúa, M. (2022). *Journal of Development Studies*, 58 (7), 1436–1458	2.519	0.250	0.0333
71	The impact of social security contributions on corporate innovation: Evidence from the contribution collection reform in China. Zhang, C., Chen, L., & Song, H. (2022). *Applied Economics*, 54 (46), 5320–5334	1.916	0.333	0.0309
72	The limits of healthcare reforms in Indonesia: Interrogating the Dutch colonial legacies' influence within the logic and principles of welfare. Yuda, T. K. (2022). *International Journal of Social Welfare*, 31 (2), 236–247	1.717	0.333	0.0287
73	Housing wealth shocks, home equity withdrawal, and the claiming of Social Security retirement benefits. Huang, N., Li, J., & Ross, A. (2022). *Economic Inquiry*, 60 (2), 620–644	1.710	0.333	0.0287
74	Health insurance coverage of migrant workers in China. Chen, Y., Parker, M., Zheng, X., & Fang, X. (2022). *Chinese Economy*, 55 (5), 332–342	1.308	0.417	0.0284
75	Does raising retirement age lead to a healthier transition to retirement? Evidence from the US Social Security Amendments of 1983. Ci, Z. (2022). *Health Economics*, 31 (10), 2229–2243	2.395	0.167	0.0281
76	The Silver Generation in the labor market: Work and time management of the 65 + age group in North-Eastern Hungary. Csoba, J., & Ladancsik, T. (2022). *Journal of Women & Aging*, 1–24	1.792	0.300	0.0280

续表

总榜序	论文	刊物复合影响因子	月均引用	综合得分
77	"Fairness" in an unequal society: Welfare workers, labor inspectors and the embedded moralities of street-level bureaucracy in Argentina. Perelmiter, L. (2022). *Public Administration and Development*, 42 (1), 85-94	1.9	0.273	0.0278
78	The heterogeneous effects of employment-based pension policies on employment: Evidence from urban China. Zhao, F., Xu, J., & Fang, G. (2022). *Journal of Asian Economics*, 78, 101420	2.681	0.091	0.0275
79	Ship of Theseus: From ILO standards to outcome of maternity protection policy. SON, K. (2022). *Journal of Social Policy*, 1-29	2.654	0.091	0.0272
80	Pension incentives and retirement planning in rural China: Evidence for the new rural pension scheme. Caro, J. C., & Parada-Contzen, M. (2022). *Developing Economies*, 60 (1), 3-29	1.500	0.300	0.0249
81	On the labor market effects of salience of ethnic/racial disputes. Aköz, K. K., Arın, K. P., & Zenker, C. (2022). *Journal of Public Economic Theory*, 24 (2), 348-361	1.336	0.333	0.0247
82	Vague pension future: Empirical evidence from the Israeli radical privatized market. Wolf, I., & Levi, S. (2022). *Journal of Risk and Financial Management*, 15 (5), 207	2.321	0.111	0.0247
83	Reforming occupational pensions in the Netherlands: Contract and intergenerational aspects. Metselaar, L., Zwaneveld, P., & van Ewijk, C. (2022). *De Economist*, 170 (1), 7-36	1.533	0.273	0.0239
84	Social policy learning inside the World Bank: The case of multi-pillar pension reform. Heneghan, M. (2022). *Social Policy & Administration*, 56 (5), 827-842	2.283	0.100	0.0237
85	Social security and longevity risk: An analysis of couples. Cottle Hunt, E., & Caliendo, F. N. (2022). *Journal of Public Economic Theory*, 24 (3), 547-579	1.336	0.286	0.0225

续表

总榜序	论文	刊物复合影响因子	月均引用	综合得分
86	Gender, family status, and health characteristics: Understanding retirement inequalities in the Chilean pension model. Parada-Contzen, M. (2022). *International Labour Review*	1.297	0.250	0.0204
87	Examining the impact of economic factors on retirement planning behaviour of salaried employees. Lal, T., & Singh, V. (2022). *Asian Journal of Economics and Finance*, 4 (1), 117 - 136	1.873	0.111	0.0199
88	Do comprehensive labor measures reduce the severity of the pandemic? Evidence from India. Kumar Kujur, S., & Goswami, D. (2022). *International Journal of Social Economics*, 49 (10), 1417 - 1441	1.403	0.200	0.0191
89	Welfare developmentalism with interactive central-local relations: Understanding the recent expansion in pension coverage in China. Guo, Y., & Zhao, L. (2022). *Social Policy & Administration*, 56 (6), 891 - 909	2.283	0.000	0.0190
90	Life cycle, financial frictions and informal labor markets: the case of Chile. Pierri, D., & Kawamura, E. (2022). *Journal of Applied Economics*, 25 (1), 93 - 120	1.809	0.100	0.0187
91	Assessing the possibility of financing social health insurance from zakat, case of Sudan: ARDL bounds approach Fawzia Mohammed Idris, Mehdi Seraj & Huseyin Ozdeser (2022). *Journal of Islamic Accounting and Business Research*, 13 (2), 264 - 276	1.691	0.091	0.0170
92	Toward an inclusive system for informal workers? Diverging impacts of labor informality on Chinese workers' pension enrollment. Yang, Y. (2022). *International Journal of Social Welfare*, 31 (1), 100 - 111	1.717	0.083	0.0170
93	Current trends in social welfare policies toward the older people in the Baltic and Nordic countries: an explorative study. Aidukaite, J., Hort, S., & Ainsaar, M. (2022). *Journal of Baltic Studies*, 53 (2), 147 - 167	0.484	0.333	0.0157

续表

总榜序	论文	刊物复合影响因子	月均引用	综合得分
94	An evaluation of the security ability of the basic endowment insurance system for China's urban and rural residents. Liu, B., He, Y., & Liu, Z. (2022). *Journal of Mathematics*, 2022	1.555	0.091	0.0156
95	Maternity benefit programs: An investment in human resource. Bishnoi, N., & Bishnoi, V. K. (2022). *Population Review*, 61 (1)	0.727	0.167	0.0104
96	Distributed optimization of social welfare and regulation in industrial economy. Wang, W., & Liu, Y. (2022). *Mathematical Problems in Engineering*, 2022	1.430	0.000	0.0100
97	Unemployment insurance programs and the choice to leave the labor force. Conway, P. J. (2022). *Southern Economic Journal*, 88 (4), 1373–1400	1.333	0.000	0.0090
98	Social security contributions, financing constraints and demand for higher audit quality-evidence from China. Haizong, Y., Huijuan, Z., & Changyuan, X. (2022). *Applied Economics Letters*, 1–5	1.287	0.000	0.0085
99	Labor supply response to overpayment notifications: Evidence from Social Security Disability Insurance. Anand, P., Hoffman, D., Jones, J. T., & Lukashanets, S. (2022). *Contemporary Economic Policy*, 40 (2), 304–322	1.212	0.000	0.0077
100	Does a flexible retirement age increase pension expenditure? Some evidence and suggestions for the italian social security system. Mazzaferro, C. (2022). *Politica economica*, 38 (1), 67–90	0.571	0.000	0.0009

主要图书

一 2022年劳动与社会保障主要中文图书

1. 李冰主编：《社会保障与我们的生活》，科学出版社，2022年1月。

2. 陈梦凯：《住房公积金支持住房消费的政策效应评价研究》，经济科学出版社，2022年2月。

3. 周晓光等：《构建合作型劳资关系问题研究——英国经验与中国发展》，社会科学文献出版社，2022年3月。

4. 中国劳动和社会保障科学研究院编：《中国劳动和社会保障科学研究院工作年报2020》，中国劳动社会保障出版社，2022年4月。

5. 沈水生编著：《农民工劳动保障权益维护（2022年版）》，中国劳动社会保障出版社，2022年6月。

6. 上海市劳动和社会保障学会编：《人力资源和社会保障管理实务手册2022》，上海社会科学院出版社，2022年7月。

7. 田伟：《企业养老保险缴费率对城镇就业影响研究》，经济科学出版社，2022年7月。

8. 肇越、余琦、宋歌：《住房的未来：全球公积金制度研究与中国借鉴》，中国对外翻译出版公司，2022年8月。

二 2022年劳动与社会保障主要英文图书

Robson, W. A. (Ed.). (2022). *Social security*. Routledge.

Zastrow, C., & Hessenauer, S. L. (2022). *Empowerment series: Introduction to social work and social welfare: Empowering people*. Cengage Learning.

O'Grady, T. (2022). *The transformation of British welfare policy: Politics, discourse, and public opinion*. Oxford University Press.

Maidment, J., Egan, R., Tudor, R., & Nipperess, S. (Eds.). (2022). *Practice skills in social work and welfare: More than just common sense*. Taylor & Francis.

Yamagishi, T. (2022). *Health insurance politics in Japan: Policy development, government, and the Japan Medical Association*. Cornell University Press.

Lee, P. C., Wang, J. T. H., Chen, T. Y., & Peng, C. H. (2022). *Digital health care in Taiwan: Innovations of national health insurance* (p. 270). Springer Nature.

Zhang, Y. (2022). *Essays on labour supply and health of older workers.* Lancaster University (United Kingdom).

Wang, Y. (2022). *Pension policy and governmentality in China: Manufacturing public compliance.* LSE Press.

Lambin, R., Nyyssölä, M., & Bernigaud, A. (2022). *Social protection for working-age women in Tanzania: Exploring past policy trajectories and simulating future paths* (No. 2022/82). WIDER Working Paper.

Mamorsky, J. D. (2022). *Employee benefits law: ERISA and beyond.* Law Journal Press.

Pinker, R. (2022). *Social theory and social policy.* Taylor & Francis.

Reamer, F. G. (2022). *The philosophical foundations of social work.* Columbia University Press.

Pugh, E. (2023). *Social work in child care.* Taylor & Francis.

Koivusalo, M., Fergusson, R., Leisering, L., Robertson, S., Papaioannou, T., Snell, C., ⋯ & Ollila, E. (2022). *Understanding global social policy.* Policy Press.

Whelan, J. (2022). *Hidden voices: Lived experiences in the Irish welfare space.* Policy Press.

Wenger, G. C. (Ed.). (2022). *The research relationship: Practice and politics in social policy research.* Routledge.

Klein, M. V. D., Plant, R. J., Sanders, N., & Weintrob, L. R. (Eds.). (2022). *Maternalism reconsidered: Motherhood, welfare and social policy in the twentieth century.* Berghahn Books.

Jordan, B. (2022). *Helping in social work.* Routledge.

Brearley, C. P. (2023). *Social work, ageing and society.* Taylor & Francis.

Doel, M. (2022). *Social work: The basics.* Taylor & Francis.

主要课题

2022年劳动与社会保障国家社会科学基金重大项目立项名单

	课题全称	批准号	首席专家	责任单位
1	国民福利核算理论、方法与中国实践研究	22&ZD165	金 钰	东北财经大学
2	健康中国战略背景下残疾人社会组织创新发展研究	22&ZD185	周林刚	深圳大学

2022年劳动与社会保障国家社会科学基金年度项目立项名单

	课题全称	批准号	负责人	责任单位
1	新就业形态社会保障制度衔接与机制创新研究	22BKS181	牛 海	上海理工大学
2	新时代中国农村养老保障制度发展研究	22BKS185	王章华	江西师范大学
3	促进保障性租赁住房有效供给的机制与政策研究	22BJL086	李勇辉	湖南财政经济学院
4	第三次分配的供给侧研究	22BJL137	何 辉	中国社会科学院大学
5	基于就业安全、就业激励均衡的最低工资与社会保障组合优化研究	22BJY050	袁青川	河北大学
6	绿色金融政策社会福利效应的统计测度研究	22BTJ014	刘 倩	中央财经大学
7	慈善主体参与第三次分配的动员机制与适应性研究	22BZZ031	周缘园	暨南大学
8	慈善组织促进第三次分配的作用机制与政策体系研究	22BZZ032	潘 琳	中共安徽省委党校（安徽行政学院）
9	"两险合并实施"背景下生育保险法律制度完善研究	22BFX123	杨 华	长春工业大学
10	AI算法下骑手工作压力、职业伤害与就业保护优化研究	22BGL206	刘庆玉	江西师范大学
11	国家生育政策调整下女性劳动参与变化及养老金补偿制度研究	22BGL207	王翌秋	南京农业大学
12	优化劳动供给目标下的农村养老保障政策组合策略研究	22BGL208	诸艳霞	中国地质大学（武汉）
13	中国多层次、多支柱养老保险体系的政策体制研究	22BGL209	郭 磊	同济大学
14	互联网医疗健康信息对医疗费用的影响机制研究	22BGL210	孟颖颖	武汉大学
15	面向医保欺诈的三元体系风险重构、分类识别及管控优化研究	22BGL211	刘小弟	安徽工业大学

续表

	课题全称	批准号	首席专家	责任单位
16	我国乡村困境儿童"预防-发现-救助-效果评估"全过程链研究	22BGL212	岳 爱	陕西师范大学
17	机构老年临终关怀福利的理论逻辑与治理路径研究	22BGL214	陈 雷	华北电力大学（保定）
18	我国困境儿童"预防-发现-救助-效果评估"服务链全过程研究	22BGL257	徐富海	民政部社会福利与社会进步研究所

2022年劳动与社会保障国家社会科学基金青年项目立项名单

	课题全称	批准号	负责人	责任单位
1	大数据背景下劳动力就业统计测度问题研究	22CTJ005	温有栋	江西财经大学
2	新时代住房保障从生产主义向发展主义转型的理论构建和路径探索研究	22CSH070	戴明洁	华南理工大学
3	农村低保资格认定中的数字治理困境及政策创新研究	22CSH071	王 强	海南大学
4	数字社会中社会救助兜底和赋能功能的完善研究	22CSH072	方 珂	浙江大学
5	低收入家庭脆弱性的生成机制与政策干预研究	22CSH074	霍 萱	南京大学